革命文獻與民國時期文獻
保護計劃

国家图书馆 编

民国时期图书总目

社会科学总论

国家图书馆出版社

图书在版编目（CIP）数据

民国时期图书总目·社会科学总论 / 国家图书馆编 .—北京：国家图书馆出版社，2019.12

ISBN 978-7-5013-6827-3

Ⅰ.①民… Ⅱ.①国… Ⅲ.①社会科学—图书目录—中国—民国 Ⅳ.① Z812.6

中国版本图书馆 CIP 数据核字 (2019) 第 163871 号

书　　名　民国时期图书总目·社会科学总论
著　　者　国家图书馆　编
责任编辑　张珂卿
封面设计　陆智昌

出版发行　国家图书馆出版社（北京市西城区文津街7号　100034）
（原书目文献出版社　北京图书馆出版社）
010-66114536　63802249　nlcpress@nlc. cn（邮购）
网　　址　http://www. nlcpress. com
排　　版　凡华（北京）文化传播有限公司
印　　装　河北三河弘翰印务有限公司
版次印次　2019年12月第1版　2019年12月第1次印刷

开　　本　87×1092（毫米）　1/16
印　　张　26.75
字　　数　790千字
书　　号　ISBN 978-7-5013-6827-3
定　　价　230.00元

革命文献与民国时期文献整理出版

编纂委员会

《民国时期图书总目》编委会

本卷编委会

出版说明

《民国时期图书总目》主要收录1911—1949年9月我国出版的中文图书，酌情收录这段时间内国外出版的中文图书，是一部大型的回溯性书目。

基于目前普查情况统计，在这段时期里，我国出版的中文图书约20余万种。20世纪80—90年代，北京图书馆（今国家图书馆）曾编过一套《民国时期总书目》，主要收录了北京图书馆、上海图书馆和重庆图书馆收藏的中文图书，并补充了一些其他图书馆的藏书，基本上反映了这段时期中文图书的出版概貌。《民国时期总书目》由原北京图书馆参考研究部自1961年开始组织编纂，编委和顾问主要成员包括田大畏、王润华、邱崇丙、朱光暄等，1985年开始分卷册陆续出版，为民国时期的书目存录、学术研究和文献保护提供了便利。前辈专家学者严谨求实的工作作风，他们为民国时期文献整理和保护事业做出的卓越贡献，值得我们永远铭记。感念于斯，我们深知责任重大，只有砥砺前行，在前辈专家学者工作的基础上不断充实和完善其内容，争取为广大读者提供一部可供参考利用的书目。

《民国时期图书总目》是在参与民国时期文献普查的各个机构的大力支持下，依托“民国时期文献联合目录”，并吸收了全国图书馆联合编目中心各省级成员馆、“大学数字图书馆国际合作计划”(China Academic Digital Associative Library, CADAL) 的主要高校成员馆以及一些专业图书馆等民国时期文献主要收藏机构的书目数据基础上编纂而成。在收书范围、书目分类、著录方式及编纂体例上，大体延续了《民国时期总书目》的做法，同时根据目前书目数据的实际情况进行了一些调整。从书目的完整性、藏书机构的代表性等各方面都较《民国时期总书目》有了显著的提高。此外，本书目一大特色是待陆续出版完成后将实现与“民国时期文献联合目录”线上数据联动，以满足在数字时代大背景下读者对于民国时期文献数据的实时便捷查找、识别、选择和获取。

本书目基本依据《中国图书馆分类法》（第四版）体系，按学科分为哲学，宗教，社会科学总论，政治，法律，军事，经济，文化、科学、教育、体育，语言文字，文学理论、世界文学、外国文学，中国文学，艺术，历史、地理，自然科学（基础科学），医药卫生，农业科学，工业技术、交通运输、航空航天、环境科学，综合性图书18卷，将分卷陆续出版。

随着时代的发展和技术的进步，图书馆编目工作发生了巨大变化，编目方式由卡片目录发展为机读目录，各藏书机构间的书目交流也日趋频繁和便捷。如何以海量的机读格式书目数据为基础，编纂一部大型的印刷本回溯性书目，对于编纂人员来说充满挑战，实施过程复杂且动态，不易掌控，而且这部书目涉及的藏书机构多、书目数据量大、图书版本情况复杂、涉及学科范围广，并且有一些图书破损严重，著录信息无从查起，需要编纂人员考证或推测，加之编纂人员水平有限，一定会有错误或不当之处，敬请读者批评指正。

本书编委会

2018年4月

前　言

民国时期是中国历史上一个短暂但又十分重要的时期。这一时期，社会变化剧烈，学术思想活跃，留下了大量文献，包括图书、期刊、报纸、档案、日记、手稿、票据、传单、海报、图片及声像资料等。这些文献是反映民国时期政治、经济、社会、文化、军事等方面情况的重要资料。但是，由于种种原因，民国时期文献老化、损毁现象严重，亟待抢救与保护。自20世纪80年代以来，民国时期文献日益受到关注，抢救、保护与开发利用工作逐步展开，并取得了阶段性成果。

为了进一步促进民国时期文献的保护和利用，2011年，国家图书馆联合国内部分文献收藏单位策划了“民国时期文献保护计划”，希望通过文献普查、海内外文献征集与整理出版、文献保护技术研究等工作的开展，加强民国时期文献的原生性和再生性保护。这一计划，得到了文化部（今文化和旅游部）、财政部的大力支持，并于2012年正式启动。

项目开展以来，在各收藏单位以及相关专家学者的大力支持下，各方面工作均取得了重要成果。在文献普查方面，建成“民国时期文献联合目录”系统，收录国家图书馆等22家大型文献收藏机构的书目数据30余万条，馆藏数据60余万条。在此基础上，2015年2月，《民国时期图书总目》编纂工作正式启动，力争全面揭示普查成果，提供社会各界使用。为了做好这项工作，我们制订了《〈民国时期图书总目〉实施方案》，确定了客观著录图书信息的原则，界定了文献收录时间，规范了编纂体例与工作细则等。

《民国时期图书总目》是一部收集、整理民国时期图书的大型工具书，收录1911—1949年9月除线装古籍以外在我国出版的中文图书，并酌情收录这段时间内国外出版的中文图书。

北京图书馆（今国家图书馆）曾于20世纪80年代中期陆续整理出版了一套联合目录性质的《民国时期总书目》，被学者广泛使用。为使书目更加丰富完整、资料来源更加可靠、著录更加详细准确、分类更加合理，我们在充分吸收《民国时期总书目》成果的基础上，对书目及著录内容进行了大量的补充和校订，收藏单位数量也大大增加。

《民国时期图书总目》按学科分卷出版，同时还将发行《民国时期图书总目》数据库版，并随时补充、订正，以方便读者查检使用。

陈力

2018 年 4 月

凡　例

一、收录范围

1. 本书目主要收录 1911—1949 年 9 月我国出版的中文图书，酌情收录这段时间内国外出版的中文图书。1911 年前印行、民国期间又连续出版的丛书、多卷书，以及 1911 年前出版、民国期间重印的图书，均予以收录。

2. 民国期间出版的期刊、报纸、少数民族文字图书及线装书等不在本书目收录范围，待另行编印出版。

二、著录项目

1. 著录内容：顺序号、题名、责任者、版本、出版发行、形态细节、丛书、提要及附加说明、馆藏标记，共 9 个项目。

（1）顺序号：每一条目的顺序编号，各卷单独编号。待本套书目全部出版后，读者可以利用条目顺序号，在“民国时期文献联合目录”上，查找到该条目下所有图书的书目和馆藏详细信息。

（2）题名：包括正题名、副题名、交替题名、合订题名、外文题名等。所有分册名、分册号、其他题名信息以及交替题名一律置于题名后的圆括号内，之间按性质用空格隔开（交替题名单独列出）。合订书（两种及以上著作合并成一册出版而又没有共同题名）依次著录各著作题名，其间用中圆点隔开。

（3）责任者：包括著者、译者、点校者、辑注者、编者等。三人以上合著、合译的，只著录第一人姓名，后加“等”字。责任者之间以空格隔开，不同责任者的合订书，责任者之间用中圆点隔开。

（4）版本：包括版次、版本的附加说明等。

（5）出版发行：包括出版地（或发行地）、出版者（或发行者、印刷者）、出版或印刷年月等。

（6）形态细节：包括册数、页数、开本、装帧等。图书中分段表示的页码，用加号相连。开本信息依据普查数据中的厘米信息转换，并参照《民国时期总书目》进行整理。未著录装帧形式的，一般为普通平装本。

（7）丛书：包括丛书名、丛书编号等。丛书项内容置于圆括号内，有多个丛书名时，分别置于各自的圆括号内。

（8）提要及附加说明：包括图书的内容提要、题名及责任者的补充说明、适用范围以及其他著录内容的补充说明。根据实际普查情况有部分书目未提供提要及附注等。

（9）馆藏标记：提供书目数据的各公共图书馆、高校图书馆及专业图书馆等收藏单位的简称，并分别按各收藏单位简称的汉语拼音排序。为了最大限度地涵盖民国时期图书的出版发行情况，本书还收录了一些来自《民国时期总书目》和其他出版物的书目信息，由于无对应普查馆，所以无馆藏标记。

2. 著录标准：依照中文图书著录规则，以题名页、版权页为主要信息源，同时参考其他信息源。以客观著录为基本原则，并对相关内容进行必要的规范化处理。

3. 原书著录项目缺漏，由编纂者考证推测添加的著录内容，加方括号以示区别，提供参考。

三、分类与编排

1. 本书目按学科分卷，分册编辑出版。按照书目数量的多寡一个学科编成一册或多册；或由若干学科合成一册。

2. 本书目依据《中国图书馆分类法》（第四版）进行分类，并根据具体情况设置详简不同的类目名称。

3. 本书目类目不作交替和互见。包含两种以上学科内容的图书，按主要内容归类。

4. 本书目把《四部丛刊》《丛书集成》和《四部备要》三套丛书统一放在“综合性图书”卷。

5. 本书目各卷在划分类目的基础上，依次按照题名、责任者和出版者三个项目汉语拼音音序编排。三个项目完全相同的，原则上合并为一个条目，计为一种；个别上述三个项目相同但内容差异较大的，则析为单独条目。

6. 同一条目下作品的不同版本，原则上按出版时间先后排序，同时兼顾版次顺序。

7. 在编排上，为集中同一责任者的同一作品，凡使用不同笔名和署名，以及有不同中译名的外国原著者，一般选用较常见的署名，不拘于本名和标准译名，必要时在附注中说明。

四、索引及用字

1. 本书目各卷都附有汉语拼音为序的题名索引以及题名首字汉语拼音检索表。

2. 本书目使用的汉字除了按规定必须使用的繁体字和异体字外，均以现行的简化字为标准。

本卷编制说明

一、本卷主要收录1911—1949年9月我国出版的有关社会科学总论方面的中文图书，并酌情收录这段时间内国外出版的此类图书，共计2964种。

二、本卷分为社会科学理论与方法论，社会科学机构、团体、会议，社会科学研究方法，社会科学教育与普及，社会科学丛书、文集，社会科学参考工具书，统计学，社会学，人口学，管理学，民族学，人才学等12个类目，在12个类目下，又分为29个细目。

三、本卷收入的图书归类主要依据《中国图书馆分类法》（第四版），并根据民国时期图书具体情况分编。凡属学科界限不清或有争议者，一般归入上一级类目或按照主要内容归类。

四、本卷图书基本依题名、责任者、出版者相同的原则划分条目，每一条目计为一种。

五、各类目图书的排序，原则上依次按照题名、责任者、出版者三个项目汉语拼音音序编排。同一条目下的不同版本，按出版时间先后排序，兼顾版次顺序；个别出版发行信息不全的图书，放在该条目的最后。

六、提要及附注说明主要揭示图书的内容、适用范围、题名、责任者的补充说明等信息。

七、本卷部分图书中无题名页、版权页等著录信息源，还有一些图书破损严重，因此某些著录项目存在空缺，或由编纂者推测考证后加方括号注明。

八、参加本卷编辑工作的还有：张伟、张茜、胡砚、袁乐乐、袁春艳、索晶、韩佳芮。

本卷收藏单位简称表

收藏单位简称	收藏单位全称
安徽馆	安徽省图书馆
北大馆	北京大学图书馆
北师大馆	北京师范大学图书馆
重庆馆	重庆图书馆
大连馆	大连市图书馆
大庆馆	大庆市图书馆
东北师大馆	东北师范大学图书馆
福建馆	福建省图书馆
复旦馆	复旦大学图书馆
甘肃馆	甘肃省图书馆
广东馆	广东省立中山图书馆
广西馆	广西壮族自治区图书馆
贵州馆	贵州省图书馆
桂林馆	广西壮族自治区桂林图书馆
国家馆	国家图书馆
河南馆	河南省图书馆
黑龙江馆	黑龙江省图书馆
湖北馆	湖北省图书馆
湖南馆	湖南图书馆
华东师大馆	华东师范大学图书馆
吉大馆	吉林大学图书馆
吉林馆	吉林省图书馆（吉林省少年儿童图书馆）
江西馆	江西省图书馆
近代史所	中国社会科学院近代史研究所
辽大馆	辽宁大学图书馆

续表

收藏单位简称	收藏单位全称
辽宁馆	辽宁省图书馆
辽师大馆	辽宁师范大学图书馆
南大馆	南京大学图书馆
南京馆	南京图书馆
内蒙古馆	内蒙古自治区图书馆
宁夏馆	宁夏回族自治区图书馆
农大馆	中国农业大学图书馆
人大馆	中国人民大学图书馆
山东馆	山东省图书馆
山西馆	山西省图书馆
上海馆	上海图书馆（上海科学技术情报研究所）
绍兴馆	绍兴图书馆
首都馆	首都图书馆
四川馆	四川省图书馆
天津馆	天津图书馆
武大馆	武汉大学图书馆
西交大馆	西安交通大学图书馆
西南大学馆	西南大学图书馆
云南馆	云南省图书馆
浙江馆	浙江图书馆
中科图	中国科学院文献情报中心

说明：

1. 本表按收藏单位简称汉语拼音音序排序。

2. 简称规则：公共图书馆一般以行政区划名称加“馆”字简称，如吉林省图书馆简称为“吉林馆”；高校图书馆以高校简称加“馆”字简称，如北京大学图书馆简称为“北大馆”；其他类型图书馆以常用简称为准，如中国科学院文献情报中心简称为“中科图”。

3. 本书目中所收录的首都图书馆的部分馆藏，来源于“北京市公共图书馆联合目录”。

目　录

社会科学理论与方法论

00001
大众社会科学讲话 公直编
上海：世界书局，1940.6，112 页，32 开
上海：世界书局，1949.7，再版，112 页，32 开
本书共 16 章，内容包括：解剖台上的现经济制度、计划经济的另一问题、资本主义的分配法、社会主义的分配法、新民治制度、国家的起源与前途、无产阶级独裁等。卷首有编者序言。
收藏单位：重庆馆、国家馆、湖南馆、江西馆、南京馆、上海馆、首都馆

00002
大众社会科学讲话 沈志远著
重庆：妇女生活社，1940.12，117 页，32 开（妇女生活丛书）
重庆：妇女生活社，1942.3，再版，117 页，32 开（妇女生活丛书）
本书共 4 大类：新政治学讲话、意识形态论、民族问题讲话、社会问题。卷首有著者小序。
收藏单位：重庆馆、广东馆、国家馆、吉林馆、南京馆

00003
给初学社会科学者 （德）布朗德尔著 余在铭译
上海：集成书屋，1947.3，87 页，32 开
上海：集成书屋，1949，再版，87 页，32 开
本书共 12 章：总论、社会的意义、经济、政治、法律、道德、宗教、风俗、艺术、哲学、科学、社会现象之联系。
收藏单位：重庆馆、东北师大馆、广东馆、广西馆、桂林馆、国家馆、华东师大馆、吉林馆、上海馆、天津馆

00004
科学泛论 （美）古力基著 王岫庐 郑次川译
上海：公民书局，1921，2 册（208+192 页），32 开（公民丛书 科学类）
本书主要论述科学、哲学、宗教、美学、道德与伦理诸学之关系等。
收藏单位：国家馆

00005
科学泛论 （美）古力基著 王岫庐 郑次川译
上海：群益书社，1920.11，2 册（207+192 页），32 开（公民丛书 5）
收藏单位：重庆馆、人大馆、山东馆

00006
理论与实践的社会科学根本问题 （苏）卢波尔（И. К. Луппол）著 李达译
上海：心弦书社，1930.10，390+12 页，32 开
上海：心弦书社，1938.4，再版，390+12 页，32 开
本书共 6 章：序论、存在与思维底问题、唯物辩证法底问题、社会的方法论底问题、普罗列达里亚狄克推多底问题、文化问题。
收藏单位：北大馆、重庆馆、东北师大馆、复旦馆、广东馆、广西馆、国家馆、近代史所、南京馆、内蒙古馆、人大馆、上海馆、中科图

00007
马克思学说体系 （美）波丁著 腾固 张志澄译
上海：未明社，1930，2 册（553 页），32 开
收藏单位：湖南馆、南京馆、首都馆

00008
马克思学体系（第 3—4 分册 史的唯物论） （苏）萨可夫斯基编 叶作舟译
上海：平凡书局，1930，2 册（76+146 页），24 开
本书第 3 分册包括：马克思主义之历史的准备、达尔文和马克思两章；第 4 分册包括：基础及上层建筑的理论、理论的精炼、阶级 3 章。
收藏单位：重庆馆

00009
马克思学体系（第 9 分册 辩证的唯物论）
（苏）萨可夫斯基编　严灵峰译
上海：平凡书局，1930，76 页，24 开
本册包括德谟克里特的唯物论、十八世纪法国唯物论的见解、鲁柯斯基著作的断片、英法的唯物论、马克思论十八世纪法国的唯物论、马克思以前的唯物论之偏狭、德国的唯心论等内容。
收藏单位：重庆馆

00010
马克思学体系（上册）（德）马克思（K. Marx）（德）恩格斯（Friedrich Engels）（苏）萨可夫斯基编　高希圣等译
上海：平凡书局，1930.6，[478] 页，24 开，精装
本书以马克思、恩格斯著作为主体，同时辑录列宁、普列哈纳夫、拉法格、卢森堡等人著作中的精粹汇编而成。分社会进化之铁则（上、下）、史的唯物论（上、下）4 部分。
收藏单位：国家馆

00011
儒哲学案合编　曹恭翊编纂
曹恭翊 [发行者]，1918.1，16+274+240 页，25 开
本书是《中西经纬学案》的修正本。分 6 篇 12 节：儒术政治之权界、哲理政治之权界、中国政治法律学案、泰西政治法律学案、中国财政学案、泰西财政学案、中国兵政学案、泰西兵政学案、中国教育学案、泰西教育学案、中国国际学案、泰西国际学案。
收藏单位：东北师大馆、国家馆、上海馆、中科图

00012
社会科学常识
[沈阳]：东北书店，1946.3，4 册，大 64 开
收藏单位：国家馆、吉林馆、江西馆

00013
社会科学常识讲话　邓初民著
上海：文化供应社，1949.4，220 页，32 开
本书分 27 讲，介绍社会科学中哲学、社会、经济、政治等方面的一般知识。
收藏单位：广东馆、桂林馆、首都馆

00014
社会科学大纲　高尔松　高尔柏著
上海：平凡书局，1949.6，修正 1 版，258 页，36 开
本书共 13 章：绪论——社会科学是什么、社会论、文化论、唯物论、资本论、民族论、国家论、政党论、法律论、战争论、阶级论、宗教论、人口论。
收藏单位：重庆馆、东北师大馆、南京馆、上海馆、首都馆

00015
社会科学大纲　高尔松　郭真著
上海：平凡书局，1929.11，[515] 页，32 开，精、平装（社会科学大系 1）
上海：平凡书局，1930.3，再版，[515] 页，22 开，精、平装（社会科学大系 1）
上海：平凡书局，1930.10，3 版，[515] 页，32 开（社会科学大系 1）
本书书后附社会科学重要著作介绍，共 14 篇。著者“高尔松”原题：高希圣。
收藏单位：重庆馆、广东馆、广西馆、桂林馆、国家馆、湖南馆、吉林馆、南京馆、内蒙古馆、上海馆、天津馆、浙江馆、中科图

00016
社会科学大纲　孙寒冰主编
上海：黎明书局，1929.10，[541] 页，22 开，精装
上海：黎明书局，1931.4，再版，[541] 页，22 开
上海：黎明书局，1932.8，增订 3 版，[541] 页，22 开
上海：黎明书局，1936，增订 4 版，[541] 页，22 开
本书为社会科学综合性普及读物。共 9 部分：社会科学是什么（孙寒冰）、史学（黄维荣）、文化人类学（吴文藻）、人生地理

（王成组）、社会学（应成一）、社会心理学（章益）、经济学（李权时）、政治学（吴颂皋）、法理学（端木恺）。书后附人名索引及汉英人名对照表。

收藏单位：重庆馆、东北师大馆、广东馆、广西馆、贵州馆、桂林馆、国家馆、湖南馆、吉林馆、江西馆、南京馆、山西馆、上海馆、绍兴馆、首都馆、天津馆、西南大学馆

00017

社会科学的 ABC

出版者不详，[1913—1949]，364 页，25 开

收藏单位：江西馆

00018

社会科学的研究 施存统著

上海：宏远书店，1930，162 页，32 开

本书共 7 章：社会科学、社会问题、社会思想、社会运动、社会革命、国际知识、社会科学家。著者原题：复亮。

收藏单位：国家馆、近代史所、首都馆

00019

社会科学概论 陈伯达等著

大连：新华书店，1949.9，221 页，25 开（青年知识丛书）

本书主要介绍了社会科学的基本知识。共 9 章：资本主义以前的社会（杜民）、资本主义（刘芝明）、帝国主义（徐懋庸）、资产阶级性革命与革命转变问题（徐冰）、社会主义革命与无产阶级专政（杜民）、苏联概述（苏华）、殖民地半殖民地国家内民族革命（杨松）、农民问题（陈伯达）、政党（陈昌浩）。

收藏单位：国家馆

00020

社会科学概论 （美）范却脱（H. P. Fairchild）著 张素民 杨晋豪译

外文题名：Elements of social science

上海：世界书局，1933.11，315 页，22 开，精装

本书共 27 章，内容包括：社会组织、人类的起源、经济的进步、人口、移民等。卷首有著者“原序”。

收藏单位：重庆馆、广东馆、贵州馆、国家馆、近代史所、南京馆、上海馆、绍兴馆、首都馆、浙江馆

00021

社会科学概论 胡一贯编

南京：中央陆军军官学校政治训练处，1930.7，184 页，32 开（中央陆军军官学校政训处政治丛书 第 25 种）

本书共 6 章：绪论——什么是社会科学、唯生史观、社会论、民族论、经济论、政治论。版权页丛书名：政治丛书。

收藏单位：重庆馆、桂林馆、国家馆、南京馆

00022

社会科学概论 瞿秋白著

［西安］：国民革命军第二集团军驻陕司令部政治部，1927.5，87 页，32 开

本书为著者 1924 年在上海夏令讲学会讲稿。

收藏单位：国家馆

00023

社会科学概论 瞿秋白著

天津：联合出版社，1949.6，86 页，36 开

本书共 12 章：总论、社会之意义、经济、政治、法律、道德、宗教、风俗、艺术、哲学、科学、社会现象之联系。

收藏单位：重庆馆、东北师大馆、国家馆、吉林馆、辽宁馆、天津馆

00024

社会科学概论 瞿秋白著

上海：群益出版社，1949.6，68 页，32 开

收藏单位：重庆馆、东北师大馆、广东馆、国家馆、湖北馆、山西馆、上海馆、天津馆

00025

社会科学概论 瞿秋白著

上海：上海书店，1924.10，88 页，32 开
上海：上海书店，1925.5，3 版，88 页，32 开
上海：上海书店，1925.8，4 版，88 页，32 开
收藏单位：国家馆、吉林馆、近代史所

00026
社会科学概论　瞿秋白著
上海：霞社，1939.2，85 页，22 开
上海：霞社，1939.3，再版，85 页，22 开
本书附论马列。
收藏单位：广东馆、国家馆、近代史所、南京馆、上海馆、天津馆、浙江馆、中科图

00027
社会科学概论　瞿秋白著
出版者不详，1926，88 页，32 开
出版者不详，[1949]，88 页，32 开
本书为沪江大学社会经济科讲义。
收藏单位：广西馆、浙江馆

00028
社会科学概论　（日）杉山荣著　李达　钱铁如译
上海：昆仑书店，1929.3，240 页，32 开
上海：昆仑书店，1929.5，再版，240 页，32 开
上海：昆仑书店，1929.9，3 版，240 页，32 开
上海：昆仑书店，1930.3，5 版，240 页，32 开
上海：昆仑书店，1930，6 版，240 页，32 开
上海：昆仑书店，1931.11，7 版，240 页，32 开
上海：昆仑书店，1935.11，8 版，240 页，32 开
本书共 6 章：社会科学是什么、唯物辩证法、唯物史观、社会构成之分析（一、二）、社会发达的过程。卷首有译者的话。
收藏单位：重庆馆、广东馆、桂林馆、国家馆、吉林馆、江西馆、近代史所、南京馆、内蒙古馆、宁夏馆、上海馆、绍兴馆、首都馆、天津馆、浙江馆

00029
社会科学概论　（日）杉山荣著　李达　钱铁如译
上海：社会科学研究会，1932，6 版，240 页，32 开
收藏单位：吉林馆

00030
社会科学概论　社会科学研究会编
佳木斯：东北书店，1947.10，再版，增订本，234 页，32 开
哈尔滨：东北书店，1948，3 版，增订本，234 页，32 开
哈尔滨：东北书店，1948.12，4 版，增订本，234 页，32 开
沈阳：东北书店，1949.6，4 版，增订本，215 页，32 开
沈阳：东北书店，1949.9，7 版，215 页，32 开
收藏单位：北师大馆、东北师大馆、国家馆、吉林馆、近代史所、南京馆、内蒙古馆、山西馆、天津馆

00031
社会科学概论　社会科学研究会编
解放社，1940.6，增订再版，400 页，32 开
本书共 10 章：资本主义以前的社会（杜民）、资本主义（刘芝明）、帝国主义（徐懋庸）、资产阶级性革命与革命转变问题（徐冰）、社会主义革命与无产阶级专政（杜民）、苏联概述（苏华）、从第一次帝国主义战争到第二次帝国主义战争（杨松）、殖民地半殖民地国家内民族革命（杨松）、农民问题（陈伯达）、共产党（陈昌浩）。特载《关于辩证唯物主义和历史唯物主义》（斯大林）。
收藏单位：重庆馆、桂林馆、国家馆、山西馆、天津馆

00032
社会科学概论　社会科学研究会编
河北：联合出版社，1940，增订本，267 页，32 开
本书共 9 章，内容包括：资本主义以前的社会（杜民）、资本主义（刘芝明）、资产阶级性革命与革命转变问题（徐冰）、苏联概述（苏华）等。
收藏单位：首都馆

00033
社会科学概论　社会科学研究会编
社会科学研究会，1938.9，316 页，32 开
社会科学研究会，1940.9，再版，400 页，32 开
社会科学研究会，1942.1，增订再版，400 页，32 开
本书共 10 章：资本主义以前的社会（杜民）、资本主义（刘芝明）、帝国主义（徐懋庸）、资产阶级革命（徐冰）、社会主义革命（杜民）、苏联概述（苏华）、资本主义的总危机与革命斗争（何干之、涂国林）、论殖民地半殖民地国家内民族革命（杨松）、农民问题（陈伯达）、共产党（陈昌浩）。
收藏单位：广东馆、国家馆、南京馆

00034
社会科学概论　社会科学研究会编
张家口：新华书店晋察冀分店，1945，2 版，472 页，32 开
张家口：新华书店晋察冀分店，1945.10 翻印，增订再版，472 页，32 开
本书共 10 章：资本主义以前的社会（杜民）、资本主义（刘芝明）、帝国主义（徐懋庸）、资产阶级性革命与革命转变问题（徐冰）、社会主义革命与无产阶级专政（杜民）、苏联概述（苏华）、从第一次帝国主义战争到第二次帝国主义战争（杨松）、殖民地半殖民地国家内民族革命（杨松）、农民问题（陈伯达）、政党（陈昌浩）。附录《关于辩证唯物主义和历史唯物主义》（斯大林）。
收藏单位：广东馆、国家馆、山西馆

00035
社会科学概论　吴黎平　杨松编
冀东新华书店，1949.6，257 页，32 开
冀东新华书店，1949，增订本，257 页，32 开
本书为高中二年、初中二年政治课参考书。
收藏单位：国家馆

00036
社会科学概论　吴黎平　杨松编　社会科学研究会辑
苏北新华书店，1949.8，196 页，32 开
苏北新华书店，1949，增订本，196 页，32 开
收藏单位：广东馆、国家馆、上海馆

00037
社会科学概论　萧楚女编著
西安：西安二十八书报社，1927.6，51 页，32 开
收藏单位：国家馆

00038
社会科学概论　萧楚女编纂
[武汉]：中央军事政治学校政治部宣传科，1926.11，40 页，32 开（政治讲义 10）
本书共 6 部分：总论、社会及其意义、经济及社会之真实基础、政治、法律与道德——伦理学说、风俗与文化。
收藏单位：国家馆、吉林馆

00039
社会科学概论　萧玉著
上海：平凡书局，1949，31 页，36 开
上海：平凡书局，1949，53 页，32 开
本书内容包括：总论、社会及其意义、经济及社会之真实基础、政治、法律与道德、风俗与文化等。
收藏单位：国家馆

00040
社会科学概论　萧玉著
上海：中学生书局，1932，53 页，32 开
收藏单位：内蒙古馆、上海馆

00041
社会科学概论　徐朗西著　杨剑秀编
张鑫山[发行者]，1937，160 页，32 开
本书共 9 章：总论、辩证法的唯物论、社会、经济、政治和法律、道德和风俗、宗教、艺术、哲学。版权页题：杨剑秀著。
收藏单位：广东馆、桂林馆

00042
社会科学概论　徐懋庸等著
辽东：建国书社，1946.6，294 页，32 开
本书共 10 章：资本主义以前的社会（杜民）、资本主义（刘芝明）、帝国主义（徐懋庸）、资产阶级性革命与革命转变问题（徐冰）、社会主义革命与无产阶级专政（杜民）、苏联概述（苏华）、从第一次帝国主义战争到第二次帝国主义战争（何干之、涂国林）、殖民地半殖民地国家内民族革命（杨松）、农民问题（陈伯达）、政党（陈昌浩）。
收藏单位：国家馆、吉大馆、江西馆、上海馆、首都馆

00043
社会科学概论　杨剑秀编
上海：现代书局，1929.6，145 页，32 开，精、平装（社会科学丛书第 1 种）
上海：现代书局，1929，2 版，145 页，32 开（社会科学丛书第 1 种）
上海：现代书局，1932.9，5 版，145 页，32 开（社会科学丛书第 1 种）
上海：现代书局，1932，6 版，145 页，32 开（社会科学丛书第 1 种）
上海：现代书局，1933.9，7 版，145 页，32 开，精、平装（社会科学丛书第 1 种）
收藏单位：重庆馆、桂林馆、国家馆、黑龙江馆、江西馆、南京馆、内蒙古馆、上海馆、天津馆

00044
社会科学概论　杨松等编　社会科学研究会编
沈阳：东北书店，1949.2，增订本，228 页，32 开
本书为高中二年、初中二年政治课参考书。
收藏单位：国家馆、山西馆、天津馆

00045
社会科学概论　杨松等编　社会科学研究会辑
新华书店，1949.9，增订本，262 页，32 开
本书共 9 章，内容包括：资本主义以前的社会（杜民）、资本主义（刘芝明）、帝国主义（徐懋庸）、苏联概述（苏华）、殖民地半殖民地国家内民族革命（杨松）、农民问题（陈伯达）等。
收藏单位：重庆馆

00046
社会科学概论　杨松等编　社会科学研究会辑
出版者不详，[1940]，再版，增订本，400 页，32 开
本书共 10 章，内容包括：资本主义以前的社会（杜民）、资本主义（刘芝明）、帝国主义（徐懋庸）、苏联概述（苏华）、殖民地半殖民地国家内民族革命（杨松）、农民问题（陈伯达）等。
收藏单位：重庆馆

00047
社会科学概论　中央陆军军官学校政治训练处编
南京：中央陆军军官学校政治训练处，1933，199 页，32 开
本书分认识论、方法论、进化论 3 部分。
收藏单位：重庆馆、南京馆

00048
社会科学概论（讲授提纲）　晋西抗战学院编
[兴县]：晋西抗战学院，1940，油印本，37 页，25 开
本书共 6 章：原始共产社会、奴隶社会、封建社会、资本主义社会、共产主义社会、资产阶级性革命与革命转变问题。
收藏单位：山西馆

00049
社会科学概论（经济）　刘朗泉编述
浙江省地方行政干部训练团，1940.5，32 页，32 开
本书分上、下两编。上编经济学的领域，下编当前两大经济国策的认识。
收藏单位：浙江馆

00050
社会科学概论（下册）
自由社，1940，[142] 页，32 开
　　收藏单位：首都馆

00051
社会科学概论选读序　赵承信编
燕京大学社会学系，1939，1 册，16 开
　　收藏单位：南京馆

00052
社会科学纲要　杜民　刘芝明等著
科学研究会，[1940—1949]，316 页，32 开
　　本书共 10 章：资本主义以前的社会（杜民）、资本主义（刘芝明）、帝国主义（徐懋庸）、资产阶级性革命（徐冰）、社会主义革命（杜民）、苏联概述（苏华）、资本主义的总危机与革命斗争（何干之、涂国林）、殖民地半殖民地国家内民族革命（杨松）、农民问题（陈伯达）、政党（陈昌浩）。
　　收藏单位：国家馆、江西馆

00053
社会科学基本讲座
出版者不详，[1947]，272 页，25 开
　　收藏单位：天津馆

00054
社会科学基础讲座　沈志远著
香港：智源书局，1947.2，259 页，25 开
香港：智源书局，1949.4，再版，259 页，32 开
　　本书共 8 讲：社会科学底哲学基础、新社会学底基本问题、社会形态之史的发展、资本主义经济之剖视、新政治学底基本问题、意识形态论、民族问题、社会问题。卷首有著者自序。
　　收藏单位：重庆馆、广西馆、国家馆、湖北馆、吉林馆、南京馆、上海馆

00055
社会科学讲话　祝伯英著
上海：开明书店，1933.12，126 页，32 开（开明青年丛书）
上海：开明书店，1934.9，再版，125 页，32 开（开明青年丛书）
上海：开明书店，1937.1，3 版，125 页，32 开，精装（开明青年丛书）
上海：开明书店，1938，4 版，126 页，32 开（开明青年丛书）
上海：开明书店，1940，5 版，126 页，32 开（开明青年丛书）
上海：开明书店，1947，6 版，126 页，32 开（开明青年丛书）
上海：开明书店，1948.7，特 1 版，126 页，32 开（开明青年丛书）
上海：开明书店，1949.3，平 1 版，126 页，32 开（开明青年丛书）
上海：开明书店，1949.3，7 版，126 页，32 开（开明青年丛书）
　　本书共 10 讲：哲学与社会科学、社会学入门、经济学纲要、社会简史、社会思想述要、经济思想短史、社会问题概论、政治常识、国际政治经济之研究、中国经济问题。著者又题：祝百英。
　　收藏单位：重庆馆、东北师大馆、广东馆、广西馆、贵州馆、桂林馆、国家馆、黑龙江馆、吉林馆、江西馆、辽大馆、辽宁馆、南京馆、内蒙古馆、宁夏馆、上海馆、绍兴馆、首都馆、天津馆、武大馆、云南馆、浙江馆

00056
社会科学理论之体系　张栗原编译
上海：神州国光社，1930.10，300 页，32 开
上海：神州国光社，1931，再版，300 页，32 开
上海：神州国光社，1933.2，3 版，300 页，32 开
　　本书共 10 章：科学是什么、社会科学是什么、社会科学的方法论、唯物论、唯物论的认识论、唯物论的辩证法、唯物史观公式、社会构成的前提、社会的基础及社会之上层建筑、社会之发展过程。
　　收藏单位：重庆馆、广西馆、国家馆、南京馆、上海馆、绍兴馆、首都馆、天津馆、武大馆、中科图

00057

社会科学论纲（又名，社会科学新论） 王亚南著

永安（福建）：东南出版社，1945.6，264 页，32 开

本书共 4 部分：社会科学认识论、社会科学的文化论、社会科学的战争论、社会科学的建设论。

收藏单位：重庆馆、广东馆、国家馆、上海馆、绍兴馆、首都馆、天津馆、中科图

00058

社会科学史纲 （美）班兹（Harry Elmer Barnes）编辑 王造时 向达等译

外文题名：The history and prospects of the social sciences

长沙：商务印书馆，1940，2 册（692 页），22 开，精装

本书共 11 部分：绪论、史学、人生地理学、人生生物学、社会心理学、文化人类学、社会学、经济学、政治学、法学、伦理学。

收藏单位：东北师大馆、广东馆、国家馆

00059

社会科学史纲（第 1 册 史学）（美）班兹（Harry Elmer Barnes）著 向达译

长沙、北京、上海：商务印书馆，1940.7，83 页，32 开

重庆：商务印书馆，1944.7，渝 1 版，83 页，32 开

重庆：商务印书馆，1945.9，渝 2 版，83 页，32 开

本册分 3 部分：绪论、史学、新史学或综合史学。

收藏单位：安徽馆、重庆馆、甘肃馆、广东馆、广西馆、贵州馆、国家馆、江西馆、南京馆、内蒙古馆、山西馆、上海馆、天津馆

00060

社会科学史纲（第 2 册 人生地理学）（法）白吕纳（J. Brunhes）著 张其昀译

长沙：商务印书馆，1940，85—164 页，32 开

重庆：商务印书馆，1944.8，渝 1 版，85 页，32 开

长沙：商务印书馆，1945，渝 2 版，85 页，32 开

本册共 6 部分，内容包括：人生地理之希望、人生地理学之发达与拉策尔之学说、法国对于人生地理学之新贡献、美国与其他各国之人生地理学等。

收藏单位：重庆馆、广东馆、广西馆、国家馆、黑龙江馆、江西馆、南京馆、内蒙古馆、上海馆、天津馆

00061

社会科学史纲（第 3 册 人生生物学）（美）巴什利（H. M. Barshley）著 黄绍绪译

长沙、上海：商务印书馆，1940，165—220 页，32 开

重庆：商务印书馆，1944，渝 1 版，62 页，32 开

重庆：商务印书馆，1944，渝 2 版，62 页，32 开

本册主要论述古代生物学史、近代生物学之发端、生物学与社会问题等。

收藏单位：重庆馆、广东馆、贵州馆、国家馆、黑龙江馆、江西馆、南京馆、内蒙古馆、宁夏馆、上海馆、天津馆、中科图

00062

社会科学史纲（第 4 册 社会心理学）（美）杨格（K. Young）著 高觉敷译

长沙：商务印书馆，1940.7，221—284 页，32 开

重庆：商务印书馆，1944，渝 1 版，70 页，32 开

重庆：商务印书馆，1945，渝 2 版，70 页，32 开

长沙：商务印书馆，1945，再版，[63] 页，32 开

本册共 3 部分：导言、社会心理学发达中之主要问题、结论。

收藏单位：重庆馆、广东馆、广西馆、贵州馆、国家馆、黑龙江馆、江西馆、南京馆、内蒙古馆、上海馆、天津馆、西南大学馆

00063
社会科学史纲（第 5 册 文化人类学）（美）哥登惠塞（A. Goldenweiser）著 陆德音译
长沙：商务印书馆，1940.7，285—331 页，32 开
重庆：商务印书馆，1944.9，渝 1 版，51 页，32 开
重庆：商务印书馆，1945，渝 2 版，51 页，32 开
长沙：商务印书馆，1945，再版，[46] 页，32 开

本册分 6 个方面论述文化人类学之起源、斯宾塞泰勒及古典进化论派、进化主义之崩溃、文化传播论及其批评等。

收藏单位：重庆馆、甘肃馆、广东馆、广西馆、国家馆、黑龙江馆、江西馆、南京馆、内蒙古馆、上海馆、天津馆、西南大学馆

00064
社会科学史纲（第 6 册 社会学）（美）罕金斯（F. H. Hankins）著 华鼎彝译
长沙：商务印书馆，1940.7，333—431 页，32 开
长沙：商务印书馆，1944，[98] 页，32 开
重庆：商务印书馆，1944，渝 1 版，104 页，32 开
重庆：商务印书馆，1945，渝 2 版，104 页，32 开

本册共 7 部分：社会学尚在形成时期、社会学家之分类尝试、孔德以前之社会学、孔德、斯宾塞、华特、现代社会学概述。

收藏单位：重庆馆、广东馆、贵州馆、国家馆、黑龙江馆、江西馆、南京馆、内蒙古馆、上海馆、首都馆、天津馆、西南大学馆

00065
社会科学史纲（第 7 册 经济学）（美）俾革罗（K. W. Bigelow）著 王造时 谢诒徵译
长沙：商务印书馆，1940.7，433—520 页，32 开
长沙：商务印书馆，1944，94 页，32 开
重庆：商务印书馆，1944.9，渝 1 版，94 页，32 开
重庆：商务印书馆，1945.9，渝 2 版，94 页，32 开

本册共 6 部分：绪论、亚当斯密司以前之经济思想、正统政治经济学派、社会主义之潮流、现代经济学之若干主潮、经济学之前途。

收藏单位：重庆馆、广东馆、广西馆、贵州馆、国家馆、江西馆、南京馆、内蒙古馆、山西馆、上海馆、天津馆

00066
社会科学史纲（第 8 册 政治学） 舍斐德（W. J. Shepherd）著 王造时 谢诒徵译
长沙：商务印书馆，1940，521—579 页，32 开
长沙：商务印书馆，1944，[58] 页，32 开
重庆：商务印书馆，1944，渝 1 版，64 页，32 开
重庆：商务印书馆，1945，渝 2 版，64 页，32 开

本册共 3 部分：政治学之历史、现在状况、未来之瞻望。

收藏单位：重庆馆、广东馆、贵州馆、国家馆、江西馆、南京馆、内蒙古馆、上海馆、首都馆、天津馆

00067
社会科学史纲（第 9 册 法学）（美）庞特（R. Pound）著 雷宾南译
长沙：商务印书馆，1940.7，581—640 页，32 开
重庆：商务印书馆，1944.10，渝 1 版，64 页，32 开
重庆：商务印书馆，1945，渝 2 版，64 页，32 开

本册共 3 章：法学历史、现代法律科学之特性、法学在今日所有主要问题。

收藏单位：重庆馆、广东馆、贵州馆、国家馆、吉林馆、江西馆、南京馆、内蒙古馆、上海馆、天津馆

00068
社会科学史纲（第 10 册 伦理学）（美）季佛勒（R. C. Givler）著 王造时 谢诒徵译

长沙：商务印书馆，1940，641—692 页，32 开
重庆：商务印书馆，1944.10，渝 1 版，56 页，32 开
重庆：商务印书馆，1945，渝 2 版，56 页，32 开

本册论述伦理学的发展概况，介绍苏格拉底、柏拉图、亚里斯多德、伊壁鸠鲁派、大儒学派、功利主义派，以及耶稣、霍布斯、洛克、康德、斯宾挪莎等人的伦理学说。分 4 部分：绪论、对于现代论理科学各种最重要的贡献之简史、伦理理论之现状、伦理理论之改造。

收藏单位：重庆馆、广东馆、贵州馆、国家馆、江西馆、南京馆、内蒙古馆、上海馆

00069
社会科学通论 常乃悳编
上海：中华书局，1935.2，132 页，32 开（中华百科丛书）
上海：中华书局，1940.4，再版，132 页，32 开（中华百科丛书）
上海：中华书局，1941.2，3 版，132 页，32 开（中华百科丛书）

本书用生物有机体派社会学说的观点，分 8 章阐述了社会有机体演进的阶段，社会集团意识的进化与民族性的形式，社会集团组织的进化及社会的生长与衰老等。卷首有舒新城作的总序及著者自序。末附西文参考书及中文名词索引。

收藏单位：重庆馆、广东馆、贵州馆、桂林馆、国家馆、黑龙江馆、吉林馆、南京馆、宁夏馆、山西馆、天津馆、西南大学馆

00070
社会科学新论（原名，社会科学论纲） 王亚南著
福州：经济科学出版社，1946.12，增订新版，280 页，32 开（社会科学丛书）

本书卷末附录《读社会科学论纲》（沈立人）。

收藏单位：重庆馆、广东馆、广西馆、国家馆、湖南馆、上海馆、首都馆

00071
社会科学研究初步 布朗克著
出版者不详，1936，78 页，32 开

收藏单位：国家馆

00072
社会科学研究初步 （德）布庄德耳著 杨霄青翻译
上海：华兴书局，1930.5，2 版，85 页，32 开（社会科学丛书）

本书共 12 部分：总论、社会的意义、经济、政治、法律、道德、宗教、风俗、艺术、哲学、科学、社会现象之联系。著者原题：布浪德耳。

收藏单位：内蒙古馆、上海馆

00073
社会科学研究初步 （德）布庄德耳著 杨霄青译
上海：社会科学研究社，1929.12，85 页，32 开（社会科学丛书）
上海：社会科学研究社，1931.6，再版，86 页，32 开（社会科学丛书）
上海：社会科学研究社，1940.3，[再版]，133 页，64 开

本书共 12 部分：总论、社会之意义、经济、政治、法律、道德、宗教、风俗、艺术、哲学、科学、社会现象之联系。目次页译者题：杨霞青。

收藏单位：重庆馆、国家馆、南京馆、上海馆

00074
社会科学研究初步 社会科学研究会编
[上海]：[社会科学研究会]，[1949]，82 页，32 开

收藏单位：国家馆

00075
社会科学研究入门 方觉圆等著
上海：光华书局，1933.9，116 页，大 64 开

收藏单位：江西馆、南京馆

00076
社会科学与实际社会　（英）崩斯（Emile Burns）著　邹韬奋译
上海：生活·读书·新知联合发行所，1949.7，119 页，32 开（韬奋著作集）
本书共 8 章：科学的世界观、社会发展的法则、资本主义社会、资本主义的帝国主义阶段、生产更高阶段的由来、社会主义社会、科学的自然观、行动的指针。卷首有译者序。译自 1939 年版。译者原题：韬奋。
收藏单位：重庆馆、东北师大馆、广东馆、国家馆、吉林馆、辽宁馆、南京馆、天津馆

00077
社会科学与实际社会　（英）崩斯（Emile Burns）著　邹韬奋译
[上海]：韬奋出版社，1941.11，119 页，32 开
[上海]：韬奋出版社，1947.11，胜利后 1 版，119 页，32 开
本书译者原题：韬奋。
收藏单位：贵州馆、上海馆

00078
社会科学原论　（日）河上肇著　郭沫若译
上海：联合书店，1931，184 页，32 开
上海：联合书店，1931.10，5 版，184 页，32 开
本书著者原题：何上肇。
收藏单位：重庆馆、国家馆、南京馆、首都馆

00079
社会科学指导　张少微著
上海：女子书店，1935.11，76 页，32 开（女子文库 学术指导丛书）
本书共 8 部分：人类欲望、政治组织、经济系统、文化结合、自由制限、心灵作用、社会进步、结束的话。书前有自叙。
收藏单位：广西馆、国家馆、南京馆、天津馆

00080
社会自由讲学之再兴起　钱穆著
昆明：出版者不详，1940，205—218 页，16 开
本书内容包括：宋明民间学风兴起之社会背景、宋明自由讲学之主要精神、宋明学者之讲学事业、宋明学者主持之其他社会事业。为《国立北京大学四十周年纪念论文集》抽印本。
收藏单位：广东馆

00081
什么是“人民之友”以及他们如何攻击社会民主主义者　（苏）列宁（В. И. Ленин）著
莫斯科：外国文书籍出版局，1940，203 页，大 32 开
收藏单位：国家馆

00082
现代社会科学讲话　陈端志编
上海：生活书店，1934.3，421 页，22 开
上海：生活书店，1934.8，2 版，446 页，22 开
上海：生活书店，1935.5，3 版，24+446 页，22 开
本书主要讲述社会科学的基础知识，共 5 章：社会科学是什么、社会科学研究法、社会基础和社会建筑、社会问题、社会思想。附录社会科学的自学书目。
收藏单位：重庆馆、广东馆、广西馆、国家馆、吉林馆、南京馆、上海馆、天津馆

00083
现代新主义　宋麟等编校
上海：世界书局，1926.9，148 页，32 开（中学世界百科全书 第 1 集 10）
本书把主义分为政治、哲学、社会、学艺 4 大类，分别论述三民主义、国家主义、无抵抗主义、马克斯主义、新教育主义、写实主义、印象主义等 26 种主义的概念及概况。
收藏单位：重庆馆、桂林馆、国家馆、江西馆、辽大馆、内蒙古馆、上海馆、绍兴馆、首都馆、天津馆

00084
新社会科学方法论　黄淡如著
上海：新学书店，1939.6，160 页，32 开
本书共 4 编：社会科学、社会学、经济

学、政治学，并分章节阐明其意义及研究方法等。

00085
新社会科学讲话 刘学欧著
上海：新社会科学会，1939.5，565 页，25 开

本书主要论述新社会科学、方法论、社会学、经济学、政治学、意识形态学、历史学等方面内容。

收藏单位：广东馆、国家馆

00086
中国社会科学思想史纲 戴行轺著
上海：大东书局，1933.4，96 页，32 开（社会科学基础丛书）

本书共 5 章：绪言、政治思想、经济思想、法律思想、结尾。卷首有章渊若《社会科学基础丛书序》及中国社会科学会的例言。

收藏单位：重庆馆、广东馆、国家馆、黑龙江馆、湖南馆、江西馆、近代史所、南京馆、上海馆、浙江馆

00087
中西经纬学案 曹恭翊编
出版者不详，2 册（274+240 页），18 开，精装

本书介绍中外各种思想派系，文言体。经之属包括：第一篇儒术政治之权界、哲理政治之权界，第二篇中国政治法律学案、泰西政治法律学案；纬之属包括：第三篇中国财政学案、泰西财政学案，第四篇中国兵政学案、泰西兵政学案，第五篇中国教育学案、泰西教育学案，第六篇中国国际学案、泰西国际学案。

收藏单位：国家馆、上海馆

社会科学机构、团体、会议

00088
北京东莞学会会员录 东莞学会编
北京：东莞学会，1918，64 页，25 开，精装

本书内容包括：东莞学会会员录（休学会员表、毕业会员表）、北京东莞学会章程、民国七年当选职员一览表等。

收藏单位：国家馆

00089
北平民社园概况 北平民社编
北平：[北平民社]，1936，13 页

收藏单位：近代史所

00090
栎城阅书报社三十周年纪念特刊 刘惟明等编
栎城：阅书报社，1938.1，1 册，16 开

收藏单位：南京馆

00091
丙寅同庚会计岁公寿录 丙寅同庚会编
无锡：丙寅同庚会，1926，1 册，16 开

收藏单位：南京馆

00092
丙寅同庚七十岁公寿录 丙寅同庚会编
无锡：丙寅同庚会，1935.4，1 册，16 开

收藏单位：南京馆

00093
成志
出版者不详，1936，46 页，24 开

本书系成志学社年会的报告书及会员名录等。

00094
成志学社廿三年年会记录
出版者不详，[1934]，16 页，24 开

本书为成志学社 1934 年 4 月 28—29 日在无锡梅园召开的会议记录，到会社员有王正廷、黄炎培、陶知行等 26 人。

00095
成志学社上海分社社员录 成志学社编
成志学社，1936.2，[14] 页，横 32 开

00096
创设阳邑十八乡会议公所章程 阳邑十八乡会议公所编
出版者不详，9 页，23 开

00097
东北协会文献辑要（第 1 集）
出版者不详，1933，54 页，22 开
本书内容包括：收复歌一、收复歌二、本会宣言、本会致海外侨胞书、本会泣告东北父老兄弟书、本会黑白半月刊发刊词等。
收藏单位：重庆馆、江西馆、近代史所、南京馆、上海馆

00098
读书会
中国文化服务社，4 页，64 开
收藏单位：广东馆

00099
蛾术录 安定同乐会编辑部编
安定同乐会发行部，1922.5，1 册，22 开
本书包含题词、摄影、论著、科学、文艺、诗词、小说、杂俎等内容。
收藏单位：浙江馆

00100
扶轮社社员与扶轮社职业分类
出版者不详，35 页，25 开
本书译自国际扶轮社小册第 17 号。
收藏单位：广东馆

00101
扶轮社社长的一年
出版者不详，1947，38 页，32 开
本书译自国际扶轮社小册第 8 号。
收藏单位：广东馆

00102
扶轮社书记须知
出版者不详，1947，38 页，32 开
本书译自国际扶轮社小册。
收藏单位：广东馆

00103
扶轮社之梗概 扶轮社编
上海：扶轮社，30 页，42 开
本书共 28 部分，内容包括：宗旨、社员之利益、普通社员、社员之选择、命名之缘起、扶轮社之推广等。
收藏单位：广东馆

00104
扶轮社之宣传工作 [扶轮社] 编
[扶轮社]，1936，14 页，42 开
本书介绍扶轮社运动的目的与宗旨，社友个人对于社会的贡献，关于社务活动的报告。译自扶轮社国际总会小册第 14 号。
收藏单位：重庆馆

00105
福建省研究院社会科学研究所概况 福建省研究院社会科学研究所编
永安：福建省研究院社会科学研究所，1947.12，33 页，32 开
本书介绍该所之沿革、研究工作概况及其成果、今后工作计划等。附录本所工作人员一览及所外研究人员一览。
收藏单位：福建馆、广东馆、广西馆、国家馆、南京馆、上海馆、浙江馆、中科图

00106
冈田心灵学社简章 [冈田心灵学社编]
[上海]：[冈田心灵学社]，[1924]，16 页，22 开
本书原件有破损。
收藏单位：广东馆

00107
广州云浮学会会址落成纪念刊 广州云浮学会编
广州云浮学会，1932.12，134 页，32 开
该学会以联络感情、切磋学问、促进云浮文化、介绍同乡求学为宗旨。

00108
桂南学会会刊

出版者不详，54 页，32 开

收藏单位：广东馆

00109

国际智识合作运动史 张辅良撰述

外文题名：History of the international intellectual cooperation

上海：商务印书馆，1928.5，111 页，32 开（新时代史地丛书）

上海：商务印书馆，1929.10，111 页，32 开（新时代史地丛书）（万有文库 第 1 集 270）

上海：商务印书馆，1933.4，国难后 1 版，111 页，32 开（新时代史地丛书）

上海：商务印书馆，1934，再版，111 页，32 开（新时代史地丛书）（万有文库 第 1 集 270）

本书共 6 章：绪论——国际智识合作之需要、国际智识合作运动之途径、世界大战以前已有之国际智识合作团体与事业、世界大战以后新兴之国际智识合作团体与事业（上、下）、结论。

收藏单位：重庆馆、东北师大馆、广西馆、贵州馆、国家馆、黑龙江馆、湖南馆、江西馆、辽大馆、辽师大馆、南京馆、内蒙古馆、宁夏馆、上海馆、首都馆、天津馆、西南大学馆、浙江馆

00110

国立武汉大学经济学会会员录

出版者不详，56 页，32 开

收藏单位：南京馆

00111

国立中央研究院历史语言研究所概况（民国十七年至三十七年六月）

出版者不详，[1948]，260 页，16 开

收藏单位：南京馆

00112

国立中央研究院社会科学研究所二十八年度报告

[重庆]：[国立中央研究院社会科学研究所]，[1940]，油印本，9 页，16 开

收藏单位：南京馆、中科图

00113

国立中央研究院社会科学研究所二十九年度报告

[重庆]：[国立中央研究院社会科学研究所]，[1941]，油印本，1 册，16 开

本书内容包括：社会经济史研究、工业经济研究、农业经济研究、贸易研究、金融研究、财政研究、行政研究、统计研究等。

收藏单位：南京馆

00114

国立中央研究院社会科学研究所三十一年度工作报告（民国三十一年一月至十二月）

国立中央研究院社会科学研究所，[1943]，油印本，15 叶，22 开，环筒页装

本书内容包括：研究工作、出版及发表、人事动态、图书等。

收藏单位：国家馆、南京馆

00115

国立中央研究院社会研究所概况（民国十七年至三十七年六月）

出版者不详，[1948]，261—303 页，16 开

收藏单位：南京馆

00116

国民读书互助会各种章程规划及其工作计划

出版者不详，1 册，16 开

收藏单位：南京馆

00117

国民读书互助会周年纪念刊 国民读书互助会年刊编辑委员会编

上海：国民读书互助会理事会出版科，1934.9，140 页，16 开

本书分发刊词、本会顾问名录、言论、会务报告等 13 部分。收《中国民族复兴之商榷》（姜豪）、《国际贸易中之经济的国民主义》（查士骥）、《忆故乡》（心香）、《梦样的现实》（李超）等文章。

收藏单位：广西馆、国家馆、南京馆

00118
航空协会五机命名典礼特刊　中国航空协会总会编
中国航空协会总会，1933.9，12 页，16 开
收藏单位：南京馆

00119
恒社秋季联欢大会特刊　恒社文书组编审股编
上海：恒社文书组编审股，1934.11，[40] 页，16 开
本书为恒社成立一周年特刊。包括摄影、社务报告、社员撰述、社员录及社章等项。

00120
鸿雁录（丁卯年冬季号）　陈兑厂编辑
上海：著易堂印刷所，1927，56 页，32 开
本书版权页题名：壶社鸿雁录，逐页题名：岭东壶社鸿雁录。
收藏单位：上海馆

00121
华联同乐会会员题名录　华联会员部编审科编辑 / 校订
[上海]：华联同乐会，1939.12，201 页，32 开
本书共 7 部分：本会章程、本会组织系统表、本会名誉理事名录、本会永久会员名录、本会顾问及导师名录、本会工作人员名录、会员名录。
收藏单位：上海馆

00122
吉安新运协进社卅一年度工作报告书　吉安新运协进社编
吉安新运协进社，[1943]，12 页，18 开
本书内容涉及文化事业、经济事业、社会服务、卫生体育、生活指导、该社一般状况等。附录该社各种章则。
收藏单位：国家馆

00123
江西旅平学会会刊　纪伯良等著
北平：京城印书局，1930.6，124 页，32 开
收藏单位：南京馆

00124
竟志团九周纪念特刊　上海青年会竟志团编
上海：青年会竟志团，1934.12，80 页，32 开
本书共 8 部分：题词、铜图、祝词、言论、团务状况、小说、杂俎、学园。

00125
抗战期间工作报告　[河南旅沪同乡会编]
河南旅沪同乡会，46 页，22 开
本书收入河南旅沪同乡会民国二十六年至三十四年间会务概况，包括工作纪要、收支清册、捐款一览等。
收藏单位：上海馆

00126
励行学社四周年纪念特刊
励行书社，1947.5，28 页，32 开
收藏单位：南京馆

00127
绿营联谊社首届征募运动征信录　绿营联谊社编
绿营联谊社，1948，79 页，32 开
本书为绿营联谊社征募经费的账册。
收藏单位：上海馆

00128
莫干山莲社特刊　莫干山莲社编
[杭州]：莫干山莲社，[1937]，62 页，16 开
本书内含该社缘叙、祝辞、纪要、讲录、通讯、规章等。
收藏单位：浙江馆

00129
莫干山住民协会会刊　余重辉编
[杭州]：莫干山住民协会，1947，32 页，32 开
收藏单位：上海馆

00130
南京市学术文化团体　江南问题研究会编

江南问题研究会，1949.3，49 页，36 开（南京调查资料 文教篇 4）

本书从宗旨、沿革、人事及组织、业务等几方面介绍南京市的学术文化团体。包括一般学术团体、教育学术团体、科学团体、社会政治经济团体、工程团体、医药学术团体、农业团体、体育团体。材料主要来源于 1948 年 12 月出版的《中国教育年鉴》（商务版）。

收藏单位：国家馆

00131

浦东旅沪同乡会征求会员册

出版者不详，1931.8，22 页，18 开

收藏单位：上海馆

00132

全浙公会会务报告（民国二十年六月起至二十二年三月止） 全浙公会编

出版者不详，1933，[155] 页，22 开

00133

全浙公会会务报告（民国二十三年） 全浙公会编

[浙江]：全浙公会，1934，132 页，23 开

收藏单位：浙江馆

00134

全浙公会会务报告（民国二十四年） 全浙公会编

[浙江]：全浙公会，[1935]，210 页，25 开

本书封面题名：全浙公会第十一届会务报告（民国二十四年），书脊题名：会务报告（民国二十四年）。

收藏单位：浙江馆

00135

全浙公会会务报告（民国二十五年） 全浙公会编

[浙江]：全浙公会，[1936]，201 页，32 开

本书主要说明本次会议的开会秩序、报告事项、提议事项、选举、临时提议等。封面题名：全浙公会第十二届会务报告（民国二十五年），书脊题名：会务报告（民国二十五年）。

收藏单位：浙江馆

00136

全浙公会新会员姓氏录

[浙江]：出版者不详，[1935]，38 页，22 开

收藏单位：浙江馆

00137

人民团体干部训练业务课程讲授大纲 社会部编

重庆：社会部，1945.1，115 页，32 开

本书内容包括：社会行政、人民团体组织、民运技术、合作事业、社会运动、工会管制、书记任务、农业常识等。书前有例言。

收藏单位：重庆馆、吉林馆、南京馆、天津馆

00138

人民团体组训法规 富阳县政府社会科编

富阳：出版者不详，1938，174 页，32 开

本书概括了商业同业公会法，商业同业公会法施行细则等内容。

收藏单位：浙江馆

00139

人民团体组训法规

浙江省社会处，[1942] 印，110 页，32 开

收藏单位：吉林馆

00140

人社 人社编

人社，1933，33 页，50 开

本书为人社的社章。

00141

人文社创始及图书馆筹备改名之经过 人文社编

上海：人文社，1933.9，37 页，32 开

本书共 5 部分：致各捐款人函（沈恩孚、黄炎培）、人文社七年来捐款人姓字及数目一览表、人文社十六年三月至二十二年五月收

支总报告及附志、人文小史、人文类辑通启。附鸿英教育基金董事会董事姓名录。

收藏单位：国家馆

00142

上海全浙公会会员名录　[上海全浙公会]编

[上海全浙公会]，244页，32开

收藏单位：上海馆、浙江馆

00143

上海市地方协会报告书　上海市地方协会编

上海市地方协会，1947.5，20页，16开，环筒页装

本书分4部分：本会概况、战前之本会、抗战期中之本会、淞沪沦陷期中之本会。

收藏单位：上海馆

00144

上海市地方协会第一届年报　上海市地方协会编

上海市地方协会，1933，24页，16开，环筒页装

本书包括该会会务概览、特载、总纲、会议纪录提要、大会讲谈等。

00145

上海市地方协会第三届年报　上海市地方协会编

上海市地方协会，1935，[22]页，16开，环筒页装

本书包括该会会务概览、特载（经济问题著述）、总纲、协会章程、会员录、职员录等。

00146

上海市力行联谊社成立纪念手册　秘书室编

出版者不详，1947.4，96页，50开

本书题名取自封面。

收藏单位：上海馆

00147

上海市忠义会章程　上海市忠义会编

上海市忠义会，1937.1重印，[8]页，23开

本书共6章：总则、会员、组织及职务、会议、经费及用度、附则。附互助股规则。

00148

社友录（民国三十三年二月）

同仁社，1944.2，70页，50开

本书内容包括：该社发起人、总社及各分友社职员录、中国分社、美国分社、欧洲分社等内容。

00149

神州读书会章程　神州读书会编

出版者不详，1932，20页，50开

本书共8部分，内容包括：本会的目的、会员之资格、会员应享受之利益、本会所倡办之十大事业等。后附该会所倡办十大事业的内容。

收藏单位：国家馆

00150

四川省训练团第六期（第七号）工作报告附件

[成都]：[四川省训练团]，[1942]，油印本，1册，16开

收藏单位：南京馆

00151

四存学会详则　四存学会编

四存学会，[1938]，12页，16开，环筒页装

收藏单位：国家馆

00152

无锡旅京同乡录

出版者不详，14页，32开

收藏单位：南京馆

00153

五学术团体联合会指南

浙江：正楷印书局，1936，1册，32开

五个学术团体包括：中国工程师学会、中国机电工程师学会、中华化学工业会、中国自动机工程师学会、中国化学工程学会。题名取自封面。

收藏单位：南京馆

00154

西北协进会章程 西北协进会编

西北协进会，10 页，18 开

本书包括西北协进会宣言书、章程以及会员名单。章程共 8 章：总则、会员、职员、职员之选任及其任期、会期、经费、本部与支部之关系、附则。

收藏单位：国家馆

00155

现阶段的侠谊社 侠谊社编

上海：侠谊社，16 页，32 开

本书共 10 部分，内容包括：我们的立场、侠谊社的精神、我们的信条、我们的力量、我们当前的任务、社员对于本社的认识、我们应有的修养等。

收藏单位：南京馆、上海馆

00156

新人文学术研究社缘起及简章 新人文学术研究社编

新人文学术研究社，[14] 页，32 开，环筒页装

00157

新亚细亚学会会员录 新亚细亚学会组织科编

新亚细亚学会组织科，1935.12，54 页，32 开

本书按照姓名、籍贯、研究股名、通讯处 4 项编排。书前有说明。书后附职员录。

00158

信社成立纪念特刊 信社编

信社，1936.11，18 页，16 开

本书内容包括：《信社成立纪念》（陈行健）、《给信友的一封信》（马任远）、《信社的中心信念》（何鉴辉）、《“信”的本质》（陈飞）、《我们所需要的友谊》（马北拱）等文章。

00159

兴中学会会员录 兴中学会编

兴中学会，31 页，32 开

本书收录的会员为 1946 年 12 月 5 日前登记者。

00160

一社手册 一社编

上海：建设事业励进社，1948，263 页，32 开

“一社”又称建设事业励进社，创于 1935 年。本书包括该社简史、章则、社友录等。

00161

益友社第二次扩大征求社友特刊 益友社二次扩大征求社友委员会宣传部出版股编

益友社二次扩大征求社友委员会宣传部出版股，1938.10，44 页，25 开

收藏单位：上海馆

00162

永嘉新学会会员录 [永嘉新学会] 编

[永嘉新学会]，[1919]，1 册，18 开

收藏单位：浙江馆

00163

藏莞第一次会议录 藏莞会编

藏莞会，1933.12，[194] 页，长 21 开

00164

职业团体组织法要览 张梓生著

新时代教育社，1928.1，32 页，50 开（新时代民众丛书 第 4 类 要览类）

收藏单位：江西馆、浙江馆

00165

中国劳动协会代表会议汇刊 中国劳动协会编

中国劳动协会，1949，74 页，24 开

本书记录中国劳动协会代表会议的开会经过、会议宣言、各地代表发言、工作报告等。

收藏单位：重庆馆

00166

中国人文科学社一览（三十一年度） 中国人

文科学社编
中国人文科学社，1942，27 页，25 开
本书介绍中国人文科学社概况。包括该社沿革，社章，理事会审查新社员条例，学报编委会、丛书编委员、丛刊编委会组织章程，学报编辑条例，丛书、丛刊简章，社员、职员名单等。
收藏单位：国家馆、南京馆

00167
中国人文研究所概况 ［中国人文研究所］编
［上海］：［中国人文研究所］，[1946]，[11] 页，32 开
本书内容包括：缘起、简章、规约等。出版时间据写作时间推测。

00168
中国学会会员录 中国学会编
中国学会，[1929]，28+12 页，32 开
本书除会员名录外，还包括学会成立记事及简章等。
收藏单位：国家馆、上海馆

00169
中华民国十五年锡社春季大会宣言
［无锡］：出版者不详，15 页，32 开
本书主要介绍锡社的历史。

00170
中华民国新民会山西省公署官吏分会规则汇刊
出版者不详，37 页，32 开
收藏单位：南京馆

00171
中华学艺社经过情形 ［中华学艺社］编
［上海］：［中华学艺社］，1924.3，1 册，32 开
本书共 3 部分：本社略史、本社所办事业之一班、本社之现状。附社员名录及中华学艺社事务所一览。卷端题名：中华学艺社经过情形之报告。
收藏单位：首都馆

00172
自由协会章程
上海：出版者不详，[10] 页，32 开
本书共 8 章：总则、会务、会员、组织、职权、会议、经费、附则。书前有自由协会理监事名单。
收藏单位：上海馆

00173
组织中山俱乐部须知 河南省政府宣传处编
河南省政府宣传处，[1925—1949]，62 页，32 开
收藏单位：首都馆

00174
尊禹专刊 尊禹学会筹备处编
尊禹学会筹备处，26 页，16 开
本书包括尊禹议，倡设尊禹学会启事，劝中华民族各善团一致信仰大禹主义商榷书等。

社会科学研究方法

00175
调查研究入门 白韬著
哈尔滨：光华书店，1948.6，51 页，32 开（新青年学习丛书）
哈尔滨：光华书店，1948.11，再版，51 页，32 开（新青年学习丛书）
本书讨论调查研究的方法。共 15 节，内容包括：革命的法宝、决定目的、调研中的点面结合、几种调查方式、怎样分析和综合问题、抓中心环节、下结论等。
收藏单位：重庆馆、东北师大馆、国家馆、内蒙古馆、天津馆

00176
调查研究入门 白韬著
山东：胶东新华书店，1948.1，30 页
收藏单位：吉大馆

00177
调查研究入门 白韬著
长春：新中国书局，1949.4，再版，51 页，32 开（青年学习丛书）
收藏单位：国家馆、南京馆

00178
调查员须知 广州市调查人口委员会 [编]
人民印务局，1932，36 页，32 开
本书共 4 章：调查员应有的准备、调查员应取的态度、对住户应有的解释、其他应注意之事项。
收藏单位：广西馆

00179
给初学社会科学者 金则人等著
上海：通俗文化社，1937.7，185 页，32 开（通俗文化丛书）
本书收入文章 9 篇，主要为指导阅读并讲解社会科学的研究方法。
收藏单位：广东馆、上海馆

00180
社会调查方法讲义
出版者不详，45 页，18 开
本书介绍社会研究与实地调查的方法、种类，调查表的编制等内容。
收藏单位：贵州馆

00181
社会调查统计 绥靖区乡镇干部训练委员会编
绥靖区乡镇干部训练委员会，[1947]，62 页，32 开
本书为青年军各师、绥靖区乡镇干部训练班政治教程。内容包括：绪论、调查方法。
收藏单位：河南馆、黑龙江馆

00182
社会科学发凡 杨幼炯著
上海：大东书局，1933.4，70 页，32 开（社会科学基础丛书）
本书共 4 章：社会科学的起源、社会科学研究的对象、社会科学的研究方法、社会科学与中国。卷首有章渊若《社会科学基础丛书序》及中国社会科学会例言。
收藏单位：重庆馆、广东馆、国家馆、湖南馆、江西馆、近代史所、南京馆、上海馆、天津馆、浙江馆

00183
社会科学研究法 何思源演讲
上海：商务印书馆，1928，54 页，42 开（国立中山大学政治训育丛书）
本书分 4 部分：社会科学分类、政治学的新系统、经济学的新系统、中国国民党党员研究经济政策应具有的观念。
收藏单位：广东馆、国家馆、南京馆、天津馆

00184
社会科学研究法 何思源演讲
广州：中山大学政治训育部宣传部，1927.5，48 页，25 开（国立中山大学政治训育丛书）
收藏单位：广东馆、国家馆

00185
社会科学研究法 平心著
大连：大众书店，1946.1，153 页，32 开（青年自学丛书）
本书共 7 章：绪论、怎样去鉴别社会科学的学说、学习社会科学的基本方法、社会科学上应用的具体范畴、社会科学的范围与研究步骤、研究社会科学的计划和读书方法、社会科学上的根本问题。著者原名：赵一萍。
收藏单位：东北师大馆、国家馆、江西馆、辽宁馆、天津馆

00186
社会科学研究法 平心著
莱阳：胶东新华书店，1946.5，74 页，32 开（青年自学丛书）
收藏单位：国家馆、南京馆

00187
社会科学研究法 平心著
上海：生活书店，1936.5，153 页，32 开（青

年自学丛书）
上海：生活书店，1936，再版，153 页，32 开（青年自学丛书）
上海：生活书店，1936.8，3 版，153 页，32 开（青年自学丛书）
上海：生活书店，1936.11，4 版，153 页，32 开（青年自学丛书）
汉口：生活书店，1937.11，再版，153 页，32 开
上海：生活书店，1938.3，再版，153 页，32 开，精装（青年自学丛书）
重庆等：生活书店，1939.4，6 版，153 页，32 开（青年自学丛书）

本书著者原名：赵一萍。

收藏单位：重庆馆、广东馆、贵州馆、国家馆、湖北馆、吉林馆、江西馆、辽大馆、辽师大馆、南京馆、内蒙古馆、宁夏馆、绍兴馆、四川馆、武大馆

00188
社会科学研究方法论　陈豹隐讲述　徐万钧　雷季尚笔记
北平：好望书店，1932.10，246 页，25 开
北平：好望书店，1932.11，2 版，246 页，25 开
北平：好望书店，1932.12，3 版，246 页，25 开

本书为社会科学研究方法讲义，分上、下两篇。上篇为绪论，包括：社会科学在科学体系上所占的地位、社会科学研究方法论的意义和内容两章；下篇为唯物辩证法，包括：当作认识基础论看的辩证法唯物论、当作认识的具体方法论看的辩证的唯物论、当作宇宙观点论看的辩证法的唯物论、当作思索方法论看的辩证的唯物论、当作实践方法论看的辩证法唯物论 5 章。著者原名：陈启修。

收藏单位：重庆馆、桂林馆、国家馆、南京馆、山西馆、上海馆、首都馆、天津馆、西南大学馆、浙江馆、中科图

00189
社会科学与历史方法　（法）塞纽博（Charles Seignobos）著　张宗文译
外文题名：La méthode historique appliquée aux sciences sociales
上海：大东书局，1930.2，310 页，32 开

本书分为社会科学材料适用的历史方法、社会史适用的历史方法两篇，共 21 章。卷首有褚民谊序、辛桐序、译者小言及著者原序等。著者译名取自译者小言。著者原题：瑟诺博司。

收藏单位：重庆馆、广东馆、广西馆、国家馆、湖南馆、江西馆、辽大馆、南京馆、内蒙古馆、上海馆、天津馆、浙江馆

00190
新兴社会科学研究大纲　科学研究会编
北平：科学研究会，1932.8，70 页，36 开

本书共 4 部分：绪论——怎样研究社会科学、马克思列宁主义基础理论第一部——经济学说、马克思列宁主义基础理论第二部——政治学说、马克思列宁主义基础理论第三部——哲学。

收藏单位：国家馆

00191
怎样学习社会科学　鲁男著
上海等：乐华图书公司，1937.4，217 页，32 开（青年基本文库）

本书为学习社会科学的入门指导书。共 6 章：概说、怎样读书、为什么要学习社会科学、学习什么社会科学、社会科学的分类、结论——怎样学习社会科学。发行地还有：昆明、重庆、广州等。

收藏单位：重庆馆、国家馆、南京馆、首都馆

00192
怎样学习社会科学　杨违依著
上海：珠林书店，1939，129 页，32 开（中学生丛书）

本书包括研究社会科学的方法等 9 章。

收藏单位：广东馆、贵州馆

00193
怎样研究新兴社会科学　柯柏年编

上海：南强书局，1930.3，118 页，32 开
上海：南强书局，1930.8，增订再版，118 页，32 开
上海：南强书局，1933.1，3 版，订正本，118 页，32 开
上海：南强书局，1936，4 版，121 页，32 开

本书共 3 部分：新兴社会科学之意义、自修的方法、自修的书目。附录英文书的书目、介绍最近出版的中文书。

收藏单位：重庆馆、广东馆、广西馆、桂林馆、国家馆、湖南馆、内蒙古馆、山西馆、首都馆、天津馆、浙江馆

00194
怎样研究新兴社会科学　柯柏年编
上海：新文艺书店，1932.5，3 版，118 页，25 开
上海：新文艺书店，1932，3 版，增订版，118 页，32 开

收藏单位：重庆馆、国家馆

00195
怎样做调查研究工作　白韬著
上海：生活·读书·新知联合发行所，1949.6，80 页，36 开（新中国百科小丛书）

收藏单位：重庆馆、东北师大馆、国家馆、吉林馆、辽宁馆、南京馆、内蒙古馆、天津馆、云南馆

00196
怎样做调查研究工作　白韬著
香港：新中国书局，1949.3，80 页，36 开（新中国百科小丛书）
北平：新中国书局，1949.7，再版，80 页，36 开（新中国百科小丛书）

收藏单位：北师大馆、重庆馆、东北师大馆、国家馆、天津馆

00197
政治经济问题之处理方法　国立北平大学法商学院政治经济研究室著
北平：国立北平大学法商学院，1937.3，152 页，18 开（政治经济研究小册 1）

本书收入《政治问题的处理方法》（陈豹隐讲，杨宗序笔记）、《经济问题之处理方法》（李达讲，邱肃笔记）、《社会问题之处理方法》（许德珩讲，董书方笔记）、《历史问题之处理方法》（程希孟讲，石宝瑞笔记）、《统计数字利用法》（陈豹隐讲，徐明栋笔记）、《一般材料搜集法及整理法》（张伯川讲，张树槐笔记）、《论文布局写作及润色法》（吴永权讲，陈大谊笔记）等讲演稿。

收藏单位：重庆馆、广东馆、国家馆、吉林馆、近代史所、南京馆、上海馆、首都馆、浙江馆

社会科学教育与普及

00198
大众社会科学问答　王明之编著
上海：三户书店，1939，2 版，130 页，32 开
上海：三户书店，1939.9，4 版，130 页，32 开

本书共 5 章：社会科学是什么、社会科学方法论、社会的构造及其发展、社会基础与社会建筑、社会问题与社会思想。书前有小序。

收藏单位：重庆馆、广东馆

00199
妇女社会科学常识读本　沈志远著
上海：生活书店，1936.9，174 页，32 开（妇女生活丛书 1）
上海：生活书店，1936，2 版，174 页，32 开（妇女生活丛书 1）
上海：生活书店，1937.4，3 版，174 页，32 开（妇女生活丛书 1）
汉口：生活书店，1938.5，4 版，174 页，大 16 开（妇女生活丛书 1）
上海：生活书店，1939.4，4 版，174 页，大 16 开（妇女生活丛书 1）

本书共 4 讲：社会科学之哲学的基础、新社会学底几个基本问题、资本主义经济之透视、社会形态之史的发展。

收藏单位：重庆馆、广东馆、广西馆、贵

州馆、桂林馆、国家馆、湖北馆、湖南馆、江西馆、南京馆、上海馆、西南大学馆、浙江馆

00200
各科基本知识讲话　平心编
汉口：上海杂志公司，1938.4，粤版，162 页，32 开（自学丛刊 2）
重庆：上海杂志公司，1939，162 页，32 开（自学丛刊2）
重庆：上海杂志公司，1945.4，复兴 1 版，162 页，32 开（自修大学丛刊）

本书内容包括：研究经济问题的基本认识、关于哲学的基本认识、关于社会科学的根本认识、关于文法的基本了解、社会史与历史、研究中国社会史的基本知识，以及关于外交、数学、文学、戏剧、电影的基本知识。

收藏单位：重庆馆、贵州馆、国家馆、南京馆、内蒙古馆

00201
各科应用测验（第 1 编 学生应用测验）　董坚志编造
上海：大通图书社，1930，[176] 页，横 25 开

本书内容包括 12 部分：党义测验、国学测验、文法测验、英文测验、数学测验、理科测验、本国地理测验、世界地理测验、本国史测验、世界史测验、测验手续、答案标准。每类测验 100 题，附 4 个答案供选择。书后有标准答案。目录页题：学校学生及各种公务人员各科应用测验。

收藏单位：国家馆

00202
各科应用测验（第 2 编 公务员应用测验）　董坚志编辑
上海：大通图书社，1930.2，[230] 页，横 25 开

本书测验范围包括：党义、国民革命史、法学通论、经济学、财政学、政治学、法律要旨、现行法令、国际法、市政学、警察学、教育学、公牍、文学。每种 100 题，附 4 个答案供选择。书后有标准答案。

收藏单位：国家馆

00203
公民要览　尚表琴编
出版者不详，284+30+48+12+6 页，23 开

本书共 5 章：社会问题、政治概要、经济概要、法律大意、伦理大意。书末附《礼记大学篇》《礼记中庸篇》《汪缙准孟》《陈迁鹤储功》4 篇。

收藏单位：重庆馆

00204
劳作美术音乐体育选材要点　四川省政府教育厅编
出版者不详，[1940—1945]，16 页，32 开

本书国民教育师资训练班适用。

收藏单位：国家馆

00205
青年社会自修读本　艾奇编
上海：大陆书报社，1940.12，199 页，32 开

本书共 6 章：序论、社会科学研究法、社会的构成与发展、社会基础与上层建筑、阶级和国家、意识形态论。

00206
人道　卢信著
上海：泰东图书局，1911.2，再版，97 页，22 开
上海：泰东图书局，1921，11 版，97 页，22 开
上海：泰东图书局，1926，14 版，97 页，22 开
上海：泰东图书局，1929.3，15 版，97 页，22 开

本书分 14 章，论述人类社会的各种现象，包括：军队、政治、法律、教育、宗教、道德、科学、资本家、劳动者、农民、妇人等。1885 年初版。

收藏单位：重庆馆、国家馆、河南馆、吉林馆、南京馆、上海馆、首都馆、天津馆

00207
社会的基本认识　曹伯韩著
上海：进修出版教育社，1947.5，146 页，32 开

本书根据《通俗社会科学二十讲》增订而成。共分 5 篇 25 章，内容包括：总论、社会发展史、国家论、家庭论、民族论。卷首

有作者自序。

收藏单位：重庆馆、东北师大馆、广东馆、吉林馆、内蒙古馆、上海馆、天津馆

00208

社会科学常识读本

民族革命战争战地总动员委员会宣传部，1938，油印本，[15 叶]，32 开，环筒页装

收藏单位：国家馆

00209

社会科学的基础知识 郭真 高圯书著

上海：科学研究会，1932，3 版，160 页，32 开

本书主要介绍社会科学、社会问题、社会思想、社会运动、社会革命、国际知识、社会科学家等方面知识。封面著者题：高希圣。

收藏单位：河南馆、宁夏馆

00210

社会科学的基础知识 郭真 高圯书著

上海：乐华图书公司，1930.4，178 页，32 开

上海：乐华图书公司，1931.6，再版，160 页，32 开

上海：乐华图书公司，1934，3 版，178 页，32 开

上海：乐华图书公司，1937.2，4 版，178 页，32 开（青年基本文库）

本书共 7 章：社会科学、社会问题、社会思想、社会运动、社会革命、国际知识，社会科学家。

收藏单位：重庆馆、广西馆、国家馆、湖南馆、吉大馆、近代史所、南京馆、宁夏馆、上海馆、首都馆、天津馆、浙江馆

00211

社会科学读本 胡伊默著

上海：一般书店，1937.4，222 页，36 开（新青年百科丛书）

上海：一般书店，1937.6，再版，222 页，36 开（新青年百科丛书）

本书共 8 章，内容包括：什么是社会科学——绪论、怎样研究社会科学——方法论、社会的结构与发展——社会学、社会的经济基础——经济学、社会的政治建筑——政治学、人类社会生活的演进——历史学等。

收藏单位：广东馆、国家馆、绍兴馆

00212

社会科学基础教程 徐懋庸等编著

[莒南]：山东新华书店，1946.8，增订再版，259 页，32 开

收藏单位：国家馆

00213

社会科学基础教程 徐懋庸 何干之等编著

桂林：社会科学研究会，1938.8，316 页，32 开

桂林：社会科学研究会，1939.1，再版，316 页，32 开

桂林：社会科学研究会，1939.5，3 版，312 页，32 开

桂林、重庆：社会科学研究会，1939，4 版，316 页，32 开

社会科学研究会，1941.6，新版第 1 版，353 页，32 开

社会科学研究会，1944.4，再版，增订新版，268 页，32 开

本书内容包括：资本主义以前的社会（杜民）、资本主义（刘芝明）、帝国主义（徐懋庸）、苏联概述（苏华）、殖民地半殖民地国家内民族革命（杨松）、农民问题（陈伯达）等。

收藏单位：重庆馆、东北师大馆、国家馆、黑龙江馆、吉林馆、近代史所、南京馆、上海馆

00214

社会科学基础教程 徐懋庸 何干之等编著

大连：新生书店，1946，增订版，268 页，32 开

大连：新生书店，1946.2，再版，增订新版，207 页，32 开

本书共 9 章：资本主义以前的社会（杜民）、资本主义（刘芝明）、帝国主义（徐懋

庸)、资产阶级性革命与革命转变问题(徐冰)、社会主义革命与无产阶级专政(杜民)、苏联概述(苏华)、殖民地半殖民地国家内民族革命(杨松)、农民问题(陈伯达)、政党(陈昌浩)。

收藏单位:国家馆、辽宁馆、上海馆、绍兴馆、浙江馆

00215

社会科学基础教程 杨松 陈伯达等编著

大连:大众书店,1948.9,208页,32开

大连:大众书店,1948,再版,增订版,208页,32开

收藏单位:重庆馆、国家馆、辽宁馆、天津馆、武大馆、浙江馆

00216

社会科学基础教程 杨松 陈伯达等著

安东:东北书店安东分店,1949.3,翻版,218页,32开

收藏单位:广东馆、国家馆、吉林馆

00217

社会科学基础教程(上)

宁安印刷厂,1946翻印,122页,32开

本书包括资本主义以前的社会、资本主义、帝国主义、资产阶级性革命与革命转变问题等。

收藏单位:东北师大馆、国家馆、黑龙江馆、辽大馆、南京馆

00218

社会科学简明教程 胡明辑译

上海:光华出版社,1949,415页,32开

本书共13讲:社会、社会发展史、社会意识形态、政治、阶级、民族、妇女、农民、职工、殖民地、国际、辩证唯物论、历史唯物论。根据苏联《新百科全书》版辑译。

收藏单位:东北师大馆、广东馆、国家馆、吉林馆、内蒙古馆、上海馆、天津馆

00219

社会科学简明教程 韶华辑译

上海:光华出版社,1946.7,345页,32开(社会科学名著)

上海:光华出版社,1946.12,3版,345页,32开(社会科学名著)

上海:光华出版社,1947,4版,415页,32开

上海:光华出版社,1948.8,5版,345页,32开(社会科学丛书)

上海:光华出版社,1949.5,再版,365页,32开

本书内容包括:社会、社会发展史、社会意识形态、政治、阶级、民族、妇女、农民、职工、殖民地、国际等。根据苏联《新百科全书》版辑译。

收藏单位:重庆馆、广西馆、湖北馆、江西馆、近代史所、山西馆、上海馆、首都馆、天津馆

00220

社会科学简明教程 韶华编译

[大连]:光华书店,1948,370页,32开

本书根据苏联《新百科全书》版编译。

收藏单位:东北师大馆、广东馆、吉林馆

00221

社会科学简明教程 韶华辑译

上海:光华书局,1946,415页

收藏单位:山西馆

00222

社会科学简明教程 韶华辑译

华东新华书店,1948.10,394页,32开

本书共11讲:社会、社会发展史、社会意识形态、政治、阶级、民族、妇女、农民、职工、殖民地、国际。根据苏联《新百科全书》版辑译。

收藏单位:湖北馆、南京馆、上海馆

00223

社会科学简明教程 韶华辑译

[菏泽]:冀鲁豫新华书店,1949.3,382页,32开(干部学习丛书)

收藏单位:重庆馆、贵州馆

00224
社会科学简明教程 韶华辑译
山东新华书店，1949，394 页，32 开
山东新华书店，1949.7，再版，394 页，32 开
收藏单位：国家馆、内蒙古馆

00225
社会科学简明教程 韶华辑译
苏南新华书店，1949.8，293 页，32 开
收藏单位：南京馆

00226
社会科学简明教程 韶华辑译
太岳新华书店，1948.6，2 册（283 页），32 开
太岳新华书店，1949.5 翻印，再版，365 页，32 开
收藏单位：重庆馆、广东馆、山西馆

00227
社会科学简明教程 韶华辑译
中原新华书店，1949，294 页，32 开
本书根据苏联《新百科全书》版辑译。
收藏单位：广东馆、国家馆、湖南馆、吉林馆、南京馆

00228
社会科学简明教程（实践篇） 胡明 邵华辑译
培明图书公司，1941，344 页，36 开
本书根据苏联《新百科全书》版辑译。题名取自版权页。
收藏单位：广东馆

00229
社会科学教科书（第 1 编 社会主义的必然） （俄）塞姆柯甫士基编 刘沁仪译
上海：春秋书店，1930.7，2 册（124+170 页），32 开
本编内容分为 3 部分：社会主义的必然、资本主义的最后阶段、空想的与科学的社会主义。内收《对剩余劳动之热求》（马克斯）、《从封建制度到资本主义制度》（马克斯、恩格斯）、《封建的及资本主义的制度之内部的对立》（马克斯）、《生产之集积与独占》（列宁）、《殖民地的劳动问题》（希尔发丁）、《军国主义与其机能》（罗莎、卢森堡）、《伟大的空想主义者与其学派》（默林）等 35 篇。
收藏单位：重庆馆、国家馆、上海馆

00230
社会科学教科书（第 2 编 史的唯物论）（俄）塞姆柯甫士基编 刘沁仪译
上海：春秋书店，1930，2 册（204+173 页），32 开
本编内容分为 6 部分：马克斯主义之历史的准备、达尔文与马克斯、自然条件与技术、基础及上层建筑的理论、理论之精炼、阶级。内收马克思、恩格斯、波克罗夫斯基、拉法格、普列汉诺夫、梅林、考茨基、布哈林等人有关历史唯物主义的论著。内收《马克斯以前的唯物史观》（波克罗夫斯基）、《达尔文学说之基础的要素》（恩格斯）、《地理的关系与生产》（普列汉诺夫）、《生产——社会关系——观念》（考茨基）、《时代心理》（普列汉诺夫）、《国家之本质》（恩格斯）等 50 余篇。
收藏单位：重庆馆、国家馆

00231
社会科学十二讲 瞿秋白著
上海：平凡书局，1949，47 页，36 开
本书内容涉及经济、政治、法律、道德、宗教、风俗、艺术、哲学、科学等方面。
收藏单位：重庆馆

00232
社会科学十二讲 （日）杉山荣著 温盛光译
上海：乐华图书公司，1930.10，557+20 页，32 开，精、平装
上海：乐华图书公司，1932，再版，557+20 页，32 开
本书共 12 讲，内容包括：科学是什么呢、社会科学的方法、唯物的认识、社会构成之前提、社会之发达过程等。书前有原序、译序。书后附录马克斯年谱。
收藏单位：重庆馆、贵州馆、桂林馆、国家馆、黑龙江馆、江西馆、近代史所、南京

馆、内蒙古馆、上海馆

00233
社会科学问答 顾凤城编
上海：文艺书局，1930.5，247 页，32 开（社会科学丛书）
上海：文艺书局，1931.2，2 版，247 页，32 开（社会科学丛书）
上海：文艺书局，1932.6，3 版，247 页，32 开（社会科学丛书）

本书共 6 章：概论、辩证法的唯物论、社会、经济、政治、社会问题。主要讨论社会科学的分类、经济是社会的基础等问题。

收藏单位：广东馆、广西馆、国家馆、江西馆、上海馆、首都馆、浙江馆

00234
社会科学自修读本 严奇平著
上海：新群书店，1939.7，199 页，22 开（青年自修丛书）

收藏单位：黑龙江馆、上海馆

00235
什么是社会科学? 若吾著
出版者不详，1936.11，25—31 页，16 开

本书共 5 部分：先说科学是什么、社会现象和自然现象是不是都有因果关系法则可寻、社会科学能不能成立、社会科学和自然科学有什么联系和什么不同、结语。为《图书展望月刊》2 卷 1 期抽印本。

收藏单位：国家馆

00236
十科表解大全 史世华主编
史世华[发行者]，1935，2 册（307 页），16 开（星星学会丛书）

本书以表的形式介绍国民党党义、中国历史、中国地理、中华民国训政时期约法、经济学、行政法、民法、新刑法、地方自治法规、财政学等方面知识。

收藏单位：国家馆、内蒙古馆、上海馆、浙江馆

00237
通俗社会科学读本 铁木著
红星出版社，1947，21 页，32 开

本书主要向读者介绍共产主义社会。共 10 节，内容包括：罪恶的社会必须改造、一切的财产归于全民、共产主义社会的第一阶段——社会主义社会等。

收藏单位：国家馆

00238
通俗社会科学二十讲 曹伯韩著
大连：大众书店，1936，104 页，32 开
大连：大众书店，1946.2，104 页，32 开

本书主要包括社会、家庭、国家、民族 4 个方面内容。

收藏单位：重庆馆、南京馆

00239
通俗社会科学二十讲 曹伯韩著
东北书店，1946.11，91 页，32 开
东北书店，[1945—1949]，73 页，32 开

收藏单位：国家馆、天津馆

00240
通俗社会科学二十讲 曹伯韩著
[安东]：东北书店安东分店，1949.3，83 页，32 开

00241
通俗社会科学二十讲 曹伯韩著
汉口：读书生活出版社，1937.1，135 页，32 开
上海：读书生活出版社，1937，再版，135 页，32 开
汉口：读书生活出版社，1938.2，3 版，135 页，32 开
广州：读书生活出版社，1938.9，4 版，135 页，32 开
汉口：读书生活出版社，1938.12，5 版，135 页，32 开
重庆：读书生活出版社，1939.4，6 版，135 页，32 开
重庆：读书生活出版社，1939，7 版，135 页，

32 开
重庆：读书生活出版社，1941.2，9 版，135 页，32 开
　　收藏单位：重庆馆、广东馆、桂林馆、国家馆、黑龙江馆、吉林馆、南京馆、内蒙古馆、首都馆

00242
通俗社会科学二十讲　曹伯韩著
光华书店，1948.2，东北版，109 页，32 开
　　收藏单位：重庆馆、广西馆、天津馆

00243
通俗社会科学二十讲　曹伯韩著
胶东新华书店，1946，104 页，32 开

00244
通俗社会科学二十讲　曹伯韩著
辽东建国书社，[1946—1949]，7 版，73 页，32 开
　　收藏单位：国家馆、江西馆

00245
通俗社会科学二十讲　曹伯韩著
民众书店，75 页，32 开
　　收藏单位：辽大馆、首都馆

00246
通俗社会科学二十讲　曹伯韩著
[扬州]：苏北新华书店，1949.8，86 页，32 开

00247
通俗社会科学讲话　曹伯韩著
哈尔滨：光华书店，1948.5，东北版 3 版，修正本，81 页，32 开
　　收藏单位：东北师大馆、国家馆、南京馆、内蒙古馆

00248
通俗社会科学讲话　曹伯韩著
[上海]：韬奋书店，1949.6，73 页，32 开
[上海]：韬奋书店，1949.8，2 版，73 页，32 开
　　收藏单位：北大馆、国家馆、黑龙江馆、湖北馆、南京馆、上海馆

00249
通俗社会科学讲话　曹伯韩著
皖北新华书店，1949.5，75 页，32 开
皖北新华书店，1949，修正本，75 页，32 开
　　收藏单位：国家馆

00250
通俗社会科学讲话　曹伯韩著
[北京]：新华书店，1949.9，修正再版，75 页，32 开
　　收藏单位：国家馆

00251
通俗社会科学讲话　曹伯韩著
中原新华书店，1949.1，修正本，72 页，32 开
　　收藏单位：重庆馆、广东馆、国家馆

00252
新社会科学基础知识（题解中心）　王明之著
上海：三户书店，1939.9，130+156+170+152 页，32 开
　　本书共 4 编 26 章，内容包括：社会科学概论、当作一般方法论的新哲学、研究社会下层基础的经济科学、研究社会上层建筑的政治科学等。封面、版权页题名：新社会科学基础知识。版权页题编著者：王明之、林哲人、卢宁夫、萧达。
　　收藏单位：重庆馆、广东馆

00253
援世宝鉴　智武编著
智武[发行者]，1947.10，128 页，32 开
　　本书共 5 编：军政、行政、处世哲学、真理、参政。
　　收藏单位：重庆馆、国家馆、南京馆

00254
在摸索中　谷柳等著　陆无涯绘插

香港：学生文丛社，1949.1，44 页，32 开（学习丛书 14）

本书分选读·写作、文学·艺术、各科知识、习作等内容。收入《关于妇女解放》（鲁迅）、《在摸索中》（谷柳）、《丘秀山小传》（徐力衡）、《中国历史漫谈》（孟超）、《青春》（何铭志）等文章 18 篇，封面画 1 幅。

收藏单位：国家馆、天津馆

00255

专修科函授讲义 朱祖谋等主干 罗五洲编纂 严独鹤校订

上海：著易堂印刷所、吴承记印书局，1922.7—1923.5，9 册，16 开

收藏单位：上海馆

社会科学丛书、文集

全集、选集

00256

柏庐讲稿论文集 程时煃著 卢祝平等编

柏庐讲稿论文出版委员会，[1946]，364 页，25 开

收著者 1933—1946 年任江西省教育厅长期间的讲稿、论文 83 篇，并摘载著者所作诗歌、序跋等作为补白。附录《十个月之山中生活》一文。著者名称取自自序。

收藏单位：国家馆、江西馆、近代史所、辽宁馆、南京馆、上海馆

00257

半农杂文（第 1 册） 刘半农著

北平：星云堂书店，1934.6，12+326 页，18 开

本书收入杂文 45 篇，内容包括：《两盗》《欧洲花园》《奉答王敬轩先生》《实利主义与职业教育》《汉语字声实验录提要》《国语运动略史提要》《译茶花女剧本序》等，其中有少量为译作。著者原题：刘复。

收藏单位：东北师大馆、广东馆、国家馆、吉林馆、近代史所、辽大馆、内蒙古馆、上海馆、首都馆、天津馆、中科图

00258

半农杂文二集 刘半农著

上海：良友图书印刷公司，1935.7，434 页，50 开，精装（良友文库 8）

本书收入杂文 49 篇，内容包括：《遇仙别纪》《关于译诗的一点意见》《西游补作者董若雨传》《宋元以来俗字谱序》《反日救国的一条正路》等，其中有少量为译作。序言题：半农杂文第二册。

收藏单位：重庆馆、广东馆、贵州馆、国家馆、吉林馆、近代史所、辽大馆、辽师大馆、南京馆、山西馆、上海馆、浙江馆、中科图

00259

抱经堂文集 （清）卢文弨撰

上海：商务印书馆，1937.3，2 册（32+462 页），32 开（国学基本丛书）

本书共 34 卷。卷首有《翰林院侍读学士卢公墓志铭》（段玉裁）。

收藏单位：重庆馆、大庆馆、国家馆、江西馆、南京馆、上海馆、首都馆、西南大学馆、中科图

00260

不惑斋旧稿零拾 宋垣忠著

[河南]：宋垣忠[发行者]，1935，130 页，32 开

收藏单位：南京馆

00261

蔡孑民先生言行录 新潮社编辑

北京：北京大学出版部，1920.10，2 册（580 页），32 开（新潮丛书 4）

本书为蔡元培个人论文集，内容涉及政治、哲学、教育等各个方面。内容包括：《世界观与人生观》《大战与哲学》《社会主义史序》《以美育代宗教说》等 84 篇。附《华工学校讲义》等 3 篇。书前有《蔡孑民传略》（黄世晖）。

收藏单位：重庆馆、广东馆、桂林馆、国家馆、湖南馆、吉林馆、辽宁馆、南京馆、内蒙古馆、首都馆、天津馆、西交大馆、浙江馆、中科图

00262
蔡孑民先生言行录　新潮社编辑
北京：新潮社，1934，4 版，580 页，32 开（新潮丛书 4）
收藏单位：国家馆

00263
蔡元培先生言行录　蔡元培著　约翰编
上海：广益书局，1931.10，1 册，32 开
上海：广益书局，1932.5，再版，1 册，32 开
上海：广益书局，1932，3 版，1 册，32 开
上海：广益书局，1933.4，再版，1 册，32 开
本书分为美育、思潮、文化运动、教育、演说、杂著 6 部分，共 122 篇。书前有《敬致读者诸君》（编者）、《蔡孑民先生年记》（孟邻甫）及《言行杂记》。
收藏单位：重庆馆、东北师大馆、广东馆、国家馆、吉林馆、浙江馆、中科图

00264
孱守斋日记　张尔田 [著]
出版者不详，341—369 页，16 开
本书为《史学年报》2 卷 5 期的抽印本，文言体。内容侧重在读书心得。
收藏单位：国家馆

00265
长沙章氏丛稿（癸甲集）　章士钊著
外文题名：Chang Shih Chao's political writings
上海：商务印书馆，1929.7，197 页，22 开
本书收著者 1923—1924 年在上海写作的 40 篇文章，涉及政治、农业等方面。内容包括：《充无论》《有所不为》《人格论》《公宪与造法》《农国辨》等。书前有自序。
收藏单位：重庆馆、国家馆、江西馆、近代史所、辽大馆、辽师大馆、南京馆、首都馆

00266
朝话　梁漱溟讲著
长沙：商务印书馆，1940，157 页，36 开
本书汇辑 1932—1936 年梁漱溟先生在山东乡村建设研究院研究部朝会上的部分讲话，内容涉及治学、修省，以及政治、经济、文化等方面。
收藏单位：重庆馆、广东馆、南京馆

00267
朝话　梁漱溟讲
济南：乡村书店，1937.6，206 页，22 开
本书汇辑 1932—1936 年梁漱溟先生在山东乡村建设研究院研究部朝会上的部分讲话，内容涉及治学、修省，以及政治、经济、文化等方面。该书初版时有 57 篇，再版时内容与篇数略有改动。
收藏单位：重庆馆、东北师大馆、国家馆、吉林馆、近代史所、山东馆、浙江馆

00268
朝话　梁漱溟讲
桂林：中国文化服务社，1942.8，再版，184 页，32 开（青年文库）
成都：中国文化服务社，1943.12，3 版，183 页，32 开（青年文库）
长春：中国文化服务社，1946，126 页，32 开（青年文库）
上海：中国文化服务社，1946.4，沪 1 版，184 页，32 开（青年文库）
上海：中国文化服务社，1946.10，沪 2 版，184 页，32 开（青年文库）
收藏单位：重庆馆、东北师大馆、广东馆、广西馆、贵州馆、国家馆、黑龙江馆、吉大馆、吉林馆、近代史所、辽大馆、辽宁馆、辽师大馆、南京馆、内蒙古馆、绍兴馆、首都馆、天津馆

00269
陈光甫先生言论集　上海商业储蓄银行编
上海：上海商业储蓄银行，1949.1，231 页，25 开（本行同人励练丛书）
本书收录人生哲学 11 篇、服务哲学 5

篇、银行哲学21篇，内容包括:《人生之目的》《金融服务》《银行之社会性》等。书前有编辑者言。

收藏单位：广东馆、黑龙江馆、近代史所、南京馆、内蒙古馆、上海馆、天津馆

00270
陈唯实文选　陈唯实著
广州：广东人民出版社，1936，317页，25开
收藏单位：国家馆

00271
陈言　李继璋著
天津：天津大公报社，1933.7，172页，32开
本书收入《中国五伦及人性略说》《与友人论大学书》《北宋致亡中国论》《三代前地制略说》等30余篇文章。封面题名：李云林先生陈言。李云林即李继璋。
收藏单位：广东馆、国家馆

00272
承元文存（中国国法学上及国际关系上各种难题之研究及经济学财政学上研究）　高承元著
上海：民有印书馆，1929.12，139页，32开
本书共4卷：民十五六政治论文、外交论文、经济及财政论文、民八政治论文。书前有著者自序。书后有跋。
收藏单位：广东馆、国家馆、南京馆

00273
楚信文存　叶溯中编
上海：出版者不详，[1944]，159页，25开
收藏单位：江西馆

00274
春草堂杂记　谢颂羔著
上海：广学会，1937.4，116页，32开（一角丛书）
本书收杂记136则，内容涉及历史、政治、伦理、宗教、社会、经济、文艺等各方面。
收藏单位：国家馆、南京馆、上海馆、绍兴馆

00275
从静止的中国到动荡的中国（兼论思想制度与人物）　朱伯康著
广州：现代中国出版社，1937，82页，32开
本书共8章："是"与"应该"理论与实践的问题、中国社会、东西文化的接触、民族解放与文艺复兴、中国所需要的思想、中国所需要的制度、中国所需要的人物、结论。
收藏单位：重庆馆、国家馆

00276
从农村破产想到陶渊明　李则纲著
连城乡村教育社，1935.10，50页
收藏单位：吉大馆

00277
从农业看世界　程兆熊著
上海：鹅湖出版社，1946.9，172页，36开
本书收入4篇文章:《我如何看世界——从农业看世界》《国际社会与雅利安人精神之改造》《太平的线索——一个人的完成》《一封书——有关时代》。
收藏单位：广东馆、国家馆、南京馆

00278
戴季陶集　戴季陶著
上海：三民公司，1929.11，2册，32开
本书分上、下两卷。上卷包括：八觉、最近之言论、革命理论的演讲、三民主义讲演、知易行难，下卷包括：中大的进攻、过去的回顾、新诗。附录《全国教育会议提案》。
收藏单位：重庆馆、东北师大馆、国家馆、吉林馆、近代史所、南京馆、上海馆

00279
戴季陶文存　戴季陶著
[上海]：中国革命书店，[1925—1937]，2册，32开
本书封面题名：戴季陶先生的文存。
收藏单位：南京馆

00280
说言　罗莘田著

重庆：史学书局，1945.12，46 页，32 开

本书收入《印度文化的另一面》《推行语政与融和宗族》《不学便老而衰》《博大与坚贞》《言论自由在宪政中的保障》《教育者的态度》等 11 篇文章。

收藏单位：重庆馆、国家馆、近代史所、西南大学馆

00281

狄雷博士演讲录 徐松石译述

外文题名：Dr. Dealey's lectures

上海：商务印书馆，1923.10，130 页，32 开

上海：商务印书馆，1924.6，再版，130 页，32 开

本书收录狄雷博士 1921 年来华期间所作的讲演词，内容包括：《先悉中国》《中国之希望》《社会的海约翰政策》《民族之原则》《权利之责任》等 12 篇。

收藏单位：重庆馆、东北师大馆、广东馆、广西馆、桂林馆、国家馆、湖南馆、近代史所、辽宁馆、天津馆、浙江馆

00282

第四制度 高广经著

出版者不详，1949，53 页，32 开

收藏单位：广东馆

00283

刁斗集 高寒著

昆明：天野社，1943，168 页

收藏单位：东北师大馆、南京馆

00284

刁斗集 高寒著

贵阳：文通书局，1947.9，133 页，32 开（文艺丛书）

上海：文通书局，1948.4，133 页，32 开（文艺丛书）

本书共 7 辑，收入杂文 34 篇。内容包括：《悲剧精神与悲观主义》《诗歌的人性和人民性》《谈旧诗》《惠特曼的诗歌》《陆放翁的诗歌》《胡翔冬先生及其诗歌》《孔雀胆的另一种看法》《写给云南漫画工作的朋友们》等。

收藏单位：重庆馆、广东馆、广西馆、国家馆、吉林馆、近代史所、辽大馆、南京馆、上海馆、首都馆、天津馆、浙江馆、中科图

00285

丁作韶博士言论集 丁作韶著

上海：大学书店，1936.12，226 页，16 开

本书分中外、边疆、国内问题、国内经济、国际政治 5 部分。收《中日关系调整之展望》《边疆问题与帝国主义》《如何绝贪污之风》《商业何以凋敝至此》《日德同盟影响之观察》等 171 篇文章。

收藏单位：重庆馆、国家馆、近代史所

00286

非宇馆文存 萧一山著

北平：经世学社，1948.5 重印，增订本，3 册，32 开（经世学社丛书 第 7 种）

北平：经世学社，152+142+54 页，32 开（经世学社丛书 第 7 种）

本书共 10 卷，收入政治学术论文及考、评、序、跋、书等各类文章 150 余篇。

收藏单位：国家馆、辽大馆、首都馆

00287

非宇馆文存（上册） 萧一山著

贵阳：文通书局，1944.9，174 页，25 开（经世学社丛书 第 7 种）

本册收入《二十七年之回顾》《"抗战必胜"之历史的解释》《外交政策与研究机关》《敬致西北教育界》《自由与平等》《经世释义》等各类文章 42 篇。

收藏单位：北师大馆、重庆馆、国家馆、南京馆

00288

傅孟真先生集（第 3 册 中编 中） 傅孟真著

出版者不详，201 页，25 开

收藏单位：广东馆

00289

傅孟真先生集（第 4 册 中编 下） 傅孟真著

出版者不详，206 页，22 开

收藏单位：广东馆

00290
傅孟真先生集（第 5 册 下编 上） 傅孟真著
出版者不详，276 页，25 开
收藏单位：广东馆

00291
高曼女士文集 高曼著 震瀛译
无治主义研究社，92 页，32 开
收藏单位：广西馆

00292
告日本社会主义者 陈独秀著
广州：亚东图书馆，1938，25 页，36 开
本书收入《告日本社会主义者》《我们为什么而战》《你们当真反对资本主义吗》等文章。
收藏单位：浙江馆

00293
公余仅志（缉刊之三） 彬熙著
北平：彬熙 [发行者]，[1928]，26 页，16 开
本书收入《选造议员之新机关》《进思堂讲演中国现在问题》《摩洛哥旅行记》等文章，评价中国局势，介绍外国情况。
收藏单位：国家馆

00294
灌翁言论集 大民会镇江联合支部编
镇江：中国大民会镇江联合支部，1940.10，10+142 页，22 开
本书分 4 部分：论说、演词、杂俎、诗歌。书前有编者弁言、灌翁自序。
收藏单位：国家馆

00295
归宁集 沈超著
苏州：沈超 [发行者]，1937.5，140 页，32 开
收藏单位：南京馆、上海馆

00296
果斋遗言（一卷） 刘尔炘撰
出版者不详，1931，1 册
收藏单位：国家馆

00297
海涛集 朱文长著
上海：商务印书馆，1946.11，152 页，32 开
本书共 3 辑，第 1 辑收 7 篇政治经济等方面的论文；第 2 辑收 12 篇记述“北大”老师和学生生活的散文；第 3 辑收两篇悼念著者妻子的文章。书后附同人“医药保险制度”的建议。
收藏单位：重庆馆、东北师大馆、广东馆、国家馆、黑龙江馆、近代史所、辽大馆、南京馆、宁夏馆、上海馆、首都馆、浙江馆

00298
何鲁文钞 何鲁著
昆明：中华书局，1940.6，220 页，32 开
本书共 8 类：国难论著、国际问题、川政评议、文化与教育、民族性研究、道德问题、演讲、科学著译，收《原人》《热河失陷之原因及国人应有之觉悟》《世界之趋势与中日两国人之危机》《川人疾苦问题》《追悼鲁迅》《民族性之养成与对治》《国人道德堕落的原因》《读书的经验谈》等 28 篇文章及《算学整理天文之成绩》等 7 篇译著。
收藏单位：广东馆、广西馆、国家馆、辽大馆、辽宁馆、南京馆、上海馆、西南大学馆

00299
弘一大师文钞 李芳远编选
上海：北风书屋，1946.12，100 页，32 开（大方广室丛书新辑）
本书辑录弘一大师的遗文包括：诗、词、歌曲、碑铭、记文、序跋、疏启、传记等。
收藏单位：广西馆、绍兴馆、首都馆

00300
胡适的时论一集 胡适著
[杭州]：六艺书局，1948.9，54 页，32 开
本书收入《“五四”的第二十八周年》《青年人的苦闷》《眼前世界文化的趋向》《争取学术独立的十年计划》《自由主义是什么?》等 9 篇文章。

收藏单位：国家馆、吉林馆、南京馆、上海馆、浙江馆

00301
胡适论说文选　胡适著　郑之光选编
上海：希望出版社，1936.11，233页，32开

本书收入《新生活》《三不朽说》《社会的不朽论》《读书》《什么是文学》《治学的方法与材料》《论短篇小说》等23篇文章。

收藏单位：黑龙江馆、上海馆、绍兴馆、首都馆

00302
胡适论学近著（第1集）　胡适著
上海：商务印书馆，1935.12，2册（646页），22开
上海：商务印书馆，1936.2，再版，2册[646页]，22开
上海：商务印书馆，1936.9，3版，2册（646页），22开
上海：商务印书馆，1937.4，3版，646页，22开，精装

本书分5卷。卷1共3篇，主要论述治学方法等；卷2共9篇，关于佛教、道教史料；卷3共6篇，有关小说史料；卷4共17篇，有关思想问题的文章；卷5共14篇，包括书信、序跋等杂文。是原《胡适文存第四集》中的一部分。

收藏单位：重庆馆、东北师大馆、广东馆、广西馆、国家馆、黑龙江馆、湖南馆、吉林馆、江西馆、辽大馆、辽师大馆、南京馆、内蒙古馆、宁夏馆、山东馆、上海馆、首都馆、浙江馆、中科图

00303
胡适文存　胡适著
上海：亚东图书馆，1921.12，4册，32开
上海：亚东图书馆，1922.3，再版，4册，32开
上海：亚东图书馆，1922，3版，4册，32开
上海：亚东图书馆，1923.3，4版，2册，32开，精装
上海：亚东图书馆，1925，6版，4册，32开
上海：亚东图书馆，1925.3，7版，4册，32开
上海：亚东图书馆，1925.11，8版，4册，32开
上海：亚东图书馆，1927.9，10版，4册，32开
上海：亚东图书馆，1928.8，11版，4册，32开
上海：亚东图书馆，[1929]，13版，4册，32开
上海：亚东图书馆，1930.3，13版，重排版，2册（1172页），32开，精装
上海：亚东图书馆，1930，14版，4册，32开
上海：亚东图书馆，1931.10，15版，2册（1172页），32开，精装
上海：亚东图书馆，1938.11，18版，4册，32开
上海：亚东图书馆，1940.8，19版，4册，32开

本书内容包括：文学论文、学术性论文、杂文等。

收藏单位：重庆馆、东北师大馆、广东馆、广西馆、国家馆、黑龙江馆、吉林馆、江西馆、辽大馆、辽师大馆、南大馆、南京馆、内蒙古馆、宁夏馆、山西馆、上海馆、绍兴馆、首都馆、西南大学馆、浙江馆、中科图

00304
胡适文存二集　胡适著
上海：亚东图书馆，1924.11，4册，32开
上海：亚东图书馆，1925.3，再版，2册，32开，精装
上海：亚东图书馆，1925.3，再版，4册，32开
上海：亚东图书馆，1925.10，3版，2册，32开，精装
上海：亚东图书馆，1925.10，3版，4册，32开
上海：亚东图书馆，1928.9，5版，4册，32开
上海：亚东图书馆，1929，6版，2册，32开，精装
上海：亚东图书馆，1930，7版，2册，32开，精装
上海：亚东图书馆，1931.2，8版，4册，32开
上海：亚东图书馆，1932.6，9版，4册，32开
上海：亚东图书馆，1933，10版，4册，32开
上海：亚东图书馆，1936，11版，4册，32开
上海：亚东图书馆，1941，12版，4册，32开

本书分4卷，第1—2卷为讲学之文，第3卷为政治论文，第4卷为杂文。书前有作者序。

收藏单位：重庆馆、大庆馆、东北师大馆、广东馆、广西馆、国家馆、黑龙江馆、吉林馆、江西馆、辽大馆、辽宁馆、辽师大馆、南京馆、内蒙古馆、宁夏馆、山西馆、上海馆、绍兴馆、首都馆、西南大学馆、浙江馆、中科图

00305

胡适文存三集　胡适著

上海：亚东图书馆，1930.9，4册（1222页），32开

上海：亚东图书馆，1930，再版，4册（1222页），32开

上海：亚东图书馆，1931.6，3版，4册（1222页），32开

上海：亚东图书馆，1934.3，4版，4册（1222页），32开

上海：亚东图书馆，1940.4，6版，4册（1222页），32开

本书分9卷，第1卷为政治、文教论文；第2—4卷为国学考证文章；第5—6卷为旧小说考证文章；第7卷为读书杂记；第8卷为序跋等；第9卷为杂文。另有精装本分订为上、下两册。

收藏单位：重庆馆、大庆馆、东北师大馆、广东馆、广西馆、国家馆、黑龙江馆、吉林馆、江西馆、辽大馆、南京馆、内蒙古馆、宁夏馆、上海馆、首都馆、天津馆、浙江馆、中科图

00306

胡适文选　胡适著

长春：国民图书公司，1946.4，305页，32开（文选丛书）

本书收入文章18篇，内容包括：《历史的文学观念》《论短篇小说》《谈新诗》《杜威先生与中国》《易卜生主义》《吴敬梓传》《李超传》等。

收藏单位：北师大馆、东北师大馆、辽宁馆、首都馆

00307

胡适文选　胡适著

上海：亚东图书馆，1930，452+24页，32开

上海：亚东图书馆，1930.12，26+490页，32开

上海：亚东图书馆，1931.6，再版，26+490页，32开

上海：亚东图书馆，1933.2，3版，26+490页，32开

上海：亚东图书馆，1934.4，4版，26+490页，32开

上海：亚东图书馆，1935.8，5版，26+490页，32开

上海：亚东图书馆，1940.10，7版，26+490页，32开

上海：亚东图书馆，1947.5，8版，26+490页，32开

本书共收杂文、专论22篇。全书分为5组：泛论思想的方法6篇，论人生观3篇，论中西文化3篇，对于中国文学的见解6篇，对于整理国故问题的态度与方法4篇。内容包括：《演化论与存疑主义》《杜威先生与中国》《科学与人生观序》《我们对于西洋近代文明的态度》《建设的文学革命论》《文学进化观念》《古史讨论的读后感》等。书前有著者的《介绍我自己的思想》一文。

收藏单位：重庆馆、东北师大馆、广东馆、贵州馆、国家馆、湖北馆、湖南馆、江西馆、辽大馆、辽宁馆、南京馆、宁夏馆、上海馆、首都馆、天津馆、中科图

00308

胡适文选　芸丽氏　筱梅编

上海：仿古书店，1936.11，413页，32开

本书选收著者的戏剧、游记、书信及文学评论等作品29篇。内容包括：《不朽》《科学与人生观序》《谈新诗》《欧游道中寄书》《归国杂感》《什么是文学》《国语与国语文法》《论短篇小说》等。

收藏单位：国家馆、辽师大馆、武大馆

00309

胡适文选　知非编

新京（长春）：大陆书局，1940.12，266页，32开

新京（长春）：大陆书局，1942.8，再版，266

页，32 开（现代文学名著）
奉天（沈阳）：大陆书局，1943，再版，266 页，32 开（现代文学名著）

本书选收书信、文学评论、传记、小说等作品 29 篇。内容包括：《寄陈独秀》《文学改良刍议》《历史的文学观念论》《许怡荪传》《终身大事》等。

收藏单位：东北师大馆、国家馆、南京馆、宁夏馆、首都馆

00310
胡适文选二集 胡适著
上海：亚州图书馆，1931.10 印，462 页，32 开
上海：亚州图书馆，1932.7 印，再版，462 页，32 开

本书共收 43 篇散文、专论。内容包括：《清代学者的治学方法》《读吕氏春秋》《梁任公墨治校释序》《论墨学》《祝白话晚报》《词的起原》《元人的曲子》《读北史杂记》等。

收藏单位：国家馆、山东馆、首都馆

00311
胡适之白话文钞 胡适著 王文濡编
上海：文明书局，1925.4，284 页，32 开

本书自《胡适文存》一至二集中辑选篇幅较短的论说文、传记、序跋而成。内容包括：《答任叔永》《跋朱我农来信》《论短篇小说》《什么是文学》等 30 余篇。

收藏单位：重庆馆、国家馆、黑龙江馆、湖南馆、辽师大馆、上海馆、天津馆

00312
胡思集 梁光复著
合肥：梁光复 [发行者]，1948.7，70 页，32 开

本书为作者的杂文集，涉及哲学、社会、政治、经济、文化教育诸方面。书前有著者序。附录《上国民政府书》。

收藏单位：重庆馆、国家馆、江西馆、南京馆、上海馆、武大馆、浙江馆

00313
华局长寿嵩讲词汇辑 台湾省公路局秘书室编
台北：台湾省公路局秘书室，1947.7，46 页，25 开

本书收讲演词 18 篇，内容涉及职业道德、工作态度、台湾公路建设等方面。

00314
怀旧集 柳亚子著
上海：耕耘出版社，1946，253 页，32 开
上海：耕耘出版社，1947，再版，253 页，32 开

本书收《怀念阿英先生》《怀念胡道静兄》《新诗和旧诗》《关于大明英烈传》《我的儿童教育观》《辛亥革命外史》《一九四三年的期望》《杂谈阿英先生的南明史剧》《江左少年夏完淳传》《纪念诗人节》等 23 篇散文、杂论。

收藏单位：重庆馆、东北师大馆、福建馆、广西馆、桂林馆、国家馆、黑龙江馆、湖南馆、近代史所、辽大馆、南京馆、内蒙古馆、上海馆、绍兴馆、首都馆、天津馆

00315
黄远生遗著 黄远庸编
外文题名：Posthumous works of Hwang Yüan Shêng
上海：商务印书馆，1920.6，4 册，22 开
上海：商务印书馆，1924，再版，4 册，22 开
上海：商务印书馆，1926.3，3 版，4 册，22 开
上海：商务印书馆，1927，4 版，4 册，22 开

本书分 4 卷，内容涉及政治、经济、外交、文艺、人生等方面的评论、通讯、杂文、时评、日记等约 200 篇。书前有林志均序。封面题名：远生遗著。

收藏单位：重庆馆、东北师大馆、国家馆、湖南馆、江西馆、近代史所、辽大馆、南京馆、内蒙古馆、山西馆、浙江馆、中科图

00316
回国见闻录 梅景周著
出版者不详，19 页，32 开

收藏单位：南京馆

00317
惠庵讲演录 王思忠讲演

成都：改进社，1930.8，2册（20+626+90页），32开

本书收王思忠在国民革命军第29军第3路司令暨教导师师长任内，先后三年所做的讲演。有《总理之事业与精神》《裁兵问题之研究》《对于解决币制问题之意见》《川东问题之研究》《爱国雪耻教育》等50余篇。书前有编辑导言。附《欧战前军国民主义之德意志》（王瀛泉）等12篇。

收藏单位：重庆馆、国家馆、近代史所、内蒙古馆

00318

激变 邹韬奋著

汉口：邹韬奋[发行者]，1938.7，211页，32开

本书分时评、专论、随笔、信箱4部分。收“八一三”全面抗战开始以后三四个月内，作者在《抗战三日刊》《救亡日报》和《申报》等报刊上发表的文章，共80余篇。著者原题：韬奋。

收藏单位：重庆馆、广东馆、贵州馆、桂林馆、国家馆、黑龙江馆、湖北馆、湖南馆、吉林馆、近代史所、南京馆、山西馆、首都馆、西南大学馆、浙江馆、中科图

00319

激流集 章乃器著

上海：生活书店，1936.10，381页，22开

本书共5编：国际一般、中日问题、抗敌救亡、中国经济、杂文。收入《矛盾百出之世界经济会议》《三年来之远东战争》《今日的冯玉祥》《国难刍言》《谁是内战的挑拨者》《改进中国经济问题》《妇女与妇女运动》《我的来年计划》等45篇专论、杂文。

收藏单位：东北师大馆、广西馆、国家馆、吉林馆、南京馆、宁夏馆、上海馆、中科图

00320

甲寅杂志存稿 章士钊著

上海：商务印书馆，1914，2册，22开

上海：商务印书馆，1922.1，2册，22开

上海：商务印书馆，1923.3，再版，2册，22开

上海：商务印书馆，1925.1，3版，2册，22开

上海：商务印书馆，1926，4版，2册，22开

上海：商务印书馆，1928.7，5版，1册，22开

上海：商务印书馆，1930，6版，2册，22开

本书分上、下两卷。上卷社说，内容包括：《政本》《国家与责任》《政治与社会》《时局痛言》《国民心里之反常》等17篇，附《甲寅日刊》存稿；下卷分为：社说、译论、通讯、时评，内容包括：《学理上之联邦论》《白芝浩内阁论》《答陈君独秀》《石油问题》《新闻条例》等35篇，附《独立周报》存稿。第5版为合订本。

收藏单位：重庆馆、东北师大馆、广东馆、广西馆、国家馆、黑龙江馆、江西馆、近代史所、辽师大馆、南京馆、内蒙古馆、山西馆、中科图

00321

讲话汇录（第1—2辑） 马凌甫讲 安徽省民政厅秘书室编

安徽省民政厅秘书室，1934，2册（138+74+138+52页），22开

本书收著者1933年6月至1934年冬在任安徽省民政厅厅长时所做的讲演词和报告。第1辑42篇，内容包括：《研究社会科学应有之认识》《孔子学术之伟大及纪念之意义》《谷价高低之调剂》《我们求学应有的认识和标准》以及省政府的纪念周报告等；第2辑28篇，内容包括：《国民经济建设的研究》《人格政治与道德》《皖南巡视的感想》以及第一届行政会议报告等。逐页题名：马厅长讲话汇录。

收藏单位：安徽馆

00322

焦易堂先生言论集（第1集） 焦易堂著

南京：焦易堂[发行者]，1935.10，[190]页，24开

本书共16篇讲演词，内容涉及政治、法律、水利、医学等方面，内容包括：《五权宪法的研究》《礼制服章》《中国的医学》《创造新国际以求世界之和平》等。

00323
教学新范类编 徐翰臣著 童爱楼评批 鲍云纶编辑
上海：唤群书报社，1919.11，[228] 页，24 开
本书分教育、农工商、国事、军事、社会、文苑 6 类。收《论小学国文教授方法及教材要目》等 100 余篇文章。版权页题名：批评各界适用教学新范类编。
收藏单位：江西馆

00324
竟园著丛 沈镘若主讲 竟园研究所编辑
成都：竟园出版社，1943，2 册，18 开
本书分论文、书信、杂议、诗词等类，论文内容涉及政治、文化、学术思想等。书前有著者《告世人书》《国民大学讲座发刊词》等。
收藏单位：重庆馆、国家馆、近代史所、南京馆

00325
君中文集 李时著
北平：君中书社，1934.8，164 页，25 开
本书共 5 类：学术、书序及赠序、美术文、记载及书启、杂著。收文 60 余篇。
收藏单位：国家馆

00326
君子之道本诸身 香山著
香山 [发行者]，1931，186 页，32 开
本书为杂感评论集，收入《道与毒》《民法之毒》《法治国之毒》《人异于兽》等 130 余条。
收藏单位：南京馆

00327
块特轩文集 张幼珊著
张幼珊 [发行者]，1940.10，[96] 页，32 开（娱园丛刊本）
本书分 3 卷，收有关诸子学说、语言文字学、历史人物评价的论文及游记、铭文等近 80 篇。
收藏单位：国家馆

00328
阆村论文 张荣楣著
北平：实报发行部，1929.10，248 页，32 开（实报丛书 1）
北平：实报发行部，1929.11，再版，248 页，32 开（实报丛书 1）
本书分时论、政闻、学说、党义 4 类，内容包括:《心理作用与浪费》《英国的工党内阁出现》《我的宗教观念》《国民对于政府应有的态度》等 165 篇文章。
收藏单位：东北师大馆、国家馆、近代史所、首都馆

00329
李石岑讲演集（第 1 辑） 李石岑讲演
外文题名：Shih-tsen Lee's Lectures（First series）
上海：商务印书馆，1924.3，[40]+158 页，22 开
上海：商务印书馆，1924.6，再版，[40]+158 页，22 开
上海：商务印书馆，1925.3，3 版，[40]+158 页，22 开
上海：商务印书馆，1926.11，4 版，[40]+158 页，22 开
上海：商务印书馆，1929.3，5 版，[40]+158 页，22 开
上海：商务印书馆，1935.4，国难后 1 版，[40]+158 页，22 开
本书汇集关于哲学、宗教、教育、心理、佛学等方面的讲演稿 15 篇:《象征的人生》《评梁漱溟东西文化及其哲学》《科学与哲学宗教三者之类似点》《柏格森哲学与实用主义之异点》《杜威与罗素之批评的介绍》《人生哲学大要》《最近心理学上之三派》《人格之真诠》《怀疑与信仰》《教育与人生》《佛学与人生》《哲学与人生》《科学与人生》《尼采思想与吾人之生活》《青年与我》。书前有作者自序《我的生活态度之自白》、吴稚晖序、顾颉刚序。后附人名索引、附言。
收藏单位：重庆馆、东北师大馆、广东馆、广西馆、国家馆、湖南馆、吉林馆、近代史所、辽大馆、辽宁馆、南京馆、内蒙古馆、上海馆、绍兴馆、天津馆、武大馆、浙江馆

00330

力山遗集　潘力山著　潘大逵编校

上海：上海法学院，1932，504+58 页，22 开

本书共 5 编：政治、法律、社会、文学、杂文。内容包括：《国本论》《现今之政治观》《教育与政治》《中国革命史》《法律学》《法律之理想》《论行政会议》《各派社会主义总论》《社会思想史》《水浒传之研究》《诗论》《论贿》《军阀论序》《致留京议员书》等文章数篇及诗词数十首。附录《潘力山先生蒙难一周纪念》等。

收藏单位：东北师大馆、国家馆、近代史所、南京馆、内蒙古馆、上海馆

00331

濂亭遗文　（清）张裕钊撰

出版者不详，72 页，22 开

本书收入《禹贡三江考》《国朝三家诗抄序》《孔刚介公祠堂碑记》《定州王君墓表》《重修南宫县学记》等 33 篇遗文。

收藏单位：国家馆

00332

梁漱溟先生讲演录　梁漱溟讲

邹平：山东省立十二师范女子乡村服务训练处，1936，1 册，16 开

本书收入 3 篇演讲词：《对于人类女性的认识》《中国社会构造问题》《帮助大家对讨论问题作一准备》。

收藏单位：重庆馆

00333

梁漱溟先生在晋讲演笔记　陈政笔记

太原：山西省教育会，1922.2，44 页，22 开

本书收入梁漱溟 1922 年 1 月在晋的讲演笔记 10 篇，内容包括：《中国民族今日所处之地位》《合理的人生生活》《我从少年到现在的行事》《印度佛教与流传到外国的佛教之不同》《中西医学比较观》《今日的中国与工业》等。版权页题名：梁漱溟先生讲演录，目录页题名：梁漱溟先生讲演笔记。为山西省教育会杂志临时附刊。

收藏单位：国家馆

00334

廖仲恺全集　廖仲恺著

上海：三民公司，1929.8，2 册，32 开，精、平装

上海：三民公司，1929，268 页，32 开

本书分上、下两编。上编演讲集，下编诗文集。书前有蒋介石、戴季陶、何香凝等人的哀辞和廖仲恺的传记。书末附《廖仲恺先生被刺详情》《廖陈两先生出殡全仪》《为廖仲恺先生殉国纪念告同胞书》。

收藏单位：国家馆、吉林馆、江西馆、南京馆、宁夏馆、上海馆、首都馆、浙江馆

00335

零墨新笺　杨宪益著

上海：中华书局，1947.11，104 页，32 开（新中华丛书 学术研究汇刊）

本书收入文章 23 篇，内容包括：《板桥三娘子》《薛平贵故事的来源》《庄子的原来篇目》《中康日食考辨》《宋代的养金鱼》等。

收藏单位：重庆馆、东北师大馆、广东馆、国家馆、吉大馆、南京馆、内蒙古馆、首都馆、武大馆、西南大学馆、中科图

00336

流星集　王景岐著

福州：王景岐 [发行者]，1929.12，139 页，21 开

本书收入著者在国际联盟禁烟会及国内各大学、各同学会的演辞、电文稿、诗等，主要为禁烟、拒毒等方面内容。

收藏单位：福建馆

00337

柳湜论文选　柳湜著

[香港]：读书生活出版社，1936.7，399 页，32 开

本书共 8 类：文化、统一战线、学生运动的理论与战术、非常时期的生活问题、时论批判、大众化问题、自学论、杂论，收《中国文化现阶段的把握》《统一战线在文化界》《新兴的学生运动和五四运动的区别》《怎样说服人》《非常时期的生活问题》《布赖斯特

条约的教训》《论科学小品》《打倒对书的灵物崇拜性》《怎样研究中国经济》《汉奸论》等33篇文章。

收藏单位：重庆馆、东北师大馆、广东馆、国家馆、黑龙江馆、近代史所、辽大馆、中科图

00338

论人事 周宪文著

上海：中华书局，1948.5，178页，32开（文化与经济丛刊 第2种）

本书收录著者关于哲学、人事、医学、政治、社会、教育等方面的论文20篇。

收藏单位：重庆馆、东北师大馆、广东馆、广西馆、贵州馆、国家馆、湖南馆、华东师大馆、辽大馆、辽宁馆、南京馆、内蒙古馆、宁夏馆、山东馆、武大馆、西南大学馆、浙江馆

00339

论文辑要 龚德柏著

南京：救国日报社，[1935]，2册（198+264页），32开

本书汇集作者发表于《救国日报》的文章，内容涉及财经、教育、外交及日本侵略中国等方面。内容包括：《我之财政计划》《评海关税则表》《中学学制急应改革》《反对创办女子大学》《英美联合之机运》《日独霸太平洋野心》《不抵抗主义之由来》《究竟何人误国》等数百篇。

收藏单位：国家馆、南京馆、上海馆

00340

罗涵原先生讲稿特刊（第1集） 罗涵原著

巴山讲学会，[1945]印，58页，32开

本书收入《联合国宪章与中国和平哲学》《大西洋宪章与固有文化参照》《礼仪廉耻与衣食住行之新生活》《心之研究与孟子》等8篇讲稿。

收藏单位：国家馆

00341

罗运炎讲演拾零 罗运炎著

上海：卫理公会书报部，1949.9，184页，32开

本书收入作者1915—1945年间的讲演词、毕业训词等31篇，涉及宗教、政治、教育等方面。内容包括：《爱——基督教义的总纲》《战后的中国基督教会》《释英雄》《你的生命如何使用》等。书前有作者自序。

收藏单位：上海馆

00342

罗运炎文集（卷一） 罗运炎著

上海：卿云图书公司，1931.6，27+580页，32开

本书共4类：专著、通论、短评、杂录。收入《民国小史》《劳工运动》《人格》《交友之道》《青年的急务》《适时》《创新》《救贫》《祝执政》《告批评家》《学潮感言》等280余篇。内容涉及政治、经济、道德等多方面，多数在报刊上发表过。

收藏单位：重庆馆、东北师大馆、国家馆、上海馆

00343

吕用晦文集（八卷）·吕用晦先生续集（四卷）（清）吕用晦著

上海：国粹学报馆、国粹丛编社，1908，2册，25开，环筒页装（国粹丛书 第1集）

收藏单位：国家馆

00344

旅渝心声 王云五著

上海：商务印书馆，1945.12，356页，32开

重庆：商务印书馆，1946.3，356页，32开

上海：商务印书馆，1946.7，再版，356页，32开

本书共6部分：政治与国际政治、经济与工商管理、教育、文化与出版、修养、其他。收著者在重庆期间的演讲和撰写的杂论文章43篇。书末附《关于最高经济委员会》。

收藏单位：重庆馆、福建馆、广西馆、贵州馆、国家馆、湖南馆、江西馆、辽大馆、南京馆、内蒙古馆、宁夏馆、上海馆、绍兴馆、首都馆、天津馆、武大馆、浙江馆、中

科图

00345
绿天斋讲演录 柯璜讲述
出版者不详，1937，31叶，16开，环筒页装

本书收入讲演11篇，内容包括：《孔子学说的伟大与我们纪念孔子的意义》《儒家之修养》《简单经济的卫生》《我国百年来毒物之祸害》《缠足是女界无人道之悲惨》等。

收藏单位：国家馆

00346
马相伯先生文集 马相伯著 方豪编
北平：上智编译馆，1947.3，448页，16开

本书收录著者的论文、尺牍、序跋等200余篇。书前有《马相伯先生事略》及凡例等。

收藏单位：重庆馆、东北师大馆、广东馆、广西馆、国家馆、湖南馆、辽大馆、辽师大馆、南京馆、内蒙古馆、宁夏馆、山西馆、上海馆、首都馆、天津馆、浙江馆、中科图

00347
马相伯先生文集（续编） 马相伯著 方豪编
北平：上智编译馆，1948.1，92页，22开

本书收录著者的书信、题词、讲演、文稿等60余篇。

收藏单位：重庆馆、东北师大馆、广东馆、广西馆、国家馆、辽师大馆、南京馆、内蒙古馆、宁夏馆、山西馆、上海馆、首都馆、天津馆、浙江馆、中科图

00348
漫谈集 邢振基著
益文印刷社，1943.7，45页，32开（邢氏九种丛书）

本书共6部分：漫谈治理、漫谈文理（上、下）、漫谈人生、漫谈处事、漫谈苦乐。

收藏单位：国家馆

00349
矛盾集 陶其情编著
上海：拂晓书室，1933.1，[280]页，32开

本书是著者历年发表于报刊上论文的汇集，共6辑：孔马异同的论辩、佛体儒用的论辩、抄袭问题的讨论、封建问题的讨论、胡适政论的批判、胡适知行的评辟。书前有著者自序。书末附录革命正名的阐究。

收藏单位：上海馆

00350
梅光迪文录 梅光迪著 国立浙江大学出版部辑
杭州：国立浙江大学出版部，1948.9，72页，16开

本书收入《评提倡新文化者》《评今人提倡学术之方法》《论今日吾国学术界之需要》《现今西洋人文主义》《安诺德之文化论》《孔子之风度》《卡莱尔与中国》等16篇杂文。其中多数曾在《学衡》《国风》《国命》《浙大文学院集刊》等刊物上发表过。

收藏单位：重庆馆、东北师大馆、国家馆、吉林馆、南京馆、上海馆、浙江馆、中科图

00351
梅景周氏言论集 梅景周著
李连[发行者]，[1932]，174页，18开

本书收录著者任中国驻夏威夷领事时的演说、论文、译论、游记。内容包括：《太平洋国际商务会议演辞（中美贸易史略）》《美国妇女协会演辞（中国文化）》《中国人民之维新观》《孙逸仙博士之陵墓》《漫游美国随笔录》等43篇。附《驻火奴鲁鲁领馆关于满案之重要译文》3篇。

收藏单位：国家馆、宁夏馆、上海馆

00352
孟扬杂稿类选 刘孟扬著
天津：刘孟扬[发行者]，1935.1，64页，32开

本书收入县政、吏治、时局、宪法、自治、宗教、玄谈等各类文章14篇，内容包括：《上黎大总统书》《为九一八事变后救国运动告国人书》《天津市自治的过去与将来》等。

收藏单位：东北师大馆、国家馆、近代史所、天津馆

00353

明心集 陈瑾昆等著

[兴县]：出版者不详，1946，46页，32开

收藏单位：重庆馆、山西馆

00354

蒲剑集 郭沫若著

重庆：文学书店，1942.4，310页，32开

本书收作者20世纪30年代末写的文章和讲演录22篇，其中关于屈原的7篇，内容包括：《蒲剑·龙船·鲤帜》《关于屈原》《屈原考》《屈原思想》等；关于其他文艺问题和学术问题的15篇，内容包括：《我怎样写棠棣之花》《庄子与鲁迅》《中国美术的展望》《关于发见汉墓的经过》《驳说儒》等。

收藏单位：重庆馆、广西馆、国家馆、黑龙江馆、南京馆、山西馆、上海馆、首都馆、天津馆

00355

钱局长演词刊要（民国二十二年至二十四年） 陇海铁路管理局总务处编译课编

陇海铁路管理局总务处编译课，1935，139页，32开

本书收入陇海铁路管理局局长钱宗泽1933—1935年间在该局所做的讲演词，内容涉及政治、个人修养、铁路建设、管理等方面。

00356

翘勤轩文集 彭作桢著

[北平]：彭作桢[发行者]，[1931]，121叶，32开（翘勤轩丛稿）

本书收录序、跋、诗词、公牍、人名录、杂录、札记等，内容包括：《古今同姓名大辞典序》《汉唐宋田制》《评王船山论赋税》《经界法》《哀逝赋》《彭氏入川散居考》《毛诗词例举要跋》《古今同姓名大辞典举例》等文章数篇。

收藏单位：国家馆

00357

清明集 周黎庵著

上海：宇宙风社，1939.9，101页，32开

本书收入6篇读明清史杂记：《明末·南宋·东晋的和战》《明末士子的气节及与政治和妓女的关系》《清初镇压士气的三大狱》《清初贰臣的生涯》《明末浙东的对外抗争》《清初理学与民族革命的关系》。曾发表于《宇宙风》杂志。书前有作者题记。

收藏单位：重庆馆、广东馆、国家馆、上海馆、中科图

00358

求是桥 浙大学生自治会编

浙大学生自治会，1949，29页，32开

本书是一本社会论文集，收录作品有《我的竺校长》《求是精神》《校庆廿二周年纪念》《大学的使命》《守夜》等。

收藏单位：浙江馆

00359

仁斋文选 赵正平著

上海：刊印仁斋文选筹备会，1945.2，548页，22开，精装

本书收“教育文哲类”12篇，“政论类”18篇，“序记类”12篇，“杂类”9篇。著者写作时间自1914—1944年止。部分作品为文言文。书前有著者自序及凡例。

收藏单位：东北师大馆、国家馆、黑龙江馆、近代史所、辽大馆、南京馆、内蒙古馆、上海馆、首都馆、天津馆、浙江馆

00360

山居散论 李白江著

上海：青鸟出版社，1946.7，78页，32开（青岛丛刊3）

本书收入《革命青年的灵魂比剑更强》《山城草》等18篇文章。

收藏单位：贵州馆

00361

绍周论著（第1集） 卜绍周著

开封：豫东日报社，1937.4，274页，22开（无

息轩丛书）

本书共7类：政治、内政、外交、经济、教育、纪念、国际，收《现局中告国人》《以整个计划号令全国》《加紧国防准备消弭内战》《宪法初稿总评》《天灾与人事》《中俄复交》《如何确立经济百年大计》《教育之合理化》《五四纪念日告学生界》《国际现世下之国际大会》等106篇文章。

收藏单位：国家馆

00362

社会的价值与变革　卢剑波著

上海：启智书局，1929.7，88页，36开

本书收4篇论文：《社会科学的考察》《社会价值的革命》《资本主义的功罪》《莫里斯与反议会的社会主义》。

收藏单位：国家馆、江西馆、南京馆、内蒙古馆、上海馆、浙江馆

00363

社会新诠　刘如水著

开封：风雨书屋，1937，181页，18开

本书收入《何谓社会科学》《何谓文化》《生物进化与社会进化》《文化失调与社会进化》《社会进步之经济史观》《最低工资之研究》《土地分配论》等文章。

收藏单位：重庆馆

00364

十驾斋养新录　（清）钱大昕撰

上海：商务印书馆，1935.9，5册（79+521页），32开（国学基本丛书）（万有文库 第2集 535）

上海：商务印书馆，1936.9，5册（79+521页），32开（万有文库 第2集）

上海：商务印书馆，1937.1，2册（79+521页），32开（国学基本丛书）

上海：商务印书馆，1938，2册（79+243+278页），32开（国学基本丛书）

本书共23卷读书笔记（《十驾斋养新录》20卷和《十驾斋养新余录》3卷），涉及经学、小学、史学、官制、金石、地理、姓氏、典籍、词章、术数、儒术等诸多领域，并记述名人轶闻。书前有自序、《钱辛楣先生年谱正续编》（钱庆曾编）。

收藏单位：重庆馆、大庆馆、东北师大馆、国家馆、湖南馆、江西馆、近代史所、辽师大馆、南京馆、山东馆、上海馆、首都馆、天津馆、浙江馆、中科图

00365

史忠正公集　（明）史可法著

上海：商务印书馆，1937，14+75页，32开（国学基本丛书）

上海：商务印书馆，1937.4，再版，14+75页，32开（国学基本丛书）

本书共4卷：奏疏，书，家书、遗书，杂文、诗、四书文。卷首有“赐谥文”及题诗等。附录有著者本传、逸事等。

收藏单位：重庆馆、大庆馆、国家馆、南京馆、内蒙古馆、宁夏馆、山西馆、上海馆、首都馆、西南大学馆、中科图

00366

士青全集　钱文选著

上海：商务印书馆，1939.8，[1370]页，22开，精装

本书共8集：家乘、述德、文稿、诗稿、游记、杂俎、闻见录、亲友宠贶录存。书前有作者自序。

收藏单位：重庆馆、东北师大馆、广西馆、国家馆、吉林馆、近代史所、辽大馆、南京馆、内蒙古馆、山西馆、上海馆、绍兴馆、首都馆、天津馆、中科图

00367

树棠文集　梁树棠著

上海：中华圣教总会，1924.1，112页，25开

本书为学术论文集。收《学术宗教研究答客问》《孔道之社会主义》《致某君论社会主义书》等20篇。

收藏单位：吉林馆、上海馆、天津馆、浙江馆

00368

漱冥卅前文录　梁漱溟著

上海：商务印书馆，1923.12，252页，32开

上海：商务印书馆，1924，再版，252页，32开

上海：商务印书馆，1926，3版，252页，32开

本书收录1915—1922年在报刊上发表的文章、讲演和书信19篇，内容包括：《晚周汉魏文钞自序》《无性谈》《司法例规序》《中华学友会宣言》《答陈仲甫先生书》《一个人的生活》《答陈嘉蔼论因明书》《李超女士追悼会演说》《宗教问题讲演》《唯识家与柏格森》《对于罗素之不满》等。著者原题：梁漱冥。

收藏单位：重庆馆、东北师大馆、国家馆、吉林馆、江西馆、南京馆、上海馆、浙江馆、中科图

00369

漱冥卅后文录　梁漱溟著

外文题名：Liang sou-ming's literary compositions written after thirty years of age

上海：商务印书馆，1930.7，290页，32开

本书收录著者1923—1929年间的文章、讲演等16篇，内容包括：《这便是我的人生观》《答胡评东西文化及其哲学》《人心与人生初版自序》《介绍卫中先生学说》《如何成功今天的我》等。著者原题：梁漱冥。

收藏单位：重庆馆、东北师大馆、广东馆、国家馆、吉林馆、江西馆、近代史所、内蒙古馆、上海馆、天津馆、中科图

00370

漱溟最近文录　梁漱溟著

赣县：中华正气出版社，1944，108页，25开

本书汇集作者1941—1943年间所作文章，有《中国文化问题》《教育的出路与社会的出路》《人生的意义》《香港脱险寄宽恕两儿》《我的自学小史》等11篇。附录社会本位底教育系统草案。

收藏单位：东北师大馆、江西馆

00371

思想、道德、政治　胡秋原著

南京：新中国出版社，1948.1，171页，32开

本书分论思想、论道德、论政治3部分，共29篇文章，内容包括：《思想与自由》《道德之意义》《民主政治之概念》《中国地位之历史背景》等。书前有著者的《致读者》。书末有《杜鲁门对华政策要点》等4篇附录。

收藏单位：国家馆、南京馆、上海馆、天津馆

00372

思想革命（卢晋侯博士论文 第1集）　卢锡荣著

上海：大夏大学，1929.11，70页，25开

上海：大夏大学，1931.5，再版，84页，25开

本书收文章6篇：《我的迷信》《学术思想革命》《政治经济建设讨论会季刊发刊词》《存我》《职业学校毕业训词》《孙中山先生诞辰大夏大学宣言》。附《与徐菊仁书》《祭杨文襄公文》。再版增加《国立中央大学法学院季刊序》《介绍卢锡荣氏的思想》等3篇评论。

收藏单位：东北师大馆、上海馆

00373

孙中山先生医学的国家观　肖粲殊编

广州：人生服务社，1948.8，28页，32开（医药文化丛书1）

本书内收《蜂蚁的群性与人类的残杀》《我们应该学蜂蚁来组织国家》《有大能干新发明的人才能组织政府的历史教训》《消灭兽性发生神性的理想》《中国的极大病源》等21篇。

收藏单位：国家馆

00374

台学源流述要　万德懿著　诸奇良编辑

临海：临海律师公会，1947.8，146页，32开

本书收著者论文、随笔18篇，内容包括：《台学源流述要》《官僚虐政与鸦片战争》《读平浙纪略感言》《地利战史杂谈》《明代之币制》等。书前有著者自序。书末附录《福建省战时粮食问题题词》（李翘）、《治磐两周年纪念集序》（苏步云）、《出巡飞山乡关于倡导自治精神之讲演词》（金璧炜）等15篇书信电文题词、讲演词及著者履历介绍。

收藏单位：广东馆、国家馆、湖南馆、上海馆、绍兴馆、浙江馆

00375
坦白集　邹韬奋著
上海：邹韬奋[发行者]，1936.9，234页，32开
上海：邹韬奋[发行者]，1936.11，再版，234页，32开
汉口：邹韬奋[发行者]，1937.11，3版，234页，32开

本书收著者于1936年6、7月间发表在香港《生活日报》上的政论和杂感文章46篇，分为：关于团结御侮、关于国难、关于文化、关于苏联新宪法、关于生活日报、杂感6部分。书前有著者的弁言。附录沈钧儒、章乃器、陶行知和著者共同发表的《团结御侮的几个基本条件与最低要求》一文。

收藏单位：重庆馆、东北师大馆、广东馆、国家馆、黑龙江馆、湖南馆、吉林馆、近代史所、南京馆、内蒙古馆、上海馆、首都馆、天津馆、中科图

00376
唐钺文存　唐钺著
上海：商务印书馆，1925.3，274页，32开
上海：商务印书馆，1925.12，再版，274页，32开
上海：商务印书馆，1928.4，3版，274页，32开

本书收著者1912—1924年间写作的游记、外国科学家传记、哲学心理学论文19篇，内容包括：《游玉泉山记》《达尔文传》《科学与德行》《心理现象与因果律》《批评的伦理》等。

收藏单位：重庆馆、东北师大馆、广东馆、广西馆、国家馆、湖南馆、江西馆、近代史所、辽宁馆、上海馆、首都馆、天津馆、中科图

00377
韬奋时事论文集　邹韬奋编著
上海：中流书店，1939.8，200页，32开
上海：中流书店，1940.3，200页，32开

本书分为言论、漫笔、笔谈3个部分，收论文44篇。内容包括：《苏联革命的廿周纪念》《现代国家与民众运动》《世界的中国人》《真理》《艰苦奋斗》《大众文化的基本条件》等。书前有章铁铮的《韬奋略传》。书末附录《在香港的经历》。

收藏单位：贵州馆、国家馆、吉林馆、近代史所、绍兴馆、首都馆、浙江馆

00378
韬奋文录　邹韬奋著
上海：韬奋出版社，1948.7，373页，32开
上海：韬奋出版社，1949，373页，32开
上海：韬奋出版社，1949.5，再版，373页，32开

本书收著者1925—1937年间写作并发表在《生活周刊》《大众生活》《新生》《永生》《生活日报》《生活星期刊》《抗战三日刊》等报刊上，而抗战胜利后未刊为单行本的杂文、随笔、政论等88篇。本书由茅盾、胡绳、史枚辑，按著者写作年代先后编排。书前有著者的遗墨《本书付印时的几句话》和胡愈之的序。书末有编后记。著者原题：韬奋。

收藏单位：重庆馆、东北师大馆、广东馆、国家馆、辽大馆、南京馆、内蒙古馆、上海馆、首都馆、中科图

00379
韬奋言论集　邹韬奋著
大华书店，1937.6，200页，32开

本书分为言论、漫笔、笔谈3部分，共收抗战救亡的杂文43篇，内容包括：《援助绥远前线将士》《中苏友谊与远东和平》《现代国家与民众运动》《世界的中国人》《真理》《社会的成份》《艰苦奋斗》《前进思想与救国阵线》等。书末附《在香港的经历》。著者原题：韬奋。

收藏单位：贵州馆、国家馆、辽大馆、山西馆、上海馆、中科图

00380
啼笑皆非　林语堂著译
外文题名：Between tears and laughter
重庆：商务印书馆，1945.1，渝初版，217页，32开

上海：商务印书馆，1945，沪初版，217 页，32 开
重庆、上海：商务印书馆，1945，再版，217 页，32 开
上海：商务印书馆，1946，3 版，217 页，32 开
上海：商务印书馆，1946.11，沪 4 版，217 页，32 开
上海：商务印书馆，1947.2，沪 5 版，217 页，32 开（新中学文库）

本书共 4 卷，收入 23 篇短文、小品文。卷 1 局势，主要讲亚洲复兴所引起的新局面；卷 2 道术，论述种族偏见、欧化愚见、数字迷信等；卷 3 征象，涉及今日西方讨论和平的各种方案；卷 4 治道，涉及学术思想哲学基础问题。书前有中文译本序言、原序。书末有后序。

收藏单位：重庆馆、大连馆、东北师大馆、广西馆、贵州馆、国家馆、湖南馆、江西馆、近代史所、辽大馆、辽师大馆、南京馆、内蒙古馆、宁夏馆、山东馆、上海馆、绍兴馆、浙江馆、中科图

00381

啼笑皆非 林语堂著 陈封雄节译

重庆：时代生活出版社，1944.12，125 页，32 开（时代生活丛书 第 8 种）

本书选择原著中的 16 篇短文，内容包括：《忏悔》《亚洲之出现》《世界之欧化》《群众之申辩》《和平的哲学》《原则的探索》等。翻译时对原文略有删减。书前有著者自序。

收藏单位：重庆馆、贵州馆、国家馆、吉林馆、内蒙古馆

00382

天下泰平书 刘仁航著

上海：泰东书局等，1928，12 册，22 开

本书共 12 卷，内容包括：五千年众凶手大审判、各家人性罪恶论、各家人生观、女性分类考、两性诸问题、女男优劣决定论等。

收藏单位：重庆馆、国家馆、上海馆

00383

瞰庐类稿（甲、乙编） 李世由著

李世由［发行者］，[1914]，2 册（56+82 页），20 开

本书分甲、乙两编。甲编收《释人伦》《原道》等 4 篇讲义，《国粹学报第三周年题辞》《询清河士民文》等 4 篇杂文以及日记若干、诗 31 首；乙编收《论兵屯》《革命余论》《论南京万无建都之理》等 27 篇杂论，诗 12 首。书前有著者自识。

00384

苣厂治学类稿 金兆梓著

上海：中华书局，1949.4，424 页，25 开

本书为著者 60 岁以前所著文章的选集，分通论、时论、专论、考证、杂文等 5 类 34 篇，内容包括：《斥世故》《为什么要检讨传统思想》《中国文化及人种之由来》《老子辨伪》《读书笔记杂存》等。书前有自序。书末有苣厂跋。

收藏单位：大庆馆、东北师大馆、广东馆、国家馆、黑龙江馆、江西馆、近代史所、南京馆、内蒙古馆、首都馆

00385

万竹居文存 张任天著

张任天［发行者］，[1939]，122 页，32 开

本书选录著者 1908—1938 年间撰写的文章，文章涉及三民主义、教育等问题。

收藏单位：浙江馆

00386

王观堂文选 王国维著 （日）田中庆太郎编

东京：文求堂书店，1932.6，130 页，32 开
东京：文求堂书店，1941.3，再版，130 页，32 开

本书共收王观堂 24 篇文章，内容包括：《致北京大学某教授书》《浙江考》《大唐六典》《汉书所谓古文说》《殷周制度论》等。书末附录《海宁王忠悫公传》（罗振玉）。

收藏单位：国家馆、近代史所、辽宁馆、南京馆、首都馆

00387

王鸿一先生遗文 王鸿一著

[济南]：王鸿一先生办事处，1936.4 印，[24]+62 页，22 开

本书收王鸿一的遗墨、自叙传、论文、讲演、书札等 5 类 10 篇，内容包括:《三十年来衷怀所志之自剖》《东西文化及民族出路序言》《建设村本政治》《恢复民族自信力之研究》《中华民族自救运动之研究》《书札九通》等。书前有《王鸿一先生传略》《王鸿一先生遗著选辑序》(王惺吾)、《悼王鸿一先生》(梁漱溟)。书末附《堂姪鸿一哀辞》(王补吾)。

收藏单位：国家馆、南京馆、山东馆

00388

望道文辑　陈望道著

上海：读者书房，1936.6，278 页，32 开（丛书月刊 3）

本书共两辑，语言·文学辑 19 篇，内容包括:《大众语论》《文学和大众语》《方言的纪录》等；杂论辑 9 篇，内容包括:《镜花缘和妇女问题》《关于恋爱》《关于胡适批判》等。附译文两篇《果戈里和杜思退益夫斯基》《自然主义文学底理论的体系》。书末有秀侠、征农的《编后小记》。

收藏单位：重庆馆、东北师大馆、广东馆、广西馆、贵州馆、国家馆、吉林馆、辽大馆、南京馆、内蒙古馆、上海馆、天津馆、中科图

00389

畏庐漫录　林纾著

外文题名：A collection of miscellaneous stories

上海：商务印书馆，1922.10，4 册（398 页），32 开

上海：商务印书馆，1923.4，再版，4 册（398 页），32 开

上海：商务印书馆，1925.3，3 版，4 册（398 页），32 开

上海：商务印书馆，1927.1，4 版，4 册（398 页），32 开

上海：商务印书馆，1933.10，国难后 1 版，4 册（398 页），32 开

本书共收 95 篇文章，内容包括:《黄建人》《伪观音》《永清张家姑嫂》《钏声》《文震》《逆子》《江天格》《柯红豆》等。书前有著者自序。

收藏单位：重庆馆、东北师大馆、国家馆、黑龙江馆、辽大馆、南京馆、内蒙古馆、绍兴馆、首都馆、中科图

00390

温文节公集　（清）温毅夫著

出版者不详，1 册，25 开

收藏单位：广东馆

00391

文化与人生　贺麟著

上海：商务印书馆，1947.11，261 页，25 开

本书收论文 37 篇，内容包括:《儒家思想的新开展》《德国文学与哲学的交互影响》《论假私济公》《法治与德治》等。内容涉及人生观和对文化问题的见解，著者在发挥中国固有文化优点的同时也介绍西洋文化的意义、西洋人的近代精神和新人生观。书前有著者序。

收藏单位：重庆馆、广东馆、贵州馆、国家馆、湖南馆、南京馆、上海馆、首都馆、天津馆、浙江馆、中科图

00392

闻一多全集　闻一多著　朱自清等编辑

上海：开明书店，1948.8，4 册，25 开，精装

上海：开明书店，1948.9，再版，4 册，25 开，精装

上海：开明书店，1948.11，3 版，4 册，25 开，精装

上海：开明书店，1949，4 版，4 册，25 开，精装

本书分为 8 集。甲集神话与诗 21 篇，乙集古典新义 25 篇，丙集唐诗杂论 9 篇，丁集诗与批评 21 篇，戊集杂文 17 篇，己集讲演录 12 篇，庚集书信 6 篇，辛集诗歌与校笺。书前有郭沫若、朱自清的序各一篇及著者事略、年谱、照片等。书末有吴晗的跋和朱自清的编后记。本书的编辑者还有郭沫若、吴晗、叶圣陶。

收藏单位：重庆馆、东北师大馆、广东馆、贵州馆、国家馆、黑龙江馆、吉林馆、南大馆、宁夏馆、山西馆、绍兴馆、首都馆、浙江馆、中科图

00393

我相信中国　张申府著

汉口：上海杂志公司，1938.4，110页，32开（救亡文存）

本书收著者抗战初期写作的有关政治、文化、哲学等方面的杂文13篇、附录5篇，内容包括：《战时教育纲领》《一二九两周年纪念》《文化动员的意义》《精神动员的发端》《战时文化的推进》《我相信中国》《五四纪念与新启蒙运动》等。书末有著者编后记。

收藏单位：重庆馆、东北师大馆、广东馆、广西馆、贵州馆、桂林馆、国家馆、南京馆、山西馆、上海馆、西南大学馆、浙江馆

00394

无端　麦瑢琛著

出版者不详，[1920—1929]，[28]页，32开

本书分政论和诗词两部分。政论部分收11篇文章，内容包括：《印度国民运动领袖甘地》《法国社会主义大家焦雷氏》《日内瓦之鸦片会议》等；诗词部分共16首，内容包括：《添衣叹》《得书》《食荔枝》等。

收藏单位：国家馆

00395

吴锷从公存稿　吴锷著

北京：吴锷[发行者]，1938.11，[200]页，21开

本书共3编，上编包括讲演词、建议书、日记评述、游记、函电报告等；中编包括电函呈报、函件等；下编包括训令、指令、批示、代电、公函呈文、布告、提案等。书前有著者自序。

收藏单位：国家馆、近代史所

00396

吴虞文录　吴虞著

上海：亚东图书馆，1921.10，79+80页，32开

上海：亚东图书馆，1922.12，再版，79+85+43页，32开

上海：亚东图书馆，1923.8，3版，79+85+43页，32开

上海：亚东图书馆，1925.3，4版，79+85+43页，32开

上海：亚东图书馆，1927.5，5版，79+85+43页，32开

上海：亚东图书馆，1929.4，6版，79+85+43页，32开

本书分上、下两卷，上卷收批评旧礼教和封建文化的文章6篇，下卷收评论老、庄、荀、墨诸子的文章及其他文章8篇（初版为7篇）。内容包括：《道家法家均反对旧道德说》《儒家主张阶级制度之害》《消极革命之老庄》《读荀子书后》等。书前有胡适的序。书末附《女权平议》和《孽缘》（初版无）。

收藏单位：重庆馆、东北师大馆、广东馆、广西馆、桂林馆、国家馆、吉林馆、江西馆、辽大馆、南京馆、内蒙古馆、山东馆、山西馆、上海馆、绍兴馆、首都馆、浙江馆、中科图

00397

吴虞文续录·别录　吴虞著

成都：美信所书局，1933.6，288页，32开

本书分《吴虞文续录》和《吴虞文别录》两部分。《吴虞文续录》收19篇国学论文，内容包括：《对于祀孔问题之我见》《经疑》《荀子之劝学及礼论》等；《吴虞文别录》收14篇序跋、杂文，内容包括：《爱智庐同香祖玩月诗序》《请褒扬黄文翰文》等。书前有《吴虞底儒教破坏论》（青木正儿著，王悦之译）一文代序。书末附悼亡妻曾香祖诗20首。

收藏单位：重庆馆、上海馆

00398

吴稚晖全集　吴稚晖著　方东亮编

上海：群众图书公司，1927.12，5册（[1684]页），32开

本书共10卷：科学、语言文字、音韵、哲理、教育、思想批评、政治讨论、无政府思想、论党、文艺。每册两卷。内容包括：

《科学与人生》《国音沿革序》《中国之社会教育应兼两大责任》《中国政治改造从何处下手问题之附言》《中山先生的革命两基础》等。书前有白崇禧、伍朝枢、陈德征、曹聚人、严慎予等人的序，方东亮的跋，以及各界人士的题字、题词。封面题名：吴稚晖先生全集。

收藏单位：重庆馆、广西馆、国家馆、江西馆、辽大馆、南京馆、内蒙古馆、上海馆、首都馆、天津馆

00399
吴稚晖先生文存 周云青编纂
上海：医学书局，1925.6，2 册（340+198 页），22 开
上海：医学书局，1925.8，再版，2 册（340+[198] 页），22 开
上海：医学书局，1926.1，3 版，2 册（340+[198] 页），22 开
上海：医学书局，1927.2，4 版，2 册（340+[198] 页），22 开

本书分上、下两卷，收入吴稚晖的杂论、书信 47 篇。上卷 31 篇，内容包括：《溥仪先生》《国民党不加入善后会议》《国音沿革序》《一种新信仰的宇宙观及人生观》等；下卷 16 篇，内容包括：《寒崖诗集序》《释尔雅名义》《中国之社会教育应兼两大责任》《三十年前日记之一斑》等。书前有编纂者序。

收藏单位：重庆馆、东北师大馆、广西馆、国家馆、近代史所、辽大馆、南京馆、内蒙古馆、宁夏馆、山东馆、上海馆、首都馆

00400
吴稚晖学术论著 吴稚晖著 梁冰弦编
上海：出版合作社，1925.11，430 页，22 开
上海：出版合作社，1926，再版，430 页，22 开
上海：出版合作社，1926.6，3 版，430 页，22 开
上海：出版合作社，1927.5，4 版，430 页，22 开

收藏单位：重庆馆、桂林馆、国家馆、近代史所、内蒙古馆、宁夏馆、上海馆、中科图

00401
吴稚晖学术论著 吴稚晖著 梁冰弦编
上海：启智书局，1931.8，430 页，22 开
上海：启智书局，1935.10，再版，430 页，22 开

本书共收 47 篇论著，涉及宇宙及人生观、教育问题、宗教与道德问题、革命论、性的问题、中国文字问题、杂感 7 类。内容包括：《一个新信仰的宇宙观及人生观》《宗教道德与社会主义》《补救中国文字之方法若何》《愿生生世世勿生帝王家》等。书前有梁冰弦的两篇序言。

收藏单位：国家馆、内蒙古馆

00402
吴稚晖学术论著（续编） 吴稚晖著 梁冰弦编纂
上海：出版合作社，1927.1，153 页，22 开
上海：出版合作社，1927.6，再版，153 页，22 开

本书共收 6 篇论著：《以政学治非政学》《释非政学》《移读外籍之外见》《勤工俭学传书后》《物质文明与科学》《甲寅游法记》。书前有梁冰弦的续编赘言。

收藏单位：重庆馆、东北师大馆、广西馆、桂林馆、国家馆、吉林馆、江西馆、近代史所、辽大馆、南京馆、宁夏馆、山东馆、天津馆

00403
吴稚晖学术论著（续编） 吴稚晖著 梁冰弦编
上海：启智书局，1931.8，154 页，22 开
上海：启智书局，1935.10，再版，154 页，22 开

收藏单位：国家馆、湖南馆

00404
吴稚晖学术论著（第 3 编） 吴稚晖著 梁冰弦编纂
上海：出版合作社，1927.12，164 页，32 开

本书共收 21 篇论著，内容包括：《论善恶之进化》《论道德教育》《论国利民福》《勤工

俭学问题》等。

收藏单位：江西馆、近代史所、辽大馆、南京馆、内蒙古馆

00405

吴稚晖学术论著（第3编） 吴稚晖著 梁冰弦编

上海：启智书局，1931.8，164页，22开

上海：启智书局，1935.10，再版，164页，22开

00406

西川集 叶圣陶著

重庆：文光书店，1945.1，178页，32开（文光文丛4）

上海：文光书店，1945.10，再版，178页，32开（文光文丛4）

本书收文学、教育短文和散文随笔20余篇，内容包括：《关于谈文学修养》《读〈虹〉》《读〈石榴树〉》《谈大学的合并》《致教师书》《邻舍吴老先生》《辞职》等。书前有著者自序。

收藏单位：重庆馆、东北师大馆、广东馆、贵州馆、国家馆、吉林馆、首都馆、天津馆、中科图

00407

西楼文编 张连楙著

[昆明]：张连楙[发行者]，[1933]，影印本，2册，25开，环筒页装

本书分5卷，收文61篇。内容包括：《西楼记》《游大观楼记》《先兄事略》《陶烈妇传》《古书疑义举例序》《读汉书艺文志》《论魏武》《人生之真价》《吊梁任公先生文》等。书前有徐敏家的序。书末有西楼文编年表。

收藏单位：国家馆、江西馆

00408

先烈谢震遗著 谢震撰 王炯武等编

出版者不详，1930，1册

本书封面题名：谢飞麟遗著。

收藏单位：国家馆

00409

现代新思想白话信 郑志广编辑

上海：时远书局，1933.9，1册，32开

本书分总论和书信两部分。总论包括书信的界说、要素、名称、写法等12章内容；书信部分包括：政治、法律、社会、农界、教育、学术、妇女、恋爱、婚姻，共9编73封书信。书前有编者自序。

收藏单位：国家馆

00410

啸天读书记 许啸天著

上海：群学社，1931，4册，32开

上海：群学社，1933，再版，4册，32开

本书是著者在阅读经史百家和古典文学作品后写的杂感和评论，共4册59篇。内容包括：《墨子》《古文观止》《古今名人尺牍》《民国春秋演义》等。书前有著者的序言。逐页题名：啸天读书记一集。

收藏单位：重庆馆、广东馆、国家馆、湖南馆、南京馆、宁夏馆、上海馆、首都馆、天津馆

00411

啸天读书记 许啸天著 大仁书店编辑部编辑

上海：大仁书店，1926.7，[340]页，32开

本书分历史哲学和文学小说两卷，共收34篇杂感和评论。内容包括：《读墨子》《读名人演讲集》《读王阳明集》《读顾亭林集》《读西厢》《读红楼梦》《读三国志》《读儒林外史》等。

收藏单位：重庆馆、东北师大馆、吉大馆、近代史所、上海馆、绍兴馆

00412

谢飞麟遗著 谢震著 陈成编

陈成[发行者]，[1929]，237页，25开

本书内容包括：自序、建议、言论、书牍、讲演、杂著、诗词等。书名为张宗祥所题。

00413

熊经略集 （明）熊廷弼著

南京：江苏革命博物馆，1929.10，[74] 页，22 开（江苏革命博物馆丛书）

本书收入著者的奏疏和书信等。书末有陈去病的跋。

收藏单位：国家馆

00414

徐澄宇论著（第 1 集） 徐英撰著　陈家庆编辑

上海：华通书局，1933.10，106 页，22 开

本书收文、史、哲方面的论文 11 篇，内容包括:《唯生篇》《文选类例正失》《论近代国学》《致教育部长论景印四库全书珍本事》等。

收藏单位：国家馆、湖南馆、南京馆、上海馆、首都馆、天津馆、浙江馆、中科图

00415

徐澄宇论著集（第 1 集） 徐英著　陈家庆编

徐氏天风阁，1937 重印，增订本，246 页，25 开

本书共收入 23 篇论文，内容包括:《唯生篇》《文选类例正失》《论近代国学》《致教育部长论景印四库全书珍本事》《汉学论略》《骈文流别》《名清文学辨源》等。

收藏单位：广东馆、国家馆、中科图

00416

徐庆誉论文集（第 1 集） 徐庆誉著

上海：太平洋书店，1933.12，250 页，24 开（世界学会丛书）

本书收入作者 1927 年 3 月至 1933 年 8 月间涉及政治、哲学、伦理、教育、思想方面的文章 32 篇，内容包括:《中西文化评论之评论》《社会主义述略》《青年性的烦闷及其解脱》《质问陈独秀君》《甚么叫宗教?》《诗的革命》等。书前有作者的导言。

收藏单位：东北师大馆、广东馆、湖南馆、南京馆、上海馆、首都馆

00417

徐庆誉先生学术讲演集（第 1 集） 杨大膺编

长沙：世界学会长沙分会，1932.12，250 页，22 开（世界学会丛书）

本书选收徐庆誉先生 1927—1931 年间所做的 22 篇讲演稿，分文化问题、政治问题、哲学问题、青年问题 4 编，内容包括:《机械工业与文化》《三民主义在现代政治思想中的地位》《哲学与救亡》《青年修养与国民革命》等。书前有徐庆誉序和编者序。

收藏单位：国家馆、南京馆

00418

玄圃文存 邵元冲著

翼社，1944，[136+20] 页，25 开

本书分文存、诗存两部分，前者收《民族建设与教育政策》《明末政治鉴》《西北揽胜序》等 20 篇文章；后者收《登黄山天都峰》《松谷雨中度重阳》等 27 首诗。逐页题名：玄圃遗书特辑。

收藏单位：广西馆、南京馆

00419

学术论丛 徐庆誉著

山东：力行社，1948.5，268 页，32 开（力行丛书）

本书收入与学术思潮有关的论文和讲稿 27 篇，其中正文 19 篇，内容包括:《中国现代化必由之路》《明日的世界》《我的七种信仰》《孙子兵法与现代战争》《颜习斋动的哲学》《易的哲学》等；附录 8 篇，内容包括:《新年的新希望》《做事易做人难》《对学潮的感想》等。书前有著者序。

收藏单位：国家馆、南京馆

00420

鸭池十讲 罗庸著

桂林：开明书店，1943.9，114 页，32 开

本书共收 10 篇讲演稿，内容包括:《我与论语》《儒家的根本精神》《国文教学与人格陶冶》《感与思》《诗的境界》等。书前有著者前记。

收藏单位：重庆馆、东北师大馆、国家馆、吉林馆、江西馆、上海馆

00421

杨恩浓集 杨恩浓著 张连楙编

昭通：张连楙[发行者]，1928.5，[70]页，32开

本书共收11篇文章，内容包括：《论经学之益》《东陆大学记》《读淮南子》等。书前有传略、遗事和序。书后有跋和追悼词。

收藏单位：国家馆

00422

夜起庵弟子记 曾恪著

长春：满洲行政学会，1938.7，85+85页，22开

"夜起庵"是伪满总理郑孝胥的书斋名，郑死后著者以学生身份追记了郑在讲学中的论述。附录有著者的《教忠精义》《春秋思想与汉民族之关系》。本书前半本为中文，有松浦嘉三郎的序；后半本为日文，书末有《作为文人的郑先生》（松浦嘉三郎）一文。

收藏单位：国家馆

00423

饮冰室自由书 梁启超著

上海：商务印书馆，1916.9，2册（143+184页），32开（饮冰室丛著11）

上海：商务印书馆，1916.12，再版，2册（143+184页），32开（饮冰室丛著11）

本书分正文、附录各一册。正文收47篇文章，内容包括：《成败》《俾士麦与格兰斯顿》《文明普及之法》《最初之自由民》《英雄与时势》等。附录收8篇文章，内容包括：《中国专制政治进化史论》《立宪政体与政治道德》《中国前途之希望与国民之责任》等。

收藏单位：重庆馆、国家馆、南京馆、上海馆、绍兴馆、首都馆、中科图

00424

饮冰室自由书 梁启超著

上海：中华书局有限公司，1936.3，123页，32开

本书分为两部分。第一部分饮冰室专集，内容为《自由书》；第二部分附 岁晚读书录，收14篇短文，内容包括：《苏彝士运河故道》《民兵与佣兵之得失》《治具与治道》等。

收藏单位：国家馆、山西馆

00425

应麒三十以前文录 魏应麒著

福州：福州师范学校，1935.6，192+104页，32开（福师丛书）

本书共收56篇文章，内容包括：《尚书篇目异同考》《倭奴与中国》《述复社》《中国海军之教育》《林文忠公年谱卷端小识》《请设立福建历史博物馆书》《读书救国》等。书前有著者自序。

收藏单位：国家馆、近代史所、上海馆

00426

郁嶷论文集 郁嶷著

北平：朝阳大学出版部，1930.12，248页，25开（郁嶷丛著）

本书收作者1909—1930年间所写论文52篇，内容包括：《论总统选举法急宜制定》《人口过庶论》《战争与人性》《妾制之研究》《建设新中国之纲领》等。书前有例言。

收藏单位：国家馆

00427

渊冰集 田鹏九著

天津：大道图书印刷公司，1934.10，124页，32开

本书分为4卷。卷1收论说类、史论、时务论等文章24篇；卷2收经义类文章43篇；卷3收日记和诗词60篇；卷4收书信21篇。书前有自序和例言等。

收藏单位：国家馆、天津馆

00428

袁崇焕先生遗稿 邓寄芳编

香港：奇雅中西印务局，[1915.3]，67页，25开

本书收录奏疏9篇、文章4篇、诗12首。书前有袁崇焕小传。书后有附刊5篇。

收藏单位：国家馆

00429

再华文拾 陈再华著 项经川编

云社，1935.12，14+279 页，32 开

本书选收译文和信札等 34 篇，内容包括：《英语能否成为国际语》《奋起救国》《律师》（伊林潘林）、《论欧美智识阶级》（高尔基）、《一九二六年的信四封》等。书前有编者写的《陈再华君传略》和《编者题记》。

收藏单位：国家馆

00430

展望 邹韬奋著

上海：韬奋[发行者]，1937.4，258 页，32 开

汉口：韬奋[发行者]，1937.11，再版，258 页，32 开

汉口：韬奋[发行者]，1938.2，3 版，258 页，32 开

广东：韬奋[发行者]，1938.4，4 版，258 页，32 开

上海：韬奋[发行者]，1938，[再版]，258 页，32 开

本书选收著者 1936 年 8 月至 11 月间公开发表过的文章 50 篇。分为评论、杂感、信箱 3 部分，内容包括：《沉痛的回顾与光明的展望》《生死关头的华北》《分头努力》《最前线的斗士》《爱人与祖国》《热血沸腾的时候》。附录《向读者报告一件意外的事情》《向读者的第二次报告》。著者原题：韬奋。

收藏单位：重庆馆、东北师大馆、甘肃馆、广东馆、国家馆、近代史所、南京馆、上海馆、首都馆、中科图

00431

张君劢先生演讲集 张君劢著

南昌：江西省政府教育厅，1937.2，60 页，25 开

本书共收著者 8 篇讲演词，内容包括：《中国教育需要那一种哲学》《对于文化之态度——中国本位论与全盘西化论》《三十年来中国学术思想之演变及其出路》等。书前有程时煃序。书末有著者后记。

收藏单位：国家馆

00432

朝华集 刘可宗著

贵阳：京汉印书馆，1942.7，123 页，32 开

本书收入有关政治、经济、人物评论、市政建设等方面的杂论共 34 篇。曾在《中央日报》《云南青年》《西南战线》《贵州日报》等报刊上发表过。

收藏单位：重庆馆、贵州馆、国家馆、南京馆

00433

朝华集 汪子美著

建国书店，49 页，36 开（儿童文艺丛书）

收藏单位：重庆馆、贵州馆

00434

诏场工作一得 鲍志明著

漳州：诏浦场刊社，1942.5，134 页，32 开

本书收著者在诏浦盐场从事政治宣传工作期间所做的演讲和刊载于《诏浦盐场场刊》的 24 篇文章，内容包括：《国际政治的理论与实际》《国际形势与中国》《抗日战争展望》《工作竞赛与工作中心》《论人事考核》《如何做一个模范的公务人员》等。书前有著者序言。

收藏单位：重庆馆、国家馆、近代史所

00435

政治经济宗教论文集 荆磐石编著

重庆：天地出版社，1944.5，[15]+270+[28] 页，32 开

本书收入中、英文论文 25 篇，内容包括：《中日之战》《暴日积极南进与太平洋战争之必然性》《专卖制度与抗战建国》《新中国的教会》《战时国际公法讲座》等。书前有梁寒操序、编者自序。版权页题名：政治经济宗教论文集第一辑。

收藏单位：重庆馆

00436

知新杂录（缉刊之四） 林敬斋著

北京：林敬斋[发行者]，[1928]，[26] 页，16 开

本书分两部分。前者内容包括：《古波斯之译述》《驻华法使佘拉尔君之著作》等文

章，后者收华洋救济老弱会有关文章。

收藏单位：国家馆

00437

治崇讲演录　费绍宏讲演　余定功编辑

东南书局，1942.12，[240 页]，25 开

本书收著者 1938 年 7 月至 1941 年 6 月就职崇仁县期间所做的讲演纪录 57 篇，内容包括：《国民月会讲词》《纪念国庆要了解国家的意义》《精神战胜一切创造一切》《节约与储蓄》等。书前有余定功弁言、朱科跋和著者自序。书末附《崇仁县忠烈祠记》《创建崇仁中学记》等 7 篇散文。

收藏单位：国家馆、南京馆

00438

致海内外同志书　谢持著

出版者不详，12 页，32 开

收藏单位：重庆馆

00439

稚晖文存（一集）　吴稚晖著

上海：新新书局，1927.9，284 页，32 开

本书收著者文章 30 余篇，内容包括：《苦矣》《中山先生的革命两基础》《章士钊——陈独秀——梁启超》《所谓赤化问题》《读经救国》等。

收藏单位：广西馆

00440

中国史的新页（唐钺文存第 2 编）　唐钺著

上海：商务印书馆，1929.3，375 页，25 开

本书共收著者的 21 篇杂文散论，涉及哲学、文学、中国文字、考据、针砭等诸方面，内容包括：《谁是美的判断者》《八股及自由诗》《语言对于思想的反响》《市场上的偶像》《可能的世界》《梦想与希望》《病国论》《中国史的新页》等。书前有著者的前话。书末附录一篇译文《科学之精神的价值》。

收藏单位：重庆馆、广东馆、广西馆、国家馆、湖南馆、江西馆、近代史所、辽宁馆、南京馆、上海馆、天津馆、中科图

00441

中国文史哲学讲座（第 1 集）　许啸天著

上海：红叶书店，1931.5，[210] 页，22 开

本书分为特载和选文两部分。特载包括：什么是中国文史哲学、中国哲学史讲座、中国文学史讲座、中国文化史讲座；选文涉及哲学、文学、史学三个方面。

收藏单位：重庆馆、东北师大馆、国家馆、吉林馆、辽宁馆、南京馆、上海馆

00442

钟青航文存　钟青航著

钟青航 [发行者]，1937.4，210 页，32 开

本书共收 83 篇杂文，涉及政治、社会、风俗、文化等诸方面。内容包括：《政治形态学——四种思想》《县政革命论》《兴趣的终结》《世界语》《妇女的衣服问题》《杂感一则》《陈衡哲事件批判》《看电影的心得》《读者信箱》《杂种与难文》《写别字的问题》《我理想中的朋友》等。

收藏单位：重庆馆、南京馆

00443

朱执信文钞　朱执信著　邵元冲编辑

上海：民智书局，1926.5，448 页，32 开，精装

上海：民智书局，1927.5，再版，448 页，32 开

本书选收《朱执信集》中有关思想或理论方面的文章 22 篇，以及新诗 3 首和短篇小说 1 篇。内容包括：《论社会革命当与政治革命并行》《未来之价值与前进之人》《生存之价值》《革命与心理》《青年学生应该警戒的两件事》《耶稣是什么东西》等。书前有编者序。书末附载《怀朱执信先生》（戴季陶）和《执信的人格》（汪精卫）两篇文章。封面题名：朱执信文存。

收藏单位：重庆馆、东北师大馆、广西馆、国家馆、湖南馆、吉林馆、江西馆、南京馆、首都馆

00444

拙修子太平书（原名，太平答问）　[刘尔炘

撰]
陇右乐善书局，1932，1册
本书卷端题名：太平书。
收藏单位：国家馆

00445
子馨文在 吴其昌著
重庆：独立出版社，1945.12，2册（612页），32开
本书包括殷鉴集、美芹集、思桥集、学艺集4卷。第1卷殷鉴集，收11篇史学论文，内容包括：《历史上国难的教训》《中华民族生存发展的斗争》等；第2卷美芹集，收25篇政治文章，内容包括：《民族危机的认识和救国治学的态度》《不屈服即胜利》等；第3卷思桥集，收4篇名人治学方法的研究文章，内容包括：《梁任公先生晚年言行记》《王国维先生生平及其学说》等；第4卷学艺集，收8篇文史论文，内容包括：《朱子治学方法考》《陈龙川年谱序》《宋元明清学术史》等。
收藏单位：重庆馆、国家馆、吉林馆、南京馆、天津馆、西南大学馆

00446
宗吾臆谈 李宗吾著
[成都]：国民公报社，[1927]，174页，32开
本书共收7篇杂论：《心理与力学》《考试制之商榷》《毕业成绩考察会之计划》《推广平民教育之计划》《厚黑学》《我对于圣人之怀疑》《解决社会问题之我见》。
收藏单位：重庆馆、国家馆、南京馆、浙江馆

00447
做人做事及其他 王云五讲
重庆：商务印书馆，1942.11，96页，32开
重庆：商务印书馆，1942，2版，96页，32开
重庆：商务印书馆，1943.2，3版，96页，32开
重庆：商务印书馆，1943，增订3版，96页，32开
重庆：商务印书馆，1943，增订4版，117页，32开
重庆：商务印书馆，1943.10，增订5版，117页，32开
上海：商务印书馆，1945.10，增订1版，117页，32开
上海：商务印书馆，1946，增订3版，117页，32开
上海：商务印书馆，1946.12，增订4版，117页，32开（新中学文库）
上海：商务印书馆，1947.12，增订5版，117页，32开（新中学文库）
上海：商务印书馆，1948，增订6版，117页，32开
本书收入作者在1941—1942年间的12篇讲演词，从1943年重庆增订4版起增加到14篇讲演词，内容包括：《青年成功之路》《我的修养》《旧学新探》《业余时间的利用》《基督教给我们的一个教条》《行政效率》《当前工商管理的问题》《工厂管理的基本问题》《战时出版界之环境适应》《理想的警察》《战时我国文化的动向》《出版物的国际关系》，后增加的两篇为《事务管理》《中小学教科书及补充读物问题》。书前有作者自序。
收藏单位：重庆馆、东北师大馆、广西馆、贵州馆、桂林馆、国家馆、江西馆、南京馆、内蒙古馆、宁夏馆、山东馆、西南大学馆、浙江馆

论文集

00448
北斗 列御寇主编
北斗丛刊社，1941.6，1册，32开
北斗丛刊社，1941.7，再版，1册，32开
本书共收6篇文章：《一九四一年暴风雨的信号》（Dutt著，丁宗恩译）、《中国是否已进入新民主主义社会历史阶段?》（列车）、《论中国苏维埃运动》（北辰）、《论杂文的产生和形式及任务》（方耀）、《资本主义文学的没落》（Strachey著，吉洪译）、《怎样写诗歌》（列车）。
收藏单位：国家馆

00449

北斗 列御寇主编

北斗社，1941.9，[157 页]，32 开

本书共 3 部分：周木斋逝世纪念特辑、研究、特载。特辑部分包括：《悼周木斋先生》（列御寇）、《纪念木斋》（石灵）、《周木斋先生在文学上的成就》（方耀）、《我和木斋先生的始终》（赵素娟）等；研究部分包括：《苏维埃运动中各项政策》（北辰）、《资本主义文学的没落》（Strachey 著，吉洪译）两篇；特载收入《辩证法唯物论》（毛泽东）。

收藏单位：国家馆

00450

北京平民大学寒假讲演录 平民大学出版部编辑课编

北京：平民大学出版部编辑课，1928.4，54 页，16 开（平大丛书）

本书收入 1928 年寒假讲演会的记录稿 10 篇：《两汉文艺概论》（朱希祖）、《国语运动小史》（黎锦熙）、《现代论语孟子两书中与儒教相反之政治思想》（吴贯因）、《大智之特点》（张耀翔）、《诉讼谈》（石志泉）、《近代民治的趋势》（胡汝麟）、《唐虞时代政治经济教育下之国民》（陈筑山）、《国家与教育》（瞿世英）。书前有王文俊序。附录本校十七年暑期招生简章。封面题名：北京平民大学寒假学术讲演录。

收藏单位：重庆馆、国家馆、近代史所

00451

餐座名言集（第 1 辑） 中华国货产销协会选辑

上海：中华国货产销协会，1936.4，114 页，25 开

本书为上海金融实业界人士发起的“星五聚餐会”上请各界名流所做演讲的选辑，涉及经济、政治、社会等方面，共 24 篇。内容包括：《承兑汇票问题》（金侣琴）、《日本工业的发展》（王佐才）、《工业王国》（张福运）、《实验生活教育》（汪达之）等。

收藏单位：重庆馆、南京馆

00452

成达文荟（第 1—4 集） 成达文荟编辑委员会编辑

北平：成达师范学校，[1932]，4 册（218+200+168+[320] 页），32 开（回教丛书）

本书共 4 集。第 1 集为学生周刊选要，选收 1929 年 9 月 4 日至 1930 年 9 月 26 日该校《学生周刊》130 篇作品，涉及文艺、宗教、政治社会、伦理教育等方面，书前有唐柯三的弁言；第 2 集为斋月演词，包括 1931 年 1 月 21 日至 2 月 27 日斋月期内，该校师生的 24 篇演说词，涉及伊斯兰教的原理和历史；第 3 集为校外作品，包括 1930 年 2 月至 1931 年 10 月该校教职员工在《月华旬刊》上发表的 29 篇作品，涉及教律、教义、教务、社会等方面；第 4 集为学生会最近论文，包括 1930 年 11 月至 1931 年 6 月该校学生旬刊和月刊上的 78 篇论文，涉及教义、教务、社会、文艺、教育等方面。每集书前均有导言。书末附录成达师范学校第一次宣言、本校沿革略、北平成达师范学校总章、成达师范学生会简章、成达师范学校职教员题名录等，以及成达文荟目录索隐。封面题名：文荟。

收藏单位：国家馆

00453

春天的信号 郭沫若等著

上海：文汇报馆，1947.9，64 页，25 开（文汇丛刊第 1 辑）

本书收入发表在《文汇报附刊》上的 36 篇文章，内容包括：《春天的信号》（郭沫若）、《蔡元培的民主教育思想》（蔡尚思）、《政治道德律》（侯外庐）、《新思潮之历史的意义》（周谷城）、《以德服人欤抑以力服人欤》（马寅初）等。

收藏单位：重庆馆、广西馆、贵州馆、国家馆、近代史所、上海馆

00454

大公报十周纪念特刊 大公报馆编

长沙：大公报馆，1925，[450] 页，16 开

本书共收颂词 7 篇、专著 44 篇、文艺 3 篇、纪事 3 篇，内容包括：《民国以来之湖南

教育行政概观》(张唯一)、《十年来之平民教育》(周方)、《长沙物价指数》(柳直荀)、《湖南女权运动小史》(吴剑)、《报纸改进之我见》(陈润霖)、《太平洋问题》(张坦然)、《本报十周年经过纪略》等。书前有贝允昕的序。

00455
大家听教授讲演　费青　樊弘讲
出版者不详，[1949]，油印本，7叶，32开，环筒页装

本书收入两篇讲演词:《政治在转变中》(费青)、《谈生产》(樊弘)。

收藏单位：国家馆

00456
大学月刊社论集　马哲民撰
成都：大学印书局，1944.12，72页，36开(大学丛刊3)

本书是撰者在两年8个月中主编《大学月刊》每期的卷头文字，共26篇。内容包括:《理论与实际》《学术与战斗》《科学与人生》等。书前有自序。书末附《大学月刊发刊词》。

收藏单位：国家馆

00457
[大众]　邹韬奋等著
出版者不详，[1941]，94页，36开

本书收德军进攻苏联专论、四年来的中国三民主义、回忆妇女大团结等文章。题名据“言论的立场和态度”读者来信推测。残书。著者原题：韬奋。

收藏单位：国家馆

00458
当代(第1—4编)
上海：嘤嘤书屋，[1939]，4册(970页)，32开

本书收录东西方各国近期刊行的名著的译述，涉及政治、社会、经济、科学、思想、文艺等诸方面。第1编，收译述15篇，当代杂文6篇，内容包括:《谜样的中国问题》(山川菊荣)、《毫无自由的美总统》等，书前有出版宣言；第2编，收译述17篇，当代要闻6篇，内容包括:《托尔斯泰生活中之一日》(Stefan Zweig)、《中国革命和政治的必然性》(长谷川万次郎)等；第3编，收译述17篇，内容包括:《英国的西藏政策》(米田实)、《化学与农业》(Oliver C. Pittman)等；第4编，收译述14篇，内容包括:《英国之东方外交》(W. N. Ewer)、《艺术新论》(青野季吉)等。

收藏单位：南京馆、首都馆

00459
当代名人新文选　陆翔辑选　广文书局编辑所编辑
上海：广文书局，1921.12，再版，重编本，44+146+95页，32开
上海：广文书局，1922.6，3版，44+146+95页，32开

本书共收35篇文章，分上卷14篇、中卷17篇、下卷4篇，内容包括:《文明之消长》(蔡元培)、《青年与工具》(吴敬恒)、《造邦》(章士钊)、《论古文白话之相消长》(林纾)、《论短篇小说》(胡适)、《我之爱国主义》(陈独秀)、《现在与将来》(张东荪)、《近代中国文学思想的变迁》(罗家伦)等。

收藏单位：国家馆、山西馆、首都馆

00460
当代名人新文选　陆翔辑选　广文书局编辑所编辑
上海：世界书局，1923.6，5版，44+146+95页，32开
上海：世界书局，1923.12，6版，44+146+95页，32开
上海：世界书局，1924.7，7版，44+146+95页，32开

收藏单位：东北师大馆、国家馆、近代史所、辽大馆、宁夏馆、首都馆

00461
当代名人新文选(上卷)　陆翔辑选
上海：广文书局，[1920—1929]，160页，32开

本书共收17篇文章，内容包括:《前清一代中国思想界之蜕变》(梁启超)、《我的新

生活观》(蔡元培)、《文明之消长》(蔡元培)等。

收藏单位:国家馆

00462

当代名人演讲集 国民书局编

上海:国民书局,1925,200页(中国伟人演说汇刊)

上海:国民书局,1926.8,再版,200页(中国名人演说汇编)

上海:国民书局,1927.3,3版,200页(中国名人演说汇编)

本书共收38篇演说词,内容包括:《章太炎演说今日青年之弱点》《孙中山演说最新政治》《廖仲恺演说中国实业的现状及产业落后的原因》《胡适之演说少年中国之精神》《蔡元培在京政学会演说》《陈树人演说革命之目的与手段》等。

收藏单位:近代史所

00463

德国的内幕 (美)穆勒(Hans Mueller)等著

上海:求知出版社,1940.8,[80页],36开(求知文丛第2辑)

本书共收文4篇:《略论"新民族哲学"》(庄师宗)、《德国的内幕》(穆勒)、《关于鲁迅的事情》(华生)、《超然先生列传》(方生)。书前有本辑介绍。

收藏单位:国家馆

00464

第五期特约讲演 南京县市行政讲习所编

南京县市行政讲习所,1936.12,164页,32开

本书分精神讲话、学术讲演和县政报告3部分18篇讲演词。内容包括:《世界经济大势与中国前途》(马寅初)、《江西县政简报》(邵鸿基)、《安徽省行政概况》(温毅)等。

收藏单位:国家馆

00465

东方哲学之体系 学林社编辑

上海:学林社,1941.3,203页,16开(学林第5辑)

本书共收文11篇:《东方哲学之体系》(蒋维乔)、《近百年来中国新教育之发展》(杜佐周)、《民国以来中国之公路建设》(王勤堉)、《货币商品说论评》(刘絜敖)、《象牙雕刻考略》(泽人)、《竟陵诗论》(郭绍虞)、《外西域之古民族》(岱峰)、《夏代诸帝考》(何天行)、《典略魏略考》(徐益藩)、《今文尚书续论》(金兆梓)、《魏晋"科斗文"原于虫书考》(吕思勉)。

收藏单位:重庆馆、广东馆、国家馆、黑龙江馆、南京馆、上海馆、首都馆、浙江馆

00466

东陆大学特刊 东陆大学编辑部编

东陆大学编辑部,1929.12,156页,16开

本书收入论著、记载、文录、诗录等5部分23篇文章,内容包括:《中美不平等条约之研究》(严继光)、《马克思主义的批评》(范师武)、《帝国革命与国民革命》(陈复光)等。

收藏单位:广东馆、国家馆、近代史所

00467

读书偶译 邹韬奋译

上海:生活·读书·新知联合发行所,1946,胜利后2版,272页,32开(韬奋著作集)

上海:生活·读书·新知联合发行所,1949.7,272页,32开(韬奋著作集)

本书是作者1937年被国民党政府羁押于江苏高等法院看守所期间,摘译早年在英国伦敦博物院图书馆读书时记下的英文笔记。包括《黑格尔和辩证法》《卡尔的经济学》《恩格斯的生平和工作》《伊里奇的生平和他的理论》等内容。著者原题:韬奋。

收藏单位:重庆馆、东北师大馆、国家馆、内蒙古馆

00468

读书偶译 邹韬奋编译

北京:生活·读书·新知三联书店,1938,158页

北京：生活·读书·新知三联书店，1938，2版，272页

本书编译者原题：韬奋。

收藏单位：湖北馆、山西馆

00469

读书偶译 邹韬奋著

上海：生活书店，1937.10，272页，32开
上海：生活书店，1938，再版，272页，32开
[上海]：生活书店，1939，3版，272页，32开
重庆：生活书店，1939.3，272页，32开
上海：生活书店，1945，胜利后1版，272页，32开

本书著者原题：韬奋。

收藏单位：重庆馆、广东馆、广西馆、桂林馆、国家馆、黑龙江馆、吉林馆、江西馆、辽师大馆、南京馆、内蒙古馆、上海馆、首都馆、浙江馆

00470

读书偶译 邹韬奋著

韬奋出版社，1937.6，272页，32开
韬奋出版社，1945.10，胜利后1版，272页，32开
韬奋出版社，1946，胜利后2版，272页，32开
上海：韬奋出版社，1947.3，胜利后3版，272页，32开
上海：韬奋出版社，1948.4，胜利后4版，272页，32开
哈尔滨：韬奋出版社，1948，158页，32开
哈尔滨：韬奋出版社，1949.4，再版，158页，32开

本书著者原题：韬奋。

收藏单位：重庆馆、东北师大馆、广东馆、国家馆、湖北馆、吉大馆、吉林馆、江西馆、宁夏馆、上海馆、绍兴馆、首都馆、西南大学馆、中科图

00471

读者文摘 美国读者文摘社著 罗办臣出版部译

外文题名：Readers digest
重庆：罗办臣书报部，1942.5，172页，32开

本书共汇编美国《读者文摘》杂志上发表的31篇文章，内容包括：《怒海余生（新书精华）》（拙存译）、《共产主义在美国》（白孤译）、《怎样磨折你的朋友》（北萍译）、《民主国的空中生力军》（程东仁译）等。

收藏单位：重庆馆、贵州馆、国家馆

00472

二十七年前译文录 黄县 王秐蓬著

北平：震东印书馆，1931，影印本，268页，25开

00473

法政学报论文集

上海：群众图书公司，1926.3，1册，16开，精装

收藏单位：南京馆

00474

风俗改良会会刊（第1卷 第1期） 许瑟希编辑

晋江：晋江县衙金深风俗改良会会刊社，1935，150页，36开

收藏单位：吉林馆

00475

改造新观念提倡义务心说

出版者不详，34页，32开

收藏单位：上海馆

00476

革命军人日刊存稿 军官团政治训练部革命军人日报社编辑

国民革命军军官团政治训练部，1928.10，[304]页，16开

本书选录原发表在《革命军人日刊》上的稿件，分为训话22篇、言论115篇、杂记6篇、小说6篇、戏剧2篇、诗歌21篇。内容包括：《为什么才有今日之军官团？》（蒋介石）、《纪念陈英士先生》（蓝士琳）等。书前有曾养甫序。书末有编者余话《编完以后》。

收藏单位：国家馆、南京馆、浙江馆

00477

革命前线的呼声 ［王均］著 陆军第三军部编

南京：陆军第三军部，1936，748页，32开，精装

本书收集陆军第三军军长王均的作品，分上、下编。上编为讲演之部，共收61篇，内容包括：《庐山在军事上的价值》《今日的学生》《从政教同源说到教育行政》等；下编为论著之部，共收29篇，内容包括：《怎样复兴中华民族》《坚清政策》等。书末有讲演之部增刊《生的境界》。

收藏单位：桂林馆、上海馆、浙江馆

00478

革命周报（第10册 合订本）

革命周报社，320页，32开

收藏单位：南京馆

00479

巩华季报（民国十二年） 昌明礼教社编

九疑正房，1923，204页，16开

本书题名取自版权页。封面题名：巩华。

收藏单位：辽宁馆

00480

广州留东学会卅六年元旦特刊 广州留东学会编

广州：广州留东学会，1947.1，36页，16开

本书共收11篇文章，内容包括：《美国对解除日本工业武装的计划》（艾德加·斯诺作，亚丹译）、《怎样解散日本财阀》（爱德华）、《略论中国经济的演变》（阮君慈）、《日本的各党各派》（林宜章译）、《大岛火山行》（区伟乾）、《留东同学会小史》（金曾澄）等。书末附会员通讯录、复员后筹备委员会委员等。题名取自版权页。

收藏单位：国家馆

00481

广州知用学社廿五周年纪念专刊 广州知用学社编

广州知用学社，1947.11，74页，16开

本书共17篇文章，内容包括：《知用学社廿五周年纪念感言》（张瑞权）、《欧美文化估计》（谢康）、《论中泰民族古代关系》（陈启鏶）、《科学边崖》（谭杰译）等。书后附知用学社社员表。

收藏单位：山东馆

00482

癸酉集稿 鄞县县立商科职业学校学生自治会编

鄞县县立商科职业学校学生自治会，1933.6，510页，22开

本书为该校学生文集，共收论著24篇，商业问答栏7篇，文艺6篇，补白11篇。内容包括：《职业教育与现代中国》（汪定国）、《如何挽救中国经济上的危机》（蒋本储）、《银行资金之运用》（宋永基）、《爱的追求》（叶宗耀）、《生死》（陈恒斌）等。书前有编者序及汪焕章的卷头语。书末附录该校校史、会章等。

收藏单位：国家馆、近代史所、上海馆、天津馆

00483

桂影（民国廿二年七月） ［百寿留桂学会编］

［桂林］：百寿留桂学会，1933.7，44页，16开

本书为百寿留桂学会会刊 。

收藏单位：桂林馆

00484

国防文学集（一名，石达开与照世杯） 施章编

南京：艺林社，1937.8，[138]页，32开（国立中央大学艺林社丛书 第5种）

本书共5篇文章：《石达开评传及其诗文全录》《照世杯——黄季刚先生讲授》《通经正义》《悼章太炎先生》《马宗霍氏“通经致用说”纠谬》。书前有《论国防文学（代序）》。书末附《“文学概论”奇文之欣赏》。封面丛书名：国立中央大学艺林社文学丛书第

5 种。

收藏单位：国家馆

00485

汉语声纽变转之定律 学林社编

上海：学林社，1941.8，170 页，18 开（学林第 10 辑）

本书共收 4 篇文章：《汉语声纽变转之定律》（傅东华）、《中国南海关系史料述要》（苏乾英）、《法兰西的演义诗》（李健吾）、《上海金石录》（泽人）。

收藏单位：广东馆、国家馆、吉林馆、江西馆、南京馆、上海馆、首都馆

00486

豪门与百姓 上海民间出版社编

上海民间出版社，1948，油印本，2 册（99 页），16 开（民间疾苦资料丛刊 3）

收藏单位：国家馆

00487

洪阳 普宁夏令大会编

北平：普宁夏令大会，1927，220 页，22 开

本书为《普宁夏令大会会刊》，共 8 部分：文章、小说、诗歌、散文、游记、通讯、杂记、普宁夏令大会会务报告。其中文章共 15 篇，内容包括：《新普宁运动》（郑继周）、《教育界之三问题》（张梓庭）、《论童养媳》（六泉）等。

收藏单位：国家馆

00488

湖北寒假讲演会讲演集 湖北省教育厅编

湖北省教育厅，1923.2，[230] 页，16 开

本书汇集湖北省教育厅 1923 年 1—2 月召开的寒假期间讲演会的讲演稿 19 篇，内容包括：《达尔文学说之批评》（杜里舒）、《现代中国教育上的科学的研究》（麦柯尔）、《中国文艺的进化》（朱希祖）、《文字学上之中国人种观察》（朱希祖）、《国际政治》（周鲠生）、《公民学之教材》（周鲠生）、《联邦制之真义与各种联邦制之根本差别》（王雪艇）、《进步的历史观》（李大钊）、《冶金与工业之关系》（石蘅青）、《妇女问题》（丁美玉）等。

00489

蝴蝶梦及其他 （英）D. Du Maurier 等著 陈庚孙编

桂林、重庆：明日出版社，1941.8，1 册，32 开（大时代小丛刊 第 1 种）

本书共收 9 篇文章，内容包括：《蝴蝶梦》（D. Du Maurier 原著，欧阳敬之摘译）、《谁是法兰西民族的救星》（吴明）、《在日本控制下的越南》（王逸鹤）等。书前有编者前言。

收藏单位：重庆馆、贵州馆、国家馆、江西馆、人大馆

00490

回顾与展望 子强等著

上海：求知出版社，1941.1，[107] 页，32 开（求知文丛 第 12 辑）

本书收入文章 5 篇：《回顾与展望》（子强）、《过去中国一年来的思想斗争》（子纯）、《历史的启示》（君萱）、《残缺的形象》（方生）、《意大利的故事（长篇连载）》（高尔基）。

收藏单位：国家馆

00491

几个问题 读书与生活社编

北平：读书与生活社，1946.10，18 页，32 开（读书与生活丛书 1）

本书收入《什么叫做“历史的道路”？》（吴晗）、《读“社会学”有什么用？》（雷洁琼）。书末有编者回答读者的 3 个问题：人生在世是为的吃饭穿衣吗？如何获得我的“精神食粮”呢？有了课室内的知识就够了吗？

收藏单位：复旦馆、国家馆、天津馆

00492

江苏省立劳农学院学术演讲集（第 1 集） 江苏省立劳农学院编

无锡：江苏省立劳农学院，1929.12，148 页，16 开

本书共收该院 1929 年暑期演讲会的 18 篇讲演词，内容包括：《中国乡村建设方案》

（冯锐）、《江苏省农业经济问题》（唐启宇）、《成人教育》（罗良铸）、《中国外交史概论》（唐庆贻）等。内容涉及农业、经济、教育、政治等方面。书前有高阳、李积新序。

00493

江西暑期学术讲演集　江西编审处编

南昌：江西省教育厅，1929.1，[440] 页，18 开

本书汇编江西省教育厅 1928 年夏举办学术演讲会的 27 篇讲演词，内容包括：《教育哲学》（孙贵定）、《文学与朴学》（王易）、《建国方略与地理》（竺可桢）、《体育概论》（袁敦礼）、《学校图书馆》（刘国钧）等。书前有陈礼江序、暑期学术讲演会开幕辞等。附录《江西暑期学术讲演会简章》等 3 篇。

收藏单位：国家馆、南京馆、上海馆

00494

讲学录　山西大学教育学院寒假讲学会编

太原：山西大学教育学院寒假讲学会，1935.4，[126] 页，24 开

本书共收 8 篇讲演词：《古代财产国有问题》（郭允叔）、《诸子言气不言气的分别》（郭允叔）、《李斯与刘歆》（郭允叔）、《劳作教育要素之分析的研究》（赵燕亭）、《我的教育观》（赵燕亭）、《孟子的学说》（赵次陇）、《中国当今经济方面之出路与物产证券办法管见》（张汉三）、《宪章修正案检讨》（陈乙和）。书前有《编者话》（张中唐）。书末附录《讲师略传》（刘永德）。

收藏单位：重庆馆、国家馆、江西馆、南京馆

00495

讲学录　山西省立教育学院寒假讲学会编

太原：山西省立教育学院寒假讲学会，1934.5，294 页，22 开

本书共收 13 篇讲演词，内容包括：《中华民族之起源及其发展》（常燕生）、《经济的学习方法》（赵燕亭）、《性教育之理论与实际》（张舜举）、《佛学百法明门》（赵次陇）等。书前有《寒假讲学录插图解释》（杨裕洲）、《编者话》（段亮臣），于右任、冯玉祥等人的题词。书末附录《讲师略传》（刘永德）。

收藏单位：东北师大馆、国家馆、南大馆

00496

教育之实验设计与统计方法　学林社编

上海：学林社，1941.1，164+[45] 页，16 开（学林第 3 辑）

本书共收 8 篇文章：《教育研究中之实验设计与统计方法》（沈有乾）、《距百年来中国之民众教育及今后应取之途径》（陈礼江）、《从文字学上考见古代辨色本能与染色技术》（胡朴安）、《中国舆图学之过去与现状》（葛绥成）、《中国美术工艺》（徐蔚南）、《严复思想转变之剖析》（周振甫）、《近百年来的中国文艺思潮（二续）》（吴文琪）、《读金器刻词（卷中）》（马叙伦）。目录页题名：教育研究中之实验设计与统计方法。题名取自版权页。

收藏单位：广东馆、国家馆、近代史所、内蒙古馆、首都馆

00497

近百年来的中国文艺思潮　学林社编辑

上海：学林社，1940.11，195 页，16 开（学林第 1 辑）

本书共收 12 篇文章，内容包括：《近百年来的中国文艺思潮》（吴文祺）、《民国以来我国地理学研究之业绩》（王勤堉）、《中国心理学的发展史略》（张耀翔）、《中国黄土之研究》（陈克诚）、《从文字学上考见之中国古代妇女》（胡朴安）等。

收藏单位：广东馆、国家馆、南京馆、上海馆、首都馆

00498

近百年来中国之银行　学林社编辑

上海：学林社，1941.7，174 页，16 开（学林第 9 辑）

本书共收 7 篇文章：《近百年来中国之银行》（李培恩）、《说命》（马叙伦）、《论语之研究》（程树德）、《罗朗歌》（李健吾）、《中国文字型与语言型的文学之演变》（郭绍虞）、《从文字学上考见中国古代之声韵与语言》（胡朴安）、《三国志裴注音例》（季廉方）。

收藏单位：广东馆、国家馆、南京馆、上海馆、首都馆、天津馆

00499

近代名人言论集 王维骃编

上海：中外学术研究社，1932.1，501 页，32 开

本书收入：党政、教育、实业、经济、文学、哲学、青年、市政、杂俎等方面的 78 篇讲演词，内容包括：《党治之运用与推进》（邵元冲）、《中国新教育的趋势》（蔡元培）、《国民政府之实业政策》（孔祥熙）、《现银进口应否加税》（马寅初）、《怎样读书》（王云五）等。书前有戴传贤、孙科等人题词。

收藏单位：上海馆

00500

京师模范通俗教育讲演所讲稿（第 1 辑）

[京师模范通俗教育讲演所] 编

[北京]：[京师模范通俗教育讲演所]，34 页，16 开

收藏单位：首都馆

00501

京兆讲演汇编（第 1 期） 京兆尹公署通俗教育编纂会编

北京：京兆尹公署通俗教育编纂会，1916，1 册，18 开

收藏单位：首都馆

00502

开明书店二十周年纪念文集 叶圣陶编

上海：开明书店，1947.3，390 页，25 开

本书共收 9 篇文史论文：《从主语宾语的分别谈国语句子的分析》（吕叔湘）、《论中国文学中的音节问题》（郭绍虞）、《花蕊夫人宫词考证》（浦江清）、《考工记的年代与国别》（郭沫若）、《中国诗与中国画》（钱钟书）、《新训诂学》（王了一）、《论“陌上桑”》（游国恩）、《辛未访古日记》（顾颉刚）、《台湾番族考》（蒴伯赞）等。书前有编者序。

收藏单位：重庆馆、东北师大馆、广东馆、广西馆、贵州馆、桂林馆、国家馆、湖南馆、江西馆、近代史所、辽大馆、辽宁馆、南京馆、内蒙古馆、山东馆、山西馆、上海馆、首都馆、天津馆、浙江馆、中科图

00503

劳大论丛（劳动大学二周年纪念刊物之二）

劳动大学编译馆编

上海：劳动大学编译馆，1929.9，[563] 页，16 开

本书收入劳动大学成立二年来发表的 28 篇论文和 19 篇讲演。论文包括：《国民党反豪绅阶级之史的观察》（熊梦飞）、《三民主义的研究》（周绍溱）、《劳资纠纷原因的考察》（朱通九）、《大学教育之理想》（郑若谷）、《苏俄教育的研究》（陈表）等；讲演包括：《革命的回顾及今后的方针》（戴季陶）、《关于智识阶级》（鲁迅）、《三民主义的本体是什么》（周佛海）、《劳动心理》（郭任远）、《欧美各国在中国的经济势力》（陈灿九）等。书前有编者言。

收藏单位：国家馆、上海馆

00504

李宗武文录 李宗武著

水平社，1925，154 页，32 开

本书收入作者在文学、教育、历史、青年生活等方面的 18 篇已发表的文章，内容包括：《古与今》《儿童生活与教育》《生活与文学》《青春与艺术》等。书前有作者小序。

收藏单位：东北师大馆、宁夏馆、首都馆、浙江馆、中科图

00505

留京东莞学会年刊 留京东莞学会编

北京：留京东莞学会，1926.6，106 页，18 开

本书收入政治、经济、教育、法律等论文 16 篇，内容包括：《人民与政治》（鲁意）、《公民应具备的法律常识》（翟宗心）、《不动产登记与人民私权之关系》（萧景慈）、《学校的生活记》（H.C）等。书末附会务记要、留京东莞学会会员录。

收藏单位：国家馆

00506
论德苏战争 邹韬奋主编 乔木等著
香港：大众出版社，1941.7，94页，32开（大众文粹3）
本书分专论、大众笔谈、青年修养、文艺阵地等类，内容包括：《论德国进攻苏联》（邹韬奋）、《论德苏战争》（胡乔木）、《四年来的中国与三民主义》（梁寒松）、《向高尔基学习》（戈宝权）等。主编原题：韬奋。
收藏单位：国家馆、南京馆、上海馆

00507
论工作的思想准备 蒯伯赞等著
九龙：中国学生丛刊社，1948.8，52页，32开（中国学生丛刊5）
本书收有赞论、专论、记录、诗、通讯等10余篇。
收藏单位：南京馆

00508
论思想方向 白丁等著
上海：生活与实践出版社，1941.3，62页，36开（生活与实践丛刊 第1辑）
本书共收7篇文章：《论思想方向》（白丁）、《关于唯物辩证法的二三见解》（钱证）、《青年的团结》（柳金）、《亚欧战局》（候补道）、《教育・生活・实践》（司徒宗）、《表现上海的文艺题材》（范泉）、《蒲列哈诺夫论易卜生》（张庚）。
收藏单位：上海馆

00509
漫谈集
出版者不详，[1945—1949]，112页，25开
本书收入《漫谈知识青年的自我改造》《漫谈学习》《漫谈实际》《漫谈老实》《漫谈错误》《漫谈感情》《漫谈团结》《漫谈群众》《漫谈事业观念》等12篇文章。
收藏单位：江西馆

00510
民国新报辑 石顽编辑
出版者不详，[1914]，120页，18开
本书共收29篇文章，内容包括：《大总统为优待条件咨约法会议文》（政府公报）、《章太炎中国通史略例》（国华报）、《刘少少上大总统书》（亚细亚报）、《丁桐生熊内阁失败史》（神州报）等。
收藏单位：国家馆

00511
民国新报辑 石顽编辑
出版者不详，150页，18开
本书共收28篇文章，内容包括：《约法会议咨覆大总统文》（政府公报）、《徐国务卿代见第二次知事训词》（国华及各报）、《王揖唐近边建置概略》（大共和及各报）、《章太炎驳建立孔教议》（神州杂志）、《论欧陆经济财政之现势》（侃叔 远东通信）等。

00512
民声论文三百篇 朱濯生著
柳州：民声报社，1948.2，146页，18开（民声晚报社评选粹）
本书收《民声晚报》专论和社评312篇，分国际、国内两大板块，包括政治、经济和文化方面内容。
收藏单位：桂林馆

00513
民视日报五周纪念汇刊 [民视日报]编
[成都]:[民视日报]，[312]页，16开
本书分祝词、社论、时评、研究、函电、小说、文艺、讲演、专件、调查等部分。收《文学常识》（杨露）、《棠花泪》（萍生）、《褚生》（祥生）等短文多篇。
收藏单位：国家馆、近代史所

00514
民众讲演集 天津市立民众教育馆编
天津：天津市立民众教育馆出版部，1935.7，34页，32开
本书收文4篇：《参加民众讲演感言》（杨书田）、《五官的卫生》（杨书田）、《犯死刑者果赴小王庄执行乎》（崔彤璋）、《审判官根据什么来科刑》（苏金城）。书前有恩三缘起。

收藏单位：国家馆

00515

民族文选

出版者不详，214 页，32 开，精装

收藏单位：南京馆

00516

名人演讲集 广西地方建设干部学校编

广西地方建设干部学校，1 册，32 开

本书收录《论地方自治》《国民基础教育的理论与实际》《鄂北会战与广西基层建设》《民团征兵》《办理兵役的经验与教训》等文章。

收藏单位：浙江馆

00517

名人演讲集 许啸天辑

上海：时还书局，1924.7，[286] 页，32 开

上海：时还书局，1927.6，3 版，[286] 页，32 开

本书共收哲学、语言、教育、学术等方面讲演词 22 篇，内容包括：《文史学家的性格及其预备》（梁启超）、《哲学与人生》（胡适）、《语言统系》（章太炎）、《青年与我》（李石岑）、《最近之思潮与中国之关系》（杨杏佛）等。书前有编者序。目次页题：新式标点。

收藏单位：重庆馆、东北师大馆、国家馆、近代史所、南京馆、武大馆

00518

明朗选集 詹国豪编

安徽：青年文化研究会，1943.1，84 页，32 开

收藏单位：南京馆

00519

模范论文选

出版者不详，1 册，16 开

收藏单位：上海馆

00520

宁波民国日报六周年纪念暨二十年国庆纪念合刊 左洵编辑

宁波：民国日报社，1931.10，[160] 页，16 开

本书共 7 部分：摄影、题词、特载、论著、文艺、本社法规、会议录。收 19 篇文章，内容包括：《万宝山事件及朝鲜排华惨案》（张谟远）、《全国之水灾概况》（陈华英）、《报纸的责任》（邵粹瑜）、《民众教育的几个重要问题》（陈宝麟）等。书前有《本报之过去现在及将来》（吴望伋、卢炳普）。

收藏单位：国家馆、近代史所、浙江馆

00521

宁波民国日报十八年元旦特刊 陈伯昂编

宁波：民国日报社，1929，104 页，16 开

收藏单位：广东馆

00522

培道峑社特刊

[培道峑社]，[1937]，170 页，32 开

本书封面题名：1937 峑社。

收藏单位：广东馆

00523

平中学术演讲集（第 1 集） 那志良编

北京：北京平民中学，1925.3，78 页，32 开

本书共收 5 篇讲演词：《学生自治》（张君劢）、《清初五大师（黄梨洲、顾亭林、王船山、朱舜水、颜习斋）学术梗概》（梁任公）、《中国何以如此之穷》（马寅初）、《习惯的心理》（艾一情）、《不要枉费了教育》（范静生）。书末附录《北平平民中学教育旨趣》《平民图书馆缘起》。逐页题名：学术演讲集。

收藏单位：东北师大馆、国家馆

00524

浦声集 施仁政编辑

上海：浦东民众报社，1935，12+381 页，32 开（上海浦东民众社丛书）

本书为上海浦东民众报三周年特刊。共 5 部分：三年来大事辑要、言论、杂俎、新诗、文艺，收傅肖洋、佩如、包刚、莫邪、谓隐、企英、梅绥、吴蒲苫、梅鸿英、静轩、锦林、三善等人的作品。

收藏单位：广东馆、国家馆、上海馆、浙

江馆

00525
浦声集 施仁政编
出版者不详，[1935]，[271] 页，32 开

00526
全国青年论说文精华 刘粹恩等编
上海：经纬书局，1936.6，434 页，36 开
上海：经纬书局，1936，再版，434 页，36 开
本书共收 248 篇文章，涉及文学、教育、青年修养、政治等方面。内容包括：《谈旧诗中写情诗和写景诗的作法》（王宗克）、《谈教育救国》（王懋勤）、《学术与战争》（陈宝钿）、《怎样复兴民族》（高鹤年）等。
收藏单位：江西馆

00527
全国青年论说文精华 刘粹恩等编
上海：经纬书局，1946.12，沪再版，137 页，32 开
本书共收文章 46 篇，涉及文学、教育、青年修养、政治等方面。
收藏单位：吉林馆

00528
柔仲文存 [潘明诚] 著
[泉州日报社]，1937，196 页，32 开
收藏单位：福建馆

00529
茹经堂文集四编（八卷） 唐文治著
孙寿熙 [发行者]，1943，2 册（茹经堂丛书）
本书共分 8 卷，卷 1—3 为杂著类，卷 4 为经说类，卷 5 为赠序寿序、书类，卷 6 为序跋类，卷 7 为传记类，卷 8 为碑铭类。内容包括：《文周孔三圣宗要》《论语分类要旨》《沈思齐先生传》《松禅图书馆纪念碑》等。书后有跋。
收藏单位：国家馆

00530
沙磁区学术讲演会讲演集（第 1 辑） 沙磁区学术讲演会干事会编辑
重庆：沙磁区学术讲演会干事会，[1941]，64 页，32 开
本书汇集 1941 年 4—6 月该会举行的各次讲演记录 11 篇，内容包括：《抗战国策的再认识》（孙科）、《国际战争的总观察》（杨公达）、《五四精神的新生》（潘公展）、《美国与欧战》（朱家骅）等。
收藏单位：国家馆、吉林馆、南京馆

00531
山东夏期学术讲习会讲稿丛刊 山东教育厅编
济南：山东教育厅，1921.10，2 册（[688] 页），16 开
本书收入 1921 年 7—9 月山东省教育厅召集全省教职员举行的夏期讲演会的讲演稿。共 21 篇，内容包括：《东西之文化及其哲学》（梁漱溟）、《教育者的工作》（杜威）、《中国画小史》（陈师曾）等，内容涉及哲学、教育、语言、美术等方面。
收藏单位：广东馆、上海馆

00532
上海大戏院五周纪念特刊
出版者不详，36 页，32 开
收藏单位：南京馆

00533
绍兴民国日报元旦特刊 [绍兴民国日报社] 编
绍兴：[绍兴民国日报社]，1930.1，156 页，32 开
本书共收 13 篇论文及文艺作品，内容包括：《三民主义的国家论》（徐文治）、《“潜意识”是什么东西》（曹立夫）、《论党童子军教育》（郦玮）等。卷首有陈布雷的题辞及卷头语等。附录绍兴民国日报社工作人员一览等。书末有编者的话。
收藏单位：国家馆、浙江馆

00534
社会科学讲座（第 1 卷） 社会科学讲座社编

辑
上海：社会科学讲座社，1930.6，377 页，32 开

本书共收 12 篇论文，内容包括:《马克思主义的基础理论》(朱镜我)、《唯物史观》(吴黎平)、《国家与法律》(林伯修)、《经济学》(王学文)、《经济学方法论》(郭沫若)等。书后有《关于帝国主义的文献》(英文)。

收藏单位：重庆馆、广东馆、桂林馆、国家馆、吉林馆、上海馆、西南大学馆、浙江馆

00535
社会科学论文选集　平心等著
上海：生活书店，1936.9，209 页，32 开
上海：生活书店，1937.2，再版，209 页

本书共收 36 篇论文，内容包括:《怎样研究社会科学》(平心)、《论形式逻辑》(平心)、《什么是辩证法?》(平心)、《生产力与生产关系》(平心)、《封建制度的解剖》(寒松)、《资本主义的解剖》(寒松)、《阶级是什么?》(寒松)、《论国家》(寒松)、《物质与精神是什么?》(平心)、《意识形态是什么?》(寒松)、《中国的现社会》(寒松)、《民族革命的意义》(寒松)、《为什么要研究国际问题》(伏生)、《人生的认识》(新生)、《领袖论》(景观)等。

收藏单位：重庆馆、东北师大馆、广东馆、贵州馆、桂林馆、国家馆、黑龙江馆、近代史所、南京馆、山西馆、上海馆、中科图

00536
社会思想论　公论社编辑
上海：译报图书部，1939.5，301—450 页，25 开(公论丛书 第 9 辑)

本书收入政治评论、文艺通讯及思想评论等 17 篇，内容包括:《展开我们的反汪工作》(羿矢拟)、《在思想领域中展开反汪斗争》(若男)、《变侵略战争为反侵略战争》(胡愈之)、《德意法西斯的侵略与法国的态度》(曹若茗)、《袭击》(刘林)、《论妇女》(竟日)、《社会思想论》(倩之)、《俄罗斯的文化》(吉尔卜丁著，满涛译)等。书末有编后记。

收藏单位：国家馆、南京馆

00537
社会学讲座(第 1 卷)　社会学讲座社编辑
上海：社会学讲座社，1931.1，1 册，32 开

本书收论文 7 篇:《社会科学概论》(萧玉)、《社会进化的过程》(高蓉夫译)、《资本主义批判》(山川均著，高希圣译)、《科学的社会主义》(波多野鼎著，高希圣译)、《唯物史观 ABC》(刘毅志)、《资本论浅说》(李季)、《社会运动与智识阶级》(麻生久著，以冲译)。书前有发刊的话。

收藏单位：重庆馆、辽大馆、南京馆、上海馆、天津馆

00538
社会学科论文集　岭南大学社会学科研究会编
广州：岭南大学社会学科研究会，1936，138 页，16 开

本书收论文 9 篇，内容包括:《中国民族的起源和演进》(一凡)、《印度家族》(陈慕修)、《桂平猺民见闻录》(周耀文)、《日本歌妓问题》(发颖译)、《墨子思想研究》(霍衣仙)、《委任统治地》(白文钺)等。附录本会历届职员表等 3 种。

收藏单位：国家馆

00539
社会与政治　复旦大学社会科学出版组编
上海：复旦大学社会科学出版组，1928.12，214 页，大 32 开

收藏单位：南京馆

00540
生产参考材料　李富春著
[沁源]：太岳新华书店，1944，91 页，32 开

收藏单位：山西馆

00541
生活文选(第 1 集)　生活书店编译所编辑
上海：生活书店，1933.2，440 页，25 开
上海：生活书店，1933.9，再版，440 页，25 开

上海：生活书店，1935.3，3 版，439 页，25 开
上海：生活书店，1937，4 版，439 页，25 开

本书汇编《生活周刊》刊登的 60 篇文章，内容包括：《中国文明何时可与欧美并驾齐驱?》（吴景超）、《社会主义是什么?》（梁寒松）、《潘公弼先生在北京入狱记》（邹韬奋）等。书前有韬奋的弁言，指出本书可供中学和高小学生，以及有志自修的青年参考。

收藏单位：北大馆、重庆馆、广东馆、广西馆、贵州馆、国家馆、河南馆、黑龙江馆、江西馆、辽师大馆、南京馆、内蒙古馆、宁夏馆、山西馆、上海馆、绍兴馆、首都馆、中科图

00542
生力文选 生力丛书编纂委员会编辑
生力学社，1938.10，340 页（生力丛书 1）

本书汇编生力学社已刊行的有关国际、政治、经济、社会、教育、抗战等方面文章 63 篇，内容包括：《中欧危机与捷克地位的解剖》（林希谦）、《国民参政会与现代政制》（李黎洲）、《加紧生产撑持国力》（石磊）等。书前有编者弁言。

收藏单位：东北师大馆、近代史所

00543
十驾斋养新录篇目分类索引
出版者不详，手写本，2 册，16 开，环筒页装

收藏单位：国家馆

00544
十九世纪研究·中宫寺的观音·麻雀和人类的爱 （日）岛崎藤村著·（日）和迁哲郎著·（日）北原白秋著
［南京］：金陵大学，[1931—1940]，6 页，22 开（金陵大学图书馆丛刊 12）

收藏单位：国家馆、首都馆

00545
实报星期偶感 周作人等著
北平：实报出版部，1936.5，96 页，32 开（实报丛书 19）

本书共收 38 篇文章，内容包括：《情理》（周作人）、《还是科学》（陶希圣）、《北平的市民》（沈从文）、《思想与行动》（张申府）等。书前有《星期偶感〈代序〉》（管翼贤）。封面题名：星期偶感。

收藏单位：国家馆、首都馆

00546
实践的知识 楚云等编著
上海：读书生活出版社，1937.4，300 页，32 开

本书共收入 32 篇论述政治经济和哲学、救亡的理论和实践、文学戏剧和新文字、两性问题、读书方法等方面文章。

收藏单位：重庆馆、广东馆、广西馆、贵州馆、国家馆、吉林馆、近代史所、南京馆、上海馆、首都馆

00547
实社自由录 北京实社编
上海：民声社，1917.7，[104] 页，32 开

实社是一个研究无政府主义的团体。此书为其成员所著译的作品，包括论著、学说、传记、纪事、通讯、小说等类。

收藏单位：广东馆、贵州馆、国家馆、首都馆

00548
世界名人讲演集（现代新思潮宝库） 庄赞编
台北：爱爱寮，1927，4 版，201 页，32 开

本书包括介绍世界的人物、事情、学说等方面的文章 29 篇，内容包括：《“吃饭”问题》（孙中山）、《“穿衣”问题》（孙中山）、《“武力解决”与“解决武力”》（胡适）、《儿童的“文学”》（周作人）、《“进化观念”与“宗教问题”》（陈独秀）等。书前有编者序。

00549
世界名人言论集（第 1 集） 李剑萍编
南京：军事新闻社，1935.1，1 册，32 开

本书收入涉及国际、军事、政治、外交、经济、农业、社会等方面讲演词 40 篇，内容包括：《国际合作是世界和平繁荣之母》（赫尔）、《红军的实力足以抵抗任何侵略的国家》

（伏罗希洛夫）、《什么是组合主义》（墨索里尼）、《鸦片之祸及防卫》（小南又一郎）等。书前有汪精卫、唐生智等题词。

收藏单位：重庆馆、桂林馆、国家馆

00550

世界杂志增刊十年 杨哲明编

上海：世界杂志社，1931.8，316+124页，16开

本书收入涉及政治、法律、经济、教育、文艺、语言、杂类等方面文章21篇，内容包括：《十年来的中国政治》（潘公展）、《十年来的中国法律》（李荀扬）、《十年来的世界文坛》（汪倜然）、《十年来的中国大事》（信行）等。书后有世界书局图书目录分类索引。

收藏单位：南京馆

00551

书苑（第1号）

出版者不详，81页，16开

收藏单位：重庆馆

00552

书苑（第3号）

出版者不详，1册，16开

收藏单位：重庆馆

00553

书苑（第4号）

出版者不详，1册，16开

收藏单位：重庆馆

00554

暑期学术演讲集 金蕴琦编

上海：青年协会书报部，1929.7，266页，22开（苏州基督教青年会丛书）

本书是1928年苏州青年会举办的暑期学术演讲会的演讲词。涉及哲学、历史、文学、语言、教育、城市建设等方面共23篇，内容包括：《清代学术之变迁及其结果》（金松岑）、《孟子大义》（张仲仁）、《四角检字法及其应用》（王云五）等。书前有余日章的序和苏德宏的弁言。

收藏单位：东北师大馆、国家馆、南京馆、上海馆、天津馆、浙江馆

00555

漱珠讲稿 李耀䔽编

广州：社会部广东第二育幼园，1948，36页，32开（社会部广东第二育幼园丛刊3）

本书收录1937年2—7月间广东第二育幼园举行周会时的训导讲话。

收藏单位：国家馆

00556

说到那里做到那里 王树庄口述 赤灯记录

大连：大连书店，1948.8，40页，36开

本书收入讲演词6篇，内容包括：《列宁是全世界劳动人的恩人》《说到那里做到那里》《不识字太别扭》等。书前有赤灯序。

收藏单位：天津馆

00557

谈恋爱 学生文丛社编

学生文丛社，1948.8，41页，32开（学生文丛10）

本书收入有关读书、恋爱、社会方面的文章24篇，内容包括：《怎样利用图书馆》（陈君葆）、《恋爱有条件论》（欧外欧）、《我的读书方法》（邓建华）等。

收藏单位：国家馆

00558

天声日报十周年纪念册 天声日报编辑部编

巴达维亚：天声日报社，1932.5，[466]页，16开

本书收入论著、杂俎文艺、调查等30余篇，内容包括：《最近十年来国内政治变迁概述》（徐希瑜）、《现代文化之命运》（熙俭译）、《怎样才可以增进我国侨胞的地位》（张国人）等。书前有孙文、蒋中正、张学良等人题词。

收藏单位：东北师大馆、广东馆、国家馆、近代史所

00559

万丈高楼从地起 天津青年会会员通讯编辑

部编辑

天津：中华基督教青年会，1943.9，93页，32开（天津中华基督教青年会会员通讯丛书 第1种）

本书共3辑，内容包括：主妇手册、医学常识、碎锦。书末附天津中华基督教青年会事工概略。

收藏单位：天津馆

00560

微言集　何辉　吴悠著

石门：石门新报社，1944，94页，36开（石门新报丛书6）

本书收入1941—1944年间作者发表在《石门新报》“微言”专栏的文章。分上、下两编，上编收《用人与行政》《风化问题》《影人剧团》等30篇；下编收《替孩子想想》《请君自重》《认识与反省》等10篇。

收藏单位：国家馆

00561

韦罗贝博士演说协约国与普鲁士政治理想之对抗、周纬博士演说国际组织与中国、小林丑博士讲演战时财政概要合刊　[国际研究社]编

国际研究社，20页，16开

收藏单位：国家馆

00562

文山读书会周年纪念刊　太原文山读书会编

太原文山读书会，1935.1，186页，16开

本书收入会员创作的纪念性文章、论文、文艺作品40余篇，内容包括：《一年来的山西建设》（恕斋）、《中国文化的过去与现在》（进五）、《社会学书评》（李成藩）、《现在和未来》（小火士）等。书前有文山读书会会员读书类别比较表。书末有编后。

收藏单位：国家馆

00563

文史选刊　高维岳编辑　安徽省文献委员会　安徽学院史地学会主编

安徽省文献委员会，1946.12，239页，32开

本书选编《安徽日报》副刊《文史》1943年10月至1946年4月间刊登的48篇文章，内容包括：《历史与文学》（谈化文）、《战争对于民族的影响》（胡嘉）、《中国原始社会的艺术》（樱宁）、《汤显祖与莎士比亚》（赵景深）、《周秦两汉史学思想的流变》（高维岳）等。书前有卷头语。

收藏单位：国家馆、吉林馆、江西馆、南京馆

00564

文学评论　丁作韶编

北平：龙光书店，1934.11，210页，大16开

本书共收19篇文章，内容包括：《秦代经济研究》（吕振羽）、《研究中国社会史方法论的几个先决问题》（陈伯达）、《从名实问题论中国古代哲学的分野》（陈伯达）、《诗经的史的研究》（万曼）、《国际文坛情报》（陈阜东）等。书后有记者的编辑后记。

收藏单位：国家馆、首都馆、首都馆

00565

文摘

出版者不详，[1942—1949]，32页，32开

本书收入《林克多苏联闻见录序》《答国际文学社问》《王道诗话》《论对左翼作家联盟的意见》等文章。

收藏单位：国家馆

00566

文摘（第1辑）　晋绥大众报社晋西北新华支社编辑

山西：晋西北新华书店，1949.7，45页，32开

本书收入文章6篇：《如何贯彻东北全党的转变？》（东北日报社论）、《把消费城市变成生产城市》（华北人民日报社论）、《“五四”运动与知识分子的道路》（陈伯达）、《谁领导谁？》《论金银外币管理》（薛暮桥）、《关于教师和医生参加职工会问题》（中华全国总工会）。

收藏单位：吉林馆

00567

吴钩集　周黎庵著

上海：宇宙风社，1940.2，226 页，32 开（宇宙风社月书 2）
上海：宇宙风社，1940.7，再版，226 页，32 开（宇宙风社月书 2）

本书收入 17 篇历史小品，内容包括：《清代文苑杂录》《关于太监》《西洋人与跪拜》《文字狱的株连性》《谈清代织造世家曹氏》《谈清人笔记》《谈龚定庵》等。含著者序、跋。

收藏单位：重庆馆、东北师大馆、广东馆、贵州馆、国家馆、上海馆、首都馆、天津馆

00568
锡艺 大同大学无锡同学会编
上海：大同大学无锡同学会，1929.6，50 页，32 开

本书收入 13 篇论文、散文、诗词等，内容包括：《新中国民众应有的新精神》（浦济南）、《我国银行制度问题》（孙景潜）、《谈谈平等》（殷丽剑）、《失恋的悲哀》（卫振安）等。附会员通讯录。

00569
希庄学术论丛（第 1 辑） 林履信著
厦门：广福公司出版部，1932，174 页，32 开

本书收林履信（希庄）的学术论文 7 篇：《释学术》《一元论》《憎新主义与爱新主义》《社会制度硬化之原因》《中华民族之敬天思想》《"巫"与"史"之社会学的研究》《笔史》。各篇曾刊于广州中山大学的《社会科学论丛》，以及海内外报刊杂志，略加修改后刊印。

收藏单位：国家馆、上海馆

00570
希庄学术论丛（第 2 辑） 林履信著
外文题名：Miscellanies philosophical & sociological: volume two
厦门：广福公司出版部，1935.12，136 页，32 开
厦门：广福公司出版部，1936.8，2 版，136 页，32 开

本书收林履信（希庄）的学术论文 6 篇：《学术研究之态度》《社会问题与社会学》《生物进化之理法》《中华物种之起源》《中华革命之社会学的研究——绪论》《新社会建设刍言》。

收藏单位：上海馆

00571
厦门大学演讲集 厦门大学编译委员会编
厦门：厦门大学贩卖部，1931.6，2 册（156+250 页），25 开

本书分为两集共收 62 篇文章。第 1 集收 25 篇，内容包括：《今日孔教是否有保存之价值》（林文庆）、《初期佛教伦理观》（戴密微）、《民族主义和帝国主义》（汤城）、《孔子何以成为圣人》（顾颉刚）等；第 2 集收 37 篇文章，内容包括：《近百年来西洋史范围之扩大》（李嘉齐）、《中国农民运动的经济背景》（张镜予）、《科学与青年的前途》（陈子英）、《心理的改造》（朱君毅）等。

收藏单位：广东馆、国家馆、吉林馆、南京馆、上海馆、浙江馆

00572
先导粹编
［上海］：出版者不详，[1940—1949]，1 册，18 开

本书由"一段画报的盛衰史话""光的漫话""孔子的一贯之道""苏东坡评传""钱江怒潮""中国近代工业概况""中国简明小说史""章太炎先生的治学方法""古籍俗语考证""孟子学说的研究""想象与经验"等各类学科专题作品汇编而成。

收藏单位：国家馆

00573
暹京国民日报五周年纪念刊 民国日报社编
民国日报社，1933.1，[272] 页，16 开

本书收入论著与译述 13 篇，内容包括：《五周年来之本报》（吴碧岩）、《我国最近五年之民生社会》（蔡白华）、《暹国的新闻事业》（鼎三作民）、《暹罗的华侨教育》（丘心婴）等。卷首有孙科、何应钦等人的题辞。卷末有编后的话。封面题名：国民日报五周年纪念刊。

收藏单位：国家馆、近代史所、南京馆

00574

现代白话论说集

出版者不详，153 页，32 开

本书收入文章 17 篇，内容包括：《中国人》（林语堂）、《科学精神与东西文化》（梁启超）、《中国哲学的线索》（胡适）、《论雷峰塔的倒掉》（鲁迅）、《楼板》（丰子恺）、《柳家大院》（老舍）、《中国的风俗》（何炳松）、《中国固有的社会思想》（陶希圣）、《中国宗教的发展及其仪式》（王新命）等。书前有《陈公博对日广播演词》。

收藏单位：国家馆、南京馆

00575

现代百种文选（第 2 册）

出版者不详，[1931—1949]，565—1134 页，32 开

本书选收 56 篇文章，内容包括：《谈谈我国学校的训育问题》（赵廷为）、《何谓社会问题》（孙本文）、《新生活运动纲要》（蒋中正）、《我们对于西洋近代文明的态度》（胡适）、《文学革命论》（陈独秀）、《国学入门书要目及其读法》（梁启超）、《且漫谈所谓国学》（郑振铎）、《中国文学不能健全发展之原因》（雁冰）等。

收藏单位：国家馆

00576

现代论文丛刊 朱毓魁编辑

上海：文明书局，1925.2，4 册（[1292] 页），22 开

上海：文明书局，1925.9，再版，4 册（[1292] 页），22 开

上海：文明书局，1929.3，3 版，4 册（[1292] 页），22 开

本书从 60 种书报杂志中选出 186 篇论文汇编而成，主要研究世界及我国目前各方面的重要问题。分为：政治、法律、经济、国际、实业、交通、军事、社会、文化、道德、哲学、妇女、文学、美术、教育、体育 16 类。

收藏单位：重庆馆、东北师大馆、广东馆、桂林馆、国家馆、黑龙江馆、湖南馆、近代史所、辽大馆、南京馆、内蒙古馆、上海馆、首都馆

00577

现代名人演讲集 张越瑞选辑

上海：商务印书馆，1937，128 页，32 开（中学国文补充读本 第 1 集）

上海、长沙：商务印书馆，1938.5，128 页，32 开（中学国文补充读本 第 1 集）

上海：商务印书馆，1939，再版，128 页，32 开（中学国文补充读本 第 1 集）

本书收入现代名人讲演词 8 篇：《情圣杜甫》（梁启超）、《青年人格的修养》（王世杰）、《读书》（胡适）、《气候与人生及其他生物之关系》（竺可桢）、《中国近百年史》（李剑农）、《清代汉学家治学精神与方法》（顾颉刚）、《科学精神与东西文化》（梁启超）、《出版与国势》（王云五）。书前有编者导言。

收藏单位：贵州馆、国家馆、江西馆、上海馆、首都馆

00578

现代社会科学趋势 孙本文编

上海：商务印书馆，1948.4，514 页，32 开

本书选辑《社会科学季刊》《东方杂志》《改造杂志》《半月文选》等期刊上的论文 17 篇，内容包括：《现代社会学的发展与趋势》（孙本文）、《现代经济学的趋势》（吴斐丹）、《现代政治思想的趋势》（吴恩裕）、《现代法学之特征》（阮毅成）、《现代史学的特质》（金兆梓）、《现代人类学的趋势》（林耀华）等。

收藏单位：重庆馆、广东馆、广西馆、桂林馆、国家馆、湖南馆、吉林馆、辽大馆、南京馆、内蒙古馆、上海馆、首都馆、天津馆、浙江馆、中科图

00579

现代书报批判集（第 1 辑） 谭天编

上海：书报合作社，1933.9，188 页，25 开

本书选辑《书报论衡》杂志书评文章 20 篇，内容包括：《辞源无源》（谭天）、《评中外图书统一分类法》（佳练）、《中国文化史武化

了》(北名)、《评女子月刊》(懊侬)、《介绍高本汉的中国语言学》(世禄)等。书前有编者序。封面题：上海书报论衡社编。

收藏单位：国家馆、南京馆、上海馆、浙江馆、中科图

00580
现代文选 萧逡山编
上海：合众书店，1935.10，604 页，25 开
上海：合众书店，1935.12，再版，604 页，25 开
上海：合众书店，1949.2，348 页，32 开

本书收入郭沫若、郑振铎、梁启超、胡适、郁达夫、李大钊、丰子恺等 22 位作家的文章共 69 篇。书前有蒋寿同和编者的序。

收藏单位：东北师大馆、广东馆、国家馆、湖南馆、辽师大馆、南京馆、上海馆、绍兴馆、首都馆、天津馆、浙江馆

00581
现代学术论丛 贵州省地方自治月刊社编
贵阳：贵州省地方自治月刊社，1945.1，402 页，32 开（地方自治月刊社丛书 2）

本书收入文章 19 篇，内容包括：《中国固有哲学略述》(冯友兰)、《现代各国政治制度》(王镜清)、《现代各国经济学说》(吴绂征)、《现代农业》(吴文辉)、《现代宇宙观》(翁文灏)等。

收藏单位：重庆馆、贵州馆、国家馆、南京馆、浙江馆

00582
现代学术论著（第 1 集） 云南省教育会编辑
[昆明]：云南省教育会，1927.8，311 页，32 开

本书收入论文 33 篇，内容包括：《生艺术的胎》(鲁迅译)、《未来派文学之现势》(沈雁冰)、《社会主义下的经济组织》(李大钊)、《教育独立建设》(李石岑)等。

收藏单位：国家馆

00583
现代学术论著（第 2 集） 云南省教育会编辑
[昆明]：云南省教育会，1927.8，296 页，32 开

本书收入论文 27 篇，内容包括：《什么是文化》(梁启超)、《杜威论思想》(胡适)、《文学之要素》(刘伯明)、《法律与民意及政治》(陈启修)、《纸币统一与发行纸币制度之研究》(程振基)等。

收藏单位：国家馆、吉林馆

00584
现代学术鸟瞰 江苏省立教育学院研究实验部编
无锡：江苏省立教育学院研究实验部，1936.1，268 页，22 开（教育与民众月刊丛书）

本书共收 10 篇文章，分别介绍哲学、教育学、心理学、社会学、政治学、经济学、农村社会、法学、农业研究、合作事业方面发展概况，由国内各科专家撰写。所收文章曾发表于《教育与民众》杂志上。书前有俞庆棠序。

收藏单位：重庆馆、桂林馆、国家馆、近代史所、辽宁馆、山东馆、上海馆、天津馆、浙江馆

00585
现代学术文化概论（第 1 册 人文学） 竺可桢等原著 张其昀编辑
上海：华夏图书出版公司，1948.3，82 页，32 开

本书收入论文 10 篇：《科学之方法与精神》(竺可桢)、《科学史与新人文主义》(钱宝琮)、《儒家思想》(贺麟)、《经术与政制》(任铭善)、《现代中国文学》(朱光潜)、《哲学与政治》(张荫麟)、《现代逻辑》(洪谦)、《现代伦理学之特征》(谢幼伟)、《教育之科学研究与现代教育学》(王承绪)、《新的世界观》(张其昀)。

收藏单位：重庆馆、广东馆、国家馆、黑龙江馆、南京馆、上海馆、绍兴馆、首都馆

00586
现代学术文化概论（第 2 册 社会科学） 梁方仲等原著 张其昀编辑

上海：华夏图书出版公司，1948.6，84 页，32 开

本书收入论文 10 篇：《论社会科学的方法》（梁方仲）、《现代史学的特征》（周一良）、《现代地理学》（李春芬）、《国际政治与原子能》（周鲠生）、《国际关系研究之新课题》（章巽）、《近代政治学的特色》（樊德芬）、《现代经济学》（严仁赓）、《现代社会学》（费孝通）、《比较法的意义方法目的及其现状》（李浩培）、《现代民族学》（刘咸）。

收藏单位：国家馆、上海馆

00587

现代中国论文选　朱荣泉编

上海：沪江大学，1930，2 册（[401] 页），16 开，精装

本书收入政治、经济、文学、外交、教育等方面的文章 37 篇，内容包括：《杜威论思想》（胡适）、《论所谓国学》（何炳松）、《中国文体的分析》（唐钺）、《大学教育的理想》（郑若谷）、《中国经济路向的转变》（江公怀）、《士大夫身份与知识阶级》（陶希圣）、《论爱国心》（王造时）等。

00588

新福建日报周年纪念册　[新福建日报社] 编

福建：[新福建日报社]，[1932]，74 页，16 开

本书收入文章 20 篇，内容包括：《一年来本报的回忆》（陈荻帆）、《宋代福建文化的一瞥》（傅衣凌）、《一年来本省的义务教育》（叶松坡）等。书前有蔡廷锴、方声涛等的题辞。

收藏单位：福建馆

00589

新生报论文选集　新生报北平社编

北平：新生报北平社，1947.3，152 页，32 开（新生丛书）

本书分为：纪念、国际、宪政、党务、经济、财政、教育、泛说 8 类，共收 86 篇文章。内容包括：《纪念平届记者节》（李诚毅）、《如何挽救当前严重的经济危机》（怀沙）、《日本赔偿与东北工业》（李龙门）、《征课财产税与停止法币的增发》（董冼凡）等。书前有李诚毅卷头语。

收藏单位：国家馆、近代史所、辽宁馆

00590

新主义评论　陈本文编

上海：新主义研究社，1928.8，2 册（490+198+120+48 页），32 开，精、平装（现代名著）

上海：新主义研究社，1928.10，再版，2 册（490+198+120+48 页），32 开（现代名著）

本书辑录对世界各种主义的评论文章 54 篇，分为：社会方面的新主义、哲学方面的新主义、文艺方面的新主义、伦理方面的新主义 4 编。著译者有：胡汉民、周佛海、瞿秋白、胡适、沈雁冰等数十人。

收藏单位：北师大馆、重庆馆、东北师大馆、江西馆、近代史所、南京馆、绍兴馆、首都馆

00591

星光论文集　沈志远等著

厦门：星光日报社，1936.3，242 页，32 开（星光丛书）

本书分国际、经济、政治、哲学、教育及新闻事业等 6 类，收入文章 16 篇，内容包括：《从意阿战争谈到国际关系底新开展》（沈志远）、《如何研究中国经济》（祝百英）、《政治学概述》（邓初民）、《认识论底几个基本问题》（沈志远）、《一年来的中国教育》（钟鲁斋）、《怎样发展中国新闻事业》（俞颂华）等。书前有编者序。

收藏单位：东北师大馆、上海馆

00592

星华日报三周年纪念刊　张壮飞编

汕头：星华日报，1934.7，136 页，16 开

本书收入文章 16 篇，内容包括：《列强围绕于太平洋的军事准备》（师实）、《三年来日本侵略中国概述》（张问强）、《苏联轻工业概观》（罗公优）、《论康德》（祝百英）等。卷首有李宗仁等题词、刘文虎和编者的发刊词。卷末有编辑后记。

收藏单位：国家馆、近代史所

00593
星华日报四周年纪念刊 张壮飞编
汕头：星华日报，1935.7，43 页，16 开

本书收入文章 7 篇，内容包括：《半年来的世界政治》（沈志远）、《四年来的中国经济》（韬晦）、《四年来的中国电影》（凌鹤）、《暹罗华侨教育概况》（风滋）、《潮属的糖业》（本报调查委员会）等。书末有本报大事表。

收藏单位：国家馆、浙江馆

00594
星华日报六周年纪念刊 [星华日报社] 编
汕头：星华日报社，1937.7，54 页，18 开

本书收入文章 11 篇，内容包括：《今后之本报》（胡其文）、《最近世界政治动向的鸟瞰》（师实）、《日苏空军现势》（陈芳云）、《现阶段我们所需要的艺术》（张望）等。书前有邵力子等题词。

收藏单位：国家馆

00595
星嘉坡述略 沈逸史编著
星嘉坡（新加坡）：中国国货公司，1940.6，96 页，32 开（星嘉坡中国国货公司丛书）

收藏单位：上海馆

00596
星洲日报周年纪念册 傅无闷编
新嘉坡（新加坡）：星洲日报有限公司，1930.3，1 册，16 开

本书收入 40 余篇文章，内容包括：《发展航业的一个建议》（胡文虎）、《侨胞应有的觉悟和努力》（褚民谊）、《华侨应有两个文化教育总机关》（谭云山）、《星洲日报与南洋文化观》（陈子实）等。卷首有序诗、题字等。

收藏单位：国家馆、近代史所、浙江馆

00597
学林（第 1 册） 章炳麟 [著]
[东京]：[学林处]，[1910—1919]，88 页，22 开

本书包括学林缘起、名言部、制度部、文史部、通论部等 7 部分。著者原题：章绛。

收藏单位：重庆馆、国家馆

00598
学林（第 2 册） 章炳麟 黄侃著
出版者不详，[1920—1929]，87 页，22 开

本书收入《释戴》《征信论》《秦政记》《梦谒母坟图题记》等诗文。著者"章炳麟"原题：章绛。

收藏单位：重庆馆、国家馆

00599
学术丛录（上）
出版者不详，[1938—1949]，1 册，18 开

本书文章摘自《东方杂志》《史地学报》《教育与文化月刊》《现代评论第二周年纪念增刊》等杂志。

收藏单位：国家馆

00600
学术讲演集（第 1 集） 南京学术讲演会编
南京：南京学术讲演会，1930.4，146 页，18 开，精、平装

本书收入涉及政治、国际关系、伦理道德、新闻、教育、社会等方面的讲演词 12 篇，内容包括：《人口问题与国际关系》（孙本文）、《中学之科学教育》（何鲁）、《孝与中国文化》（徐庆誉）等。本书另选载《银价感言》等 5 篇文章。讲演词由李寿萱笔录。

收藏单位：重庆馆、国家馆、南京馆、天津馆、浙江馆

00601
学术讲演录（第 1 辑） 四川省政府教育厅主编
成都：四川省政府教育厅，1941，45 页

本书内容包括：《二次世界大战中之现阶段》（刘世传）、《四川农业之现在与将来》（章之汶）、《滑翔与国防》（李大经）、《国家至上》（于斌）。

收藏单位：南京馆

00602
学术讲演录

学术讲演会，[1934]，1 册，18 开

本书内容包括：天文学、授时概略、物质动力论、中国北部之煤田、西洋新派绘画、实验主义等。

收藏单位：浙江馆

00603

学术论文集　岭南大学学术讨论会编辑

广州：思思学社，1929.5，258 页，24 开（岭南大学学术讨论会丛书）

本书收入文化、文艺、哲学、宗教等方面的文章 14 篇，内容包括：《西洋文化与今日的中国》（何恩格）、《圣贤文化与民众文化》（顾颉刚）、《斯宾诺沙与庄子》（刘耀常）、《禅宗的美》（何惠余）等。书前有陈锡襄、卢观伟等人序。

00604

学术论著集要（3）

出版者不详，1 册，16 开，精装

收藏单位：首都馆

00605

学术演讲集　赵幻云编

北平：协进图书服务社，1944.2，124 页，32 开

本书共收 18 篇演讲词，内容包括：《什么是艺术》（蒋兆和）、《怎样做戏与怎样看戏》（熊佛西）、《理想的家庭》（潘光旦）、《青年的修养问题》（冯友兰）等。书前有编者前记。附《写作漫谈》（赵幻云）、《怎样记录讲演》（赵幻云）。

收藏单位：国家馆、首都馆

00606

学术演讲录　学术演讲社编

上海：新文化书社，1926.6，3 版，88+92 页，32 开

上海：新文化书社，1934.7，6 版，88+92 页，32 开

本书收入两集暑期讲演会的 20 篇讲演词。第 1 集包括：《舆论与社会》（邵力子）、《文学与人生》（沈雁冰）、《职业教育》（黄任之）、《图书馆与地方自治》（杜定友）等 11 篇；第 2 集包括：《科学与近世文明》（任叔永）、《中国的青年运动与学生运动》（杨贤江）等 9 篇。书前有高尔松、高尔柏的序。书后附录《对于女界的感想》（汪精卫）等。

收藏单位：重庆馆、东北师大馆、国家馆、辽师大馆、绍兴馆

00607

学术演讲录（第 1 辑）　中华职业教育社辑

上海：中华职业教育社，1934.3，127 页，32 开

本书收入涉及时事、经济、国学等方面的讲演词 11 篇。书前有江恒源序。附《黄任之先生“精神救国论”》（周念行）。

收藏单位：国家馆、上海馆、首都馆

00608

血痕　李警众著　李逢时校正

上海：震亚图书局，1927.6，8 页，50 开（警众小册 4）

本书以血和人类流血问题为题发表议论。

00609

演讲集　江苏省立第三师范分校新农村学艺社编

[无锡]：江苏省立第三师范分校新农村学艺社，1925.6，64 页，32 开（江苏省立第三师范分校新农村出版物 2）

本书收入该校教师及外来人士的讲演词 10 篇，内容包括：《身心的修养》（蒋竹庄）、《介绍一个乡村小学》（陶行知）、《国文自修经验谈》（钱子潜）、《我们怎样研究文艺》（王晋三）等。书前有潘达人、任重远导言。

收藏单位：国家馆

00610

演讲集　萧纯锦等讲

出版者不详，[1926—1949]，1 册，22 开

本书收入《教育与民生》（萧纯锦）、《心的进化》（徐庆誉）、《地理科在教育上之地位》（竺可桢）、《学校图书馆》（刘国钧）等演讲稿。

收藏单位：江西馆

00611
椰子集（南洋日报六周纪念特刊） 南洋日报馆编
上海：南洋日报馆，1927.10，[290] 页，16 开
本书分 3 部分：一般论文、关于南洋的论文、创作。附《南洋日报概况》。
收藏单位：国家馆、吉林馆

00612
毅庵遗文 张宏祥著 廖世承编
[上海]：张宏祥 [发行者]，[1928]，150 页，32 开
本书共收 42 篇遗文，内容包括：《观乎人文以化成天下义》《屈原贾生论》等。书前有唐文治序、编者弁言。
收藏单位：国家馆、上海馆

00613
译书汇编
出版者不详，1 册，22 开
收藏单位：上海馆

00614
越声通讯社周年纪念特刊
杭州：越声通讯社，1947.10，17 页，16 开
本书内容包括《一年来之浙江民意》《当前浙江田赋调整问题》《教育与经济之关系》《浙江公路的展望》《新闻战线上的友军》《当前中国新闻自由的两前提》《惩私尚公重奠优良的社会风气》。
收藏单位：浙江馆

00615
在团结的旗帜下 朱进等著
上海：求知出版社，1941.10，128 页，32 开
本书收入文章 6 篇：《在团结的旗帜下》（朱进）、《东线与西线》（施中）、《欧洲被占领各国现况》（瓦尔加）、《关于冯友兰的新理学》（柳郇）、《分割实际和真际之谬误》（杨舍）、《意大利故事（游客）》（高尔基）。
收藏单位：国家馆、上海馆

00616
战时世界名著选译 张资国译
桂林：中央出版社，1944，96 页，36 开
本书汇编译者发表于报刊的译文共 12 篇，内容包括：《中国人民的献机运动》《日本海军在太平洋》《不可征服的古城北平》《苏联第一女飞行家》等。书前有钟鲁斋序和译者的话。
收藏单位：重庆馆

00617
浙江省社教人员暑期体育讲习会学术演讲集 浙江省社教人员暑期体育讲习会编
[杭州]：浙江省教育厅公报室，1936.9，92 页，22 开
本书收入 13 篇演讲稿，内容包括：《日本近代之统治阶级》（谬凤林）、《中日和战问题》（蒋坚忍）、《国际现势及其教训》（严北溟）、《国防经济》（马寅初）、《战时消防警察》（周开福）等。演讲内容涉及国际政治、经济、教育等方面。书前有王鲜园序。附讲师一览表。
收藏单位：国家馆、湖南馆、内蒙古馆、上海馆、首都馆、天津馆

00618
正言日报元旦特刊 正言日报编
[上海]：正言日报，1948.1，52 页，16 开
本书收入文章 9 篇，内容包括：《论孔子哲学》（惺庵）、《一年来暹罗政局的演变》（陈礼士）、《权术论略》（蓝渭滨）、《消灭侵略者的占有欲》（徐父）、《红学研究者的责任》（硕人）等。
收藏单位：国家馆

00619
中国大学学术讲演集（第 1 集） 中国大学出版部编辑
北京：中国大学出版部，1923.4，[168] 页，22 开
北京：中国大学出版部，1926.1，[168] 页，22 开
本书选录 1922 年间中国大学教授及社会

名人的讲演稿。内容包括:《不抵抗的进取主义》(陈容)、《好政府主义》(胡适)、《由平民政治到工人政治》(李大钊)、《中国重利问题》(马寅初)等19篇。

收藏单位:国家馆、近代史所、辽大馆、南京馆

00620

中国大学学术讲演集(第2集) 中国大学出版部编辑

北京:中国大学出版部,1926.1,114页,22开

本书选收中国大学教授或海内外名人在1924—1925年间的讲演稿。共13篇,内容包括:《中国改造之试验程序》(王正廷)、《马克斯的经济历史》(余同甲)、《神话的趣味》(周作人)、《科学之评价》(张君劢)、《日本宪法之运用及政治之现状》(植原悦二郎)等。

收藏单位:国家馆、吉林馆、上海馆、首都馆

00621

中国往那里去 子强等著

上海:求知出版社,1940.11,[83]页,36开(求知文丛 第8辑)

本书收《中国往那里去?》(子强)、《我们对于日苏关系问题的意见》(编者)、《再论鲁迅的思想遗产》(邵翰齐)、《超然先生列传第八回:神经衰弱了》(方生)。

收藏单位:国家馆

00622

中华文化(苏联十月革命二十一周年纪念特刊) 中苏文化杂志社编

重庆:中苏文化杂志社,1938.11,[140]页,8开

本书分为中苏两大民族之伟大联合、社会主义胜利之苏联、在英勇抗战中的新中国、本会会务之进展(中苏文化协会)4部分,收《苏联革命二十一周年献词》(孙科)、《中苏友好关系的基础》(邹韬奋)、《社会主义建设猛进中的苏联国家预算》(于绍文)、《抗战中的通俗文艺》(老舍)等35篇文章。

00623

周行宣讲社讲演录(第1编) 章桂升等著

北平:周行宣讲社刊,[1915],109页,24开

本书收《解释告令》(章桂升)、《国内公债之利益》(蔡松龄)、《社会教育》(刘德绪)等54篇讲演词,涉及政治、财经、教育、法律、修身等方面。

00624

专题研究

出版者不详,51页,64开

收藏单位:湖南馆

00625

做人治事施政格谇编 邢振基编

益文印刷社,1933,49页

收藏单位:近代史所

社会科学参考工具书

00626

百科常识表解(第1集) 叶育之编著

成都:复兴书局,1943.9,284页,22开

全书为表。分国际、组织、抗战、建国、党团、军事、政治、财政、经济、教育、建设、兵役等类。有重要国际条约一览表、行政要旨表、战略战术区别表等百余种。

收藏单位:重庆馆、国家馆、南京馆

00627

法律政治经济大辞典 余正东主编 刘再先等助编

上海:长城书局,1931.1,再版,1册,32开,精装

上海:长城书局,1932.12,再版,1册,32开,精装

上海:长城书局,1934.6,再版,1册,32开,精装

本书汇编法律、政治、经济及与之有关的名词8000余条，详加解释。附有齐头索引和齐脚索引，即按辞条首末字编排的索引以及《现行法令统计表》，汇集1000余种现行法令。书前有刘再光像及小传。

收藏单位：安徽馆、重庆馆、东北师大馆、广东馆、国家馆、湖南馆、江西馆、近代史所、南京馆、山西馆、上海馆、首都馆、天津馆、浙江馆

00628

民族社会问题新辞典　杜任之编

太原：觉民书报社，1936.11，220页，32开

本书按笔画顺序排列。书前有编者语。

收藏单位：国家馆

00629

内政部方域司资料（国际）

[南京]：内政部，1947，1册，16开

本书汇集写在王外长招待会前、二次大战中之损失兵员、王外长报告出席联合国大会之经过、创造和平的八条路线等报纸资料。

收藏单位：国家馆

00630

社会科学辞典　李平心编

上海：光明书局，1933，690页，32开

上海：光明书局，1938.5，4版，690页，32开

本书包括社会科学、哲学、文艺、国际知识、与社会科学或哲学相联系的自然科学等门类，近5000条目，依汉字笔画排列。编者原题：李鼎声。

收藏单位：上海馆

00631

社会科学辞典（袖珍）　简贯三编

北平：著者书店，1933.4，[370]页，大64开

本书收录社会科学新词，按笔画排列。书前有编者刊词。附录重要纪念日起源及纪念办法表、中国重要社会科学书籍杂志目录。

收藏单位：重庆馆、国家馆、浙江馆

00632

社会科学大词典　高尔松等编

上海：世界书局，1929.6，1册，32开

上海：世界书局，1930.8，再版，1册，32开

上海：世界书局，1931.6，3版，1册，32开，精装

上海：世界书局，1933，4版，1册，32开，精装

上海：世界书局，1934.10，5版，1册，32开，精装

上海：世界书局，1935.4，6版，1册，32开，精装

本书按汉字笔画编排。书前有刊行之辞、英文索引。书后附社会科学家传略及英文索引、世界社会科学名著介绍等。编者原题：高希圣。

收藏单位：重庆馆、广西馆、桂林馆、国家馆、黑龙江馆、江西馆、近代史所、辽大馆、南京馆、内蒙古馆、宁夏馆、山西馆、上海馆、绍兴馆、首都馆、天津馆、浙江馆、中科图

00633

社会科学小辞典　陈连源编

上海：经纬书局，[1912—1949]，104页，40开（经纬百科丛书197）

本书按汉字笔画编排。从一画至二十五画，分为21部分。

收藏单位：广东馆

00634

社会科学小辞典　（日）神田丰穗著　徐雪寒编译

上海：中华书局，1940.6，15+149页，36开

本书编译者原题：徐汉臣。

收藏单位：贵州馆、桂林馆、国家馆、江西馆、南京馆、上海馆

00635

社会科学小辞典　施存统编

上海：新生命书局，1935.8，174页，32开（新生命大众文库小辞典3）

本书收新词1320多条。按笔画编排。编

者原题：施伏量。

收藏单位：重庆馆、广西馆、国家馆、江西馆、首都馆

00636

社会问题辞典 陈绶荪编

上海：民智书局，1929.9，1册，25开，精装

上海：民智书局，1939.1，9版，1册，25开，精装

本书按汉字笔画编排。内容取材以社会经济为主，以政治、法律、哲学等为辅。共5部分：辞解、传记、年表、参考书目、西洋人名地名索引。

收藏单位：重庆馆、东北师大馆、广东馆、广西馆、国家馆、湖南馆、近代史所、南京馆、内蒙古馆、山西馆、上海馆、首都馆、天津馆、浙江馆、中科图

00637

香港学生手册 香港学生周刊社编

香港：香港学生周刊社，1949.3，192页，32开

本书内容包括：中学生问题十二讲、社会常识五十题、新文学讲话、文艺一百种目录及提要、中国近代史初步、中国的地理基础等。附录港九学校一览表。

收藏单位：首都馆

00638

新名词会话篇 （日）加藤镰三郎著 恩霖阅

大阪：同文社，1924.10，75页，32开

本书版权页著者题：加藤谦三郎。

收藏单位：国家馆

00639

新主义辞典 梁耀南编

上海：阳春书局，1932.7，404页，50开，精装

本书解释各种新主义，有浪漫主义等600多条目。依笔画排列。书前有汪馥泉序言。

收藏单位：浙江馆

00640

英汉政治法律商业教育辞典 赵明高编

外文题名：A dictionary of words and phrases of government, law, commerce, and education in English and Chinese

沈阳：北陵新华印书局，1930.1，238页，18开

沈阳：北陵新华印书局，1930，2版，240页，18开

沈阳：北陵新华印书局，1931，3版，200页，18开

收藏单位：东北师大馆、贵州馆、国家馆、吉林馆、近代史所、辽大馆、中科图

00641

政法类典

作新社，2册，精装

收藏单位：南京馆

00642

政法类典（丁 经济之部）

上海：作新社，1943.5，再版，1册，18开

收藏单位：重庆馆

统计学

00643

高等统计学 薛仲三著

上海：商务印书馆，1948.1，452页，25开（国立复旦大学商科研究所丛书）

上海：商务印书馆，1949.3，再版，452页，25开（国立复旦大学商科研究所丛书）

本书共8章，内容包括：频数分配之分析、皮尔生各型曲线、曲线配合、相关、抽样问题等。书后附算学常数、统计用表、参考书目、中外译名对照表、索引等6种。

收藏单位：重庆馆、东北师大馆、广东馆、贵州馆、国家馆、黑龙江馆、江西馆、辽宁馆、南京馆、天津馆

00644

高级统计学 艾伟著

上海：商务印书馆，1933.10，336+106 页，25 开，精装（大学丛书 教本）
上海：商务印书馆，1934，336+106 页，25 开（大学丛书 教本）
上海：商务印书馆，1934.8，再版，336+106 页，25 开（大学丛书 教本）
上海：商务印书馆，1935.5，再版，336+106 页，25 开，精装（大学丛书 教本）
长沙：商务印书馆，[1938—1939]，3 版，336+106 页，25 开（大学丛书 教本）
上海：商务印书馆，1942，修订本，336+106 页，25 开，精装（大学丛书）

本书为高等教育课本。共 22 章，内容包括：次数的统计、统计的图示法、几何均数、百分等级等。书后附高级统计学应用对数表。

收藏单位：重庆馆、广东馆、广西馆、国家馆、黑龙江馆、湖南馆、吉林馆、江西馆、辽大馆、辽宁馆、南京馆、内蒙古馆、宁夏馆、绍兴馆、天津馆、西南大学馆、浙江馆

00645

汉译统计名词 王仲武编
外文题名：Statistical terms translated into Chinese
上海：商务印书馆，1930.9，34 页，22 开
上海：商务印书馆，1933.7，国难后 1 版，57 页，32 开

本书为英文统计学名词汉译，分两编。第 1 编按照统计学分类排列，第 2 编按英文字母顺序排列，便于检索。

收藏单位：重庆馆、广东馆、国家馆、吉林馆、江西馆、南大馆、南京馆、上海馆、天津馆、浙江馆

00646

基本统计学 朱庆疆编著
开封：顾祥麟 [发行者]，1937.6，152+50 页

本书共 8 章：绪论、统计资料、统计表、统计图、均数、差量、指数、相关量。另有国民政府主计处组织法、统计法、统计法施行细则等 14 个附录。

收藏单位：农大馆

00647

平乐县二十七年度暑期国民基础学校校长教员讲习会统计学讲义
[平乐]：出版者不详，1938.7，油印本，4 叶，18 开，环筒页装

本书内容包括：统计学之意义、统计学之分类、统计学之法则等。

收藏单位：桂林馆

00648

普通统计学 薛仲三著
商务印书馆，386 页，32 开

本书共 20 章，内容包括：绪论，统计表，统计图，频数分配，均值与标准差，中值与均差·其他分割值与四分差，众值、偏度及峰度，几何均值及调和均值，直线相关，非直线相关等。

收藏单位：南京馆

00649

实用统计 林和成著
出版者不详，[1911—1949]，203 页，18 开

本书共 6 章：投资有价证券应用之统计、生产及劳动应用之统计、推销应用之统计、公用事业应用之统计、铁路统计、企业预算。后面附有 8 个统计表。

收藏单位：东北师大馆、南京馆

00650

实用统计学 （美）加累特（Henry E. Garrett）著 刘乃敬译
外文题名：Statistics in psychology and education
上海：大东书局，1941，273 页，25 开
上海：大东书局，1947.1，再版，273 页，25 开
上海：大东书局，1947，3 版，273 页，25 开

本书共 6 章：次数分配式、绘图法及常态弧、可靠的度量、相关量、纯净相关量及多元相关量、统计方法及技术对于测验及测验结果之应用。本书原名：心理学及教育学中的统计。

收藏单位：重庆馆、贵州馆、桂林馆、国家馆、辽大馆、辽宁馆

00651
实用统计学 （美）加累特（Henry E. Garrett）著 刘乃敬译
外文题名：Statistics in psychology and education
南京：南京书店，1932.4，273 页，22 开
收藏单位：桂林馆、国家馆、湖南馆、江西馆、南京馆、山西馆、上海馆、天津馆、浙江馆

00652
统计概论 芮宝公著
上海：中华书局，1935.9，250 页，25 开
上海：中华书局，1937，再版，250 页，25 开
上海：中华书局，1940，3 版，250 页，25 开
本书分 12 章，介绍统计的基本理论，搜集与整理材料的方法，图表的绘制，次数数列的分析方法等。卷首有作者引言。书后附对数表等 5 种及参考书目。
收藏单位：重庆馆、广东馆、贵州馆、国家馆、黑龙江馆、江西馆、辽大馆、辽宁馆、南京馆、内蒙古馆、上海馆、首都馆、浙江馆

00653
统计概要 张俊民编
广西：县政公务员政治训练班，1938.7，41 页，32 开
收藏单位：桂林馆、南京馆

00654
统计概要讲义 谢润民 张俊身合编
[广西]：出版者不详，38 页，32 开
收藏单位：广东馆

00655
统计论丛 陈长蘅编
上海：黎明书局，1934.6，248 页，22 开（中国统计学社丛书）
本书汇集统计方面论文 13 篇，内容包括：《次数分配之分析——基本的问题》（王仲武）、《中国历代名人年寿之统计研究》（朱君毅）、《我国统计制度之研究》（吴大钧）、《中国之统计事业》（刘大钧）、《简略生命表之编制法》（罗志如）等。
收藏单位：重庆馆、广东馆、国家馆、湖南馆、吉林馆、江西馆、近代史所、辽大馆、南京馆、内蒙古馆、上海馆、首都馆、天津馆、浙江馆

00656
统计浅说 汪桂馨著
中国计政学会，1935.1，46 页，32 开（中国计政学会丛刊）
本书内分何谓统计、大量观察两部分。书前有引言。封面题：中国计政学会会员作品。
收藏单位：南京馆、浙江馆

00657
统计适用对数表 实业部中央农业实验所编
外文题名：Selected tables for students of statistics
实业部中央农业实验所，1934.10，13 页，22 开（杂刊第 3 号）
收藏单位：国家馆

00658
统计适用对数表
外文题名：Selected tables for students of statistics
出版者不详，20 页，22 开
收藏单位：重庆馆

00659
统计通论（改订增补）（日）横山雅男著 孟森译
上海：商务印书馆，1913.9，7 版，392 页，22 开，精装
上海：商务印书馆，1924，9 版，392 页，22 开
上海：商务印书馆，1931.5，10 版，392 页，22 开
本书共 9 编：统计沿革、理论及方法、统计之机关、人口统计、经济统计、政治统计、社会统计、道德统计、教育及宗教统计。
收藏单位：广西馆、国家馆、湖南馆、吉大馆、吉林馆、辽大馆、南京馆、内蒙古馆、首都馆

00660

统计新论 金国宝著

上海：中华书局，1925.9，157页，32开，精装（新文化丛书）

上海：中华书局，1927.3，再版，157页，32开，精装（新文化丛书）

上海：中华书局，1929.4，4版，157页，32开（新文化丛书）

上海：中华书局，1930.6，5版，157页，32开（新文化丛书）

上海：中华书局，1932.10，6版，157页，32开（新文化丛书）

上海：中华书局，1935.11，7版，157页，32开（新文化丛书）

本书共收论文8篇，内容包括：《统计学浅说》《人生统计学概观》《商情轮回说》《再论恒差月差》《美国劳动统计局记》等。卷首有孟森、张君劢、钱永铭的序各一篇。附译名讨论等4种。

收藏单位：重庆馆、广东馆、国家馆、湖北馆、吉林馆、江西馆、辽大馆、南京馆、内蒙古馆、天津馆、浙江馆

00661

统计学 陈其鹿编

上海：商务印书馆，1925.1，300页，22开

上海：商务印书馆，1926.4，再版，300页，22开

上海：商务印书馆，1927.8，3版，300页，22开

上海：商务印书馆，1928，4版，300，22开

上海：商务印书馆，1930.11，5版，300页，22开

上海：商务印书馆，1932.8，国难后1版，300页，22开，精装

上海：商务印书馆，1934，国难后2版，300页，22开

长沙：商务印书馆，1938.9，6版，300页，22开

本书为高级商业学校教科书，取材于金氏（King）、薄荷莱、哥白兰（Copelamd）、台维司（Davies）等人的统计著作。介绍统计方法，着重于商业统计。包括总论、搜集材料、制表与提纲挈领、评议结果与高深统计等4编28章。

收藏单位：重庆馆、东北师大馆、广东馆、国家馆、黑龙江馆、江西馆、内蒙古馆、绍兴馆、首都馆、天津馆、浙江馆

00662

统计学 陈善林著

重庆：时与潮书店，1943，石印本，135页，25开

本书介绍统计学的原理及方法。为1939年中华书局版的节本。

收藏单位：重庆馆、东北师大馆、广东馆

00663

统计学 陈善林著

上海：中华书局，1938.12，934页，22开，精装

昆明：中华书局，1941.4，2版，934页，22开，精装

上海：中华书局，1941.10，再版，934页，22开，精装

上海：中华书局，1947.7，3版，934页，22开，精装

本书为大学用书。共15章，内容包括：总论、征集资料、统计表、统计图、平均数、离中差、正态与偏态、量数之可靠性、指数、长期趋势、季节变动、商情循环与预测等。各章后有问题、习题。附本书细目等5种。

收藏单位：重庆馆、广东馆、广西馆、国家馆、吉林馆、辽大馆、辽宁馆、南京馆、山西馆、上海馆、首都馆、天津馆、浙江馆

00664

统计学 褚一飞编

上海：立信会计图书用品社，1943.11，329页，32开（中华经济统计研究所丛书1）

重庆：立信会计图书用品社，1944，渝再版，329页，32开（中华经济统计研究所丛书1）

上海：立信会计图书用品社，1946.11，4版，329页，32开（中华经济统计研究所丛书1）

重庆：立信会计图书用品社，1947，3版，329页，32开（中华经济统计研究所丛书1）

上海：立信会计图书用品社，1947.6，5 版，329 页，32 开（中华经济统计研究所丛书 1）
上海：立信会计图书用品社，1948.9，6 版，329 页，32 开（中华经济统计研究所丛书 1）

本书共 10 章：绪论、统计资料之搜集与整理、表列法、图示法、平均数、相差度、偏斜度及峰度、确度、比例、指数。

收藏单位：重庆馆、贵州馆、国家馆、湖南馆、江西馆、辽大馆、南京馆、内蒙古馆、宁夏馆、天津馆

00665
统计学　杜岑编
北平：中国大学，[1934]，270 页，16 开

本书分绪论、统计之程序两编，共 17 章。简述统计的起源、统计学的范围、统计法用途、选用单位、统计图等。

收藏单位：国家馆

00666
统计学　顾澄著
文明书局，1913，27 页，32 开（元健丛谈）

收藏单位：首都馆

00667
统计学　何伟业著
陆军大学，[1930]，378 页，22 开

本书共 11 编：统计之沿革、统计学之理论、统计之行政、统计之方法、统计之机关、人口统计、经济统计、政治统计、社会统计、道德统计、教育及宗教统计。

收藏单位：国家馆

00668
统计学　[河北省地方行政人员训练所编]
出版者不详，32 页，16 开

本书为河北省地方行政人员训练所讲义。

收藏单位：天津馆

00669
统计学　黄廷真编著
广州：广东国民大学，1942.4，198 页，25 开

本书共 11 章：绪论、统计表、统计图、平均数、离中差、正态与偏态、相关数、指数、长期趋势、季节变动、商情循环与预测。

收藏单位：国家馆

00670
统计学　金国宝编著
长沙：商务印书馆，1935.5，222 页，32 开
上海：商务印书馆，1935，2 版，修订本，222 页，32 开
长沙：商务印书馆，1938.10，5 版，222 页，32 开，精装
长沙：商务印书馆，1938，6 版，222 页，32 开，精装（新中学文库）
上海：商务印书馆，1946.12，11 版，222 页，32 开（新中学文库）
上海：商务印书馆，1947.6，12 版，222 页，32 开（新中学文库）
上海：商务印书馆，1947.11，13 版，222 页，32 开

本书为职业学校教科书，是《统计学大纲》一书的缩本。节去数学理论部分。适用于商科高级中学或师范学校教学。共 10 章，内容包括：绪论、统计表、统计图、平均数、指数、时间数列等。每章后附问题及习题。卷首有王云五编印职业教科书缘起及作者的引言。后附美华对照统计名词等 4 种。

收藏单位：重庆馆、广东馆、贵州馆、国家馆、湖北馆、湖南馆、吉林馆、江西馆、辽大馆、内蒙古馆、山西馆、绍兴馆、首都馆、浙江馆、中科图

00671
统计学　刘坤阊编
重庆：军需学校，[1942]，310 页，32 开
重庆：军需学校，1942，再版，310 页，32 开

本书共 9 章：绪论、统计资料的搜集与整理、表列法、图示法、平均数、相差度、偏斜度、确度、指数等。目录页题名题：统计学讲义。

收藏单位：广东馆、贵州馆、国家馆、湖北馆、南京馆

00672
统计学 庐山暑期训练团编
庐山暑期训练团，1937.7，14 页，25 开
收藏单位：江西馆

00673
统计学 陆军大学编
陆军大学，1946，118 页，25 开
本书共 14 章，内容包括：绪论、统计表、统计图、平均数、离中趋势、机率、指数、长期趋势、季节变动、循环变动等。
收藏单位：国家馆

00674
统计学 毛起鵕著
[河南]：出版者不详，1934，214+6 页，16 开
本书为河南省政府统计人员训练班讲义。书内题：统计学讲义。
收藏单位：河南馆

00675
统计学 彭祖植编辑
政法学社，1913，再版，234 页，22 开（政法述义 第 25 种）
本书分总论、统计学之原理及方法技术、各论 3 篇，包括统计之沿革、社会的现象及观察、统计材料之整理、人口统计等内容。
收藏单位：首都馆、浙江馆

00676
统计学 唐启贤著
开明书店，1932，10+305+20 页
收藏单位：近代史所

00677
统计学 唐启贤著
上海：黎明书局，1931.11，302+20 页，25 开
上海：黎明书局，1932.11，再版，302+20 页，25 开
上海：黎明书局，1935.4，3 版，302+22 页，25 开
本书共 11 章，内容包括：概论、统计问题之审定、统计材料之搜集、统计表之编制、统计图之绘制、量数分析法、商情之预测、人生统计等。书后附计算上应用的各种表及参考书目。
收藏单位：重庆馆、广东馆、国家馆、湖南馆、江西馆、南京馆、天津馆、浙江馆

00678
统计学 汪龙讲述
中央政治学校，[1910—1919]，30 页，18 开
本书为公务员训练部高等科讲义，介绍了统计资料的搜集与整理。
收藏单位：国家馆、南京馆

00679
统计学 王光汉著
江津：时代青年出版社，1943.8，107 页，32 开，环筒页装
本书共 5 章：表和图、求点、求线、常态分配、相关。
收藏单位：重庆馆、广东馆、国家馆、辽大馆、南京馆、西南大学馆

00680
统计学 王克宥选辑
浙江财务人员养成所，1931.6，118+18 页，32 开
本书内容包括：统计问题之审定、统计材料之搜集、统计表之编制、统计图之绘制、量数分析法等。
收藏单位：浙江馆

00681
统计学 王溥仁著
北京：陆军军需学校，1917.4，260 页，22 开
本书共 10 编，前 5 编为纯正统计学，分述沿革、理论、方法、技术、设备；后 5 编为统计各论，分论人口、经济、政治、道德、社会及教育、宗教统计。
收藏单位：国家馆

00682
统计学 闻亦有编著

庐山：庐山暑期训练团，1937，14页，36开

本书为干部训练团教材。共3章：统计学之意义、统计方法概要、行政机关与统计事业。

收藏单位：重庆馆

00683

统计学 吴敏荪著

上海：上海法政学院，[1930—1939]，66页，13开

收藏单位：国家馆

00684

统计学 姚嘉椿著

出版者不详，1册，16开

收藏单位：南京馆

00685

统计学 郑尧柈著

长沙：商务印书馆，1940.5，2册（733页），25开

本书分7编：绪论、统计材料之搜集、统计材料之整理、相关论、指数论、时间数列论、统计数字的研究等。书后附参考书目及数值表。

收藏单位：广东馆、国家馆、江西馆、南京馆、上海馆

00686

统计学

陆军大学校，1944，154页，大32开

收藏单位：南京馆

00687

统计学

出版者不详，234页，16开

收藏单位：南京馆

00688

统计学（最新编订） 瞿世镇 潘肇邦编校

上海：三民图书公司，1931.7，64页，32开

上海：三民图书公司，1932.7，3版，64页，32开

上海：三民图书公司，1935.6，增订4版，64页，32开

本书分上、下编，包括统计的设施和效用，统计的方法和应用，共12章。以问答方式写成。版权页题名：统计学问答，目录页题名：统计学考试问答。

收藏单位：重庆馆、国家馆、湖北馆、湖南馆、南京馆

00689

统计学ABC 蔡毓骢著

上海：ABC丛书社，1928.8，106页，32开

上海：ABC丛书社，1929.4，再版，106页，32开

上海：ABC丛书社，1930.3，3版，106页，32开

上海：ABC丛书社，1932.12，5版，106页，32开，精装

上海：ABC丛书社，1934.10，7版，106页，32开

本书分9章，内容包括：统计学发达史略、统计资料的来源和集合、统计表编制法、统计图的种类和作法、平均数、变量、统计书报述要等。卷首有徐蔚南的ABC丛书发刊旨趣及作者序言。

收藏单位：重庆馆、广东馆、广西馆、贵州馆、国家馆、江西馆、辽大馆、辽宁馆、南京馆、内蒙古馆、首都馆、天津馆、浙江馆

00690

统计学表解 上海科学书局编译所编

上海：上海科学书局，1913.7，42页，大64开（表解丛书）

本书内容包括：统计之沿革、理论及方法、统计之机关等。

收藏单位：南京馆、浙江馆

00691

统计学初步 财政部粤东盐务管理局职员训练班编

财政部粤东盐务管理局职员训练班，1940，48页，32开（特六训练教材3）

收藏单位：南京馆

00692

统计学大纲 陈律平编

广州：广育统计学校，1937.3，4 版，346 页，大 32 开（广育统计学校丛书）

本书分总论、各论两篇，共 16 章。内容包括：统计学之意义、统计学之历史、统计学之分类、统计之单位、表列学、图示法、差异数量、相关数量、证误数量等。

收藏单位：南京馆

00693

统计学大纲 陈律平编著

广州：广州统计学校，1934.2，3 版，284 页，25 开（广州统计学校丛书）

本书分总论、各论两篇。共 15 章，内容包括：统计学之意义、统计学之历史、统计学之分类、统计之单位、表列学、图示法、差异数量、相关数量等。

收藏单位：天津馆

00694

统计学大纲 金国宝著

上海：商务印书馆，1934.9，541 页，22 开，精装（国立上海商学院丛书）

上海：商务印书馆，1935.5，再版，541 页，22 开，精装（国立上海商学院丛书）

上海：商务印书馆，1935.8，2 册（519 页），25 开（大学丛书）

上海：商务印书馆，1935.8，订正 3 版，519 页，25 开（大学丛书 教本）

上海：商务印书馆，1936.3，订正 4 版，519 页，25 开，精装（大学丛书 教本）

上海：商务印书馆，1936.10，2 版，2 册（541 页），22 开（大学丛书）

上海：商务印书馆，1937，3 版，2 册（519 页），25 开（大学丛书教本）

长沙：商务印书馆，1940.4，5 版，2 册（519 页），25 开（大学丛书 教本）

长沙：商务印书馆，1940，6 版，2 册（519 页），25 开（大学丛书教本）

重庆：商务印书馆，1943，2 册（519 页），25 开（大学丛书 教本）

上海：商务印书馆，1943，蓉 1 版，2 册（519 页），25 开（大学丛书 教本）

重庆：商务印书馆，1943，赣县初版，2 册（519 页），25 开（大学丛书 教本）

上海：商务印书馆，1947，8 版，2 册（519 页），25 开（大学丛书教本）

上海：商务印书馆，1948，9 版，2 册（519 页），25 开（大学丛书教本）

上海：商务印书馆，1948.6，10 版，2 册（519 页），25 开（大学丛书 教本）

上海：商务印书馆，1949.2，11 版，2 册（519 页），25 开（大学丛书 教本）

本书为大学统计教学用书。共 20 章，内容包括：绪论、统计表、统计图、平均数、离中趋势、指数、吾国重要指数之编制、直线系联、长期趋势、季节变动、商情预测等。卷首有作者引言。附录数学原理、统计习题等 6 种。

收藏单位：重庆馆、东北师大馆、甘肃馆、广东馆、贵州馆、国家馆、黑龙江馆、湖北馆、吉林馆、江西馆、辽大馆、辽宁馆、南京馆、内蒙古馆、宁夏馆、上海馆、绍兴馆、首都馆、天津馆、浙江馆、中科图

00695

统计学大纲 朱庆疆编著

河南：河南省会计人员训练所，1934.3，1 册，大 32 开（河南省会计人员训练所讲义 1）

收藏单位：南京馆

00696

统计学大意 钱西樵述

出版者不详，82 页，21 开

本书分通论、各论两编。共 24 章，简述统计学的语源、意义，统计学的定义，范围，历史等。

00697

统计学概论 褚一飞著

重庆：天地出版社，1943.11，439 页，25 开（中华经济统计研究所丛书 1）

本书共 10 章，内容包括：绪论、表列法、相差度、确度等。书后附总裁关于调查统计之训示、统计与建设、行政统计与统计行政

等 7 部分。

收藏单位：重庆馆、广东馆

00698

统计学概论 广东省地方行政干部训练团编

广东省地方行政干部训练团，1940.5，109 页，32 开

本书共 10 讲，内容包括：调查统计概念、统计的功用、如何研究统计、统计资料的搜集方法、统计图表的绘制方法、统计的计算方法等。

收藏单位：重庆馆

00699

统计学概论 军事委员会军事交通研究所编

军事委员会军事交通研究所，78 页，18 开

本书共 7 章：概论、事前规划、搜集材料、整理材料、制表、绘图、平均数。

收藏单位：重庆馆、国家馆、南京馆

00700

统计学概论 中华经济统计研究所丛书委员会著

重庆：中华经济统计研究所，1943.11，436 页，25 开

重庆：中华经济统计研究所，1944.3，再版，436 页，25 开

本书共 10 章，内容包括：绪论、统计资料的搜集与整理、表列法、相差度、偏斜度及峰度、确度等。附总裁关于调查统计之训示、统计与建设、抗战期间社会调查工作、战时全国工业普查刍议、统计学的对象和定义等 7 部分。

收藏单位：重庆馆、南京馆

00701

统计学概论 周一夔著

上海：民智书局，1931.3，326 页，22 开

本书分 15 章，统计学的起源及其沿革、统计学的定义范围及目的、统计学的分类及其与他种科学的关系、统计调查方法之程序、材料搜集的规划、制表、平均数及模型数、变量和变态面、物价指数等。附录参考书籍和计算表。

收藏单位：重庆馆、广东馆、国家馆、湖南馆、南京馆、首都馆、天津馆、浙江馆

00702

统计学概论

出版者不详，油印本，44 叶，16 开，环筒页装

本书共 7 章，包括绪论、表列法、图示法、集中量数、差量、相关、指数等。

收藏单位：重庆馆

00703

统计学概论（续编） 褚一飞主编

重庆：天地出版社，1944，453 页，25 开（中华经济统计研究所丛书 1）

收藏单位：重庆馆、广东馆

00704

统计学概论（续编） 中华经济统计研究所丛书委员会著

重庆：中华经济统计研究所丛书委员会，1944.4，453 页，22 开（中华经济统计研究所丛书）

本书共 10 章，内容包括：简单相关、相关函数、时间数列的分析、配合概论、抽样概论等。附次数分配与表征函数等 7 篇。

收藏单位：国家馆、南京馆

00705

统计学概要 陈炳权编著

广州：广州大学出版社，1927，263+7 页，25 开（广州大学丛书）

本书共 17 章，内容包括：统计学之沿革、性质及应用、单位、事实之集合、分类及列表、绘图法等。

收藏单位：广西馆

00706

统计学概要 贵州省地方行政干部训练委员会编

贵州省地方行政干部训练委员会，1943.3，110 页，32 开

本书共12章，内容包括：概论，统计资料的搜集、整理，统计表，统计数列，机率及常态分配等。

收藏单位：重庆馆

00707

统计学概要 丘瑞曲编著

上海：世界书局，1929.8，117页，50开（考试准备各科概要丛书 社会经济概要丛书）

本书内容包括：总论、平均数、差量、相关系数、物价指数等。

收藏单位：重庆馆、黑龙江馆、内蒙古馆、浙江馆

00708

统计学概要 许桐华编

上海：三民图书公司，1948，160页，25开

收藏单位：江西馆

00709

统计学概要 郑尧柈编

江苏省区长训练所，80页，25开（江苏省区长训练所政治丛书11）

本书内容包括：统计学的意义、历史、定义，材料的搜集，整理相关论，指数论，时间数列论，统计数字的研究等。书后附参考书目及数值表。

收藏单位：浙江馆

00710

统计学概要 周维梁编述

出版者不详，144页，16开（安徽省区政训练所讲义）

收藏单位：南京馆

00711

统计学概要 朱君毅编

上海：正中书局，1948.3，87页，32开

本书内容包括：绪言、统计数列、平均数、离差、常态曲线、可靠性、相关、表列、图示。书后附主要进修与参考中西文统计书目等4种。

收藏单位：重庆馆、国家馆、湖南馆、辽大馆、南京馆、上海馆

00712

统计学概要

[贵阳]：[贵州省党务工作人员训练所]，[1927]，24页，18开

本书论述统计学的基本内容。逐页题名：统计学概要讲义。

收藏单位：贵州馆

00713

统计学纲要 刘鸿万编

上海：中华书局，1935.10，172页，32开（中华百科丛书）

上海：中华书局，1936.12，再版，172页，32开（中华百科丛书）

本书分9章，内容包括：统计学的理论概念、大量观察法、统计解析法等。附参考书目和中文名词索引。

收藏单位：广东馆、国家馆、湖南馆、江西馆、辽大馆、南京馆、内蒙古馆、宁夏馆、上海馆、首都馆、天津馆、浙江馆

00714

统计学讲义 陈善林著

出版者不详，1938.8，734页，32开，精装

本书共14章：总论、征集资料、统计表、统计图、平均数、离中差、正态与偏态、直线相关、其他相关、量数之可靠性、指数、长期趋势、季节变动、商情循环与预测等。

00715

统计学讲义 芮宝公编述

军需学校计政人员训练班，1940，132页，32开

收藏单位：重庆馆

00716

统计学讲义

出版者不详，214页，32开

本书共7章：绪论、统计资料搜集和整理、表列法、图示法、平均数、相差度、偏斜度等。

收藏单位：重庆馆、南京馆

00717

统计学教程 宪兵学校编

宪兵学校，1940.7，198 页，32 开

宪兵学校，1942.4，198 页，32 开

本书分 4 编 16 章，讲述统计学的意义，各种普通应用的方法。卷首有绪言。

收藏单位：重庆馆、广东馆、国家馆

00718

统计学教程 郑尧柈著

军需学校，347 页，32 开

收藏单位：广东馆

00719

统计学教科书 曾鲲化著

上海：群益书社，1913.8，1 册，22 开，精装

本书共 5 编：历史、学派、理论、技术、设备。

收藏单位：国家馆、内蒙古馆、首都馆

00720

统计学教科书

出版者不详，[1913—1949]，212 页，25 开

收藏单位：江西馆

00721

统计学名词 国立编译馆编订

重庆：正中书局，1944.12，19 页，16 开

上海：正中书局，1946.9，沪 1 版，19 页，16 开

上海：正中书局，1947.9，沪 2 版，19 页，16 开

本名词为中英文对照，是中华民国三十三年五月教育部公布。

收藏单位：重庆馆、甘肃馆、广东馆、国家馆、湖南馆、辽大馆、辽宁馆、南京馆、上海馆、首都馆、浙江馆、中科图

00722

统计学名词说明

出版者不详，1 册，12 开

收藏单位：南京馆

00723

统计学提要

第十六军供给部，82 页，36 开

本书共 8 章：概论、事前规划、搜集材料、整理材料、统计表的编制、统计图的绘制、量数分析法、指数等。

收藏单位：重庆馆

00724

统计学通论 王思立编

上海：立信会计图书用品社，1948.8，修订 1 版，374+26 页，22 开

本书为大学或专科学校普通统计学课本。共 6 编 23 章，内容包括：统计资料、次数分配之分析、物价指数、相关、时间数列之分析、选样问题等，每章后有习题。书后附四位通用对数表等 7 种。

收藏单位：国家馆、上海馆、中科图

00725

统计学新论 王思立编

上海：立信会计图书用品社，1947.10，344 页，25 开

上海：立信会计图书用品社，1948.1，再版，344 页，25 开

本书共 6 编：统计资料、次数分配之分析、相关、物价指数、时间数列的分析、选样问题。

收藏单位：广东馆、国家馆、湖北馆、江西馆、南京馆、上海馆、天津馆

00726

统计学续编 褚一飞编

上海：立信会计图书用品社，1944.4，453 页，32 开（中华经济统计研究所丛书 2）

上海：立信会计图书用品社，1948.1，再版，453 页，32 开（中华经济统计研究所丛书 2）

本书为大学教本。共 10 章，内容包括：机率、简单相关、相关函数、时间数列之分析、相变度、配合概论等。书后附次数分配与表征函数、华里斯公式与施端霖公式、常

态曲线之纵坐标等 7 篇。书内及书脊题名：统计学概论续编。

收藏单位：重庆馆、国家馆、辽大馆、南京馆、内蒙古馆、上海馆、天津馆

00727

统计学原理　（英）爱尔窦登兄妹（W. Palin & Ethel M. Elderton）著　赵文锐译

外文题名：Primer of statistics

上海：商务印书馆，1923.2，61 页，32 开（共学社经济丛书）

上海：商务印书馆，1924.1，再版，61 页，32 开（共学社经济丛书）

上海：商务印书馆，1927.9，3 版，61 页，32 开（共学社经济丛书）

上海：商务印书馆，1930.11，4 版，61 页，32 开（共学社经济丛书）

上海：商务印书馆，1933.1，国难后 1 版，61 页，32 开（共学社经济丛书）

本书共 6 章：个体与中位数、四分位数与平均数、次数之分配、密集数——标准差数——变化之指数、双方之关系、或有的差误。卷首有原序及译序。

收藏单位：重庆馆、东北师大馆、广东馆、国家馆、湖南馆、吉林馆、江西馆、辽大馆、南京馆、宁夏馆、上海馆、首都馆、天津馆、浙江馆

00728

统计学原理　（英）鲍莱（A. L. Bowley）著　李植泉译

外文题名：Elements of statistics

长沙：商务印书馆，1936，2 册（646 页），32 开（汉译世界名著）（万有文库 第 2 集 73）

上海：商务印书馆，1937.3，4 册（646 页），32 开（汉译世界名著）（万有文库 第 2 集 73）

长沙：商务印书馆，1938.7，2 册（646 页），32 开（汉译世界名著）

上海：商务印书馆，1938.7，2 册（646 页），32 开（汉译世界名著）（万有文库 第 2 集 73）

上海、长沙：商务印书馆，1939.12，4 册（646 页），32 开（汉译世界名著）（万有文库 第 1—2 集 简编 500 种 53）

长沙：商务印书馆，1939，再版，2 册（646 页），32 开（汉译世界名著）

本书共 20 章，内容包括：统计学的意义及范围、统计调查方法、单位的定义与资料的搜集、表列法、插补法、代数机率与差误常态曲线等。书前有刘大钧的序、原著者序及著者的第四版附言。书后附录数学摘录。

收藏单位：重庆馆、大连馆、大庆馆、东北师大馆、广东馆、广西馆、国家馆、黑龙江馆、湖南馆、江西馆、辽大馆、辽师大馆、南京馆、内蒙古馆、宁夏馆、上海馆、首都馆、天津馆、浙江馆

00729

统计学原理及应用　王仲武著

上海：商务印书馆，1927.7，408+46 页，22 开，精装（经济丛书）

上海：商务印书馆，1929，再版，408+46 页，22 开（经济丛书）

上海：商务印书馆，1930.8，3 版，408+46 页，22 开，精装（经济丛书）

上海：商务印书馆，1932.10，国难后 1 版，408+46 页，22 开，精装（经济丛书）

上海：商务印书馆，1937.3，国难后 2 版，408+46 页，22 开，精装（经济丛书）

本书论述统计学的原理及应用。分两编 16 章，第一编诠释原理；第二编说明应用。各章之末附有摘要、问题、参考书三项。

收藏单位：重庆馆、东北师大馆、广东馆、贵州馆、国家馆、黑龙江馆、湖南馆、吉林馆、江西馆、辽大馆、辽宁馆、宁夏馆、天津馆、武大馆、浙江馆、中科图

00730

统计学之基础知识　李鸣陆编

济南：山东省立民众教育馆出版部，1933.1，132 页，32 开，精装

本书共 9 章：何谓统计、统计之发生原因、统计之使命、统计学、大量观察法、统计材料之整理、表列图示法、统计材料之计算法、统计之解释。书后附统计法。

收藏单位：国家馆、辽大馆、首都馆、天津馆

00731
统计学之理论 （英）尤尔（G. U. Yule）著 顾澄译
上海：文明书局，1913，218+9 页，22 开（元健斋丛书 13）
收藏单位：重庆馆、首都馆

00732
统计译名（英汉对照） 中国统计学社编
中国统计学社，1934.7，28 页，25 开
本书共收统计词汇 600 余条，按英文字母顺序编排。
收藏单位：国家馆

00733
统计与测验名词汉译 朱斌魁编
外文题名：Some statistical and measurement terms standardized in Chinese
上海：商务印书馆，1923.7，14 页，32 开
上海：商务印书馆，1924.1，再版，14 页，32 开
本书收统计学方面名词 250 条、按英文字母顺序编排。
收藏单位：广东馆、广西馆、国家馆

00734
统计与测验名词英汉对照表 朱君毅编
外文题名：Statistical and test terms in English and Chinese
上海：中华书局，1933.7，42 页，32 开
本书收统计及测验名词 1000 余条，按英文字母顺序编排。
收藏单位：重庆馆、广西馆、国家馆、吉林馆、辽大馆、南京馆、上海馆、浙江馆

00735
统计员须知 王禹邦编
察南政厅官房资料科，1942.6，68 页，22 开
本书包括统计员之修养、统计材料之搜集与整理、统计调查之范围、统计法则、统计规程等。
收藏单位：国家馆

00736
统计知识 丁方编
汉口：中国人民解放军第二野战军后勤供给部，1949 翻印，55 页，36 开
本书介绍了几种统计学的基本知识、简单的计算方法以及制图法。
收藏单位：重庆馆

00737
应用统计 联合勤务总司令部经理学校编
联合勤务总司令部经理学校，1948，218 页，36 开
收藏单位：重庆馆

00738
应用统计 寿景伟著
上海：商务印书馆，1929.10，66 页，32 开（百科小丛书）（万有文库 第 1 集 120）
上海：商务印书馆，1932.11，国难后 1 版，66 页，32 开（百科小丛书）
上海：商务印书馆，1934，再版，66 页，32 开（百科小丛书）（万有文库 第 1 集 120）
上海：商务印书馆，1935.5，国难后 2 版，66 页，32 开（百科小丛书）
本书以应用统计学的原理及方法研究政治经济社会道德等现象。分人口、政治、经济、社会、道德 5 项统计。
收藏单位：安徽馆、重庆馆、大连馆、大庆馆、东北师大馆、广东馆、广西馆、贵州馆、国家馆、江西馆、辽大馆、辽师大馆、南京馆、内蒙古馆、宁夏馆、上海馆、天津馆、浙江馆

00739
应用统计（7 统计类） 广东省地方行政干部训练团编
广东省地方行政干部训练团，1943.5，140 页，32 开
本书共 15 章，内容包括：绪论、统计的调查、次数的统计、统计的表示法、统计的图示法、比率、几何均数、调和均数、长期趋势等。
收藏单位：重庆馆

00740
应用统计（8 民政类） 黄瑞伦编
广东省地方行政干部训练团，1941.9，58 页，32 开
本书共 6 章：绪论、应用统计之内容、统计在行政上之功用、应用统计之一般方法、人口统计、民政统计。
收藏单位：重庆馆

00741
应用统计讲义
出版者不详，[1913—1949]，234 页，25 开
出版者不详，158 页，25 开
本书共 7 章，内容包括：绪论、收集材料、分析材料、集中数量、差数及系数等。
收藏单位：江西馆、浙江馆

00742
应用统计浅说 寿景伟著
上海：商务印书馆，1923.11，72 页，36 开（百科小丛书 28）
上海：商务印书馆，1926.11，再版，72 页，36 开（百科小丛书 28）
上海：商务印书馆，1929.4，[3 版]，72 页，36 开（百科小丛书 28）
本书分 5 章：人口统计、政治统计、经济统计、社会统计、道德统计。
收藏单位：重庆馆、广东馆、广西馆、国家馆、湖南馆、吉林馆、江西馆、南京馆、山东馆、上海馆、首都馆、天津馆、西南大学馆、浙江馆

00743
应用统计学 黄翼编
广州：穗兴印务馆，1946.12，186 页，25 开
本书按统计工作程序编排。共 6 章：总论、搜集材料、整理材料、材料分析之意义、材料之表示、统计方案。书后附对数表。
收藏单位：国家馆

00744
应用统计学 邝宗源著
南京：中西印刷社，1946.7，178+71 页，32 开
本书分 10 章，前 5 章讲述搜集资料、整理资料、制表、绘图等；后 5 章论述集中趋势、离中趋势、公务统计、司法机关应办之统计及重要统计法令等。
收藏单位：广东馆、国家馆、南京馆、内蒙古馆、浙江馆

00745
应用统计学 邝宗源著 邝宗海校
南京：正中书局，1941.7，178 页，32 开
收藏单位：南京馆

00746
应用统计学 刘述祖编
[四川]：西康省地方行政干部训练团，1941.9，60 页，32 开
[四川]：西康省地方行政干部训练团，1942.2，60 页，32 开
本书共 5 章：导言、统计材料之搜集、材料的整理、材料的分析、物价指数之编制法。1942 年版书后附统计人员须知之有关法规。
收藏单位：重庆馆

00747
中央统计联合会统计演讲集 中央统计联合会编
上海：中华书局，1937.10，374 页，22 开，精装
昆明：中华书局，1941.3，再版，374 页，22 开，精装
本书为大学用书，分原理和实验两部分。内容包括：《平均数》（朱君毅）、《时间数列》（李成谟）、《相关》（王书林）、《户口普查》（吴大均）、《工业清查》（蔡正雅）等 12 篇。
收藏单位：重庆馆、广东馆、广西馆、贵州馆、国家馆、辽大馆、辽宁馆、南京馆、内蒙古馆、上海馆、天津馆、浙江馆

统计方法

00748
表列与图示法 郑尧柈讲

中央统计联合会，1933.12，36 页，16 开（中央统计联合会联合演讲 6）

本书讲述统计图表的编制方法。

收藏单位：上海馆

00749

测验 沈有乾讲

中央统计联合会，1934.1，13 页，16 开（中央统计联合会联合演讲 7）

本书讲述测验的意义、信度、效度，以及统计方法在测验上的应用等。

收藏单位：上海馆

00750

测验统计法概要 俞子夷编

上海：商务印书馆，1923.12，75 页，32 开

上海：商务印书馆，1924.1，75 页，32 开

上海：商务印书馆，1925.10，再版，75 页，32 开

上海：商务印书馆，1928，3 版，75 页，32 开

上海：商务印书馆，1931.4，4 版，75 页，32 开

本书为测验统计方法的普通教科书。共 5 章：全体数的统计、要点的统计、变化率的统计、相关度、可靠度。书后附平方数表等。

收藏单位：重庆馆、广东馆、广西馆、国家馆、河南馆、湖南馆、江西馆、辽大馆、南京馆、内蒙古馆、浙江馆

00751

调查统计 萧承禄编著

上海：立信会计图书用品社，1947.10，87 页，32 开

上海：立信会计图书用品社，[1940—1949]，80 页，32 开

本书共 12 章，内容包括：统计资料之搜集、统计资料之整理、统计资料之陈示、次数分配、离中趋势、各项调查统计实务等。书前有潘序伦的序言。

收藏单位：重庆馆、黑龙江馆、江西馆、辽大馆、内蒙古馆

00752

调查统计概述 吴大钧讲

中央训练团党政训练班，1944.5，28 页，32 开

本书为在党政训练班的讲演录。包括调查统计之重要、调查之种类、取材之方式、问项之设定、答案之整理、统计之方法、我国调查统计之基本问题 7 个题目。

收藏单位：重庆馆、国家馆

00753

调查统计概述 徐恩曾编

中央训练团党政训练班，1942.10，18 页，32 开

本书为业务演习教材。内含怎样做调查工作、怎样做统计工作、调查与统计的关系。

收藏单位：重庆馆、广东馆、国家馆、西南大学馆

00754

调查统计概要 广西省党部编

桂林：青年书店桂林印刷所，1942.1，33 页，32 开

本书为广西省党部干部训练班教材。分 8 章论述调查工作的基本知识、组织实施、要领，调查方法与形式的分类，调查材料的内容及其处理，调查人员应具备的基本技术及应有的修养等。

收藏单位：重庆馆

00755

调查统计讲义纲要 军事委员会战时工作干部训练团第一团政治部编

军事委员会战时工作干部训练团第一团政治部，1940，16 页，32 开

收藏单位：南京馆

00756

调查统计浅说 周荣亚著

政训处，1937，328 页，32 开

本书共 14 章，内容包括：绪论、调查统计之重要与非常时期之关系、实地调查与科学研究、历史方法与实地调查、实地调查方法之种类、调查员之修养与注意、调查表格之功用、调查表之整理与编制、调查对象之分类方法、军事统计之重要与各国之统计事

业、我国统计事业不发达之原因等。

收藏单位：重庆馆、南京馆

00757

调查统计实务 杨寿标著 中国农民银行行员训练班编

中国农民银行行员训练班，1941.9，68 页，32 开

本书分 10 节，概述调查统计的意义、历史、范围、种类、方法，并对我国的几种重要调查统计作了介绍。

收藏单位：重庆馆、国家馆、吉林馆、南京馆

00758

调查统计与表格（下）

出版者不详，油印本，1 册，16 开

收藏单位：南京馆

00759

调查统计与工作业务 彦林著

大连：大连新华书店，1949，94 页，32 开

收藏单位：广东馆、国家馆、山西馆

00760

复相关简易计算法 刘大钧著

中国统计学社，1937，[25 页]，16 开

此书是著者在中国统计学社年会发表的一篇论文。“复相关简易计算法”适用于我国有关的统计材料。为《中国统计学社学报》1 卷 1 期抽印本。

收藏单位：重庆馆

00761

各机关汇送全国统计总报告材料应用表格 国民政府主计处统计局编

南京：国民政府主计处统计局，1933.1，406 页，横 16 开

本书为统计表格。分法制、监察、人口、生计与劳工、合作事工、社会病态、卫生、救济、人民团体、土地、农业、林业等 30 个部门。书前有陈其采的导言、各机关送全国统计总报告材料应用表格总说明。

收藏单位：重庆馆、广东馆、国家馆、辽师大馆、南京馆、上海馆、浙江馆

00762

各县统计员须知（第 1 种） 福建省政府秘书处统计室编

福建省政府秘书处统计室，1935.2，54 页，32 开

本书共 7 部分，内容包括：怎样搜集材料、全县概况初步调查、确定特产区、每月工作报告及与统计室文件来往办法、统计员的修养等。附录福建省各县设置专办统计人员办法等。

收藏单位：国家馆、上海馆

00763

各县县政府统计调查报告表式（年报及半年报秘统 1—67，月报秘统 68—83） 河南省政府秘书处编

[开封]：河南省政府秘书处，1935.1，1 册，横 16 开

本书收河南省政府秘书处统计室制定的年报表、半年报表、月报表 83 种及新旧表格名称对照表。

收藏单位：国家馆

00764

简易统计 徐震洲编

赣县：江西省地方行政干部训练团，1941.10，94 页，32 开

本书为分组训练教材之 87。共 7 章，内容包括：统计的概说、调查方法、土地调查应办事项、资料整理方法、绘图方法、平均数百分数及指数等。附三项表格及参考书目。

收藏单位：重庆馆

00765

密勒氏统计方法论 （美）密尔斯（F. C. Mills）著 徐坚译

上海：商务印书馆，1941.4，2 册（630 页），24 开

本书共 16 章，内容包括：统计方法与经济实业问题、时间数列之分析、时间数列间

关系之计量、统计归纳与抽样问题等。附统计符号及参考书目等。

收藏单位：国家馆、天津馆

00766

平均数 朱君毅讲

中央统计联合会，1933.7，16页，16开（中央统计联合会联合演讲1）

本书为统计学论著。共6章：绪论、算术平均数、中数、众数、几何平均数、倒数平均数。

收藏单位：重庆馆、上海馆

00767

绍兴概况调查 绍兴市军事管制委员会编

浙江：绍兴市军事管制委员会，1949.6，2册（200页），32开

收藏单位：绍兴馆

00768

实用统计方法 杜思湘 杨娱天编

华北新华书店，1948.3，159页，32开（太行工业丛书5）

本书共13章，内容包括：调查、整理、统计表、统计图、代表数、指数、差异数、偏态差异、长期趋势、季节变动、循环变动及非常变动、相互关系、结束语。附录统计所需数学知识等5种。

收藏单位：重庆馆、国家馆、辽宁馆、山东馆、山西馆

00769

实用统计方法 杨娱天著

沈阳：东北新华书店，1949.8，162页，32开

本书共10章：调查、整理、统计表、统计图、代表数、指数、差异数、偏态差误、相互关系、结束语。附录统计所需数学知识等5篇。

收藏单位：东北师大馆、广东馆

00770

统计调查问题之研究 杜岑编著

四川省保甲干部训练班，[1940—1949]，58页，22开

本书共4章：统计调查方法之研究、统计材料整理法之研究、统计制表之研究、统计制图之研究。

收藏单位：国家馆

00771

统计方法 陈炳权著

上海：大东书局，1934.9，320页，32开

本书共16章：概论、统计材料之搜集、分类及列表、绘图法（一至四）、平均数、比率及系数、差异及变态、物价指数、中国现有之指数、恒差、月差、商情循环及预测器、相关。

收藏单位：国家馆、湖南馆、江西馆、南京馆、内蒙古馆、天津馆、浙江馆、中科图

00772

统计方法 陈炳权编

南京：南京特别市市政府统计人员养成所，1929.1，370页，25开（南京特别市市政府统计人员养成所丛书）

本书后附各种表80种、图45种。

收藏单位：国家馆、南京馆

00773

统计方法 （美）金（W. I. King）著 宁恩承译

外文题名：Elements of statistical method

上海：商务印书馆，1929.4，223页，22开（经济丛书）

上海：商务印书馆，1931，再版，223页，22开，精装（经济丛书）

上海：商务印书馆，1932.9，国难后1版，223页，22开，精装（经济丛书）

上海：商务印书馆，1934.12，国难后2版，223页，22开，精装（经济丛书）

上海：商务印书馆，1935，3版，223页，22开，精装（经济丛书）

本书介绍统计方法的普通知识。共4编18章，内容包括：绪论、搜集材料、分析材料、个体的比较等。

收藏单位：重庆馆、广东馆、广西馆、国

家馆、黑龙江馆、江西馆、辽大馆、南京馆、内蒙古馆、宁夏馆、绍兴馆、天津馆、浙江馆

00774

统计方法 （美）密尔斯（F. C. Mills）著 李黄孝贞 陆宗蔚译

外文题名：Statistical methods

上海：中华书局，1941.8，513页，22开，精装

上海：中华书局，1947.2，3版，513页，22开

本书着重研讨经济及商业统计方法。共16章，内容包括：统计方法与经济及企业问题、图示法、统计资料的整理：次数分配、物价指数、时间数列之分析：长期趋势之测度等。卷首有译本序、原著序。

收藏单位：东北师大馆、广东馆、贵州馆、国家馆、江西馆、辽大馆、辽宁馆、南京馆、上海馆、浙江馆

00775

统计方法 朱君毅著 中央训练团党政高级训练班编

中央训练团党政高级训练班，1943，30页，12开

本书为训练班教材。

收藏单位：重庆馆、南京馆

00776

统计方法大纲 （美）亚金（Herbert Arkin）（美）科登（Raymond R. Colton）著 朱君毅译

外文题名：An Outline of statistical methods

重庆：正中书局，1944.8，307页，25开

重庆：正中书局，1946.9，沪1版，307页，25开

上海：正中书局，1947.3，沪3版，307页，25开

本书为大学用书。共19章，内容包括：统计数列、次数分配及其分析、时间数列分析、常态曲线、抽样之理论等。书后附公式表、符号表、对数表等。

收藏单位：重庆馆、东北师大馆、广东馆、广西馆、贵州馆、国家馆、湖南馆、江西馆、辽大馆、辽宁馆、上海馆、中科图

00777

统计方法纲要 浙江省地方自治专修学校编

浙江：[浙江省地方自治专修学校]，1930，143页，22开

本书包括绪论、统计材料的搜集、统计表编制法、制表标题的研究等。

收藏单位：浙江馆

00778

统计方法与应用 周志拯编

出版者不详，180页，23开

本书共7章，内容包括：搜集材料、分析材料、集中数量、差数与系数、指数、应用统计等。封面题名：统计学。

收藏单位：浙江馆

00779

统计分析导论 （美）李查生（C. H. Richardson）著 罗大凡 梁宏译

外文题名：An introduction to statistical analysis

上海：商务印书馆，1948.7，287页，22开（大学丛书）

本书共12章，内容包括：绪论、集中趋势量数、离中趋势之测量、直线趋势、简相关等。

收藏单位：东北师大馆、内蒙古馆、上海馆、浙江馆

00780

统计公式及例解 王仲武著

上海：商务印书馆，1934.8，235页，25开，精装

上海：商务印书馆，1935.5，再版，235页，25开，精装

本书共5部分：次数分配、指数、时间数列、相关、可靠数量。附录练习问题、本书所用之缩写符号、计算表3部分。

收藏单位：重庆馆、东北师大馆、广东馆、广西馆、贵州馆、国家馆、黑龙江馆、湖南馆、吉大馆、辽大馆、辽宁馆、上海馆、天津馆、浙江馆

00781
统计及商业调查 吕仁一著
上海：大东书局，1936.8，256页，32开
本书共5编22章，内容包括：统计学的意义、统计学的起源和沿革、统计学的功用、统计学的分类、统计问题的准备、统计单位的酌定等。附录本书所用之缩写符号一览表等。为中国统计学社第11届年会专刊。
收藏单位：国家馆、湖南馆、江西馆、上海馆、首都馆、浙江馆

00782
统计实例 浙江财务人员养成所[编]
浙江财务人员养成厅，1931.6，250页，18开
本书共6章：调查统计与人群社会、我国及本省之调查统计、农村调查、本省农业统计、专业调查及统计表、全省经济调查。
收藏单位：浙江馆

00783
统计实务
新京（长春）：满洲统计协会，1936.8，再版，57页，22开（统计丛书 第3号）
收藏单位：东北师大馆

00784
统计实务进修课本 刘坤闿编
昆明：进修出版教育社，1943.10，175+40页，22开（进修丛书4）
本书共9章，内容包括：概论、中国统计制度、政府统计人员、统计方案概论、公务统计方案、指数概论等。附重要法规、职业分类暂行标准、常用度量衡换算表、重要参考书目录。
收藏单位：重庆馆、贵州馆、吉林馆、南京馆

00785
统计图表编制法 湖南省地方行政干部训练团编
湖南：湖南省地方行政干部训练团，1941，[106页]，16开（统计组专业训练讲义3）
收藏单位：重庆馆

00786
统计图表法概要 军需学校编
军需学校，1935，64页，22开
收藏单位：广东馆、南京馆

00787
统计图表学概要 四川省训练团编
四川：四川省训练团，1940，93页，36开
收藏单位：安徽馆

00788
统计图表制作法 周彬编著
上海：中华书库，1935.10，44页，32开
收藏单位：重庆馆、内蒙古馆

00789
统计学方法概论 许炳汉译
上海：北新书局，1930.2，240页，22开
本书共4篇17章，内容包括：概论、材料之搜集、材料搜罗之分析、变体之比较等。封面题名：统计法概论。
收藏单位：重庆馆、广东馆、广西馆、国家馆、南京馆、内蒙古馆、首都馆、天津馆、浙江馆

00790
统计学与辩证法 （苏）斯密特（M. N. Schmidt）著 郑权译
重庆：读书出版社，1940.6，138页，32开
本书共5章：量的辩证法、关于大数法则、在统计学及辩证法上的偶然性之概念、科学研究上的“统计的方法”与“分析的方法”及其相对的作用、经济学与统计学。
收藏单位：重庆馆、福建馆、国家馆

00791
统计研究法 （德）裘倍尔（E. Czuber）著 李仲珩译
外文题名：Die statistichen forschungs methoden
上海：世界书局，1933.7，254页，25开
上海：世界书局，1935.10，2版，254页，25开
本书分定标论、变标论两编（原著中第三编未译）。共11章，内容包括：标准之符号

及配合、标准之性、集团中之分布、相关系数之应用等。

收藏单位：重庆馆、广东馆、国家馆、黑龙江馆、湖南馆、江西馆、辽大馆、辽宁馆、南京馆、上海馆、天津馆、浙江馆、中科图

00792

统计圆表 私立焦作工学院编

北平：中华印书局，1935.5，1 册，10 开

收藏单位：重庆馆

00793

统计之专门化与大众化 罗敦伟著

实业部统计处，1936.6，10 页，16 开

本书共 5 部分：前言、调查统计之新转向、技术的专门化到学术的专门化、大众化的统计资料、结论。

收藏单位：国家馆

00794

统计制图法（下编） 李蕃著

出版者不详，油印本，112 页，16 开

收藏单位：南京馆

00795

统计制图学 陈善林著

上海：商务印书馆，1936.8，264 页，25 开，精装（大学丛书 教本）

上海：商务印书馆，1936.11，再版，264 页，25 开，精装（大学丛书 教本）

上海：商务印书馆，1937，3 版，264 页，25 开，精装（大学丛书 教本）

上海：商务印书馆，1938.3，4 版，264 页，25 开，精装（大学丛书 教本）

上海：商务印书馆，1947.9，5 版，264 页，25 开（大学丛书 教本）

上海：商务印书馆，1948.4，6 版，264 页，25 开（大学丛书 教本）

上海：商务印书馆，1948，7 版，264 页，25 开（大学丛书 教本）

本书讲授统计学中的图示法。共 6 章，内容包括：总论、长条图、平面图、立体图象图系统图、统计地图、曲线图等。附录图用线等。书后有统计表索引、统计图索引。

收藏单位：重庆馆、东北师大馆、国家馆、黑龙江馆、湖南馆、吉林馆、江西馆、辽大馆、辽宁馆、南京馆、内蒙古馆、绍兴馆、天津馆、浙江馆

00796

相差度 褚一飞讲

中央统计联合会，1933.8，32 页，16 开（中央统计联合会联合演讲 2）

本书为统计学论著。共 6 部分，内容包括：导言、相差度问题、平均差与标准差、均互差、结论等。

收藏单位：上海馆

00797

学校应用表册参考资料 山东省立第一乡村建设师范学校编

山东省立第一乡村建设师范学校，1 册，14 开

本书内容包括：制图的准备、统计图表编制的原则、方形表示法、三角形表示法、矩形表示法等。

收藏单位：重庆馆

00798

浙江省概况调查 浙江省筹备委员会编

浙江：浙江省准备委员会，1949.4，147 页，32 开

本书内容包括浙江全省行政区划、人口、县一级组织机构、经济、特产、交通、金融、文化、风俗习惯等。其中第四部分各地区风俗习惯对浙江各地的特务头子、恶霸、土劣、开明绅士皆有详载。

收藏单位：国家馆

00799

振济委员会办理小本贷款人员训练班业务统计讲义 周宗潞编

出版者不详，油印本，1 册，16 开

收藏单位：南京馆

00800

指数公式总论 杨西孟编

北平：社会调查所，1930.5，10+140 页，16 开（社会研究丛刊 8）

本书论述编制各种指数（特别是物价、工资等）的公式和方法。共 10 章：绪言、指数之六类、四种加权法、偏性、二大颠倒之试验、对偶、用配合法以纠正公式、补充之公式、一切公式之比较、基期之移动。

收藏单位：重庆馆、广东馆、国家馆、南京馆、内蒙古馆、山西馆、上海馆、天津馆、西南大学馆、中科图

00801

中央各部处会统计方案 中央调查统计局编

[重庆]：中央调查统计局，[1943—1944]，油印本，1 册，16 开

收藏单位：南京馆

世界各国统计工作

00802

筹划中国统计意见书 中国统计学友会编

中国统计学友会，1930.6，14 页，32 开

本书内容包括：划一统计体例、筹画各级统计机关、养成统计人才、创设统计演讲会、厘定集成及征集表式各科目等。附录新编书目。

收藏单位：国家馆

00803

广东省三十二年行政会议郑统计长报告词 广东省政府统计处编

广东省政府统计处，1943.8，16 页，32 开

本书为郑统计长 1943 年 8 月 17 日在全省行政会议上的报告。讲述统计观念的矫正，统计业务的改进及县考统计行政之检讨等。

收藏单位：国家馆、南京馆、浙江馆

00804

广东省政府统计处成立一周年暨广东省第二次全省统计会议纪念特刊 广东省政府统计处编

广东省政府统计处，1943.7，40 页，16 开

本书收文 10 篇：《主计长训词》《主席训词》《今后统计人员应有之努力》（吴大钧）、《一年来之广东统计事业》（郑彦棻）、《统计与民政》（何彤）、《统计与经济建设》（张导民）、《当前统计人员之任务及其应具备之条件》（杨寿标）、《统计与地方行政》（王仲武）、《统计与治学》（罗大凡）、《统计事业之恒性》（褚一飞）。附会议经过、重要电文、会议纪录。另有法规章则（有关省统计会议）等。

收藏单位：国家馆

00805

广育统计学校乙级三十一班毕业同学录 广育统计学校编

出版者不详，1938，1 册，横 22 开

收藏单位：广东馆

00806

陕西省政府统计委员会会刊 陕西省政府统计委员会编

[西安]：陕西省政府统计委员会，1937.6，46 页，16 开

本书共 4 部分，内容包括：法令，收《主计人员任用法》；公牍，收公文 25 篇，内容包括：《函各机关协同办理省政调查表文》《呈省政府具领统计材料月刊登记证并检赍遗失旧登记证登报启事二份文》等；会务，收《陕西省政府统计委员会全体委员暨职员姓名表》《陕西省政府统计委员会议案摘要表》；特载，收《西安批发物价指数及生活费指数大纲》。

收藏单位：甘肃馆、国家馆、南京馆

00807

社会部公务统计方案实施办法 社会部编

[社会部]，[1944.6]，油印本，1 册，18 开，环筒页装

收藏单位：国家馆

00808

私立广州统计学校概况 私立广州统计学校编

广州：私立广州统计学校，1930.10，74 页，22 开

本书介绍了私立广州统计学校校史、未来之进展、概况等。

收藏单位：国家馆

00809

统计事业　行政院新闻局编

南京：行政院新闻局，1947.12，32页，32开

本书共7部分：我国现行统计制度之缘起、现行统计制度之特质、统计机关之职权、统计方法之统一与推行、统计资料之搜集与编制、统计人才之训练、中国统计学社概况。书前有前言。书后有结论。

收藏单位：重庆馆、广东馆、贵州馆、桂林馆、国家馆、吉林馆、江西馆、近代史所、南京馆、内蒙古馆、宁夏馆、上海馆、首都馆、天津馆、浙江馆、中科图

00810

统计委员会会刊　陕西省政府统计委员会编

［西安］：陕西省政府统计委员会，1935.8，86页，16开

本书共5部分：法规、公文、各省统计机关组织概况摘志、统计消息、国际统计制度概况。附陕西省政府统计委员会成立之经过、陕西省政府统计委员会会议摘要两部分。

收藏单位：国家馆

00811

统计一夕谈　顾澄著

上海：文明书局，1913，31页，22开

收藏单位：国家馆

00812

五年来之福建统计事业　福建省政府秘书处统计室编

福建省政府秘书处统计室，1939.7，60页，32开（闽政丛刊）

本书共4编11章，介绍福建省自1934年10月至1939年近5年来统计工作的情况。

收藏单位：重庆馆、广东馆、国家馆、江西馆、南京馆、上海馆、浙江馆

00813

中国统计学社概况　中国统计学社第十四届理事会编

中国统计学社第十四届理事会，1948.10，54页，32开

本书介绍了该社简史、社务进行概况、并有历届社务委员及理事监事名录、社员录和社章等。

收藏单位：国家馆、近代史所、南京馆

00814

中国统计学社一览　中国统计学社编

中国统计学社，1935.5，114页，25开

本书介绍了本社史略、本社第五届理事会工作报告、社章、职员名录、刊物及著作目录、该社社员名录等。封面有蔡元培所题书名。

收藏单位：国家馆

00815

中国统计学社一览　中国统计学社社务委员会编

中国统计学社社务委员会，1934.4，96页，22开

本书介绍了本社略史、本社第四届社务委员会工作报告、本社社章、本社南京分社简章、本社历届职员名录等。

收藏单位：国家馆

00816

中国统计学社一览　中国统计学社社务委员会编

中国统计学社社务委员会，1937.6，56页，22开

收藏单位：国家馆、中科图

00817

中国统计学社一览（中华民国二十五年六月）　中国统计学社编

中国统计学社，[1937]，90页，22开

本书介绍了本社史略、社章、南京分社简章、上海分社简章、广州分社简章、职员名录、第五届年会纪录、本社社员名录等。

收藏单位：国家馆、南京馆

00818

中国之统计事业 刘大钧著

[南京]：立法院统计处，22页，16开

本书介绍中国统计事业史，统计机关，国民政府下之统计工作，统计联席会议，民国十七、十八两年之户口调查等。

收藏单位：南京馆、上海馆

00819

中山县统计计划大纲 黄秉镛主编

中山：中山县政府统计股，1930.12，96+6页，32开

本书为当年五月中山县设置统计股，特根据地方情形，拟就县统计计划。内容包括：行政统计、财政统计、土地、教育、建设、公安、经济、社会、华侨统计等12类。

收藏单位：国家馆

00820

中央统计联合会特刊（第1集） 中央统计联合社编

中央统计联合社，1931.1，[270]页，16开

本书内容包括：本会缘起及筹备经过、本会简章、大会及常务委员会历次会议记录、各院部会统计工作概况等。目录页题名：中央统计联合社特刊。

收藏单位：重庆馆、国家馆、辽宁馆、天津馆

世界各国统计资料

00821

阿城全县统计表（第1期） 阿城县公署总务科文书股编辑

阿城：滨江省阿城县公署总务科，1936.7，120页，16开

本书主要为统计调查表格。共4项：总务、内务、警务、财务。封面为全县地图。

收藏单位：国家馆

00822

安东省统计年报 安东省公署[编]

出版者不详，[1940]，142页，16开

本书内容包括：人口、面积土地、农产林产、水产、畜产、工业商业矿业、初等教育、中等教育、社会教育、义仓、文教团体、文庙、宗教、保健卫生、财政等16章126个统计报表。

收藏单位：东北师大馆

00823

安徽省概况统计（民国二十二年份） 安徽省政府秘书处编

安徽省政府秘书处，1933，286页，16开

本刊内容计分8编：土地、人口、行政、民政、财政、教育、建设、附录。

收藏单位：国家馆、河南馆

00824

安徽省卅年度及卅一年上半年度重要统计数字 安徽省政府秘书处统计室编

安徽省政府秘书处统计室，1942，1册，16开，环筒页装

收藏单位：国家馆

00825

安徽省统计简编 安徽省政府统计室编

安徽省政府统计室，1944.7，180页，18开

本书反映战时该省政治设施与社会经济状态。共分13类，内容包括：政治、土地与人口、生产事业、财政、金融与物价、教育、交通、合作农贷、田粮等。

收藏单位：广东馆、国家馆、吉林馆、辽宁馆、南京馆

00826

安徽省统计年鉴（民国二十三年度） 安徽省政府统计委员会编

安徽省政府统计委员会，1934，337页，16开

本书为1934年7月至1935年6月的统

计资料。包括行政、土地、人口、民政等类。

收藏单位：国家馆、近代史所、宁夏馆、浙江馆

00827

安徽省统计年鉴（民国二十八年度） 安徽省政府统计室编

安徽省政府统计室，[1939]，381 叶，横 16 开

本书共 10 部分：土地与人口、党务、行政、民政、财政与金融、教育、建设、保安、军训与兵役、动员。封面题名：安徽省二十八年度统计年鉴。

收藏单位：重庆馆、国家馆、吉林馆、南京馆

00828

安徽省统计年鉴（民国二十九年度） 安徽省政府秘书处统计室编

安徽省政府秘书处统计室，[1941]，[253] 页，16 开

本书大部分为图表。共 7 类：总类、政治、经济、文化、军事、党务、司法。

收藏单位：重庆馆、广东馆、国家馆

00829

北平社会概况统计图 陶孟和等审定

北平：社会调查所，1931.10，20 叶，16 开

本书内容包括：二十年来内外域人口数、居民结婚人数、市政府全年经费预算、全市房屋间数、全市商铺数、妓女人数、犯罪人数等统计图表 20 种。

收藏单位：国家馆、吉林馆、上海馆

00830

北平市统计览要 北平市政府秘书处第一科统计股编

北平市政府秘书处第一科编纂股，1936.12，113+35 页，16 开

本书均为统计表格。内容包括：市区面积、交通、户口、教育、北平市政府组织系统及职员调查、工商业、财政、建设、公安、卫生、公用、救济、自治等。书后附旧都文物整理第一期实施工程概览。

收藏单位：重庆馆、广东馆、国家馆、吉林馆、近代史所、山西馆、上海馆、首都馆、中科图

00831

北平市政统计 北平市政府统计室编

北平：北平市政府统计室，1947.6，119 页，16 开

收藏单位：南京馆

00832

北平市政统计（民国三十七年第一季公务季报） 北平市政府统计处编

北平：北平市政府统计处，1948，107 页，16 开

本书为 1948 年第一季公务统计节编。共 10 类：市政行政管理、民政、财政、教育、社会、地政（土地管理）、卫生、工务（公交）、公用、警察。书前有该统计资料的总说明。

收藏单位：天津馆、中科图

00833

北平市政统计手册 北平市政府统计室编

北平：北平市政府统计室，1947.3，50 页，横 64 开

北平：北平市政府统计室，1947.8，120 页，横 64 开

本书内容包括：市政行政管理、民政、财政、教育、社会、地政（土地管理）、卫生、工务（公交）、公用、警察等。书前有该统计资料资料的总说明。

收藏单位：吉林馆、南京馆、浙江馆

00834

察哈尔省之建设（统计年报） 察哈尔省政府建设厅秘书室编

察哈尔：出版者不详，1936.12，1 册，25 开

本书共 7 类：总务、交通、水利、矿务、农林、牧畜、工商。

收藏单位：近代史所、天津馆

00835

察哈尔统计总报告（民国三十六年度） 察哈尔省政府统计处编

察哈尔省政府统计处，1948，油印本，146页，18开，环筒页装

本报告分为14大类：政治组织、气象、人口土地、财政、教育、社会、卫生、农林畜牧、粮食水利、工矿商业、金融合作、公路电信、警卫、其他。

收藏单位：国家馆

00836

长沙市政府二十三年度行政统计 长沙市政府第一科编

长沙：长沙市政府第一科，1936.6，[92]页，16开

本书为长沙市政府1934年度行政统计。分行政、社会、工务、教育、财政、公安、卫生、公用等8类统计图表。

收藏单位：国家馆

00837

长沙市政府行政统计（廿四、廿五年度合刊） 长沙市政府第一科编

长沙：长沙市政府第一科，1937.6，[142]页，16开

本书为1935—1936年度统计图表。比1934年度行政统计少“公用类”，增加“航政”类。

收藏单位：广东馆、国家馆

00838

长兴县三十五年度统计总报告 长兴县政府编

长兴：长兴县政府，1947，油印本，1册，横18开

本报告为从政治组织、人口、警察、禁政、卫生、财政、教育、农林、交通、工商、合作等16个方面分别做统计表。

收藏单位：浙江馆

00839

成都市市政统计（民国二十九年七月） 成都市政府秘书处编

成都：成都市政府，1940，1册，18开

本书内容包括：市区图、行政组织、保甲户口、财政、地政、工商业、物价与金融、教育与文化、工务、公用、卫生、救济、禁政、役政、度政、社会等。

收藏单位：东北师大馆、国家馆、近代史所、南京馆

00840

成都市市政统计（民国三十年度） 成都市政府统计室编

成都：成都市政府，1942.5，97页，16开

本书内容包括：疆界与面积、沿革、气象、户口、行政组织及行政、财政、教育及文化、工商、物价与金融、工务、公用、合作、军事、度政、交通电讯、社会等。

收藏单位：南京馆

00841

成都市市政统计（民国三十一年度） 成都市政府统计室编

成都：成都市政府，1943，97页，16开

本书内容包括：疆界与面积、沿革、气象、户口、行政组织及行政、财政与金融、教育及文化、物价军事、工商、工务、公用、合作、卫生、度政、社会等。

收藏单位：重庆馆

00842

重庆市统计手册 重庆市政府编

重庆：重庆市政府，1944，油印本，[56页]，36开

本书根据重庆市政府1943年度年鉴撮要编成。内容包括：总类、土地与户口、警卫、财政、公务、卫生与教育等。

收藏单位：重庆馆

00843

重庆市统计提要（民国三十年） 重庆市政府编

重庆：重庆市政府，1941，油印本，1册，横16开

重庆：重庆市政府，1942，60页

收藏单位：国家馆、南京馆

00844
重庆市统计提要（民国三十四年辑） 重庆市政府统计处编
重庆：重庆市政府统计处，1947，油印本，1册，横16开
收藏单位：国家馆

00845
重庆市统计提要（民国三十六年辑） 重庆市政府统计处编
重庆：重庆市政府统计处，1947，油印本，1册，横16开
收藏单位：重庆馆、国家馆

00846
地方政府公务统计方案纲目 国民政府主计处统计局编
国民政府主计处统计局，1941.4，80页，横16开
本书从历象、土地、人口、政治组织、省务、侨务、边务、农业等方面反映地方公务的情况。
收藏单位：重庆馆、广东馆、国家馆、南京馆、浙江馆

00847
第二回福建省统计年鉴分类（3 人口类） 福建省政府统计处编
福建省政府统计处，1942，72页，18开
收藏单位：福建馆、国家馆

00848
第二回福建省统计年鉴分类（15 兵役类） 福建省政府统计处编
福建省政府统计处，1942，22页，18开
本书分5部分：概述、兵员补充、征补区划、征属救济、失业军官救护。
收藏单位：国家馆

00849
第二回福建省统计年鉴分类（22 卫生类） 福建省政府统计处编
［永安］：福建省政府统计处，1942，84页，18开
本书以表格形式介绍了福建省的卫生机关、卫生工作人员、法定传染病防治及禁烟禁毒工作的概况。
收藏单位：国家馆

00850
第二回福建省统计年鉴分类（24 党务类） 福建省政府统计处编
福建省政府统计处，1942，54页，18开
本书为1937—1941年党务、团务及人民团体统计表。
收藏单位：国家馆

00851
定番县概况统计图表 定番县政府社会调查统计室编
定番（贵州）：定番县政府社会调查统计室，1938，油印本，1册，16开
收藏单位：国家馆

00852
东北统计汇编 松江省政府编
沈阳：经济研究社辽沈分社，1947.3，186页，16开
本书为东北地区的统计资料。内容包括：土地与人口、农林渔牧、工矿电业、财政金融、商业贸易、交通、教育、社会及卫生、司法、警察及保安等方面。书内有统计表250幅。后附全国统计资料、世界各国统计资料若干。
收藏单位：国家馆、吉林馆、近代史所、辽宁馆、南京馆、天津馆

00853
东北袖珍统计 东北问题研究会编
东北问题研究会，[1931—1949]，1册，横64开
本书以表格的形式介绍了东北各省概况。共10部分，内容包括：土地、人口、军事、财政、铁路、电政、投资、金融、教育、损

失（九一八事件时的损失）等。

收藏单位：国家馆、南京馆

00854

奉天省统计年报（康德七年度） 奉天省长官房庶务科编

沈阳：萃斌阁合名会社，1941.6，701 页，16 开

收藏单位：南京馆

00855

福建省调查统计报告书 福建省政府秘书处统计室编

福建：[福建省政府秘书处公报室]，1937，1086+20 页

收藏单位：近代史所

00856

福建省统计概览 福建省政府秘书处统计室编

福建：福建省政府秘书处统计室，1935.10，50 页，16 开

本书共 14 项，内容包括：土地、行政区划、气象、人口、教育、财政、金融、交通、电气、农业、水利等。

收藏单位：福建馆、国家馆、南京馆

00857

福建省统计年鉴（第 1 回） 福建省政府秘书处统计室编

福建：福建省政府秘书处统计室，[1937]，1105 页，16 开，精装

本书共 26 类，内容包括：地理、气象、人口、党务、行政、法令、教育、宗教、社会救济、水利、商业、物价、金融、交通等。

收藏单位：重庆馆、广东馆、国家馆、吉林馆、近代史所、南京馆、上海馆、浙江馆

00858

福建省统计年鉴分类（5 福建行政） 福建省政府秘书处统计室编

福建：福建省政府秘书处公报室，[1938]，106 页，16 开

本书共 4 部分：概述、行政组织、行政人员、行政工作。

收藏单位：福建馆

00859

福建省统计年鉴分类（11 福建主要物产） 福建省政府秘书处统计室编

福建省政府秘书处公报室，1938，64 页，16 开

本书大部分为表。内容为该省概况及各主要物产（茶、木材、纸、菰、笋）的统计资料。

00860

福建省统计年鉴分类（13 福建交通） 福建省政府秘书处统计室编

福建省政府秘书处公报室，1938，48 页，16 开

本书大部分为表。内容为该省公路、航业、邮政、电政方面的统计资料。

00861

福建省统计提要（三十四年辑） 福建省政府统计室编

福建省政府统计室，1946.1，359 页，25 开

本书均为统计表。共 29 类，内容包括：气象、土地、人口、财政、渔业、交通、电信、教育、卫生、兵役、商业、水利、政治组织等。

收藏单位：东北师大馆、国家馆、吉林馆、南京馆、中科图

00862

福建省统计总报告（三十五年度 劳工类 国民义务劳动部份） 福建省社会处编

福州：福建省社会处，1946，油印本，226+12 页，大 8 开

收藏单位：国家馆

00863

福建省统计总报告（三十六年度 合作类 合作社组织部份） 福建省社会处编

福州：福建省社会处，1947，油印本，13 叶，

大 8 开

收藏单位：国家馆

00864

福建省统计总报告（三十六年度 社会类 人民团体部份） 福建省社会处编

福州：福建省社会处，1947，油印本，18+19 叶，大 8 开

收藏单位：国家馆

00865

福州市小统计 福州市政筹备处编

福州：福州市政筹备处，1945.12，45 页，16 开

收藏单位：南京馆

00866

甘肃省统计年鉴（民国三十五年） 甘肃省政府编

[兰州]：甘肃省政府，1946.7，382 页，16 开

本书为该省各项统计表。共 16 类，内容包括：历象、土地、人口、政治组织、农林牧畜、田粮、水利、工矿、商业、财政金融、教育、卫生等。

收藏单位：国家馆、河南馆、南京馆

00867

甘肃省统计年鉴（民国三十七年） 甘肃省政府统计处编

兰州：[甘肃省政府]，[1948.12]，1 册，16 开

本年鉴两编 21 章。第 1 编为甘政两年，共 5 章，以文字叙述方式陈述本省施政概况；第 2 编为统计资料，共 16 章，数字与文字并重，以数字显示事实之真象以文字阐明数字之意义。

收藏单位：东北师大馆

00868

各国统计一览（原名，列国国势要览） 日本内阁统计局编 翁擢秀译

外文题名：Some statistics of the world

上海：商务印书馆，1930.11，122 页，32 开

本书介绍 1927 年以前各国面积、人口、气候、雨量及财政经济的统计数字等。

收藏单位：重庆馆、广东馆、国家馆、湖南馆、江西馆、辽大馆、南京馆、内蒙古馆、上海馆、首都馆、天津馆、浙江馆

00869

各省市政府汇送全国统计总报告材料应用表格 国民政府主计处统计局编

南京：国民政府主计处统计局，[406] 页，横 16 开

本书为统计表格。共 19 部分，内容包括：政治组织与行政、法政、人口、生计与劳工、教育、社会病态、卫生、保卫、救济等。

收藏单位：国家馆

00870

各省市政府之统计刊物 行政院统计室编

南京：行政院统计室，1937.5，22 页，16 开

收藏单位：南京馆、中科图

00871

各县市最近简要统计 福建省政府统计室编

福建省政府统计室，1946.11，108 页，横 32 开

本书为福建省各县市政治、组织、机关、人口、团体、气象、特产、工业、渔业等方面的统计。

收藏单位：国家馆、南京馆

00872

公务统计方案之意义及其拟订程序 国民政府主计处统计局编

重庆：国民政府主计处统计局，1942.1，193 页，横 18 开

本书供各机关拟订公务统计方案时参考。共 7 部分，内容包括：公务统计方案之定义、功用、内容、拟订步骤（以铁路统计为例）等。原题名：公务统计方案之意义及其拟计程序。

收藏单位：广东馆

00873

广东社政概况统计（三十六年度） 广东省政府社会处编

广东省政府社会处，1948.4，43页，横16开

本书共6部分，内容包括：人民团体组训、社会救济、社会福利、社会运动、编制工人生活费指数等。

收藏单位：国家馆、南京馆

00874

广东省统计资料汇编 广东省政府统计处编

广东省政府统计处，1945.10，115页，16开

本书内容包括历象、土地、人口、行政组织、农林、工商、合作事业、财政预算、交通、教育、卫生、社会、救济等15类的统计报表102种。

收藏单位：国家馆、湖南馆、近代史所、南京馆、首都馆、天津馆、浙江馆

00875

广西省统计摘要（第1号） 广西省政府统计处编

广西省政府统计处，1947.8，55页，横18开

本书为1946—1947年统计表。共20个，内容包括：气象，土地、人口，行政组织，民意机关，人民团体，救济，劳工，农林，垦殖水利，矿业，工商，财政，粮政，物价，合作事业，交通，教育，卫生，警卫，兵役等。

收藏单位：国家馆

00876

广西省统计摘要（第2号） 广西省政府统计处编

广西省政府统计处，1948.7，84页，横18开

本书为1947—1948年统计表。共25个，内容包括：气象、土地、人口、政治组织、农业、粮食、垦殖、水利、林业、畜牧、矿业、工业、商业、合作事业、财政、电讯、公用事业、公路、航务、教育、卫生、社会、救济、警卫、铁路等。冠广西省分县图一幅。

收藏单位：国家馆、近代史所

00877

广西省统计摘要（第3号） 广西省政府统计处编

广西省三十七年地方行政会议秘书处，1948.9，52页，横18开

本书为1948年度的统计表。共25个，内容包括：气象、土地、人口、政治组织、农业、垦殖、水利、林业、畜牧、矿业、工业、商业、合作事业、财政、金融、电讯、公用事业、公路、航务、教育、卫生、社会、警卫、邮政、航空等。冠广西省分县图一幅。

收藏单位：国家馆

00878

广西统计丛书（第14种） 广西省政府编

广西省政府，1937.11，52页，16开

本书分两部分，介绍了1936年广西出入口贸易概况及概述省内八大城市的出入口贸易状况。

收藏单位：国家馆

00879

广西统计年报（三十二年度） 广西省政府秘书处统计室编

[广西省政府秘书处统计室]，[1945]，石印本，223页，16开

本书共7部分：总述、民政、财政、教育、建设、人事、计政。

收藏单位：广东馆

00880

广西统计数字提要 广西省政府统计处编

广西省政府统计处，1941.12，增订5版，油印本，23页，32开，环筒页装

本书包括13类统计数字：气象、土地人口、政治组织、农林畜牧、垦殖水利、矿业、工商业、合作事业、财政、交通、教育、卫生、警卫。

收藏单位：国家馆

00881

广西统计数字提要 广西省政府统计局编

广西省政府统计局，1935.8，6页，32开（广西统计丛书11）

本书内有东西疆界极端经纬度等81项统计数字。

收藏单位：重庆馆、国家馆、南京馆、上海馆

00882
广西统计数字提要 广西省政府统计室编
广西省政府统计室，1946.4，增订7版，6页，32开
广西省政府统计室，1946，增订8版，21页，32开
本书内容包括：土地人口、农林畜牧、矿业、财政、物价、合作事业、交通、卫生等13类的统计数字。
收藏单位：重庆馆、国家馆、近代史所、南京馆

00883
广西统计数字提要 广西省政府主席办公室编
广西省政府主席办公室，1938.12，油印本，14页，25开，环筒页装
广西省政府主席办公室，1939.5，增订本，22页，32开
本书内容包括：土地、人口，气象，物产，贸易，交通，工业，财政，教育，保卫、保健9项统计数字。
收藏单位：国家馆、南京馆

00884
广西统计资料简编 广西省政府统计室编
[广西省政府统计室]，1946，118页
收藏单位：近代史所

00885
[广西统计资料简编]
[广西]：出版者不详，[1948]，油印本，170页，16开
本书内载1947年之气象、人口、政治组织、垦殖、水利、矿业、工业、商业、合作事业、财政、电讯、铁路、公路、航空、教育、卫生、社会、救济、司法等19类。本书无封面、题名，题名为原书收藏者自拟。
收藏单位：桂林馆

00886
广州市市政府统计年鉴（民国十八年 第1回） 广州市政府编
广州市政府，1929.12，465页，横16开
本书为统计图表。内容包括：气象、土地、人口、治安、卫生、教育、财政、交通与公用、经济、市政府组织与施政10类。
收藏单位：重庆馆、国家馆、近代史所、上海馆、天津馆

00887
广州市政府统计撮要（民国三十五年度） 广州市政府统计室编
广州：广州市政府统计室，1946，油印本，1册，横8开
收藏单位：国家馆

00888
贵阳市统计概要 贵阳市政府编
贵阳：贵阳市政府，1941.9，49页，横16开，环筒页装
本书收图表32件，内容包括：贵阳市政府组织系统图、贵阳市历年征拨壮丁及优待征属统计表、贵阳市最近三年各月份食米销售概况表、贵阳市最近三年各月份麦子销售概况表等。书前有弁言。
收藏单位：国家馆

00889
贵阳市政统计年鉴 贵阳市政府统计室编
贵阳市政府，1944.7，1册，16开（贵阳市政丛书2）
收藏单位：重庆馆、南京馆

00890
贵州省概况统计 贵州省政府编
[贵阳]：贵州省政府，1941.10，[50]页，横8开
本书收1936—1941年气象、人口、财政、教育、建设、警备、农业等类统计表。
收藏单位：重庆馆、国家馆、南京馆

00891

贵州省概况统计图 贵州省政府秘书处统计室编

[贵阳]：贵州省政府秘书处统计室，1939.8，21页，横5开

本书收1937—1939年统计表19种，包括地理、人口、财政、农矿、交通、教育等类。

收藏单位：重庆馆、国家馆

00892

贵州省各县划编区乡镇报告表 贵州自治筹备处编

[贵阳]：贵州自治筹备处，[1932]，306页，16开

本书收贵州省所属81县的统计表。每县分区划、户数、人口、所属乡镇及经济概况等项。

收藏单位：贵州馆、国家馆

00893

贵州省统计年鉴 [贵州省政府统计室]编

贵州省政府统计室，1945.12，588页，16开，活页装

贵州省政府统计室，1946，588页，16开

本书共23类：历象、地理、人口、党务、政治组织、省务、农林、矿产、工业、商业、合作、财政、金融、粮政、交通、教育、训练、卫生、社会、司法、警卫、军事、其他。有序言3篇及凡例。

收藏单位：重庆馆、广东馆、贵州馆、国家馆

00894

贵州省统计年鉴（胜利纪念特辑） 谭启栋编

贵州省政府统计室，1947.4，153页，16开

本书包括战时贡献、战时损失、省政提要三类。省政提要类中再分为历象等12纲，附战事纪要及省务纪要各一则。计文字说明14篇，统计资料93表。

收藏单位：国家馆、近代史所、南京馆

00895

贵州省统计手册 张云亭编辑

贵阳：贵州省政府统计处，1948.7，83页，16开

收藏单位：重庆馆

00896

贵州省统计资料汇编 国民政府主计处统计局编

国民政府主计处统计局，1942.1，227页，16开

本书共13类：历象、土地、人口、政治组织、农林、工商、合作事业、财政、交通、教育、卫生、救济、警卫。有编辑凡例和序言。

收藏单位：重庆馆、广东馆、贵州馆、国家馆、吉林馆、近代史所、南京馆

00897

贵州省政府统计手册 贵州省政府统计室编

[贵阳]：[贵州省政府统计室]，[1948]，64页，横64开

收藏单位：贵州馆

00898

贵州省政府统计手册 谭启栋编

[贵阳]：贵州省政府统计室，1947.6，135页，横64开

收藏单位：贵州馆

00899

桂林市统计提要（三十一年辑） 桂林市政府统计室编

桂林：桂林市政府统计室，1943.5，油印本，64页，16开

本书共18个部分：概说、本府各部门职掌分配表、气象统计、土地统计、人口统计、牲畜统计、工商统计、合作统计、财政统计、建筑统计、教育统计、卫生统计、社会统计、警政统计、府务统计、本府职雇员学历、本府职雇员籍贯分布、本府各月份经费支出分类统计。附录《桂林市政府统计室职雇员进退表》。

收藏单位：国家馆

00900
国际统计（1927） 日本统计局编 陈直夫译
上海：新宇宙书店，1929.8，131+12 页，32 开

本书介绍世界各国的面积、人口、气候、经济、贸易等统计数字，以日本为主。附中英地名对照表。

收藏单位：重庆馆、东北师大馆、国家馆、江西馆、南京馆、上海馆、浙江馆

00901
海城县统计汇刊（康德六年度） 海城县公署编
海城：海城县公署，1939.12，[141] 页，16 开

本书均为图表。内容包括：海城县沿革、略图、位置、地质、险要、山脉河流等 11 项。

收藏单位：国家馆

00902
汉口市政府统计要览（民国三十五年） 汉口市政府统计室编
汉口：汉口市政府统计室，[1947]，80 页，横 16 开

本书为统计图表。分 11 类：行政、民政、财务、警务、教育、工务、社会、卫生、地政、交通、其他。

收藏单位：广东馆、国家馆、南京馆

00903
汉口市政府统计要览（民国三十六年上半年度） 汉口市政府统计室编
汉口：汉口市政府统计室，[1947.10]，84 页，横 16 开

本书为 1947 年上半年统计图表。分警务、卫生、地政、军事、交通、合作、物价、公用、户口等 15 章。

收藏单位：广东馆、国家馆、南京馆、上海馆、天津馆、中科图

00904
汉口市政府统计要览（民国三十六年度） 汉口市政府统计室编
汉口：汉口市政府统计室，[1948]，91 页，横 16 开

本书为 1947 年度统计图表。分 13 章：人事、户口、民政、财政、工务、教育、社会、警务、卫生、地政、交通、合作、物价。

收藏单位：广东馆、国家馆、南京馆

00905
汉口特别市市级统计年报 汉口市政府编
汉口：汉口市政府，[1930]，413 页，18 开，精装

本书分 7 类：总务、工务、卫生、社会、教育、公安、财政。

00906
汉口特别市市政统计年刊（民国十八年度） 汉口市政府编
汉口：汉口市政府，1930，413 页，16 开，精装

收藏单位：重庆馆、广东馆、国家馆、湖南馆、吉林馆、南京馆、中科图

00907
河北省概况统计调查表 [河北省政府]编
河北省政府，[1938]，1 册，16 开

本书分 5 类：民政、财政、教育、建设、警务。

收藏单位：国家馆、吉林馆

00908
河北省省政统计概要 河北省政府秘书处编
河北省政府秘书处，1930，1 册，16 开

本书为 1927—1929 年度统计表。分 8 类：总务、民政、财政、教育、建设、工商、农矿、司法。

收藏单位：广东馆、国家馆、首都馆、天津馆、浙江馆

00909
河北省统计年编（民国三十年度） 河北省公署秘书处经理科统计调查股编
河北省公署秘书处经理科统计调查股，[1942]，229 叶，横 16 开，活页精装

本书包含 1941 年度的总务、民政、财

政、教育、建设、警务等类统计图表。有附编。

收藏单位：国家馆

00910

河北省统计年鉴（民国二十年度附十八、十九年度） 河北省政府秘书处编

河北省政府秘书处，1934.10，1册，16开，精装

本书为河北省1929—1931年度的统计资料。内容包括：民政、财政、教育、建设、实业等类。

收藏单位：国家馆

00911

河北统计提要（民国三十七年上半年） 河北省政府统计处编

河北省政府统计处，[1948]，34页，横25开

本书全部为表。根据1947年度河北省统计总报告、公务统计资料摘要编印。

收藏单位：广东馆、国家馆、吉林馆

00912

河南省省会开封二十年度统计 河南省政府编

[开封]：河南省政府，[1933.4]，56页，横16开

本书为统计资料。共5部分：社会与公安、教育与文化、人口与死亡、党员与宗教、商务与粮价。书前有开封省会全图等。

收藏单位：国家馆

00913

河南省统计年鉴（民国三十一年度） 河南省政府秘书处文书科编

[开封]：河南省政府秘书处文书科，[1944.4]，248页，16开

本书为统计图表。分10类：行政、土地、人口、民政、财政、教育、实业、建设、警卫、司法。

收藏单位：国家馆

00914

河南省统计年鉴（民国三十五年度） 河南省政府统计处编

[开封]：河南省政府统计处，1947.12，237页，16开

本书为统计图表。分土地、人口、政治组织、农业、工矿、交通、水利、财政、金融物价、教育、卫生等18类。附河南省政府统计人员一览。

收藏单位：国家馆、吉林馆、近代史所

00915

河南省统计年刊（民国二十九年份） 河南省公署秘书处文书科编

[开封]：河南省公署秘书处文书科，[1940.10]，352叶，横16开，精装

本书为统计图表。共6类：本署组织及总务统计、民政统计、财政统计、教育统计、建设统计、警务统计。

收藏单位：国家馆、近代史所

00916

河南省统计年刊（民国三十年份） 河南省公署秘书处文书科编

河南省公署秘书处文书科，1942.12，345页，横16开，精装

本书为统计图表。共6类：本署组织及总务统计、民政统计、财政统计、教育统计、建设统计、警务统计。

收藏单位：国家馆、近代史所

00917

河南省政府四年来施政统计 河南省政府秘书处统计室编

开封：河南省政府秘书处，1934.10，1册，16开

本书为河南省政府成立4周年纪念专册。内含自1930年10月20日省府成立至1934年8月间的政治、经济、财政、教育等类统计图表共42种。

收藏单位：国家馆、湖南馆、南京馆、上海馆

00918

河南省政府五年来施政统计 河南省政府秘

书处统计室编
[开封]：河南省政府秘书处，1935.10，44+88页，16开，环筒页装
本书为河南省政府成立5周年纪念专册。分行政区域、人口、人事、土地、财政、交通、造林、河工、教育经费等15类统计图表。逐页题名：五年来施政统计。
收藏单位：广东馆、国家馆、南京馆、上海馆、首都馆

00919
黑龙江省第二次统计报告 魏秉钧编
黑龙江公署，1916，石印本，[394]页，16开，精装
本书内含该省各行业的统计图表，包括疆域、户口、外务、宗教、土木、卫生及救恤等12类。

00920
湖北省统计年鉴（民国三十二年） 湖北省政府编
[汉口]：湖北省政府，1945，[1103]页，16开
本书分4类：党务、政治、经济、文化。时限自1937年7月至1943年12月底。
收藏单位：国家馆、吉林馆、近代史所、首都馆

00921
湖北省统计提要 湖北省政府统计室编
[汉口]：湖北省政府统计室，1941.12，204页，16开
本书全部为图表，分党务、政务、土地与人口、财政金融、教育、资源与工业、交通、合作、物价、兵役等12类。卷首有编辑例言。
收藏单位：重庆馆、广东馆、国家馆、南京馆、中科图

00922
湖北省统计提要（纪念册） 湖北省政府编
汉口：中国统计学社湖北分社，1937.3，45页，16开
本书为湖北省土地、气象、人口、农业、工业、教育等方面的统计图表。
收藏单位：国家馆、近代史所、上海馆、首都馆

00923
湖北省统计要览 湖北省政府统计室编
[汉口]：湖北省政府统计室，1942.12，78页，50开
收藏单位：重庆馆

00924
湖北省政府建设厅统计年报（民国二十三年份） 湖北省政府建设厅统计委员会编
武汉：湖北省政府建设厅统计委员会，1935，1册，横8开
本书书脊题名：湖北省政府建设厅二十三年份统计年报。
收藏单位：国家馆

00925
湖南省公务统计简报（第1期） 湖南省政府统计室编
湖南：湖南省政府统计室，1946.5，16页，32开
收藏单位：南京馆

00926
湖南省公务统计简报（第2期） 湖南省政府统计处编
湖南省政府统计处，1947.11，20页，32开
收藏单位：南京馆

00927
湖南省统计提要 湖南省政府秘书处编
[长沙]：湖南省政府秘书处，1940.12，[360]页，横16开
本书共收图表250项，分14类：总类、民政、财政、教育、建设、会计、防空、禁烟、振济、水利、金融、干训、征训、司法。有序及编辑例言。
收藏单位：重庆馆、国家馆、湖南馆、近代史所、辽大馆、南京馆

00928

黄岩县三十五年度统计年鉴 黄岩县政府统计室编

黄岩：[黄岩县政府统计室]，1947，油印本，1册，横16开

本书共18类：气象、土地、户口、政治组织、党团务、司法、财政、教育、经济建设、合作、田赋、警政、卫生、人民团体、社会救济、国民义务劳动、生活费物价、附录。

收藏单位：浙江馆

00929

基本国势统计 国民政府主计处编

国民政府主计处，1947.7，38页，16开

本书为统计表，分土地面积、户口、工矿、交通、金融、国家总预算、教育、人民团体等19类。

收藏单位：国家馆

00930

济南市公署二十七年统计专刊 济南市公署秘书室编

济南市公署秘书室，1938，12页，16开

济南市公署秘书室，1939，[250]页，16开，精装

本书内收1938年统计图表。共6类：总务、财政、建设、教育、畜政、社会。

收藏单位：国家馆、南京馆、首都馆

00931

济南市公署二十八年统计专刊 济南市公署秘书室编

济南市公署秘书室，[1940]，[280]页，16开

本书内收1939年统计图表。共7类：总务、财政、建设、教育、畜政、水道、社会。

收藏单位：国家馆、南京馆、首都馆

00932

济南市公署三十年统计专刊 济南市公署秘书处编

济南市公署秘书处，[1941]，1册，16开

本书共3编：市行政、市况调查、物价指数。

收藏单位：国家馆

00933

济南市公署三十一年统计专刊 济南市公署秘书处编

济南市公署秘书处，[1942]，1册，16开

收藏单位：国家馆

00934

济南市农工商统计（民国二十八年度） 济南市公署建设局编

济南市公署建设局，油印本，1册，13开

收藏单位：首都馆

00935

济南市统计专刊（民国二十九年） 济南市公署秘书处编

济南：济南市公署秘书处，1940，[289]页，16开

本书共3编：市行政、市况调查、物价指数。封面题名：统计专刊。

收藏单位：国家馆、中科图

00936

冀察政务委员会冀察两省各项统计调查表汇目 北京地方维持会前冀察政务委员会档案保管处编

北京：北京地方维持会前冀察政务委员会档案保管处，[1937]，220页，16开

本书收1932—1936年河北省各县和北京市有关教育、警政、人事、林业、商业、财政、公用等12类调查统计表。

收藏单位：国家馆

00937

冀东道统计概要（二十八年度） 冀东道公署编

石家庄：冀东道公署，[1939]，1册，16开，精装

本书均为统计图表。分6类：总务、警务、财政、教育、建设、附录。大部分为1939年期间的资料，少部分为1938年遗漏的统计资料。

收藏单位：国家馆

00938
嘉定县公署成立初周纪念册统计图表 嘉定区公署编
嘉定区公署，1939.8，1 册，横 10 开
本书以统计图表的形式介绍了嘉定县的概况。分 11 类：行政、警察、户籍、自卫团、财政、教育、建设、卫生、司法、振济、杂类。
收藏单位：国家馆

00939
江苏省社会行政统计（民国三十五年度） 江苏省社会处统计室编
江苏省社会处统计室，1947，油印本，1 册，横 16 开
收藏单位：国家馆

00940
江苏省社会行政统计（民国三十六年度一月至三月） 江苏省社会处统计室编
江苏省社会处统计室，[1948]，油印本，1 册，横 16 开
收藏单位：广东馆、国家馆

00941
江苏省社政统计
出版者不详，[1948]，油印本，1 册，横 16 开
收藏单位：国家馆

00942
江苏省统计大纲初编 江苏省政府秘书处编
[镇江]：江苏省政府秘书处，1930.11，83 叶，8 开
本书共 5 部分：沿革、土地、气象、户口、城市。
收藏单位：广东馆、国家馆、近代史所、南京馆、上海馆

00943
江苏省统计简报（民国三十五年十月）
[江苏省政府]，1946，油印本，26 叶，25 开，环筒页装
本书共 14 部分：一般行政、民政、财政、教育、建设、保安、卫生、地政、社会、田粮、人事、计政、训练、附录等。
收藏单位：广东馆、国家馆、南京馆

00944
江苏省统计提要（民国三十六年） 江苏省政府统计处编
江苏省政府统计处，1948，64 页，16 开
全书均为统计表格。共 10 类：气象、土地与人口、政治组织、财政与金融、教育、农林渔业、矿工商业、交通与水利、警卫、社会与卫生。
收藏单位：广东馆、国家馆、近代史所、南京馆、中科图

00945
江苏省统计提要（民国三十七年上半年度）
江苏省政府统计处编
江苏：江苏省政府统计处，1948，122 页，16 开

00946
江西省第七行政区临川县统计提要 临川县政府编
临川县政府，1935.1，1 册，25 开，环筒页装
本书共 13 类，内容包括：面积、人口、行政区域及其数目、较大市镇及人口、农业、林业、工商业、教育、交通等。
收藏单位：国家馆

00947
江西省统计提要（汉英文合刊） 江西省政府统计室编
外文题名：General statistics of Kiangsi province
南昌：江西省政府统计室，1935.1，1 册，22 开
本书为江西省面积、人口、重要城市及其人口数、农业、林业等方面的统计图表。
收藏单位：广东馆、国家馆、南京馆

00948
江西统计（袖珍） 江西省政府统计处编

江西省政府统计处，1946.4，155页，横36开

本书内容包括该省土地、户口、政治组织、教育、农田水利、财政金融、盐粮、工矿、贸易与合作、交通、物价、卫生、社会、抗战损失等方面的统计表格。

收藏单位：国家馆、江西馆

00949

江西统计提要（民国三十五年辑） 江西省政府统计处编

江西：江西省政府统计处，1946，262页，16开

本书共19类：历象、土地、人口、政治组织、农业、矿业、工业、商业与物价、合作、财政、盐务、粮政、金融、交通、教育、卫生、社会、警卫、司法。

收藏单位：广东馆、国家馆、近代史所、辽宁馆、南京馆、天津馆

00950

江西统计提要（袖珍） 江西省政府统计处编

江西省政府统计处，1947，230页，横36开

本书共17类，内容包括：气象、土地、人口、农林水利、工矿、合作、物价、财政金融、粮政、盐务、邮电、教育、卫生、社会等。每篇末附参考资料，均为统计图表。

收藏单位：国家馆、江西馆、南京馆

00951

江西新喻统计（民国卅六年十月） [新喻县政府]编

新喻：[新喻县政府]，1947.10，石印本，48叶，16开

本书收录有关新喻县人口、教育、经济、警务、参议员及民众团体统计图表44种。

收藏单位：国家馆

00952

开封社会统计概要（民国二十季十月） 河南省政府秘书处编

[开封]：河南省政府秘书处，1931，1册，横16开，精装

本书为开封社会各方面统计图表。

收藏单位：国家馆

00953

开封社会统计概要（民国二十年度） 河南省政府秘书处编

[开封]：河南省政府秘书处，1933.5，1册，横16开

收藏单位：国家馆

00954

康德五年度统计年报 扶余县公署编

扶余县公署，1939.6，137页，16开

本书共16编，内容包括：气象、土地、产业、人口、财政、义仓、社会事业、卫生、道路、消防、人事、文书、杂项等。

收藏单位：国家馆

00955

昆明市市政统计（民国二十四年度） 昆明市政府秘书处编

昆明：昆明市政府秘书处，1936.12，[5]+179页，横8开

本书共7类：总务、社会、财政、工务、教育、土地、气象。

收藏单位：国家馆

00956

昆明市市政统计（民国二十五年度） 昆明市政府秘书处编

昆明：昆明市政府秘书处，1936，1册，16开

昆明：昆明市政府秘书处，[1938]，130页，横8开，穿线平装

本书分总务、社会、财政、工务、教育、土地等市政统计。

收藏单位：重庆馆、国家馆

00957

昆明市市政统计（民国二十八年份） 昆明市政府编

昆明：昆明市政府，1941，[17]+171页，横16开

本书共7部分：总务类、社会类、财政类、工务类、教育类、地政类、气象类。书

前有编辑例言、市长裴存藩序、主任秘书庆汝廉序。

收藏单位：国家馆

00958

立法参考统计手册（民国三十六年） 立法院统计室编

南京：国民政府立法院统计室，1947.12，74页，横64开

本书共7类：政治组织、土地与人口、农林、工业、财政与金融、教育、社会与卫生等。

收藏单位：国家馆、吉林馆、南京馆

00959

两年来江苏之统计 黄应昌编

江苏：出版者不详，1937.1，16页，大16开

收藏单位：南京馆

00960

蒙藏院调查内外蒙古统计 蒙藏院总务厅统计科编

蒙藏院总务厅统计科，1919，2册（136+112页），16开

本书分两册。上册《蒙藏院调查内蒙及沿边各旗统计报告》，分两部分：一、内蒙，包括哲里木盟、黑龙江、卓索图盟、昭乌达盟、锡林果勒盟、察哈尔、乌兰察布盟、依克昭盟、归化城等10章；二、沿边，有甘肃所属额济纳旗1章。介绍各旗疆治、台站、设官、赋税、兵制、警察、人口、学校、商务、渔业、垦务、矿务、林业、牧业、铁路等状况。下册《蒙藏院调查外蒙古统计表》，分库伦、乌里雅苏台、科布多、恰克图4部分，收表46种，介绍4个地区的政府机构、军事、矿产、商业、交通等。

00961

民生年鉴

出版者不详，1938，1册，16开

本书是1937年度伪满洲国统计年鉴。分教育、社会、保健等栏目。

收藏单位：国家馆

00962

南昌市统计提要（民国三十六年） 南昌市政府统计室编

南昌：南昌市政府统计室，1948，104页，18开

本书资料以1947年为主，编制内容分18类，内容包括：历象、土地、人口、政治组织、财政、教育、社会、卫生、公用、工商、交通、物价等。

收藏单位：广东馆、国家馆、南京馆

00963

南京社会 南京市社会局编

南京：南京市社会局，1937，1册，16开

收藏单位：重庆馆、国家馆、宁夏馆、上海馆

00964

南京社会（调查统计资料专刊） 南京市社会局编

南京：南京市社会局，1935.11，204页，16开

南京：南京市社会局，1937.2，再版，204页，16开

本书为统计图表。共3类：农工商业、公益救济事业、人事管理。

收藏单位：东北师大馆、广东馆、国家馆、南京馆、天津馆

00965

南京市建设概况 南京市政府编

南京：南京市政府，1931.10，1册，16开

收藏单位：南京馆

00966

南京市施政统计辑要（民国三十六年度） 南京市政府统计处编

南京：南京市政府统计处，1947，油印本，46页，小16开

收藏单位：南京馆

00967

南京市统计年报（民国三十五年度） 南京市政府统计室编

南京：南京市政府统计室，[1947]，64 页，16 开

本书共 10 类：气象、土地、人口、警卫、社会、教育、财政、工务、公用事业、卫生。

收藏单位：广东馆

00968

南京市统计年报（民国三十六年度） 南京市政府统计处编

南京：南京市政府统计处，[1948.4]，108 页，16 开

本书共 15 类：历象、土地、人口、政治组织、警卫、园林、社会、工商、公用、交通、工务、教育、财政、卫生、司法。附统计处职员录等。

收藏单位：广东馆、国家馆、近代史所、南京馆

00969

南京市政府行政统计报告（民国二十四年度） 南京市政府秘书处统计室编

南京：南京市政府秘书处统计室，1937.4，20+323 页，横 16 开，精装

本书为统计图表。共 13 类：组织、自治、生命统计、财政、社会、教育、地政、实业、工务、公用、卫生、救济、附录。

收藏单位：重庆馆、东北师大馆、广东馆、国家馆、近代史所、南京馆、上海馆

00970

南京特别市市政府社会处刊物（第 1 辑） 南京特别市市政府社会处编

南京：南京特别市市政府社会处，1928，42 页，23 开

本书内容包括：南京市 1927—1928 年人口统计、旅客人数统计、寺院僧道、妓女、学校、失业、出生、死亡统计表等。

00971

内务统计（第 1 册 民国元年分京师人口之部） 内务部统计科编

北京：内务部统计科，1916.5，56 页，18 开

本书为 1911 年度京师人口统计图表。

收藏单位：辽宁馆

00972

内务统计（第 2 册 奉天人口之部） 内务部统计科编

[北京]：内务部统计科，1916.7，62 页，18 开

本书为 1912 年度奉天人口统计图表。

收藏单位：国家馆、辽宁馆

00973

内务统计（第 3 册 吉林人口之部） 内务部统计科编

[北京]：内务部统计科，1916.9，42 页，18 开

本书为 1912 年度吉林人口统计图表。

收藏单位：广东馆、国家馆

00974

内务统计（第 4 册 黑龙江人口之部） 内务部统计科编

[北京]：内务部统计科，1916，42 页，18 开

本书为 1912 年度黑龙江人口统计图表。

收藏单位：首都馆

00975

内务统计（第 6 编 民国元年分山东人口之部） 内务部统计科编

[北京]：内务部统计科，1916.12，108 页，18 开

本书为 1912 年度山东人口统计图表。

00976

内务统计（第 8 篇 山西人口之部） 内务部统计科编

[北京]：内务部统计科，1917.6，108 页，18 开

本书为 1912 年度山西人口统计图表。

收藏单位：国家馆

00977

内务统计（第 9 编 江苏人口之部） 内务部统计科编

[北京]：内务部统计科，1917.7，46 页，18 开

本书为 1912 年度江苏人口统计图表。

收藏单位：国家馆

00978
内务统计（第 10 编 陕西人口之部） 内务部统计科编
[北京]：内务部统计科，1917.9，80 页，18 开
本书为 1912 年度陕西人口统计图表。
收藏单位：国家馆

00979
内务统计（民国五年分奉天人口之部） 内务部统计科编
[北京]：内务部统计科，1918.9，90 页，22 开
本书为 1916 年度奉天人口统计图表。
收藏单位：国家馆

00980
内务统计（民国五年分江苏人口之部） 内务部统计科编
[北京]：内务部统计科，1919.9，70 页，22 开
本书为 1916 年度江苏人口统计图表。
收藏单位：国家馆

00981
内务统计（民国五年分江西人口之部） 内务部统计科编
[北京]：内务部统计科，1918.11，114 页，18 开
本书为 1916 年度江西人口统计图表。
收藏单位：国家馆

00982
内务统计（民国五年分京师人口之部） 内务部统计科编
[北京]：内务部统计科，1919.4，76 页，22 开
[北京]：内务部统计科，1920，104 页，18 开
[北京]：内务部统计科，1923.7，90 页，22 开
本书为 1916 年度京师人口统计图表。
收藏单位：重庆馆、国家馆

00983
内务统计（民国五年分京兆人口之部） 内务部统计科编
[北京]：内务部统计科，1918.4，50 页，22 开
本书为 1916 年度京兆人口统计图表。
收藏单位：国家馆

00984
内务统计（民国五年分山西人口之部） 内务部统计科编
[北京]：内务部统计科，1918.8，128 页，22 开
本书为 1916 年度山西人口统计图表。
收藏单位：国家馆

00985
内务统计（民国五年分新疆人口之部） 内务部统计科编
[北京]：内务部统计科，1921.9，64 页，18 开
本书为 1916 年新疆人口统计图表。
收藏单位：国家馆

00986
内务统计（民国五年分浙江人口之部） 内务部统计科编
北京：内务部统计科，1920.1，104 页，18 开
本书为 1912 年度浙江人口统计图表。
收藏单位：国家馆

00987
内务统计（民国五年分直隶人口之部） 内务部统计科编
[北京]：内务部统计科，1918.3，106 页，22 开
本书为 1916 年度直隶人口统计图表。
收藏单位：国家馆

00988
内务统计（民国五年份河南人口之部） 内务部统计科编
[北京]：内务部统计科，1918.6，128 页，22 开
本书为 1916 年度河南人口统计图表。
收藏单位：国家馆

00989
内务统计（民国五年份湖北人口之部） 内务部统计科编
[北京]：内务部统计科，1919，76 页，18 开
[北京]：内务部统计科，1920.7，90 页，18 开
本书为 1916 年度湖北人口统计图表。

收藏单位：国家馆

00990
内务统计（民国六年分吉林人口之部） 内务部统计科编
[北京]：内务部统计科，1921.1，74页，18开
本书为1917年度吉林人口统计图表。
收藏单位：国家馆

00991
内务统计（民国六年分京师人口之部） 内务部统计科编
[北京]：内务部统计科，1920.5，64页，18开
本书为1917年度京师人口统计图表。
收藏单位：国家馆

00992
内务统计（民国九年度京师人口之部） 内务部统计科编
[北京]：内务部统计科，1923.7，58页，18开
本书为1920年度京师人口统计图表。
收藏单位：重庆馆、国家馆

00993
内务统计（土地与人口 民国十一年度） 内务部统计科编
出版者不详，1923，166页，16开，精装
本书内容包括：各省区人口疏密比较、男女比较统计图、各省区土地与人口统计表等。
收藏单位：国家馆、近代史所、农大馆、首都馆

00994
内政统计提要（民国三十四年） 内政部统计处编
[重庆]：内政部统计处，1945，油印本，49页，横8开，环筒页装
收藏单位：国家馆

00995
内政统计提要（民国三十五年） 内政部统计处编
[南京]：内政部统计处，1946，油印本，78页，横8开
收藏单位：国家馆

00996
澎湖县统计概要 澎湖县政府编
澎湖：澎湖县政府，1946.10，60页，32开
本书收1945年该地区土地、气象、县之组织概况、卫生、社会事业、宗教等18类的统计图表。

00997
平阳统计（教育） 平阳县政府统计室编
出版者不详，1941.6，1册，16开
本书概括了平阳行政制度之实施、机关管理等的内容。
收藏单位：浙江馆

00998
萍乡统计 周志良等编
萍乡：萍乡县政府统计室，1946.6，53页，16开
本书介绍萍乡县概况，并就教育、军事、经济等方面之统计数字分析社会各种现象。

00999
青岛市社会局行政统计（民国二十三年份） 青岛市社会局编
青岛市社会局，[1935]，57页，16开
本书收1934年份农工商、劳动、公益、卫生4类统计图表。
收藏单位：国家馆

01000
青岛市社政统计年刊（民国三十五年度） 青岛市社会局统计室编
青岛市社会局统计室，[1947.1]，82页，横16开
本书为统计图表。内容包括：行政组织及人事经费、人民团体组训、经济行政、社会福利、合作事业、劳工行政、新闻杂志登记。书后附各院辖市生活费指数、各院辖市物价指数。
收藏单位：国家馆

01001
青岛市统计年鉴 青岛市政府统计室编
青岛市政府统计室，[1947]，[320] 页，16 开，精装
本书内收有关物价、工资、生活指数、运输、学校、商业、气象等的统计图，青岛市政府组织沿革，以及行政组织、户口保甲、民政、地政、社会、教育、警卫、经济金融、卫生、工务、公用、农林、司法等 18 类统计图表。附趸售物价及零售物价表。

01002
青岛市统计年鉴（民国三十五年） 青岛市政府统计室编
青岛市政府统计室，[1947]，[13]+245 页，16 开
本书为 1946 年统计图表。共 18 类：行政组织、户口与保甲、民政、气象、地政、社会、教育、警卫、财政、经济及金融、卫生、港务与运务、工务、公用、农林、司法、禁烟、救济。附录趸售物价及零售物价表。
收藏单位：国家馆、江西馆、近代史所、南京馆、上海馆、首都馆、浙江馆

01003
青岛市统计年鉴（民国三十六年） 青岛市政府统计处编
青岛：青岛市政府统计处，[1947]，195 页，16 开
本书为 1947 年统计图表。共 16 类：历象、土地、人口、行政组织、民政、社会、教育、警卫、财政、经济与物价、卫生、港务、工务、公用、农林、司法。
收藏单位：国家馆、近代史所

01004
青岛市行政统计汇编（十八年度上期） 青岛市政府秘书处编
青岛：青岛市政府秘书处，1931.2，16+178 页，16 开
本书共 12 类：总务、社会、公安、工务、财政、教育、港务、卫生、土地、公用、天象、农林。
收藏单位：国家馆、上海馆

01005
青岛市行政统计汇编（十八年度下期） 青岛市政府秘书处编
青岛：青岛市政府秘书处，1931，1 册，16 开
收藏单位：吉林馆、南京馆、上海馆、首都馆

01006
青岛市行政统计汇编（十九年度） 青岛市政府秘书处第三科编
青岛市政府秘书处，1933.1，23+[300] 页，16 开
本书为 1930 年 7 月至 1931 年 6 月的统计资料。共 12 类：总务、社会、公安、工务、财政、教育、港务、卫生、土地、公用、天象、农林。
收藏单位：东北师大馆、广东馆、国家馆、南京馆、上海馆

01007
青岛市行政统计汇编（二十年度） 青岛市政府秘书处编
青岛：青岛市政府秘书处，1933.9，24+[314] 页，16 开
本书为 1931 年 7 月 1 日至 1932 年 6 月 30 日期间的统计图表。共 12 类：总务、社会、公安、工务、财政、教育、港务、卫生、土地、公用、天象、农林。
收藏单位：国家馆、上海馆、中科图

01008
青岛市行政统计汇编（二十一年度上期） 青岛市政府秘书处编
青岛市政府秘书处，1934，10+[147] 页，13 开，精装
本书为 1932 年上半年统计资料。分总务、社会、公安、工务、财政、教育、港务、卫生、土地等 13 类。
收藏单位：广东馆、国家馆、近代史所、南京馆、宁夏馆

01009
青岛市行政统计汇编（民国二十一至二十三年度） 青岛市政府秘书处第三科统计股编辑
青岛市政府秘书处，1937，1册，13开
收藏单位：广东馆

01010
全国实业统计总报告调查表 实业部统计长办公处编
实业部统计长办公处，1934.7，1册，8开
收藏单位：南京馆

01011
全国统计总报告 ［国民政府主计处统计局］编
出版者不详，1947，油印本，2册（451页），横8开
本报告共分历象、土地、人口、农业、水利、畜牧、矿业、工业、商业、财政、金融等38类，根据各机关依照该机关公务统计方案内定科目函送本处之材料经本处详加校核后加以汇编而成。
收藏单位：重庆馆、国家馆

01012
全国统计总报告（民国三十四年辑） ［国民政府主计处统计局］编
出版者不详，1945，油印本，2册（372页），横8开
收藏单位：国家馆

01013
全国统计总报告（民国三十六年辑）
出版者不详，1947，手写本，2册（416页），横8开
本书共38类，内容包括：表名、土地、人口、农业、粮食、水利、畜牧、矿业、劳工、商业、合作事业、财政、金融、邮政、电信、铁路、公路、水运、航空、公用事业、卫生、社会、教育、宗教、外交、侨务、边务、警察、司法行政、政治组织、国务、立法、司法等。
收藏单位：国家馆

01014
热河省统计提要（民国三十六年度） 热河省政府统计处编
热河省政府统计处，1947，135页，18开
本书辑入历象、土地户口、政治组织、民政、社会合作、财政金融、农林畜牧、矿业、交通电信、教育、卫生、警卫、司法、物价等14类统计资料。
收藏单位：国家馆、近代史所

01015
人民团体统计年报（民国三十五年度） 社会部统计处编制
外文题名：Year book of statistics of people's organization 1946
南京：社会部印刷所，1947.4，86页，16开
本书共两部分：人民团体静态统计、人民团体组训统计。
收藏单位：近代史所、上海馆

01016
荣县调查统计册 荣县县政府建设科编
［荣县］：出版者不详，1934.3，58页，16开
收藏单位：南京馆

01017
卅五年度调查要点
出版者不详，[1946]，20页，16开
本书共10部分：党政、行政、文化、教育、社会团体、贪污、民意、谣言、经济调查、注意事项。
收藏单位：天津馆

01018
三十五年度河北省政府统计手册（第1期）
河北省政府秘书处统计股编
河北省政府秘书处统计股，[1946]，96页，横16开
本书包括1946年度概况及行政组织、民政、财政、教育、建设、社会、卫生、田粮、警务、从事、保安、经济等15类共87种统计表。
收藏单位：国家馆

01019
三穗县政府统计年鉴　三穗县政府统计室制
[三穗县政府统计室]，1946.5，31 页，横 16 开
收藏单位：贵州馆

01020
山东省统计年报（民国二十九年度） 山东省公署秘书处统计股编
[济南]：山东省公署秘书处统计股，[1940]，278 页，16 开
本书为 1940 年度公务统计表。共 6 类：总务、民政、财政、建设、教育、警务。书前有《山东省统计沿革概略》(徐秉谦)。
收藏单位：国家馆、天津馆

01021
山西省第一次社会统计（民国八年分） 山西省公署统计处编纂
太原：[山西省公署统计处]，1920.5，1 册
本书为统计图表。共 3 编：贫民、宗教、罪犯。附禁烟成绩统计表。
收藏单位：南京馆

01022
山西省第二次社会统计（民国八年分） 山西省长公署统计处编
太原：山西省长公署统计处，1921，[278] 页，18 开
本书为统计表。共 3 编：静态、动态、省会人口静态。
收藏单位：国家馆

01023
山西省第二次社会统计（民国九年分） 山西省长公署统计处编
太原：山西省长公署统计处，1922.1，[244] 页，18 开
本书为统计表。共 4 编：贫民、宗教、罪犯、自杀。
收藏单位：国家馆、南京馆

01024
山西省第三次社会统计（民国十年分） 山西省长公署统计处编
[太原]：山西省长公署统计处，1923.2，[371] 页，18 开
本书为统计图表。共 5 编：贫民、宗教、罪犯、自杀、离婚。
收藏单位：国家馆、南京馆

01025
山西省第四次社会统计（民国十一年分） 山西省长公署统计处编
[太原]：山西省长公署统计处，1924，[318] 页，18 开
本书为统计图表。共 4 编：贫民、罪犯、自杀、离婚。
收藏单位：国家馆、南京馆

01026
山西省第五次社会统计（民国十二年分） 山西省长公署统计处编
[太原]：山西省长公署统计处，1925.7，84 页，16 开
收藏单位：国家馆

01027
山西省第六次社会统计（民国十三年分） 山西省政府统计处编纂
[太原]：山西省政府统计处，1928，[280] 页，16 开
收藏单位：国家馆、山西馆

01028
山西省第七次社会统计（民国十四年分） 山西省政府统计处编纂
[太原]：山西省政府统计处，1929.1，[264] 页，16 开
收藏单位：国家馆、吉林馆、南京馆

01029
山西省二十三年份统计年鉴（下卷 建设暨实业统计）
出版者不详，[1934]，388 页，32 开
收藏单位：广东馆

01030

山西省市县简要统计（民国三十五年） 山西省政府统计处编

太原：山西省政府统计处，1946，58页，横64开

本书为统计表格。共18类：行政、财政、教育、土地、农业、卫生、林业、水利、交通、电信、矿产、牲畜、商业、粮食、社会、合作、警务、其他。

收藏单位：国家馆、南京馆、山西馆

01031

山西省统计年编（民国二十八年份） 山西省公署秘书处统计室编

太原：山西省公署秘书处统计室，1940.8，1册，横16开，精装

本书共8编：本署组织及总务统计、民政统计、财政统计、教育统计、建设统计、警务统计、司法统计、附录。

收藏单位：国家馆

01032

山西省统计年编（民国二十九年份） 山西省公署秘书处统计室编

太原：山西省公署秘书处统计室，1941.10，1册，横16开，精装

本书为山西省1940年度统计图表。共8类，内容包括：民政、财政、教育、建设等。

收藏单位：国家馆、首都馆

01033

山西省统计年编（民国三十年份） 山西省公署秘书处统计室编

太原：山西省公署秘书处统计室，1942.12，2册，横16开，精装

本书分两卷。上卷为本署组织及总务、民政统计、财政统计、教育统计；下卷为建设统计、警务统计、司法统计和附录。书前有山西省道县分区图（彩色）。

收藏单位：国家馆、南京馆、首都馆、天津馆

01034

山西省统计年鉴 山西省统计室编

太原：山西省政府秘书处，1936，229页，横16开

本书包括政务及总务统计、民政统计（人口、自治、警政、仓储）两项。

01035

山西省统计年鉴（民国二十二年份） 山西省政府秘书处编 山西省政府统计委员会审查

太原：山西省政府秘书处，[1933]，2册，横16开

本书上卷为：政务、总务、民政统计表；下卷为：财政、教育、建设、实业、社会、司法统计表。每卷均附有统计提要。

收藏单位：重庆馆、国家馆、近代史所、上海馆

01036

山西省统计年鉴（民国二十三年份） 山西省政府秘书处编

太原：山西省政府秘书处，[1934]，2册（397+390叶），横16开

本书为山西省1934年度各行业统计图表。包括政务暨总务、民政、财政、教育、实业暨建设、社会、司法等。

收藏单位：国家馆、首都馆

01037

山西省统计年鉴（民国二十八年份） 山西省公署秘书处统计处编

太原：山西省公署秘书处，1940.8，359页，25开

收藏单位：山西馆

01038

山西省统计年鉴（民国二十九年份） 山西省公署秘书处统计处编

太原：山西省公署秘书处，1941.10，840页，16开

收藏单位：山西馆

01039
山西省统计年鉴（民国三十一年份） 山西省政府秘书处统计室编制
太原：山西省政府秘书处统计室，[1944]，2册（525+644页），横16开
本书全部为表，内容绝大部分为经济统计资料。
收藏单位：国家馆、近代史所

01040
陕西省统计手册 陕西省政府统计室编
陕西：陕西省政府统计室，1944.6，1册，32开（陕西省统计资料汇刊4）
收藏单位：南京馆

01041
上海市统计（第二次补充材料） 上海市地方协会编
上海：上海市地方协会，1936.12，159页，16开
本书为统计图表。共14项：土地、人口、司法、财政、金融、商业、工业、劳工、交通、公用事业、文化事业、教育、社会、卫生。
收藏单位：国家馆、上海馆

01042
上海市统计（民国二十二年编 中英文对照） 上海市地方协会编
外文题名：Statistics of Shanghai compiled in 1933
上海：上海市地方协会，1933.11，[343]页，16开
本书共16类，内容包括：土地、人口、行政、司法、财政、卫生等。卷首有赞助该统计之个人与机关一览表及凡例。
收藏单位：国家馆、辽宁馆、南京馆、内蒙古馆、宁夏馆、山西馆、上海馆、中科图

01043
上海市统计补充材料 上海市地方协会[编]
上海：上海市地方协会，1936，159页，16开
收藏单位：国家馆

01044
上海市统计补充材料（民国二十三年 英汉对照） 上海市地方协会编
外文题名：Supplement to statistics of Shanghai 1934
上海：上海市地方协会，1935.4，石印本，112页，18开
本书为补充1930—1933年有关上海市土地、人口、行政、司法、财政、金融、商业、工业等方面的统计材料。
收藏单位：国家馆

01045
上海市统计提要（三十四年度） 上海市政府统计处编
上海：上海市政府统计处，1946，油印本，115页，13开，环筒页装
本书包括组织、人事、户口、财政、教育、公用、物价等15类统计资料。
收藏单位：国家馆、上海馆

01046
上海市统计总报告（民国三十五年度） 上海市政府统计处编
上海：上海市政府统计处，1947.6，[548]页，16开
本书为上海市1946年度统计图表。共20类，内容包括：土地、人口、政治、组织、财政、警察、教育、社会、卫生、司法等。
收藏单位：广东馆、国家馆、近代史所、南京馆、山西馆、上海馆、中科图

01047
上海市统计总报告（中华民国三十六年） 上海市政府统计处编
上海：上海市政府统计处，[1948]，[536]页，16开
本书为上海市1947年度各行业统计资料。共17类，内容包括：历象、地政、人口、政治组织、财政、警卫、教育、社会等。
收藏单位：南京馆、上海馆

01048
上海市行政统计概要（民国十八年度） 上海市政府秘书处编
上海：上海市政府秘书处，1930.12，251页，16开，精装
本书为1929年度行政统计。分财政、社会、工务、公安、教育、公用等10类。
收藏单位：重庆馆、广东馆、国家馆、南京馆、上海馆

01049
上海特别市市政统计概要（民国十六年度） 上海特别市政府秘书处编
上海：上海特别市政府秘书处，1928.11，[15]+240页，16开，精装
本书为1927年7月至1928年6月统计图表。共8类：财政、土地、社会、工务、公安、卫生、教育、公用。
收藏单位：重庆馆、广东馆、国家馆、吉林馆、近代史所、南京馆、浙江馆、中科图

01050
上海特别市行政统计概要（民国十七年度） 上海特别市政府秘书处编
上海：上海特别市政府秘书处，1929.11，[18]+281页，16开，精装
本书为上海市1928年7月至1929年6月统计概要。共10类：总务、财政、土地、社会、工务、公安、卫生、教育、港务、公用。
收藏单位：国家馆、南京馆、中科图

01051
社政工作统计（民国三十六年度） 察哈尔省社会处编
察哈尔省社会处，1948.4，石印本，52页，16开
本书为统计表。共5类：社会行政、人民团体组织训练、社会救济、社会服务、社会运动。
收藏单位：国家馆、南京馆

01052
市政统计表鉴 北京特别市公署秘书处编
北平：北京特别市公署秘书处，1940，115页，16开
本书为收录1939年度行政统计表共99个，分户口、商业、工业、警察、财政、建设、教育、公用、观光、卫生、救济等11类。附北平特别市公署暨所属各机关职务简明表。

01053
市政统计概览（中华民国三十一年上半年度） 上海特别市政府秘书处编
上海：上海特别市政府秘书处，[1942]，[26]页，横26开
本书内收统计表。共18类，内容包括：总务、社会、警务、财政、教育、地政、公用、卫生、工务、粮政等。
收藏单位：国家馆

01054
首都市政统计大要 南京特别市政府秘书处编
南京：南京特别市政府秘书处，1930，22页，36开
本书内容包括出生率、人口变动、婚嫁人数、教育经费、卫生经费等方面的统计。
收藏单位：重庆馆

01055
四川省北碚管理局民国三十二年度统计总报告 北碚管理局编
北碚：北碚管理局统计室，1945，油印本，1册，18开，环筒页装
本书共18部分，内容包括：气象、大地、人口、政治组织、农业、教育、社会等。封面题名：北碚管理局统计总报告。
收藏单位：重庆馆

01056
四川省第三行政督察区区政概况统计图表 沈鹏编
[永川]：[第三行政督察专员公署]，1938.10，40页，横12开
本书为统计图表。共5类：民政、财政、

教育、建设、保安。

收藏单位：重庆馆、南京馆

01057

四川省各级机关办理统计规程等

出版者不详，1册，16开

收藏单位：南京馆

01058

四川省内务统计报告书（中华民国五年度） 四川省长公署政务厅内务科编

成都：四川省长公署政务厅内务科，1920，[691]页，18开

本书为四川省1916年度各县所报表册汇编。共8编：土地、人口、选举、礼教、警察、土木、卫生、救恤。

收藏单位：重庆馆、国家馆

01059

四川省社会工作统计（民国三十四年度） 四川省政府社会处统计室编

[成都]：四川省政府社会处统计室，[1946]，油印本，1册，16开

收藏单位：南京馆

01060

四川省统计年鉴

出版者不详，石印本，7册，横16开

收藏单位：重庆馆、东北师大馆、近代史所

01061

四川省统计提要 四川省政府统计处编

四川省政府统计处，1945，184页，31开

本书共15类：气象及土地、人口、农业、工矿、劳工、物价、合作、财政、金融、交通、教育、卫生、社会、警卫、政治组织。

收藏单位：重庆馆、广东馆、国家馆、辽宁馆

01062

四川省永川县简要统计手册 永川县政府编

永川：[永川县政府]，1944.6，85页，32开

永川：[永川县政府]，1947，石印本，68页，42开，环筒页装

本书对土地、户口、党团、政治组织、军法、财务、农矿、工商、交通、合作、教育、宗教、卫生、赈济、兵役、警卫等16个方面进行简要统计。

收藏单位：重庆馆、南京馆

01063

四川省永川县县政统计简编 永川县政府统计室编

出版者不详，1943.7，1册，16开

收藏单位：南京馆

01064

四川省永水县县政统计简编 永水县政府统计室编

永水：永水县政府统计室，[1943]，[92]页，13开，环筒页装

本书为永水县县政统计图表。共12类，内容包括：一般政务、民政、财务、教育、建设、军事、社会等。

收藏单位：国家馆

01065

四川省酉阳县简要统计手册 四川省酉阳县政府统计室编

出版者不详，1944.12，58页，32开

收藏单位：南京馆

01066

苏北行政专员公署民国廿七、廿八年统计专刊 苏北行政专员公署情报宣传本部编

苏北行政专员公署情报宣传本部，[1939]，114页，16开

本书收入民国1938年6月至1939年11月间的统计资料。包括总务、民政、财政、建设、文教、情报宣传、司法、物资查检等9类。

收藏单位：国家馆

01067

苏浙等十四省县长统计（民国二十年份） 内政部统计司编制

内政部统计司，1932.10，130 页，横 16 开

本书为 1931 年江苏、浙江、江西、山东等 14 省的县长在职及去职统计表。封面题：根据各省民政厅呈报现任县长及更动县长日报表编制。

收藏单位：广东馆、国家馆、上海馆

01068

苏州市简明统计　苏州市政府秘书处第二股汇编

苏州：苏州市政府秘书处第二股，1929，1 册，32 开

收藏单位：广东馆

01069

绥西统计资料汇编　绥远省政府统计室编

绥远省政府统计室，1946，1 册，32 开

收藏单位：首都馆

01070

绥远省三十六年度统计总报告　绥远省政府统计处编

[绥远省政府统计处]，[1947]，抄本，1 册，16 开

本书共 22 类：历象、土地、人口、行政组织、水利、林业、渔业、畜牧、工业、矿业、合作事业、财务行政、财务监督、公路、公用事业、教育、卫生、社会、救济、警卫、粮食、物价指数。

收藏单位：广东馆

01071

台北市统计要览　台北市政府编

台北：台北市政府，1947.3，102 页，横 13 开

收藏单位：南京馆

01072

台湾省调查报告书

出版者不详，油印本，1 册，16 开

收藏单位：上海馆

01073

台湾省社会事业统计（民国三十六年一月至六月）　台湾省政府社会处编

台湾：[台湾省政府社会处]，1947，25 页

收藏单位：近代史所

01074

台湾省统计　陈礼英等编

出版者不详，[1947]，246 页，横 13 开

收藏单位：广东馆

01075

台湾省五十一年来统计提要　台湾省行政长官公署统计室编

[台北]：台湾省行政长官公署统计室，1946.12，1384 页，16 开

本书为台湾省 51 年来各项统计的综合记录。共 24 类，内容包括：历象、土地、人口、行政组织、司法、农业、水产、工业、商业、财政、教育等。

收藏单位：东北师大馆、广东馆、国家馆、黑龙江馆、近代史所、南京馆、上海馆、天津馆、浙江馆、中科图

01076

台湾统计图表　台湾省行政长官公署统计室编

[台北]：台湾省行政长官公署统计室，1946，1 册，16 开

收藏单位：广东馆

01077

台湾总督府第四十四统计书　台湾总督府企画部编

台湾总督府企画部，1942，535 页，16 开，精装

全书为统计图表。

收藏单位：首都馆

01078

天津市社会局统计汇刊　吴瓯主编

天津：天津市社会局，1931.8，[500] 页，16 开

本书为天津市各种统计汇编。共 9 类：工业、商业、经济、劳动、慈善救济、社会病态、户口、农业、杂类，近 500 幅表格。

收藏单位：国家馆

01079
天津市统计年鉴　天津市政府统计委员会编
天津：天津市政府统计委员会，1935.8，1 册，16 开
本书为该市 1928—1932 年的统计表。共 11 类：总务、社会、公安、财政、工务、教育、卫生、土地、公用、港务、自治。
收藏单位：广东馆、国家馆、南京馆、上海馆、首都馆、天津馆

01080
天津市统计总报告（民国三十六年度）　天津市政府统计处编
[天津市政府统计处]，[1948]，油印本，115 叶，横 16 开，环筒页装
收藏单位：广东馆、国家馆、南京馆、天津馆、中科图

01081
天津市政统计及市况辑要　天津市政府编
天津：天津市政府，1946.4，[157] 页，16 开
本书分两编，上编市政统计，包括气象、土地及人口、市政组织人员及经费、地方自治及社会、财政、教育文化、卫生、建设等 19 类；下编市况辑要，包括地理及沿革、行政组织、教育机关及文化事业、卫生事业、公用事业、工商组织、交通机构等 12 类。
收藏单位：广东馆、国家馆、吉林馆、辽宁馆、南京馆、天津馆

01082
铁岭县公署统计汇刊（康德三年度）　铁岭县公署总务科文书股编辑
铁岭：铁岭县公署，1937.11，423 页，18 开，精装
本书共 6 编：总务、内务、警务、财务、教育、附录。
收藏单位：国家馆

01083
统计表中之上海　罗志如著
外文题名：Shanghai as shown in statistical tables
南京：国立中央研究院社会科学研究所，1932，14+143 页，16 开（国立中央研究院社会科学研究所集刊 第 4 号）
本书分 10 部分：气象、土地建筑、人口、卫生、教育、交通、工业及劳动、商业、社会、市政。气象部分图表由竺可桢供给及审定，人口、卫生两部分由朱祖晦审查，商业部分由胡纪常核阅。附参考目录 157 条。
收藏单位：重庆馆、广东馆、国家馆、吉林馆、近代史所、南京馆、中科图

01084
统计法规汇编　福建省政府统计处编
福建省政府统计处，1942.1，1 册，16 开
本书共 4 部分：组织类、服务类、统计类、附录。
收藏单位：南京馆

01085
统计概览　[河北省建设所] 编
[河北省建设所]，[324] 页，16 开
本书共 5 类：总务、河务、路政、电政、测量。

01086
统计概览（十九年七月至二十年六月）　河北省建设厅 [编]
河北省建设厅，[1932]，70+22+14 页，16 开
收藏单位：国家馆

01087
统计概览（二十年七月起至二十一年六月）
河北省建设厅 [编]
河北省建设厅，[1932]，68+30+13 页，16 开
本书共 6 类：总务、河务、路政、航政、电政、测量。
收藏单位：国家馆

01088
统计汇编　广东省调查统计局编
广东省调查统计局，1935，[198] 页，16 开，活页装

本书为广东省各种统计汇编。共4类：民政、财政、教育、建设。

收藏单位：南京馆

01089

统计汇编（第1册 民国三十五年度） 吉林市政府编

长春：吉林市政府，1946，油印本，62叶，横16开

收藏单位：国家馆

01090

统计汇刊 抚顺县公署编

抚顺：抚顺县公署，1935.7，[1450]页，16开

抚顺：抚顺县公署，1937，462页，16开

本书共8章，内容包括：地理、总务、内务、财务，教育等。封面为赵仲达题写的书名。书前有赵仲达的叙言、山下满男的序及彭柏年的弁言。书后附地方各机关。

收藏单位：国家馆

01091

统计汇刊 抚顺县公署总务科文书股编辑

抚顺：抚顺县公署，1936.8，462页，16开

本书为内收统计图表。共6编：总务、内务、警务、财务、教育、附录。版权页题名：抚顺县统计汇刊。

收藏单位：国家馆

01092

统计汇刊（第1号）

广州：广东调查统计局，1934，356页，16开

收藏单位：南京馆

01093

统计年编（民国二十九年度） 河北省公署秘书处经理科统计调查股[编制]

河北省公署秘书处经理科统计调查股，[1941]，139页，18开，活页精装

本编共6类：总务、民政、财政、教育、建设、警务。所采材料据1930年各县呈办有案者绘制。

收藏单位：国家馆

01094

统计手册 福建省政府统计室编

福建省政府统计室，1944.4，261页，32开

收藏单位：南京馆

01095

统计一斑 全国经济委员会统计局编

社会部统计处，[1944.12]，40页，16开

本书共10项：治权机关、南京市人口、财政、金融、物价、劳工、地价、育教、农业、工业。

收藏单位：国家馆、南京馆、上海馆

01096

统计总报告资料 社会部统计处编

社会部统计处，1947，手写本，1册，横8开

本书收矿业类、工业类、电业类、物资管理类等统计表。

收藏单位：重庆馆

01097

威海卫管理公署分类统计年鉴（民国二十二年度） 威海卫管理公署统计委员会 威海卫管理公署秘书处第二股编辑

威海卫管理公署，1935.5，124页，横16开

本书共11类：总务、财政、社会、工务、交通、公安、卫生、教育、港务、农林、渔业。

收藏单位：国家馆、吉林馆

01098

西安市政统计报告（第1年） 西安市政府统计室编辑

西安市政府统计室，1948.7，83页，16开

本书为西安市政府改制一周年（1947年8月至1948年6月）市政统计报告。以统计表格为主，间有文字说明。共13类：一般、政治组织、户口、土地、民政、财政、金融、教育、建设、社会、卫生、军事、警察。

收藏单位：甘肃馆、国家馆、南京馆、浙江馆、中科图

01099

西北统计资料汇编 陕甘宁边区政府秘书处编

西安：陕甘宁边区政府秘书处，1949，65页，16开

收藏单位：甘肃馆、国家馆

01100

西康省各项统计调查表 西康省政府编

西康省政府，1939，石印本，[200]页，13开，环筒页装

本书均为统计表格，共4部分：民政、财政、建设、保安。

收藏单位：重庆馆、国家馆、南京馆

01101

西康省社会行政统计（三十六年度） 西康省社会处编

西康省社会处，1948，石印本，38页，横25开

本书包括一般行政、人民团体组训、社会运动及新闻杂志登记、义务劳动、社会救济、社会病态、宗教、工人生活费指数等8类统计表。

收藏单位：广东馆

01102

西康省统计汇编（第1集） 西康省政府统计处编

西康省政府统计处，1948，油印本，57页，横13开

收藏单位：国家馆

01103

湘政两年统计图 湖南省政府秘书处编

湖南省政府秘书处，1941.4，264页，横8开

本书共18类，内容包括：总类、民政、财政、教育、建设、会计、卫生、防空、禁烟、振济、水利、合作、贸易、干训、征训、团务、审计等。

收藏单位：重庆馆、广东馆、国家馆、南京馆

01104

湘政五年统计 湖南省政府统计室编

湖南省政府统计室，1941.12，2册（[593+468]页），横16开

本书共25类，为1937年1月至1941年6月底的统计图表。

收藏单位：重庆馆、广东馆、国家馆、湖南馆、吉林馆、南京馆、中科图

01105

湘政六年统计 湖南省政府统计室编

湖南省政府统计室，1942.12，[495]页，横16开

本书共23类，为继《湘政五年统计》一书，截止到1942年6月底的统计图表。

收藏单位：重庆馆、东北师大馆、广东馆、国家馆、湖南馆、南京馆、中科图

01106

新京特别市统计年报（康德五年度） 新京特别市长官房调查科编纂

新京（长春）：新京特别市公署，1939.11，60页，16开

本书共10部分：户口及气象、教育、卫生、社会事业、产业、金融、土木工事、交通及通信、财务经理、其他。

收藏单位：国家馆

01107

行政参考统计资料（国民政府年鉴资料之一） 行政院编

[重庆]：行政院，1944.10，1册，25开

本书收图表36张，内容包括：全国人口、全国行政区划、历年全国专科以上学校学生数及毕业生数、历年全国中等学校学生数及毕业生数、全国产稻量、全国产棉量等。

收藏单位：重庆馆、国家馆、吉林馆、南京馆、上海馆

01108

徐州市政府统计图 行政科统计股制

出版者不详，1册，16开

收藏单位：南京馆

01109

阳朔县统计提要（三十四年度 二期） 阳朔县

政府编
阳朔：阳朔县政府，1946.1，油印本，14 页，16 开

本书内载 1945 年 7—12 月统计资料，分土地人口、行政区域划分、机关人员、气象、农林等。

收藏单位：桂林馆

01110
永川县县政概况统计图表　四川省永川县政府制
永川：四川省永川县政府，1942，59 页，8 开

收藏单位：南京馆

01111
云南省统计手册　云南省政府统计处编
云南省政府统计处，1946，56 页，64 开

收藏单位：南京馆

01112
云南省行政统计简报（民国二十三年度）　云南省政府秘书处统计室编
昆明：云南省政府秘书处统计室，1935，100 页，16 开

本书共 9 项：人口、政府组织及行政区域、仓储、团务、警务、自治、教育、电政、公路。

收藏单位：国家馆、近代史所、上海馆

01113
彰化市政统计　彰化市政府编
彰化：彰化市政府，1948.2，42 页，16 开

本书全部为表格。共 14 类，内容包括：民政、役政、财政、教育、地政、农林、工商、交通、营建工程、卫生防疫、社会、治安等。

收藏单位：广东馆、贵州馆、河南馆、江西馆、浙江馆、中科图

01114
浙江省第一区二十九年行政概况统计表　浙江省第一区行政督察专员公署　保安司令部编
浙江省第一区行政督察专员公署、浙江省第一区保安司令部，1940，1 册，16 开

收藏单位：南京馆

01115
浙江省二十一年度行政统计　浙江省政府编
[杭州]：浙江省政府，1934.4，[370] 页，横 16 开

本书为 1932 年度统计图表。共 12 类：总务、民政、自治、警政、户口、土地、卫生、救济、财政、教育、建设、保安。

收藏单位：广东馆、国家馆、南京馆、上海馆、浙江馆

01116
浙江省二十二年度行政统计　浙江省政府编
[杭州]：浙江省政府，1936.1，[403] 页，横 16 开

本书为 1933 年度行政统计图表。共 6 类：总务、民政、财政、教育、建设、保安。

收藏单位：广东馆、国家馆、南京馆、上海馆、浙江馆、中科图

01117
浙江省统计简编　浙江省政府统计室编
浙江省政府统计室，1943.2，80 页，16 开

本书为浙江省各方面之统计资料。共 20 类，内容包括：气象、土地、户口、政治组织、省务、金融、商业、卫生、训练等。卷首有该省三年施政计划纲领简表。

收藏单位：广东馆、国家馆、吉林馆、南京馆、浙江馆、中科图

01118
浙江省行政统计（民国三十年度）　浙江省政府秘书处编印室
浙江省政府秘书处编印室，[1941.11]，133 页，横 16 开

本书为 1941 年度行政统计图表。共 5 类：总务、财政、建设、教育、警务。

收藏单位：浙江馆

01119
浙江省行政统计（民国三十一年度）　浙江省

政府第二科编
浙江省政府第二科，[1943.12]，106 页，横 16 开

本书为 1942 年度行政统计图表。共 5 类：总务、财政、建设、教育、警务。

收藏单位：国家馆、吉林馆、南京馆、浙江馆

01120
浙江省政府统计提要（民国三十六年十二月） 浙江省政府统计处编
[杭州]：浙江省政府统计处，[1947]，36 页，18 开

本书辑入浙江省当时有关土地与人口、农业、矿工商业、财政、交通及水利、教育、社会及卫生、行政组织等统计资料。

收藏单位：广东馆、国家馆、南京馆、浙江馆

01121
浙闽粤东沿途各县调查撮要一览表 田曙岚编
出版者不详，[1931]，1 册，9 开

本表为田曙岚于 1931 年 7 月 1 日上海出发周游全国时调查得出。

收藏单位：浙江馆

01122
浙西对敌行政统计总报告（中华民国三十年） 浙江省政府浙西行署秘书处统计室编
浙西民族文化馆，1942.1，162 页，横 22 开（浙西抗建丛刊 20）

本书为 1941 年报告。分行政、警卫、民政、财政、经济、教育文化、政治工作、民力动员等 8 类统计表。

收藏单位：重庆馆、广东馆、国家馆、吉林馆、南京馆、浙江馆

01123
浙西对敌行政统计总报告（中华民国三十一年） 浙江省政府浙西行署秘书处统计室编
临安：浙西民族文化馆，1943.8，141 页，横 20 开（浙西抗建丛刊 41）

本书分行政、地方警卫、民政设施、财政状况、经济斗争、粮食征购、教育文化、社会救济等 8 类统计表。

收藏单位：浙江馆

01124
中国最近之主要统计 王仲武讲
[重庆]：中央训练团党政训练班，1943.10 印，1 册，32 开

本书内容包括：统计之重要性，我国最近之主要统计及分析等。附统计表 71 种。包括人口、土地、农村、交通、工矿、财政、外交、赈务等类。

收藏单位：重庆馆、广东馆、国家馆、吉林馆、南京馆、上海馆、首都馆、天津馆、中科图

01125
中华民国卅六年上半年工作进度检讨报告表 上海市政府编
出版者不详，60 页，16 开

收藏单位：南京馆

01126
中华民国十八年湖南全省赋税团防警察司法统计概要 湖南全省地方自治筹备处编
湖南全省地方自治筹备处，[1930]，50 页，横 6 开

本书为 1929 年湖南省统计图表。共 4 项：赋税、团防、警察、司法。

收藏单位：国家馆

01127
中华民国统计简编 国民政府主计处统计局编
[重庆]：中央训练团，1941.2，131 页，18 开

本书为全国各省统计表。共 15 类，内容包括：党务、政治、土地与人口、保甲与警卫、农矿、工商、交通、财政、教育、卫生、禁烟、赈济、战绩等。

收藏单位：重庆馆、广东馆、国家馆、湖南馆、吉林馆、近代史所、辽大馆、南京馆、上海馆、中科图

01128
中华民国统计年鉴 国民政府主计处统计局编
南京：中国文化事业公司，1948.6，434页，16开
本书内含国民政府成立至1947年6月的全国统计资料。共20章，内容包括：地理环境、政治制度、人口、农林渔牧、水利、工业、商业与物价、地政、粮食、财政、交通、教育、社会、侨务等。
收藏单位：重庆馆、东北师大馆、贵州馆、国家馆、湖南馆、吉林馆、近代史所、南京馆、宁夏馆、上海馆、天津馆、浙江馆

01129
中华民国统计年鉴资料（社会部分） 社会部统计处编
出版者不详，[1947]，油印本，1册，16开，环筒页装
收藏单位：国家馆

01130
中华民国统计提要 国民政府主计处统计局编
上海：商务印书馆，1册，16开，精装
本书为中英文对照全国各省统计表。共9类：土地与人口、生产事业、商业、货币金融、财政、交通、教育、政治、国际比较。
收藏单位：重庆馆

01131
中华民国统计提要（民国二十四年辑 样本） 国民政府主计处统计局编
上海：商务印书馆，1936.6，24页，16开
本书为1933年度全国统计总报告。包括疆界、地质、气象、法制、司法、监察、外交、人口、教育、社会病态、卫生、农业、林业、工业、商业等36类的统计图表。
收藏单位：宁夏馆、上海馆

01132
中华民国统计提要（民国廿四年辑） 国民政府主计处统计局编
上海：商务印书馆，1936.5，1247页，16开，精装
本书后附分类及检字索引。
收藏单位：重庆馆、大庆馆、东北师大馆、广东馆、国家馆、黑龙江馆、江西馆、辽大馆、辽师大馆、南京馆、内蒙古馆、宁夏馆、山西馆、上海馆、天津馆、浙江馆、中科图

01133
中华民国统计提要（民国二十九年辑） 国民政府主计处统计局编
外文题名：Statistical abstract of the Republic of China 1940
上海、重庆：商务印书馆，1940，280页，16开
收藏单位：重庆馆、国家馆、近代史所、辽大馆、南京馆、上海馆、中科图

01134
中华民国统计提要（民国二十九年辑 样本） 国民政府主计处统计局编
上海：商务印书馆，1936，14页，16开
收藏单位：国家馆

01135
中华民国统计提要（民国三十四年辑） 国民政府主计处统计局编
外文题名：Statistical abstract of the Republic of China 1945
重庆：国民政府主计处统计局，1945，187页，18开
本书共8类：土地与人口、农业、工商、财政与金融、交通、教育、社会与卫生、政治组织。胪列1937—1944年民国之变迁与进步。每类含文字概述，中英文对照统计表。
收藏单位：重庆馆、国家馆、南京馆、上海馆、天津馆、中科图

01136
中华民国统计提要（民国三十六年辑） 国民政府主计处统计局编
外文题名：Statistical abstract of the Republic of

China 1947
[南京]：国民政府主计处统计局，1947，140页，16开
本书为全国各地统计表。分土地与人口、农业、矿工商业、财政金融、交通、教育、社会与卫生、政治组织等8类。全书为中英文对照。
收藏单位：重庆馆、广东馆、国家馆、近代史所、南京馆、上海馆、浙江馆

01137
中华民国统计总报告资料（三十六年度 卫生部分） 卫生部统计室编
卫生部统计室，1947，手写本，1册，横8开
本书共6纲：卫生行政组织、卫生实验、医疗防疫保健工作、疾病、药品、市生死统计。
收藏单位：重庆馆

01138
重要统计参考资料 中国国民党中央执行委员会训练委员会编
重庆：中国国民党中央执行委员会训练委员会，1944.7，53页，16开（训练专刊11）
本书收53幅图表，共9方面：土地与人口、党务、政治、经济、交通、财政、教育、卫生、社会。书前有说明。
收藏单位：国家馆、近代史所、南京馆

社会学

01139
从社会学到社会问题 孙本文等编
上海：中华书局，1935.1，182页，32开（新中华丛书 社会科学汇刊）
本书为论文集。收有《世界社会学之派别及其现状》（孙本文）、《美国社会学的特征与都市社会学》（林天穆）、《中国社会学之过去与今后》（孙本文）等12篇。
收藏单位：重庆馆、广东馆、贵州馆、桂林馆、国家馆、吉林馆、江西馆、辽大馆、辽宁馆、南京馆、内蒙古馆、人大馆、首都馆、天津馆、西南大学馆

01140
法国现代社会学 狄亚著 杨堃译
北平：建设图书馆，1931，138页，18开
本书共4章：社会学之发生、社会科学、工作中的社会学者、悬案。书后有结论。
收藏单位：桂林馆、国家馆、吉林馆、近代史所

01141
福建省研究院社会科学研究所研究汇报（第1号） 王亚南等著
永安：福建省研究院，[1945.12]，82页，16开
本书收《中国社会史论新发展的研究报告》（胡瑞梁）、《闽西土地改革区新租佃问题研究》（章振乾）、《战前列强在华投资之研究》（侯刚）等5篇。
收藏单位：东北师大馆

01142
共同社会与利益社会 （日）波多野影著 杨正宇译
上海：太平洋书店，1928.3，64页，50开（社会问题丛书）
上海：太平洋书店，1928.9，再版，64页，50开（社会问题丛书）
本书论述人类从共同社会发展为利益社会，再发展为更高级的共同社会的过程。
收藏单位：重庆馆、国家馆、首都馆

01143
技术统治 （美）罗伯（Harold Loeb）著 蒋铎译
外文题名：Life in a technocracy, what it might be like
上海：商务印书馆，1935.4，161页，32开（社会科学小丛书）
上海：商务印书馆，1935，再版，161页，32开（社会科学小丛书）
本书共7章：闭塞的路，改变途径，技

术统治的内容，政府，宗教、教育与娱乐，艺术，技术统治的实现。论述了现代资本主义危机的存在，提出应由技术来决定生产，消除货物的匮乏，借以提高每个人的生活水平等。

收藏单位：重庆馆、东北师大馆、广东馆、广西馆、国家馆、近代史所、南京馆、内蒙古馆、上海馆、天津馆、浙江馆

01144

近世社会学 （日）远藤隆吉原著　覃寿公译

上海：泰东图书局，1920，384+30 页，22 开，精装

上海：泰东图书局，1923.12，3 版，384+30 页，22 开

上海：泰东图书局，1924，4 版，384+30 页，22 开

本书为社会学的研究著作。包括序论 7 章、本论 8 章。附社会史论两章。

收藏单位：重庆馆、东北师大馆、复旦馆、广东馆、广西馆、桂林馆、国家馆、湖南馆、吉林馆、江西馆、辽宁馆、南京馆、上海馆、绍兴馆、天津馆、浙江馆

01145

经国葑菲 郎德沛著

南京：京华印书馆，1934，174 页，32 开

本书分政治经济、法律外交、交通国防等类，多针对时局而发。

收藏单位：国家馆

01146

科学与社会改良 E. Malatest 著　吴沄译

成都：芒种社，1947，56 页，64 开（芒种丛刊 2）

收藏单位：国家馆、南京馆

01147

理论社会学 简贯三编

上海：中华书局，1935.9，356 页，22 开（社会科学丛书）

本书共 5 编 20 章，内容包括：理论社会学的本体、宇宙生物人类社会的起源、社会生活的要素、社会的生理、社会的静态与动态等。

收藏单位：重庆馆、广西馆、国家馆、黑龙江馆、湖南馆、吉林馆、江西馆、南京馆、内蒙古馆、上海馆、首都馆、天津馆、浙江馆

01148

伦敦大学社会学讲演册 （英）霍布豪斯（Leonard Trelawney Hobhouse）（英）威士特麦克（Westermarck）著　徐霞洲译

武昌：荣真印书馆，1936，30 页，16 开

本书内容包括：《近代社会学的根源》（霍布浩思）、《大学研究的社会学》（威士特麦克）两篇文章。卷首有《马个怀特的惠助》（儒克尔）、《致介绍词》（柯林）。封面题名：伦敦大学社会学讲演集。著者“霍布豪斯”原题：霍布浩思。

收藏单位：国家馆

01149

明日的社会 殷师竹著

上海：大通图书社，1929，155 页，25 开（明日世界丛书 2）

本书共 26 章，内容包括：不劳而食之社会建设、人造人劳动的时代、改造人类胜于改造社会、贫困之原因、救济失业者之设施、由政治时代至经济时代、都市文化与田园之移动等。书眉、目录及正文前书名题：明天的社会。

收藏单位：重庆馆、江西馆、南京馆、浙江馆

01150

明日的社会 殷师竹著

新思想学会，1929.5，155 页，25 开（明日世界丛书）

本书书眉、目录及正文前书名题：明天的社会。版权页丛书题：明天世界丛书。

收藏单位：河南馆、上海馆

01151

派克社会学论文集 派克（R. E. Pork）著

北平：燕京大学社会学会，1933.12，314 页，25 开

派克为芝加哥社会学派领袖。论文集收有作者的论著及吴文藻、费孝通等人的研究及介绍文章。共 11 篇，内容包括：《论中国》《我所认识的派克先生》《社会学》《人性论》《派克与人文区位学》等。后附派克著述简目、本书译名问题——重要译词选录表。

收藏单位：重庆馆、广西馆、国家馆、南京馆、上海馆、首都馆、浙江馆、中科图

01152
群学肄言 （英）斯宾塞（H. Spencer）著 严复译
外文题名：Study of sociology
上海：商务印书馆，1915，365+26 页
上海：商务印书馆，1920，365+26 页，32 开（严译名著丛刊）
上海：商务印书馆，1931，365+26 页，32 开，精装（严译名著丛刊 6）
上海：商务印书馆，1931.12，2 册（365+26 页），32 开（汉译世界名著）（万有文库 第 1 集 116）
上海：商务印书馆，1933，365+26 页，32 开，精装（严译名著丛刊 6）
上海：商务印书馆，1933.4，国难后 1 版，365+26 页，22 开，精、平装（严译名著丛刊）
上海：商务印书馆，1939.9，2 册（365+26 页），25 开（汉译世界名著）（万有文库 第 1—2 集简编 500 种 51）

本书为汉译社会学世界名著。原系英国社会学家所著《社会学研究》一书，是一部研究社会方法的著作，此书的翻译出版对社会学在中国的传播起了重要的推动作用。共 16 章，内容包括：砭愚、倡学、喻术、知难、物蔽等。正文前题名：订正群学肄言。

收藏单位：安徽馆、重庆馆、大连馆、东北师大馆、广东馆、贵州馆、桂林馆、国家馆、黑龙江馆、江西馆、辽大馆、辽师大馆、南京馆、内蒙古馆、宁夏馆、上海馆、首都馆、武大馆、西南大学馆、浙江馆、中科图

01153
群学肄言（订正）（英）斯宾塞（H. Spencer）原著 严复译述
外文题名：Study of sociology
上海：商务印书馆，1913.11，7 版，352 页，22 开，精、平装
上海：商务印书馆，1915.3，8 版，352 页，22 开
上海：商务印书馆，1916，9 版，352 页，22 开
上海：商务印书馆，1919，10 版，352 页，22 开，精装
上海：商务印书馆，1921.3，11 版，352 页，22 开
上海：商务印书馆，1923.3，12 版，352 页，22 开
上海：商务印书馆，1925.10，13 版，352 页，22 开
上海：商务印书馆，1926，14 版，352 页，22 开
上海：商务印书馆，1927.8，15 版，352 页，22 开，精装

本书版权页题名：改订群学肄言，书脊题名：群学肄言。著者原题：斯宾塞尔。

收藏单位：重庆馆、东北师大馆、广西馆、国家馆、江西馆、近代史所、辽宁馆、内蒙古馆、宁夏馆、人大馆、上海馆、浙江馆

01154
社会常识 广西省地方行政干部训练委员会编著
广西省地方行政干部训练委员会，1942.3，44 页，32 开

本书介绍了人和社会的关系、社会的结构、社会的进化、中国社会性质等内容。

收藏单位：桂林馆

01155
社会观 陈安仁著
东莞：陈安仁［发行者］，1919，77 页，18 开

本书内容包括：社会之渊源、社会结合之基本、社会之安习、社会意力之权威、社会道德堕落之原因、奖恶之社会、社会之威化力、社会消极的观念、富贵社会之生活、贫民社会之生活等。

收藏单位：首都馆

01156
社会观 陈安仁著
上海：泰东图书局，1922.5，98 页，32 开
上海：泰东图书局，1924，再版，98 页，32 开
上海：泰东图书局，1926，3 版，97 页，32 开
上海：泰东图书局，1929.1，4 版，97 页，32 开
收藏单位：重庆馆、东北师大馆、广东馆、广西馆、国家馆、南京馆、上海馆、天津馆

01157
社会建设的基本知识 孙本文著
[南京]：国立中央大学社会学研究所，1948，6 页，16 开（国立中央大学社会学研究所丛刊）
本书介绍了社会的传统思想、社会的固有组织、社会的经济基础、社会的生活习惯及一般心理等内容。
收藏单位：国家馆

01158
社会科学 姜蕴刚著
重庆：商务印书馆，1942.3，126 页，36 开
重庆：商务印书馆，1943.12，2 版，126 页，36 开
收藏单位：南京馆

01159
社会科学 （美）马克佛著 徐逸樵译述
上海：世界书局，1931.8，272 页，32 开，精装（文化科学丛书）
本书共 7 章：社会底本质、社会底阶段、社会与环境、利害与结社、社会底构造、社会底进化、社会进化底大法则。译自 *The Elements of Social Science* 第 4 版（1929 年）。
收藏单位：重庆馆、广东馆、国家馆、湖南馆、吉林馆、江西馆、南京馆、上海馆、天津馆、浙江馆

01160
社会科学讲义 瞿秋白等著 社会科学会编
汉口：长江书店，1927，再版，4 册，25 开
本书共 6 部分：《现代社会学》（瞿秋白）、《现代经济学》（安体诚）、《社会运动史》（施存统）、《社会思想史》（施存统）、《社会问题》（施存统）、《社会学概论》（瞿秋白）。
收藏单位：重庆馆

01161
社会科学讲义 社会科学会编辑
上海：上海书店，1924，4 册，16 开
上海：上海书店，1935，4 册，16 开
收藏单位：桂林馆、国家馆、近代史所、浙江馆

01162
社会论 （英）科尔（George Douglas Howard Cole）著 张东荪 吴献书译
外文题名：Social theory
上海：商务印书馆，1922.3，173 页，32 开（今人会丛书）（汉译世界名著）
上海：商务印书馆，1924.10，再版，173 页，32 开（今人会丛书）
上海：商务印书馆，1927，3 版，173 页，32 开（共学社今人会丛书）
上海：商务印书馆，1933.3，国难后 1 版，173 页，32 开（共学社今人会丛书）
上海：商务印书馆，1936.9，173 页，32 开（万有文库 第 2 集 68）（汉译世界名著）
上海、长沙：商务印书馆，1939.12，173 页，25 开（万有文库 第 1—2 集 简编 500 种 49）（汉译世界名著）
本书共 14 章，内容包括：社会论之形式、机能之原理、团体之形式与动机、民治主义与代表制度等。著者原题：柯尔。
收藏单位：重庆馆、大连馆、大庆馆、东北师大馆、广东馆、广西馆、国家馆、黑龙江馆、吉林馆、江西馆、近代史所、辽大馆、辽师大馆、南京馆、内蒙古馆、宁夏馆、上海馆、天津馆、浙江馆

01163
社会论 刘延陵著
上海：商务印书馆，1924.3，58 页，36 开（百科小丛书 38）
上海：商务印书馆，1926.5，再版，58 页，36

开（百科小丛书 38）
上海：商务印书馆，1930.4，52 页，32 开（百科小丛书）（万有文库 第 1 集 114）

分上、下两篇。上篇包括：社会之生物学观、社会之生物学观之应用两部分；下篇包括：社会之生物学观是不完全的说明、创造精神、社会之本性、放任与社会立法等 6 部分。

收藏单位：安徽馆、重庆馆、大连馆、东北师大馆、广东馆、广西馆、贵州馆、国家馆、黑龙江馆、湖南馆、吉林馆、江西馆、辽大馆、辽师大馆、南京馆、内蒙古馆、宁夏馆、上海馆、首都馆、天津馆、武大馆、西南大学馆、浙江馆

01164
社会浅说　吴一心编
上海：中华书局，1948.2，105 页，32 开（中华文库 初中 第 1 集）

本书介绍人类社会的基本知识。共 9 章，内容包括：社会是什么、先认识人类、次认识环境、人类社会是怎样形成的、人类社会的发展、社会的基础的剖析、不要轻视了人的力量等。

收藏单位：重庆馆、广东馆、广西馆、桂林馆、国家馆、湖南馆、江西馆、南京馆、上海馆、首都馆、天津馆

01165
社会学　（日）高田保马著　杜季光译
外文题名：Sociology
上海：商务印书馆，1933.12，85 页，32 开（百科小丛书）（万有文库 第 1 集 111）
上海：商务印书馆，1944.7，赣 1 版，154 页，32 开
上海：商务印书馆，1946.1，沪 1 版，154 页，32 开，精装

本书共 5 章：概论、普遍化的文化科学之社会学、社会法则、社会之本质、社会学之问题。

收藏单位：安徽馆、重庆馆、大连馆、广西馆、贵州馆、国家馆、黑龙江馆、江西馆、辽大馆、辽师大馆、内蒙古馆、宁夏馆、上海馆、天津馆、武大馆、浙江馆

01166
社会学　邝翰青著
出版者不详，[1932]，289 页，22 开

本书为 1932 年度朝阳学院讲义。全书共 4 编，论述了社会学的性质、社会的进化、社会化与社会管理、社会病理学等。

收藏单位：重庆馆、武大馆

01167
社会学　刘侃元著
[北京]：出版者不详，[1931—1936]，132 页，13 开

本书为北平民国学院讲义。共 7 章：社会构成与人类、社会之经济构造、社会之阶级过程、上层构造——政治过程、家族过程、观念形态一般、宗教意识及宗教形态。

收藏单位：国家馆

01168
社会学　毛起鵕编著
金华：正中书局，1943.4，154 页，32 开（青年基本知识丛书）
上海：正中书局，1946.1，沪 1 版，154 页，32 开（青年基本知识丛书）
上海：正中书局，1947.3，沪 7 版，154 页，32 开（青年基本知识丛书）

本书共 8 章：绪论、社会的地理基础、社会的生物基础、社会的心理基础、社会的文化基础、社会组织、社会制裁、社会变迁。附录社会学史上的五个重要社会学说、社会学重要参考书册介绍。

收藏单位：重庆馆、东北师大馆、广东馆、贵州馆、国家馆、湖南馆、近代史所、辽大馆、南京馆、内蒙古馆、首都馆、天津馆、武大馆、西南大学馆

01169
社会学　欧阳钧编译
上海：商务印书馆，[1911.3]，146 页，32 开
上海：商务印书馆，1911.7，再版，146 页，22 开
上海：商务印书馆，1913.4，3 版，146 页，22 开

上海：商务印书馆，1914，4版，146页，22开
上海：商务印书馆，1920.1，6版，146页，22开
上海：商务印书馆，1922.9，8版，146页，25开
上海：商务印书馆，1923.12，9版，146页，25开
上海：商务印书馆，1926，10版，146页，25开
上海：商务印书馆，1927.5，11版，146页，25开

本书据日本远藤隆吉的著述编译而成。分总论、各论、本论3编13章，内容包括：社会学之名称、社会学之意义、社会学与诸科学之关系、社会学研究之方面、社会之解释、社会物理、社会心理、社会之概说等。

收藏单位：东北师大馆、广东馆、广西馆、桂林馆、国家馆、湖南馆、吉林馆、江西馆、近代史所、南京馆、内蒙古馆、上海馆、首都馆、天津馆、浙江馆

01170
社会学　沈宗元编述
成都：昌福公司，1914.3，120页，32开

本书共8章，内容包括：社会学的沿革、研究方法、社会的结合、组织及社会历史的进化等。

01171
社会学　孙本文著
南京：[中央政治学校]，[1929]，20+324页，18开

收藏单位：广东馆、内蒙古馆

01172
社会学　作新社编译
北京：武学书馆，1919.9，197页，大32开

收藏单位：南京馆

01173
社会学ABC　孙本文著
上海：ABC丛书社，1928.7，122页，32开（ABC丛书）
上海：ABC丛书社，1929.1，再版，122页，32开（ABC丛书）
上海：ABC丛书社，1929.5，3版，122页，32开（ABC丛书）
上海：ABC丛书社，1930，4版，122页，32开（ABC丛书）
上海：ABC丛书社，1931.4，5版，122页，32开（ABC丛书）
上海：ABC丛书社，1931，6版，122页，32开（ABC丛书）
上海：ABC丛书社，1932.10，7版，122页，32开（ABC丛书）
上海：ABC丛书社，1934.10，8版，122页，32开（ABC丛书）

本书说明人类社会生活的普通原理原则。共9章：绪论、社会行为及其限制的要素、社会行为及其活动的要素、社会的性质和种类、社会制度和社会组织、社会标准和社会控制、社会变迁和人口、社会变迁和文化、社会学和社会改进。

收藏单位：重庆馆、广东馆、广西馆、贵州馆、桂林馆、国家馆、江西馆、辽大馆、南京馆、内蒙古馆、宁夏馆、首都馆

01174
社会学表解　上海科学书局编辑所编
上海：科学书局，1914.6，101页，42开（法律政治经济学表解丛书）

本书分总论、各论、本论3章，内容包括：社会学名称之由来、社会之解释、社会之概说等。

收藏单位：内蒙古馆、浙江馆

01175
社会学常识　柳湜编
上海：中华书局，1949.5，132页，36开（大众文化丛书）
上海：中华书局，1949.8，再版，132页，32开（大众文化丛书）

本书共5章：谜样的社会、先认识自己、人类社会是怎样形成的它形成的意义在那里、什么是环境、社会基础与上层建筑。

收藏单位：重庆馆、东北师大馆、国家

馆、南京馆、天津馆

01176

社会学大纲 （美）白拉克马（F. W. Blackmar）（美）齐林（John Lewis Gillin）著 周谷城编译

外文题名：Outlines of sociology

上海：大东书局，1933.4，378 页，25 开

上海：大东书局，1948，再版，378 页，25 开

本书为美国社会学教本。共 17 章，内容包括：社会生活、社会学之范围及定义、社会学的目的问题及方法、文化与社会进化、人口问题、社会组织、家庭生活之起源及发展等。

收藏单位：北师大馆、重庆馆、国家馆、黑龙江馆、江西馆、辽宁馆、南京馆、上海馆、天津馆、浙江馆

01177

社会学大纲 （美）白拉克马（F. W. Blackmar）（美）齐林（John Lewis Gillin）著 吴泽霖 陆德音译

外文题名：Outlines of sociology

上海：世界书局，1935.11，709 页，32 开，精装

本书共 5 部分：社会学的性质和意义、社会进化、社会化和社会约制、社会理想与社会约制、社会的病态。著者“白拉克马”原题：白克马，著者“齐林”原题：季灵。

收藏单位：重庆馆、广东馆、广西馆、贵州馆、黑龙江馆、江西馆、内蒙古馆、上海馆、浙江馆

01178

社会学大纲 李达著

上海：笔耕堂书店，1937.5，854 页，25 开

上海：笔耕堂书店，1937.6，再版，854 页，25 开

上海：笔耕堂书店，1938.5，3 版，854 页，25 开，精装

上海：笔耕堂书店，1939.4，4 版，854 页，25 开

本书共 5 篇：唯物辩证法、当作科学看的历史唯物论、社会的经济构造、社会的政治建筑、社会的意识形态。

收藏单位：广东馆、广西馆、贵州馆、国家馆、黑龙江馆、湖北馆、吉林馆、近代史所、南京馆、上海馆、中科图

01179

社会学大纲 李达讲述

上海：上海法政学院，276 页，16 开

本书共 5 章：社会学之哲学的基础辩证法的唯物论、社会学的任务及其研究对象、生产力与生产关系、阶级与阶级斗争的学说、国家与政权的学说。

收藏单位：上海馆

01180

社会学大纲 李达讲述

出版者不详，544 页，16 开

本书为国立北平大学法商学院民国二十四年度讲义。共 5 篇：社会学之哲学的基础、当作科学看的历史唯物论、社会的经济构造、阶级与国家、社会的意识形态。

收藏单位：首都馆

01181

社会学大纲 孙本文主编

上海：世界书局，1931.5，2 册，32 开，精装

上海：世界书局，1931.10，再版，2 册（1643 页），32 开，精装（社会学丛书）

本书为丛书合订本。上册收录：《社会学的领域》（孙本文）、《社会研究法》（杨开道）、《社会的地理基础》（黄国璋）、《社会的生物基础》（吴景超）、《社会的心理基础》（潘菽）、《社会的文化基础》（孙本文）、《社会组织》（吴景超）；下册收录：《人类起源》（游嘉德）、《社会变迁》（孙本文）、《社会进化》（黄凌霜）、《社会约制》（吴泽霖）、《农村社会学》（杨开道）、《都市社会学》（吴景超）、《社会学史纲》（李剑华）。

收藏单位：重庆馆、东北师大馆、广东馆、广西馆、国家馆、江西馆、辽大馆、南京馆、内蒙古馆、上海馆、天津馆、浙江馆

01182
社会学大纲 王平陵编
上海：泰东图书局，1926.6，170页，32开
上海：泰东图书局，1927.6，再版，170页，32开
上海：泰东图书局，1928，3版，170页，32开
上海：泰东图书局，1929，4版，170页，32开

本书共13章，内容包括：社会学及其与各科学的关系、社会的性质、社会的心理的基础、社会的物理的现象、社会的初期进化史、社会进步的原素、合作的意义、民治主义的内容等。

收藏单位：重庆馆、广东馆、贵州馆、国家馆、吉林馆、江西馆、南京馆、上海馆、浙江馆、中科图

01183
社会学大纲 余天休著
北平：文化学社，1931.2，180页，25开

本书共18章，内容包括：欧洲近代文明之演化、社会之意义、社会学之定义、社会学与诸科学之关系、社会学之派别、社会之起源、社会之演化、人口论、社会活动、宗教、家庭、犯罪等。后附普通汉文社会学参考书籍等4则。

收藏单位：北师大馆、重庆馆、桂林馆、国家馆、近代史所、上海馆、天津馆

01184
社会学大纲（第1篇 唯物辩证法） 李达著
新华书店，1949.5，356页，32开

全书分4章，内容包括：当作人类认识史的综合看的唯物辩证法、当作科学的唯物辩证法、当作认识论和论理学看的唯物辩证法等。

收藏单位：重庆馆、东北师大馆、国家馆、吉林馆、南京馆、内蒙古馆、山西馆、上海馆、天津馆

01185
社会学大纲（第2篇 历史唯物论序说） 李达著
新华书店，1949.5，80页，32开

本书论述历史唯物主义的基本出发点，区别历史唯物主义与历史唯心主义，指出历史唯物主义的产生是哲学的大变革等内容。

收藏单位：重庆馆、东北师大馆、国家馆、吉林馆、南京馆、内蒙古馆、天津馆

01186
社会学大纲（第3篇 社会的经济构造） 李达著
[北京]：新华书店，1949.5，155页，32开

本书论述了历史唯物主义关于生产力、生产关系、经济基础与上层建筑、生产方式等问题的观点。

收藏单位：重庆馆、东北师大馆、国家馆、吉林馆、辽大馆、南京馆、内蒙古馆、山东馆、天津馆

01187
社会学大纲（第4篇 社会的政治建筑） 李达著
[北京]：新华书店，1949.5，128页，32开

本书从历史唯物论角度论述了阶级、国家、社会革命等问题。

收藏单位：重庆馆、东北师大馆、国家馆、吉大馆、辽宁馆、南京馆、内蒙古馆、山东馆、上海馆、天津馆

01188
社会学大纲（第5篇 社会的意识形态） 李达著
[北京]：新华书店，1949.5，67页，32开

本书论述哲学、法律、政治、宗教、文学、艺术等社会意识形态的产生与发展。

收藏单位：重庆馆、东北师大馆、国家馆、吉林馆、南京馆、内蒙古馆、上海馆、天津馆

01189
社会学导言 （英）靳斯堡（Morris Ginsberg）著 张沄译
外文题名：Sociology

上海：商务印书馆，1936.1，197 页，32 开（社会科学小丛书）
上海：商务印书馆，1947.2，再版，197 页，32 开（社会科学小丛书）（新中学文库）
上海：商务印书馆，1947.12，3 版，197 页，32 开（社会科学小丛书）

本书共 8 章：社会学的范围和方法、社会文化和文明、种族与环境、社会生活的心理基础、社会的发展、社会阶级与经济组织、心理发展的各方面、结论。

收藏单位：重庆馆、广东馆、广西馆、贵州馆、国家馆、黑龙江馆、湖南馆、江西馆、辽宁馆、南京馆、内蒙古馆、上海馆、首都馆、天津馆、浙江馆、中科图

01190
社会学的基本知识 陈毅夫著
南京：南京印书馆，1928，124 页，32 开

本书分社会、社会学两编。第 1 编共 9 章，内容包括：社会学与社会之关系、社会之意义等；第 2 编共 5 章，内容包括：各家对社会学之解析、什么是社会学等。

收藏单位：重庆馆

01191
社会学的领域 孙本文著
上海：世界书局，1929.8，112 页，32 开（社会学丛书 1）
上海：世界书局，1931.6，再版，112 页，32 开（社会学丛书 1）
上海：世界书局，1932，3 版，112 页，32 开（社会学丛书 1）

本书为研究社会学入门之作。共 7 章：社会学的意义、社会学的性质、社会学的材料、社会学的问题、社会学的目标、社会学的方法、社会学与社会科学的关系。

收藏单位：重庆馆、广东馆、贵州馆、国家馆、湖南馆、吉大馆、江西馆、南京馆、天津馆、浙江馆、中科图

01192
社会学概论 （美）鲍格度（Emory S. Bogardus）著 瞿世英译
外文题名：Introduction to the social sciences
上海：商务印书馆，1925.1，175 页，32 开
上海：商务印书馆，1925.10，再版，175 页，32 开，精装
上海：商务印书馆，1926.4，3 版，175 页，32 开
上海：商务印书馆，1927.10，4 版，175 页，32 开，精装
上海：商务印书馆，1929.3，5 版，175 页，32 开
上海：商务印书馆，1932，国难后 1 版，175 页，32 开

本书为新学制高级中学教科书。共 13 章，内容包括：人口、家庭、社会与经济、社会与政治、社会与艺术、社会与知识、社会与宗教、社会进步与人类联合等。

收藏单位：重庆馆、东北师大馆、江西馆、浙江馆

01193
社会学概论 陈翊林著
上海：中华书局，1930.11，154 页，22 开（社会科学丛书）
上海：中华书局，1931.10，再版，154 页，22 开（社会科学丛书）
上海：中华书局，1932.5，3 版，154 页，23 开，精装（社会科学丛书）

本书共 4 编：绪论、社会生活的基础、社会生活的形态、社会生活的进化等。

收藏单位：重庆馆、广东馆、广西馆、贵州馆、国家馆、黑龙江馆、江西馆、南京馆、内蒙古馆、宁夏馆、上海馆、天津馆、浙江馆

01194
社会学概论 （日）高田保马著 伍绍垣译
上海：华通书局，1931.10，385 页，22 开
上海：华通书局，[1938]，改版，384 页，22 开（社会学丛书）

本书共 4 编：社会学、社会之形成、社会之相互关系、社会之结果等。

收藏单位：重庆馆、广西馆、桂林馆、国家馆、南京馆、天津馆、浙江馆

01195

社会学概论　呼世刚编

北京：中国大学，1943，36 页

本书为中国大学讲义。内容包括：社会学的意义、社会学的性质、社会的范围及其与社会科学的关系、社会学研究的单位及材料、社会学的目标、社会学的内容等。

收藏单位：北师大馆

01196

社会学概论　（日）加田哲二著　刘叔琴译

上海：开明书店，1930.10，200 页，32 开

上海：开明书店，1933.8，2 版，200 页，32 开

本书共 13 章，内容包括：社会学对于现代的意义、社会学的名称及意义、近世社会学的成立、社会学的诸潮流、社会学的对象、社会的本质、社会的构成、社会的种类、基本社会和环境、基本社会的发达等。卷首有译者序。

收藏单位：重庆馆、广东馆、桂林馆、国家馆、南京馆、山西馆、上海馆、浙江馆

01197

社会学概论　李哲愚编

[中央警官学校]，[1941—1945]，142 页，32 开

本书为中央警官学校讲义。共 5 章：社会学的意义、社会的基础、社会演变的历史过程、社会组织与社会制裁、社会问题。

收藏单位：国家馆

01198

社会学概论　汤增扬著

上海：大东书局，1933.9，144 页，32 开（社会科学基础丛书）

本书共 9 章：何谓社会及社会学之性质、社会之制度及家庭与家族、社会的物理的现象、人口与社会生活之关系影响、文化和社会生活之关系、人类态度和社会生活的关系、群众与社会、个人原始、社会原始。书前有《社会科学基础丛书序》（章渊若）和例言。附录本书参考书。

收藏单位：重庆馆、广东馆、国家馆、湖南馆、江西馆、南京馆

01199

社会学概论　汪公亮编

北平：华北大学，1935，226 页，16 开

本书共 4 章：绪论、社会生活之环境、社会心意之要素、社会进化之概观等。

收藏单位：江西馆

01200

社会学概论　徐宗泽编

外文题名：Summarium sociologiae

上海：圣教杂志社，285 页，32 开

本书共 4 章：社会总论、论家庭、论国家、论国际。

收藏单位：内蒙古馆、上海馆

01201

社会学概论　许德珩编

外文题名：The elementary principles of sociology

上海：商务印书馆，1928.12，79 页，32 开

本书共 3 章：社会学的对象、社会学的方法、社会学的分类。

收藏单位：重庆馆、广东馆、国家馆、江西馆、南京馆、内蒙古馆、宁夏馆、天津馆、浙江馆

01202

社会学概论　张我军译

上海：北新书局，1929.11，188 页，32 开

本书译自日本昭和三年（1928）春秋社出版的《大思想家エンサイクロペヂア》卷十三社会学里面的一部。共 10 章，内容包括：序论、近世社会学之发达、社会学之诸潮流、社会学之对象、社会之本质、社会之构成、社会之种类等。

收藏单位：北大馆、广西馆、国家馆、吉大馆、南京馆、内蒙古馆、上海馆、浙江馆

01203

社会学概论及现代社会问题研究大纲　郑若谷著

出版者不详，1929.5，160 页，32 开

本书介绍社会的由来、组织、进步及社会问题的研究方法等。

收藏单位：重庆馆、国家馆、河南馆、上海馆

01204

社会学概要 军需学校编

军需学校，1932，156页，大32开

军需学校，1933，156页，22开

收藏单位：广东馆、南京馆

01205

社会学概要 瞿世镇编

上海：三民图书公司，1948，74页，25开

本书共4章：绪论、社会活动的影响、社会的制裁、社会和民族国家。

收藏单位：江西馆

01206

社会学概要（考试准备） 郭伯棠编

上海：世界书局，1929，106页，50开（社会经济概要丛书）

本书以问答形式阐述社会学的基本要点。

收藏单位：重庆馆、天津馆

01207

社会学纲要 冯品兰编

上海：商务印书馆，1934.2，204页，32开

上海：商务印书馆，1935，2版，204页，32开

上海：商务印书馆，1939.1，3版，204页，32开

本书共9章：序论、社会概论、社会演进、社会之体制、社会活动、社会法则、社会历程、社会控制、社会学小史及其派别。

收藏单位：重庆馆、广东馆、国家馆、湖南馆、江西馆、南京馆、上海馆、天津馆、浙江馆

01208

社会学纲要 （美）赫思（Edward Cary Hayes）著 赵卓甫编译

外文题名：Outline of sociology

天津：百城书局，[1929]，2册，32开

天津：百城书局，1931.10，2册（1643页），32开

本书内容包括：各种原因之影响于社会生活者、地理的原因、技术的原因、心体物理的原因、社会的原因。

收藏单位：重庆馆、浙江馆

01209

社会学纲要 洪耀勋编述

北京：国立北京师范大学，1942，油印本，63叶，18开，环筒页装

收藏单位：国家馆

01210

社会学纲要 刘天予编

上海：中华书局，1934.3，153页，32开（中华百科丛书）

上海、昆明：中华书局，1941.2，3版，153页，32开（中华百科丛书）

本书共7章，内容包括：社会学是什么、支配着人类社会生活的是那些因素、聚合着人类社会生活的是些什么组织、人类社会生活是怎样演化与进步的、人类社会生活的价值是什么等。后附中文及西文名词索引。

收藏单位：重庆馆、广西馆、国家馆、江西馆、南京馆、宁夏馆、山西馆、上海馆、天津馆、浙江馆、中科图

01211

社会学纲要 钱然编著 上海法学社校阅

上海：上海法学社，1929，140页，50开

收藏单位：天津馆

01212

社会学纲要 唐仁编

上海：中华书局，1931.1，再版，196页，32开

本书共7章，内容包括：社会学之对象及与其他科学的关系、社会科学之有原因论与目的论、有定论与无定论、辩证法的唯物论、社会与自然间的均衡等。

收藏单位：国家馆

01213
社会学纲要 陶春华编
上海：上海法学社，1929.8，再版，140页，50开（考试丛书）

本书共10章，内容包括：总论、社会的性质和种类、社会学的起源和趋势、社会生活的分析及其要素、社会和个人的关系、社会和群众的关系等。

收藏单位：安徽馆、广东馆、国家馆、天津馆

01214
社会学纲要 张资平编
外文题名：Outline of sociology
上海：商务印书馆，1931.4，165页，32开（学艺丛书9）
上海：商务印书馆，1933.2，国难后1版，165页，32开（学艺丛书9）

本书分序论、本论两部分。内容包括：社会学的思想之发展、社会学的发生、社会学的释义、社会之发生过程、社会之成立过程等。书后附录社会学体系图表、社会学体系之三种类型、关于研究社会学之参考书。

收藏单位：重庆馆、大庆馆、广东馆、国家馆、黑龙江馆、吉林馆、江西馆、内蒙古馆、天津馆

01215
社会学基本的原理 季永绥编著
永安[福建]：中华书局，1939.8，80页，32开

收藏单位：福建馆

01216
社会学及现代社会问题 （美）爱尔乌德（Charles A. Ellwood）著 赵作雄译
外文题名：Sociology and modern social problems
上海：商务印书馆，1920.12，360页，32开（世界丛书）
上海：商务印书馆，1921.3，再版，360页，32开（世界丛书）
上海：商务印书馆，1921.10，3版，360页，32开（世界丛书）
上海：商务印书馆，1922.12，4版，360页，32开（世界丛书）
上海：商务印书馆，1924，6版，360页，32开，精装（世界丛书）
上海：商务印书馆，1925.12，7版，360页，32开（世界丛书）
上海：商务印书馆，1927，8版，360页，32开（世界丛书）
上海：商务印书馆，1928.3，9版，360页，32开（世界丛书）
上海：商务印书馆，1929.3，10版，360页，32开，精装（世界丛书）
上海：商务印书馆，1932.9，国难后1版，360页，32开（世界丛书）
上海：商务印书馆，1933.5，国难后2版，360页，32开（世界丛书）

本书共15章，内容包括：演进学说与社会问题的关系、家庭的起源、家庭的体制、家庭发达史、人口增加、都市问题等。

收藏单位：重庆馆、广东馆、贵州馆、国家馆、黑龙江馆、湖南馆、江西馆、近代史所、南京馆、内蒙古馆、宁夏馆、上海馆、武大馆

01217
社会学讲话（上册） 许德珩著
北平：好望书店，1936.11，486页，25开

本书为著者在大学讲述社会学的讲义，共9编。上册共5编，分述自然科学、社会科学及社会学、各家社会学学说、社会科学研究的方法、社会之形成及其发展等；下册未见。

收藏单位：重庆馆、东北师大馆、桂林馆、国家馆、南京馆、上海馆、首都馆

01218
社会学讲义 程苑岑编
陕西区长训练所，1931.6，100页，25开

本书共7部分，内容包括：生存与社会、社会之分析、社会之生活方法、社会之演进、社会发展史、社会之类别等。卷首有厅长兼所长杨虎城像。

收藏单位：国家馆、江西馆

01219
社会学讲义
出版者不详，40 页，22 开
本书为社会学研究著作。内容包括：社会、社会学、生物学等。
收藏单位：浙江馆

01220
社会学讲义纲要
出版者不详，1940，122 页，32 开
收藏单位：贵州馆

01221
社会学教程 王伯伦著
上海：神州国光社，1946.4，再版，248 页，25 开
上海：神州国光社，1949.4，再版，248 页，25 开
本书包括绪论、本论两部分。绪论包括：社会学是否可以成立的问题、社会学才能完成其科学之任务的问题；本论共 4 章：社会学的方法论——唯物论的辩证法、社会的构成、社会的阶级之发生及其斗争形态、社会意识即意识形态。
收藏单位：重庆馆、东北师大馆、国家馆、湖南馆、辽大馆、南京馆、宁夏馆、上海馆、首都馆

01222
社会学教程 王伯伦著
上海：言行出版社，1939.9，248 页，25 开（社会科学名著 11）
收藏单位：重庆馆、广东馆、国家馆、南京馆

01223
社会学教程 宪兵学校编
重庆：宪兵学校，1942.4，44 页，32 开
本书共 9 章，内容包括：社会主义的产生、马克思主义、布尔塞维主义、无政府主义、工团主义、基尔特社会主义、社会改良主义等。
收藏单位：重庆馆、国家馆

01224
社会学论集（一种人生观） 李安宅著
出版者不详，[1938.4]，416 页，25 开
本书共 3 编：人生态度、婚姻家庭与社会、社会科学哲学知识与实地研究。
收藏单位：广东馆、国家馆、首都馆、中科图

01225
社会学名词 国立编译馆编订
重庆：正中书局，1945.12，28 页，16 开
上海：正中书局，1946.9，沪 1 版，28 页，16 开
本书收录社会学上常见的名词。中英文对照。1941 年 11 月教育部公布。
收藏单位：重庆馆、东北师大馆、广西馆、国家馆、江西馆、辽宁馆、南京馆、上海馆、首都馆、天津馆、武大馆、浙江馆、中科图

01226
社会学名词（初审本） 国立编译馆编订
[重庆]：正中书局，1938，油印本，120 叶，横 10 开
收藏单位：国家馆、南京馆

01227
社会学名词（二审本） 国立编译馆编订
[重庆]：[国立编译馆]，1939，油印本，1 册，横 4 开
收藏单位：国家馆、南京馆

01228
社会学入门 德普 延年编
上海：世界书局，1923.7，再版，90 页，32 开（学生门径丛书）
上海：世界书局，1924.2，3 版，90 页，32 开（学生门径丛书）
本书分上、下两编。上编为社会学史，共 6 章，内容包括：社会学的成立和奥古斯德孔德、社会学研究的现状等；下编为社会学，共 12 章，内容包括：社会生活的形成、社会生活的特性、社会进化和教育等。

收藏单位：国家馆、江西馆、上海馆

01229
社会学入门 姜君辰著
桂林：文化供应社，1941.3，231页，32开
桂林：文化供应社，1942.3，3版，231页，32开
桂林：文化供应社，1942.4，4版，231页，32开
香港：文化供应社，1946，231页，32开

本书共8讲，内容包括：人类不能离社会而单独生存、社会的日新月异是什么意思、社会发展的动力、两个世界的对照、中国是一个怎样的社会等。

收藏单位：重庆馆、广东馆、广西馆、贵州馆、国家馆、吉林馆、南京馆、宁夏馆、上海馆、浙江馆

01230
社会学入门 （美）勒维思原著 高维翰译
上海：水沫书店，1930.5，188页，32开

本书共13章，内容包括：孔德的人类发达说、孔德的科学分类法、马克斯在社会学上的地位、社会学和社会科学、社会学的目的等。

收藏单位：重庆馆、东北师大馆、广西馆、国家馆、黑龙江馆、湖南馆、南京馆、上海馆、天津馆、浙江馆

01231
社会学是什么？ 杨堃著
北平：百科杂志社，1932.6，20页，16开

本书共9部分，内容包括：社会学之意义、社会学不是什么、社会之概念、社会事实之制裁、社会学之分类、社会学之方法等。末附参考书目。为《百科杂志》第1期抽印本。

收藏单位：国家馆

01232
社会学述要 杨幼炯著
上海：泰东图书局，1927.7，184页，32开（社会丛书）
上海：泰东图书局，1928.9，再版，184页，32开（社会丛书）
上海：泰东图书局，1930.3，3版，184页，32开（社会科学丛书）
上海：泰东图书局，1931.4，4版，184页，25开（社会科学丛书）

本书共13章，内容包括：社会学研究之目的及方法、社会与个人之关系、社会生活底分析及其要素、社会进化之原理、原始社会组织的进化、社会之疾病、社会学之起源及其趋势、近代社会学之发达及其派别等。

收藏单位：重庆馆、广西馆、桂林馆、国家馆、黑龙江馆、湖南馆、辽宁馆、南京馆、宁夏馆、上海馆、首都馆、天津馆、浙江馆、中科图

01233
社会学述要
出版者不详，[1913—1949]，112页，22开

收藏单位：江西馆

01234
社会学说体系（上卷）（德）恩格斯（Friedrich Engels）等著 高尔松等译 （苏）萨可夫斯基编
社会经济学会，1931.1，再版，1册，22开

本卷为第1—4分册，内容包括：社会进化的铁则（上、下）、史的唯物论（上、下）。著者原题：恩格思。译者原题：高希圣。

收藏单位：重庆馆、桂林馆、国家馆、辽大馆、南京馆、上海馆

01235
社会学说体系（下卷）（德）恩格斯（Friedrich Engels）等著 李芝真等译 （苏）萨可夫斯基编
社会经济学会，1931，1册，22开

本卷为第5—10分册，内容包括：史的唯物论的例证（上、下）、自由和必然、辩证法、辩证的唯物论、马克思世界观。著者原题：恩格思。

收藏单位：重庆馆、贵州馆、桂林馆、国家馆、辽大馆、浙江馆

01236
社会学问答　（日）纳武津著　甘浩泽译
外文题名：Questions and answers on sociology
上海：商务印书馆，1925.12，120 页，42 开（百科问答小丛书）

本书用甲乙二人对话形式来说明社会学的诸问题。

收藏单位：重庆馆、近代史所、南京馆、首都馆

01237
社会学问答（报考必备）　程逸民编　文公直主编
上海：大中华书局，1936.3，104 页，32 开

本书为问题解答，说明社会学一般知识，供投考学校者参考之用。

收藏单位：首都馆

01238
社会学问答（考试必携）　毛起鵕编
上海：大东书局，1930.1，200 页，50 开（百科问答丛书）
上海：大东书局，1931.6，再版，200 页，50 开（百科常识问答丛书）

本书共 8 章：社会学之实质论、社会现象论、地理环境与社会生活、技术和社会生活、社会的心理作用、社会中各个份子间之关系、社会经济与社会制裁、社会进化论。

收藏单位：重庆馆、广东馆、国家馆、江西馆、浙江馆

01239
社会学要论（上卷）　邓深泽著
南京：新京书店，1932.5，244 页，32 开

本书包括序论、本论两部分。本论分 3 篇：社会、社会内之含有物——文化、各社会间之相互关系。

收藏单位：广东馆、国家馆、湖南馆、上海馆

01240
社会学要旨　常乃悳编
上海：中华书局，1924.4，118+11 页，32 开（青年丛书）
上海：中华书局，1925.2，2 版，118+11 页，32 开（青年丛书）
上海：中华书局，1927.3，5 版，118+11 页，32 开（青年丛书）
上海：中华书局，1927.9，6 版，118+11 页，32 开，精装（青年丛书）
上海：中华书局，1928.3，7 版，118+11 页，32 开（青年丛书）
上海：中华书局，1928.10，8 版，118+11 页，32 开（青年丛书）
上海：中华书局，1930.4，9 版，118+11 页，32 开，精装（青年丛书）
上海：中华书局，1930.11，10 版，118+11 页，32 开，精装（青年丛书）
上海：中华书局，1932.10，11 版，118+11 页，32 开（青年丛书）

本书共 14 章，内容包括：社会学与社会、社会学的问题和本学的系统、社会之起源、社会化之程序、社会发展之原因、社会之起源、社会化之程序、社会发展之原因、社会之弊病与理想、社会学的起源及其派别等。附译名表及关于社会学之中西文参考书。

收藏单位：重庆馆、广东馆、广西馆、贵州馆、国家馆、黑龙江馆、江西馆、辽大馆、南京馆、宁夏馆、上海馆、绍兴馆、首都馆、天津馆、浙江馆

01241
社会学与社会问题　冯和法编
上海：黎明书局，1933.9，382 页，32 开
上海：黎明书局，1935.3，再版，382 页，32 开
上海：黎明书局，1936.12，3 版，382 页，32 开

本书简述社会现象的偶然问题、社会科学的产生问题等。共 6 章：什么是社会、社会进化、社会的基础、社会的形态、社会组织、社会问题。书后附参考书目。

收藏单位：重庆馆、东北师大馆、广东馆、贵州馆、桂林馆、国家馆、湖南馆、近代史所、南京馆、上海馆、绍兴馆、首都馆、浙江馆、中科图

01242
社会学原理 （美）白拉克马（F. W. Blackmar）著 陶乐勤译
外文题名：Elements of sociology
上海：梁溪图书馆，1924.11，331页，25开
本书共7编：社会学的性质及来源、社会的进化、社会化及社会的支配、社会的思想、社会的病理学、社会考察的方法、社会学的历史。
收藏单位：湖北馆、中科图

01243
社会学原理 （美）白拉克马（F. W. Blackmar）著 陶乐勤译
外文题名：Elements of sociology
上海：新文化书社，1926，再版，331页，25开
上海：新文化书社，1928，3版，331页，25开
上海：新文化书社，1935，5版，[331]页，25开
收藏单位：重庆馆、广东馆、国家馆、江西馆、南京馆、内蒙古馆、上海馆、绍兴馆

01244
社会学原理 （法）布葛来（G. Bouglé）（法）纳富尔（J. Raffault）编 高达观译
外文题名：Eléments de sociologie
上海：商务印书馆，1936.6，521页，25开
本书为大学生学习社会学参考书。共6部分：普通社会、家族社会、政治社会、法律的及道德的社会、经济的社会、观念的社会。
收藏单位：北师大馆、重庆馆、东北师大馆、广东馆、广西馆、桂林馆、国家馆、湖南馆、南京馆、首都馆、天津馆

01245
社会学原理 高晶斋编
中央陆军军官学校政治训练处，1931.6，120页，25开
本书为政治教程第11种。共8章：绪论、社会生活的分析、社会的起源、社会之进化、诸种社会形态的进化、社会组织与社会活动、社会制裁与社会改造、社会调查。
收藏单位：国家馆、浙江馆

01246
社会学原理 姜蕴刚著
成都：华西大学中国社会史研究室，1944.10，196页，22开，环筒页装（华西大学中国社会史研究室丛书1）
本书共7章：总纲、社会的发生、社会的形成、社会的关系、社会的完成、社会学之理论与应用、社会学的历史。
收藏单位：重庆馆、国家馆、吉大馆、上海馆

01247
社会学原理 （英）迈基文（R. M. Maciver）著 张世文译
外文题名：Community, a sociological study
上海：商务印书馆，1933.12，38+458页，22开
上海：商务印书馆，1934.4，再版，38+458页，22开
本书共3卷：绪论、人群的分析、人群的发展的基本定律。
收藏单位：重庆馆、贵州馆、桂林馆、国家馆、黑龙江馆、湖南馆、江西馆、辽宁馆、宁夏馆、首都馆、浙江馆

01248
社会学原理 孙本文著
上海：商务印书馆，1935.1，717页，25开（大学丛书 教本）
上海：商务印书馆，1935.5，2册（690+26页），25开（大学丛书 教本）
上海：商务印书馆，1935.5，再版，690+26页，25开，精装（大学丛书 教本）
长沙：商务印书馆，1938.9，4版，2册（690+26页），25开（大学丛书 教本）
上海：商务印书馆，1940，6版，2册（690+26页），25开（大学丛书 教本）
长沙：商务印书馆，1940，7版，2册（690+26页），25开（大学丛书 教本）
重庆：商务印书馆，1944.9，渝1版，2册（259+280页），25开
上海：商务印书馆，1946.2，沪1版，2册（259+280页），25开

上海：商务印书馆，1946.10，沪 2 版，2 册（259+280 页），25 开
上海：商务印书馆，1947，沪 3 版，2 册（259+280 页），25 开
重庆：商务印书馆，1947，渝 2 版，2 册（259+280 页），25 开
上海：商务印书馆，1947.11，沪 4 版，2 册（259+280 页），25 开

本书共 5 编：总论、社会要素与社会生活的关系、社会过程、社会组织与社会控制、社会变迁与社会进步。书后附社会学重要参考书籍提要和社会学名词汉译表。

收藏单位：重庆馆、东北师大馆、广东馆、广西馆、贵州馆、国家馆、黑龙江馆、江西馆、近代史所、辽大馆、南京馆、内蒙古馆、宁夏馆、上海馆、绍兴馆、首都馆、天津馆、武大馆、浙江馆、中科图

01249
社会学原理 应成一著
上海：民智书局，1932—1933，2 册（422+428 页），25 开（社会科学丛书）

本书上卷共 6 章，内容包括：何谓社会、社会之自然原素、社会之生物原素、社会之心理原素等；下卷共 9 章，内容包括：社会形体、家庭制度、政治制度、教育制度、经济制度、宗教制度等。

收藏单位：广东馆、江西馆、南京馆、上海馆、绍兴馆、浙江馆、中科图

01250
社会学原理 朱亦松著
外文题名：Principles of sociology
上海：商务印书馆，1928.5，284+8 页，32 开，精、平装
上海：商务印书馆，1928.11，再版，284+8 页，32 开
上海：商务印书馆，1929.12，3 版，284+8 页，32 开
上海：商务印书馆，1933.2，国难后 1 版，284+8 页，32 开

本书共 4 编：社会学研究之对象范围及其方法、影响社会生活的四种势力、社会演化、社会制裁。后附参考书目。

收藏单位：重庆馆、广东馆、广西馆、桂林馆、国家馆、江西馆、南京馆、内蒙古馆、宁夏馆、绍兴馆、首都馆、天津馆、武大馆、浙江馆

01251
社会学原理
出版者不详，112 页，16 开

本书内容包括：社会学之名称定义及其研究对象、社会的起源、社会发达之原理、社会发达之形式、社会发达之原动力等。

收藏单位：南京馆、浙江馆

01252
社会学之意义 杨堃著
北平：国立北平师范大学，1934.5，8 页，16 开

本书为作者《社会学大纲》中一章。共 3 部分：社会学之名称与定义、社会学不是什么、社会学之各种名称及其意义。为《师大月刊》第 12 期抽印本。

收藏单位：国家馆、中科图

01253
社会学总论 （日）高田保马著 杜季光译
外文题名：General principles of sociology
上海：商务印书馆，1930.10，92 页，32 开（社会科学丛书）

本书共 5 章：社会学、普通化的文化科学之社会学、社会法则、社会之本质、社会学之问题。

收藏单位：广东馆、桂林馆、国家馆、湖南馆、江西馆、南京馆、浙江馆

01254
社会研究 吴文藻编
社会研究社，1935.9，410 页

收藏单位：近代史所、武大馆

01255
社会研究 行政院新闻局编
行政院新闻局，1948.1，28 页，32 开

本书介绍中央研究院社会研究所的宗旨、沿革、研究工作概况等。附该所历年来出版中文书目。

收藏单位：重庆馆、广东馆、广西馆、国家馆、近代史所、南京馆、上海馆、首都馆、天津馆、武大馆

01256

社会哲学史　（美）爱尔乌德（G. A. Ellwood）原著　瞿世英译述

外文题名：History of social philosophy

重庆：商务印书馆，1946，255页，25开

上海：商务印书馆，1947.2，255页，25开

本书论述社会学各派别前驱者的观点。共3编：社会学之前驱、偏见的社会哲学家、社会学的运动。译述者原题：瞿菊农。

收藏单位：重庆馆、贵州馆、国家馆、黑龙江馆、湖南馆、吉林馆、辽大馆、南京馆、山东馆、上海馆、首都馆、武大馆、浙江馆、中科图

01257

社会哲学史大纲　黄新民编译

上海：光华书局，1927.10，44页，50开

本书共14部分，内容包括：导言、柏拉图的社会哲学、亚里士多德的社会哲学、乐克达士的哲学、阿古丁的社会哲学等。

收藏单位：南京馆、上海馆

01258

社会之基础知识　李鹤鸣著

上海：新生命书局，1929.4，122页，32开（社会科学常识丛刊4）

上海：新生命书局，1929，2版，122页，32开（社会科学常识丛刊4）

上海：新生命书局，1931.8，再版，122页，32开（社会科学常识丛刊4）

上海：新生命书局，1932.10，再版，122页，32开（社会科学常识丛刊4）

本书共5篇：社会进化之原理、现代社会之解剖、社会问题、民族问题、世界之将来。

收藏单位：重庆馆、东北师大馆、广东馆、广西馆、桂林馆、国家馆、湖北馆、江西馆、南京馆、宁夏馆、上海馆、首都馆、天津馆、浙江馆

01259

社会之解剖　匡亚明著

上海：光华书局，1930.5，224页，25开

本书共5章：社会是什么、社会的构造（上、下）、社会的发达、资本社会的前途。

收藏单位：重庆馆、东北师大馆、广东馆、广西馆、国家馆、黑龙江馆、南京馆、内蒙古馆、上海馆、首都馆

01260

社会秩序之重建　戴明我译　方豪校

重庆：光启出版社，1944.5，122页，36开

本书内容包括：《社会秩序之重建》和《劳工问题》两篇文章。

收藏单位：重庆馆、贵州馆、国家馆、南京馆、内蒙古馆、上海馆、浙江馆

01261

社会诸研究　朱镜我著

上海：江南书店，1929.11，166页，32开

本书收录文章5篇：《社会底经济的构造》《政治一般的社会的基础》《关于精神的生产底一考察》《德模克拉西论》《社会与个人底关系》等。

收藏单位：国家馆、湖北馆、近代史所、上海馆、浙江馆

01262

社会主义社会学　（苏）波达诺夫（A. A. Богданов）著　萨孟武译

上海：新生命书局，1929.4，282页，25开（社会科学名著译丛）

上海：新生命书局，1929.8，再版，282页，25开（社会科学名著译丛）

上海：新生命书局，1930.3，3版，282页，25开（社会科学名著译丛）

本书共6章：序论、原始文化时代、权威的文化时代、个人主义的文化时代、集团主义的文化、结论。

收藏单位：重庆馆、广东馆、广西馆、贵

州馆、国家馆、吉林馆、江西馆、近代史所、南京馆、内蒙古馆、绍兴馆、首都馆、浙江馆、中科图

01263
社会主义社会学 （美）留伊斯（A. Lewis）著 汪馥泉译
外文题名：An introduction to sociology
上海：神州国光社，1930.5，205 页，32 开
本书据日本社会科学家高畠素之改译本《社会主义社会学》重译。共 13 章，内容包括：孔德底人类发达说、孔德底科学分类法、斯宾塞底类推社会学、社会学与社会科学等。著者原题：蓝维斯。
收藏单位：重庆馆、广东馆、国家馆、黑龙江馆、江西馆、南京馆、浙江馆

01264
社会主义社会学 （美）留伊斯（A. Lewis）著 汪馥泉译
言行出版社，1938.11，105 页，32 开（大学文库 第 1 辑）
本书著者原题：蓝维斯。
收藏单位：内蒙古馆、上海馆

01265
社会主义社会学 （美）留伊斯（A. Lewis）原著 （日）高畠素之译 刘家筠重译
外文题名：An introduction to sociology
上海：华通书局，1930.2，261 页，25 开
收藏单位：东北师大馆、广东馆、吉林馆、近代史所、南京馆、上海馆、天津馆

01266
社会主义社会学 唐仁编译
上海：平凡书店，1929.12，196 页，32 开（社会主义文库）
本书共 7 章：社会学之对象及其与其他科学的关系、社会科学之原因论与目的论、有定论与无定论、辩证法的唯物论、社会、社会与自然间的均衡、社会的均衡及其再生。版权页题名：社会学。
收藏单位：重庆馆、国家馆、上海馆

01267
甚么是“特克诺克拉西”？ （美）列因格（美）列蒙德著 范大年译
上海：南强书局，1933.4，164 页，32 开
本书内容包括：《什么是“特克诺克拉西”？》和《“特克诺克拉西”底全貌》两篇。
收藏单位：重庆馆、国家馆、上海馆、浙江馆

01268
书评 吴景超著
[北平]：[国立清华大学]，1935.1，15 页
本书介绍哈特曼的《社会学》，以及一些研究德国社会学的资料。为《清华学报》单行本。
收藏单位：北大馆

01269
特克诺克拉西 林伯修著
上海：良友图书印刷公司，1933.3，55 页，64 开（一角丛书 61）
本书介绍斯科特（Howard Scott）等学者提倡、1932 年在美国广泛引起注意的特克诺克拉西（Technocracy）学说的来源和内容。
收藏单位：国家馆、吉林馆

01270
推克诺克拉西 （美）赖孟德（Allen Raymond）著 李百强译
外文题名：What is technocracy
上海：世界书局，1933.6，174 页，32 开
本书介绍“推克诺克拉西”主义的源起、领袖、主张、著作和各方的辩论文章。
收藏单位：重庆馆、东北师大馆、广东馆、贵州馆、国家馆、吉林馆、江西馆、南京馆、内蒙古馆、上海馆、天津馆、浙江馆

01271
唯物的社会学 赖也夫斯基著 陆一远译
上海：新宇宙书店，1929.8，128 页，32 开
本书共 4 章：辩证法的唯物论、社会、阶级斗争、思想。
收藏单位：广东馆、国家馆、湖南馆、江

西馆、南京馆、浙江馆

01272

唯物史观与社会学 （苏）布哈林（Н. Бухарин）著 许楚生译

北平：北新书局、东亚书局，1932.5，7版，582页，25开（社会科学名著译丛）

本书共8章，内容包括：辩证法的唯物论、社会、社会与自然之间的均衡、社会诸要素间的均衡等。书后附对于唯物史观的理论问题之几个简短的附注。

收藏单位：重庆馆、国家馆、辽大馆、南京馆、上海馆、首都馆、浙江馆、中科图

01273

唯物史观与社会学 （苏）布哈林（Н. Бухарин）著 许楚生译

上海：社会问题研究社，1929.10，578页，25开（社会科学名著译丛）

上海：社会问题研究社，1930.1，再版，582页，25开（社会科学名著译丛）

上海：社会问题研究社，1930.2，3版，582页，25开（社会科学名著译丛）

上海：社会问题研究社，1930.3，4版，582页，25开（社会科学名著译丛）

上海：社会问题研究社，1930，5版，582页，25开（社会科学名著译丛）

上海：社会问题研究社，1930.5，6版，582页，25开（社会科学名著译丛）

上海：社会问题研究社，1932.7，7版，582页，25开（社会科学名著译丛）

收藏单位：重庆馆、东北师大馆、国家馆、黑龙江馆、江西馆、绍兴馆、天津馆

01274

我们的思想系统及主张根据

上海：中华文化合作社，1929，40页，50开（中华文化合作丛书）

本书提出相对实在论者的人生观。共8节：宇宙、人生、社会、社会进化律、政治经济伦理及其互相关系、政治、经济、伦理。

收藏单位：上海馆

01275

系统社会学 叶墨君著

上海：开明书店，1941.7，305页，32开

本书论述社会进化的要素、原理、原则等。

收藏单位：上海馆

01276

现代社会学 李达著

上海：昆仑书店，328页，25开

上海：昆仑书店，1926，再版，328页，25开

[上海]：[昆仑书店]，[1928]，[再版]，328页，25开

上海：昆仑书店，1929.1，改正3版，328页，25开

上海：昆仑书店，1929.3，4版，328页，25开

上海：昆仑书店，1929.8，6版，328页，25开

上海：昆仑书店，1929.9，7版，328页，25开

上海：昆仑书店，1929.12，9版，328页，25开

上海：昆仑书店，1930.7，10版，328页，25开

上海：昆仑书店，1930.12，11版，328页，25开

上海：昆仑书店，1933.4，14版，328页，25开

本书介绍马克思主义历史唯物主义。共18章，内容包括：社会学之性质、社会之本质、社会之起源、社会之发达、家族、氏族、社会意识、社会之变革、社会之进化、社会问题、社会思想等。

收藏单位：重庆馆、东北师大馆、广东馆、广西馆、国家馆、湖北馆、吉林馆、江西馆、近代史所、辽大馆、南京馆、上海馆、首都馆、浙江馆、中科图

01277

现代社会学 李达著

长沙：现代丛书社，1926.7，304页，18开

长沙：现代丛书社，1926，再版，304页，23开

收藏单位：重庆馆、湖北馆、吉林馆、上海馆、中科图

01278

现代社会学大纲 高尔松 郭真著

上海：民意书店，1931.6，1 册，32 开

本书共 13 章：绪论、社会论、文化论、唯物论、资本论、民族论、国家论、政党论、法律论、战争论、阶级论、宗教论、人口论。附录社会科学重要著作介绍。著者“高尔松”原题：高希圣。

收藏单位：国家馆、中科图

01279

现代社会学概要 茅仲复著

出版者不详，1930.3，157 页，32 开

本书共 8 章，内容包括：社会的起原和发达、社会的变迁、社会的进化、社会组织、社会阶级等。

01280

现代社会学理论大纲（唯物史观的社会学的基础理论） 李平心著

上海：光华书局，1930.6，243 页，32 开

上海：光华书局，1932.5，再版，243 页，32 开

[上海]：光华书局，1932.10，3 版，243 页，32 开

上海：光华书局，1933.1，4 版，243 页，32 开

本书共 6 章：绪论，社会的性质，社会的构造，社会诸活动现象之分析，社会的发展过程，阶级、国家与家族。著者原题：李圣悦。

收藏单位：重庆馆、东北师大馆、广东馆、桂林馆、国家馆、江西馆、近代史所、南京馆、内蒙古馆、上海馆、首都馆、浙江馆

01281

辛克莱社会论 （美）辛克莱（U. Sinclair）著 张迪虚译

上海：新生命书局，1933.6，240 页，32 开

本书收录论文 27 篇：《自我与世界》《竞争与合作》《社会进化的过程》《产业进化》《资本主义的过程》《社会革命》《土地问题》《人类的重造》等。

收藏单位：广东馆、广西馆、国家馆、江西馆、近代史所、辽大馆、南京馆、首都馆、中科图

01282

新社会 谢东平著

人民出版社，1948.7，233 页，32 开

本书共 12 章：新个人，新社会，新社会的图案；中国社会本质的论究；中西社会之异同；公有共营论；社会风习论；社会制度论；社会教化论；基本生活的社会设施；生命的延续与保育；生命的美化与社会的美化；创造的境界等。

收藏单位：国家馆、上海馆、武大馆

01283

新社会学 马哲民著

上海：上海杂志公司，1938.12，295 页，25 开（社会科学名著大系 2）

上海：上海杂志公司，1939.3，再版，295 页，25 开（社会科学名著大系 2）

本书共 4 章：社会经济的构成、社会经济的发展、阶级和国家、社会意识形态。书前有作者的《写在本书底前面》一文。

收藏单位：重庆馆、广东馆、广西馆、国家馆、湖南馆、南京馆、内蒙古馆、武大馆

01284

新社会学大纲 李达著

上海、香港、新加坡：生活书店，1948.2，476 页，22 开（新中国大学丛书）

本书主要介绍社会学知识。共 4 篇：当作科学看的历史唯物论、社会的经济构造、社会的政治建筑、社会的意识形态。

收藏单位：重庆馆、东北师大馆、广东馆、国家馆、辽师大馆、南京馆、山西馆、首都馆、武大馆、浙江馆

01285

新社会学底基本问题 沈志远著

上海：生活·读书·新知联合发行所，1949.6，72 页，48 开（社会科学基础读本 2）

上海：生活·读书·新知联合发行所，1949.8，再版，72 页，48 开（社会科学基础读本 2）

本书共 7 部分：概说，社会和自然，生产、生产力和生产关系，社会结构和社会形态，关于阶级与阶级冲突，社会变革，人民

大众在历史中的作用等。

收藏单位：重庆馆、东北师大馆、广东馆、广西馆、国家馆、湖北馆、辽宁馆、南京馆、内蒙古馆、天津馆、武大馆、云南馆

01286
袖珍社会学辞汇（英汉对照） 高君哲等编
外文题名：An Anglo-Chinese glossary of sociological terms
北平：友联社，1931.4，152页，32开（友联丛书 第1种）

本书按英文字母顺序排列。书前有弁言。书后附引用书目、参考用书及勘误表。

收藏单位：国家馆、宁夏馆、首都馆、浙江馆

01287
应用社会学大纲 李醴泉著
开封：驻豫特派绥靖主任公署，1935.11，140页，18开

本书为李醴泉先生遗著之一。共12章，内容包括：应用社会学的领域、社会现象的分类、经济生活常态、生活程度、经济变态、人口生长的原理、婚姻与家庭等。

收藏单位：国家馆

01288
怎叫社会 钱然编
上海：民众教育研究社，1931.4，61页，50开（注音符号民众万有丛书 社会类）
上海：民众教育研究社，1933，再版，61页，50开（注音符号民众万有丛书 社会类）

收藏单位：重庆馆、江西馆、首都馆

01289
自由社会学 柳絮译著
上海：中山书店，1929.8，120页，32开（新时代丛书6）

本书共8章，内容包括：社会学的来源、自由社会学的定义、社会进化的原理、社会的变迁、社会生理学、宗教批判、社会主义批评等。

收藏单位：江西馆、山西馆、首都馆

01290
总理遗教社会部门辑要 钟腾浩编
[重庆]：中国文化服务社，1944.11，310页，32开（社会行政丛书）
[重庆]：中国文化服务社，1945.1，再版，310+12页，32开（社会行政丛书）

本书辑录孙中山关于社会问题的言论、文章，取材于《中山全集》。共4部分：社会现象、社会哲学、社会政策、社会工作，每条下注明来源及发表年月。

收藏单位：重庆馆、国家馆、吉林馆、南京馆、内蒙古馆、中科图

社会学理论与方法论

01291
当代社会学学说 （美）索罗金（Pitirim Alexandrovitch Sorokin）著 黄文山译
外文题名：Contemporary sociological theories
上海：商务印书馆，1935.9，10册，32开（万有文库 第2集67）（汉译世界名著）
上海：商务印书馆，1935.11，1284页，32开，精装（汉译世界名著）

本书介绍社会学学说与学派。共14章，内容包括：机械学派、李柏烈学派、地理学派、生存竞争之社会学的解释与战争社会学、社会学派、心理学派等。书前有志谢、编辑者序、孙本文序、译者序。著者原题：素罗金。

收藏单位：重庆馆、大连馆、广西馆、贵州馆、国家馆、近代史所、辽大馆、辽师大馆、内蒙古馆、宁夏馆

01292
当代社会学学说（上卷） （美）索罗金（Pitirim Alexandrovitch Sorokin）著 黄文山译
外文题名：Contemporary sociological theories
上海：社会问题研究社，1930.8，660页，22开（社会科学名著译丛）

本卷共7章，内容包括：机械学派、李柏烈学派、地理学派、生存竞争之社会学的解释与战争社会学等。著者原题：素罗坚。

收藏单位：北师大馆、重庆馆、东北师大馆、贵州馆、桂林馆、国家馆、江西馆、近代史所、南京馆、内蒙古馆、上海馆、浙江馆

01293
当代中国社会学 孙本文著
南京：胜利出版公司，1948.5，329页，32开（当代中国学术丛书）

本书分上、下两编，共22章。论述中国社会学的起源与发展，中国社会学的流派及其特点。附录中国社会学重要文献分类简表、中国各大学社会学教授姓氏录。

收藏单位：重庆馆、东北师大馆、国家馆、近代史所、南京馆、上海馆、中科图

01294
德国社会学史 （德）齐美尔（Georg Simmel）著 黄新民译述
福建：国际学术书社，1928.7，66页，32开（国际社会学史小丛书）

本书共16章，内容包括：德国社会学底建设者、晚近德国社会概观、近世初期德国底社会思想、十九世纪初叶德国社会思想等。著者原题：辛迈尔。

收藏单位：国家馆

01295
德国系统的社会学 阿柏尔原著 黄凌霜译述
上海：华通书局，1932.6，1册，22开

本书共4章：辛麦尔的形式社会学、飞尔康特的现象学的社会学、魏塞的行为派的社会学、韦柏的理解的社会学。书后附最近德国研究方法论问题文献选目、关于德国社会学文献之参考书。

收藏单位：重庆馆、广东馆、广西馆、桂林馆、国家馆、吉林馆、南京馆、首都馆、天津馆、浙江馆

01296
国民革命之社会学 （日）新明正道著 袁业裕译述
长沙：商务印书馆，1938.4，175页，32开（社会科学小丛书）
长沙：商务印书馆，1938.11，再版，175页，32开（社会科学小丛书）

本书共6章：德国社会学之趋向、符莱翊社会学之概念、论理科学的社会学之检讨、现实科学的社会学之检讨、符莱翊国民革命之理论等。

收藏单位：重庆馆、广东馆、广西馆、桂林馆、国家馆、江西馆、南京馆、上海馆、西南大学馆

01297
合理合法解义 丁德隆著
丁德隆[发行者]，1948.7，14页，32开

著者认为理是宇宙的生存规律，法是人类合乎理的规则，合理者即合法，合法者必然能生存。但现实社会合乎法者未必合理，而合理者并不一定在法中得到肯定。书中论述了二者达到统一的一些办法。全书分合理合法定义、合理合法之实施、结论等3编。书前有自述。

收藏单位：国家馆、湖南馆、南京馆、上海馆

01298
互助论 （俄）克鲁泡特金（Л. Кропоткин）著 周佛海译
外文题名：Mutual aid
上海：商务印书馆，1921.12，[407]页，32开（共学社社会经济丛书）
上海：商务印书馆，1922.7，再版，[407]页，32开（共学社社会经济丛书）
上海：商务印书馆，1923，3版，[407]页，32开（共学社社会经济丛书）
上海：商务印书馆，1926，4版，[407]页，32开（共学社社会经济丛书）
上海：商务印书馆，1930.10，3册（392页），32开（万有文库 第1集 98）（汉译世界名著）
上海：商务印书馆，1933.1，国难后1版，[407]页，32开（共学社社会经济丛书）
上海：商务印书馆，1935，国难后2版，[407]页，32开，精装（汉译世界名著）
上海：商务印书馆，[1911—1949]，131+190+

83页，32开（汉译世界名著）

作者认为“互助”是生物的本能，“互助法则”是一切生物包括人类在内的进化法则，《互助论》一书试图以“互助法则”阐述人类社会的发展。本书共8章，内容包括：序论、蒙昧人底互助、动物底互助、野蛮人底互助、中世都市底互助、近代社会底互助等。

收藏单位：安徽馆、重庆馆、大连馆、大庆馆、东北师大馆、广东馆、广西馆、贵州馆、桂林馆、国家馆、河南馆、黑龙江馆、湖南馆、江西馆、辽大馆、辽师大馆、南京馆、内蒙古馆、宁夏馆、上海馆、绍兴馆、首都馆、天津馆、浙江馆、中科图

01299

互助论 （俄）克鲁泡特金（Л. Кропоткин）著 朱洗译

上海：平明书店，1939.12，445页，32开（克鲁泡特金全集6）

上海：平明书店，1946.8，再版，445页，32开（克鲁泡特金全集6）

上海：平明书店，1948.12，3版，455页，24开，精装（克鲁泡特金全集6）

本书内容包括动物中的互助、蒙昧人中的互助、野蛮人中的互助、中世纪都市的互助、现代人民的互助、结论等内容。书前有英文普及本序、导言等。

收藏单位：重庆馆、东北师大馆、国家馆、黑龙江馆、近代史所、宁夏馆、上海馆

01300

互助问题之一 味兰等著

国民革命军第二十四军学友互助总社，1931.2，16页，32开

本书收文13篇：《互助与互竞》（味兰）、《互助》（朱福祥）、《互助思想之历史发展及其评价》（仪父）、《社会进化是互助》（张少春）、《互助与生存》（廖子明）。

收藏单位：重庆馆、南京馆

01301

近代各国社会学思想史 叶法无著

上海：大陆书局，1933.9，184页，22开

本书分8章，介绍法、英、德、美、意、俄六国的社会学思想的由来、派别及发展。书后附本书作者的其他著作。

收藏单位：国家馆、南京馆、上海馆、浙江馆

01302

近代社会学发展史 孙本文著

上海：商务印书馆，1947.1，221页，32开（学生科学丛书）

本书分8章，介绍社会学的起源与发展状况。分为3期：草创时期、勃兴时期、建设时期，以美英法德诸国之社会学为主。书后附全书主要参考书目及西文人名汉译表。

收藏单位：重庆馆、东北师大馆、广西馆、桂林馆、国家馆、黑龙江馆、湖南馆、吉林馆、江西馆、辽大馆、南京馆、宁夏馆、上海馆、首都馆、天津馆、浙江馆

01303

近世六大家社会学 崔载阳著

上海：民智书局，1930.3，216页，22开

本书介绍孔德、斯宾塞、华尔德、达尔德、甘朴域斯、涂尔干6位社会学家的社会学学术研究成果。

收藏单位：重庆馆、广东馆、广西馆、贵州馆、桂林馆、国家馆、湖南馆、南京馆、山西馆、上海馆、绍兴馆、天津馆、浙江馆

01304

近世社会思想史大纲 （日）小泉信三著 陈灿章译

广州：东升印务局，1934.2，322页，22开

本书共6篇：总论、英吉利社会思想、法兰西社会思想、德意志社会思想、俄罗斯社会思想、国际社会主义运动。

收藏单位：广东馆、广西馆、黑龙江馆、近代史所、南京馆、上海馆

01305

近世社会学成立史 （日）加田哲二著 李培天译

上海：启智书局，1929.9，224页，32开

上海：启智书局，1929.12，再版，224 页，32 开

本书论述社会学史的意义，近世初期的社会学思想，英、德、法社会学思想。书末附人名汉译表。

收藏单位：重庆馆、东北师大馆、复旦馆、国家馆、江西馆、南京馆、上海馆、绍兴馆、浙江馆、中科图

01306

近世社会学成立史 （日）加田哲二著 刘叔琴译

上海：开明书店，1931.4，228 页，32 开

收藏单位：重庆馆、东北师大馆、复旦馆、贵州馆、桂林馆、国家馆、南京馆、上海馆、天津馆、浙江馆、中科图

01307

近世社会学成立史 （日）加田哲二著 杨逸棠 张资平合译

上海：乐群书店，1930.6，242 页，32 开（社会学丛刊 2）

收藏单位：复旦馆、国家馆、南京馆、上海馆、四川馆、天津馆、浙江馆

01308

莫斯教授的社会学学说与方法论 杨堃著

北平：燕京大学社会学系，1938，78 页，16 开

本书介绍法国现代社会学派首领莫斯的学术背景、社会学学说——社会学之分类与统一、普通社会学、形态社会学等。为《社会学界》第 10 卷抽印本。

收藏单位：国家馆

01309

社会的生物基础 吴景超著

上海：世界书局，1930.4，120 页，32 开（社会学丛书 5）

上海：世界书局，1931.9，再版，120 页，25 开（社会学丛书 5）

本书从社会生物学的角度讨论人口问题。论述人口问题中两性的分配问题、人口量的问题及质的问题。共 6 章：导言、性与社会、生殖力及其约束、种族的差异与文化、个性的差异与遗传、环境与遗传。卷首有孙本文《社会学丛书序》及作者的自序。附录参考书举要。

收藏单位：重庆馆、广东馆、广西馆、贵州馆、国家馆、湖南馆、南京馆、上海馆、首都馆、武大馆、浙江馆

01310

社会统计 毛起鵕著

上海：世界书局，1933.6，204 页，32 开（社会学丛书 17）

本书共 9 章：绪论、举办社会统计之前提、人口统计、生活费用统计、工资及工时统计、劳资争议统计、失业统计、工业灾害统计、犯罪统计。附录国际劳工局业务分类表、上海市社会局各业工人工厂工人职务分类表。

收藏单位：重庆馆、广东馆、广西馆、贵州馆、国家馆、湖南馆、江西馆、南京馆、山西馆

01311

社会统计 曾乐平编

上海：商务印书馆，1935.3，253 页，32 开（百科小丛书）

上海：商务印书馆，1935.4，再版，253 页，32 开（百科小丛书）

本书分 16 章，论及人口调查、人口婚姻、生命统计、贫穷统计、职业、农产、物产调查、生活费指数、劳动统计等。

收藏单位：重庆馆、大庆馆、广东馆、广西馆、贵州馆、国家馆、湖南馆、吉林馆、江西馆、辽大馆、辽宁馆、南京馆、宁夏馆、天津馆、浙江馆

01312

社会统计大纲 毛起鵕编著

上海：黎明书局，1933.4，524 页，22 开

本书共 4 编 19 章，内容包括：总论、人口统计、劳工统计、社会病态统计等。每章之后附有实例。附录各国统计制度比较、中

国户口调查计划大纲等6篇。

收藏单位：重庆馆、广东馆、广西馆、贵州馆、桂林馆、国家馆、湖南馆、吉林馆、江西馆、辽大馆、辽宁馆、南京馆、上海馆、首都馆、天津馆、浙江馆、中科图

01313

社会统计讲义　蔡正雅编

江苏省社会教育暑期讲习会，39页，24开

本书为江苏省社会教育暑期讲习会之社会统计讲义。共4章：调查概说、直接调查、次级材料及其应用、取样调查。

收藏单位：上海馆

01314

社会统计论　（日）冈崎文规著　阮有秋译

上海：太平洋书店，1928，91页，50开（社会问题丛书）

上海：太平洋书店，1928.10，2版，92页，50开（社会问题丛书）

本书共5篇：《统计学说之史的发展》《社会统计论之对象》《社会统计之本质》《社会现象与大量观察》《统计的研究方法》。

收藏单位：重庆馆、国家馆、黑龙江馆、江西馆、南京馆、上海馆

01315

社会学的起源　陈序经著

广州：岭南大学西南社会经济研究所，1949.6，47页，32开（岭南大学西南社会经济研究所专刊乙集2）

本书探讨社会学的起源，内容涉及时代、国别、思想的派别、人物等。

收藏单位：国家馆、吉林馆、南京馆

01316

社会学的生物学派　高君哲译

北平：燕京大学社会学系，1930.6，116页，16开（燕京大学社会学系丛刊 丙组30）

本书内容包括：社会有机论、社会达尔文主义、社会选择论等。

收藏单位：北大馆、南京馆

01317

社会学发展史鸟瞰（上篇）　杨堃著

北平：燕京大学法学院，1939，26页，16开

本书介绍孔德以前的社会学、现代各国社会学之派别与趋势。为《社会科学概论选读》单行本。

收藏单位：国家馆

01318

社会学方法论　（法）涂尔干（Emile Durkheim）著　许德珩译

外文题名：Les règles de la méthode sociologique

上海：商务印书馆，1925.9，191页，22开

上海：商务印书馆，1926.6，再版，191页，22开

上海：商务印书馆，1929.10，191页，22开（万有文库第1集）

上海：商务印书馆，1930.6，3版，191页，22开

上海：商务印书馆，1932，国难后1版，191页，22开

上海：商务印书馆，1934，再版，191页，32开（万有文库 第1集112）（汉译世界名著）

上海：商务印书馆，1939.9，191页，25开（万有文库 第1—2集 简编500种50）（汉译世界名著）

本书共7章，内容包括：什么是一个社会现象、关于观察社会现象的条例、关于制定社会种类之条例、关于考察证据的条例等。

收藏单位：安徽馆、重庆馆、大连馆、东北师大馆、广东馆、广西馆、贵州馆、国家馆、黑龙江馆、湖南馆、江西馆、辽大馆、辽师大馆、南京馆、内蒙古馆、宁夏馆、上海馆、首都馆、天津馆、武大馆、浙江馆、中科图

01319

社会学史纲　李剑华著

上海：世界书局，1930.3，135页，32开（社会学丛书13）

本书共5章：社会学的来历、社会学史的意义及其问题、横亘社会学史上的两大思潮、社会学史上的人物、概观社会学的世界。

收藏单位：重庆馆、广东馆、广西馆、贵

州馆、桂林馆、国家馆、湖南馆、江西馆、南京馆、宁夏馆、山西馆、上海馆、首都馆、天津馆、浙江馆

01320
社会学史要 冯义康著
社会评论社，1932.11，170 页，32 开
本书共 7 章：孔德以前的社会学学说、综合社会学、生物学派的社会学、心理学派之社会学、文化社会学的现势、社会学之技术的研究、社会学的科学化等。
收藏单位：国家馆、浙江馆

01321
社会学史要 易君左著
上海：商务印书馆，1921.8，121 页，32 开（共学社通俗丛书）
上海：商务印书馆，1922.7，再版，121 页，32 开（共学社通俗丛书）
上海：商务印书馆，1924.2，3 版，121 页，32 开（共学社通俗丛书）
上海：商务印书馆，1926，4 版，121 页，32 开（共学社通俗丛书）
本书说明社会学的派别与发展趋势。包括孔德以前的社会学与孔德以后的社会学两部分。著者原题：易家钺。
收藏单位：重庆馆、东北师大馆、广东馆、广西馆、桂林馆、国家馆、湖北馆、湖南馆、吉林馆、江西馆、近代史所、南京馆、内蒙古馆、宁夏馆、上海馆、首都馆、天津馆、浙江馆

01322
社会学小史 魏重庆编著
长沙：商务印书馆，1940.8，82 页，36 开（百科小丛书）
本书共 4 章：社会学史的意义、社会学的创立、社会学的发展、结论。
收藏单位：重庆馆、国家馆、湖南馆、江西馆、南京馆、内蒙古馆、首都馆

01323
社会学研究法 蔡毓骢著
上海：黎明书局，1930.5，66 页，32 开（黎明小丛书）
本书共 7 章，内容包括：社会研究与科学方法、社会学研究的基本训练、已有资料底利用、怎样去认识一个社会等。书后附重要参考书目。
收藏单位：重庆馆、东北师大馆、广东馆、广西馆、国家馆、湖南馆、近代史所、南京馆、上海馆、绍兴馆、首都馆、天津馆、浙江馆

01324
社会学与科学 季永绥编著
建瓯：福建建瓯县教育局，1932，80 页，32 开
收藏单位：福建馆

01325
社会学与其他科学之关系 骆笑帆译
上海：大东书局，1931.3，180 页，32 开
本书共 9 章，论述社会科学的领域，社会学与历史学、政治学、经济学、宗教学、伦理学、统计学的关系，城市的社会哲学，社会舆论的产生等。节译自下列三本书：*The City*、*The Urban Community*、*The Social Sciences and Their Interrelations.*
收藏单位：重庆馆、广西馆、国家馆、湖南馆、江西馆、辽大馆、南京馆、山西馆、上海馆、首都馆、天津馆、浙江馆

01326
社会学与政治理论 （美）班兹（Harry Elmer Barnes）著 叶新华 黄邦俊译
九江：铸新印刷公司，1935.9，131 页，22 开
本书共 13 章，内容包括：政治学说中社会学的趋向之发展、社会学与政治学的关系、国家性质的各派社会学观、国家要素之社会学的分析等。
收藏单位：江西馆、浙江馆

01327
社会研究法 （英）韦伯（Sidney Webb） 韦伯夫人（Beatrice Webb）著 钱亦石 詹哲

尊译
外文题名：Methods of social study
上海：商务印书馆，1937，203 页，25 开（中山文库）
长沙：商务印书馆，1938.5，203 页，25 开（中山文库）

本书共 12 章，内容包括：社会学范围的限定、社会研究者的精神准备、如何研究社会的事实、观察社会制度的活动、统计的应用、科学对于人生目的的关系等。

收藏单位：重庆馆、东北师大馆、广东馆、国家馆、辽大馆、南京馆、内蒙古馆、上海馆、中科图

01328
社会研究法 杨开道著
上海：世界书局，1929.8，126 页，32 开（社会学丛书 14）
上海：世界书局，1930.12，再版，128 页，32 开（社会学丛书 14）

本书共 9 章：社会现象、社会的科学研究、社会研究方法、题目的选择、书目的编制、书籍的参考、问题的分解、材料的搜集、材料的整理。卷首有孙本文的《社会学丛书序》、许仕廉的序和作者自序。书后附重要参考书目。

收藏单位：重庆馆、东北师大馆、广东馆、广西馆、国家馆、湖南馆、江西馆、南京馆、上海馆、天津馆、西南大学馆、浙江馆

01329
社会哲学 姜蕴刚著
重庆：商务印书馆，1942.3，126 页，32 开
重庆：商务印书馆，1942.12，赣初版，126 页，32 开
重庆：商务印书馆，1942，2 版，126 页，32 开
重庆：商务印书馆，1943，[再版]，126 页，32 开
重庆：商务印书馆，1943.12，渝 2 版，126 页，32 开
重庆：商务印书馆，1944.4，赣 2 版，126 页，32 开

本书收短文 8 篇：《“弱”的进化论》《何谓“自强律”》《生物现象与文化现象》《社会的进步是由于错误》《战争·弱·诗的时代》《人类的逃避文化》《人类崛起的成因》《人类文化的展望》。在书中作者提出：人类之所以进化，由于弱；人类之所以能进步，由于误，并以此观点研究了一些社会现象。

收藏单位：重庆馆、广东馆、广西馆、贵州馆、国家馆、黑龙江馆、江西馆、上海馆、西南大学馆、中科图

01330
社会哲学原论 （英）马肯底（L. S. Mackenzie）著 邹敬芳译
上海：学术研究会丛书部，1923，252 页，32 开（学术研究会丛书 5）
上海：学术研究会丛书部，1926.7，再版，252 页，32 开（学术研究会丛书 5）
上海：学术研究会丛书部，1929，3 版，252 页，32 开（学术研究会丛书 5）

本书共 3 篇：社会秩序之基础、国家之秩序、世界之秩序。书后有结论。

收藏单位：重庆馆、广东馆、国家馆、江西馆、南京馆、宁夏馆、上海馆、天津馆、浙江馆

01331
托尔斯泰之社会学说 徐松石编译
外文题名：A study of Tolstoy’s social theory
上海：广学书局，1921.10，88 页，22 开

本书共 4 章：托尔斯泰之意见、托尔斯泰之生活、托氏所遇之障碍、耶稣之社会学说。

收藏单位：国家馆

01332
现代社会学派 孙本文等译著
上海：商务印书馆，1933.12，96 页，50 开（东方文库续编）
上海：商务印书馆，1934.4，再版，96 页，50 开（东方文库续编）

本书收录论文 4 篇：《英国社会学的派别及其现势》（孙本文）、《美国社会学现状及其趋势》（孙本文）、《现代德国社会学鸟瞰》（杨续元）、《现代俄国社会学鸟瞰》（P. A.

Sorokin 著，黄枲译述）。

收藏单位：重庆馆、大庆馆、东北师大馆、广东馆、国家馆、黑龙江馆、湖南馆、辽大馆、南京馆、内蒙古馆、宁夏馆、上海馆、天津馆

01333

新社会哲学论 陈启天著

重庆：商务印书馆，1944.2，129 页，32 开

重庆：商务印书馆，1945，再版，129 页，32 开

上海：商务印书馆，1946.9，增订 1 版，183 页，32 开（中国文化研究所丛书）

本书收论文 10 篇：《国民理想与新社会哲学》《新社会哲学的体系》《新社会哲学的方法论》《新社会哲学的文化观与教育观》《新社会哲学的近代中国教育观》《新社会哲学的国民道德观》等。增订版增收两篇：《中国需要思想家》《中国需要政治家》。附录 7 篇：《抗战与人生观改造问题》《抗战与教育》《抗战的教训》《抗战以来的大收获》《国际问题的基本性》等。

收藏单位：重庆馆、广东馆、国家馆、湖南馆、吉大馆、江西馆、近代史所、辽大馆、南京馆、内蒙古馆、山东馆、天津馆

01334

易卜生社会哲学 （挪）易卜生（Henrik Johan Ibsen）著 袁振英编译

外文题名：Social philosophy of Henrik Ibsen

上海：泰东图书局，1927.5，194 页，32 开

上海：泰东图书局，1928.7，再版，194 页，32 开

本书版权页题名：社会哲学。

收藏单位：重庆馆、东北师大馆、广东馆、广西馆、国家馆、湖南馆、江西馆、辽大馆、南京馆、山西馆、上海馆、中科图

01335

易卜生社会哲学 （挪）易卜生（Henrik Johan Ibsen）著 袁振英编译

上海：商务印书馆，1928，再版，194 页，32 开（世界丛书）

本书共 3 卷：易卜生社会哲学、易卜生主义、易卜生底著作。

收藏单位：广西馆

01336

哲学及社会问题 （美）杜兰特（Will Durant）著 王捷三译

外文题名：Philosophy and the social problem

南京：南京书局，1931，228 页，25 开

南京：南京书局，1936.5，228 页，25 开

本书讲述作者在《哲学的故事》一书中介绍的一些哲学家的社会哲学学说。分为上、下两篇。上篇为历史的回顾，介绍苏格拉底、柏拉图、培根、斯宾诺莎和尼采的社会观；下篇为我们的提议，共 4 章：解决及未解决的问题、哲学之改造的功用、组织起来的智慧、读者之声。著者原题：杜兰。

收藏单位：重庆馆、广西馆、国家馆、辽大馆、宁夏馆、山东馆、上海馆、天津馆、西南大学馆、浙江馆

01337

中国社会思想概观 郭真著

上海：光华书局，1930.3，84 页，25 开（社会科学丛书）

本书分 3 章，介绍中国社会思想史的发展，着重论述战国时代和民国时期的社会思想。

收藏单位：东北师大馆、广东馆、国家馆、吉林馆、南京馆、上海馆、浙江馆

01338

中国社会思想史 程伯群编著 吴稚晖校订

上海：世界书局，1937.3，150 页，25 开

本书共 30 章，叙述自上古《易经》至民国孙中山时期的社会思想史。校订者原题：吴敬恒。

收藏单位：重庆馆、广东馆、贵州馆、国家馆、湖南馆、南京馆、西南大学馆

01339

中国社会思想史 郭真著

上海：平凡书局，1929.12，96 页，32 开（平

凡丛书 8）

本书共 5 章：绪论、中国社会思想的勃兴时代、中国社会思想的衰落时代、中国社会思想的复兴时代、结论。

收藏单位：重庆馆、东北师大馆、国家馆、近代史所、南京馆、宁夏馆、上海馆、首都馆、天津馆

01340
资产阶级社会学批判 （俄）亚历山大洛夫撰 王易今译
上海：书报杂志联合发行所，1949，138 页，36 开（理论与实践丛书）

本书共两部分：论社会发展学说史、资产阶级社会学的破产。

收藏单位：重庆馆、福建馆、国家馆、湖北馆、辽宁馆、南京馆、内蒙古馆、天津馆

社会结构和社会关系

01341
成人学概论 （美）柯伊布士基（Korzybski）著 王承黻译
上海：建国印务公司，1930，202 页，32 开

本书讲述人类的历史发展过程。认为从上古至资本主义时期都是人类发展的非成人阶段，人类即将进入科学的社会即成人阶段。共 10 篇，分述人类各个阶段的状况，其中第 9 篇论述人类之成人时期。

收藏单位：广东馆、国家馆、南京馆、上海馆

01342
城市常识（暂行本）
出版者不详，1949.4，46 页，32 开

收藏单位：上海馆

01343
城市群众工作研究 张烈等著
牡丹江：东北书店牡丹江分店，1948，30 页，32 开

本书分两部分：城市群众工作、城市财经工作。

收藏单位：东北师大馆、国家馆、南京馆、天津馆

01344
初民心理与各种社会制度之起源 崔载阳著
广州：国立中山大学售书处，1929.4，135 页，22 开（民俗学会丛书）

本书分上、下两编。上编初民心理，共 11 章，内容包括：同质的世界、团体中个体与个体的关系、死者之生存等；下编初民心理与各种社会制度之起源，共 8 章，介绍初民心理与宗教、道德、政治、家庭、学艺教育之起源。书前有容肇祖的序及作者自序。书后附初民风俗。

收藏单位：国家馆、湖南馆、南京馆、上海馆

01345
处世待人术 （美）卡内基（D. Carnegie）著 汪培龄译述
上海：医学书局，1941.12，82 页，32 开

本书以讲故事方式叙述待人接物处世方面的礼貌、态度和方法。

01346
处世的艺术 黄祷译
明明书店，1943，80 页，32 开

收藏单位：广东馆

01347
处世的艺术 卢仲明著
上海：光明书局，1947，144 页，32 开

本书共 6 章：自我的检验、宽大的胸怀、威信的表现、诱掖的手腕、委婉的态度、亲切的作风。

收藏单位：重庆馆、内蒙古馆

01348
处世顾问 范铨编
上海：普益书局，1933，382 页，32 开（酬世宝鉴）

收藏单位：广东馆、山东馆

01349
处世顾问 范铨编辑
上海：世界书局，1933.3，382 页，32 开
本书分 35 章，讲述处世的原理、方法、态度、礼仪、责任、艺术等。
收藏单位：广西馆、山东馆、浙江馆

01350
处世顾问 黄警顽讲 段尧襄记
上海：经纬书局，1937.6，634 页，32 开，精装
收藏单位：吉林馆、首都馆

01351
处世交友 （美）卡内基（D. Carnegie）著 顾毅音译
上海：交际研究社，1940.11，222 页，32 开
本书共 6 编：处世之心理、处世之态度、处世之方式、领袖条件、夫妇须知、交友知识。著者原题：台尔·卡乃基。
收藏单位：国家馆、首都馆

01352
处世教育 （美）卡内基（D. Carnegie）著 洪羲 张振声译
上海：文汇书店，1941，136 页，32 开
本书以讲故事方式叙述待人接物处世方面的礼貌、态度和方法。
收藏单位：南京馆、浙江馆

01353
处世教育 （美）卡内基（D. Carnegie）著 黄毅译
外文题名：How to win friends and influence people
重庆：国风出版社，1942.2，16+138 页，32 开
本书前有《我写本书的动机和经过》（达尔·卡纳基）、《一条成功的捷径》（罗威尔·仲马）。书末附《给丈夫和妻子的问题》。
收藏单位：重庆馆

01354
处世教育 （美）卡内基（D. Carnegie）著 黄毅译
外文题名：How to win friends and influence people
重庆：建国书店，1941.9，[12]+138 页，32 开
重庆：建国书店，1941.12，再版，16+136 页，32 开
重庆：建国书店，1948，再版，[12]+138 页，32 开（建国修养丛书）
本书版权页著者原题：卡尼基。
收藏单位：重庆馆

01355
处世教育 （美）卡内基（D. Carnegie）著 黄毅译
外文题名：How to win friends and influence people
重庆：天下出版社，1945.3，再版，16+138 页，32 开（青年修养丛书）
收藏单位：重庆馆

01356
处世教育 （美）卡内基（D. Carnegie）著 黄毅译
外文题名：How to win friends and influence people
重庆：文座出版社，1942.6，16+138 页，32 开
收藏单位：重庆馆、国家馆、吉林馆、南京馆、宁夏馆

01357
处世教育 （美）卡内基（D. Carnegie）著 黄毅译
外文题名：How to win friends and influence people
重庆：正风出版社，1943.1，16+138 页，32 开
收藏单位：重庆馆、国家馆

01358
处世教育 （美）卡内基（D. Carnegie）等著 蓬勃译
上海：激流书店，1946，98 页，32 开
本书著者原题：卡纳基。
收藏单位：广东馆

01359
处世教育　（美）卡内基（D. Carnegie）著　谢铎编译
外文题名：How to win friends and influence people
上海：竞文书店，1930.10，3 版，166 页，32 开
上海：竞文书店，1940，[再版]，166 页，32 开
上海：竞文书店，1941.6，5 版，166 页，32 开
上海：竞文书店，1941，6 版，166 页，32 开
本书以讲故事方式叙述待人接物处世方面的礼貌、态度和方法。1940 年版著者原题：卡乃基。
收藏单位：重庆馆、广西馆、贵州馆、国家馆、南京馆、浙江馆

01360
处世教育　（美）卡内基（D. Carnegie）著　谢铎编译
外文题名：How to win friends and influence people
重庆：兄弟书店，1946，163 页，32 开
本书分 5 编，讲述了与人交往的基本技巧、原则、方法等。
收藏单位：重庆馆、广东馆

01361
处世教育　（美）卡内基（D. Carnegie）著　谢铎编译
外文题名：How to win friends and influence people
长沙：中国文化服务社，1942，122 页，32 开
收藏单位：重庆馆

01362
处世教育　（美）卡内基（D. Carnegie）著　仲渊才　谈伦译
外文题名：How to win friends and influence people
上海：激流书店，1939.3，再版，177 页，36 开，精装
上海：激流书店，1939.6，5 版，177 页，36 开
上海：激流书店，1940.2，10 版，134 页，36 开
上海：激流书店，1940.6，16 版，134 页，36 开
上海：激流书店，1945，[再版]，161 页，36 开
上海：激流书店，1946.5，再版，166 页，36 开
上海：激流书店，1947.11，[再版]，166 页，32 开
上海：激流书店，1949，重版，166 页，36 开
本书著者原题：卡尼基。
收藏单位：重庆馆、广东馆、广西馆、江西馆、南京馆、人大馆、山东馆、绍兴馆、首都馆、浙江馆

01363
处世教育　谈伦编译
重庆：新中国书局，1947.2，177 页，32 开
收藏单位：重庆馆、广西馆、江西馆

01364
处世教育批判　柳革夫著
上海：华光书局，1940.4，198 页，32 开（处世读物丛刊）
本书对美国卡耐基的处世术进行批判。
收藏单位：广东馆、吉大馆、江西馆、南京馆

01365
处世门径　（美）卡内基（D. Carnegie）著　林俊千译
外文题名：How to win friends and influence people
上海：晓光书局，1939.7，140 页，32 开
上海：晓光书局，1946，77 页，32 开（青年自修成功丛书）
本书 1946 年版著者原题：卡纳其。
收藏单位：广东馆、首都馆

01366
处世门径（做人成功的秘诀）（美）卡内基（D. Carnegie）著　林俊千译述
上海：鸿文书局，1940，140 页，32 开
本书著者原题：卡内其。
收藏单位：广东馆

01367
处世门径（做人成功的秘诀）（美）卡内基（D. Carnegie）著　林俊千译
外文题名：How to win friends and influence people
上海：育才书局，1946，再版，140 页，32 开
上海：育才书局，1947.5，再版，140 页，32

开

本书1947年版著者原题：达耳·卡纳其。

收藏单位：国家馆、南京馆

01368
处世奇术（怎样获得朋友并影响众人）（美）卡内基（D. Carnegie）著　李木译
外文题名：How to win friends and influence people
崔淳镜[发行者]，1940.10，5版，168页，32开
崔淳镜[发行者]，1942.11，7版，180页，32开
崔淳镜[发行者]，1944.9，9版，168页，32开

本书除导言和原序外，共6篇。书前有美国电影新闻报告人托玛斯序《成名捷径》。著者原题：代尔卡耐基。

收藏单位：南京馆、首都馆

01369
处世奇术（怎样获得朋友并影响众人）（美）卡内基（D. Carnegie）著　李木译
外文题名：How to win friends and influence people
天津：大陆广告公司，1938.7，256页，32开
天津：大陆广告公司，1938.9，再版，256页，32开
天津：大陆广告公司，1943.5，8版，179页，32开

收藏单位：重庆馆、国家馆、首都馆、天津馆

01370
处世奇术（怎样获得朋友并影响众人）（美）卡内基（D. Carnegie）著　李木译
天津：久大印刷公司，1940.10，5版，192页，32开
天津：久大印刷公司，1941，6版，188页，32开

收藏单位：国家馆

01371
处世三昧　卢仲明编著
上海：曙社出版部，1941.12，144页，36开

本书讲述处世中的个人修养。

收藏单位：重庆馆、南京馆、上海馆

01372
处世手册　唐世文编
成都：复兴书局，1944.11，98页，36开

本书讲述对人对己对事的经验与常识。共5部分：处世训练、处世经验谈、新处世哲学十二则、处世应注意的事项、名人处世名言。

收藏单位：重庆馆

01373
处世新教育　高长风编著
上海：大方书局，1939，269页，25开
上海：大方书局，1946.7，再版，269页，25开
上海：大方书局，1947.1，再版，269页，32开

收藏单位：安徽馆、江西馆、南京馆、首都馆

01374
处世新教育　华敬贤著
上海：一心书局，1941.6，再版，192页，25开

收藏单位：江西馆、南京馆

01375
处世学理　刘绍复著
北京：武学书局，1922.7，74页，32开

本书原为京师宪兵司令部宪兵深造班讲义。讲述人我之间的关系，多从警方角度谈论。共9章，内容包括：精神之施力、处世我之种类、知己知彼推测、你我他之意义、阻碍力之原因等。书末附青年指南。本书原名：国际侦探学理。

收藏单位：国家馆

01376
处世要诀　廖淑伦编著
桂林：建文印刷厂，[1940.8]，[16]+128页，32开
桂林：建文印刷厂，1942，3版，18+226页，

32 开
桂林：[建文印刷厂]，1942.12，4 版，225 页，32 开
桂林：建文印刷厂，1943.5，5 版，18+226 页，32 开

本书以美国卡耐基著《处世教育》和韦勃、摩根合著的《怎样使人敬服你》两书为蓝本，加入作者个人的经验，论述做人处世的道理和方法。共 9 章：要诀根源、要诀实例、社交要诀、谈话要诀、服人要诀、驾驭和应付常人要诀、驭人要诀、齐家要诀、最后一课。

收藏单位：重庆馆、广东馆、广西馆、江西馆、南京馆、山东馆

01377
处世与交友 （美）卡耐基（D. Carnegie）著 合作出版社编译
上海：长风书店，1947.3，222 页，36 开

收藏单位：重庆馆、内蒙古馆、上海馆

01378
处世与交友 （美）卡耐基（D. Carnegie）著 黄警顽编译
外文题名：How to win friends and influence people
上海：合作出版社，1939.7，再版，228 页，32 开
上海：合作出版社，1939，3 版，228 页，32 开
上海：合作出版社，1940，5 版，228 页，32 开（社会丛书）
上海：合作出版社，1941.9，6 版，228 页，32 开
上海：合作出版社，1942.7，[再版]，228 页，32 开

收藏单位：重庆馆、广西馆、贵州馆、国家馆、吉林馆、江西馆、南京馆、绍兴馆、首都馆、浙江馆

01379
处世与人情 赵宗预编著
[上海]：世界书局，1948，2 册（201+203 页），32 开（青年成功丛书）
上海：世界书局，1949，再版，2 册（201+203 页），32 开（青年成功丛书）

本书讲述处世做人的方法。内容包括：做人三阶段、做人做事是两种本领、忠实负责得人敬服、考试你的忍耐心、成名的几条路、说话的方式、交际场中体味人情、你做个何等样人、几种工作的态度、乐观是人生的资本、气量要宽宏、毅力是成功资本、纠正取巧的人等。

收藏单位：重庆馆、江西馆、南京馆、上海馆

01380
处世与修养 （美）米尔登・赖脱（Milton Wright）著 圣辅译
外文题名：Getting along with people
上海：世界书局，1939.7，194 页，36 开（青年成功丛书）
上海：世界书局，1941.1，再版，184 页，36 开（青年成功丛书）
上海：世界书局，1943.2，3 版，184 页，36 开（青年成功丛书）
上海：世界书局，1944.3，4 版，184 页，36 开（青年成功丛书）
上海：世界书局，1946.12，5 版，184 页，36 开（青年成功丛书）
上海：世界书局，1948，6 版，184 页，36 开（青年成功丛书）

本书从心理和技术方面讲述处人处事之道。共 18 章，内容包括：应付人的技术、怎样使人喜欢你、机智与幽默、拒绝人的技巧、做领袖的条件等。著者原题：米尔登・赖忒。

收藏单位：重庆馆、广东馆、广西馆、贵州馆、国家馆、江西馆、南京馆、内蒙古馆、人大馆、首都馆

01381
处世哲学 林迟译
上海：国光书店，1941.9，155 页，32 开（世界名著）
上海：国光书店，1946.10，155 页，32 开（世界名著）
上海：国光书店，1947，再版，155 页，36 开（世界名著）

本书分3编：交际的基本态度、服务的成败关键、处世的几个法门。

收藏单位：重庆馆、国家馆、首都馆

01382
处世哲学 （美）马尔腾（Orison Swett Marden）著 林健吾译
重庆：新新出版社，1942.9，156页，32开

本书分63个专题，讲述处世之道。内容包括：唤起你的志气、破釜沉舟、新天地的开创、健康与事业、工作的精神等。

收藏单位：重庆馆、国家馆、吉林馆、江西馆、南京馆

01383
处世哲学 中国图书编译馆编译
上海：中国图书杂志公司，1941，[192]页，36开（中国百科小丛书）

本书论述处世之道。分4部分：思想与生活、服务与事业、修养与训练、交际与交友。

收藏单位：上海馆

01384
处世之道 （美）卡内基（D. Carnegie）著 谢颂羔 戴师石译
外文题名：How to win friends and influence people
上海：国光书店，1946，166页，32开（世界名著）
上海：国光书店，1946.10，再版，166页，32开（世界名著）
上海：国光书店，1947.3，3版，166页，32开（世界名著）
上海：国光书店，1948.8，再版，166页，32开，精装（世界名著）

本书著者原题：台尔卡乃基。

收藏单位：广东馆、江西馆、山东馆、首都馆

01385
处世之道 （美）卡内基（D. Carnegie）著 谢颂羔 戴师石译
外文题名：How to win friends and influence people
上海：竞新印书馆，1938，166页，32开
上海：竞新印书馆，1939，3版，166页，32开
上海：竞新印书馆，1942.4，7版，166页，32开

收藏单位：广东馆、内蒙古馆、浙江馆

01386
处世之道 （美）卡内基（D. Carnegie）著 谢颂羔 戴师石译
上海：英文知识社，1941，7版，166页，32开

收藏单位：重庆馆

01387
处事术 周禹昌著
上海：东方书店，1947，139页，32开

本书讲述处事待人的一些方法。共9章：事是什么、集中思想和精力来从事、心理的侦察、寻求正确的依据、怎样计划你的事、关于交朋友方面的事、对事的进取、莫做投机的事、事的紧急处理。

收藏单位：南京馆

01388
处事术 周禹昌著
上海：激流书店，1947.7，139页，32开

收藏单位：上海馆

01389
待人艺术 （美）米尔登·赖脱（Milton Wright）著 逸萍 鲁汀译
上海：激流书店，1941.2，168页，36开
上海：激流书店，1941，再版，168页，36开

本书为《处世与修养》的不同译本。从心理和技术方面讲述处人处事之道。分18部分，内容包括：为什么要懂得待人的艺术、心理学的妙用、怎样研究人家的个性、谈话的基本方法等。

收藏单位：重庆馆、江西馆、内蒙古馆、天津馆、浙江馆

01390
待人艺术 （美）米尔登·赖脱（Milton Wright）

著　逸萍　鲁汀译
外文题名：Getting along with people
上海：天下书店，1940.3，168 页，36 开
　　收藏单位：国家馆、吉林馆、首都馆

01391
弟兄合作（对话）　邵霆源著
北平：中华平民教育促进会，1932.7，再版，14 页，50 开（平民读物 13）
　　本书通过甲乙兄弟二人的对话，倡导一种团结合作的精神。
　　收藏单位：国家馆

01392
都市论　（日）米田庄太郎著　林肇民译
上海：新生命书局，1931.11，123 页，32 开
　　本书分 8 节，论述都市的一般观念、现代大都市的经济意义、人口集中于都市的心理原因以及都市计划和测量等。
　　收藏单位：东北师大馆、广东馆、贵州馆、国家馆、湖南馆、南京馆、上海馆、绍兴馆、浙江馆

01393
都市社会史　邱致中著
上海：有志书屋，1934.11，206 页，22 开（都市社会学丛书 3）
　　本书共 6 章：绪论、都市社会的成立、古代都市社会的发展、中世都市社会的发展、近代都市社会的发展、结论。
　　收藏单位：国家馆、上海馆

01394
都市社会学　吴景超著
上海：世界书局，1929.8，84 页，32 开（社会学丛书 12）
　　本书共 4 章：都市的经济、都市的人口、都市的区域、都市的控制。书后附参考书举要并解释。
　　收藏单位：重庆馆、广东馆、广西馆、贵州馆、桂林馆、国家馆、湖南馆、江西馆、辽宁馆、南京馆、上海馆、天津馆、浙江馆

01395
都市社会学原理　邱致中著
上海：有志书屋，1934.6，270 页，22 开（都市社会学丛书 2）
　　本书为暨南大学教本。分 10 章，论述都市社会的起源、构成、进化、环境、将来等。
　　收藏单位：重庆馆、广东馆、国家馆、南京馆、上海馆

01396
都市社会政策　邱致中著
上海：有志书屋，1936.9，241 页，22 开（都市社会学丛书 6）
　　本书共 10 章，内容包括：都市工会工运及其对策、都市劳动保护政策、都市失业救济政策、都市劳动保险政策、都市劳资争议政策、都市产业民主政策等。
　　收藏单位：重庆馆、贵州馆、国家馆、上海馆

01397
都市问答　（日）弓家七郎著　刘光华译
上海：商务印书馆，1926，143 页，32 开（百科问答小丛书）
　　本书共 12 部分，内容包括：近代都市与文明、古代的都市生活、现代的都市生活、日本的都市计划、都市的住宅问题、都市的政治等。
　　收藏单位：重庆馆、广东馆、湖南馆、天津馆、浙江馆

01398
风云集（现代纵横术）　任毕明著
广州：文建出版社，1947.4，244 页，32 开
　　本书介绍在社会上飞黄腾达之道，共 18 篇，内容包括：变化、可能、际会、活动、做法等。书前有作者序。
　　收藏单位：重庆馆、国家馆、上海馆、首都馆、天津馆

01399
个人道德与社会改造　（美）尼布尔（Reinhold Niebuhr）著　杨缤译述

外文题名：Moral man and immoral society
上海：青年协会书局，1935，234 页，22 开（青年丛书 24）

本书共 10 章：人与社会——共同生活的艺术、个人对付社会生活的理性资源、个人对付社会生活的宗教资源、国家的道德、特权阶级的伦理态度、无产阶级的伦理态度、从革命而来的公理、从政治势力而来的公理、政治中道德价值之保存、个人与社会道德的冲突。

收藏单位：重庆馆、国家馆、湖南馆、上海馆、浙江馆

01400
工言 张可治著
外文题名：The voice of an engineer
重庆：钢铁厂迁建委员会，1947，40 页，18 开

本书共 6 篇，内容包括：感应篇、合作篇、谕言篇、机事篇等。泛论工程技术与社会人事关系等。

收藏单位：重庆馆、国家馆

01401
工业世界与公民生活 （美）琼斯东（G. A. Johnston）著 吴鹏飞译
外文题名：Citizenship in the industrial world
上海：民智书局，1933.2，418 页，32 开

本书共 5 编：何谓公民、工业制度之现象、生产职能的公民、消费职能的公民、公民与国家。

收藏单位：重庆馆、广东馆、广西馆、国家馆、河南馆、天津馆

01402
户籍登记参考资料汇辑 倪裕恭编 徐建猷校订
[杭州]：新中国印刷厂，1948.4，46 页，32 开

本书分 4 节：登记之意义与范畴、登记之变更更正之撤销、登记申请书之处理、登记程序表解。附录现行户口查记制度概要。

收藏单位：浙江馆

01403
户籍要义（又名，户籍要义讲义） 浙江省警官学校编
浙江：浙江省警官学校，1930.2，1 册，22 开

本书分户籍法和户口调查两部。第一部内容包括：总论、身份登记、户籍等；第二部内容包括：户口调查之种类及其事项、调查时之注意等。附户籍条例草案等 5 种。

收藏单位：内蒙古馆、浙江馆

01404
户政实务 瑞安县政府户政室 [编]
瑞安：瑞安县政府户政室，1942.2，37 页，32 开

收藏单位：浙江馆

01405
集团活动方法 裴小楚著
世界书局，1940.4，210 页，32 开

本书共 5 章：导论、集团活动的解释、集团活动的方法、应付集团活动的手段、结论。

收藏单位：重庆馆、贵州馆、国家馆、南京馆

01406
江苏社会志初稿 柳诒徵著
江苏省立国学图书馆，98 页，16 开（江苏省立国学图书馆 第四年刊）

收藏单位：南京馆

01407
江西基督教农村服务联合会黎川实验区第一年工作报告书（二十三年九月至三十四年九月） 李山等著
江西基督教农村服务联合会，1935.10，40+13 页，32 开

收藏单位：南京馆

01408
交际 沙驼著
上海：新地书店，1941.8，140 页，32 开（新地青年生活丛刊 8）

本书内容包括：合群生活的我、交际的意

义、交际的方式、交际的态度、交际唯一注意点、言语的问题、书信的问题、服装的标准、交际的错误观念等。

01409
交际百科全书 董坚志编
上海：大兴图书馆，1928.11，6版，1册，50开，精装

本书分喜庆、丧祭、贺寿、杂文4大集。每集约分6编，细目2000余则。

收藏单位：山东馆

01410
交际百科全书 方秩音 钱明璆编
上海：大方书局，1936，3册，32开
上海：大方书局，1937.3，再版，3册，32开
上海：大方书局，1939，[再版]，3册，32开

本书内容包括：庆贺类、借索类、应允类、馈赠类、邀约类、劝勉类等。书前有编辑大意。

收藏单位：国家馆、南京馆、首都馆、浙江馆

01411
交际便览 饶启迪著
外文题名：Le savoir-vivre en Chine
天津：直隶印字馆，1946，137页，18开（传教生活丛著）

收藏单位：国家馆

01412
交际大观
出版者不详，392页，25开

收藏单位：江西馆

01413
交际情书
上海：大中华书局，1946，78页，32开

收藏单位：上海馆

01414
交际手册 储菊人编纂
上海：元昌印书馆，1949.4，342页，32开

本书共8编：文艺、柬帖、契据、尺牍、楹联、诉讼、邮政、电报。附尺牍材料。卷端题名前有"最新编著酬世文件"字样。

收藏单位：上海馆

01415
交际手册 储菊人编
上海：正气书局，1948，342页，32开

收藏单位：重庆馆、南京馆、上海馆、首都馆

01416
交际手册 洪呈献著
上海：远东印书馆，1947，75页，32开

收藏单位：广东馆

01417
交际术 邹德谨 蒋正陆编译
上海：商务印书馆，1916.12，58页，32开（通俗教育丛书）
上海：商务印书馆，1921，[再版]，58页，32开（通俗教育丛书）
上海：商务印书馆，1921.7，7版，58页，40开（通俗教育丛书）
上海：商务印书馆，1927.1，11版，58页，32开（通俗教育丛书）
上海：商务印书馆，1933.6，国难后1版，59页，32开（通俗教育丛书）

本书叙述人际交往的方法。共5章：交际术之修养法、交际之精神、交际之形式、交际之方法、交际之对手。

收藏单位：重庆馆、广东馆、国家馆、江西馆、南京馆、首都馆、天津馆

01418
交际谈话术
上海：处世研究社，1941，94页，32开

收藏单位：首都馆

01419
交际须知 周守文编
上海：博文书店，1941，129页，32开

本书共10部分，内容包括：交际和娱乐

的指导、交际的秘诀、宴会访问的交际法、集会演说的交际法等。

01420
交际须知 周守文编
上海：群学书店，1947.2，129页，32开
收藏单位：广东馆、国家馆、南京馆

01421
交际学略论 李葆森著
香港：萃文书坊，1917.12，123页，23开
本书分绪论、本论两编，论述交际的意义及方法。

01422
交际要道 奚识之著
上海：大文书局，1941.6，214页，36开
本书讲述待人接物的技巧与方法。共5编：与人交际的基本技巧、得人爱好的原则、令人赞同的各种法术、交际之道使人心悦诚服最为重要、谋家庭生活的七项规则。
收藏单位：江西馆、上海馆、天津馆

01423
交际与娱乐 许啸天主编 高剑华助编
上海：明华书局，1936.6，196页，32开（现代百科家庭生活丛书8）
上海：明华书局，1936.9，再版，196页，32开（现代百科家庭生活丛书8）
本书介绍交际礼节、娱乐方法及技能。包括交际与娱乐常识、交际秘诀、宴会访问、直接和间接交际法，骑马、游泳、球类、幻术、歌舞等娱乐方法。

01424
交友术 周禹昌著
上海：激流书店，1947.7，148页，36开
本书讲述交友之道。分选友、择友、交友、待友等14个方面。

01425
交友与心相 胡映光著
重庆：命相数理研究社，1946，144页，32开
收藏单位：广东馆

01426
交友与心相 胡映光编
出版者不详，144页，32开
本书收胡映光注解相书两种：金张行简撰《人伦大统赋》、清曾国藩撰《冰鉴》；此外还收有：胡映光撰《人相学原流考略暨其学术之趋势》，以及《四库全书·人伦大统赋提要》和张之祜、王禹庄《冰鉴序》。
收藏单位：国家馆、南京馆

01427
近代都市化的背景 吴景超著
北平：国立清华大学，1933.6，30页，16开
本书为《清华学报》单行本。
收藏单位：上海馆

01428
经世宝符（五卷） 刘叹学撰
出版者不详，1915，石印本，5册
本书附宝符罄囊一卷。
收藏单位：国家馆

01429
口才与交际 平忍编著
上海：大方书局，1946.5，109页，32开（青年自修成功丛书）
上海：大方书局，1946.9，再版，109页，32开（青年自修成功丛书）
本书内容包括：口才艺术的影响、怎样使人对你感动、怎样具备口才的基本条件、如何训练演说技术、口才技术的运用、几件成功的著名演讲、争取你的朋友、怎样应付人、交际上的驭人术、永不失败的处世手腕等。
收藏单位：广东馆、湖南馆、江西馆

01430
口才与交际 平心著
上海：大华书局，1947，75页，32开
收藏单位：广东馆

01431
立身与处世　黄警顽讲述
上海：经纬书局，1946.12，沪再版，188页，25开
本书内容包括：处世与做人、做一个怎样的人、因果与认识、处世的责任、处世方法、谈话演说和辩论等。
收藏单位：江西馆

01432
论县政　赵鉥著
南京：大东新兴印书馆，1948.7，48页，32开
本书共4部分：改造职位环境以促进贤能政治、改造个人环境以推动心理建设、改造地方环境以发扬法治精神、完成地方自治以树立宪政基础。书前有前言。书后有结论。
收藏单位：贵州馆、南京馆

01433
美的社会组织法　张竞生著
北平：北新书局、北大出版部，1926.1，240页，32开（审美丛书）
北平：北新书局，1926.10，2版，240页，32开（审美丛书）
北平：北新书局，1927.6，3版，240页，32开（审美丛书）
本书论述作者自己理想中的社会，提出美的、艺术的、情感的社会组织法。共4章，内容包括：情爱与美趣的社会、爱与美的信仰和崇拜、美治政策等。
收藏单位：重庆馆、广东馆、广西馆、国家馆、湖南馆、吉大馆、内蒙古馆、上海馆、首都馆、浙江馆

01434
美的社会组织法　张竞生著
上海：美的书店，1927.5，3版，240页，32开
收藏单位：南京馆

01435
民众团体　吴景新编
上海：商务印书馆，1936.5，28页，42开（民众基本丛书第1集社会类）
本书共7部分：民众团体是什么、农民为什么要有团体、怎样组织农民团体、工人为什么要有团体、怎样组织工人团体、商民为什么要有团体、怎样组织商民团体。
收藏单位：国家馆

01436
民众团体与社会运动（6—10编）
出版者不详，[1938]，[752]页，32开
本部分主要内容：第6编，民众团体与社会运动；第7编，教育与训练；第8编，监察与人事；第9编，典章印信；第10编，财务。
收藏单位：国家馆

01437
男女交际论　（日）福澤谕吉著　张肇桐译
上海：文明书局，1930，7版，18页，24开
收藏单位：吉林馆

01438
男女交际全书　时希圣编
出版者不详，[1929]，486页，大64开
收藏单位：江西馆

01439
男女交际全书（上集）　时希圣编
上海：广益书局，[1929]，232页，50开
本书介绍婚丧祭祀、集会酬酢、接见拜访等各种礼仪礼节及各种场合需要的诗、文、联、额等。
收藏单位：国家馆

01440
农村领袖　杨开道著
上海：世界书局，1930.6，105页，32开
上海：世界书局，1931，再版，105页，32开
上海：世界书局，1932.11，3版，105页，32开（农村生活丛书）
本书共6章，论述农村领袖的性质、数量、品质、资格、训练、方法等。后附参考书目。
收藏单位：重庆馆、广东馆、广西馆、贵州馆、国家馆、湖南馆、南京馆、上海馆、

天津馆、浙江馆

01441
农村社会 杨开道著
上海：世界书局，1930.1，88 页，32 开
上海：世界书局，1930.7，再版，88 页，32 开（农村生活丛书 2）
上海：世界书局，1931，3 版，88 页，32 开
上海：世界书局，1932.11，5 版，88 页，32 开（农村生活丛书 2）
上海：世界书局，1933.4，6 版，88 页，32 开（农村生活丛书 2）

本书共 7 章，论述农村社会的意义，农村社会的人口、地域、心理、文化的基础，农村社会的特征。卷首有自序。后附参考书目。

收藏单位：重庆馆、广东馆、广西馆、贵州馆、国家馆、湖南馆、近代史所、辽大馆、辽宁馆、南京馆、内蒙古馆、首都馆、天津馆

01442
农村社会 杨开道编
上海：中华书局，1948.7，118 页，32 开（中华文库 民众教育 第 1 集）

本书共 10 章，分述农村社区、人口、家庭、农村经济、政治、教育、宗教、卫生、娱乐及农民生活等。

收藏单位：重庆馆、广西馆、桂林馆、国家馆、上海馆

01443
农村社会新论 周谷城著
上海：远东图书公司，1929.1，137 页，32 开

本书共 5 部分：农村社会之发展、农村之特性、农村社会之种类、农村进步、中国农村社会之新观察。

收藏单位：重庆馆、东北师大馆、南京馆、内蒙古馆、上海馆、浙江馆

01444
农村社会学 顾复编
上海：商务印书馆，1924.1，114 页，32 开
上海：商务印书馆，1926，3 版，114 页，32 开
上海：商务印书馆，1928，4 版，114 页，32 开
上海：商务印书馆，1929，5 版，114 页，32 开
上海：商务印书馆，1931，6 版，114 页，32 开
上海：商务印书馆，1933.2，国难后 1 版，113 页，32 开
上海：商务印书馆，1933.6，国难后 2 版，113 页，32 开
上海：商务印书馆，1935.5，国难后 5 版，113 页，32 开
上海：商务印书馆，1937.3，国难后 6 版，113 页，32 开

本书共 19 章，内容包括：农村之意义、农村之起原、农村之种类、农村与都市之关系、农村之环境、农民之特质、农村社会之特征、吾国农村衰微之原因等。

收藏单位：重庆馆、广东馆、广西馆、贵州馆、国家馆、湖南馆、近代史所、辽宁馆、南京馆、内蒙古馆、上海馆、浙江馆

01445
农村社会学 言心哲著
[南京]：中央政治学校，[1931—1949] 印，378 页，16 开

本书共 15 章，内容包括：农村社会及历史的背景、农村人口、农村教育、农村领袖、农村社会化、农村调查、农村组织、农村生活、农村社会病态与社会服务、农村家庭、农村卫生、农村社会心理等。卷端题名：农村社会学概论。著者原题：心哲。

01446
农村社会学 杨开道著
上海：世界书局，1929.8，117 页，32 开（社会学丛书 11）
上海：世界书局，1932.11，5 版，117 页，32 开（社会学丛书 11）
上海：世界书局，1933，6 版，118 页，32 开（社会学丛书 11）
上海：世界书局，1934，7 版，118 页，32 开（社会学丛书 11）
上海：世界书局，1935.2，8 版，117 页，32 开（社会学丛书 11）

本书阐述农村社会的特征及农村生活的

基本原理。共8章：绪论、农村社会、农村社会的起源、农村社会的进化、农村社会的人口、农村社会的环境、农村社会生活、农村社会组织。卷首有作者自序。附录农村社会学重要参考书目。

收藏单位：重庆馆、广西馆、贵州馆、国家馆、吉林馆、辽大馆、南京馆、首都馆、天津馆、浙江馆

01447

农村社会学大纲（中国农村社会研究） 冯和法编

上海：黎明书局，1931.10，487页，18开

上海：黎明书局，1932.9，再版，508页，18开

上海：黎明书局，1934.3，3版，508页，18开

本书共12章，内容包括：农村社会的性质、农村与都市的差异、中国农村的人口基础、中国农村的经济机构、中国农村中的剥削关系、中国农村的一般趋势、土地政策与农村改进、教育因子与农村改进等。

收藏单位：重庆馆、东北师大馆、广东馆、广西馆、国家馆、近代史所、辽大馆、南京馆、上海馆、天津馆、浙江馆

01448

农村社会学大纲（中国农村社会研究） 冯和法编

上海：黎明书局，1934.9，改订4版，12+583页，18开

本书共15章，内容包括：农村社会的性质、农村与都市的差异、中国农村人口的构成、中国农村人口的现象、中国农村中的土地关系、中国的农业经营、中国农业的雇佣劳动、中国的农村金融、中国农民的生产物贸易、中国农村中的剥削关系、中国农村的一般趋势、土地政策与农村改进、教育因子与农村改进等。

收藏单位：重庆馆、东北师大馆、广东馆、广西馆、国家馆、近代史所、辽大馆、内蒙古馆、上海馆、首都馆

01449

农村社会学大意 江苏各县筹备义务教育联合办事处编

江苏各县筹备义务教育联合办事处，56页，23开（师资训练函授部讲义20）

本书共5讲：农村的意义、种类和环境，我国农村的现状和将来，改进农村的方法，农村社会的重要问题，农村经济与农村调查。

收藏单位：南京馆

01450

农村社会学导言 言心哲著

上海：中华书局，1937.1，138页，32开（中华百科丛书）

上海：中华书局，1941，3版，138页，32开（中华百科丛书）

上海：中华书局，1947.9，再版，138页，32开（中华百科丛书）

本书介绍农村社会学的基本知识。共7章，内容包括：农村人口与农村社会生活的关系、农村环境与农村社会生活的关系、农村组织与农村社会生活的关系等。书前有总序、例言。书末附中西文名词索引。

收藏单位：重庆馆、广西馆、桂林馆、国家馆、湖南馆、吉林馆、南京馆、宁夏馆、首都馆、天津馆、西南大学馆、浙江馆

01451

农村社会学概论 言心哲著

上海：中华书局，1934.3，[14]+453页，22开（社会科学丛书）

上海：中华书局，1939.8，再版，[14]+453页，22开（社会科学丛书）

本书共17章。论述农村社会学的意义、范围，介绍农村的人口、生活程度、卫生、娱乐、组织、家庭、经济、教育等情况。书前有陈公博及著者序。书末附中英文参考书目。

收藏单位：重庆馆、广东馆、广西馆、贵州馆、国家馆、黑龙江馆、湖南馆、吉林馆、近代史所、南京馆、内蒙古馆、宁夏馆、首都馆、天津馆、西南大学馆、浙江馆

01452

农村社会学概论 言心哲著

南京：中央政治学校，1931，10 页，18 开

收藏单位：国家馆

01453

农村社会学史 （日）铃木荣太郎著 韩云波译述

正中书局，1944.2，195 页，25 开

本书共 3 编：农村社会学之史的发展、现时的主要农村社会学理论、英国勒浦赖社会学派对农村社会学的贡献。

收藏单位：重庆馆、广东馆、国家馆、湖南馆、吉林馆、南京馆、内蒙古馆、西南大学馆、浙江馆

01454

农村问题与社会理想 （日）那须浩著 刘钧译

上海：神州国光社，1930.10，239 页，32 开

本书共 5 章：现代文明与农业政策、农村问题之文化的背景、农业政策与社会理想、农业之社会化、农村问题之归趋。

收藏单位：重庆馆、广东馆、国家馆、湖南馆、吉林馆、南京馆、上海馆、天津馆、浙江馆

01455

女战士社会考 坎特尔著 董秋斯译

上海：大江书铺，1930.5，106 页，42 开

本书著者认为女战士乃人类进化史上一种普遍的社会现象。本书共两篇：希提亚的女战士、非洲的女战士。书后有附录。译者原题：董绍明。

收藏单位：国家馆、上海馆

01456

朋友 卢任著

上海：新地书店，1940.11，148 页，32 开（新地青年生活丛刊 4）

上海：新地书店，1941.6，再版，148 页，32 开（新地青年生活丛刊 4）

本书共 14 章，讲述了青年社交择友的重要性、标准、方法。

收藏单位：国家馆、江西馆、首都馆

01457

普查员工作手册

出版者不详，80 页，32 开

本书内容包括：导言、普查员应有的服务精神、工作的步骤和方法、编户须知等。

收藏单位：重庆馆、南京馆、西南大学馆、浙江馆

01458

青年酬应指导 章沦清 唐子安编

上海：大东书局，1933.5，156 页，32 开

上海：大东书局，1934.4，再版，156 页，32 开

本书论述酬应的本质、目的，介绍家庭内、行旅中、访问约会、宴会、求婚与结婚、丧礼、庆节典礼等场合的应酬方法。

收藏单位：重庆馆、广东馆、桂林馆、国家馆、吉林馆、江西馆、南京馆

01459

青年处世之道 顾锦藻主编

上海：三民图书公司，1946，新 3 版，51 页，32 开（青年修养服务丛书）

收藏单位：广东馆、南京馆

01460

青年处世之道 刘锦藻著

上海：春江书局，[1941.7]，51 页，36 开（青年修养服务丛书）

本书共 10 章，内容包括：做人的先决条件、发展人格交往、尊重别人、同情别人、随机应变等。

01461

青年的处世艺术 王甓编著

上海：合众书店，1947，142 页，32 开（青年自修丛书）

本书共 5 章：与人交往的基本要义、怎样使人对你欢迎、怎样使人和你合作、怎样诱导他人、结论。

收藏单位：重庆馆

01462

青年交际手册 奚识之编著

上海：青年研究社，1943.4，188 页，32 开
上海：青年研究社，1943.8，再版，重排版，186 页，32 开

本书讲述交际的重要性与方法。内容包括：与人交际的基本技巧、得人爱好的原则、令人赞同的各种法术、交际之道使人心悦诚服最为重要、谋家庭生活快乐的六项规则。

收藏单位：重庆馆、江西馆

01463
青年交际与口才 鲍靖编译
上海：国光书店，1947.5，167 页，25 开

收藏单位：江西馆

01464
青年交际指导 黄警顽著
上海：国光书店，1932，171 页，25 开
上海：国光书店，1945.10，再版，171 页，25 开，精装
上海：国光书店，1946.10，再版，171 页，25 开

本书内容包括：社交漫谈、怎样交朋友、男女社交问题等。版权页题名：现代青年交际指导。

收藏单位：广东馆、江西馆

01465
青年社交指导 周旋冠编
上海：大东书局，1932.8，114 页，32 开
上海：大东书局，1933，再版，114 页，32 开
上海：大东书局，1940.7，3 版，114 页，32 开

本书讲述青年社交的标准、方法、态度等。共 4 章：绪论、个人间之社交、团体生活中的社交、青年男女的社交。

收藏单位：安徽馆、重庆馆、广东馆、国家馆、南京馆、内蒙古馆、上海馆、天津馆、浙江馆

01466
群集社会学 （日）新明正道著 雷通群译
上海：新宇宙书店，1930.7，172 页，32 开

所谓群集就是“大众”的意思。本书共 3 部分：群集的分析、群集的问题、群集的理论。

收藏单位：桂林馆、国家馆、吉林馆、南京馆、内蒙古馆、宁夏馆、上海馆、浙江馆

01467
群众（原名，原群） （法）勒庞（Gustave Le Bon）著 钟健闳译
外文题名：The crowd, a study of popular mind
上海：泰东图书局，1923，66+86+54 页，32 开
上海：泰东图书局，1926.9，再版，66+86+54 页，32 开
上海：泰东图书局，1935.4，3 版，66+86+54 页，32 开

本书综论群性，考求其特征，探讨群众的心理变化。内容包括：群之纪元、群之心意、群之意见与信仰、群之分类等。据英译本转译。著者原题：鲁滂。

收藏单位：北师大馆、重庆馆、东北师大馆、广东馆、广西馆、国家馆、吉林馆、江西馆、南京馆、首都馆、浙江馆

01468
群众心理 程式著
南京：中央陆军军官学校政治训练处，1932.4，150 页，25 开（政治教程 18）

收藏单位：山东馆

01469
群众心理 贵州省地方行政干部训练委员会编
[贵阳]：贵州省地方行政干部训练委员会，1942，18 页，32 开

本书共 3 章：群众心理、群众情感与群众理智、群众领导法。

收藏单位：重庆馆

01470
群众心理 （法）勒庞（Gustave Le Bon）著 吴旭初 杜师业译
外文题名：Crowd: a study of the popular mind
上海：商务印书馆，1920.9，299 页，32 开（尚志学会丛书）
上海：商务印书馆，1921，再版，299 页，32

开（尚志学会丛书）
上海：商务印书馆，1925.12，4版，299页，32开，精装（尚志学会丛书）
上海：商务印书馆，1927.3，5版，299页，32开（尚志学会丛书）
上海：商务印书馆，1928.5，6版，299页，32开（尚志学会丛书）
上海：商务印书馆，1931，7版，299页，32开（尚志学会丛书）
上海：商务印书馆，1933.1，国难后1版，299页，32开，精装（尚志学会丛书）

本书作者认为，由于平民阶级变为政治生活主导力量，群众心理已成为各政治派别的研究对象。共3篇：群众之心意、群众之意见及信仰、各种群众之分类及其详说。自英译本转译。著者原题：黎朋。

收藏单位：重庆馆、广东馆、广西馆、贵州馆、国家馆、湖南馆、吉大馆、江西馆、南京馆、内蒙古馆、山东馆、首都馆、天津馆

01471
群众心理　萧孝嵘著
中央军事委员会干训团，1939，18页，32开
中央军事委员会干训团，1945.4，20页，32开（军事心理学丛书4）

本书为中央训练团党政训练班演讲录。提出了19个问题，并予以简要回答。

收藏单位：重庆馆、广东馆、国家馆、南京馆

01472
群众心理　张九如讲述
中央陆军军官学校政治训练处，1929.4，102页，32开（中央陆军军官学校政训处政治丛书第18种）
中央陆军军官学校政治训练处，1930，再版，102页，32开（中央陆军军官学校政训处政治丛书第18种）

本书为国民党中央军校讲义。共9章，内容包括：引论、群众心理的形成与消灭、群众的情感、群众的理智、群众的道德、群众对于各种刺激的反应力、领导群众者的资格、领导群众的方术等。

收藏单位：重庆馆、广西馆、国家馆、辽大馆、浙江馆

01473
群众心理
中央警官学校第二分校，1946翻印，28页，36开

本书为中央警官学校讲义摘要。

收藏单位：重庆馆、广东馆

01474
群众心理ABC　陈东原著
上海：ABC丛书社，1929.7，79页，32开（ABC丛书）

本书共7章：我们所要解决的问题、各派心理学家的解释、群众行为的特征、群众行为之心理原因、群众的信仰、群众心理的应用、取得群众与宣传技术。

收藏单位：重庆馆、国家馆、江西馆、南京馆、内蒙古馆、宁夏馆、山东馆、山西馆、上海馆、首都馆

01475
群众心理纲要　吴兆棠讲
[重庆]：中央训练团党政训练班，1943，20页，32开

本书为中央训练团党政训练班演讲录。共4节：群众心理的概念、个人精神活动在群众中的现象、群众精神活动对个人的影响、群众心理的控制。

收藏单位：重庆馆、国家馆、南京馆、天津馆

01476
群众心理及自我的分析　（奥）弗洛伊特（S. Freud）著　夏斧心译
上海：开明书店，1929.5，114页，32开
上海：开明书店，1930.10，再版，114页，32开

本书讨论了社会心理问题。共12章，内容包括：黎明论群众心理、其他关于集合的精神生活之论述、暗示及“里比朵”、其他问题及研究的方向、类化现象、恋爱及催眠、群

本能、群众与原始家族等。著者原题：弗洛伊德。

收藏单位：重庆馆、广东馆、广西馆、桂林馆、国家馆、江西馆、南京馆、山东馆、上海馆、首都馆、浙江馆

01477

群众心理讲义 心灵科学书局编辑

上海：心灵科学书局，1933.7，143 页，32 开

本书共 5 章：绪论、群众之心理的观察、群众之意见及信条、群众之种类、群众与舆论。

收藏单位：国家馆、南京馆

01478

群众心理学 高觉敷编

上海：中华书局，1934.12，162 页，32 开（中华百科丛书）

上海：中华书局，1936.12，再版，162 页，32 开（中华百科丛书）

昆明：中华书局，1941.2，4 版，162 页，32 开（中华百科丛书）

本书共 9 章，内容包括：什么叫做群众、群众的思想与行为、群众的两个动力、公众的意见、宣传、流言、群众心理的学说等。书前有舒新城的总序及作者自序。书后附中文名词索引和西文名词索引。

收藏单位：北师大馆、重庆馆、广东馆、广西馆、国家馆、湖南馆、江西馆、南京馆、内蒙古馆、山东馆、上海馆、天津馆、西南大学馆、浙江馆

01479

群众心理与群众领导 张九如编

上海：商务印书馆，1934.2，[16]+508 页，25 开

长沙：商务印书馆，1938.3，3 版，[16]+508 页，25 开

本书共 3 编：总论、分论、群众领导法。论述群众心理与群众领导的效用、群众心理的转变与演进、群众情感的特质、领导群众的策略等方面的问题。书前有自序。

收藏单位：重庆馆、广东馆、贵州馆、国家馆、上海馆、天津馆、浙江馆

01480

人的真谛 程伯群著

上海：青年协会书局，1947.10，107 页，32 开（海慎宗教丛书）

本书内容包括：导言、通常之解释《人而已》、科学家之解释《高等的动物》、哲学家之解释《宇宙之标式》等。

收藏单位：广西馆

01481

人类的自传 （美）乔治·史蒂瓦著 赵昇译

南京：新中国出版社，1948，45 页，32 开

收藏单位：首都馆

01482

人类的自传

出版者不详，[1913—1949]，51 页，25 开

收藏单位：江西馆

01483

人类进化观 陈安仁编著

上海：泰东图书局，1921.9，152 页，32 开

上海：泰东图书局，1922，再版，152 页，32 开

上海：泰东图书局，1926.8，再版，152 页，32 开

上海：泰东图书局，1929.3，3 版，152 页，32 开

本书共两章。第 1 章统义，讲述人类进化之本能、执着、沿误、乐生、本质、笃旧；第 2 章分论，讲述人类进化与政治、法律、道德、教育、学术、社会、国家、生命之关系；最后有结论。

收藏单位：重庆馆、广东馆、广西馆、国家馆、江西馆、南京馆、上海馆、首都馆、浙江馆

01484

人类命运 （法）勒康杜奈（Lecomte du Noüy）著 周宗莲译

外文题名：Human destiny

上海：正中书局，1948.8，213 页，25 开

本书从宗教的立场讨论人类社会的演进。共3卷：方法论、生命进化论、人类进化论。书后附著者小传。

收藏单位：国家馆、南京馆、上海馆、西南大学馆

01485
人类努力的方向 张明著
广州：粤秀出版社，1946，30页，32开（粤秀丛书）

本书为社会人类学著作。共6编，内容包括：何谓人、人的特质如何、人的构成对于人生的暗示、谁是人类真正的敌人、人类努力的方向等。原为作者对广东省训练团复员转业军官的讲词。

收藏单位：广东馆、广西馆、南京馆

01486
人类社会的究竟 （美）爱尔乌德（Charles A. Ellwood）著 童克圣译
外文题名：Man's social destiny in the light of science
上海：广学会，1930.11，264页，32开

本书原为宗教特别演讲，脱稿于1929年。内容包括：近代对于社会的悲观，人类的所赖，科学、政治、教育、宗教的将来。著者原题：毅利伍。版权页译者题：童圣克。

收藏单位：国家馆、南京馆、上海馆

01487
人类社会学总论 周崇光著
广州：中华最新科学研究社，1933.10，344页，25开

本书共10编，内容包括：社会性质与社会起源、与社会生活有关系及其影响之要素、社会之演化、社会心理与社会意识、社会问题、家庭问题、社会制度与社会组织、社会将来演进的原动力等。书后附参考书目的索引（人名地名索引和名词索引）。

收藏单位：广东馆、广西馆、桂林馆、国家馆

01488
人类社会研究 王斐荪著
上海：中华书局，1937.10，130页，32开

本书共3章：人类和文化的起源、社会形态之史的发展、社会统制与社会秩序。书后有参考书目。

收藏单位：贵州馆、国家馆、南京馆、上海馆、西南大学馆

01489
人类生活史 张润泉著
西安：张润泉[发行者]，1936.10，202页，25开

本书除绪论外，共5篇：人类底起源、肢体劳动求生时代、工具劳动求生时代、机器劳动求生时代、结论——未来人类求生时代。

收藏单位：重庆馆、国家馆、吉林馆、南京馆、上海馆、首都馆、天津馆、浙江馆

01490
人类行动之社会学 （日）长谷川万次郎著 阮有秋译
上海：太平洋书店，1928.3，108页，大64开（社会问题丛书）
上海：太平洋书店，1928.10，再版，108页，大64开（社会问题丛书）

本书共8章，内容包括：社会科学上的反动的倾向、社会结合上的群现象、社会不是心的事实、从行动之形态来研究社会、行动之分化与统一、行动形态之意识及其竞争等。

收藏单位：重庆馆、广西馆、国家馆、上海馆

01491
人类学与现代生活 （美）博厄斯（Franz Boas）著 杨成志译述
外文题名：Anthropology and modern life
重庆：商务印书馆，1945.11，174页，36开

本书共9章：人类学是什么、种族问题、种族的互相关系、国家主义、优生学、犯罪学、文化的固定性、教育、现代文明与原始文化等。

收藏单位：重庆馆、广西馆、国家馆、南

京馆、内蒙古馆、宁夏馆

01492

人类与文化进步史（原名，人类学） 宫廷璋编译

湘潭：宫廷璋[发行者]，1926.10，338页，25开

本书共18章，内容包括：人类的年代、人类的祖先、种族的分布、语言的起源、文字的进步、科学的发展、社会的变迁等。

收藏单位：重庆馆、上海馆、天津馆、浙江馆、中科图

01493

人类展望 （英）威尔斯（Herbert George Wells）等著 郭沫若抄译

外文题名：Biology of the human race

上海：开明书店，1937.3，86页，32开（开明青年丛书）

本书为韦尔斯父子及鸠良·赫胥黎三氏合著《生命之科学》的第9篇译本。共12部分，内容包括：火·工具·言语·经济、现人类之起源、人类生活之原始的异型、人类交互作用之发展、宗教的传统等。著者原题：韦尔斯。

收藏单位：重庆馆、国家馆、江西馆、绍兴馆、天津馆、浙江馆

01494

人类之过去现在与将来 余天休著

北平：北京大学法学院，1943，68页，22开

本书共9章，内容包括：人类之起源、古代人体之遗迹、古代人类文化之遗迹、原人之特性、人类之社会演化等。

收藏单位：国家馆、南京馆

01495

人类综合史观 李成蹊编著

上海：正中书局，1948.7，85页，32开

本书共5部分：人类的历史趋势、人类的社会趋势、人类的经济趋势、人类的政治趋势、人类的文化趋势。附录《人的起源与人的进化》《人的现在与人的未来》。

收藏单位：国家馆、南京馆

01496

人民团体开会须知 社会部组织训练司编

社会部组织训练司，1946.12，38页，32开（组训丛书5）

本书共4部分：总则、会前准备、议程、开会技术。附录会员赴会须知。

收藏单位：贵州馆、国家馆、吉林馆、南京馆、上海馆、天津馆

01497

人生问题之解决观 林树声著

海丰县：海声印刷书局，1932.4，23+380页，18开

本书分3编15章，引用古今中外材料，论述社会、人生、物质、道德问题。卷端题名：人学。

收藏单位：国家馆

01498

人生于世 俞子夷著

成都：天行社总社，1944，80页，32开

本书作者通过叙述自己青年时的经历，介绍为人处世的方法。

收藏单位：浙江馆

01499

人生于世 俞子夷著

金华：天行杂志社，1942.2，72页，32开，精装

福建：天行杂志社，1942.12，再版，56页，32开

成都：天行杂志社，1943.10，80页，32开

南平：天行杂志社，1943，3版，56页，32开

福建：天行杂志社，1943，3版，增订本，56页，32开

收藏单位：重庆馆、东北师大馆、国家馆、江西馆、南京馆

01500

人事问题 徐望之著

上海：科学与文学社，1946.1，108页，32开

本书论述人事和人事学的意义、动向、价值，以及做人的标准、方法等。全书分成27个问题。书末有朱梅的读后记。

收藏单位：广西馆、国家馆、江西馆、上海馆、首都馆、浙江馆

01501
人事问题漫谈　赵辉著
桂林：科学书店，1943.8，56页，32开

本书共18篇，内容包括：《做事容易处人难》《磨擦专家的略历》《江湖种种》《顽强斗士与阿Q子孙》《阐宗派》《谣言攻势》《人事问题的解决途径》等。

收藏单位：重庆馆、上海馆

01502
人事作战（美国金融大王摩根成功经验之谈）（美）韦勃（E. T. Webb）（美）摩尔根（John J. B. Morgan）著　任苍厂译
外文题名：Strategy in handling people
上海：激流书店，1940，155页，32开
上海：激流书店，1941，再版，155页，32开
上海：激流书店，1946.10，[再版]，155页，32开
上海：激流书店，1947.1，[再版]，155页，32开

本书即《驭人策略》的不同译本。讲述欧美一些有名人物处人处事的方法。共27章，内容包括：伟大人物的成功诀窍、使人心悦神服的奇术、交友策略、怎样吸引人和说服人、怎样诱致对方发言、获人帮助的方法、令人赞同你的方法、怎样拢络反对者、隐藏你的秘密等。译者原题：苍厂。

收藏单位：安徽馆、重庆馆、广西馆、国家馆、吉大馆、江西馆、南京馆、宁夏馆、山东馆、首都馆、天津馆

01503
人文类型　[英]R. Firth著　费孝通译
外文题名：Human types
重庆：商务印书馆，1944，157页，32开（社会学丛刊 甲集3）

本书共7章：种族特质和心理差别、人和自然、工作和财富、社会结构的原则、行为的规律、合理的和不合理的信仰、人类学在现代生活中。

收藏单位：重庆馆、国家馆、江西馆、辽大馆、南京馆、内蒙古馆、上海馆、西南大学馆

01504
人文史观　潘光旦著
上海：商务印书馆，1937.5，259页，32开（人文生物学论丛 第2辑）

本书共收论文11篇，内容包括：《文化的生物学观》《平等驳议》《优生与文化》《优生婚姻与法律》《妇女解放新论》等。附录《<东省汉族殖民品质之研究>征求案》。

收藏单位：北大馆、重庆馆、东北师大馆、广东馆、国家馆、黑龙江馆、湖南馆、吉林馆、江西馆、近代史所、南京馆、内蒙古馆、宁夏馆、上海馆、首都馆、浙江馆、中科图

01505
人文史观　潘光旦著
出版者不详，1936，259页

收藏单位：山西馆

01506
人学　乔作栋编辑
省立民众教育馆，1931.4，22页，32开

本书内容包括：人生的原始、人性的分析、人类进化的阶段、人与禽兽的区别等。

收藏单位：浙江馆

01507
人学（最新之哲论）（美）李约各（James W. Lee）著　（美）林乐知（Young J. Allen）译　范祎述辞
外文题名：The making of a man
上海：广学会，1913，156页，22开
上海：广学会，1918，[再版]，156页，22开
上海：广学会，1927，4版，156页，22开

本书讨论人在世界上的地位。内容包括：绪论、资粮、权能、真实、公义、华美、仁

爱、永生。1927年版译者原题：林乐子，述辞者原题：范子美。

收藏单位：江西馆、山东馆

01508

人与社会 张少微著

重庆：文风书局，1944.4，50页，32开（新少年文库2）

本书向少年介绍人与社会的关系。共10章，内容包括：有人才有社会、人为社会进化的要素、人与人的关系、人与家的关系、人与国的关系、社会秩序为人的产物等。

收藏单位：国家馆

01509

日用酬世大观 陈杰编辑

上海：大方书局，386页，25开

上海：大方书局，1941，再版，527页，32开

上海：大方书局，1946.4，[再版]，392页，32开

上海：大方书局，1946.12，2版，392页，32开

上海：大方书局，1949.2，再版，392页，32开

本书内容包括：书信门径、普通尺牍、婚姻礼节、服制条例等。封面题名：最新日用酬世大观。

收藏单位：江西馆、南京馆、首都馆

01510

日用酬世大观 世界书局编

上海：世界书局，1935，4版，[650]页，50开，精装

上海：世界书局，1935，5版，[650]页，50开

上海：世界书局，1939，新2版，[650]页，50开，精装

上海：世界书局，1943.3，赣1版，[650]页，50开

上海：世界书局，1943.10，新8版，[650]页，50开

上海：世界书局，1947.3，新11版，[650]页，50开，精装

上海：世界书局，1948，新12版，[650]页，50开，精装

本书共9部分：各界交际、普通尺牍、日用文件、应用契据、柬帖程式、新制礼节、分类楹联、诉讼浅说、明密码电报书。

收藏单位：重庆馆、东北师大馆、国家馆、江西馆、绍兴馆、首都馆

01511

日用酬世大观

出版者不详，[1930—1949]，1册，50开

收藏单位：国家馆

01512

日用酬世大观（民众便览） 世界书局编

上海：世界书局，1931.6，21版，86页，25开

本书共10种：各界交际、普通尺牍、日用文件、应用契据、柬帖程式、新制礼节、分类楹联、诉讼浅说、邮政便览、明密电报。

收藏单位：江西馆

01513

日用酬世大观（民众便览）

出版者不详，268页，大64开

收藏单位：江西馆

01514

日用酬世大观（一名，普通书记指南） 世界书局编

上海：世界书局，3册，25开

收藏单位：首都馆

01515

日用酬世大观（上册） 叶光华编

奉天（沈阳）：大东书局，1939.8，增订再版，249页，32开

本书共9类，内容包括：建国精神、谋业文件、喜庆文件、祝诞文件、聊对文件、丧葬文件、通信文件、电稿文件等。

收藏单位：东北师大馆

01516

日用酬世大观（一名，现代交际全书） 时希圣编

上海：大同书店，1 册，32 开
收藏单位：广东馆

01517
日用酬世大观（一名，现代交际全书） 时希圣编
出版者不详，1 册，32 开
收藏单位：首都馆

01518
日用酬世快览 方新民编 谷丰和校对
群力书局，300 页，25 开
收藏单位：江西馆

01519
日用酬世快览 黄是余著 熊益壮校阅
上海：天健书局，1941.3，282 页，25 开
收藏单位：江西馆

01520
日用酬世快览 许金英编
广州：文化书社，1947，1 册，32 开
本书共两章：文艺、酬世柬帖指导。卷端题名：最新现代交际全书。
收藏单位：重庆馆

01521
日用交际大全 弘予编
桂林：同文出版社，1943.5，189 页，32 开
本书共 12 章，内容包括：普通礼节、婚礼、祝寿、丧事、楹联与幛语、诗辞、公文程式、电文与尺牍、书据、广告与启事等。附录各种纪念日一览表。
收藏单位：重庆馆

01522
日用交际快览 朱鑫伯编纂
上海：会文堂新记书局，1933.11，1 册，32 开
上海：会文堂新记书局，1934，1 册，32 开
上海：会文堂新记书局，1935.6，[716] 页，32 开
上海：会文堂新记书局，1936，[716] 页，32 开
本书共 6 卷：常识、礼柬、文艺、函牍、楹联、契约。
收藏单位：重庆馆、国家馆、江西馆、首都馆、天津馆

01523
日用交际手册 席灵凤著
上海：大中华书局，1948.11，7 版，213 页，25 开
收藏单位：重庆馆、江西馆

01524
如何应付人 （美）卡内基（D. Carnegie）著 何清儒译
外文题名：How to win friends and influence people
长沙：商务印书馆，1939.1，[31]+294 页，32 开（汉译世界名著）
上海：商务印书馆，1939.4，3 版，[31]+294 页，32 开（汉译世界名著）
上海：商务印书馆，1939.4，4 版，[31]+294 页，32 开（汉译世界名著）
长沙：商务印书馆，1940.6，5 版，[31]+294 页，32 开（汉译世界名著）
上海：商务印书馆，1941，6 版，[31]+294 页，32 开（汉译世界名著）
长沙：商务印书馆，1941，7 版，[31]+294 页，32 开（汉译世界名著）
本书以讲故事方式叙述待人接物处世方面的礼貌、态度和方法。
收藏单位：重庆馆、东北师大馆、广东馆、广西馆、贵州馆、国家馆、江西馆、南京馆、内蒙古馆、山东馆、上海馆

01525
如何应付人（一名，处世教育）（美）卡内基（D. Carnegie）等著 仲渊才 谈伦译
上海：激流书店，1944，订正 10 版，150 页，32 开
本书著者原题：卡纳基。
收藏单位：广东馆

01526
扫雪（对话） 黎民著
北平：中华平民教育促进会，6 页，42 开（民

众读物 第3辑6）
北平：中华平民教育促进会，1932.10，再版，6页，42开（平民读物46）

本书通过行路人和扫雪者的对话，提倡一种合作精神。

收藏单位：国家馆、首都馆

01527
社会大学 任毕明著
上海：实学书局，1947.2，沪1版，310页，32开（实用知识丛书2）

本书讲述待人接物处世的技术和方法。共5课：好汉不吃亏、知己知彼百战百胜、我们的先生和顾问、表现和行动原理、人与人之间。

收藏单位：国家馆、内蒙古馆、宁夏馆

01528
社会大学（处世应变胜利成功的技术） 任毕明著
桂林：实学书局，1942.3，341页，32开
桂林：实学书局，1942.7，再版，341页，32开
桂林：实学书局，1942.11，3版，341页，36开
成都：实学书局，1943，蓉2版，341页，32开
广州：实学书局，1946，粤版，308页，32开

本书讲述待人接物处世的技术和方法。共6课：好汉不吃亏、知己知彼百战百胜、我们的先生和顾问、表现和行动原理、人与人之间、不可抵抗的武器。

收藏单位：重庆馆、桂林馆、国家馆、江西馆、宁夏馆、首都馆、天津馆

01529
社会的地理基础 黄国璋编著
上海：世界书局，1930.10，185页，32开（社会学丛书6）
上海：世界书局，1930，再版，185页，32开（社会学丛书6）
上海：世界书局，1932.10，再版，185页，32开（社会学丛书6）
上海：世界书局，1935，3版，185页，32开（社会学丛书6）

本书共14章，内容包括：社会的各种基础、社会的地理基础的意义、人类的生活、人的环境、位置与社会等。卷首有作者自序。书后附主要参考书目录。

收藏单位：重庆馆、广东馆、广西馆、贵州馆、桂林馆、国家馆、近代史所、南京馆、上海馆、天津馆、武大馆、浙江馆

01530
社会的文化基础 孙本文著
上海：世界书局，1929.8，133页，32开（社会学丛书2）
上海：世界书局，1932.9，3版，133页，32开（社会学丛书2）

本书共9章，内容包括：人类行为的两方面、人类生活及其对于环境的调适、文化的性质及其与人类行为的关系、文化内容、文化模式、文化区域、文化的变迁及发展、文化对于社会生活的影响等。卷首有序言。

收藏单位：重庆馆、广东馆、广西馆、贵州馆、国家馆、湖南馆、辽大馆、南京馆、内蒙古馆、上海馆、绍兴馆、首都馆、天津馆、浙江馆

01531
社会的心理基础 潘菽著
上海：世界书局，1930.5，104页，32开（社会学丛书3）
上海：世界书局，1931，再版，104页，32开（社会学丛书3）

本书共6章：社会成立的心理基础、心理的人格及其发展、社会行为的性质和形式、社会的刺激、个人反应的同化和异化、几种主要的社会现象的心理的解释。卷首有著者序言。附录参考书举要。

收藏单位：重庆馆、广东馆、广西馆、贵州馆、国家馆、南京馆、山东馆、上海馆、首都馆、天津馆、浙江馆

01532
社会的组织 （英）理弗斯（William Halse Rivers）原著 胡贻谷译述
外文题名：Social organization
长沙：商务印书馆，1940.11，191页，25开（世

界文化史丛书）

本书共9章：社会的集团（一、二）、婚姻、亲族的关系和关系的系统、父权和母权、财产、兄弟会和秘密结社、职业“社会”和阶级、政权。附录《亲族关系的分类制度之起源》《澳洲的社会组织》《两重的组织》。著者原题：利维厄斯。

收藏单位：重庆馆、广东馆、贵州馆、国家馆、南京馆、上海馆、浙江馆

01533

社会法则 （美）库云·涂耳克·哈尔（K. D. Har）原著 黄文山译述

外文题名：Social laws: a study of the validity of sociological generalizations

上海：商务印书馆，1935.11，70+18+392页，32开（汉译世界名著）

本书共10章，内容包括：科学的社会法则应有的理想、目的论底法则、统计学的法则、近因果法则、社会方术等。

收藏单位：重庆馆、东北师大馆、广东馆、广西馆、贵州馆、国家馆、黑龙江馆、湖南馆、江西馆、辽大馆、南京馆、宁夏馆、上海馆、首都馆、浙江馆、中科图

01534

社会构成论 （日）高田保马著 杜季光译

上海：商务印书馆，1931，131页，32开（社会科学丛书）

上海：商务印书馆，1933.12，124页，32开（万有文库第1集176）（百科小丛书）

上海：商务印书馆，1933.12，131页，22开（万有书库第1集176）

本书共7章：社会之成立、社会之单纯分化、社会之复合分化、社会之分散、社会意识、社会组织、社会之存续。

收藏单位：安徽馆、重庆馆、大连馆、东北师大馆、广东馆、广西馆、贵州馆、桂林馆、国家馆、湖南馆、江西馆、辽大馆、辽师大馆、内蒙古馆、宁夏馆、上海馆、天津馆、西南大学馆、浙江馆

01535

社会构造图解 萧棠制

天津：读者书店，1949.6，1张，16开

01536

社会交际学 黄警顽编著

上海：经纬书局，1935，186+14页，32开

上海：经纬书局，1936，3版，186+14页，32开

本书说明人际交往时的方法。共3编：一般法则、个人的交际、社会的交际。书前有《交友箴言》《新生活中的交际公约》。书末附《我在社交上的服务方针》等。

收藏单位：广东馆、广西馆、国家馆、上海馆、天津馆、浙江馆

01537

社会交际学 黄警顽讲述 段尧襄速记

上海：经纬书局，1947.12，434页，32开

本书内容包括：交际原理、社交之注意及规则、应酬与礼节、一般交际法、职业界之交际、历代名人交际格言等。

收藏单位：广东馆、天津馆

01538

社会结构学 （英）罗素（B. Russell）演讲 伏庐笔记

外文题名：Science of social structure

上海：商务印书馆，1922.11，98页，32开（罗素讲演录4）

上海：商务印书馆，1926.1，再版，98页，36开（罗素讲演录4）

本书共5讲：今日世界混乱之诸原因、实业主义之固有的趋势、实业主义与私产制度、实业制度国家主义互相影响、评判社会制度好坏的标准。

收藏单位：重庆馆、东北师大馆、广西馆、桂林馆、国家馆、内蒙古馆、首都馆、天津馆、浙江馆

01539

社会结构学 （英）罗素（B. Russell）讲 罗敦伟 陈顾远记

北平：新知书社，1921.10，102+18+22页，32

开（罗素五大讲演）
北平：新知书社，1922，再版，102+18+22页，32开（罗素五大讲演）

本书讲述社会的变化与社会结构的关系。后附罗素临别讲演《中国的到自由之路》（1921年7月6日于教育部会场，姚道洪记），勃拉克临别讲演《少年中国之男女》（1921年7月6日于教育部会场，成咏记）。

收藏单位：国家馆、吉林馆、南京馆、上海馆、首都馆、浙江馆、中科图

01540
社会结构学五讲 （英）罗素（B. Russell）讲 伏庐记录
外文题名：Science of social structure
北平：晨报社，1921，103页，32开

本书为送别罗素先生之纪念特刊。

收藏单位：广东馆、国家馆、内蒙古馆、首都馆、中科图

01541
社会连责主义概论 陈振鹭著
上海：大东书局，1933.9，92页，32开（社会科学基础丛书）

社会连责主义，认为人与人之间有连带关系，必须各人为大家，大家为各人，认为同情是人类的本性，互助是人类的义务。共8章，内容包括：十八世纪以来欧洲人的错误思想、社会连责主义的抬头、社会连责主义的真髓、社会连责主义之自然性、社会连责主义之平等性、社会连责主义之非战性、社会连责主义与世界和平。

收藏单位：重庆馆、广东馆、国家馆、湖南馆、江西馆、近代史所、南京馆、上海馆

01542
社会律 光启社编译
外文题名：Code social
上海：土山湾印书馆，1930，72页，32开（光启杂录）

本书为法华合订。共5章：人与社会，公民生活，经济生活，国际生活，超性生活、尘世生活之成功。

收藏单位：国家馆、内蒙古馆

01543
社会人类学概论 （美）克拉克魏斯勒原著 钟兆麟译
外文题名：An introduction to social anthropology
上海：世界书局，1935.3，413页，25开，精装

本书共20章，内容包括：人类学之范围、区域社会是人类学的单位、生物团体、经济基础、语言之研究、部落、人口两区制与外婚制等。后附参考资料。

收藏单位：重庆馆、东北师大馆、贵州馆、国家馆、湖南馆、南京馆、上海馆、首都馆、天津馆、浙江馆

01544
社会心理学（美）爱尔乌德（Charles A. Ellwood）著 金本基 解寿缙译
外文题名：An introduction to social psychology
上海：商务印书馆，1922.3，311页，32开（共学社社会经济丛书）
上海：商务印书馆，1922，再版，311页，32开（共学社社会丛书）
上海：商务印书馆，1923.5，再版，311页，32开（共学社社会经济丛书）
上海：商务印书馆，1925，3版，311页，32开（共学社社会丛书）
上海：商务印书馆，1927.8，4版，311页，25开（共学社社会经济丛书）

本书共14章，内容包括：社会心理学及他的关系与方法、生物进化与社会进化、人类天性与人类社会、社会单元的性质、社会生活中的本能与智慧、社会的秩序、社会的进步、社会的性质等。著者原题：爱尔乌特。

收藏单位：重庆馆、广东馆、广西馆、国家馆、辽大馆、南京馆、内蒙古馆、山东馆、上海馆、首都馆

01545
社会心理学 （美）奥尔波特（Floyd Henry Allport）著 赵演译
外文题名：Social psychology

上海：商务印书馆，1931.5，491 页，32 开，精装（心理学丛书）
上海：商务印书馆，1932.11，国难后 1 版，491 页，32 开（心理学丛书）
上海：商务印书馆，1935.7，国难后 1 版，491 页，32 开，精装（大学丛书 教本）
上海：商务印书馆，1937.5，2 版，491 页，32 开（大学丛书 教本）
上海：商务印书馆，1941.3，[再版]，491 页，32 开，精装（大学丛书 教本）

本书共两编：个人的社会方面、社会的行为。论述人类行为之生理基本、感情与情绪、社会行为的性质及其发展、社会态度与社会意识、社会适应、社会行为对于社会的关系等。

收藏单位：重庆馆、广东馆、贵州馆、国家馆、吉林馆、江西馆、南京馆、内蒙古馆、宁夏馆、山东馆、上海馆、首都馆、西南大学馆、浙江馆

01546
社会心理学 顾文麟著
山东：社会教育讲习所，1924.4，52 页，25 开

本书为山东社会教育讲习所讲义。共 7 章：社会心理学之定义、社会心理学之成立、社会心理学之类别、社会心理与个人心理之不同、社会心理之优点、社会心理之缺点、社会心理指导之法则。

收藏单位：山东馆

01547
社会心理学 孙本文著
上海：商务印书馆，1946.11，2 册（552+41 页），25 开（大学丛书）
上海：商务印书馆，1948.8，再版，2 册（552+41 页），25 开（大学丛书）

本书共 6 编：绪论、行为的基础与型式、社会对于个人行为的影响上——心理的社会环境对于个人行为的影响、社会对于个人行为的影响下——文化的社会环境对于个人行为的影响、个人行为对于社会的影响、社会心理学的应用等。后附社会心理学重要文献年表、社会心理学重要作家小传、本书引用中文书籍检目、学名索引、西文人名索引。

收藏单位：重庆馆、东北师大馆、广东馆、广西馆、桂林馆、国家馆、湖南馆、江西馆、近代史所、辽大馆、辽宁馆、南京馆、山东馆、首都馆、天津馆、浙江馆

01548
社会心理学 萧孝嵘讲
[重庆]：中央训练团党政高级训练班，[1941—1949]，48 页，32 开

本书共 3 章：领导人员本身所须具备之条件、领导人员在选择干部人员时所须注意之原则、领导人员在支配他人行为时所应注意之原则。

收藏单位：重庆馆、国家馆

01549
社会心理学 （美）杨琴巴尔（Kimball Young）著 高觉敷译
外文题名：Social psychology
上海：商务印书馆，1930.12，94 页，22 开（社会科学史丛书）

本书共 3 部分：导言、社会心理学发达史中之主要问题、结论。后附参考书举要。

收藏单位：重庆馆、吉林馆、江西馆、南京馆、山东馆、上海馆、首都馆

01550
社会心理学根本原则 （美）游伟（B. C. Ewer）原著 刘天予译
外文题名：Social psychology
上海：大陆书局，1933.5，212 页，32 开

本书共 7 章：界说范围与关系、社会之心理的基础、社会的本能、社会的学习、模仿与暗示、社会的思想、社会的动机。

收藏单位：广西馆、贵州馆、国家馆、浙江馆

01551
社会心理学史 （美）杨琴巴尔（Kimball Young）著 高觉敷译
外文题名：History of social psychology
上海：商务印书馆，1933.7，国难后 1 版，93

页，32 开（社会科学丛书）

收藏单位：重庆馆、广东馆、广西馆、国家馆、黑龙江馆、湖南馆、吉林馆、江西馆、辽大馆、南京馆、宁夏馆、山东馆、上海馆、浙江馆

01552
社会心理学新论 陆志韦编纂
外文题名：A treatise on social psychology
上海：商务印书馆，1924.3，155 页，25 开
上海：商务印书馆，1925.11，再版，155 页，25 开
上海：商务印书馆，1927.10，3 版，155 页，25 开，精装
上海：商务印书馆，1930.12，4 版，155 页，25 开
上海：商务印书馆，1933，国难后 1 版，155 页，25 开
上海：商务印书馆，1933，再版，155 页，25 开

本书共 7 章：社会性的习惯、所谓“本能”、动作的改变、礼法与食色、共同的行为、崇拜与思想、何谓社会心理学。

收藏单位：重庆馆、广东馆、广西馆、贵州馆、桂林馆、国家馆、吉林馆、江西馆、辽大馆、南京馆、内蒙古馆、山东馆、山西馆、上海馆、首都馆、浙江馆

01553
社会心理学绪论 （英）麦铎格（W. McDougall）著 刘延陵译
外文题名：An introduction to social psychology
上海：商务印书馆，1922.11，2 册（295+171+13 页），32 开（共学社社会丛书）
上海：商务印书馆，1927.11，再版，2 册（295+171+13 页），32 开（共学社社会丛书）

本书译自著者原书第 15 版。作者认为社会心理学是各门社会科学的公共基础。除第 1 章引端外，分为两部分，共 15 章。第 1 部分为对于人在社会中的生活有头等的重要的心的性质；第 2 部分为人心之原始的倾向在社会中的活动。书后增刊 3 章：行为论、性的本能、后生的情绪，并附第 14 版原序。

收藏单位：重庆馆、广东馆、桂林馆、国家馆、南京馆、内蒙古馆、上海馆

01554
社会心理之分析 （英）倭拉士（G. Wallas）著 梁启勋译
外文题名：Great society
上海：商务印书馆，1923.4，233 页，32 开（共学社社会丛书）
上海：商务印书馆，1927.7，再版，233 页，25 开（共学社社会丛书）
上海：商务印书馆，1933.12，2 册（232 页），32 开（汉译世界名著）（万有文库 第 1 集 101）
上海：商务印书馆，1935.3，国难后 1 版，232 页，32 开（汉译世界名著）

本书共 13 章，内容包括：大社会、社会心理学、本能与理性、根性与环境、习惯、群众心理学等。书末附中西名词对译表。

收藏单位：安徽馆、重庆馆、大连馆、大庆馆、东北师大馆、广东馆、广西馆、贵州馆、国家馆、黑龙江馆、湖南馆、吉林馆、江西馆、辽大馆、辽师大馆、南京馆、内蒙古馆、宁夏馆、山东馆、上海馆、绍兴馆、首都馆、天津馆、武大馆、浙江馆、中科图

01555
社会学上之文化论 孙本文著
北京：朴社，1927.1，161 页，25 开

本书介绍各国社会学家之文化论。共 6 章：导言、晚近人类学家之贡献与文化社会学派之起源、乌格朋之文化论、恺史之文化论、海史各费及卫莱之文化论、综论。

收藏单位：重庆馆、广西馆、贵州馆、桂林馆、国家馆、湖南馆、江西馆、近代史所、南京馆、内蒙古馆、上海馆、首都馆、天津馆、浙江馆、中科图

01556
社会约制 吴泽霖著
上海：世界书局，1930.5，93 页，32 开（社会学丛书 10）
上海：世界书局，1934，再版，93 页，32 开（社会学丛书 10）

本书共5章：社会约制的意义、社会约制的需要、社会约制的工具、社会约制的方法、社会约制的组织。卷首有著者自序。

收藏单位：重庆馆、东北师大馆、广东馆、广西馆、贵州馆、国家馆、湖南馆、吉林馆、江西馆、南京馆、天津馆、浙江馆

01557

社会组织　吴景超著

上海：世界书局，1929.8，97页，32开（社会学丛书7）

上海：世界书局，1931.8，再版，97页，32开（社会学丛书7）

上海：世界书局，1933.5，3版，97页，32开（社会学丛书7）

本书共4章：导言、家庭、经济、政府。

收藏单位：重庆馆、广东馆、广西馆、贵州馆、桂林馆、国家馆、湖南馆、南京馆、内蒙古馆、上海馆、天津馆、浙江馆

01558

社会组织的演进　（法）邵可侣著　郑绍文译

上海：文化生活出版社，1937.3，140页，32开（综合史地丛书3）

本书分上、下两卷。上卷家族、阶级、蛮族，分婚姻的方式、社会团体、君主制的开端、死后的生活等19部分；下卷历史的区分与节奏，分旧世界的区分、东方文化的分散、社会的发展、进化的典型等14部分，概述了社会组织的演进过程。

收藏单位：广东馆、国家馆、南京馆、上海馆、首都馆、西南大学馆、浙江馆

01559

社会组织论　（美）爱尔德列基（Seba Eldridge）著　王斐荪译

外文题名：The organization of society

上海：新生命书局，1930.9，174页，32开

本书共4章：社会组织中之各种原素、社会统制底过程、社会组织底问题、社会组织底问题（续）。

收藏单位：重庆馆、广西馆、桂林馆、国家馆、湖南馆、南京馆、宁夏馆、上海馆、首都馆、西南大学馆、浙江馆

01560

社会组织与社会革命　（日）河上肇著　郭沫若译

外文题名：Social organization and social revolution

[四川]：嘉陵书店，1932.5，5版，294页，22开

本书为论文集。分3篇13章，内容包括：关于资本主义的若干之考察、社会组织与个人之生活、关于社会革命的若干之考察等。

收藏单位：国家馆、近代史所、上海馆、首都馆

01561

社会组织与社会革命　（日）河上肇著　郭沫若译

外文题名：Social organization and social revolution

[上海]：商务印书馆，1925.5，288页，22开，精装

[上海]：商务印书馆，1926.1，再版，288页，22开，精装

[上海]：商务印书馆，1927，再版，288页，22开，精装

收藏单位：重庆馆、国家馆、上海馆、绍兴馆、武大馆、浙江馆、中科图

01562

社会组织与社会革命　孙晓村著

上海：上海联合书店，1930.3，126页，32开

本书共5章：绪言、社会、社会与自然间的均衡、社会内部的均衡、均衡的中断与重建等。

收藏单位：北师大馆、重庆馆、国家馆、南京馆、宁夏馆、上海馆、浙江馆

01563

社交礼节　杨心笔编

上海：民众教育研究社，1933.2，70页，42开（注音符号民众万有丛书 酬世类）

收藏单位：江西馆、首都馆

01564
社交礼节 杨心笔编
上海：世界书局，1934，再版，70页，50开
本书分上、下两编，内容包括：交际、普通帖式。附录服制条例、礼制。
收藏单位：重庆馆

01565
社交十题 （美）卡内基（D. Carnegie）著 冯洪译
上海：激流书店，1945，126页，32开
本书著者原题：达尔卡纳基。
收藏单位：广西馆

01566
社交拾得 黄警顽编辑
上海：国光书店，1册，32开
收藏单位：南京馆

01567
社交拾得 黄警顽编辑
上海：龙文书店，1934.5，170页，32开
本书讲述处世的原理、方法、态度、礼仪、责任、艺术等。
收藏单位：上海馆、浙江馆

01568
社交应用技术 孟康著
沈阳：奉天文艺书局，1942.7，[182]页，32开
本书就青年社会交往、生活的处理、人际关系的伦理与修养加以说明。共4部分：创业的技术、服务的技术、谈话的技术、求智的技术。
收藏单位：国家馆、首都馆

01569
社交指南 陈重寅编辑
中央书店，1933，1册，32开
收藏单位：首都馆

01570
社交指南 范铨编 滑秉忠校
上海：普益书局，1933.3，150页，32开（酬世宝鉴）
本书共4部分：社交训练、社交礼仪、社交常识、集会指导。
收藏单位：北师大馆、天津馆

01571
实用都市社会学 邱致中著
上海：有志书屋，1934，196页，22开（江南学院丛书）（都市社会学丛书1）
本书分15讲，讲述都市之一般概念、都市之公共建筑、工商业区域、住宅区域、市街交通、卫生、文化、金融机关、行政、政党及政治组织等。
收藏单位：国家馆、南京馆、内蒙古馆、上海馆

01572
世界的成长 盛振声编译
上海：少年书局，1934.1，92页，32开（少年社会丛书）
上海：少年书局，1934.6，再版，92页，32开（少年社会丛书）
本书共9章：最早的人类、穴居人、最早的捕鱼人、最早的营造匠、最古的农夫、最早的金属工匠、最早的商人、最早的兵士、最早的民族。
收藏单位：重庆馆、国家馆、上海馆、首都馆、浙江馆

01573
世界幼稚时代 （英）克洛特（E. Clodd）著 俞松笠译
外文题名：The childhood of the world
上海：商务印书馆，1932.12，198页，32开
上海：商务印书馆，1933.6，再版，198页，32开
本书记述古人类的生活、文化及其演进。共3编：人类的工作者、人类的思想者、人类的发见者和发明者。书前有导言。
收藏单位：重庆馆、东北师大馆、广东馆、广西馆、国家馆、湖南馆、吉大馆、南京馆、宁夏馆、上海馆、首都馆、浙江馆、中科图

01574
事理学 吴尽我著
贵阳：国立贵阳师范学院，1947.10，136页，32开
“事理学”指人事关系上的基本律则和要遵守的道理。本书内容包括：事理学的定义与说明、组织体系、范围及其应用、三个基本概念、动力、基律、组织、本质、常变、人事系数、神经、感觉、意志、正常事理与非常事理、行动三律、事理与伦理等。
收藏单位：重庆馆、贵州馆、国家馆、吉林馆、南京馆

01575
泰西交际常识 吴亚南编译
上海：民智书局，1923.8，20+151页，32开，精装
本书共15部分：介绍、访问、名片、通信、茶会、散步、车中、宴会、园游会、跳舞会、音乐会、观剧、旅行、婚礼、丧礼。
收藏单位：湖南馆、天津馆

01576
谈话的艺术 金人著
香港：大地图书公司，1940.2，185页，32开
[大地图书公司]，1940，2版，145页，32开
香港：大地图书公司，1940.4，3版，145页，32开
重庆：大地图书公司，1945，145页，32开
本书分52个专题，研究人们说话的方法与技巧。书末附录《一个方法》。
收藏单位：重庆馆、广东馆、广西馆、贵州馆、南京馆、宁夏馆

01577
谈话的艺术 金人著
新京（长春）：启智书店出版部，1942.5，再版，140页，32开
收藏单位：国家馆、辽宁馆、首都馆、天津馆

01578
谈话的艺术 金人著
上海：人世间社，1946.6，胜利1版，184页，32开
本书分51个专题，研究人们说话的方法与技巧。附录《一个方法》。
收藏单位：南京馆、内蒙古馆

01579
听众心理学 （美）何林渥（H. L. Hollingworth）著 阮春芳译
重庆：中国文化服务社重庆分社，1943.12，224页，32开
本书共13章，内容包括：初步的分析、听众的类型、典型的情境、吸引听众、怎样使有深刻的印象、说服的心理等。
收藏单位：南京馆

01580
听众心理学 张孟休编述
长沙：商务印书馆，1938.3，138页，32开
长沙：商务印书馆，1938.9，再版，138页，32开
长沙：商务印书馆，1939.3，3版，138页，32开
本书共11章，内容包括：征服听众的步骤、听众的种类、取得听众的注意、保持听众的兴趣、引起听众的印象等。书后附录口吃的成因与治疗。据美国何林华（H. L. Hollingworth）的 *The Psychology of the Audience* 一书译编。
收藏单位：重庆馆、广东馆、贵州馆、国家馆、辽大馆、南京馆、内蒙古馆、首都馆、天津馆、浙江馆

01581
同乡组织之研究 窦季良编
重庆：正中书局，1943.10，117页，32开（社会行政丛书 民众组训类）
上海：正中书局，1946.12，沪1版，117页，32开（社会行政丛书 民众组训类）
本书共4章：乡土观念、组织演化、集体象征、功能分析。附录组织章则举例调查表格。
收藏单位：重庆馆、国家馆、辽大馆、南京馆、内蒙古馆、上海馆、西南大学馆

01582
团体学 汪祖华著
南京大众时代出版社，1947.3，65页
收藏单位：南京馆

01583
文化的起源 陶子谦著
上海：神州国光社，1933.5，71页，32开（一角小丛书）
本书内容包括：身体和心灵的化石、石与金属、旧石器期和新石器期、原始石器时期、旧石器期中的区分、木的器具、旧石器期的艺术、旧石器期进步总括等。
收藏单位：国家馆、南京馆、内蒙古馆、上海馆

01584
文化进化论 （美）爱尔乌德（Charles A. Ellwood）原著 钟兆麟译述
外文题名：Cultural evolution: a study of social origins and development
上海：世界书局，1930.12，209+172页，32开
上海：世界书局，1932.11，3版，209+172页，32开
本书分上、下两编。上编共9章，内容包括：社会进化与文化进化、文化发展中的阶段、文化进化的性质与顺序、文化进化原因的学说、初民概念与文化模式的起源等；下编共10章，内容包括：衣服和身体装饰的发展、房屋的发展、美术的发展、教育和科学的发展、文化的回顾和预期等。
收藏单位：重庆馆、广东馆、广西馆、国家馆、湖南馆、江西馆、近代史所、南京馆、内蒙古馆、宁夏馆、上海馆、天津馆、浙江馆、中科图

01585
文化论 （英）马林诺夫斯基（Bronislaw Kaspar Malinowski）著 费孝通等译
外文题名：What is culture
[重庆]：商务印书馆，1944，113页，32开（社会学丛刊 甲集1）
重庆：商务印书馆，1944.7，169页，32开
重庆：商务印书馆，1945，再版，169页，25开（社会学丛刊 甲集1）
重庆：商务印书馆，1945.5，3版，169页，32开（社会学丛刊 甲集1）
上海、台北：商务印书馆，1946，113页，32开（社会学丛刊 甲集1）
上海：商务印书馆，1947.2，再版，113页，32开（社会学丛刊 甲集1）（新中学文库）
本书共24部分，内容包括：文化与人类的差异性、作用中的文化、文化的功能现实等。著者为人类学功能学派的代表，着重研究文化对于人类生活的效用及功能。附录论文化表格。著者原题：马凌诺斯基。
收藏单位：重庆馆、东北师大馆、广东馆、广西馆、贵州馆、国家馆、湖北馆、湖南馆、江西馆、近代史所、辽大馆、辽宁馆、南京馆、内蒙古馆、宁夏馆、山西馆、上海馆、首都馆、西南大学馆、云南馆、浙江馆、中科图

01586
文化人类学 林惠祥编
上海：商务印书馆，1934.1，462页，22开，精装（大学丛书 教本）
上海：商务印书馆，1935.5，再版，462页，22开（大学丛书 教本）
上海：商务印书馆，1938.10，3版，462页，22开（大学丛书 教本）
文化人类学是研究人类文化起源（即原始文化）及进化的一门科学。本书共7篇，内容包括：人类学总论、文化人类学略史、原始物质文化、原始社会组织等。
收藏单位：重庆馆、广东馆、广西馆、国家馆、黑龙江馆、湖南馆、近代史所、南京馆、内蒙古馆、宁夏馆、山西馆、上海馆、天津馆、浙江馆

01587
文化与社会 孙本文著
上海：东南书店，1928.9，150页，32开
上海：东南书店，1930.9，再版，150页，32开
本书共3编：文化的性质和功用、社会问题的意义和研究方法、现代社会学趋势。

收藏单位：重庆馆、国家馆、湖南馆、吉大馆、南京馆、首都馆、浙江馆

01588

文明与野蛮 （美）洛伯特·路威（R. H. Lowie）著 吕叔湘译

外文题名：Are we civilized?:Human culture in perspective

上海：生活书店，1935.8，[20]+444 页，32 开

本书为人类学研究著作。共 23 章，内容包括：文化、回顾、地理、饮食、饮食礼节、火与烹饪、畜牧与农艺、衣服与时装、工艺与行业、男女与婚姻、氏族与国家、教育、文字、艺术等。

收藏单位：重庆馆、东北师大馆、广东馆、广西馆、贵州馆、国家馆、湖南馆、吉林馆、江西馆、宁夏馆、上海馆、首都馆、天津馆、浙江馆

01589

县单位户籍办法概要 吴顾毓著

地方行政研究所，1941.10，80 页，25 开（地方行政丛书）

本书主要介绍日常户籍实务之处理方法，着重论述户籍人事变动事件之查访方法与登记之详细手续。

收藏单位：广东馆、江西馆、南京馆、浙江馆

01590

现代交际快览 陈重寅编

上海：中央书店，1936.4，3 版，287 页，32 开

本书内容包括：现代交际仪节、现代交际书信、现代交际演讲、商人常用柬帖、现代常用广告、现代常用电报、现代常用文辞、现代常用契据等。

收藏单位：重庆馆、天津馆

01591

现代交际指南 卢绍稷编

上海：世界书局，1934.9，74 页，32 开

本书共 10 章，内容包括：服装、姿势、礼貌、访问、应对、饮食、通信、庆吊、集会等。附教育部关于提倡道德之训令及参考书籍。

收藏单位：国家馆、江西馆

01592

现代社交礼节 许晚成著 龙文书店编辑部编

上海：龙文书店，1945.7，30 页，42 开

本书共 8 部分：普通礼节最忌事项、访客忌事项、与会忌事项、衣冠忌事项、宴会忌事项、行路忌事项、乘坐舟车忌事项、应接女客忌事项。

收藏单位：贵州馆

01593

现代生活汇刊（第 1 集）

新时代学社，1923.6，179 页，32 开

本书内容包括：新文化运动、中国劳工的救济方法、改良旧婚姻制的初步、德国之青年运动等。

收藏单位：浙江馆

01594

乡村的新生活 （加）薄玉珍（Margaret H. Brown） 徐亚伯著

上海：广学会，1933.7，45 页，36 开

本书以图文形式展现乡村生活的片段和场景。

收藏单位：山东馆

01595

乡村社会区划的方法 乔启明著

[南京]：金陵大学，1926.3，14 页，24 开（金陵大学农林科农林丛刊 第 31 号）

[南京]：金陵大学，1928.5，再版，14 页，24 开（金陵大学农林科农林丛刊 第 44 号）

[南京]：金陵大学，1931，再版，14 页，24 开（金陵大学农学院农林丛刊 第 31 号）

本书共 5 部分：绪言、区划乡村社会的方法、区划尧化门乡村社会的实例、区划乡村社会对于乡村服务事业的重要、乡村社会区划图对于乡村服务者的利益。

收藏单位：重庆馆、国家馆、吉林馆、上

海馆

01596
乡村社会学纲要 童润之编著
重庆：正中书局，1941.10，渝初版，461页，25开（社会科学丛书）
重庆：正中书局，1944.5，3版，461页，25开（社会科学丛书）
上海：正中书局，1946.11，沪1版，461页，18开（社会科学丛书）
本书共16章，内容包括：乡村社会学的意义范围及研究方法、乡村社会的性质及与都市社会的区别、乡村社会的起源与进化、乡村人口、乡村家庭等。
收藏单位：重庆馆、东北师大馆、广东馆、桂林馆、国家馆、湖南馆、吉林馆、辽大馆、辽宁馆、南京馆、内蒙古馆、山西馆、上海馆、西南大学馆、浙江馆、中科图

01597
乡村社区组织的诊断 （美）D. Ensminger著 崔毓俊 张济时译
出版者不详，1949.3，30页，32开（农林部农业推广委员会、金陵大学农学院合办乌江农业推广实验区丛刊第2号）
本书为著者1939年6月在美国康奈尔大学的博士论文中的一部分，谈农村区域组织的功能、特点等。共8章：社区组织诊断的功用、乡村社区组织是什么、践行诊断制度、社区问题诊断的方法及其目的、社区组织的特性、社区的诊断的对照、洛莱社区是怎样诊断的、践行诊断制度。
收藏单位：国家馆、南京馆

01598
乡正制度 胡春林 默青著
北京：同文印书局，1920，11页，25开
收藏单位：山西馆

01599
心理的改造 （美）鲁滨孙（James Harvey Robinson）著 宋桂煌译
外文题名：The mind in the making
上海：商务印书馆，1931.5，128页，22开，精装（哲学丛书）
上海：商务印书馆，1934.6，国难后1版，129页，22开（哲学丛书）
本书共17章：论本书的目的、三种失望的改革方法、论各种的思考、理性化、创造思想的改变世界、我们的兽性遗传·文化的性质、我们的蛮心、精确思考的发端、柏拉图与亚理斯多德的影响、中古文化的渊源、我们的中古理智遗传物、科学的革命、科学知识的使生活状况革命化、“贪得社会的病症”、安全与常态的哲学、压迫哲学的历史观、结论。书后附参考书举要。
收藏单位：重庆馆、广东馆、广西馆、国家馆、吉林馆、辽大馆、南京馆、宁夏馆、山东馆、上海馆、首都馆、天津馆、西南大学馆、浙江馆

01600
心理社会学论 （法）巴朗德（G. Palante）著 刘宝环译
外文题名：Précis de sociologie
上海：商务印书馆，1937.11，261页，32开（社会科学小丛书）
本书共5篇：绪论：社会学的定义、方法和分类，社会怎样形成，社会怎样维持，社会怎样演化，社会怎样分解而亡灭——结论：社会主义与个人主义。
收藏单位：贵州馆

01601
新编新国民交际大全 陈重寅编辑
[北平]：中央书店，1927.8，1册，32开
本书共12部分：新国民仪节、新国民书信、新国民演讲、新国民柬贴、新国民广告、新国民电报、新国民章程、新国民联额、新国民文辞、新国民公文、新国民契据、附录。卷端题名：新国民交际大全。
收藏单位：天津馆

01602
新时代交际顾问 汪漱碧著
上海：中央书店，1935，2册（446+587页），

32 开
上海：中央书店，1936，3 版，2 册（446+587 页），32 开

本书分两编。上编共 6 章：庆贺的仪式、宴会的礼节、婚丧仪制、集会的方式、诉讼的常识、娱乐的门径；下编共 6 章：契约的程式、应用的文件、楹联范式、尺牍的规范、演说的稿子、诉讼的程式。

收藏单位：重庆馆、江西馆、南京馆、绍兴馆、首都馆

01603
新时代交际顾问
出版者不详，431—587 页，32 开

收藏单位：南京馆

01604
新思潮大观　黄励农编译
上海：生活研究社，1920，62 页，22 开

收藏单位：吉林馆

01605
新体交际全书　胡吟蝶编
启智书局，1 册，32 开

本书共 12 部分：礼节类、庆贺类、哀祭类、柬帖类、联额类、公文类、书信类、邮政类、电报类、法规类、契据类、附录类。

收藏单位：广东馆

01606
新体交际全书　胡吟蝶著
上海：元新书局，1932，[462] 页，32 开

收藏单位：安徽馆

01607
宣传心理研究　（英）华特（A. White）著　萨空了编译
外文题名：The new propaganda
上海：耕耘出版社，[1945]，261 页，32 开
上海：耕耘出版社，1948.1，2 版，261 页，32 开

本书讨论法西斯的宣传方法，对这种宣传的心理效果进行了分析。分 3 部分：独裁者心目中的宣传、人民接受宣传的缘因、独裁政府的宣传统治所得的心理效果。

收藏单位：重庆馆、广东馆、广西馆、国家馆、吉大馆、上海馆

01608
谣言的心理　陈雪屏著
长沙：商务印书馆，1939.5，68 页，32 开（艺文丛书 14）

本书共 6 章：导言、谣言的意义、使报告失真的基本因素、谣言演变的原则、预示未来的谣言与童谣、谣言的力量。

收藏单位：重庆馆、东北师大馆、广东馆、国家馆、湖南馆、吉林馆、南京馆、上海馆、浙江馆

01609
应酬　陈家曙编
上海：中华书局，1948.5，22 页，32 开（中华文库 民众教育 第 1 集）

本书介绍访问、宴会、庆贺、丧祭、集会等应酬的要义。

收藏单位：上海馆

01610
应酬新编　谢万源编
瑞金：复瑞昌书店，1943.10，再版，300 页，25 开

收藏单位：国家馆

01611
应付人的技术（英汉对照）（美）卡内基（D. Carnegie）著　王维义译
外文题名：How to win friends & influence people
上海：世界书局，1944，300 页，36 开
上海：世界书局，1944.2，赣 1 版，300 页，36 开
上海：世界书局，1946，再版，300 页，36 开
上海：世界书局，1948.11，4 版，300 页，36 开

本书共 6 篇：处置人的基本技术、使人喜欢你的六种方法、得人同意于你的十二种方法、改变人而不触犯或引起反感的九种方法、发生奇异结果的函件、使你家庭生活更快乐

的七项规则。

收藏单位：重庆馆、广东馆、江西馆、南京馆

01612

由猿群到共和国 （日）丘浅次郎著 马廷英译

上海：北新书局，1928.3，232页，32开（表现丛书）

本书共13部分，叙述从猿群发展演变到人类的过程。

收藏单位：重庆馆、广东馆、广西馆、国家馆、吉林馆、江西馆、近代史所、南京馆、宁夏馆、上海馆、绍兴馆、首都馆、天津馆、浙江馆

01613

舆论的形成 叶明勋著

永安、连城：建国出版社，1942.11，68页，32开

本书共15部分，内容包括：什么是舆论、舆论之心理基础、舆论之使命、报纸与舆论、教育机关与舆论、舆论形成之工具等。

收藏单位：重庆馆、国家馆

01614

驭人策略 （美）韦勃（E. T. Webb）（美）摩尔根（John J. B. Morgan）著 陈汝衡 钱宝钧张左企译

外文题名：Strategy in handling people

南京：拔提书店，1935.3，410页，32开

南京：拔提书店，1935.8，再版，410页，32开

南京：拔提书店，1936.5，3版，410页，32开

南京：拔提书店，1938，4版，410页，32开

本书讲述欧美一些有名人物处人处事的方法。共27章，内容包括：大人物与我们有不同的地方吗、使他人满意之秘术、结交新朋友之简易方法、如何使人悦服、让别人说话、使人合作之妙策、罕能抵抗之妙策、从小经纪到大商业、如何使人首肯、多加一点侦察功夫、成功的售货员及其秘诀等。

收藏单位：重庆馆、国家馆、黑龙江馆、湖南馆、吉林馆、江西馆、近代史所、南京馆、上海馆、西南大学馆

01615

驭人策略 （美）韦勃（E. T. Webb）（美）摩尔根（John J. B. Morgan）著 陈汝衡 钱宝钧张左企译

外文题名：Strategy in handling people

西安、重庆：拔提书店，1940.1，4版，298页，32开

西安、重庆：拔提书店，1941，5版，297页，36开

西安、重庆：拔提书店，1942.1，6版，298页，36开

西安：拔提书店，298页，32开

收藏单位：重庆馆、广东馆、国家馆、湖南馆、吉林馆、江西馆、南京馆、内蒙古馆、山东馆、上海馆、绍兴馆

01616

怎样处理人事 （美）莫根（Moken）著 吴柏怡译

重庆：新潮出版社，1942.4，渝初版，150页，32开

本书分79个专题，讲述有成就的政治家、军事家、实业家处人处事的方法。

收藏单位：重庆馆、国家馆、吉林馆、南京馆、上海馆

01617

怎样处世是我们所需要（一名，处世的理论与方法） 贝尔著

上海：亚星书店，1940.4，243页，32开（新时代青年丛书2）

本书共8章：泛论处世、什么是正确的处世理论、处世方法的基本条件、先使你自己建立基础、你怎样在群体中生活、你怎样参加集团的活动、在你的家庭与结婚条件上、给你参考与练习的一章。

收藏单位：广东馆、国家馆

01618

怎样待人 穆根邬本著 檀仁梅译

重庆：商务印书馆，106页，32开

本书共10章，内容包括：伟人是否和我们不同、使人喜欢你的秘诀等。

收藏单位：广西馆

01619

怎样过集团生活 马亚人著

上海：上海杂志公司，1937.5，112页，32开

上海：上海杂志公司，1937.7，2版，112页，32开（当代青年丛书）

上海：上海杂志公司，1938，再版，112页，36开（当代青年丛书）

本书讲述个人与集体的关系，个人在集体中如何待人处事、处理自己的生活等。共10章，内容包括：什么是集团、个人与集团的关系、集团与人们的创造性、集团的纲领与规约、集团的组织原则与形式、集团活动的分配执行和清算、发起新集团与对待既存集团等。

收藏单位：重庆馆、广西馆、贵州馆、桂林馆、国家馆、宁夏馆、上海馆、西南大学馆、浙江馆

01620

怎样清理户籍 朱国尧主编

绍兴：建国出版社，1945，21页，32开（乡镇辅导丛刊）

收藏单位：浙江馆

01621

怎样应付人 （美）米尔登·赖脱（Milton Wright）著 艾珑译

上海：奔流书店，1941.4，172页，36开

上海：奔流书店，1941.8，再版，172页，36开

本书共50部分，内容包括：做人的意义、应付人的艺术、能力的培养、抓住心理、摸熟人家的个性、适应对方的脾气、看相哲学、注意特殊情境、推测别人的思想、性格的认识等。

收藏单位：国家馆、上海馆、天津馆

01622

怎样应付社会 黎翼群著

[上海]：纵横社，1939.1，160页，32开

上海：纵横社，1940.5，146页，32开

上海：纵横社，1941.5，146页，32开

上海：纵横社，1942.2，146页，32开

上海：纵横社，1944，146页，32开

上海：纵横社，1946，146页，32开

本书共5编：使个性适应社会、养成应付社会的能力、怎样在社会里择业创业、服务社会的几个要点、在社会里立身之道。

收藏单位：广东馆、广西馆、贵州馆、桂林馆、国家馆、湖南馆、吉大馆、南京馆、山东馆、上海馆、首都馆

01623

怎样与人谈话 （美）米尔登·赖脱（Milton Wright）著 戴岱译

上海：纵横社，1941.6，200页，36开

本书共8章：怎样改进你底谈话、如何开始一场谈话、二人之间的谈话、怎样应对、谈话中之争论、如何才能机敏、倾听人家讲话、讨人喜欢与惹人讨厌的人。著者原题：雷特。

收藏单位：广东馆、湖南馆、南京馆、山东馆、上海馆、首都馆、浙江馆

01624

知识社会学 （美）孟汉（K. Mannheim）著 李安宅译

外文题名：Sociology of knowledge

上海：中华书局，1944，92页，32开

重庆：中华书局，1944，渝初版，92页，32开

上海：中华书局，1946.9，再版，92页，32开

本书为著者《意态与理想——知识社会学引论》一书的第5编。作者认为思想有三大领域：一是思想工具，即符号或语言文字；二是思想规律，即逻辑；三是知识社会学。全书共6章：知识社会学底性质与范围、知识社会学两个部门、旧式认识论底片面性、知识社会学底正面使命、知识社会学领域以内在历史社会研究上的技术问题、知识社会学历史简述。附张东荪的《思想言语与文化》一文。

收藏单位：重庆馆、广东馆、广西馆、桂林馆、国家馆、南京馆、内蒙古馆、上海馆、浙江馆

01625
中国观人论 邵祖平著
上海：开明书店，1933.2，172页，32开
本书征引古籍，介绍我国历代观察鉴别人物的原理和方法。分为上、中、下三篇。上篇原理，介绍观人术的起源、通行、通行范围、功用、蜕变与观鉴家等；中篇实用，介绍各种观人法；下篇评论，介绍观鉴定夺之需要时期、观人术与时地之关系、观人术与人类之畸性、观人者应知之谬误、观人术与医理相法之关系、观人术之杂评。
收藏单位：重庆馆、广东馆、国家馆、江西馆、近代史所、辽大馆、上海馆、首都馆、天津馆、浙江馆、中科图

01626
自然界之矛盾与进化 （日）加藤弘之著 王璧如译
上海：世界书局，1931.11，164页，32开
本书共9章：自然界（有机界）的三大矛盾、有机界的生存竞争自然淘汰、人类界的生存竞争自然淘汰、国家内的生存竞争自然淘汰、各国家相互间的生存竞争自然淘汰、不拘国家的内外个人或团体相互间的生存竞争自然淘汰、生存竞争和人类界的进化（开化）、诸阶级间的权力竞争和道德法律的进化、由人为淘汰所引起的道德的进化。
收藏单位：桂林馆、江西馆、天津馆、浙江馆

01627
最新交际礼节大全 张广新编
奉天：信源印书馆，1937，51页，32开
收藏单位：河南馆

社会生活与社会问题

01628
才与能 博文社编
上海：博文书店，1941，146页，32开（博文信箱7）
收藏单位：广东馆、贵州馆、首都馆

01629
迟疑不决 寒松编
上海：生活书店，1933.12，6版，353页，32开（信箱外集2）
上海：生活书店，1934，7版，353页，32开（信箱外集2）
上海：生活书店，1935，再版，353页，32开（信箱外集2）
上海：生活书店，1936.2，8版，353页，32开（信箱外集2）
本书为1930年《生活周刊》读者信箱栏信件汇编。分6编：求学、职业、婚姻、家庭、疾病、法律。收来信百余封，每封后附生活周刊社的复信。书前有韬奋的弁言。
收藏单位：重庆馆、广东馆、贵州馆、桂林馆、国家馆、吉林馆、南京馆、上海馆、首都馆、浙江馆

01630
传家宝库 顾鸣盛编辑
上海：广文书局，1919，6册，32开
收藏单位：首都馆

01631
大众社会问题讲话 杨同芳著
上海：世界书局，1949.1，127页，32开
上海：世界书局，1949.6，再版，127页，32开
本书分前、后两编，内容包括：社会及社会问题、社会问题及其解决途径。共7章，论述社会问题的产因、本质、分类，社会制度与社会问题，社会问题的背景，劳工问题，妇女问题，农民问题，解决社会问题的方法等。
收藏单位：东北师大馆、广东馆、国家馆、山西馆

01632
都市社会问题 邱致中著
上海：有志书屋，1936.1，246页，22开（都市社会学丛书4）
本书共10章，阐述了都市社会问题的意

义、发生、分类、特性及研究方法，都市社会的劳动、人口、妇女、儿童、娼妓、犯罪、土地、卫生等。

收藏单位：国家馆

01633

读者顾问集 高语罕辑

上海：亚东图书馆，1936—1937，2 册（306+256 页），32 开（生活指导丛书）

第 1 集收《怎样才能从腐败的家庭奋斗出来》《这是整个社会问题》《改进乡村教育的先决问题》等 71 篇文章；第 2 集收《如何解决失业问题》《由农村问题说到青年之出路》《要回农村应该先有办法》等 47 篇文章。辑者原题：王灵均。

收藏单位：重庆馆、国家馆广东馆、南京馆、上海馆

01634

读者顾问集（第 1 集） 高语罕编

上海：申报馆，1933.9，306 页，32 开（申报丛书 9）

本书收录《这是整个社会问题》《怎样解决男女共同生活的问题》《“中俄复交”所引出的问题一束》《怎样维持治安》《升学与学校》《再论生产合理化》《向上心与劣根性》等 71 篇文章。辑者原题：王灵均。

收藏单位：重庆馆、广东馆、国家馆、江西馆、近代史所、南京馆、上海馆

01635

读者顾问集（第 2 集） 高语罕辑

上海：申报，1934.5，272 页，32 开（申报丛书 23）

本书收录《中国农村问题应采何种办法来解决》等 47 篇文章。附《怎样解除农民的痛苦》等 14 篇。辑者原题：王灵均。

收藏单位：广东馆、国家馆、江西馆、上海馆、浙江馆

01636

葛氏家书 徐百益编著

[上海]：人生出版社，1945.6，170 页，32 开（人生丛书）

上海：人生出版社，1945.8，再版，170 页，32 开（人生丛书）

本书分 6 篇：恋爱篇、少年篇、女儿篇、婚姻篇、事业篇、人生篇，共收 74 封信。

收藏单位：吉林馆、南京馆、上海馆

01637

给姊妹们 叶舟著

上海：光明书局，1933.8，314 页，32 开

上海：光明书局，1941.10，订正初版，314 页，32 开

上海：光明书局，1946，胜利后 2 版，314 页，32 开

上海：光明书局，1949.1，新 4 版，314 页，32 开

本书以书信体记述。共 6 编：思想与修养、生活与职业、恋爱与结婚、家庭与儿童、学校与教育、社会与社交。书前有著者前记。书后附杂札与小简 22 篇。

收藏单位：重庆馆、东北师大馆、广东馆、国家馆、山西馆、上海馆、首都馆

01638

国民共济策 （英）韦伯（Sidney Webb）（英）韦伯夫人（Beatrice Webb）著 吴源瀚 徐仁怡译

北京：内务部编译处，1919.10，118 页，18 开

本书分 10 章，论述社会的贫困问题、失业问题、社会保险、防贫救济的措施及方法等。著者“韦伯”原题：威布，著者“韦伯夫人”原题：威布夫人。

收藏单位：国家馆、辽宁馆、南京馆、首都馆

01639

几个切要的人生问题 （美）乐灵生（Frank Rawlinson）编 应元道译

外文题名：Some vital life problems

上海：青年协会书局，1925.11，再版，25 页，32 开（宗教与人生问题讨论课本）

本书共 8 课，内容包括：中国的家庭生活、那种家庭制在中国最为适用、商业生活

与工业生活、近代的中国工业、工商业的原则、资本主义与社会主义等。

收藏单位：重庆馆

01640

剪发的好处与缠足的坏处　教育部通俗教育研究会编

教育部通俗教育研究会，12 页，32 开（北五省旱灾灾区讲演集 5）

收藏单位：首都馆

01641

精神上的爱人　群学书店编

上海：群学书店，1946.10，124 页，32 开（群学信箱 6）

上海：群学书店，1947，124 页，32 开（群学信箱 6）

本书为读者信箱问答集。分 3 辑：求学、职业、婚姻。

收藏单位：重庆馆、吉林馆

01642

了然语　李毓如著

北京：出版者不详，1915.9，54 页，32 开

本书杂论社会生活，如兴学校、讲实业、励官箴、防外侮、戒间冗、黜异端等。全书不分章节。

收藏单位：国家馆

01643

恋爱教育　杜佐周著

上海：良友图书印刷公司，1932，54 页，64 开

收藏单位：河南馆

01644

矛盾　黄嘉音主答

上海：西风社，1948.6，130 页，32 开（西风信箱 第 7 集）

本书为西风社与读者讨论社会问题的通信集。分 5 编：社会、家庭、交际、婚姻、修养。

收藏单位：重庆馆、广东馆、国家馆、湖南馆

01645

迷宫　黄嘉音主答

上海：西风社，1948，128 页，32 开（西风信箱 第 8 集）

本书为西风社与读者的通信集。分 4 编：家庭、交际、婚姻、职业。

收藏单位：重庆馆、广东馆、湖南馆、南京馆、上海馆

01646

迷途的羔羊　生活书店编译所编

上海：生活书店，1932.11，380 页，32 开（生活信箱外集 3）

上海：生活书店，1933，再版，380 页，32 开（生活信箱外集 3）

上海：生活书店，1933.5，3 版，380 页，32 开（生活信箱外集 3）

上海：生活书店，1935，4 版，380 页，32 开（生活信箱外集 3）

上海：生活书店，1937.3，5 版，380 页，32 开（生活信箱外集 3）

本书是《生活周刊》1931 年度信箱未发表稿件的选编本。分 6 编：求学、职业、婚姻、法律、疾病、杂类，共收来信及复函 159 封。

收藏单位：重庆馆、东北师大馆、复旦馆、广东馆、国家馆、湖北馆、湖南馆、南京馆、上海馆、首都馆、浙江馆

01647

面孔漂亮的厄运

[上海]：群学书店，1946.10，165 页，32 开（群学信箱 5）

[上海]：群学书店，1949，[再版]，165 页，32 开（群学信箱 5）

收藏单位：重庆馆、天津馆

01648

某夫人信箱

上海：文兴社，117 页，32 开

本书以书信形式讨论妇女的恋爱、婚姻、

家庭、育儿、家政等诸问题。本书为第1类问答，共有38篇。

收藏单位：重庆馆、国家馆、上海馆

01649

某夫人信箱（第1辑） 某夫人编

北京：沙漠画报社，1940.9，2版，352页，32开

本书以书信形式讨论婚姻、恋爱、家庭、育儿、家政等问题。

收藏单位：首都馆

01650

某夫人信箱（第1辑） 某夫人编

北京：实报社，1940.5，352页，32开

本书分8类，以书信形式讨论恋爱、贞操、生理、夫妇、婚姻、伦理等问题。

收藏单位：国家馆、首都馆、天津馆

01651

某夫人信箱（第1辑） 某夫人编

上海：万象书局，1944.12，新1版，351页，32开

收藏单位：上海馆、首都馆

01652

某夫人信箱（第1集） 姚苏凤编

香港：星报出版部，1940.6，264页，32开（星报小丛书）

本书是讨论妇女婚姻、家庭等问题的书信合集。

收藏单位：上海馆

01653

某夫人信箱（第2辑） 某夫人编

北京：沙漠画报社，1941.10，365页，32开

本书分两部：沙漠专页、实报信箱。以书信形式讨论婚姻、恋爱、家庭、育儿、家政等问题。

收藏单位：国家馆、首都馆、天津馆

01654

某夫人信箱（少男少女） 某夫人著 姚苏凤编

重庆：亚洲图书社，116页，32开

收藏单位：重庆馆

01655

某夫人信箱（诉衷情） 某夫人著 姚苏凤编

重庆：亚洲图书社，1945.1，82页，32开

本书记述恋爱问题。包括某夫人播音14篇、各人的问题33篇。

01656

某夫人信箱（下册） 某夫人编

北平：文兴书局、正气出版社，1946.9，新1版，1册，32开

本书以书信体裁讨论一些社会问题。书末附某夫人的敬致读者、关于失业问题、介绍一篇关于母爱的文章等8篇。

01657

某夫人信箱（续编）

上海：文兴社，257页，32开

本书为讨论妇女各方面问题的书信汇编。分3类：问答、报告、言论。

收藏单位：上海馆、天津馆

01658

某夫人信箱（总目）

出版者不详，1册，32开

本书以书信形式讨论家庭、婚姻、恋爱、友谊、闲情、创痛问题等，共184篇。

收藏单位：国家馆

01659

木偶戏 西风信箱编辑部编

上海：西风社，1941.6，302页，32开（西风信箱 第4集）

桂林：西风社，1943，302页，32开（西风信箱 第4集）

本书按类分为9编：思想、交际、恋爱、婚姻、家庭、教育、职业、修养、健康。

收藏单位：重庆馆、广西馆、南京馆、宁夏馆、首都馆

01660
彷徨歧途　西风信箱编辑部编
大连：大兴书籍文具店，232 页，32 开（文艺丛书）
本书以书信问答形式，讨论社会生活中的各种问题。分 8 编：社会、家庭、性教育、心理、交际、婚姻、修养、健康。书前有西风信箱编辑部的我们的人生观。书后附录《认识自己的个性》等 3 篇。
收藏单位：首都馆

01661
彷徨歧途　西风信箱编辑部编
上海：西风社，1939.6，271 页，32 开（西风信箱 第 1 集）
上海：西风社，1939.9，再版，271 页，32 开（西风信箱 第 1 集）
上海：西风社，1940.3，3 版，271 页，32 开（西风信箱 第 1 集）
桂林：西风社，1942.7，蓉 1 版，271 页，32 开（西风信箱 第 1 集）
桂林：西风社，1944，[再版]，271 页，32 开（西风信箱 第 1 集）
上海：西风社，1947，4 版，271 页，32 开（西风信箱 第 1 集）
上海：西风社，266 页，32 开（西风信箱 第 1 集）
收藏单位：重庆馆、广西馆、贵州馆、国家馆、吉林馆、近代史所、辽大馆、南京馆、宁夏馆、首都馆

01662
平地的霹雳　群学社编
上海：群学书店，1946，166 页，32 开（群学信箱 4）
上海：群学书店，1947.1，166 页，32 开（群学信箱 4）
本书收信函 34 种，每件后均有答复。讨论升学、择业、婚姻、处世、修养等问题。
收藏单位：重庆馆、广东馆、广西馆、国家馆、吉林馆、辽宁馆、南京馆、宁夏馆、首都馆

01663
平民常识　京兆尹公署编
北平：京兆尹公署，1925.6，[72] 页，25 开
收藏单位：吉林馆、首都馆

01664
前途　西风信箱编辑部编
上海：西风社，1941.4，212 页，32 开（西风信箱 第 4 集）
上海：西风社，1944.12，渝 1 版，212 页，32 开（西风信箱 第 4 集）
收藏单位：重庆馆、上海馆

01665
求知集　博文社编
上海：博文书店，1941.5，166 页，32 开（博文信箱 6）
本书收来信及复信 34 封。内容包括：怎样去实践、怎样使学问能够很迅速的进步、怎样增进学习能力、求学时期的待人接物等。
收藏单位：广东馆、国家馆

01666
如何解决　时事研究会编辑
时事研究会，30 页，32 开
收藏单位：东北师大馆、天津馆

01667
如何解决　王少岑编
上海：博文书店，1940，162 页，32 开
上海：博文书店，1941，162 页，32 开（博文信箱 1）
本书为以“读者信箱”形式编汇的通讯集。共收来往书信 20 余件。探讨社会生活问题。
收藏单位：广东馆

01668
山谷莺鸣　裴钺著
兰州：龙庆永出版社，1944.11，42 页，32 开
本书共 5 部分：边地剪影、希望全国的母亲和儿子、为什么要这样做、青年修养问题的研究、如何解决青年的婚姻问题。论述习

俗文化、经济建设、婚姻与人种等方面的社会问题。

收藏单位：国家馆

01669

社会问题　潘子端编著

上海：华社，1934.4，326页，22开

收藏单位：上海馆

01670

社会问题　沈志远著

上海：生活・读书・新知联合发行所，1949.8，沪初版，90页，36开（社会科学基础读本6）

本书共4部分：农民土地问题、劳动问题、妇女问题、民族问题。

收藏单位：重庆馆、东北师大馆、广东馆、国家馆、湖北馆、吉林馆、辽宁馆、南京馆、天津馆、云南馆

01671

社会问题　孙本文著

上海：世界书局，1927.6，88页，32开

上海：世界书局，1928.9，再版，88页，32开

上海：世界书局，1930.4，3版，88页，32开

上海：世界书局，1932，4版，88页，32开

本书分总论、家庭问题两章。简述社会问题的性质、我国社会问题发生的原因、解决社会问题的途径、研究社会问题的方法、家庭在社会上的地位、中国家庭改组问题等。

收藏单位：广西馆、桂林馆、国家馆、吉林馆、南京馆、内蒙古馆、天津馆、浙江馆

01672

社会问题　孙本文讲述

[南京]：中央政治学校，1937.2，174页，16开

收藏单位：南京馆

01673

社会问题　谭振民编

中央陆军军官学校政治训练处，1929.4，216页，32开（中央陆军军官学校政训处政治丛书 第10种）

中央陆军军官学校政治训练处，1930，再版，216页，32开（中央陆军军官学校政训处政治丛书 第10种）

本书共5章：社会问题的意义、劳动问题、农民问题、妇女问题、青年问题。

收藏单位：重庆馆、桂林馆、江西馆、近代史所、南京馆、宁夏馆、上海馆、浙江馆

01674

社会问题　相菊潭编

外文题名：Social problems

上海：商务印书馆，1924.6，135页，32开（新智识丛书）

上海：商务印书馆，1926，再版，135页，32开（新智识丛书）

上海：商务印书馆，1927.4，3版，135页，32开（新智识丛书）

上海：商务印书馆，1929.7，5版，135页，32开（新智识丛书）

上海：商务印书馆，1933.6，国难后1版，121页，32开（百科小丛书）

上海：商务印书馆，1933.12，121页，32开（百科小丛书）（万有文库 第1集 118）

上海：商务印书馆，1935，国难后2版，121页，32开（百科小丛书）

本书共11章，内容包括：家族问题、妇人问题、人口问题、都市问题、劳动问题等。

收藏单位：安徽馆、重庆馆、大连馆、大庆馆、东北师大馆、广东馆、广西馆、贵州馆、国家馆、黑龙江馆、湖南馆、吉林馆、江西馆、辽大馆、辽师大馆、南京馆、内蒙古馆、宁夏馆、上海馆、绍兴馆、天津馆、武大馆、浙江馆

01675

社会问题　熊得山著

上海：北新书局，1926.9，144页，32开

上海：北新书局，1926.12，再版，144页，32开

[上海]：北新书局，1927.7，2版，144页，25开

上海：北新书局，1929.5，3版，144页，32开

本书共28章，内容包括：社会的意义、

社会问题的意义、产业革命与资本主义、劳动的苦痛与社会组织、失业问题、劳动问题与人口论、现社会与妇女问题、社会政策、社会主义等。

收藏单位：重庆馆、东北师大馆、广东馆、广西馆、桂林馆、国家馆、黑龙江馆、吉大馆、吉林馆、近代史所、内蒙古馆、上海馆、首都馆、天津馆、浙江馆

01676
社会问题 徐宗泽编著
上海：圣教杂志社，1928.6，46 页，32 开（圣教杂志丛刊）

本书从宗教的观点论述社会问题，否定社会主义、共产主义，提出圣教会解决社会问题的办法。

收藏单位：国家馆、吉林馆、内蒙古馆、浙江馆

01677
社会问题 浙江省警官学校编
浙江省警官学校，1930，124 页，32 开

本书共 4 章，内容包括：社会问题总论、劳动问题、妇女问题等。

收藏单位：浙江馆

01678
社会问题 朱亦松 宋希庠编
江苏省区长训练所，[1930—1949]，77 页，25 开（江苏省区长训练所政治丛书 27）

本书共 9 讲，内容包括：社会问题的性质、社会问题发生的物质原因、贫穷问题、中国人口问题、犯罪问题、都市问题、妇女问题及其解决途径等。

收藏单位：重庆馆、国家馆

01679
社会问题
出版者不详，188 页，32 开

收藏单位：南京馆

01680
社会问题（改造的分析）（美）爱尔乌德（Charles A. Ellwood）著 王造时 赵廷为译
外文题名：Social problems
上海：商务印书馆，1922.5，209 页，32 开（世界丛书）
上海：商务印书馆，1922.12，再版，209 页，32 开（世界丛书）
上海：商务印书馆，1926，3 版，209 页，32 开（世界丛书）
上海：商务印书馆，1927.6，4 版，209 页，32 开（世界丛书）
上海：商务印书馆，1933.3，国难后 1 版，209 页，32 开（世界丛书）

本书共 7 章：社会问题绪论、近代社会问题中历史的原素、社会问题之物质的和生物的元素、社会问题中的经济元素、社会问题中的精神和理想元素、社会问题中教育的元素、社会问题的解决。封面题名：社会问题——改造的分析。

收藏单位：重庆馆、广东馆、广西馆、贵州馆、国家馆、吉大馆、南京馆、宁夏馆、首都馆、天津馆、浙江馆

01681
社会问题大纲 郭真著
上海：平凡书局，1930.4，2 册，25 开（社会科学大系 3）
上海：平凡书局，1930.10，再版，2 册（社会科学大系 3）

本书共 7 篇：绪论、民族问题、劳动问题、农民问题、妇女问题、社会政策、社会主义。

收藏单位：重庆馆、国家馆、黑龙江馆、近代史所、上海馆、浙江馆、中科图

01682
社会问题大纲 郭真著
上海：社会经济学会，1933，再版，2 册（20+488+452 页），25 开（社会科学大系 3）

收藏单位：广西馆、桂林馆、南京馆、上海馆

01683
社会问题大纲 郭真著

出版者不详，1930，3 版，2 册（20+488+452 页），25 开

收藏单位：广西馆

01684

社会问题大纲　柯柏年编

上海：南强书局，1930.7，481 页，32 开（新兴社会科学丛书）

上海：南强书局，1933，2 版，481 页，32 开（新兴社会科学丛书）

本书共 10 章：社会问题底意义、现代的资本制度、劳动时间问题、工资问题、失业问题、资本制度与农民、土地问题、地租问题、农村的剥削关系、社会问题之解决。

收藏单位：重庆馆、东北师大馆、广东馆、广西馆、桂林馆、国家馆、湖南馆、近代史所、辽大馆、宁夏馆、武大馆、浙江馆

01685

社会问题大纲　张琴抚讲授　郭逸樵笔记

上海：乐华图书公司，1930.10，487 页，32 开

上海：乐华图书公司，1932.10，再版，487 页，32 开

本书阐述社会问题发生的原因及意义，并探讨劳动问题、农民问题、民族问题、妇女问题、社会问题、社会运动等中国社会的实际问题。

收藏单位：重庆馆、广东馆、桂林馆、国家馆、南京馆、山西馆、上海馆、浙江馆、中科图

01686

社会问题大纲·社会运动全史　郭真著·高尔松著

上海：平凡书局，1930，5 册，23 开（社会科学大系 3）

《社会问题大纲》内容包括：绪论、民族问题、劳动问题、农民问题、妇女问题、社会政策、社会主义。《社会运动全史》内容包括：国际运动史、革命运动史、政党运动史、劳动运动史、农民运动史、妇女运动史。著者“高尔松”原题：高希圣。

收藏单位：重庆馆

01687

社会问题讲演录　江亢虎主讲　高维昌编记

外文题名：Lectures on social problems

上海：商务印书馆，1923.10，150 页，22 开（东南大学丛书）

上海：商务印书馆，1925.2，2 版，150 页，22 开（东南大学丛书）

本书共 4 章：资产问题、劳动问题、女权问题、家庭问题。书前有自序。附江亢虎宣言暨新民主主义新社会主义说明。

收藏单位：东北师大馆、广西馆、桂林馆、国家馆、南京馆、上海馆、首都馆

01688

社会问题讲义　刘重农　冯声南编

南京：宪兵教导总队政治训练处，1933，60 页，32 开（宪兵教导总队政治训练处丛书 5）

本书共 7 章，内容包括：社会问题的意义、劳动问题、农民问题、妇女问题、青年问题、流民问题等。

收藏单位：重庆馆

01689

社会问题讲义　钱大钧编

武汉：中央陆军军官学校武汉分校，1931，120 页，22 开

收藏单位：湖南馆

01690

社会问题论辑　孙本文等编

[南京]：中央政治学校，1934.9，426 页，16 开

收藏单位：南京馆

01691

社会问题体系（卷一）（日）河田嗣郎著　阮有秋译

上海：华通书局，1930.1，[14]+236+17 页，25 开

上海：华通书局，1937，1 册，25 开

本卷内容包括：社会问题之意义、社会问

题发生之理由、社会政策之意义和任务、劳动阶级之发生及其境遇等。

收藏单位：北大馆、重庆馆、桂林馆、国家馆、江西馆、南京馆、上海馆、首都馆、天津馆、浙江馆

01692

社会问题体系（卷二）（日）河田嗣郎著 阮有秋译

上海：华通书局，1931，[12]+287+14 页，22 开

收藏单位：桂林馆、国家馆

01693

社会问题体系（卷五）（日）河田嗣郎著 阙海霞译

上海：华通书局，1934.6，266+12 页，22 开

本卷包括该书第 8—9 两编，概述欧洲各国的工资整理政策、工资整理的方法及组织、家族工资制度等。

收藏单位：重庆馆、国家馆、辽宁馆、南京馆

01694

社会问题详解 （日）高畠素之著 盟西译

外文题名：A treatise on social problems

上海：商务印书馆，1921.4，3 册（166+182+[196] 页），32 开（共学社社会丛书）

上海：商务印书馆，1922.9，再版，3 册（166+182+[196] 页），32 开（共学社社会丛书）

上海：商务印书馆，1926.6，4 版，3 册（166+182+[196] 页），32 开（共学社社会丛书）

本书共 4 编：社会政策、社会主义、劳动组合、妇人问题。附录社会政策大要、社会主义大要、劳动组合大要、妇人问题大要。

收藏单位：北师大馆、重庆馆、国家馆、内蒙古馆、上海馆

01695

社会问题研究 广西民团干部学校编

广西民团干部学校，[1936—1949]，[240] 页，32 开

本书为广西民团干部学校教本。

收藏单位：国家馆

01696

社会问题研究 简朴编

浙江省警官学校，1933，250 页，25 开

本书共两编：论述社会问题、论述劳动问题。

收藏单位：重庆馆

01697

社会问题研究 杨剑秀编

上海：现代书局，1929.12，164 页，32 开（社会科学丛书 第 12 种）

上海：现代书局，1931.1，再版，164 页，32 开（社会科学丛书 第 12 种）

上海：现代书局，1934.9，3 版，164 页，32 开（社会科学丛书 第 12 种）

本书共 6 章，内容包括：资本主义社会解剖、社会政策、社会主义、妇女问题、农民问题等。

收藏单位：重庆馆、国家馆、黑龙江馆、湖南馆、南京馆、上海馆、首都馆

01698

社会问题之商榷 李宗吾著

成都：国民公报社，1929.4，32+122 页，32 开

本书共 6 章：公私财产之区分、马克斯主义和孙中山主义之比较、人性善恶之研究、世界进化之轨道、解决社会问题之办法、各种学说之调和。

收藏单位：北大馆、国家馆、近代史所、南京馆、内蒙古馆

01699

社会问题之商榷 李宗吾著

李宗吾 [发行者]，1936.6，再版，134 页，32 开

收藏单位：重庆馆、广东馆、国家馆、吉林馆、武大馆

01700

社会问题总览 （日）高畠素之著 李达译

上海：中华书局，1921.4，488 页，32 开，精装（新文化丛书）

上海：中华书局，1921.9，再版，3 册（[162+

171+153] 页），32 开，精装（新文化丛书）
上海：中华书局，1922.8，3 版，3 册（488 页），32 开（新文化丛书）
上海：中华书局，1925，4 版，3 册（488 页），32 开（新文化丛书）
上海：中华书局，1926.6，5 版，3 册（488 页），32 开（新文化丛书）
上海：中华书局，1927，7 版，3 册（488 页），32 开（新文化丛书）
上海：中华书局，1929.4，9 版，3 册（162+171+154 页），32 开（新文化丛书）
上海：中华书局，1930.6，10 版，3 册（488 页），32 开（新文化丛书）
上海：中华书局，1932.8，11 版，3 册（488 页），32 开（新文化丛书）

本书共 4 编：社会政策、社会主义、工会、妇人问题。

收藏单位：重庆馆、广东馆、广西馆、桂林馆、国家馆、黑龙江馆、湖南馆、吉大馆、吉林馆、江西馆、南京馆、内蒙古馆、上海馆、绍兴馆、首都馆、天津馆、浙江馆

01701
生活手册 林中梅著
上海：经纬书局，1944.11，蓉版，98 页，42 开

本书介绍衣食住行、求知、修养、工作、服务、休息，以及个人、家庭、社会、国家等方面的内容。

收藏单位：重庆馆、国家馆、南京馆

01702
失乐园 西风信箱编辑部编
上海：西风社，1941.9，320 页，32 开（西风信箱 第 5 集）
桂林：西风社，1942.5，320 页，32 开（西风信箱 第 5 集）
桂林：西风社，1943.1，渝 1 版，320 页，32 开（西风信箱 第 5 集）
桂林：西风社，164 页，32 开（西风信箱 第 5 集）

本书收录西风信箱编辑部与读者讨论家庭、婚姻、恋爱、妇女、交际、修养、职业、健康等问题的信函。

收藏单位：重庆馆、广东馆、国家馆、黑龙江馆、吉林馆

01703
时代信箱 韬宏编
上海：文光书店，137 页，32 开

本书收有关求学、职业、婚姻等问题的来往信函，共 91 件。

收藏单位：国家馆

01704
释社会问题 （美）爱尔乌德（Charles A. Ellwood）著 黄尊三译
内务部编译处，1920.7，98 页，18 开

本书共 6 章：绪论、社会问题之历史的要素、社会问题之物质的及生物的要素、社会问题之经济的要素、社会问题之精神的及理想的要素、社会问题之解决。据日译本重译。著者原题：耶尔吾特。

收藏单位：国家馆

01705
我只值二万五千元 群学社编
上海：群学书店，1946.10，157 页，32 开（群学信箱 1）

本书内收来往信函 68 件。讨论婚姻、学业、处世、修养、择业等问题。

收藏单位：重庆馆、国家馆、吉林馆、辽宁馆

01706
希望和幸福 黄嘉音主答 西风信箱编辑部编
上海：西风社，1947.9，212 页，32 开（西风信箱 第 6 集）
上海：西风社，1948.9，再版，212 页，32 开（西风信箱 第 6 集）
上海：西风社，1949，[再版]，212 页，32 开（西风信箱 第 6 集）

本书为西风社与读者的通信汇编。讨论有关恋爱、婚姻、家庭、职业等问题。

收藏单位：重庆馆、广东馆、南京馆、内

蒙古馆、上海馆

01707
现代社会生活　（日）堺利彦著　高尔松译
上海：光华书局，1929.8，147 页，32 开
本书以小说的笔法，描绘资本主义社会下各种民众自少至老的生活状况。著者原题：界利彦，译者原题：高希圣。
收藏单位：重庆馆、国家馆、近代史所、上海馆、天津馆、浙江馆

01708
现代社会问题　邝震鸣编著
北平：文化学社，1932.10，10+196 页，25 开
本书共 14 章，内容包括：社会问题之意义及其种类、法国革命与人类解放运动、工业革命与自由主义、资本制度之发生及其弊害、劳动组合之起源及其概况、同盟罢工之意义及其种类等。
收藏单位：广东馆、广西馆、国家馆、湖南馆、上海馆、天津馆、中科图

01709
现代社会问题评论集　范祥善编辑
上海：世界书局，1930.1，1 册，32 开（现代新文库 4）
上海：世界书局，1930.9，再版，1 册，32 开（现代新文库 4）
本书收有《何谓社会问题》（孙本文）、《一种社会观》（郭大力）、《社会考据》（杨幼炯）、《中国人的普通毛病》（李景汉）、《家庭组织的进化》（陈荻帆）、《自杀问题》（林越生）等 24 篇文章。
收藏单位：重庆馆、广西馆、国家馆、近代史所、南京馆、上海馆、绍兴馆、天津馆、浙江馆

01710
现代社会主要问题　朱亦松著
南京：钟山书局，1934.4，336 页，22 开
本书共分 5 编 14 章，论述人口、劳工、都市与乡村、贫穷犯罪、残疾等问题。
收藏单位：广东馆、广西馆、桂林馆、国家馆、南京馆、上海馆

01711
新黑幕大观（现代人心百面观）　冷眼热血编辑
上海：世界书局，1921.10，24 页，25 开
本书逐页题名：现代人心百面观。
收藏单位：上海馆

01712
新社会问题　陈希豪编著
南京：正中书局，1936.9，222 页，25 开
本书共 13 部分，内容包括：资本主义下之统制经济、社会主义下之计划经济、俄土的关系、怎样去训练青年、当前底妇女问题、苏联劳工的现况、关于教育的两点意见、苏联司法的概况等。
收藏单位：重庆馆、广西馆、贵州馆、国家馆、湖南馆、吉林馆、近代史所、南京馆、内蒙古馆、上海馆、天津馆、浙江馆

01713
悬想　生活书店编译所编
上海：生活书店，1933.6，365 页，25 开（信箱汇集 2）
上海：生活书店，1933.12，再版，365 页，32 开（信箱汇集 2）
上海：生活书店，1935.4，3 版，365 页，32 开（信箱汇集 2）
[上海]：生活书店，1936，[4 版]，365 页
本书是《生活周刊》信箱的来信及复函汇编本。分 6 编：教育、职业、家庭、婚姻、出路、杂类，收信 71 封。
收藏单位：重庆馆、东北师大馆、广东馆、广西馆、桂林馆、国家馆、近代史所、浙江馆、中科图

01714
一生的幸福前途（生活信箱选集）　生活书店编选
上海：光华书店，[1936.7]，158 页，32 开（光华丛刊）
光华书店，1948.10，再版，东北版，158 页，

32 开（光华丛刊）

本书是《生活周刊》信箱选编本。分 6 编：求学、职业、社交、恋爱、婚姻、家庭，收 71 封来信和复函。1948 年东北版题名取自版权页。题名页及封面题名：一生幸福的前途（生活信箱选集）。

收藏单位：东北师大馆、国家馆、内蒙古馆、上海馆

01715

一生的幸福前途（生活周刊信箱选集） 生活书店编选

上海：生活书店，1946.7，[158] 页，32 开（生活丛书）

上海：生活书店，1946.10，再版，204 页，32 开（生活丛书）

上海：生活书店，1947.2，3 版，204 页，32 开（生活丛书）

上海：生活书店，1947.6，再版，158 页，32 开（生活丛书）

收藏单位：安徽馆、重庆馆、东北师大馆、国家馆、辽大馆、南京馆、山东馆、首都馆

01716

有靠山的饭桶 群学书店编

上海：群学书店，1946.10，146 页，32 开（群学信箱 7）

上海：群学书店，1947.1，[再版]，146 页，32 开（群学信箱 7）

本书讨论就业、处世等问题，共收来往信函 41 件。

收藏单位：重庆馆、广东馆、吉林馆、江西馆、辽师大馆、南京馆、上海馆

01717

质疑集 博文社编著

上海：博文书店，1940，124 页，32 开（博文信箱 2）

上海：博文书店，1941.5，124 页，32 开

本书为与读者讨论求学、职业、婚姻问题的通信集。

收藏单位：广东馆、广西馆、天津馆

01718

主要社会问题 （美）拜得（Rudolph M. Binder）著 杨廉译

外文题名：Major social problems

上海：商务印书馆，1928.5，363 页，32 开

上海：商务印书馆，1930.10，再版，363 页，32 开

上海：商务印书馆，1933.6，国难后 1 版，356 页，32 开（社会科学丛书）

本书共 15 章，内容包括：新文化与旧文化、社会发展论、家庭之道德化、妇女运动之意义、工作的精神化、健康之必要、宗教的社会功用、实业之社会化、国家主义之功用、国际主义之需要等。

收藏单位：重庆馆、广东馆、贵州馆、桂林馆、国家馆、近代史所、南京馆、内蒙古馆、宁夏馆、上海馆、天津馆、中科图

01719

最难解决的一个问题 生活书店编译所编

上海：生活书店，1933，5 版，2 册（501 页），32 开

上海：生活书店，1933.10，6 版，2 册（501 页），32 开

本书为读者来信及周刊社复信合编。分 8 编：求学、职业、家庭、社交、恋爱、婚姻、法律、杂类。

收藏单位：甘肃馆、广东馆、吉林馆、宁夏馆

01720

最难解决的一个问题 生活周刊社编

上海：生活书店，1932.4，2 册（501 页），32 开（信箱汇集 1）

上海：生活书店，1932.7，再版，2 册（501 页），32 开（信箱汇集 1）

上海：生活书店，1932.9，3 版，2 册（[501] 页），32 开（信箱汇集 1）

上海：生活书店，1932.12，4 版，2 册（[501] 页），32 开（信箱汇集 1）

上海：生活书店，1933，[再版]，2 册（[501] 页），32 开（信箱汇集 1）

上海：生活书店，1934.9，3 版，501 页，32

开，精装（信箱汇集 1）
上海：生活书店，1934，7 版，606 页，32 开（信箱汇集 1）
上海：生活书店，1935，[8 版]，606 页，32 开（信箱汇集 1）
上海：生活书店，1935.10，9 版，501 页，32 开，精、平装（信箱汇集 1）
上海：生活书店，1937，10 版，606 页，32 开（信箱汇集 1）

收藏单位：重庆馆、东北师大馆、广西馆、国家馆、湖北馆、湖南馆、近代史所、南京馆、宁夏馆、首都馆、天津馆

恋爱、家庭、婚姻

01721
爱的成年 （英）加本特（Edward Carpenter）著 郭昭熙译
上海：大江书铺，1929.12，140 页，32 开
上海：大江书铺，1930.5，再版，140 页，32 开

本书著者原题：卡本忒。

收藏单位：广东馆、桂林馆、国家馆、上海馆、浙江馆

01722
爱的成年 （英）加本特（Edward Carpenter）著 后安译
外文题名：Love's coming-of-age
北平：晨报社，1920，80+38 页，32 开（晨报社丛书 2）
北平：晨报社，1923.12，再版，140 页，32 开（晨报社丛书 2）
北平：晨报社，1924，3 版，140 页，32 开（晨报社丛书 2）
北平：晨报社，1924.10，4 版，140 页，32 开（晨报社丛书 2）
北平：晨报社，1925.5，5 版，140 页，32 开（晨报社丛书 2）
北平：晨报社，1926.3，6 版，140 页，32 开（晨报社丛书 2）

本书讨论性、社会、婚姻等问题。共 8 章：性欲、未成熟的男子、奴隶的女子、自由的女子、过去的结婚、将来的结婚、同性爱、自由社会。前有原序。附录《女子问题的根本解决》《女子自由问题》《男女关系的进化》。由日文本转译。日文译本题名：自由社会与男女关系。著者原题：嘉本特。

收藏单位：国家馆、南京馆、绍兴馆、首都馆、浙江馆

01723
爱的初现 （德）B. A. Bauer 著 曹贵新编译
上海：唯爱丛书社，1929，1 册，32 开（唯爱丛书）

本书收录有关恋爱的文章 14 篇。

收藏单位：重庆馆、首都馆、浙江馆

01724
爱的性生活 （英）司托泼夫人（Marie Carmichael Stopes）著 巴尼译
上海：奔流书店，1940，240 页，32 开

收藏单位：广东馆

01725
爱的艺术（实用家庭生活讲话）（美）斯葛特（M. Scott）著 梁保禄译
香港：真理学会，1947，164 页，32 开

本书分 15 部分，论述家庭、父亲、母亲、丈夫、妻子、儿子、女儿、妇女与修容、娱乐等。

收藏单位：国家馆、辽宁馆

01726
爱典 师竹庐主编
[上海]：大通图书社，1935.4，139 页

本书主要收入古代关于情与爱方面的文章数十篇。

收藏单位：吉大馆

01727
爱河中一百对怨偶 何丽英编
上海：机杼出版社，1933.11，276 页，32 开（何丽英女士信箱外集 第 1 辑）
上海：机杼出版社，1935.5，再版，276 页，32 开（何丽英女士信箱外集 第 1 辑）

本书为《时代日报》有关婚姻问题来函与复信合集。共 4 编：烦恼之城、迷茫之路、峻险之崖、血泪之碑。

收藏单位：重庆馆、天津馆

01728

爱伦开的离婚论　（瑞典）爱伦凯（Ellen Key）著　云让译

上海：北新书局，1929.5，90 页，36 开

本书根据作者《恋爱与婚姻》（*Love and Marriage*）英译本的第 8 章内容译成。论及离婚中的道德、法律、爱情及子女等问题。卷首有译者序。著者原题：爱伦开。

收藏单位：重庆馆、广西馆、国家馆、首都馆

01729

伴侣婚姻　（美）Judge Lindsey 著　若虚节译

上海：良友图书印刷公司，1933，57 页，64 开（一角丛书 69）

本书提倡一种不生育子女的男女结合，即所谓“伴侣婚姻”。主张节制生育应该为法律所允许。

收藏单位：吉林馆

01730

成家立业手册（青年踏进社会两个重大问题）　柴绍武著

上海：吼声书局，170 页，32 开

本书讲述婚姻和就业两个问题。

01731

持久的热情（续结婚的爱）（英）司托泼夫人（Marie Carmichael Stopes）著　夏乃赓　黄云孙译

东方译学社，1929，206 页，32 开

本书书前有作者的序。书后有几种有用的药方。

收藏单位：黑龙江馆

01732

初夜的智识　[（日）羽太锐治] 著　陆祖才译

上海：开华书局，1930，[146] 页，32 开

上海：开华书局，1931，再版，[146] 页，32 开

本书共 3 篇：女性的独占和初夜权的由来、结婚和初夜的知识、性的鉴赏和女性的肉体。

收藏单位：天津馆

01733

订婚与结婚　沈一雄著

上海：芳草书店，1929.10，104 页，32 开

本书分 43 章，介绍订婚、结婚方面的礼节及法律上的知识。

收藏单位：南京馆、上海馆

01734

对夫妙术妇女智囊　徐桂芳著

上海：世界书局，1921.6，3 版，影印本，70 叶，42 开，环筒页装

本书分 10 种不同的对象，收录 100 条如何对付丈夫的经验。版权页题名：妇女智囊。

收藏单位：国家馆

01735

恶计策（男女新智囊）　杨乃武著

上海：世界书局，1920.11，石印本，1 册，25 开

本书分上、下两编，共 100 计。内容包括：能吏訊盗计、良吏惩奸计、下吏升官计、教员加薪计、学生猎艳记、荡子骗亲计、新郎调情计等。

收藏单位：浙江馆

01736

废妾号　朱采真编

杭州：浙江书局，1922，[120] 页，32 开

本书内容包括废妾宣言，有关反对纳妾的论文、小说、诗、短剧等。

收藏单位：东北师大馆、国家馆、上海馆、浙江馆

01737

夫妇　张常人编

上海：长城书局，1935.1，240 页，32 开

上海：长城书局，1936.4，2版，240页，32开

本书辑录编者和友人们讨论夫妇之道的文章，讲解夫妇生活上应知的知识和道理。后附《帐中说法》，用夫妇对白的体裁写出。

收藏单位：国家馆、上海馆

01738

夫妇爱的创造 叶作舟编

上海：升华书局，1932.5，141页，32开

本书收录《夫妇与爱情》（谷崎精）、《爱的最醇境》（内田鲁庵）、《近亲结婚观》（驹井卓）等10篇文章。

01739

夫妻顾问 许啸天辑

上海：家庭书店，1936.2，再版，382页，25开

本书共14部分，内容包括：恋爱研究、婚姻秘诀、夫妻驾驭术、家庭组织法、育儿门径、职业指导、美容妙诀等。卷首有高剑华的读了夫妻顾问以后。

收藏单位：国家馆

01740

夫妻之道

上海：文华出版社，[1940—1949]，94页，32开

本书共3编：指示婚姻上的标准、怎样获得你的好丈夫、怎样使丈夫对你的热爱永不消逝。

收藏单位：国家馆

01741

夫妻之间 邵瀞容著

上海：中国文化服务社，1944.7，58页，32开

上海：中国文化服务社，1945.1，[再版]，58页，32开

重庆：中国文化服务社，1945.3，4版，58页，32开（国民文库）

重庆：中国文化服务社，1945.12，沪1版，58页，32开（国民文库）

上海：中国文化服务社，1946，沪2版，58页，32开（国民文库）

上海：中国文化服务社，1947.11，沪4版，58页，32开（国民文库）

本书讲述如何处理好夫妻关系。共6部分：绪言、新婚时期、育儿时期、中年时期、老年时期、结论。

收藏单位：重庆馆、广东馆、桂林馆、江西馆、辽宁馆、南京馆、上海馆、天津馆

01742

夫与妻 （英）霭理斯（H. Ellis）著 陈声和编译

上海：唯爱丛书社，1929.11，100页，42开（唯爱丛书）

本书共7篇，内容包括：《丈夫同妻子各在家庭中的权威》《结婚制度的起源及其进化》《今日结婚制度的弱点》《怎样实行家庭改革》等。著者原题：爱烈斯。

收藏单位：上海馆、首都馆、浙江馆

01743

父母与子女 陈汝惠著

上海：商务印书馆，1947.11，128页，32开

本书从遗传、环境、适应及生活指导等方面，讨论父母子女的心理卫生。共7章：家庭的组织、人格的形成、环境与倾向、心理秘密的发掘、适应是合理的发展、关系的合理化等。书后附情绪测验。

收藏单位：重庆馆、国家馆、吉林馆、南京馆、上海馆、首都馆、浙江馆

01744

妇女之天职 （英）季理斐夫人（Mrs. Donald MacGillivray）编辑

上海：广学会，48页，大64开

收藏单位：首都馆

01745

妇人与家族制度 （苏）柯仑泰（A. Коллонтай）著 方纪生译

北平：星云堂书店，1932.8，43页，50开（星云小丛书5）

本书共7章，内容包括：家族制度之变迁、妇人劳动与家庭、育儿与教育之社会化、

母亲与儿童之保护、新社会之男女关系等。著者原题：柯伦泰。

收藏单位：国家馆

01746

革命的婚姻论 蒋乃镛著

上海：华洋印务局，1937.6，97页，64开

本书作者主张“自由登记介绍配婚”，曾向当时教育部建议。书后附履行婚姻革命的一个实例。

收藏单位：广东馆、国家馆、上海馆

01747

革命与恋爱 洪瑞钊著

上海：民智书局，1928.4，90页，32开（革命丛书3）

上海：民智书局，1928.11，再版，90页，32开（革命丛书3）

本书共7章，内容包括：恋爱问题的意义及其在革命过程中的新解释、一般恋爱的因果、恋爱对于革命工作的影响、革命者恋爱的基本条件、两性道德与革命等。

收藏单位：大连馆、广东馆、广西馆、国家馆、黑龙江馆、湖南馆、吉林馆、南京馆、上海馆、浙江馆

01748

给未婚青年（又名，恋爱与结婚） 李蓼编著

科学书店，1944.6，56页，32开

本书共3部分：立定正确的恋爱思想、夫妇关系的认识、夫妇们应有的修养。

收藏单位：国家馆

01749

给未婚青年（又名，恋爱与结婚） 李蓼编

上海：天下书店，1943.12，56页，32开

收藏单位：上海馆

01750

公妻主义 冯峻尧著

上海：大公书局，1922，34页，32开

本书内容包括：公妻主义之发端、界说、鼓吹、目的、影响、利弊、结果等。

收藏单位：重庆馆

01751

共产主义与性爱·结婚·家族问题（马克思、恩格斯见解的发展）（苏）拉萨诺夫著 任白涛译

言行出版社，1938，60页，36开

本书共7部分，内容包括：对于共产主义社会共有妇女的俗说批判、一夫多妻乃一夫一妻之问题、现代苏联的婚姻法等。

01752

管理妻子法 惕庵主人编

上海：大通图书社，[1935.1]，34页，32开

本书共12部分，内容包括：关于妻子的种种、由爱妻说到惧内、酗酒狂醉也足使妻子的爱情减退等。封面题名：管理妻子术，版权页题名：妻子管理法。

收藏单位：吉林馆、上海馆

01753

管理妻子秘诀法 李人杰著

上海：中英书店，1937.2，27页，32开（家庭常识）

本书介绍男人对于女人的十种秘诀，内容包括：在妻子面前对于女友的交际、在外交际对于妻子应取的适当态度、妻子的行动不宜用强力去干涉等。

01754

闺房圣经 刘孟辉编著

上海：梅岭书屋，1946.10，144页，36开（幸福丛书8）

本书给夫妻家庭生活以指导。共5部分：鸳盟篇、敬爱篇、和睦篇、驭夫篇、御妻篇。

收藏单位：国家馆

01755

闺房指南（一名，情场制胜术） 情海过来人著

上海：明明书局，90页，23开

本书从男子方面说明认识妇女及教导妇女的方法。

01756
国难期的母亲 中华各大学公教教授学会编
武昌：益华报社，1938.5，36 页，32 开（益华丛书 3）
本书收录《母亲节献词》（宋美龄）、《母亲节的意义》（于斌）、《母亲的伟大》（宗琳）、《抗战中的母亲》（胡卓英）等 7 篇。附庆祝母亲节的仪式。
收藏单位：重庆馆、国家馆、南京馆

01757
过渡时期婚姻问题之商榷 吴嘉襄编述 周文俊校
上海：中国印刷局，1928，68 页，32 开（三友书室丛书）
收藏单位：首都馆

01758
和谐婚姻之研究 （美）吴德（L. F. Wood）著 叶柏华译
外文题名：Harmony in marriage
上海：广学会，1940.9，111 页，32 开
本书分 9 章，指导新婚夫妇及将结婚的青年男女如何才能获得夫妇的和谐。
收藏单位：国家馆、吉林馆

01759
婚姻宝鉴 范铨编
上海：普益书局，1932.11，252 页，32 开
本书共 8 部分，内容包括：订婚指导、结婚指导、婚后指导、离婚指导、犯罪处分、附录等。
收藏单位：广西馆、上海馆

01760
婚姻宝鉴 范铨编
上海：世界书局，1932，252 页，32 开
收藏单位：重庆馆

01761
婚姻宝鉴 倪光和著
重庆：倪光和［发行者］，1946.7，40 页，32 开
本书共 5 部分，内容包括：婚姻问题、婚姻病态、法律救济、综合评论等。
收藏单位：国家馆

01762
婚姻的创化 （德）第力阿斯（Rudolf von Delius）著 周燡昭译
外文题名：Die Kultur der Ehe
上海：开明书店，1927.8，105 页，32 开（妇女问题研究会丛书）
上海：开明书店，1929.7，再版，105 页，32 开（妇女问题研究会丛书）
本书论述婚姻及家庭等问题。共 7 部分，内容包括：三个等级、男女的性格、我与我们、母亲与爱人等。
收藏单位：重庆馆、广东馆、广西馆、桂林馆、国家馆、江西馆、辽宁馆、内蒙古馆、山西馆、上海馆、浙江馆

01763
婚姻的控制 帕尔玛原著
上海：华东基督教教育协会，6 页，32 开
收藏单位：南京馆

01764
婚姻的讨论 陆露沙编
上海：大仁书局，1947.4，[125] 页，32 开（性欲丛书）
本书为有关婚姻、恋爱问题讨论专集。共 4 篇：《家庭与婚姻的研究》《伉俪训》《恋爱的意义与价值》《家庭及婚姻的过去、现在和未来》。
收藏单位：南京馆、内蒙古馆

01765
婚姻的向导 张虚白编
上海：广益书局，1930.10，272 页，32 开
上海：广益书局，1933，272 页，32 开，精装
本书共 7 篇：通论、婚姻与法律、婚姻与习惯、婚姻与卫生、婚姻与经济、婚姻与育儿、婚姻与家政，每篇之下收十数篇有关文章。
收藏单位：桂林馆、国家馆、江西馆、首

都馆

01766
婚姻进化史 （美）马洛根（L. Markun）著 林仁王译
上海：女子书店，1933.4，97页，36开（女子文库）（女子历史丛书）
本书共6章：绪论、原始杂婚的理论、贞节的理想、多婚制、抢掠婚姻与代价婚姻、婚姻的礼式。著者原题：刘马根。
收藏单位：重庆馆、桂林馆、国家馆、上海馆、首都馆、浙江馆

01767
婚姻进化史 （德）缪勒利尔（F. Müller-Lyer）著 叶启芳重译
外文题名：The evolution of modern marriage
上海：商务印书馆，1935.3，3册（338页），32开（汉译世界名著）（万有文库 第2集165）
上海：商务印书馆，1935.8，338页，32开，精装（汉译世界名著）
上海：商务印书馆，1936.6，订正再版，338页，32开，精装（汉译世界名著）
长沙：商务印书馆，1939.9，3册（338页），32开（汉译世界名著）（万有文库 第1—2集简编）
本书内容包括分论、总论两编。分论共6章：恋爱情绪之变形、婚姻动机之变化、娶妻之方法、婚姻之变象、妇女在社会地位之变象及其原因、两性道德之柔韧性；总论共两章：各种趋势及指导方向、两性关系进化中的指导方向。
收藏单位：重庆馆、大连馆、东北师大馆、广东馆、广西馆、贵州馆、桂林馆、国家馆、黑龙江馆、湖南馆、江西馆、辽大馆、辽师大馆、南京馆、内蒙古馆、宁夏馆、上海馆、绍兴馆、首都馆、中科图

01768
婚姻为社会之基础
外文题名：Present day theories of marriage, the foundation of society
广学会，1922，40页，32开
本书共9章，内容包括：过渡时代之学说、婚姻问题的方面种种、基督宗教婚姻的观念、婚姻目的原为道德、现在家庭制度的利弊等。
收藏单位：重庆馆、广东馆

01769
婚姻问题 艾森编
上海：现代问题丛书社，1931.4，84页，32开（现代问题丛书）
本书共5章：引言、婚姻制度的沿革、中国婚制、现代的结婚论、结论。
收藏单位：重庆馆、桂林馆、吉林馆、天津馆

01770
婚姻问题解答集 董文侠著
实业印书馆，1941.12，225页，32开
实业印书馆，1942.11，再版，225页，32开
本书收有来往书信90余件。
收藏单位：国家馆

01771
婚姻问题通讯集 徐咏平答编
重庆：文信书局，1943，108页，25开
重庆：文信书局，1943，再版，108页，25开
重庆：文信书局，1944，3版，108页，25开
重庆：文信书局，1944.11，5版，108页，25开
上海、南京：文信书局，1948.5，沪2版，108页，25开
本书收集《学生之友》月刊“信箱”栏内陆续发表的关于婚姻问题的来往与复信，共24篇。
收藏单位：重庆馆、国家馆、吉林馆、南京馆、内蒙古馆、西南大学馆

01772
婚姻问题总论 郝伯珍编
天津：大公报代办部，1933.9，214页，32开
本书分17部分，内容包括：家庭的起源、青年与结婚、婚姻目的、世界婚姻制度的分析、中国各地婚姻习惯、中国婚姻法之变迁、世界各民族婚俗趣话等。

收藏单位：重庆馆、国家馆、吉林馆、天津馆

01773
婚姻新论 陆曼炎著
重庆：拔提书店，1942.10，80页，32开
本书内容包括：导言——战争与婚姻、婚姻真诠、性道德问题、婚姻之路。书后附《战后的婚姻问题》（陈盛清）。
收藏单位：重庆馆、国家馆、南京馆、上海馆

01774
婚姻训 卢寿篯著
上海：中华书局，1917.4，80页，22开（女学丛书）
上海：中华书局，1919.4，再版，80页，22开（女学丛书）
上海：中华书局，1923，4版，80页，23开（女学丛书）
上海：中华书局，1926，5版，80页，22开（女学丛书）
上海：中华书局，1928，6版，80页，23开（女学丛书）
上海：中华书局，1930.3，7版，80页，22开（女学丛书）
本书共12部分，内容包括：结婚之原始奇习、结婚问题之研究、论女子早婚之害等。
收藏单位：北师大馆、重庆馆、广西馆、国家馆、南京馆、内蒙古馆、山东馆、首都馆、天津馆、浙江馆

01775
婚姻与独身 现代问题研究社编
现代问题研究社，12页，64开（现代问题的解答 戊5）
本书共3部分，内容包括：婚姻的意义、可不可离婚、独身主义是否合理。
收藏单位：国家馆

01776
婚姻与家庭 （美）罕金斯（F. H. Hankins）著 C. T. 译
上海：利国印刷社，1930.10，130页，32开（社会科学丛书1）
本书为《社会科学导言》中“婚姻与家庭”一章的编译本。共11章，内容包括：绪言、婚姻关系之形式、求得配偶之方法、婚姻家庭之最早形式、男女平等之问题、婚姻之继续与解除等。著者原题：韩金斯。
收藏单位：上海馆

01777
婚姻与家族 陶希圣著
上海：商务印书馆，1931.4，111页，32开（百科小丛书）（万有文库 第1集369）
上海：商务印书馆，1934.8，111页，32开（百科小丛书）
上海：商务印书馆，1935.1，再版，111页，32开（百科小丛书）
本书共5章：宗法以前及宗法、宗法下之妇女婚姻与父子、大家族制之形成、大家族制之分解、家族制度之没落。
收藏单位：安徽馆、重庆馆、大连馆、大庆馆、东北师大馆、复旦馆、广东馆、广西馆、贵州馆、国家馆、黑龙江馆、湖南馆、江西馆、辽大馆、辽师大馆、南京馆、内蒙古馆、宁夏馆、上海馆、首都馆、天津馆、浙江馆

01778
婚姻与健康
上海：万象书店，106页，32开（青年自修丛书）
本书内容包括：恋爱生活的发展、结婚的准备、结婚与求婚、血族结婚、女性疾病等。
收藏单位：国家馆、首都馆

01779
婚姻与社会 （美）辛克莱（U. Sinclair）原著 袁文英译
上海：天马书店，1934.6，234页，32开
上海：天马书店，1935.5，再版，234页，32开
本书分婚姻之卷和社会之卷两部分。婚姻之卷共16章，内容包括：结婚的真谛、结婚的发展、恋爱与经济、结婚与金钱等；社会

之卷共17章，内容包括：自我与世界、竞争与合作、社会进化的过程等。1935年版译者原题：雯若女士。

收藏单位：重庆馆、广西馆、国家馆、内蒙古馆、绍兴馆、天津馆、浙江馆、中科图

01780

婚姻指导　王庚编辑

上海：大东书局，1926.6，168页，22开

本书分10章，从生理卫生、优生节育等方面，对青年进行婚姻指导。

收藏单位：国家馆、天津馆

01781

加本特恋爱论　（英）加本特（Edward Carpenter）著　樊仲云译

外文题名：Love's coming-of-age

上海：开明书店，1927.2，181页，32开（妇女问题研究会丛书）

上海：开明书店，1929.3，再版，181页，32开（妇女问题研究会丛书）

本书讨论性、社会、婚姻等问题。共8章：性欲、未成年的男子、奴隶的妇女、解放的妇女、过去婚姻的回顾、将来婚姻的预测、中性、自由的社会。书内题名：恋爱论。

收藏单位：重庆馆、广西馆、贵州馆、桂林馆、国家馆、内蒙古馆、上海馆、首都馆、浙江馆

01782

家庭　江苏省立苏州图书馆编著

苏州：江苏省立苏州图书馆，1938.11，16页，32开（社会教育小丛书）

收藏单位：南京馆

01783

家庭宝库　唐翼修著

上海：新华书局，1923.10，4册（455页），32开

本书采录经史、宋元大儒的著述以及洪自诚之《菜根谈》、徐学聚之《真修粹语》等数十种善本书中古人的嘉言善行，编为10部：伦纪、德行、言语、治家、智慧、应世、理财、卫生、居官、丛杂，共12卷。

收藏单位：南京馆、上海馆

01784

家庭的研究　谢颂羔编

外文题名：The family: its history and problems

上海：美以美会全国书报部，1925.6，113页，22开

本书共13章，论述家庭的沿革、婚姻、子女等。

收藏单位：内蒙古馆、上海馆

01785

家庭讲话（中英文对照）　F. R. Graves著

外文题名：Family talks in the Shanghai dialect (annotated)

上海：美华书馆，[1914]，88页，22开

本书分个人、家庭、社会3部分，阐述处世之道。全书用吴语，中英文对照。书前有英文序。

收藏单位：上海馆

01786

家庭进化论　严恩椿编纂

外文题名：Development of the home

上海：商务印书馆，1917.12，90页，25开

上海：商务印书馆，1918.7，再版，90页，25开

上海：商务印书馆，1921，3版，90页，25开

上海：商务印书馆，1923，4版，90页，25开

上海：商务印书馆，1931.4，5版，90页，25开

本书论述家庭的生产、历史、现状。分11章，内容包括：婚制、原人之家庭、父权家庭、中国之家庭、新家庭之组织、经济压力下之家庭、离婚与独身主义、政治与教育、优生学与优境学等。

收藏单位：重庆馆、广西馆、贵州馆、桂林馆、国家馆、南京馆、天津馆

01787

家庭生活读本　冯洪　陆铭编

上海：激流书店，1940，200页，32开

上海：激流书店，1941.4，再版，201页，32开

本书共6编：快乐家庭须知、恩爱夫妻

必读、梳妆台旁十讲、当你有了孩子的时候、摩登家庭布置法、家庭小智囊。1941年版题：陆铭编著，目次页题：冯洪编译。

收藏单位：重庆馆、广东馆、内蒙古馆、首都馆、天津馆

01788

家庭十年纪念刊 徐百益编

上海：人生出版社，1946，256页，32开

上海：人生出版社，1946.6，再版，262页，32开

本书共4部分：专篇、修身篇、齐家篇、小说。

收藏单位：首都馆、天津馆

01789

家庭问题 黎濛著

上海：泰东图书局，1929.5，160页，32开

本书共9章：家庭的起原、家庭的形式、家长的家庭、家庭的功用、婚姻论略、近代的家庭、近代家庭的崩败、中国家庭略论、中国家庭问题。

收藏单位：北师大馆、重庆馆、广西馆、桂林馆、上海馆、首都馆、天津馆

01790

家庭问题 钱然编

上海：民众教育研究社，1933，再版，53页，50开（注音符号民众万有丛书 社会类）

收藏单位：广东馆、首都馆

01791

家庭问题 易君左编译

外文题名：The problem of the family

上海：商务印书馆，1920.9，177页，32开

上海：商务印书馆，1920.11，再版，177页，32开（共学社丛书）

上海：商务印书馆，1921.5，3版，177页，32开

上海：商务印书馆，1922，4版，177页，32开（共学社时代丛书）

上海：商务印书馆，1926.7，6版，177页，32开（共学社时代丛书）

上海：商务印书馆，1933.1，国难后1版，177页，32开（共学社时代丛书）

上海：商务印书馆，1935，国难后2版，177页，32开（共学社时代丛书）

本书共10部分，内容包括：家庭的机能、家庭的起原、家庭的形式、近代的家庭问题、夫妻间的经济关系、家庭及婚姻的过去现在和未来、家庭与妇人等。译自美国爱尔乌德的《社会学及近世社会问题》、美国泊松的《家庭》、刘托讷的《婚姻的进化》、日本月刊的《妇女与新社会》等论著的章节。编译者原题：易家钺。

收藏单位：重庆馆、复旦馆、广东馆、广西馆、桂林馆、国家馆、河南馆、黑龙江馆、湖南馆、吉林馆、辽宁馆、南京馆、上海馆、首都馆、天津馆、浙江馆

01792

家庭问题 雍守正著 袁承斌译

北平：公教教育联合会，1933.6，92页，32开（社会学讲义5）

本书以天主教观点论家庭问题。内容包括：家庭制度的仇敌、圣教会对于家庭制度的主张等。版权页题名：家庭论。

收藏单位：广西馆、国家馆

01793

家庭问题解答集 董文侠著

大连：实业印书馆，1941.1，198页，32开

大连：实业印书馆，1942.2，再版，198页，32开

大连：实业印书馆，1942.12，3版，198页，32开

本书回答有关家庭问题，共102件。

收藏单位：国家馆

01794

家庭问题讨论集 胡蒋思一编

上海：中华基督教女青年会全国协会，1928.5，再版，182页，23开（家庭丛书）

本书收论文20篇，内容包括：《婚姻与家庭》（陈立廷）、《健康的要诀》（宓爱华）、《家庭中的仆役》（米星如）、《家庭的娱乐》（高梓）等。

收藏单位：南京馆

01795
家庭问题讨论集　中华基督教女青年会全国协会编辑部编纂
外文题名：Home problems
上海：中华基督教女青年会全国协会编辑部，1927.7，182页（家庭丛书）
收藏单位：复旦馆、河南馆

01796
家庭问题讨论续集　胡蒋思一著
上海：中华基督教女青年会全国协会，1935.8，200页，24开
本书收论文14篇，内容包括：《正当的家庭观念》（吴泽霖）、《家庭经济生活》（邓裕志）、《家庭教育》（张美云）、《对学校教育的辅助》（黄碧梧）、《家庭制度的检讨》（陆德音）等。
收藏单位：南京馆、上海馆

01797
家庭问题新论　梁绍文著
外文题名：A new treatise on the family problems
上海：佛子书屋，1931.5，110页，32开
本书共7章：家庭制度的史的发展、家庭在社会上之地位、婚姻问题（上、下）、大家庭与小家庭问题、家庭问题中的子女问题、中国家庭中的特殊问题。
收藏单位：国家馆

01798
家庭新论　沈钧儒编
外文题名：A new treatise on the family
上海：商务印书馆，1923.8，[88]页，32开
上海：商务印书馆，1925，再版，[88]页，32开
上海：商务印书馆，1927.1，3版，[88]页，32开
上海：商务印书馆，1931.5，4版，[88]页，32开
上海：商务印书馆，1933.10，国难后1版，[88]页，32开（家庭丛书）
上海：商务印书馆，1935，国难后2版，[19]+64+10页，32开（家庭丛书）
本书收论文9篇：《我对于家庭的感想》《家庭应以儿童为主体》《妇人的经济独立》《结婚》《财产继承与限制》《泛论家庭事项》《家事经济》《家事教育》《略论优生学》等。
收藏单位：重庆馆、广东馆、广西馆、桂林馆、国家馆、河南馆、黑龙江馆、南京馆、上海馆、首都馆、天津馆、浙江馆、中科图

01799
家庭幸福之研究　张观本讲演
香港：奇雅印务局，1929印，52页，32开
收藏单位：河南馆

01800
家庭须知　谢颂羔著
上海：国光书店，1936，115页，23开
上海：国光书店，1937.3，115页，23开
本书论述家庭、婚姻、儿童等问题，共13章。内容与《家庭的研究》相同。
收藏单位：重庆馆

01801
家庭须知　[闫督军]编纂
北平：中华印书局，16页，25开，环筒页装
收藏单位：首都馆

01802
家庭须知　张和春编
重庆：安清社，1946，320页，64开
本书共5部分：总论、各祖行述及其传略、历代漕事绩考、地志、家礼。
收藏单位：重庆馆

01803
家庭须知（初集）　杨尊贤编著
上海：幸福书局，1933.3，56页，25开
上海：幸福书局，1935.6，6版，56页，25开
本书内容包括择偶、婚配、夫妻和睦、持家理财及养儿施教等问题。
收藏单位：国家馆

01804
家庭须知（续集）　杨尊贤编著

上海：幸福书局，1934.10，再版，56 页，25 开
上海：幸福书局，1935.5，3 版，56 页，25 开

本书共 3 编：家庭之乐园、夫妻之和合、婚姻之美满。

收藏单位：国家馆

01805
家庭与爱情 郎岁丰著
北平：华北大学出版部，1947.4，88 页，32 开

本书共 3 部分：绪论、本论、结论。绪论共 3 章：导言、适合现代社会的要求、利己主义和家庭的关系；本论共 3 章：家庭问题、婚姻问题、贞操问题；结论介绍今后中国家庭演进的趋势。

收藏单位：国家馆

01806
家庭与婚姻 东方杂志社编纂
外文题名：Home and marriage
上海：商务印书馆，1923.12，125 页，50 开（东方文库第 29 种）
上海：商务印书馆，1924.9，再版，125 页，50 开（东方文库第 29 种）
上海：商务印书馆，1925.6，3 版，125 页，50 开（东方文库 第 29 种）

本书为东方杂志 20 周年纪念刊物。共两篇：《未来社会之家庭》（柯伦泰著，沈雁冰译）、《学生婚姻问题之研究》（陈鹤琴）。

收藏单位：重庆馆、东北师大馆、广东馆、广西馆、桂林馆、国家馆、河南馆、湖南馆、辽大馆、南京馆、内蒙古馆、上海馆、绍兴馆、天津馆、西南大学馆、中科图

01807
家庭与社会 （美）吉来德（John M. Gillette）著 刘鸣九译
外文题名：The family and society
上海：商务印书馆，1923.11，138+13 页，32 开（新智识丛书 23）
上海：商务印书馆，1928.5，再版，138+13 页，32 开（新智识丛书）
上海：商务印书馆，1931.4，3 版，138+13 页，32 开（新智识丛书 23）
上海：商务印书馆，1933.9，国难后 1 版，134 页，32 开（家庭丛书）
上海：商务印书馆，1934.12，国难后 2 版，134 页，32 开（家庭丛书）

本书共 5 章：家庭之功用、婚姻之缘起、家庭之演进、时势与家庭之影响、男女家庭之生物的状态。

收藏单位：重庆馆、广东馆、广西馆、桂林馆、国家馆、湖南馆、吉林馆、近代史所、南京馆、上海馆、首都馆、天津馆

01808
家庭制度 吴云高编
上海：中华书局，1948.6，32 页，36 开（中华文库 民众教育 第 1 集）

本书共 5 章：家庭的起源及演进、家庭的意义及其功用、家庭的比较、家庭职责、婚姻制度的研究。

收藏单位：广西馆、上海馆、天津馆

01809
家族的研究 （日）户田贞三著 王荣佳译
上海：商务印书馆，1934.3，283 页，32 开（家庭丛书）

本书共 9 章，内容包括：家族结合和社会的威压、夫妇关系强度的测定、关于日美两国的夫妇结合强度的比较、阶级的内婚制、亲子的结合、家族的构成等。

收藏单位：重庆馆、东北师大馆、广东馆、国家馆、黑龙江馆、湖南馆、吉林馆、辽宁馆、南京馆、上海馆、绍兴馆、首都馆、天津馆、浙江馆、中科图

01810
家族进化论 沙尔・费勒克著 许楚生译
上海：大东书局，1930.11，322 页，25 开

本书共 22 章，内容包括：研究家族与婚姻的方法问题、两性的乱交时代、血统的家族、氏族、妇女的劳动与待遇、共产的风俗、母系家族的崩溃、父系的家族等。

收藏单位：重庆馆、东北师大馆、国家馆、湖南馆、吉林馆、江西馆、近代史所、

辽宁馆、上海馆、首都馆、天津馆、浙江馆

01811
家族论 （德）缪勒利尔（F. Müller-Lyer）著 王礼锡 胡东野译
外文题名：The family
上海：商务印书馆，1936.3，603页，32开（汉译世界名著）（万有文库）
上海：商务印书馆，1936.6，603页，32开（汉译世界名著）

本书为家族演进史。共12章，内容包括：种性诸演程一般顺序的概论、初期氏族演程、初期家族演程、初期社会化个人演程、社会学的相互作用等。据E. W. StellaBrowne的英译本转译。

收藏单位：重庆馆、大连馆、大庆馆、东北师大馆、广东馆、广西馆、贵州馆、国家馆、黑龙江馆、华东师大馆、江西馆、辽大馆、南京馆、内蒙古馆、宁夏馆、上海馆、绍兴馆、天津馆、中科图

01812
家族演化之理论 杨堃编
[北京]：国立清华大学出版事务所，1934.7，50页，16开

本书共4部分：绪言、莫尔甘的家族演化说、杜尔干的家族演化说、结论。为《清华学报》第9卷第3期单行本。

收藏单位：国家馆、中科图

01813
家族制度ABC 高尔松著
上海：ABC丛书社，1929.5，103页，32开（ABC丛书）

本书共6章：家族制度的性质和机能、家族制度的起源、家族制度和氏族制度的关系、父权家长制的家族制度、家长制家族组织的崩溃、家族制度崩溃的趋势。著者原题：高希圣。

收藏单位：重庆馆、广东馆、广西馆、国家馆、黑龙江馆、吉林馆、江西馆、辽宁馆、内蒙古馆、宁夏馆、绍兴馆、首都馆、天津馆、浙江馆

01814
家族制度史 （美）顾素尔（Willystine Goodsell）著 黄石译
上海：开明书店，1931.9，2册（701页），32开（妇女问题研究会丛书）

本书共14章，内容包括：家族之历史研究、原始时代的家族、希伯来式的父权家族、希腊式的父权家族、罗马式的父权家族、中古时代的家族、文艺复兴时代的家族、美洲殖民地的家族、十九世纪的家族、家族的现状等。

收藏单位：重庆馆、广东馆、广西馆、国家馆、湖南馆、江西馆、南京馆、上海馆、首都馆、天津馆、浙江馆、中科图

01815
健全的丈夫 考敦尼毕尔著 健康生活社编译
上海：大学书店，1939.9，87页，32开

本书介绍男子在恋爱、婚姻方面的常识。

收藏单位：上海馆

01816
交友恋爱结婚 （法）莫洛亚（André Maurois）著 白禾译
上海：文摘出版社，1946.3，83页，32开（文摘小丛刊）

本书共4篇：《交友的艺术》《恋爱的艺术》《结婚的艺术》《快乐的艺术》。

收藏单位：桂林馆、南京馆、上海馆

01817
结婚的爱 （英）司托泼夫人（Marie Carmichael Stopes）著
上海：北新书局，1932.7，183页，25开

本书讲述性的问题。著者原题：司托浦。

收藏单位：重庆馆

01818
结婚的爱 （英）司托泼夫人（Marie Carmichael Stopes）著 M. E. 译
重庆：复兴书局，1946.8，170页，32开

收藏单位：重庆馆

01819
结婚的爱 （英）司托泼夫人（Marie Carmichael Stopes）著 M. E. 译
上海：朴社，1924.8，189页，32开
收藏单位：重庆馆

01820
结婚的爱 （英）司托泼夫人（Marie Carmichael Stopes）著 胡仲持译
外文题名：Married love
上海：妇女问题研究会，1926，3版，198页，32开，精装
上海：妇女问题研究会，1926.9，4版，189页，32开
上海：妇女问题研究会，1926，5版，198页，32开，精装
上海：妇女问题研究会，1927.7，6版，198页，32开
本书讲述性的问题。共11章，内容包括：心的愿望、残破的欢乐、女子的“任性”、根本的冲动、相互的调节、睡眠等。
收藏单位：国家馆、浙江馆

01821
结婚的爱 （英）司托泼夫人（Marie Carmichael Stopes）著 胡仲持译
外文题名：Married love
上海：开明书店，1924.10，198页，32开
上海：开明书店，1925.3，再版，198页，32开
上海：开明书店，1926.11，5版，198页，32开
上海：开明书店，1928.5，修订7版，198页，32开
上海：开明书店，1930.2，9版，198页，32开
收藏单位：国家馆、上海馆

01822
结婚的爱 （英）司托泼夫人（Marie Carmichael Stopes）著 胡仲持译
上海：朴社，1924.10，189页，25开
收藏单位：首都馆

01823
结婚的爱 （英）司托泼夫人（Marie Carmichael Stopes）著 李小峰译
外文题名：Married love
北京：北新书局，1924，183页，32开（北新丛书）
北京：北新书局，1925，3版，183页，32开（北新丛书）
北京：北新书局，1926.9，7版，183页，32开（北新丛书）
北京：北新书局，1947.5，新1版，183页，32开（北新丛书）
本书讲述性的问题。分11章，内容包括：心欲、破残的快乐、妇女的“任性”、根本的冲动、相互的调节、睡眠等。译者原题：YD。
收藏单位：重庆馆、国家馆、江西馆、上海馆

01824
结婚的爱 （英）司托泼夫人（Marie Carmichael Stopes）著 李小峰译
新文化服务社，1944，169页，32开
本书讲述性的问题。著者原题：司托浦司。
收藏单位：重庆馆

01825
结婚的爱（通俗本）（英）司托泼夫人（Marie Carmichael Stopes）著 M. E. 译
外文题名：Married love
上海：龙虎书店，1935.5，181页，32开
上海：龙虎书店，1936.5，4版，181页，32开
本书讲述性的问题。分11章，内容包括：欲望、不完满的快乐、妇女的“任性”、根本的冲动、睡眠等。著者原题：斯托泼夫人。
收藏单位：上海馆、绍兴馆

01826
结婚的爱（续集）（英）司托泼夫人（Marie Carmichael Stopes）著
上海：中华教育馆，242页，25开
收藏单位：重庆馆

01827
结婚的教养 王洛著
长春：满洲杂志社，[1945.12]，244 页，32 开
本书内容包括：性的生理、贞操、恋爱、结婚、性生活、优生、性病、结婚训、结婚与勤劳女性等。

01828
结婚的教育 （英）海伦瑞特（Helena Wright）（美）巴特费尔德（Oliver M. Butterfield）著 立本译
天津：开明新记书店，1943.7，108 页，32 开
本书共收论著两篇：《结婚的性要素》（海伦瑞特）、《夫妇的性生活》（巴特费尔德）。

01829
结婚的教育 （英）海伦瑞特（Helena Wright）著 立本译
北京：沙漠画报社，1940，112 页，32 开（沙漠丛书）（世界健康学名著）
收藏单位：首都馆

01830
结婚的快乐 （美）桑格（Margaret Higgins Sanger）著 唐薇译
上海：远东图书公司，1929，230 页，32 开
本书分 15 章，讨论常态性爱和婚姻问题。内容包括：第一步、生命力的养成、求婚、订婚、蜜月、性的节奏、节育的实施等。著者原题：珊格尔。
收藏单位：重庆馆

01831
结婚的前后 叶心安编
上海：中国图书杂志公司，1941.1，81 页，32 开
本书介绍结婚前后应有的准备，如手续、文件、衣服等。
收藏单位：上海馆

01832
结婚的幸福 （美）桑格（Margaret Higgins Sanger）著 蔡咏裳译
上海：妇女问题研究会，1929.10，再版，230 页，32 开（妇女问题研究会丛书）
本书著者原题：山格尔。
收藏单位：重庆馆、广西馆、国家馆

01833
结婚的幸福 （美）桑格（Margaret Higgins Sanger）著 蔡咏裳译
上海：开明书店，1929.6，230 页，32 开（妇女问题研究会丛书）
上海：开明书店，1930.8，3 版，230 页，32 开（妇女问题研究会丛书）
上海：开明书店，1931，4 版，230 页，32 开（妇女问题研究会丛书）
收藏单位：重庆馆、桂林馆、国家馆

01834
结婚论 宋家钊 费四桥译
上海：中华书局，1915.4，60 页，25 开
上海：中华书局，1917，3 版，60 页，32 开
上海：中华书局，1927，7 版，60 页，32 开
上海：中华书局，1930.5，8 版，60 页，32 开
上海：中华书局，1931，9 版，60 页，32 开
本书根据日本远久山椿吉所著《婚姻轨范》一书编译。分 9 章，论述结婚、择偶、体格审查、婚礼式、性教育等。译者“费四桥”原题：费保彦。
收藏单位：北师大馆、重庆馆、广东馆、广西馆、国家馆、黑龙江馆、湖南馆、南京馆、内蒙古馆、首都馆

01835
结婚论 ABC 郭真著
上海：ABC 丛书社，1929.7，93 页，32 开（ABC 丛书）
上海：ABC 丛书社，1929，再版，93 页，32 开（ABC 丛书）
上海：ABC 丛书社，1931.5，再版，93 页，32 开（ABC 丛书）
本书介绍高德曼、卡尔逊、伟斯脱马克、叔本华、爱伦凯、加本特、倍倍尔和勃拉克诸家的结婚论。
收藏单位：广东馆、广西馆、桂林馆、国

家馆、南京馆、浙江馆

01836
结婚社会学　（日）木村松代著　华通书局编译所译
上海：华通书局，1933.6，244页，25开
本书共9章，内容包括：结婚生活之新形式、生育节制问题、离婚问题、理想的结婚制度之路等。
收藏单位：重庆馆、广西馆、国家馆、浙江馆

01837
结婚新论　林仲达　朱然藜编
上海：开明书店，1930.5，206页，25开（妇女问题研究会丛书）
上海：开明书店，1931.5，再版，206页，25开（妇女问题研究会丛书）
本书根据格里产的《婚姻心理学》编译。共9章，内容包括：人类生命力的冲动、结婚前性心理的发展、恋爱过程中择偶的动机和标准、性交生活的种种问题、娼妓制度和社会问题、母权的保障和人种的改进、结婚是社会的基础等。
收藏单位：国家馆、南京馆、上海馆、绍兴馆、首都馆、天津馆、浙江馆

01838
结婚学　牟鸿彝编
上海：北新书局，[1938]，280页，25开
上海：北新书局，[1939.11]，299页，25开
本书分7章，内容包括：性别、月经、生殖作用等。
收藏单位：重庆馆、广东馆、南京馆

01839
结婚以后的愉快　James Appenheim著　C. C. 女士译
上海：唯爱丛书社，1929.1，[110]页，长42开
本书共5部分，内容包括：婚姻的矛盾、伟大的爱情、美满的婚姻、愉快的婚姻等。
收藏单位：吉林馆、上海馆、首都馆、浙江馆

01840
结婚与接吻　John Arondal著　蒋崇年译
上海：女子书店，1932.7，66页，32开
上海：女子书店，1933.1，再版，66页，32开
本书辑录有关结婚与接吻的文字、诗句、格言等。
收藏单位：重庆馆、广西馆、国家馆、上海馆、首都馆

01841
结婚与离婚　（美）格里利（Horace Greeley）　Robert Dale Owen著　金志骞译
上海：唯爱丛书社，1929.11，[87]页，42开
本书为格里莱、阿文两人以书信形式讨论有关婚姻问题。
收藏单位：吉林馆、上海馆、首都馆、天津馆、浙江馆

01842
结婚之爱（如何加深婚后的爱情）　杨旋蕙兰著
上海：广学会，1946，再版，15页，32开（基督化家庭小丛书8）
本书介绍婚后的家庭生活。共4章：性爱的关系、心理的协调、经济的协调、心灵的关系。
收藏单位：重庆馆、南京馆

01843
结婚之夜　许晚成著
上海：同文图书印刷公司，1933.5，62页，32开
本书介绍男女交际、婚姻、性生活、生育等各方面知识。

01844
结婚指导　刘麟生等著　马崇淦编辑
上海：勤奋书局，1931.2，140页，32开
本书内容包括伦理、法律、教育、经济、心理、生理、美育等方面的结婚指导论述7篇。
收藏单位：北师大馆、国家馆、南京馆、上海馆

01845
结婚指导　潘文安　陆凤石编
上海：中华书局，1934.7，138页，25开
上海：中华书局，1936.9，再版，138页，32开
本书内分6编，从婚姻制度史、法律、伦理、优生、生理等方面，介绍婚姻常识。卷首有著者序。
收藏单位：广东馆、广西馆、国家馆、黑龙江馆、南京馆、内蒙古馆、上海馆、首都馆、天津馆、浙江馆

01846
结婚制度（社会学讲座）　黄新民编译
上海：光华书局，1927.7，57页，50开
本书分13章，论述结婚的性质、一夫多妻制、一妻多夫制、一夫一妇制、族内结婚、族外结婚制、掠夺结婚、买卖结婚等。附威斯达马克原著、杨昌济译的《结婚论》。
收藏单位：重庆馆、广西馆、国家馆、内蒙古馆、上海馆、首都馆、浙江馆

01847
结婚准备　陈俊编
上海：文源书店，1946.3，再版，57页，32开
收藏单位：上海馆

01848
结婚准备　陈俊编
桂林：远东书局，1942，57页，32开
上海：远东书店，1942.4，再版，55页，32开
收藏单位：重庆馆、广东馆

01849
近代的恋爱观　（日）厨川白村著　夏丏尊译
上海：开明书店，1928.9，207页，25开（妇女问题研究会丛书）
上海：开明书店，1929.4，再版，207页，25开（妇女问题研究会丛书）
本书分3部分：近代的恋爱观、再说恋爱、三就了恋爱说。
收藏单位：重庆馆、广西馆、桂林馆、国家馆、湖南馆、吉大馆、吉林馆、江西馆、南京馆、上海馆、首都馆、天津馆、浙江馆、中科图

01850
近代婚姻与家庭的改造　震瀛译著
出版者不详，108页，32开
收藏单位：广东馆

01851
近代家庭问题　叶启芳编
远东图书公司，1929.6，122页，42开（家庭知识小丛书）
本书共6章：家庭制度之史的研究、家庭生活中之几种势力、家庭大小问题、离婚问题、家庭解体之解决方法、结论。
收藏单位：重庆馆、国家馆、上海馆

01852
近代恋爱名论　任白涛辑译
上海：亚东图书馆，1927.1，268页，32开
上海：亚东图书馆，1927.7，再版，268页，32开
本书内容包括:《恋爱之理想境》（加本特）、《新性道德论》（爱伦凯）、《现代结婚生活》（倍倍尔）、《恋爱之哲学的考察》（叔本华）等论著。
收藏单位：东北师大馆、复旦馆、广东馆、国家馆、河南馆、首都馆、浙江馆

01853
苦痛的结婚　博文社主编
上海：博文书店，1940，157页，32开
收藏单位：广东馆

01854
快乐家庭　刘王立明著
上海：商务印书馆，1931.7，133页，32开（家庭丛书）
上海：商务印书馆，1933.4，国难后1版，150页，32开（家庭丛书）
长沙：商务印书馆，1938，国难后4版，150页，32开（家庭丛书）
本书共8章：婚姻的意义、妊妇应有的知识、抚婴要法、教儿指南、治家概要、节育

概论、女子婚后的职业问题、永久的恋人。

收藏单位：重庆馆、广西馆、湖南馆、华东师大馆、辽大馆、辽宁馆、上海馆、首都馆、天津馆

01855

理想的妇人 南佳编译

上海：北新书局，1929.5，131 页，32 开（社会科学丛书）

本书共 8 篇，内容包括：《理想的妇人》《理想的丈夫》《结婚时节》等。附录《青年与少女》。

收藏单位：广东馆、广西馆、桂林馆、吉林馆、南京馆、首都馆、天津馆、浙江馆

01856

理想婚姻 Van. De. Velde （英）司托泼夫人（Marie Carmichael Stopes）著 仇十士编译

［重庆］：健康出版社，1945，127 页，32 开（健康丛书）（世界名著选译）

本书内容包括：生理上的性卫生、心理的卫生性、理想婚姻与后代、理想婚姻与社会等。

收藏单位：重庆馆

01857

恋爱 沙驼著

新地书店，1941.7，130 页，32 开

收藏单位：南京馆

01858

恋爱的成功与秘诀 凌娜萍著

建业出版社，1946.11，109 页，36 开

本书分 3 章。卷首有编者序言。书中题名：恋爱的成功与步骤。

收藏单位：国家馆、天津馆

01859

恋爱的技术 草草译

上海：良友图书印刷公司，1931.11，204 页，32 开

上海：良友图书印刷公司，1932.10，再版，204 页，32 开，精装

本书共 14 章，内容包括：两个女子的对话、被人追求的女性、恋爱的条件、占有欲与色情、浪漫情绪的运用、应该避免的男子与令人爱慕的四种条件等。书前有译者序言。

收藏单位：广东馆

01860

恋爱的历史观 （德）B. A. Bauer 著 沈炳文编译

上海：唯爱丛书社，1929.1，[84] 页，42 开（唯爱丛刊）

本书共 13 节，内容包括：恋爱的发生、一件恋爱的故事、古代犹太妇女的恋爱、柏拉图的恋爱观、灵肉一致的恋爱等。

收藏单位：重庆馆、上海馆、首都馆、浙江馆

01861

恋爱的性趣 章玉卿著

上海：大文书局，1937，82 页，32 开

本书收关于恋爱、婚姻、性知识 3 个方面的文章 17 篇。

01862

恋爱的艺术 曼农著

上海：芳草书店，1929，110 页，32 开

本书为书信体。共 8 章：开幕之前、进行曲、游魂的哀歌、胜利的歌曲、孤独的叹息、澎湃的朝声、交响乐、尾声等。

01863

恋爱顾问 沪滨生著

上海：新文化书社，1935，176 页，32 开

上海：新文化书社，1935.11，再版，176 页，32 开

本书内容包括：恋爱的研究、恋爱的关系、恋爱的种类、恋爱的技术、恋爱的成功。版权页题：新式标点恋爱顾问，目录和开篇题：男女之道恋爱顾问。

收藏单位：广东馆、国家馆

01864

恋爱观与恋爱艺术 孙起孟 孙蕴著

上海：上海杂志公司，1949.4，169 页，32 开（自我教育丛书）

本书共 11 章，内容包括：恋爱的自然观、恋爱的生活观、恋爱的真谛等。

收藏单位：东北师大馆、广东馆、国家馆、南京馆、上海馆、首都馆

01865

恋爱技术 林逸君编

上海：梅岭书屋，1946.12，202 页，36 开（幸福丛书 3）

本书内容包括：观念篇、技巧篇、钟情篇、怀春篇。

收藏单位：重庆馆、南京馆

01866

恋爱教育之研究 郑婴编

上海：商务印书馆，1930.12，110 页，32 开（新智识丛书）

上海：商务印书馆，1934.2，国难后 1 版，113 页，32 开（家庭丛书）

上海：商务印书馆，1935.6，国难后 2 版，113 页，32 开（家庭丛书）

本书共 5 章：恋爱、结婚、离婚、产儿制限、男女交际。

收藏单位：北师大馆、重庆馆、广东馆、桂林馆、国家馆、黑龙江馆、湖南馆、南京馆、宁夏馆、上海馆

01867

恋爱结婚 阿聪编

[四川]：微微书店，1941.12，17 页，32 开

收藏单位：南京馆

01868

恋爱·结婚·家庭 俞康石 林爱莲著

广州：南国出版社，1946，134 页，32 开

本书论述恋爱、结婚、家庭及有关各方面的问题。

收藏单位：广东馆

01869

恋爱·结婚·家庭 宗鲁 宗诚 陈游著

桂林：科学书店，1935.11，再版，134 页，32 开（青年生活丛刊）

桂林：科学书店，1943.5，134 页，32 开

上海：科学书店，1946.9，胜利沪第 1 版，134 页，32 开

本书论述恋爱、结婚、家庭及有关各方面的问题。内容包括：什么是恋爱、恋爱的修养与条件、怎样进行恋爱、中国目前的婚姻方式、婚前的准备、家庭的起源、怎样教育子女等。

收藏单位：重庆馆、国家馆、首都馆、武大馆

01870

恋爱·结婚·家庭（原名，幸福的家庭） 李雪荔著

南京：中国妇女建国学会，1947.6，140 页，32 开

本书共 22 部分，内容包括：什么时候谈恋爱、怎样谈恋爱、正视你的婚姻、幸福家庭的基础、房间布置与装饰等。

收藏单位：桂林馆、南京馆、上海馆

01871

恋爱论 （日）厨川白村著 任白涛译

上海：启智书局，1923.7，70 页，32 开

上海：启智书局，1928.8，改版，70 页，32 开

上海：启智书局，1932.12，7 版，70 页，32 开

上海：启智书局，1934.7，9 版，70 页，32 开

本书共 3 部分：恋爱至上主义、从实际生活上论恋爱、断片。书前有卷头语，及《关于“恋爱论”的修正》。

收藏单位：广东馆、国家馆、南京馆、内蒙古馆、浙江馆

01872

恋爱论 （日）厨川白村著 任白涛译

上海：学术研究会总会，1923.7，82 页，32 开（学术研究会丛书 6）

上海：学术研究会总会，1924.10，3 版，82 页，32 开（学术研究会丛书 6）

收藏单位：北师大馆、南京馆、上海馆、首都馆

01873
恋爱论 ABC　郭真著
上海：ABC 丛书社，1929.5，110 页，32 开（ABC 丛书）
上海：ABC 丛书社，1931.5，再版，110 页，32 开（ABC 丛书）
本书共 6 章：恋爱总论、托尔斯泰的恋爱论、爱伦凯的恋爱伦、加本特的恋爱论、阿尔伯的恋爱论、柯伦泰的恋爱论。
收藏单位：重庆馆、广西馆、国家馆、辽大馆、天津馆、浙江馆

01874
恋爱破灭论　卢剑波编
上海：泰东图书局，1928.9，125 页，42 开
本书收文 4 篇：《恋爱破灭论》（培良）、《谈性》（剑波）、《论杂交》（长虹）、《非恋爱与恋爱》（谦弟）。书前有前言。
收藏单位：重庆馆、国家馆、吉林馆、南京馆、上海馆、首都馆、天津馆

01875
恋爱清谭　哈代著　宋崇实译
重庆：天行杂志社，1941，32 页，32 开（天行丛书 3）
本书内容包括：天才与结婚、文人应否结婚、诗人的恋爱等。
收藏单位：重庆馆、绍兴馆

01876
恋爱胜利术　（美）Sana Swain 著　徐海萍译
外文题名：How to win and hold love
上海：新民图书馆兄弟公司，1928.1，172 页，32 开
上海：新民图书馆兄弟公司，1930.3，3 版，172 页，32 开
本书宣传美国的自由恋爱观。共 6 章：家庭方面之问题、求伴侣、相会、求婚的第一步、成功的求婚、议约与订婚。
收藏单位：上海馆

01877
恋爱手册　贯虹著
上海：大方书局，1948.11，132 页，25 开
收藏单位：江西馆

01878
恋爱手册　雷萌著
成都：大陆出版社，1944，98 页，46 开
本书内容包括：恋爱哲学 ABC、对象的选择、求爱的机会、谈话的十二信条、恋爱与婚姻等。
收藏单位：重庆馆

01879
恋爱术　（英）Walter M. Gallichan 著　金志骞译
上海：唯爱丛书社，1929.1，[140] 页，42 开（唯爱丛书）
本书内容包括：恋爱与人生、幼年时代的好奇心、情窦初开的青年时期、为父母进一言、爱的冲动、恋爱标准之理智化、相互了解之必要等部分。附《恋爱格言》（Stendhal）。
收藏单位：广东馆、上海馆、浙江馆

01880
恋爱心理研究　斯丹大尔著　任白涛译
上海：亚东图书馆，1926.5，240 页，32 开
上海：亚东图书馆，1926.7，再版，240 页，32 开
上海：亚东图书馆，1927.6，3 版，240 页，32 开
上海：亚东图书馆，1929.3，4 版，240 页，32 开
本书内容包括：一般恋爱的心理研究、恋爱心理之国别研究、结婚论等。据井上勇译本重译。
收藏单位：重庆馆、河南馆、绍兴馆、首都馆

01881
恋爱新论　景云著
香港：青年知识社，1949.5，再版，83 页，36 开（青年知识丛书）
本书共 5 章：新的恋爱观、爱情的开始、

当恋爱的时候、结婚前后、夫妇之间。

收藏单位：东北师大馆、复旦馆、吉林馆、南京馆

01882

恋爱新论 夏林著

桂林：文化供应社，1941，53 页，56 开

本书内容包括：生物学底基础、社会学底基础、恋爱是人生美的最高峰、恋爱的艺术等。

收藏单位：重庆馆

01883

恋爱新论 徐进等著

上海：求知出版社，1940.8，82 页，25 开（求知文丛第 1 辑）

本书收录 5 篇文章：《恋爱新论》《钱里乾坤》《日本的新党运动》《也谈关于章太炎》《超然先生列传（长篇连载）》。

收藏单位：桂林馆、国家馆、南京馆

01884

恋爱学讲话 李梨著

出版者不详，1932.11，57 页，25 开

收藏单位：江西馆

01885

恋爱与婚姻 （德）B. A. Bauer 著 沈炳文编译

上海：唯爱丛书社，1929.1，[106] 页，36 开（唯爱丛刊）

本书共 10 部分，内容包括：男女自由权的差异、掠夺婚姻和买卖婚姻、妇女的解放、两性间相互平等的原则、婚姻的改革、同居制度、婚姻自由的新途径等。书前有编者序。

收藏单位：重庆馆、上海馆、首都馆、浙江馆

01886

恋爱与婚姻 博文社编辑部编

上海：博文书店，1941，164 页，32 开（博文信箱 4）

收藏单位：上海馆

01887

恋爱与婚姻 依依著

重庆：依依 [发行者]，1943，28 页，50 开

本书内容包括恋爱与婚姻丛谈 8 篇。

收藏单位：国家馆

01888

恋爱与婚姻

天津青年报，49 页，32 开（青年学习小丛书）

收藏单位：东北师大馆

01889

恋爱与结婚 （瑞典）爱伦凯（Ellen Key）著 朱舜琴译

外文题名：Love and marriage

上海：光明书局，1926，再版，302 页，32 开（社会改进社丛书）

上海：光明书局，1927，3 版，302 页，32 开（社会改进社丛书）

上海：光明书局，1929，5 版，302 页，32 开（社会改进社丛书）

上海：光明书局，1930.3，6 版，302 页，32 开（社会改进社丛书）

上海：光明书局，1933.5.5，7 版，301 页，32 开

本书论述恋爱与婚姻问题。共 9 章，内容包括：两性道德发展的进程、恋爱的自由、恋爱的淘汰、自由离婚新结婚律等。卷首有作者序和译者序。

收藏单位：重庆馆、广东馆、国家馆、内蒙古馆、上海馆、首都馆、浙江馆

01890

恋爱与结婚 （瑞典）爱伦凯（Ellen Key）著 朱舜琴译

外文题名：Love and marriage

上海：社会改进社，1923，302 页，32 开（社会改进社丛书）

收藏单位：国家馆、湖南馆

01891

恋爱与结婚 巴尼编著

上海：永华图书社，1941，3 版，74 页，32 开

本书附婚姻法律、结婚应用文件。

收藏单位：广东馆

01892

恋爱与结婚　（美）加罗威（T. W. Galloway）著　陈宝书译

外文题名：Love and marriage

上海：商务印书馆，1928.4，83页，32开（新知识丛书）

上海：商务印书馆，1931.6，再版，83页，32开（新知识丛书）

上海：商务印书馆，1933.7，国难后1版，76页，32开（家庭丛书）

上海：商务印书馆，1935.3，国难后2版，76页，32开（家庭丛书）

本书共7章：绪言、人类的爱、求婚的本性与意义、选择配偶时应当远虑的几点、一夫一妻制为解决人类婚姻办法、良好婚姻的几个条件、完美婚姻需有之教育。

收藏单位：北师大馆、重庆馆、广东馆、桂林馆、国家馆、湖南馆、吉林馆、南京馆、上海馆、首都馆、天津馆

01893

恋爱与结婚　（美）加罗威（T. W. Galloway）著　梅晋良译

上海：广协书局，1938.12，108页，64开（国民健康丛书4）

本书为加罗威《恋爱与结婚》的另一译本。

收藏单位：上海馆

01894

恋爱与结婚　守清　仲达著

北京：生活·读书·新知三联书店，1949，74页

上海：生活·读书·新知三联书店，1949.8，沪初版，74页，32开（新中国百科小丛书）

本书指导青年男女处理恋爱与婚姻内问题。共9节，内容包括：怎样与异性朋友相处、慎之于始、婚前准备、婚后生活等。

收藏单位：国家馆、吉林馆、辽大馆、辽宁馆、南京馆、内蒙古馆、天津馆、云南馆

01895

恋爱与结婚概观　罗敦伟编著

北京：北京大学家庭研究社，1922.5，36页

本书逐页题名：恋爱与结婚。

收藏单位：北大馆

01896

恋爱与痛苦　（德）B. A. Bauer著　S. S.女士编译

上海：唯爱丛书社，1929.1，[93]页，36开（唯爱丛书）

本书共19部分，内容包括：引言、女子初恋时的痛苦、女子易感恋爱痛苦的根本原因、“痛苦之爱”的由来、男女恋爱观的根本不同点等。

收藏单位：广东馆、国家馆、首都馆、浙江馆

01897

恋爱与娱乐　（德）B. A. Bauer著　王显廷编译

上海：唯爱丛书社，1929，[160]页，36开（唯爱丛书）

本书共14篇，内容包括：恋爱之魔力、人们颠倒于恋爱之下的两大原因、恋爱之成熟、女子初期的恋爱表白、男女恋爱观之不同等。书前有序。

收藏单位：广东馆、上海馆、首都馆

01898

恋爱与贞操　生活书店编译所编

上海：生活书店，1933.12，240页，32开

本书收讨论文章52篇，内容包括：《恋爱与贞操》（克士）、《关于＜恋爱与贞操＞的读后感》（周萍子）、《我的几句说明》（克士）、《人格的结合》（吴蛮人）、《再画几只蛇足》（克士）等。

收藏单位：国家馆、吉林馆、上海馆、首都馆、天津馆

01899

恋爱哲学　（法）波哈德（S. Bernhardt）著　金志骞译

上海：唯爱丛书社，1929.1，51 页，40 开（唯爱丛书）

本书共 10 章，内容包括：婚姻的障碍和利益、肉体爱和精神爱、性生活的自由发展、爱美的意义及价值、女子命运的关键、恋爱生活等。

收藏单位：首都馆、浙江馆

01900

恋爱之价值 （日）米田正太郎著 卫惠林译

上海：民智书局，1927.8，224 页，32 开

本书共 3 章：恋爱与人类爱、孔德的恋爱与其人类爱及女人崇拜、恋爱之文化哲学的考察。

收藏单位：广东馆、广西馆、吉林馆、上海馆、首都馆

01901

恋爱之路 （美）马洛根（L. Markun）著 张慈涵编译

上海：唯爱丛书社，1929.1，[88] 页，36 开

本书论述恋爱的本质、矛盾性爱与浪漫的爱等。

收藏单位：国家馆、上海馆、首都馆

01902

恋爱之认识 火雪明著

上海：光华书局，1928.6，100 页，36 开

本书共 15 篇，内容包括：本能底爱、什么叫做恋爱、恋爱的选择、恋爱的维护、结婚三阶段、恋爱与经济、恋爱与种族等。书前有《献给我们的爱人》（泽雷）、《爱之神》（杨术初）及自序。

收藏单位：天津馆

01903

恋爱之问题 韩荻编

上海：文明书局，1925.8，125 页，32 开

上海：文明书局，1926.7，再版，125 页，32 开

本书共 15 章，论述恋爱的起源、真义及方法等。

收藏单位：桂林馆、上海馆

01904

恋情定则讨论集 张竞生等编

上海：好青年图书馆，1928.4，272 页，32 开（爱术丛书）

上海：好青年图书馆，1929.3，再版，272 页，32 开（爱术丛书）

上海：好青年图书馆，1929.11，3 版，272 页，32 开（爱术丛书）

本书内收《爱情定则》（张竞生）、《爱情原则的讨论》（梁国常等）、《答复 <爱情定则的讨论>》（张竞生）等 23 篇文章。

收藏单位：重庆馆、上海馆、首都馆

01905

两性冲突的原因 （英）约瑟麦勃撰著 应元道译

上海：红叶书店，172 页，32 开

本书共 8 章：原始的平等社会、原人的性生活、宗教与性爱的冲动、伦理的宗教之恶影响、中古时代女子的退步、骑士时代女子的地位、第二步的发展和它的残余、现代妇女的解放。

收藏单位：国家馆、上海馆

01906

两性的恋爱 觉悟生编

上海：文艺书社，1931.4，204 页，32 开

本书宣传所谓灵肉的恋爱观。内容包括：恋爱指南提要、恋爱真义的理解、男女的社交观、社交公开的我见、真正的恋爱要在精神的结合等。

收藏单位：上海馆

01907

两性婚姻问题 （英）约瑟麦勃撰著 林汉达译

上海：红叶书店，80 页，32 开

本书共 6 章：贞洁观念的来源、女子的变成财产、爱情的牺牲、希腊罗马的反动、去势道德家的胜利、离婚与清健的奋斗。

收藏单位：国家馆、内蒙古馆、首都馆

01908
两性恋爱指导 郭秋潮著
上海：启智书局，1934.9，3 版，244 页（性爱丛书）
上海：启智书局，1935.7，4 版，244 页，32 开（性爱丛书）
本书讲述恋爱、结婚等问题。共 6 部分：恋爱的闲话、恋爱的网、恋爱的乐园、新性道德论、现在结婚生活、性爱生活素描。书前有扉语。书后有尾缀《一个青年在爱座前的供状》。
收藏单位：北师大馆、国家馆、吉林馆

01909
两性恋爱指导 郭秋潮著
上海：文光书局，1933.10，244 页，32 开（性爱丛书）
收藏单位：重庆馆

01910
两性秘密
出版者不详，74 页，25 开
收藏单位：江西馆

01911
两性秘密集 碧痴生编
大华书店，1934，112 页，32 开
本书内容包括：《性为什么有秘密》《科学家的实验谈》《恋爱的来源》《秘密恋爱的内幕》等 44 篇。封面及版权页题名：两性秘密。

01912
两性社会学（母系社会与父系社会底比较） （英）马林诺夫斯基（Bronislaw Kaspar Malinowski）原著李安宅译述
外文题名：Sex and repression in savage society
上海：商务印书馆，1937.3，312 页，32 开，精装（汉译世界名著）
本书研究野蛮社会与文明社会中性关系，性对于个人心理、社会文化等的影响。共 4 编：复识底形成、传统底镜影、心灵分析和人类学、本能与文化。书后有附录两篇，另有索引与英汉译名表。著者原题：马林糯斯基。
收藏单位：重庆馆、东北师大馆、广东馆、广西馆、国家馆、吉林馆、近代史所、辽宁馆、内蒙古馆、上海馆、天津馆、浙江馆、中科图

01913
两性问题 詹文浒著
上海：世界书局，1938，117 页，32 开（青年性教育指导）
上海：世界书局，1943，再版，117 页，32 开（青年性教育指导）
上海：世界书局，1947.10，3 版，117 页，32 开（青年性教育指导）
本书共 12 章：我们为什么怕羞、我们为什么要恋爱、恋爱之生理的和心理的基础、变态的性行为、自淫论、同性爱的问题、关于风流病（上、下）、关于恋爱的几点意见、择偶的标准、结婚的幸福、健全的性教育等。
收藏单位：重庆馆、广东馆、国家馆、河南馆、内蒙古馆、上海馆

01914
两性问题之科学的研究 李越著
上海：三民书店，1929.10，114 页，32 开
本书共 8 章，内容包括：两性的演进与发育、美的心理、性教育、性道德等。
收藏单位：贵州馆、湖南馆

01915
两性与青年 （英）司托泼夫人（Marie Carmichael Stopes）著 余家菊译
外文题名：Sex and the young
上海：中华书局，1935.8，156 页，32 开（卫生丛书）
上海：中华书局，1941.4，再版，156 页，32 开（卫生丛书）
本书介绍性知识。共 20 章，内容包括：性欲在人生中之位置、性能知识——其价值及其危险、性能教诲、困难生徒、校长之问题等。书前有译序。著者原题：司托浦司。
收藏单位：重庆馆、广东馆、广西馆、国家馆、湖南馆、江西馆、南京馆、内蒙古馆、

上海馆、首都馆、浙江馆

01916
论社会卫生之促进在尊妇女与节性欲 天鸟编
外文题名：Social purity depends on the respect for women and the restriction of sexual desire
出版者不详，1920.2，18 页，36 开（社会卫生论稿 3）
收藏单位：上海馆

01917
盲目的恋爱 博文社编辑部编
上海：博文书店，1941.2，165 页，32 开（博文信箱 5）
本书为与读者讨论恋爱婚姻问题的通信集。共 46 篇，内容包括：面孔漂亮的厄运、选择对象须下功夫、年轻少女当心陷阱、致力你的学问、法律不欺负弱女子等。书前有编者序、博文信箱投稿函约。

01918
美满的家庭 家编辑部选编
上海：家杂志社，1948.12，81 页，32 开
本书收集有关家庭问题的文章。共 12 篇，内容包括：蜕变中的中国家庭、美满家庭十大要件、良夫贤妇的基本条件、主妇第一课、怎样解决继母问题等。
收藏单位：重庆馆、广东馆、桂林馆、吉林馆、辽宁馆、内蒙古馆、宁夏馆、上海馆、浙江馆

01919
男女的性别集 小江平编
女性社，1931.3，110 页，32 开
本书讨论婚姻、性爱等问题。内容包括：操劳和情爱、内子和外子、性的起源、说好丑美恶、自由交爱等。
收藏单位：吉林馆

01920
男女关系的进化 （法）鲁妥努（C. Letourneau）著 卫惠林译
外文题名：L'evolution du marriage et de la famille
上海：开明书店，1930.11，402 页，32 开（妇女问题研究会丛书）
本书研究婚姻制度与各地区各民族婚姻形式。共 20 章，内容包括：婚姻的生物学的起原、动物的婚姻与家族、乱婚、男女关系的诸种奇怪形式、一妻多夫、掠夺婚姻、买卖婚姻及服役婚姻、原始的一夫多妻、文明人的一夫多妻、卖淫与蓄妾、原始的一夫一妇等。卷首有译者序、原序。
收藏单位：重庆馆、广东馆、广西馆、桂林馆、国家馆、上海馆、绍兴馆、天津馆、浙江馆

01921
男女关系之进化（上册）（法）鲁妥努（C. Letourneau）著 郭冠杰译
上海：乐群书店，1930，188 页，32 开
本书研究婚姻制度与各地区各民族婚姻形式。卷首有原著者序。
收藏单位：桂林馆、国家馆、上海馆

01922
男女婚姻宝鉴 陈炯民著
上海：益明书局，1924，3 版，88 页，25 开
本书共 19 章，内容包括：妇女之天职、少女时代之卫生、少年时代之摄生与妇人时代之健康、妇女之职业生活与健康、结婚与妊娠、分娩之准备、初生儿之看护、花柳病与其注意等。
收藏单位：重庆馆

01923
男女婚姻宝鉴 顾鸣盛编辑
上海：广文书局，1919.10，86 页，32 开
本书内容包括：婚姻、性生活、小儿养育、医疗常识等。附录西药便览。

01924
男女恋爱顾问 王天恨著
上海：爱的书店，1936.6，1 册，25 开
收藏单位：重庆馆

01925

男女特性比较论　（德）樊尔廷（M. Vaerting）著　余志远译

外文题名：Die Weibliche Eigenartim Mannerstaat und die Mannliche Eigenartim Frauenstaat

上海：商务印书馆，1926.11，264 页，23 开（新智识丛书）

上海：商务印书馆，1931，再版，264 页，23 开（新智识丛书）

上海：商务印书馆，1934，269 页，23 开（社会科学小丛书）

本书共 18 章，内容包括：一性优势中变迁的原则、一性优势中两性生活的常态、均势时候两性的道德、均势的状况中两性的地位等。书前有序。书后有跋。著者原题：发尔亭。

收藏单位：重庆馆、广东馆、广西馆、湖南馆、吉林馆、上海馆、首都馆、天津馆

01926

男女学生恋爱史（第 1 集）　张美倩编辑

上海：新主义研究社，1926，142 页，32 开（新主义研究社出版物）

本书共 10 篇，内容包括：为他人作嫁衣裳、说什么天长地久、如何解决此问题等。

收藏单位：国家馆

01927

男女贞操读本（保守贞操法及辨别贞淫法）（日）河崎纳志等著　殷启华译

上海：大通图书社，1936.7，135 页，32 开

本书阐述贞操观念。共 3 部分，内容包括：女性篇、男性篇、医学篇。

收藏单位：国家馆、首都馆

01928

男与女　胡伟编

重庆：重庆学生书店，1947.6，184 页，32 开

收藏单位：重庆馆

01929

男与女　（美）赛珍珠（Pearl S. Buck）著　李木译

外文题名：Of men and women

上海：华美出版社，1945.12，143 页，32 开

本书共 9 章：男女关系的不和谐、中美家庭比较观、美国的男性、美国的女性、一夫一妻制、女子如天仙、女人与战争、男与女彼此相教育、女子与自由。

收藏单位：国家馆、江西馆、南京馆、天津馆

01930

男与女　（美）赛珍珠（Pearl S. Buck）著　李木译

外文题名：Of men and women

上海：正气出版社，1941.11，143 页，32 开

收藏单位：复旦馆

01931

男子的丑态　陈珍玲编

上海：玲珑杂志社，1934.8，76 页，64 开（玲珑丛书 第 3 种 肆卷 24）

本书收 30 余篇短文，斥男子在婚姻方面的丑行。

01932

难解决的婚姻事典　何丽英著

上海：学生书局，1936.5，再版，276 页，32 开

本书共 4 编：烦恼之城、迷茫之路、峻险之崖、血泪之碑。

收藏单位：广东馆

01933

女　菲尔廷（W. J. Filding）著　沈经保编译

上海：唯爱丛书社，1929.1，1 册，36 开

本书分上、下两编，介绍妇女所应当了解的生理、性、情爱、婚姻等方面的知识。

收藏单位：国家馆、湖北馆、湖南馆、首都馆、浙江馆

01934

女性的新知识　（日）洼川稻子著　马心田译

实业印书馆，1942，213 页，32 开

收藏单位：首都馆

01935
女学生结婚指导　薛轶群编
上海：开华书局，1932.8，137页，32开
上海：开华书局，1933.4，再版，137页，32开
本书根据日本《结婚心得帖》一书编译。共10章，内容包括：预防诱惑的心得、会面成功的心得、结婚标准期的心得、翁姑的心得等。
收藏单位：河南馆

01936
女子恋爱心理之研究　（德）B. A. Bauer原著　沈炳文编译
唯爱丛书社，1929.1，[105]页，32开
本书共11部分：动物的爱与人类的爱、个人的恋爱条件、女子的精神恋爱、女子的爱之表现、女子的爱之中变及其原因、视觉与女子恋爱生活之关系、色素与女子恋爱生活之关系、听觉与女子恋爱生活之关系、嗅觉与女子恋爱生活之关系、触觉与女子恋爱生活之关系、结论。附录《妇女们的恋爱权》《婚姻目的论》《儿女们性教育改良谈》。
收藏单位：广东馆、上海馆、首都馆、浙江馆

01937
女子性的变态（又名，女子同性爱）（英）霭理斯（H. Ellis）著　慧英译　张竞生编
上海：美的书店，1928，4版，86页，50开（世界名著）（新文化性育小丛书）
本书内容包括：同性爱史、性欲变态的女子之生理与心理、近代女子同性爱的发展等。
收藏单位：重庆馆

01938
女子应有的知识　（美）桑格（Margaret Higgins Sanger）著　杨步伟译
上海：商务印书馆，1925，101页，25开（新知识丛书）
上海：商务印书馆，1926，再版，101页，25开（新知识丛书）
上海：商务印书馆，1933，国难后1版，84页，32开（妇女丛书）
上海：商务印书馆，1939.6，5版，84页，32开（妇女丛书）
重庆：商务印书馆，1944，64页，32开（妇女丛书）
本书共8章，内容包括：序论、少女时期、发身、结论等。书前有介绍语。著者原题：珊格夫人，译者原题：赵元任夫人。
收藏单位：重庆馆、国家馆、南京馆、首都馆

01939
女子之性欲与恋爱　（日）田中香涯著　吴瑞书译
上海：性学研究社，1927，220页，32开（性学丛书4）

01940
妻　陈葵龙著
上海：新地书店，1940，150页，32开（新地青年生活丛刊3）
本书分20章，介绍怎样做贤妻良母，及有关婚姻、家庭的常识。

01941
齐家一助　基督复临安息日会中华总会家政委员会编
基督复临安息日会中华总会家政委员会，58页，23开
本书用基督教的观点，讲述家庭、婚姻、交际等方面的问题。共25课。
收藏单位：重庆馆

01942
青年婚姻问题　康思诚著
芜湖：天主堂印书馆，1941.4，19页，36开（公青小丛书）
本书与天主教教会青年们谈论有关婚姻方面的问题。书前有作者的“赠给亲爱的公教青年们”。
收藏单位：国家馆

01943
青年婚姻指导　潘文安　陆伯羽著

上海：大东书局，1931，220 页，32 开
上海：大东书局，1932.10，再版，220 页，32 开
上海：大东书局，1933.7，3 版，220 页，32 开

本书共 10 章，内容包括：婚姻问题之分析的研究、结婚的意义及其效用、婚姻与恋爱、结婚与健康、婚姻与法律等。

收藏单位：重庆馆、广东馆、桂林馆、国家馆、南京馆、首都馆

01944
青年结婚与健康　许晚成　赵锦华编
上海：国光书店，1941.4，再版
上海：国光书店，1946.10，再版，202 页，32 开

本书讲述结婚和性生活。共 8 章，内容包括：青年恋爱的认识、青年的健康认识等。书后有结论。

收藏单位：首都馆

01945
青年恋爱真谛　觉悟生编
上海：文艺书社，1933.1，204 页，32 开

本书辑报刊上发表的文章 68 篇。

01946
青年问题解答集　董文侠著
大连：实业印书馆，1942.11，226 页，32 开

本书内容包括：知识相差不宜配偶、依赖遗产绝难生存，屈莫屈于难言之隐、悲莫悲于冤未能伸等。

收藏单位：国家馆、首都馆

01947
情人制的思想　金满成著
上海：新宇宙书店，1930，78 页，50 开

本书主张绝对废除一切婚姻制的仪式，实行男女绝对自由的结合。

01948
求爱底艺术　左企译
上海：三民公司，1929.5，85 页，42 开

收藏单位：江西馆

01949
求婚小简
出版者不详，32 页，32 开

收藏单位：南京馆

01950
娶妻教科书　三友实业社编
上海：三友实业社，1941.12，再版，2 册（64+64 页），32 开

本书讲述当时的夫妇之道。共 6 章：绪言、新婚时期、育儿时期、中年时期、老年时期、结论。

收藏单位：吉林馆、上海馆

01951
人类性生活史　朱云影著
南京：正中书局，1936.11，158 页，32 开，精装（趣味中心正中科学知识丛书）
正中书局，1942.3，再版，158 页，32 开（趣味中心正中科学知识丛书）
重庆：正中书局，1943.1，4 版，158 页，32 开（趣味中心正中科学知识丛书）

本书共 5 章：性与原始思想、割礼与成年式、结婚、卖淫、妊娠与分娩。

收藏单位：重庆馆、国家馆、湖南馆、首都馆

01952
人生与恋爱　（美）辛克莱（U. Sinclair）著　钱歌川译
上海：言行社，1941.2，179 页，36 开（新青年修养丛书）

本书共 20 章，内容包括：结婚的现实、结婚的发达、性与青年男女、性与社交界、性与贫民、性与自然、恋爱与经济等。

收藏单位：重庆馆、湖南馆

01953
如此恋爱　张竞生著
上海：明显书局，110 页，32 开

收藏单位：南京馆

01954
三角恋爱解决法 曹雪松编
上海：群众图书公司，1928.3，54 页，25 开
收藏单位：上海馆

01955
色的社会问题 林众可著
上海：华通书局，1930.12，267 页，32 开
本书共 6 篇：色的本质与理论、色之动摇的原因、色与男女构造上之关系、色在社会史上的地位及今后的趋势、社会问题的色、色的社会政策。
收藏单位：广西馆、国家馆、南京馆、上海馆、浙江馆

01956
色欲世界 柯盛等编译
上海：弘文馆，1918，[110] 页，32 开
分上、中、下三卷，论述色欲与人生、社会、婚姻、恋爱、文学、道德、卫生的关系。

01957
少男少女（陶绿萃女士信箱） 陶绿萃编 心生等译
上海：长城书局，1931.10，245 页，32 开
上海：长城书局，1934.3，再版，245 页，32 开
本书共 6 部分，内容包括：少男少女、婚姻概论、夫和妻、父母子女、其他等。
收藏单位：广东馆、国家馆、上海馆、首都馆

01958
少女结婚课 （美）迪克斯（D. Dix）著 汪国华译
上海：激流书店，1941，3 版，98 页，32 开
上海：激流书店，1945.11，98 页，32 开
上海：激流书店，1946.8，98 页，32 开
上海：激流书店，1946.10，98 页，32 开
上海：激流书店，1947，98 页，32 开
本书共 3 编：婚前须知、怎样获得你的好丈夫、怎样使丈夫对你的热情永不消逝。著者原题：桃乐赛·狄斯。
收藏单位：重庆馆、广西馆、吉林馆

01959
少女性知识十讲 （美）斯坦赫特（I. D. Steinhardt）著 刘若村译
外文题名：Ten sex talks to girls
上海：中华书局，1945.10，160 页，36 开（常识丛书 49）（卫生丛书）
上海：中华书局，1946.8，再版，160 页，32 开（常识丛书 49）（卫生丛书）
本书共 10 讲：女性生殖器官、春情期与月经、性器官卫生、第一种性病——淋浊、第二种性病——梅毒、少女的礼仪、关于结婚、做妻子与做母亲、怎样养育婴儿（上、下）。卷首有 R.S.Yarros 序、原著者自序。
收藏单位：重庆馆、国家馆、上海馆、首都馆、西南大学馆、浙江馆

01960
社会和家庭 （苏）斯维得洛夫著 常乐生译
上海：新知书店，1937，70 页，32 开（翻译小丛书 4）
本书论述资本主义制度下的家庭、社会主义制度下的家庭、家庭和儿童教育、社会主义国家对于堕胎的态度、家庭生活上的资本主义残余以及克服这类残余的努力等。著者原题：斯维脱洛夫。
收藏单位：广西馆、浙江馆

01961
社交与性爱 黄梁译
外文题名：Courtship and matrimony: realization of sex-love
上海：出版合作社，1927.12，3 版，118 页，32 开
上海：出版合作社，1929.12，5 版，118 页，32 开
本书为春社刊物之一。共 7 部分：求爱的初步、求爱的仪节、订婚时期的仪节、婚事准备的仪节、婚礼、婚礼后、对新婚夫妇的忠告。附录《性的本能》《爱伦凯学说一斑》。
收藏单位：河南馆、吉大馆

01962
社交与性爱 黄梁译
外文题名：Courtship and matrimony: realization of sex-love
上海：启智书局，1925，118页，32开
上海：启智书局，1933.7，118页，32开
收藏单位：国家馆、上海馆、浙江馆

01963
神圣的两性 陈德献著
陈德书店，216页，32开
本书共10章：关于性的基本常识、两性间情感的三元论、对结婚应有的认识、对于失恋者的谈话、对于不结婚者的谈话、关于快乐家庭的几条建议、当您最亲爱的人遭遇不测时、性生活上的错误、两性与社会、健全的心。
收藏单位：重庆馆

01964
神圣的两性 陈德献著
重庆：陈渠红[发行者]，1945.6，再版，218页，32开
收藏单位：重庆馆、国家馆

01965
生育制度 费孝通著
上海：商务印书馆，1947.9，200页，25开（社会学丛刊甲集4）
本书阐述有关家庭制度，婚姻制度，亲属关系和氏族学等问题。共17章：种族绵续的保障、双系抚育、婚姻的确立、内婚和外婚、夫妇的配合、社会结构的基本三角、居处的聚散、父母的权力、世代间的隔膜、社会性的断乳、社会继替、交代参差、单系偏重、以多继少、续绝、亲属扩充、氏族。书前有代序《派与汇》（潘光旦）。
收藏单位：重庆馆、广西馆、贵州馆、国家馆、湖南馆、江西馆、辽大馆、南京馆、内蒙古馆、首都馆、天津馆、中科图

01966
私生子问题 曹雪松编
上海：群众图书公司，1928.3，54页，25开
本书讨论中国私生子问题。共4部分。
收藏单位：重庆馆、上海馆

01967
思无邪小记（又名，艳海） 姚灵犀编
天津：天津书局，1941，203页，32开（姚灵犀秘笈）
本书辑集古今有关性生活的诗文，不分章节。

01968
同性爱问题讨论集 杨忧天 胡秋原著
上海：北新书局，1930.2，222页，32开
本书内收文章两篇：《同性爱的问题》（杨忧天）、《同性爱的研究》（胡秋原）。
收藏单位：重庆馆、广西馆、桂林馆、国家馆、绍兴馆

01969
同性恋爱论（最新性欲研究）（日）富雅大郎著 吴瑞公译
上海：东亚书局，1925，148页，32开
收藏单位：广西馆、江西馆

01970
拖油瓶 徐百益编
上海：宏业广告图书股份有限公司，[1944]，38页，32开（家庭丛书2）
本书收有关家庭问题的征文20篇。卷首有前言。

01971
唯物恋爱观 （苏）伏尔佛逊（C. Водьфсон）著 执之译
汉口：生活书店，1938.7，351页，32开（妇女生活丛书7）
汉口：生活书店，1945.11，胜利后1版，351页，32开（妇女生活丛书7）
重庆、上海：生活书店，1947.7，胜利后2版，206页，32开
本书共5章：现象学中的观念论和唯物论、封建社会的家族和结婚、资本主义时代

的家族和结婚、帝国主义时代的家族和结婚、过渡期的家族和结婚。书前有原著者序、译者赘言。

收藏单位：重庆馆、东北师大馆、广东馆、贵州馆、桂林馆、国家馆、黑龙江馆、湖南馆、吉大馆、江西馆、南京馆、山东馆、上海馆、首都馆、天津馆、浙江馆

01972

唯物恋爱观（唯物辩证法的现象学入门）

（苏）叶斯·渥利夫桑著 林默涵译

汉口：读书生活出版社，1938.7，290页，32开

本书译者原题：默涵。

收藏单位：重庆馆、国家馆、吉林馆、南京馆、上海馆

01973

未婚青年手册 梅晓岚著

上海：吼声书局，104页，32开

本书介绍恋爱、婚姻方面的知识。共6章：怎样找理想的伴侣、怎样恋爱、怎样选择配偶、怎样求婚、从恋爱到订婚、婚姻的开始。附录《婚姻经验谈》。

01974

现代家庭 吴云高编著

上海：中华书局，1935.4，126页，25开

上海：中华书局，1939.7，再版，126页，25开

本书共4编：家庭制度、家庭教育、家庭卫生、家庭经济。书前有例言、导论。

收藏单位：重庆馆、东北师大馆、广东馆、贵州馆、国家馆、黑龙江馆、湖南馆、吉林馆、江西馆、辽宁馆、南京馆、上海馆、首都馆、天津馆、浙江馆

01975

现代恋爱批判 （美）辛克莱（U. Sinclair）著 钱歌川译

外文题名：Book of love

上海：神州国光社，1932.7，179页，32开

本书共20章，内容包括：结婚的现实、结婚的发达、性与青年男女、性与社交界、性与贫民、性与自然、恋爱与经济、结婚与金钱、恋爱与情欲、独身与贞洁等。书前有译者赘言。

收藏单位：重庆馆、桂林馆、国家馆、辽宁馆、上海馆

01976

献给女朋友 张常人编

上海：长城书局，1934.12，162页，32开

本书收录张常人主编《晨报》的“妇女与家庭”栏“小姐学堂”所发表的指导妇女生活和恋爱文章。内容包括：《青春的代价》《第一朵鲜花莫献错了人》《神创造女子只为要驯服男子？》《莫要让你的脑袋搭了特别快车》。附《恋爱学ABC》。

收藏单位：国家馆、吉林馆

01977

献给女人们 海之萍汇编

益智书店，1937，151页，32开

收藏单位：首都馆

01978

小姐须知 邵洪文著 张光宇绘

上海：中国美术刊行社，1931.10，57页，36开，精装

本书用箴言形式写成，附以插图。讲时髦女人的恋爱、择友等。书前有序。书后有附录。

收藏单位：国家馆

01979

新妇女书信 孙雪飒编

上海：开华书局，1933.12，150页，32开

本书收书信体短文20篇，内容包括：秘密着爱的进行、沉浸在寂寞之国、爱情也要试用测验法、你要去战胜你的情敌等。书前有编者的序言。

01980

新婚的爱 （英）司托泼夫人（Marie Carmichael Stopes）著 巴尼译

上海：奔流书店，1940.4，181页，32开

本书共11章：欲望、不完满的快乐、妇女的“任性”、根本的冲动、夫妻间的协调、睡眠、害羞和浪漫、禁欲、小孩子、社会、光荣的启示。书前有伦敦大学心理学教授斯塔琳的信、缪兰女士的序、作者自序等。著者原题：斯托泼夫人。

收藏单位：广东馆、国家馆

01981

新婚琐记　苦海余生著

上海：国民图书馆，56页，32开

本书记录著者新婚后生活琐事，夫妻之间交流方式及相处之道。

收藏单位：重庆馆、浙江馆

01982

新婚琐记　苦海余生著

上海：中华编译社，1918.12，56页，32开

收藏单位：浙江馆

01983

新家庭论　（苏）斯维得洛夫著　常乐生译

邯郸：华北新华书店，1949.2，59页，32开

收藏单位：东北师大馆、广东馆、国家馆、南京馆、内蒙古馆、天津馆、中科图

01984

新家庭论　（苏）斯维得洛夫著　常乐生译

重庆：新知书店，[1939]，70页，32开

桂林：新知书店，1940.2，再版，70页，32开

[上海]：新知书店，1947，70页，32开

本书封面著者题：斯维特洛夫。

收藏单位：重庆馆、国家馆、吉林馆、南京馆、内蒙古馆、上海馆

01985

新家庭论　（苏）斯维得洛夫著　常乐生译

中原新华书店，1946，46页，32开

中原新华书店，1949.6，豫版，46页，32开

收藏单位：国家馆

01986

新家庭生活指导　陈以益编著

上海：大东书局，1933.9，162页，32开（家庭日用丛书2）

本书共8部分：家庭经济问题、社交和礼仪、恋爱与婚姻、家庭卫生和医药治疗、住宅改善的研究、衣服的改善、食粮问题、燃料与现代生活等。

收藏单位：重庆馆、国家馆、江西馆、首都馆、天津馆、浙江馆

01987

新文化小史　张竞生编

新文化社，1927，158页，32开

本书封面题名：文化史。

收藏单位：首都馆

01988

幸福的爱侣　考敦尼毕尔著　健康生活社译

上海：大学书店，1939，92页，32开

本书讲述男女爱情的问题。

收藏单位：绍兴馆

01989

幸福的家庭　冯瓒璋译述

北平：中华公教进行会总监督处，1936.11，122页，32开

本书讲述幸福的家庭应具备的条件。共31部分，内容包括：订婚、结婚、婚后生活、妻子的切身修养，夫妇间的信义问题、怎样来作母亲、母亲的首要任务等。书前有牛亦未司铎序等。书后有结论。

收藏单位：国家馆

01990

幸福的家庭　陆闻兰　林驾舟编著

上海：北新书局，1937，3版，53页，32开（儿童幸福丛书）

收藏单位：广西馆

01991

幸福之花　丁惠康编

上海：医学书局，1926.12，再版，125页，25开

本书内分两编。前编为幸福之源，向青

年传授婚姻、生育及性知识；后编为幸福之友，介绍精神卫生及医药卫生常识。书前有卷头语。

收藏单位：国家馆

01992

性的崇拜 张东民著

上海：北新书局，1927.6，66页，32开

本书论述自古以来的性崇拜。共6部分：绪论、宗教的由来、男性的崇拜、女性的崇拜、性交的崇拜、性的崇拜之今代观。

收藏单位：重庆馆、广东馆、国家馆、湖南馆、内蒙古馆、上海馆

01993

性的故事 （英）赫勃脱夫人（Mrs. S. Herbert）著 松涛译

外文题名：Sex love

上海：开明书店，1927.11，145页，32开（妇女问题研究会丛书）

上海：开明书店，1929.4，再版，145页，32开（妇女问题研究会丛书）

本书共3编：求爱、配合和婚姻、为亲。书前有译者序、原序、导言。

收藏单位：重庆馆、广西馆、国家馆、内蒙古馆、上海馆、浙江馆

01994

性的危机 袁振英著

香港：受匡出版部，1928.6，166页，32开

本书共6章：腐败文明中的两性生活、两重伦理——性的诈伪、滑稽的恋爱——卖淫制度、性底需要和女子运动、性的危机和人种堕落、现代人道上两性的心理学。书前有卷首语和导言。

收藏单位：重庆馆、国家馆、吉林馆

01995

性的问题 不平凡女士编

生理学研究所，1933，2册（62+60页），32开

收藏单位：首都馆

01996

性——结婚前奏曲 （美）Hannah M. Stone（美）Abrabam Stone著 巴全译

外文题名：A marriage manual

上海：开明书店，1938，303页，32开

上海：开明书店，1939，14版，303页，32开

本书共9章，用问答体写成。直译应为：结婚指南。

收藏单位：上海馆

01997

性书与淫书 张竞生著

上海：美的书店，1927.12，82页，50开（性育小丛书）

本书说明性书与淫书的区别。

01998

性问题 朱太忙标点

上海：达文图书供应社，1937.5，80页，32开

本书章节名与《两性婚姻问题》基本相同。第5章题：去势道法家的胜利。

收藏单位：安徽馆

01999

性学ABC 柴福沅著

上海：ABC丛书社，1928.8，117页，32开，精装（ABC丛书）

上海：ABC丛书社，1929.1，再版，117页，32开（ABC丛书）

上海：ABC丛书社，1929.7，3版，117页，32开（ABC丛书）

上海：ABC丛书社，1932.11，4版，117页，32开（ABC丛书）

本书共22章，内容包括：绪论、植物的性生活、动物的性生活、男性器官的构造、男性的发育等。书前有ABC丛书发刊旨趣及例言。

收藏单位：重庆馆、南京馆、首都馆、天津馆

02000

性学ABC （日）福田著 陈世澄译述

菁菁出版社，1948，新2版，2册（128+136

页），32 开

收藏单位：安徽馆

02001

性与人生　周建人译著

上海：开明书店，1927.1，129 页，25 开（妇女问题研究会丛书）

上海：开明书店，1928，再版，129 页，25 开（妇女问题研究会丛书）

本书收译文及论文 8 篇:《性的进化》《爱的起源》《女性天才在那里?》《女性的创造力》《支配性》《二重道德》《女性的社会遗传》《社会主义与性》。

收藏单位：国家馆、湖南馆、吉林馆、辽宁馆、绍兴馆、天津馆、浙江馆

02002

性欲讨论集　许啸天等著

上海：大仁书店，1926，[219] 页，32 开

上海：大仁书店，1936，再版，[219] 页，32 开

本书讨论性欲、婚姻、恋爱问题。内容包括：性欲问题的讨论、婚姻问题的讨论。

收藏单位：重庆馆

02003

性欲与社会　考夫曼著　中国健康学会编

南京：性科学编译社，1937.7，168 页，32 开（性科学丛书 第 4 辑）

本书从社会学、生物学方面论述性与社会的关系。

02004

性之研究　吹影庐编

上海：民智书局，1925.8，123 页，32 开

上海：民智书局，1926，3 版，123 页，32 开

本书共 8 章，内容包括：性欲之真义、性欲与恋爱、性欲教育之研究等。

收藏单位：上海馆

02005

性之支配问题　（德）樊尔廷（M. Vaerting）著　陈淑甫　何贞爱译

上海：泰东图书局，1928.8，107 页，50 开

本书援引古代埃及、巴比伦、雅典及近代北美各部落等各地男女“平权”的种种“事实”，及男性或女性主宰（或支配）的社会之种种状态，以说明社会上“只有主宰性和从属性的区别”。男女两性之间除生理器官稍有差异外，并无其他区别。书前有译者序。卷端题名：男子国乎女子国乎。

收藏单位：重庆馆

02006

续结婚的爱　（英）司托泼夫人（Marie Carmichael Stopes）著　C. Y. 译

上海：北新书店，1933，6 版，197 页，32 开

上海：北新书店，1937，6 版，197 页，32 开

上海：北新书店，1940.1，[再版]，197 页，32 开

本书附录几种有用的药方。其他题名：持久的热情。著者原题：斯托泼。

收藏单位：重庆馆

02007

续结婚的爱　（英）司托泼夫人（Marie Carmichael Stopes）著　许德佑译

上海：龙虎书店，1935.8，242 页，32 开

上海：龙虎书店，1936.5，4 版，242 页，32 开

上海：龙虎书店，1937.3，6 版，242 页，32 开

本书讲述性的问题。共 12 章，内容包括：一般的苦闷、希有的满足、过盛的精力、性欲不足的丈夫等。著者原题：斯托泼夫人。

收藏单位：广西馆、桂林馆、国家馆、南京馆、绍兴馆、首都馆

02008

续美满的夫妻　（日）高田义一郎著　蒋步南译

长春：艺文书房，1942.5，103 页，32 开（生活丛书）

长春：艺文书房，1943.11，6 版，103 页，32 开（生活丛书）

本书介绍婚前婚后应该注意的事项。内容包括：美的魅力是什么、美人的变迁、结婚的适龄期、早婚的种种现象、早婚何故不良、晚婚的种种现象等。

02009

选择爱人术一百条 师竹庐主编

上海：大通图书社，1936.10，76页，32开

本书书名页题：选择爱人之秘诀一百条。版权页题：选择爱人术。

收藏单位：重庆馆、国家馆

02010

一个幸福的家庭 绿荷女士编

上海：大达图书供应社，1935.4，222页，32开

上海：大达图书供应社，1936.6，再版，222页，32开

本书共13部分：绪论、家庭制度、新家庭家训、新家庭管理法、家庭经济问题、夫妇之道、婆媳问题、主妇与职业、主妇必修科、新家庭设备、新家庭卫生、对待妻子的心得、对待丈夫的心得。封面题名：怎样建设幸福的家庭，目次页题名：怎样建设一个幸福的家庭。

收藏单位：重庆馆、湖南馆、上海馆、首都馆

02011

宜室宜家 丁芝著

上海：第一编辑公司，108页，32开

本书为婚姻问题问答集。内容包括：我已经是失了身的人、不要对他太热情、我比他大了八岁、嫁给那一个好呢、女子的心难以捉摸等。

收藏单位：国家馆

02012

拥护革命的情人制 金满成著

上海：美的书店，1928.4，114页，32开（爱术丛书）

本书共3部分：反对情人制的敌人、情人制的简单说明、拥护情人制的理由。

收藏单位：重庆馆

02013

永恒的爱 （英）司托泼夫人（Marie Carmichael Stopes）著 曹敬文 德佑译

上海：南华图书局，1929，242页，32开

本书为《续结婚的爱》另一译本。著者原题：斯托泼夫人。

02014

优生学与婚姻 （美）威廉·鲁滨生（W. Robinson）著 高方译

上海：亚东图书馆，1928.9，156页，32开

上海：亚东图书馆，1929.3，再版，156页，32开

本书从优生学的角度探讨人类的婚姻问题。共3编：四种改良人种的方法、遗传及环境、谁可结婚，谁不可结婚？书前有译者序、原序。

收藏单位：重庆馆、广东馆、桂林馆、国家馆、南京馆、内蒙古馆、上海馆、首都馆、浙江馆

02015

愿天下有情人都成眷属（月下老人造像）

上海：上海机制国货工厂联合会，1948.2，118页，25开

收藏单位：江西馆

02016

择偶（快乐婚姻指导） 克力福·阿达姆 范恩斯·派卡著 徐百益译

外文题名：How to pick a mate

上海：人生出版社，126页，方40开（社交婚姻丛书）

本书共18章，内容包括：测验你自己和你的配偶、你是否一个良好的配偶、九种危险的性格、你不应该结婚的人、职业对婚姻的关系、婚前的准备、良好的开始等。

02017

择偶的艺术 陈梦韶 谢南佳编译

上海：北新书局，1936.10，208页，32开

本书各篇大多据威尔斯·史塔额（Samuel Wells Stagg）著的*The Ideal Woman*及*A Woman's Heart*两书编译。共14部分，内容包括：女人的心、理想的女人、女性择偶艺术、男人的心、理想的丈夫、男性择偶艺术、

结婚前后、美容秘密等。书后附《青年和少女》《求学与求爱》等 3 篇及后叙。

收藏单位：国家馆、天津馆

02018

择偶秘术 王逸夫编

上海：上海卫生研究社，1946.12，128 页，36 开（性生活指导丛书 2）

本书共 34 章，包括绪论、择偶之意义、择偶需要选择之原因、何谓贞操、何谓两性平等、择偶者应注意异性化等内容。

02019

择偶术 （美）迪克斯（D. Dix）著 李木译

外文题名：How to win and hold a husband

天津：李木书屋，1943，再版，118 页，32 开

本书著者原题：桃乐赛 · 迪克斯。封面题名：怎样获得丈夫并白头到老。

收藏单位：天津馆

02020

择偶术（怎样获得丈夫并白头到老）（美）迪克斯（D. Dix）著 李木译

外文题名：How to win and hold a husband

北平：沙漠画报社，1940.9，138 页，32 开（沙漠丛书 7）

北平：沙漠画报社，1943，再版，138 页，32 开（沙漠丛书 7）

本书论述妇女恋爱、结婚、社交等问题。共 41 章，卷首有译者的介绍本书作者及某夫人的序。卷末有译后记。著者为美国报界著名的妇女问题研究专家。

收藏单位：国家馆、首都馆

02021

怎样恋爱 （美）胡特（C. Wood）著 华汉光译

外文题名：How to love?

上海：神州国光社，1935，95 页，36 开

本书共 7 章，内容包括：恋爱与生命、恋爱之曙光、恋爱是一种艺术将来的趋向等。

收藏单位：国家馆

02022

怎样恋爱 （美）胡特（C. Wood）著 华汉光译

外文题名：How to love?

上海：远东图书公司，1929.10，95 页，42 开

收藏单位：浙江馆

02023

怎样医治怕羞病 群学书店辑

上海：群学书店，1946.10，159 页，32 开（群学信箱 2）

上海：群学书店，1947.1，159 页，32 开（群学信箱 2）

本书收录有关男女婚姻、恋爱等方面的读者来信 20 封，逐一回答。内容包括：情人与表弟的风波、关心小妹妹的初恋、哥哥不给弟弟娶亲、妻子和妹子的纠纷等。

收藏单位：重庆馆、广东馆、国家馆

02024

怎样增进夫妇之爱 （美）迪克斯（D. Dix）著 汪国华译

重庆：激流书店，1943.1，133 页，32 开

重庆：激流书店，1946.4，133 页，32 开

本书著者原题：桃乐赛 · 狄斯。

收藏单位：重庆馆、浙江馆

02025

怎样增进夫妇之爱 （英）司托泼夫人（Marie Carmichael Stopes）著 金叔华译

上海：纵横社，1941.6，202 页，32 开

上海：纵横社，1947.3，202 页，32 开

本书共 23 章，内容包括：身心的自然欲望、使身心适合和满足、欢乐思爱的生活、两性应结合为一体、互相爱念和体会、女性本能的显与隐、男性本能的显与隐等。著者原题：斯托泼夫人。

收藏单位：重庆馆

02026

怎样组织快乐家庭 王一得编

成都：经纬书局，1945.2，94 页，42 开

本书共 6 部分：组织问题、健康问题、经

济问题、敬爱问题、育儿问题、娱乐问题。

收藏单位：重庆馆

02027

怎样做个好妻？　翠柯夫人著

上海：大学书店，1940.12—1941.4，2册（282页），32开

本书上册包括建立美化的家庭、如何使体质健美、贤明女子的使命、共同生活的开始等14章；下册包括产妇的环境、婴儿的看护、孩子训练法、新的健身术等8章。

02028

怎样做个好丈夫？　司脱尔著　疾风译

上海：大学书店，1939.12，2册（311页），32开

本书共19章，内容包括：妻不是丈夫的仆婢、怎样把家变成丈夫的俱乐部、爱情的两重性等。书前有著者献词等。

02029

职业青年讲话

出版者不详，363页，32开

本书用尝试态度，就理想的高低、事业的大小、成功与失败的种种区别，讲给青年人听。

收藏单位：重庆馆

02030

治家酬世全书　天虚我生总纂

上海：崇文书局，1919.10，[1776]页，32开，精装

本书分治家宝笈和酬世金鉴两编。前者包括家庭教育、家书举例、婚礼大全、家庭会计等8卷，后者包括应酬文字、普通尺牍、法律举要、交际须知等11卷。书前有沈章等4人序。

收藏单位：山东馆、首都馆

02031

治家酬世全书　天虚我生总纂

上海：中原书局，1926，[1776]页，32开，精装

收藏单位：重庆馆、南京馆

02032

中学生婚姻指导　何景文编

上海：中学生书局，1932.10，156页，32开（中学生丛书）

本书为有关恋爱和结婚的论文合集。作者有顾均正、章锡琛、周建人等。

收藏单位：重庆馆、南京馆、上海馆、天津馆、浙江馆

02033

自由恋爱　（德）B. A. Bauer著　沈炳文编译

上海：唯爱丛书社，1929，94页，32开（唯爱丛书）

本书共收论文11篇，内容包括：《只有恋爱的阻碍》《实现方式》《浪漫的爱和狎腻的结合》《妇女结婚问题之谜》《结婚的黑幕的展示》《妇女的精神解放》等。

收藏单位：国家馆、上海馆、首都馆、浙江馆

02034

自由恋爱与社会主义　（日）守田有秋著　周宪文　何孝怡合译

上海：新建设书店，1929.4，94页，32开

本书内容包括：性欲的发展、视为罪恶的只有恋爱、对于自由恋爱者所施的刑罚及其意义、对同性爱的迫害、现代不自然的性生活、未来社会的结婚生活、妇女们反归原始吧等。

收藏单位：重庆馆、广西馆、上海馆

02035

最新结婚学　蟾侪著

中国图书公司和记，1915.12，[101]页，25开

中国图书公司和记，1928.10，5版，[101]页，25开

本书共30章，内容包括：结婚之利害关系、结婚之忌避、试验结婚、复杂结婚、自由恋爱、女子之偏见、禁欲之是非、离婚之自由等。附录《婚仪略说》《男女礼服制》。

收藏单位：国家馆、首都馆

02036

最新结婚学 （日）青田有美原著 陈适吾译述

上海：有正书局，1915.9，80页，32开

本书共28章，内容包括：结婚之利害、结婚之避忌、试验结婚、自由恋爱、离婚之自由、离婚之限制、人口限制之是非等。

收藏单位：国家馆、黑龙江馆、吉林馆、首都馆、天津馆

职业

02037

服务之道 巴玲著

上海：上海县闵行民众教育馆，1935.4，62页，32开

本书向职业青年介绍服务的方法及技能，向准备就业的青年介绍服务的门径。共27部分，内容包括：踏进了职业的门、座右铭、兴趣、认识自己和认识别人、和为贵、尽责、怎样对待同事等。

收藏单位：国家馆

02038

妇女职业的暗礁 萨菲等著

香港：妇女知识丛书出版社，1940.12，82页，36开（妇女知识丛书 第3辑）

本书共收论文8篇，内容包括：《资本主义各国和苏联的妇女劳动》《妇女职业的暗礁》《已婚妇女的厄运》《失业妇女登记片段》《基督教与妇女》等。

收藏单位：国家馆、上海馆

02039

妇女职业问题 易君左著

上海：泰东图书局，1922.2，138页，32开（家庭研究社丛书）

上海：泰东图书局，1923.6，3版，138页，32开（家庭研究社丛书）

上海：泰东图书局，1926.8，4版，138页，32开（家庭研究社丛书）

上海：泰东图书局，1928.7，5版，138页，32开（家庭研究社丛书）

本书共10部分：问题的由来、相反的两说、女权与母权、个人的管见、自然的趋势、悲剧之诞生、阶级的打破、母性与职业、治标与治本、问题的总结。著者原题：易家钺。

收藏单位：重庆馆、广西馆、桂林馆、国家馆、上海馆、首都馆、天津馆

02040

妇女职业问题讨论集 江西省妇女指导处编

江西省妇女指导处，1941.7，110页，25开（江西妇女丛书 第1种）

本书共两编，内容包括：蔚蓝中一点黯澹、“蔚蓝中一点黯澹”之商榷。讨论中国妇女的工作问题，现阶段的中国妇女运动等12个问题。书前有江西省妇女指导处出版物一览。附关于限用女职员各方来往电文19件。

收藏单位：重庆馆、广东馆、国家馆、浙江馆

02041

妇女职业与蚕丝问题 广东建设厅蚕丝改良局编

广州：广东建设厅蚕丝改良局，1934.8，72页，32开

本书收录广州妇女界发表的妇女职业问题的文章。共6篇，内容包括：《我们妇女界对于职业与蚕丝应有的认识》（何明坤）、《吾国妇女与蚕丝事业》（梁定慧）。书前有廖崇真的弁言、叶深的发刊词。书后有附载两编。

收藏单位：重庆馆、国家馆、南京馆、上海馆

02042

妇女职业与母性论 东方杂志社编

外文题名：Woman’s profession and motherhood

上海：商务印书馆，1923.12，94页，50开（东方文库 第28种）

上海：商务印书馆，1924.9，2版，94页，50开（东方文库 第28种）

上海：商务印书馆，1925.6，3版，94页，50开（东方文库 第28种）

本书为译著论文集。收录文章7篇:《现实之妇女问题》《妇人职业问题》《爱伦凯的母性论》《产儿制限概说》《论女警察》《英国之女警察》《女医之今昔观》。

收藏单位：重庆馆、东北师大馆、广东馆、广西馆、桂林馆、国家馆、江西馆、近代史所、辽大馆、南京馆、内蒙古馆、山东馆、上海馆、天津馆、西南大学馆、浙江馆、中科图

02043

妇女职业指导　赵清阁著

上海：中国妇女问题研究会，1936.12，132页，32开

本书共8章，内容包括：妇女职业的意义、择业方针、职业训练等。

收藏单位：南京馆

02044

个性与择业　冯洪等译

上海：激流书店，1945，74页，32开

本书共13编，内容包括：怎样认识自己、个性与择业等。

收藏单位：广西馆

02045

给失业青年的信　任苍厂著

上海：经纬书局，1947.4，再版，62页，32开

本书以书信体讲述失业的原因、现状，为解决失业问题，青年人在生计和个人能力方面应做的准备。

收藏单位：国家馆

02046

工作　（比）雷克洛（J. Leclercq）著　顾古香译

外文题名：Le travail

香港：新生出版社，[1949]，80页，32开（社会问题丛书）

香港：新生出版社，1949.5，沪再版，80页，32开（社会问题丛书）

本书宣传天主教关于劳动的观点。

收藏单位：安徽馆、国家馆、内蒙古馆、首都馆

02047

公司投考指导（青年出路）　余劝著

上海：新生活书店，1936.6，114页，32开

本书共两部分：公司投考的经验、公司实务经验。

收藏单位：天津馆

02048

国际论文之二　互助周刊社编

学友互助社总社，1932，331页，32开（互助丛书8）

本书共收录论文15篇，内容包括:《世界失业问题之研究》（镜吾）、《美国延债问题之研究》（时先）、《新大陆之殖民地》（晨霜）、《威廉二世与俾斯麦之冲突》（益之）、《日本政局变动之前瞻后顾》（秋苇）等。

收藏单位：重庆馆、内蒙古馆、宁夏馆

02049

何事与我相宜　毕雅德编

上海：广学会，1937.7，74页，32开，精装布面（基督教学术推进会丛书）

本书内收论文8篇，论职业（蒙召）之意义及从事牧师、教员、医师、护士、商业、新闻等职业的经验及心得。

收藏单位：重庆馆、国家馆、山东馆

02050

就业辅导手册　美国职业介绍局编　麦伯祥译述

外文题名：Employment counseling in the public employment service

上海：商务印书馆，1948.6，138页，32开（中华职业教育社职业教育丛书）

本书共6章：导言、关于就业咨询的方案、指导员工作与当地介绍所工作的关系、举办对谋业者的就业辅导、辅导应用的技术和工具、其他各机关及社会的关系。

收藏单位：重庆馆、东北师大馆、广东馆、广西馆、国家馆、黑龙江馆、吉林馆、南京馆、上海馆

02051
居家与就业常识 朱翊新编著
世界书局，1943.10，122 页，25 开
本书共 4 部分：居家常识、服务常识、社交常识、交通常识。书前有编辑大意。
收藏单位：广东馆、桂林馆、江西馆

02052
民众生计问题研究集 南汇县立新场民众教育馆出版委员会编著
南汇：南汇县立新场民众教育馆，1934.6，123 页，16 开
本书为论文集。共 16 篇，内容包括：《民众生计教育》（高践四）、《怎样实施生计教育》（潘仰尧）、《合作社与民众教育》（宋宝祚）等。附该馆概况一览。
收藏单位：上海馆

02053
民众职业指导 江苏省立教育学院研究实验部编
[无锡]：江苏省立教育学院，1930.12，84 页，32 开（民众教育丛书）
本书共 4 章：职业指导的范围及效用、近世各国职业指导概况、中国职业指导近况、职业指导的实施法。书前有编辑旨趣、凡例、序言、绪言。书后有结论。
收藏单位：重庆馆、国家馆、江西馆、南京馆

02054
谋业捷诀（又名，谋业指南） 五洲书社编
上海：五洲书社，1924，107 页，32 开
上海：五洲书社，1926，再版，107 页，32 开
本书内容包括自荐书的写法、有关机关招考职员章程等。
收藏单位：上海馆

02055
谋业指南 奚惠廉编
上海：惠民书局，1929.7，311 页，25 开（职业丛书）
收藏单位：重庆馆、江西馆、南京馆

02056
谋业指南（中英文）
上海：惠民书局，[290] 页，32 开
本书大部分篇幅为自荐信的范式（中、英文），各大机关、公司招考的试题等。

02057
女子职业指导 褚慧娟编
上海：大中书局，1935.11，114 页，32 开
收藏单位：浙江馆

02058
女子职业指导 潘文安 孙祖城编
上海：商务印书馆，1930.11，120 页，32 开（妇女丛书）
上海：商务印书馆，1933.11，国难后 1 版，120 页，32 开（妇女丛书）
上海：商务印书馆，1935.5，国难后 2 版，120 页，32 开（妇女丛书）
本书共 4 编 12 章，内容包括：女子职业指导之理论、女子职业指导之基础、女子职业指导之特殊问题、女子职业指导之实施等。书前有序、编者弁言、绪言。
收藏单位：重庆馆、广东馆、广西馆、国家馆、江西馆、南京馆、内蒙古馆、山西馆、浙江馆

02059
青年择业问题 教育部编
上海：商务印书馆，1936.4，193 页，22 开（职业指导丛书 2）
上海：商务印书馆，1936，再版，193 页，22 开（职业指导丛书 2）
本书分上、下两篇。上篇 6 章，内容包括：职业之种类、择业与家庭之关系、择业与乡土之关系等；下篇 10 章，内容包括：有志为军人之少年、有志为铁道事业之少年、有志为通信业之少年、有志服务海关之少年、有志为警察之少年等。书前有弁言。附录中华民国现有职业分类表等。
收藏单位：重庆馆、东北师大馆、广东馆、国家馆、黑龙江馆、南京馆、内蒙古馆、山东馆、首都馆

02060
青年职业讲话 孙运仁著
上海：上海杂志公司，1949.3，158页，36开（自我教育丛书）
本书共8章：从事实看问题、基本的认识、实况的考察、职业的选择、职业的准备、求职的途径、职业修养与业余生活、新时代与新事业。
收藏单位：桂林馆、吉林馆、山东馆、上海馆、天津馆

02061
青年职业指导 （美）卜龙飞（M. Bloomfield）著 王文培译
外文题名：The vocational guidance of youth
上海：中华书局，1924.4，89页，25开（教育丛书）
上海：中华书局，1925.1，2版，89页，25开（教育丛书）
上海：中华书局，1926，3版，89页，25开（教育丛书）
上海：中华书局，1927.5，4版，89页，25开（教育丛书）
上海：中华书局，1928.9，5版，89页，25开（教育丛书）
上海：中华书局，1929，6版，89页，25开（教育丛书）
上海：中华书局，1932.9，7版，89页，25开（教育丛书）
本书讲述如何选择职业等问题。共7章：选择终身职业和选择的困难、操业纷歧和结果、职业指导的倡始、公立学校内的职业指导、职业顾问员、职业指导中的警戒、职业指导于社会上及经济上的利益。
收藏单位：重庆馆、东北师大馆、广东馆、广西馆、国家馆、黑龙江馆、湖南馆、吉林馆、江西馆、南京馆、内蒙古馆、山东馆、上海馆、首都馆、浙江馆

02062
青年职业指导 潘文安著
上海：大东书局，1929.7，178页，32开
上海：大东书局，1930.2，再版，178页，32开
上海：大东书局，1932.6，4版，178页，32开
上海：大东书局，1932.12，5版，178页，32开
本书共11章：引言、职业的意义、职业的选择、职业的准备、职业的训练、职业的信条、职业效能的增进、职业和休闲、职业的改进、职业的成功、结论。
收藏单位：重庆馆、广东馆、国家馆、江西馆、南京馆、内蒙古馆、山东馆、首都馆、天津馆、浙江馆

02063
青年职业指导 谢苹编纂
上海：大方书局，1940，207页，36开
收藏单位：首都馆

02064
青年职业指针 甘纯权编
上海：上海职业指导所，1934.9，[58]页，32开
本书共10部分：农业、工业、商业、美术、技能、文科、小学生之升学问题、中学生之升学问题、上海职业补习学校、工读。版权页题名：青年职业指计。
收藏单位：国家馆、上海馆、浙江馆

02065
求业与服务 叶心安著
上海：康健书局，1942.9，117页，32开
本书共4编：怎样求职、就业的要项、重要职业的分类、职员不可忽略的几件事。
收藏单位：上海馆

02066
如何办理职业指导 江恒源编著
长沙：商务印书馆，1941.3，146页，32开（职业教育丛刊）
本书共4部分：引言、究竟何为职业指导、政府对于职业指导办法的规定、应该如何办理职业指导所。书前有序。书后附录职业分类表、职业互助保证办法。

收藏单位：重庆馆、广东馆、国家馆、南京馆

02067
升学及职业指导参考资料 教育部普通教育司编
上海：上海市教育局，1935.9，85页，32开
本书内容包括：职业调查、个性调查、择业辅导等。
收藏单位：上海馆

02068
失业问题 （日）堀江归一著 刘宝书译
上海：太平洋书店，1928.3，64页，50开（社会问题丛书）
上海：太平洋书店，1928.10，再版，64页，50开（社会问题丛书）
本书共6部分：失业问题之重要、何谓失业、失业之弊害、失业之原因、失业对策、知识阶级失业问题。
收藏单位：重庆馆、广东馆、贵州馆、国家馆、南京馆、上海馆、浙江馆

02069
失业问题研究 鲁竹书著
上海：中央图书局，1927.8，151页，25开
本书共11章：导言、失业问题的意义、失业的种类及人数、失业底弊害、失业底原因、失业调查、失业避免政策、失业的救济方法、失业保险、公共事业的整理、结论。书前有李权时序、自序。书后附中英文参考书目。
收藏单位：重庆馆、东北师大馆、广西馆、桂林馆、国家馆、湖南馆、上海馆、天津馆、浙江馆

02070
失业者问题 飘萍吉人著
上海：京报馆，1920.11，62页，32开（社会小丛书）
京报馆，1921.9，再版，62页，32开（社会小丛书）
上海：京报馆，1929.7，再版，62页，32开（社会小丛书）
本书共6章：失业者问题之意义、失业之弊害、私立公立之职业介绍所、官工业之调剂、产业之整理、失业保险。
收藏单位：重庆馆、江西馆、上海馆、天津馆、浙江馆

02071
现代青年的职业问题 骆耕漠著
上海：新知书店，1937.3，106页，32开
本书共7章，论述失业、求职、妇女求职等问题。书前有自序。
收藏单位：重庆馆、广西馆、贵州馆、国家馆、江西馆、南京馆、内蒙古馆、上海馆、浙江馆

02072
现代职业 河清儒著
上海、北平：新月书店，1932.8，166页，32开（现代文化丛书28）
本书讲述职业中各种问题的性质、解决原则。共10章，内容包括：职业与人生、职业问题、个人差别、职业研究、择业问题、职业训练、解职与改业、职业成功等。
收藏单位：广东馆、广西馆、国家馆、吉林馆、南京馆、内蒙古馆、首都馆、天津馆、浙江馆

02073
业外生利指导 王君纬编
上海：南星书店，1931.5，194页，32开（生利指导丛书）
上海：南星书店，1932.9，再版，194页，32开，精装（生利指导丛书）
上海：南星书店，1933.5，4版，194页，32开，精装（生利指导丛书）
上海：南星书店，1936，再版，194页，32开（生利指导丛书）
本书介绍各行业的职工怎样在业余设法赚钱。共9编，内容包括：业外生利之要素、资本家之业外生利事业、公家职员之业外生利事业、各行伙友之业外生利事业、各厂伙友之业外生利事业等。

收藏单位：重庆馆、广东馆、湖南馆、江西馆、浙江馆

02074
择学与择业　褚柏思著
新妇女出版社，1948，120 页，32 开
新妇女出版社，1948.5，再版，120 页，32 开
本书分择学、择业两部分。择学包括：奠基础、重品质、学做人、研哲学、心理学等，择业包括：谈文武、谈政治、谈党派、谈斗争、谈农业等。
收藏单位：广东馆、广西馆

02075
择业顾问　霍方正编著
上海：博文书店，1941.6，202 页，36 开
本书内容包括：何必读书然后为学、追求知识的三条路、目前的青年要否读古书、对于职业应有的态度、青年应受怎样的道德训练等。
收藏单位：重庆馆、广东馆、广西馆

02076
择业指导　陈重寅著
上海：大东书局，1933.11，50 页，32 开（高小社会科学丛书）
上海：大东书局，1947，50 页，25 开（新儿童基本文库 高年级 公民科读物 3）
本书共 6 部分：择业的意义和价值、职业概况、如何择业、职业的准备、服务要点、成功途径。
收藏单位：重庆馆、广东馆、国家馆、吉林馆、江西馆、南京馆

02077
择业指南　汪慕卢等编
上海：普益书局，1931，99 页，32 开（职业宝鉴）
收藏单位：重庆馆、江西馆、南京馆、山东馆、首都馆、浙江馆

02078
择业自审表　刘湛恩编
上海：中华职业教育社、上海职业指导所，[1911—1938]，9 页，22 开
本书为职业指导适用。共 5 段：个人历史、个人的环境与志愿、个人的特性、个人的兴趣、职业调查。
收藏单位：国家馆、山东馆

02079
怎叫劳动　钱然编
上海：民众教育研究社，1932.12，2 册（60+65 页），42 开（注音符号民众万有丛书 社会类）
收藏单位：重庆馆、江西馆

02080
怎叫劳动　钱然编
上海：世界书局，1934，再版，60 页，50 开（注音符号民众万有丛书 社会类）
收藏单位：首都馆

02081
怎样得业　甘纯权编
上海：中华职业教育社、上海职业指导所，1930.11，30 页，25 开
本书说明职业之意义，择业之标准，得业之准备、要点、训练、修养等。
收藏单位：浙江馆

02082
怎样择业　陆伯羽编
上海：世界书局，1934，64 页，50 开（注音符号民众万有丛书 修养类）
收藏单位：重庆馆、首都馆

02083
职业测验（中央训练团社会工作人员训练班讲演稿 上）　石显儒编
出版者不详，25 页，32 开
本书共 8 章，介绍测验的基本概念、测验的功用及限制、性向测验等。
收藏单位：重庆馆

02084
职业成功之路　黄华著
中华文化出版社，1944，58 页，32 开
本书共 8 章：职业的真谛、职业的准备、职业的选择、职业的修养、职业的训练、怎样谋业、职业的信条、结论等。
收藏单位：广东馆、广西馆、浙江馆

02085
职业概况丛辑（6、10—15、17—23、25） [中华职业教育社] 编
[上海]：[中华职业教育社]，1928.1—1930.9，17 册，32 开
本书各辑均为一种职业的研究分析，包括钱业、养蜂、会计师、邮务等 17 种行业。其中 18、19 均为两册。

02086
职业顾问（新式标点）　邱定璜著　何铭校
上海：新文化书社，1935.6，170 页，32 开
上海：新文化书社，1936.2，3 版，170 页，32 开
本书共 10 部分：职业经验、职业服务、职业修养、自荐职业、自荐修养、投考职业、应征职业、待聘职业、自由职业、职业机关。书前有弁言。
收藏单位：东北师大馆、广东馆、国家馆

02087
职业介绍　张乃璇著
重庆：商务印书馆，1946.2，82 页，32 开
上海：商务印书馆，1947.6，82 页，32 开
本书讲述职业介绍的内涵和技术问题。共 6 部分：职业介绍的理论、职业介绍的实施、职业介绍有关事业之设施、职业介绍研究事项、结论、附录。书前有自序、杨序。
收藏单位：重庆馆、广东馆、国家馆、南京馆、山东馆、首都馆、浙江馆

02088
职业介绍概述　社会部社会福利司编
社会部社会福利司，石印本，9 叶，32 开，环筒页装
本书讲述职业介绍的意义、方针、法规、设施，以及职业介绍的程序等。
收藏单位：国家馆、南京馆

02089
职业介绍工作人员之训练　（英）B. M. Power 编述
社会部，1948.10，54 页，32 开
本书为职业介绍参考资料。共两部分：训练实施方法、训练内容提要。
收藏单位：重庆馆、国家馆、南京馆

02090
职业介绍理论与实施　喻兆明著
上海：中 华 书 局，1948.7，[412] 页，22 开（社会安全丛书）
本书共 4 篇：职业介绍的基本理论、职业介绍根据的研究、职业介绍的实施、职业介绍的行政及现状。书前有黄序、自序。附录职业介绍法等 4 种。
收藏单位：重庆馆、国家馆、南京馆、上海馆

02091
职业介绍索引卡分类法　社会部福利司编
社会部研究室，1946，36 页，32 开
本书供职业介绍机关分类介绍卡参考用，根据各地职业介绍机关 1942 年职业介绍卡统计结果及工作经验拟定。共 9 类：农矿、工程、工业工艺、商业、会计、公职、交通、教育、自由职业。
收藏单位：广东馆

02092
职业谋得法　大东书局编辑所编
上海：大东书局，1922，64 页，32 开
上海：大东书局，1926，4 版，64 页，32 开
本书介绍事业成功之秘诀和自荐谋业的方法等。
收藏单位：重庆馆、上海馆、天津馆、浙江馆

02093
职业谋得法 李汉如译 罗运炎校
美以美会全国书报部，1926.4，94 页，32 开
收藏单位：南京馆

02094
职业生活 梁家谟著
桂林、上海：光明书局，1947，194 页，32 开
上海：光明书局，1949，2 版，194 页，32 开
本书共 14 章，内容包括：职业生活的意义（绪论）、职业生活的悲剧、职业青年的彷徨、职业生活中的个人特殊性、什么是职业训练与怎样训练、求业与求业法、职业生活的开始、职业地位的升进等。附《工商心理学》。
收藏单位：广东馆、南京馆、山东馆、天津馆

02095
职业生活 梁家谟著
桂林、上海：曙社出版部，1941.12，194 页，32 开
桂林：曙社出版部，1943.9，194 页，32 开
收藏单位：重庆馆、广西馆、国家馆、吉林馆、南京馆、内蒙古馆、首都馆、浙江馆

02096
职业实验谈（学生服务社会之好方法） 中华职业教育社编
上海：中华职业教育社，1920.5，38 页，24 开
本书内容包括：职业指导宣言、上海实业家之经验谈、上海职业的学校概况等。

02097
职业问题之探讨 郑文汉编译
上海：商务印书馆，1934.7，169 页，32 开（师范小丛书）
上海：商务印书馆，1934.8，再版，169 页，32 开（师范小丛书）
本书共 20 章，内容包括：人人必须有一职业、调查职业、如何研究职业、从书报中找职业知识等。书前有陈序、何序、潘序、译者序言。
收藏单位：重庆馆、东北师大馆、广东馆、广西馆、国家馆、江西馆、南京馆、内蒙古馆、上海馆、首都馆、浙江馆

02098
职业心理 石显儒编著
教育部职业教育行政工作人员讲习会，[1940—1949]，38 页，32 开
本书为教育部职业教育行政工作人员讲习会讲演稿。内容包括：心理学与职业指导、心理学与职业教育、心理学与人事管理等。
收藏单位：国家馆

02099
职业心理学 （美）古力非此（C. H. Griffits）著 邹韬奋编译
外文题名：Fundamentals of vocational psychology
上海：商务印书馆，1926.7，176 页，32 开（职业教育丛刊 第 8 种）
本书为职业指导及选用人材的参考书。共 14 章：个性差异之研究、个性差异之量度、形相学之内容、形相学之内容（续）、个人谈话之研究、从心理方面研究个人谈话、分等量表、补助个人谈话之测验、职业知能测验法、体力与耐力、筋肉管束力与速率之测验、感觉力之测验、普通智力之测验之内容、普通智力测验之应用。书前有序、编者弁言。编译者原题：邹恩润。
收藏单位：重庆馆、广西馆、江西馆、南京馆、内蒙古馆、山东馆、天津馆

02100
职业训练 汪慕卢等编辑
上海：普益书局，1931，119 页，32 开（职业宝鉴 青年向导）
本书内容包括：训练的意义、品性训练、知识训练、知识训练、技能训练、体格训练等。
收藏单位：重庆馆、江西馆、南京馆、浙江馆

02101
职业与服务 叶心安主编

上海：中国图书杂志公司，1941.5，95 页，32 开（中国职业与修养丛刊）

本书共 5 篇，内容包括：怎样使你成为一个干练的人才、怎样实现你的愿望、怎样获得良好的工作成绩等。

收藏单位：上海馆

02102

职业指导 河南教育厅社会教育推广部编

河南：河南教育厅社会教育推广部，1930，96 页，32 开（河南教育厅社会教育推广部通俗小丛书 5）

本书附合作概要。

收藏单位：南京馆

02103

职业指导 教育部编

[江西]：庐山暑期训练团，1937.6，256 页，32 开

收藏单位：南京馆

02104

职业指导 潘文安著

上海：中华书局，1934.10，224 页，32 开

上海：中华书局，1935.10，224 页，25 开（初中学生文库）

上海：中华书局，1936.10，再版，224 页，32 开（初中学生文库）

上海：中华书局，1941.1，4 版，224 页，32 开（初中学生文库）

本书共 7 章：职业的意义、职业的选择、从事职业的必需要素、职业的进程、职业的信条、职业效能的增进、职业指导。书前有弁言。

收藏单位：重庆馆、广西馆、贵州馆、国家馆、黑龙江馆、湖南馆、吉林馆、江西馆、辽大馆、辽宁馆、内蒙古馆、山东馆、上海馆、首都馆、天津馆、浙江馆

02105

职业指导 邹韬奋编译 黄炎培校

上海：商务印书馆，1923.12，66 页，32 开（职业教育丛刊第 3 种）

上海：商务印书馆，1925.12，再版，66 页，32 开（职业教育丛刊第 3 种）

上海：商务印书馆，1933.3，国难后 1 版，84 页，28 开（职业教育丛刊第 3 种）

上海：商务印书馆，1935.1，国难后 2 版，84 页，32 开（职业教育丛刊第 3 种）

本书共 3 编：绪论、欧美日本职业指导之发达史及其现况、职业指导之机关与方法。编译者原题：邹恩润。

收藏单位：重庆馆、东北师大馆、广东馆、广西馆、国家馆、湖南馆、吉林馆、江西馆、南京馆、内蒙古馆、首都馆、浙江馆

02106

职业指导

出版者不详，1930，142 页，大 32 开（中华全国职业指导机关联合会专刊）

收藏单位：南京馆

02107

职业指导 ABC 潘文安著

上海：ABC 丛书社，1930.1，150 页，32 开（ABC 丛书）

上海：ABC 丛书社，1931.4，再版，150 页，32 开（ABC 丛书）

上海：ABC 丛书社，1933.5，3 版，150 页，32 开（ABC 丛书）

本书共 29 章，内容包括：职业指导是什么、欧美各国的职业指导、职业指导的范围、职业指导和民生主义、职业指导和职业训练、职业指导机关的组织等。书前有例言。

收藏单位：重庆馆、广东馆、广西馆、国家馆、河南馆、吉林馆、江西馆、南京馆、内蒙古馆、山东馆、上海馆、首都馆、浙江馆

02108

职业指导参考资料（第 1 卷） 教育部普通教育司编

上海：上海市教育局，1935.9，78 页，22 开

本书共 5 部分：职业指导之意义、职业指导设施体系、职业调查、个性调查、择业辅导。书前有弁言。

收藏单位：重庆馆、甘肃馆、广东馆、国

家馆、江西馆、南京馆、上海馆、天津馆、浙江馆

02109
职业指导大纲 郎擎霄著
上海：泰东图书局，1927.8，2 册（528 页），32 开

本书共 5 编 41 章，内容包括：职业指导的原理、职业指导与中小学校、职业指导与失业救济、职业指导之方法与实施等。

收藏单位：重庆馆、国家馆、黑龙江馆、江西馆、南京馆、上海馆、天津馆、浙江馆

02110
职业指导概论 （日）增田幸一著 沈光烈译
上海：世界书局，1942.1，132 页，32 开（中华职业教育社丛书）

本书为著者《职业指导二十讲》之第一部分。共 11 章：职业指导的意义、职业指导的起源及其发展、职业选择指导的必要、学校选择指导的必要、职业指导的协力者、学校教育与职业指导、小学校的职业指导设施、职业指导教育、择业指导、升学指导、就职后辅导与职业指导谈话所。附录职业指导主要事项年表等。

收藏单位：重庆馆、广东馆、国家馆、江西馆、南京馆、上海馆、天津馆

02111
职业指导论文集 何清儒主编 中华职业教育社编
上海：中华书局有限公司，1935.11，306 页，22 开

本书内收《职业指导概论》（陈选善）、《各国职业指导概况及吾国职业指导运动》（陈任生）、《实施指导的几个实际问题》（何清儒）等 39 篇文章。附上海职业指导所概况、普通事务员测验。

收藏单位：重庆馆、东北师大馆、广东馆、国家馆、黑龙江馆、吉林馆、江西馆、辽宁馆、南京馆、内蒙古馆、上海馆、首都馆、天津馆、浙江馆

02112
职业指导实施法 甘纯权编
上海：中华职业教育社，1935.11，46 页，32 开

本书汇集上海职业指导所创办以来的各项规章。

收藏单位：上海馆

02113
职业指导问题 江恒源著
上海：中华职业教育社，1928，25 页，32 开

本书为著者在江苏泰县的职业指导讲演录。内容包括：职业的几种意义、中国的现状及职业指导的必要等。

收藏单位：浙江馆

02114
职业指导学 何清儒著
长沙：商务印书馆，1939.7，250 页，32 开

本书共 20 章，内容包括：人与事、职业指导的意义、个人差别、心理测验、面洽、分等评量、个别调查、职业研究、职业参考资料等。

收藏单位：重庆馆、东北师大馆、广东馆、贵州馆、国家馆、吉林馆、江西馆、辽宁馆、南京馆、内蒙古馆、山东馆、山西馆、天津馆、浙江馆

02115
职业指导与个性 （日）增田幸一著 潘文安等译
广州、上海：中华书局，1939.2，146 页，32 开

本书共 7 章：个性问题之开展、个性之意义、小学校中之个性问题、个性调查之范围与方法、性能调查法各说（一、二）、各种个性调查式样等。书前有何清儒序、译序。

收藏单位：重庆馆、广东馆、广西馆、山东馆、上海馆、天津馆

02116
职业指导与职工选择 莫若强编译
上海：商务印书馆，1935.4，59 页，32 开（职业教育丛刊）

本书共6章：职业指导与劳动心理测验、递进的过程、指导与选择、业务的分析、才能的鉴别、结论。书前有弁言。

收藏单位：重庆馆、广东馆、国家馆、吉林馆、江西馆、辽大馆、南京馆、首都馆

02117

职业指导之理论与实际　沈光烈编

上海、昆明：中华书局，1941.1，[10]+166页，32开（职业教育丛刊第11种）

本书共10章，内容包括：职业指导的涵义、职业指导的演进、职业指导的效用、职业指导所的组织、职业介绍、职业问题探讨、性能测验、学校指导工作、校外职业指导等。附录上海战后二年人才供求的一瞥等3种。

收藏单位：重庆馆、国家馆、南京馆、内蒙古馆、上海馆

02118

职业指导之原则与实施　（美）葛恒（I. D. Cohen）著　潘文安　蒋应生译

外文题名：Principles and practice of vocational guidance

上海：商务印书馆，1933.1，338页，32开，精装

本书共3编23章，内容包括：导论、职业指导之原则、职业指导之实施等。附录择业之原则和参考书等。

收藏单位：重庆馆、广东馆、广西馆、国家馆、湖南馆、吉林馆、南京馆、内蒙古馆、上海馆、首都馆、天津馆、浙江馆

02119

职业状况资料之搜集及应用　社会部编

社会部，1948.10，14页，32开（职业介绍参考资料2）

收藏单位：广东馆

生活与消费

02120

都市居住问题　（德）波尔（Pohle）著　陈迪光译

外文题名：The housing problem in the modern city

上海：商务印书馆，1924.12，210页，32开（新智识丛书）

上海：商务印书馆，1929.2，再版，210页，32开（新智识丛书）

本书共3部分：近时之都市发达及居住状况、小屋及租赁兵房在经济上社会上卫生上文化上之价值、近今大都市中之住宅市场及其改良整理之计画。书前有导言。书末附录地名对照表。

收藏单位：重庆馆、东北师大馆、广东馆、广西馆、国家馆、湖南馆、辽宁馆、南京馆、内蒙古馆、宁夏馆、首都馆、浙江馆

02121

居住论　邹德谨　蒋正陆编　秦同培校订

上海：商务印书馆，1916.12，159页，32开（通俗教育丛书）

上海：商务印书馆，1917，再版，159页，32开（通俗教育丛书）

上海：商务印书馆，1922.3，3版，159页，32开（通俗教育丛书）

上海：商务印书馆，1925，4版，159页，32开（通俗教育丛书）

上海：商务印书馆，1927.7，5版，159页，32开（通俗教育丛书）

本书共12章，内容包括：住之功用、家屋之危险、土地之选择、饮用水之注意、对于家屋所须注意事项、家屋之各部等。

收藏单位：重庆馆、东北师大馆、广东馆、广西馆、国家馆、湖南馆、江西馆、南京馆、首都馆、浙江馆

02122

勤俭储蓄　教育部通俗教育研究会编

教育部通俗教育研究会，7页，32开（北五省旱灾灾区讲演集6）

收藏单位：首都馆

02123

生活指导　中国图书编译馆编

上海：中华编译社，1941.6，192页，48开（中国百科小丛书）

本书共4部分：家庭生活、读书生活、职业生活、社交生活。

02124

现代新生活 曹之彦编

北平：著者书店，1935.1，74页，32开

本书分9章，列述了衣、食、住、行、家庭、学校、思想、个人与社会、卫生与疾病方面新生活的标准和要求。

收藏单位：国家馆

02125

新生活实践 陈雯登编

重庆：中华书局，1944.3，110页，36开

南昌：中华书局，1944.8，赣初版，110页，36开

上海：中华书局，1945.11，再版，110页，36开

上海：中华书局，1947.12，110页，36开（中华文库 初中 第1集）

本书共21章，内容包括：怎样穿衣、怎样饮食、怎样起坐、怎样睡觉、怎样保持整洁、怎样运动等。每章包括整洁、礼节、常识、嘉言谚语、习尚比较等内容。

收藏单位：重庆馆、广东馆、广西馆、桂林馆、国家馆、湖南馆、江西馆、南京馆、内蒙古馆、上海馆、绍兴馆、天津馆、浙江馆

02126

幸福生活 陈月如编著

上海：梅岭书屋，1946.11，180页，36开（幸福丛书10）

本书共5篇：艺术篇、人生篇、幸福篇、快乐篇、享受篇。书前有序言。

收藏单位：上海馆、首都馆、天津馆

02127

怎样生活 凌独见编著

江山：独见书店，1942.4，235页，32开

本书共3编49章，内容包括：人生的剖视、生活的艺术、闲话生活等。书前有丁琮序及作者自序。

收藏单位：上海馆、浙江馆

02128

战后都市住宅问题 李森堡著 邱致中校阅

青岛：中国市政协会青岛分会，1946.7，70页，32开（市政丛书）

本书共12部分，内容包括：导论、都市复兴原计划与住宅问题、战后都市住宅问题的特质、战后都市住宅问题的严重性、关于都市住宅问题的理论等。书前有孟云桥序、自序。书末附录本书参考资料。

收藏单位：南京馆

青少年问题

02129

保护儿童权利的报告

出版者不详，33页，32开

本书为作者在国际民主妇女联合会上的发言。

收藏单位：国家馆

02130

大时代的青年问题 张佐华著

生活书店，1938.10，72页，32开

收藏单位：国家馆

02131

儿童 （比）雷克洛（J. Leclercq）著 杨寿康译

外文题名：L'enfant dans la famille et dans la société

香港：新生出版社，1949.5，44页，32开（社会问题丛书）

本书共7节：儿童和父母的关系、儿童对于国家、儿童对于教会、父权绝对主义、儿童自由主义、儿童应由国家教育的问题、私生儿童。译自法文本《社会问题丛书》中的一章。

收藏单位：国家馆、黑龙江馆

02132

儿童保护 钱弗公编著

上海：商务印书馆，1937.6，58页，32开（社会教育小丛书）

本书共4部分：概论、儿童生存权与儿童保护、儿童教育权之保护、结论——儿童保护与儿童公育。

收藏单位：重庆馆、广东馆、贵州馆、国家馆、湖南馆、辽大馆、南京馆、天津馆、西南大学馆

02133

儿童保护事业概论　吴继泽编

长沙：商务印书馆，1938.4，277页，18开

本书共12章：绪言、总论、胎儿保护事业、乳幼儿保护事业、乳幼儿保育事业（托儿事业）、学童保护、劳动儿童保护、儿童园及小公园、孤贫儿保护事业、儿童虐待防止事业、不良儿童保护事业（流浪儿童保护）、结论。

收藏单位：重庆馆、广东馆、贵州馆、国家馆、黑龙江馆、南京馆、宁夏馆、上海馆

02134

儿童保护事业与法律　林仲达编

上海：新中国书局，1932.12，147页，32开（新中国教育丛书）

本书共8章，内容包括：儿童权利之史的发展、儿童权运动发生之背景、儿童保护之理论本质及其内容、不良儿童保护之法律、不幸儿童保护之法律等。

收藏单位：广西馆、桂林馆、江西馆、南京馆、浙江馆

02135

儿童的呼声　金文恢编

杭州：浙江省立民教馆，1932.6，48页，50开

本书内容包括：成人心理的错误、人类真到了文明时候吗、一打血泪的漫书、人究竟不是机器等。

收藏单位：浙江馆

02136

儿童社会问题　张少微著

贵阳：文通书局，1942.3，106页，32开

本书共11章：儿童社会问题的意义、儿童社会问题的构成、儿童社会问题的领域、儿童社会问题的解决、健康问题、犯罪问题、劳动问题、游戏问题、私生问题、依赖问题、择业问题等。书后附重要参考书目。

收藏单位：重庆馆、广东馆、贵州馆、国家馆、南京馆

02137

儿童问题丛刊　儿童问题丛刊社编

上海：儿童问题丛刊社，1949.6，45页，25开

本书内容包括：《对于托儿事业的认识》（镜平）、《两岁的幼儿教育》（贺新译）、《养成儿童自动的早期教育》（安妮译）、《谈民众教育》（公振）等11篇。

收藏单位：国家馆

02138

儿童问题概论　张少微著

上海：女子书店，1935.4，160页，32开（女子文库）（家庭教育丛书）

本书共12章：社会责任、生命保持、儿童健康、儿童犯罪、儿童劳工、儿童娱乐、私生儿童、低能儿童、鲁钝儿童、依赖儿童、职业指导、教养机关。

收藏单位：广西馆、国家馆、江西馆、上海馆、首都馆、天津馆、浙江馆

02139

儿童问题讲演集　全国儿童年实施委员会编

全国儿童年实施委员会，1936.10，238页，32开

该会借国民党的中央广播电台设置“儿童问题讲座”，自1935年9月7日至1936年7月26日止先后讲演43次，本书选其中30篇编印成册。内容包括：《欧美儿童教育状况》（马客谈）、《儿童卫生的重要》（刘瑞恒）、《儿童教育问题》（吴时中）等。书前有弁言。

收藏单位：广西馆、宁夏馆、天津馆

02140

儿童问题研究　全国儿童年实施委员会编

[全国儿童年实施委员会]，1936.10，120页，32开

本书内容包括：怎样使儿童不怕生人、如何养成儿童服从的态度、怕鬼、母亲生了小弟弟姊姊的脾气变坏了、如何制止儿童的哭等。

收藏单位：重庆馆、贵州馆、辽师大馆、南京馆、首都馆

02141

儿童与父母　马静轩　张达善编

上海：儿童书店，1936.1，220页，32开

本书共5编：儿童与父母、儿童与社会、儿童与生活、儿童与环境、儿童心理的研究。书前有序。

收藏单位：重庆馆、国家馆、江西馆、南京馆、浙江馆

02142

儿童与社会　（日）生江孝之著　陆宗贽译

上海：北新书局，1929.4，260页，32开

本书共11章：儿童保护的根本观念、儿童保护事业的沿革大要、普通儿童的保护事业、乳幼儿的保护设施、学童的保护、劳动儿童的保护、小公园与儿童游戏场、特殊儿童的保护设施、母子扶助法、儿童虐待的防止法、大战与私生儿问题。书前有译序。

收藏单位：重庆馆、广东馆、广西馆、国家馆、湖南馆、江西馆、南京馆、山西馆、上海馆、首都馆、天津馆、浙江馆

02143

青年问题参考资料

出版者不详，油印本，1册，32开

本书收录政治、教育、社会、文学等多方面内容，内容包括：《九龙城事件经过》《纳粹的劲敌——挪威的教会》《正确的读书方法》《人与人的关系·两性友谊》《名人轶事》等。

收藏单位：国家馆

02144

生活训育纲领

[中央航空学校]，34页，32开

本书内容包括：生活的评价、生活的流弊、对于精神生活应有的认识等。

收藏单位：浙江馆

02145

文化教育与青年　罗家伦著

重庆：商务印书馆，1943.3，渝版，218页，24开

重庆：商务印书馆，1943.6，赣县1版，218页，24开

重庆：商务印书馆，1943.9，再版，218页，24开

重庆：商务印书馆，1945.4，3版，218页，24开

上海：商务印书馆，1946.6，218页，24开

上海：商务印书馆，1947.2，再版，218页，24开（新中学文库）

上海：商务印书馆，1948.1，3版，218页，24开（新中学文库）

本书共37篇，内容包括：政治家的要素、知难行易学说的科学基础、现代青年修养的要素、古今中外派的学说、中央大学之使命等。

收藏单位：重庆馆、东北师大馆、广东馆、广西馆、国家馆、黑龙江馆、湖南馆、江西馆、近代史所、辽大馆、辽宁馆、南京馆、内蒙古馆、上海馆、绍兴馆、首都馆、天津馆、西南大学馆、浙江馆

妇女问题

02146

保护妇女权利的报告

出版者不详，33页，32开

收藏单位：国家馆

02147

创造妇女的新史实　李曼瑰著

时代出版社，1947，152页，32开

本书共25篇。大多曾在《妇女新运》月刊、周刊及《妇女文化》上发表。内容包括：

创造妇女的新史实、确立妇女的人格与人生观等。书前有序。

收藏单位：国家馆、辽大馆、上海馆

02148
从小姐到主妇　恽伯琴编著
上海：群学书店，1946.11，200页，32开
上海：群学书店，1947，200页，32开

本书共4编16章。论述妇女生活的各个方面，包括妇女解放、职业、修养、恋爱、结婚、生育、教育子女等问题。

收藏单位：国家馆、首都馆

02149
妇女的将来与将来的妇女　（英）路多维西（A. M. Ludovici）著　张友松译
外文题名：Lysistrata; or, woman's future and future woman
上海：北新书局，1928.9，120页，36开（明日丛书）
上海：北新书局，1929.4，再版，120页，36开（明日丛书）

本书内容包括：总论、妇女现在的境况（一、二）、妇女的将来、将来的妇女等。书前有序。

收藏单位：重庆馆、广东馆、国家馆、上海馆、首都馆、浙江馆

02150
妇女解放与性爱　天裔　剑波著
上海：泰东图书局，1928.9，208页，32开
上海：泰东图书局，1929，再版，208页，32开

本书为论文集，共19篇，内容包括：《妇女——旧式的奴隶与新式的奴隶》《妇女的战线》《妇女的敌人》《妇女与家事》《妇女与五月》《女性的解放》等。曾在《新女性》《妇女战线》等刊物上发表。

收藏单位：重庆馆、东北师大馆、国家馆、首都馆

02151
妇女论　张慰慈译
上海：神州国光社，1930，128页，32开

本书共9篇：叔本华的妇女论、蔼理斯论妇女的智力、巴尔沙克论婚姻、床的研究、夫妻间的政治手段、家庭警察、夫妻交战时候的妻党、夫妻间的战略、妇女的诡计。书前有序。

收藏单位：重庆馆、广西馆、桂林馆、国家馆、湖南馆、南京馆、首都馆、天津馆

02152
妇女论集　文娜著
上海：北新书局，1927.7，再版，138页，32开

本书为妇女问题论文集，分上、中、下三卷。上卷内容包括：《谁是冲锋者》《男女的优劣论》《对于女性的误解》《男女的理解》《妇女运动之初步的工作》等11篇；中卷内容包括：《女子的修饰》《女子的生活与工作》《女子的健康》等6篇；下卷内容包括：《我之恋爱观》《性道德杂论》《婚姻与坟墓》等8篇。

收藏单位：重庆馆、广西馆、桂林馆、国家馆、湖南馆、上海馆、首都馆

02153
妇女年鉴（第1回）　梅生编
上海：新文化书社，1924.6，2册（300+314页），32开，精装
上海：新文化书社，1925，2册（300+314页），32开

本书上册共5类32篇，内容包括：通论、女权运动、妇女参政运动、贞操问题、妇女体育问题。下册共4类16篇，论述妇女劳动问题、女子教育问题、男女同学问题、家庭问题等。

收藏单位：重庆馆、广东馆、国家馆、湖南馆、上海馆、浙江馆

02154
妇女年鉴（第2回）　梅生编　抱恨生　陈有揆校订
上海：新文化书社，1925.3，2册（[320]+290页），32开，精装

本书上册共3类33篇，内容包括：家庭问题、婚姻问题、恋爱问题。下册共3类24

篇，内容包括：妇女与合作、传记、杂类。

收藏单位：重庆馆、国家馆、湖南馆

02155

妇女谈薮 金仲华著

上海：女子书店，1933.4，172 页，32 开（女子文库）（女子生活丛书）

本书共收论文 24 篇，内容包括：《美国妇女参政的十年》《德国政治上的妇女》《历史中妇女战斗本能的表现》《印度民族运动中的女杰奈都夫人》《欧洲国家的妇女》等。书前有自序。

收藏单位：重庆馆、广东馆、广西馆、桂林馆、国家馆、上海馆、首都馆、天津馆、浙江馆

02156

妇女问题 陈既明著 干雷校订

平民书局，1937.6，再版，193 页，32 开

收藏单位：上海馆

02157

妇女问题 楚云编著

上海：读书生活出版社，1936.12，73 页，32 开（社会常识读本）

上海：读书生活出版社，1937，再版，73 页，32 开（社会常识读本）

上海：读书生活出版社，1937，4 版，73 页，32 开（社会常识读本）

重庆：读书生活出版社，1939，5 版，73 页，32 开（社会常识读本）

本书共 24 课，内容包括：妇女的地位与经济、原始社会的妇女、封建社会的妇女、女权运动、农村妇女、职业妇女等。

收藏单位：重庆馆、广东馆、桂林馆、国家馆、首都馆

02158

妇女问题 楚云编

旅顺：旅顺市妇联，40 页，32 开（社会常识读本）

收藏单位：国家馆、天津馆

02159

妇女问题 （日）堺利彦著 康伯焜译

上海：民智书局，1922.6，70 页，32 开

上海：民智书局，1926.8，4 版，70 页，32 开

上海：民智书局，1927.6，5 版，70 页，36 开

本书为论文选译。共 6 篇：《自由恋爱说》《女子国有么?》《妇女底天职》《妇女与经济的平等》《我们底家庭主义》《妇女问题概观》。书前有小言。

收藏单位：北大馆、重庆馆、广西馆、国家馆、吉林馆、宁夏馆、上海馆

02160

妇女问题 金仲华著

外文题名：Woman problems

上海：商务印书馆，1932.10，75 页，32 开（百科小丛书）

上海：商务印书馆，1933.12，75 页，32 开（百科小丛书）（万有文库 第 1 集 371）

上海：商务印书馆，1933.6，再版，75 页，32 开（百科小丛书）

上海：商务印书馆，1934.7，再版，75 页，25 开（百科小丛书）（万有文库 第 1 集 371）

本书共 6 章：妇女问题的发生及其内容、男女平等的原则、妇女的性爱问题、妇女的职业问题、妇女的参政问题、妇女问题的将来。

收藏单位：安徽馆、重庆馆、大连馆、大庆馆、东北师大馆、广东馆、广西馆、贵州馆、桂林馆、国家馆、黑龙江馆、湖南馆、江西馆、辽大馆、辽师大馆、南京馆、内蒙古馆、宁夏馆、上海馆、天津馆、浙江馆

02161

妇女问题 徐宗泽编著

上海：徐汇圣教杂志社，1926.3，再版，67 页，32 开（圣教杂志丛刊）

上海：徐汇圣教杂志社，1930，3 版，68 页，32 开（圣教杂志丛刊）

本书内容包括：绪论、妇女之性体、历史上之妇女、耶稣之妇女观、妇女解放、妇女在家庭中之地位、妇女之职业、婚姻问题等。

收藏单位：国家馆、内蒙古馆

02162

妇女问题 张佩芬编

外文题名：The problem of women

上海：商务印书馆，1922.4，112页，32开（新智识丛书）

上海：商务印书馆，1924，再版，112页，32开（新智识丛书）

上海：商务印书馆，1924，3版，112页，32开（新智识丛书）

上海：商务印书馆，1926，4版，112页，32开（新智识丛书）

上海：商务印书馆，1927.7，5版，112页，32开（新智识丛书）

上海：商务印书馆，1933，国难后1版，100页，32开（妇女丛书）

本书大部分材料取自日本河田氏《妇人问题》。共3编：妇女问题发生的理由、妇女问题的各方面、我们妇女今后应当怎样。书前有编辑大意。

收藏单位：重庆馆、广东馆、广西馆、桂林馆、国家馆、吉林馆、南京馆、内蒙古馆、首都馆、天津馆、浙江馆

02163

妇女问题的本质 （日）堺利彦著 吕一鸣译

上海：北新书局，1929.6，50页，32开

本书分析古往今来妇女所处的地位的变迁，如何开展妇女运动等。共15部分，内容包括：妇人问题，男女关系，一般两性关系；女性是生物的根干，男性是派生物；男性的微小弱劣，女性的优胜等。

收藏单位：重庆馆、广西馆、桂林馆、国家馆、上海馆、天津馆

02164

妇女问题的各方面 金仲华著

上海：开明书店，1934.9，213页，32开（妇女问题研究会丛书）

本书共13篇，内容包括：妇女的生活形态与思想、从家庭到政治、从职业回到家庭吗、家事社会化、我国新妇女与婚姻纠纷、节制生育与妇人生理的解放等。

收藏单位：广东馆、贵州馆、国家馆、湖南馆、南京馆、上海馆、首都馆、天津馆、浙江馆

02165

妇女问题的研究 文砥编著

上海：太平洋书店，1928.3，82页，50开（社会问题丛书）

上海：太平洋书店，1928.9，再版，82页，50开（社会问题丛书）

上海：太平洋书店，1929.9，3版，82页，50开（社会问题丛书）

本书据陈望道在上海大学的讲稿编成。共11章：绪论、婚姻、爱情、三角恋爱、离婚、生育节制、女子经济独立、女子教育问题、女子参政问题、女子劳动问题、妇女运动的根本立足点。书前有著者卷头语。

收藏单位：重庆馆、国家馆、湖南馆、南京馆、上海馆、首都馆、浙江馆

02166

妇女问题概观 李光业著

出版者不详，1922.12，66页，32开

本书内容包括：世界改造的基调、改造的前途和女性文化、战前的妇女问题、妇女的权利、教育问题、职业问题、婚姻问题等。

收藏单位：浙江馆

02167

妇女问题概论 石敬一编著

武汉：青年协会宣传部，[1940]，24页，32开（青协丛书7）

收藏单位：南京馆

02168

妇女问题讲话 （日）奥ムソォ著 高尔松郭真译

上海：太平洋书店，1929.7，370页，32开

本书共14讲，论述原始时代及历史上的妇女地位、妇女问题的意义及发生、文艺上所表现的妇女问题、女性中心说、女权主义之主张、妇女劳动问题等。日文本原名：妇女问题十六讲。译者“高尔松”原题：高希圣。

收藏单位：广西馆、桂林馆、国家馆、湖

南馆、吉林馆、南京馆、上海馆、天津馆、浙江馆

02169
妇女问题讲话　杜君慧著
上海：新知书店，1936.8，180页，32开（新知丛书 第1辑 第5种）
上海：新知书店，1936.10，再版，180页，32开（新知丛书 第1辑 第5种）
汉口等：新知书店，1938.8，3版，180页，32开（新知丛书 第1辑 第5种）
重庆：新知书店，1945，180页，32开（新知丛书 6）
重庆：新知书店，1945.3，再版，180页，32开
上海：新知书店，1946.12，180页，32开（新知丛书 6）
大连：新知书店，1947.3，151页，32开
上海：新知书店，1948，再版，180页，32开
重庆：新知书店，1948.6，再版，180页，32开（新知丛书 6）

本书共12课：研究妇女问题的意义、先史时代的妇女、古代奴隶制社会的妇女、中世封建社会的妇女、产业革命前夜的妇女、资本主义时代的妇女、帝国主义时代的妇女、苏联的妇女、妇女问题的内容及其发展、妇女解放思想的主潮、妇女运动的史的发展、中国妇女运动的回顾与展望。书前有沈滋九序、编者序。

收藏单位：重庆馆、东北师大馆、广东馆、广西馆、贵州馆、桂林馆、国家馆、黑龙江馆、近代史所、南京馆、内蒙古馆、山东馆、上海馆、首都馆、天津馆、浙江馆

02170
妇女问题论文（第1集）　吕云章著
上海：女子书店，1933.4，144页，32开（女子文库）（妇女问题丛书）
上海：女子书店，1935.2，144页，32开（女子文库）（现代中国妇女问题丛书）

本书共收论文18篇，内容包括：《新妇女第一声》《妇女运动的意义》《女子以社会为中心论》《女子服务社会之困难》《现代中国需要何种妇女》《剩余时间的利用》《论女大独立运动》等。版权页及封面题名：妇女问题论文集。

收藏单位：重庆馆、广西馆、桂林馆、国家馆、华东师大馆、上海馆、浙江馆

02171
妇女问题论文集　陈碧云著
上海：中华基督教女青年会全国协会，1935.2，205页，22开

本书共收论文24篇，内容包括：《母性与社会》《废娼与善种》《两年来的中国妇女》《苏联的婚姻与性爱》《女性忌妒的解剖》《现代父母对儿童教育的几个根本问题》《家庭的破灭与妇女解放》等。书前有金仲华序。

收藏单位：上海馆

02172
妇女问题论文集　华北妇女社辑
[武乡]：太行文化教育出版社，1940.4，石印本，79页，64开，环筒页装

本书共收论文7篇，内容包括：《目前国际妇女运动的方向》《中共中央书记处关于开展妇女工作的决定》《共产党员与妇女解放运动》《论妇女解放问题》等。

收藏单位：山西馆

02173
妇女问题十讲　（日）本间久雄著　章锡琛译
上海：妇女问题研究会，1924.8，16+316页，32开（妇女问题丛书 1）

本书共10讲：妇女运动的由来及其意义、新性的道德、自由离婚的是非、婚姻的进化、恋爱观的变迁、近代的婚姻改造案、妇女与职业问题、妇女参政权运动、新马尔塞斯主义与产儿制限、中国妇女思想的发达。附录《日本妇女思想的发达》。书后有索引。

收藏单位：重庆馆、东北师大馆、桂林馆、国家馆、南京馆

02174
妇女问题十讲　（日）本间久雄著　章锡琛译
上海：开明书店，1926.10，再版，16+316页，

32开（妇女问题丛书1）（妇女问题研究会丛书）
上海：开明书店，1927.5，3版，16+316页，32开，精装（妇女问题丛书1）
上海：开明书店，1928，4版，16+316页，32开（妇女问题丛书1）（妇女问题研究会丛书）
上海：开明书店，1930.10，5版，16+316页，32开（妇女问题丛书1）（妇女问题研究会丛书）
上海：开明书店，1935.11，6版，16+316页，32开（妇女问题丛书1）（妇女问题研究会丛书）

收藏单位：重庆馆、广东馆、广西馆、桂林馆、国家馆、湖南馆、吉林馆、近代史所、南京馆、山西馆、上海馆、绍兴馆、首都馆、浙江馆

02175
妇女问题十讲（增订）（日）本间久雄著 姚伯麟译
上海：学术研究会，1924.2，2册，32开（学术研究会丛书10—11）
上海：学术研究会，1934.6，3版，424页，32开

本书内容包括：妇女运动之由来及其意义、新性的道德、自由离婚之是非、结婚之进化、恋爱观之变迁、近代之结婚改造案、妇女与职业问题、妇女参政权运动、新马尔萨斯主义与产儿调节、日本妇女思想之发达。附录《中国妇女运动史》。逐页题名：妇人问题十讲。

收藏单位：北师大馆、重庆馆、广西馆、桂林馆、黑龙江馆、辽大馆、宁夏馆、上海馆、首都馆、浙江馆

02176
妇女问题文集 刘蘅静著 陆翰岑编辑
南京：妇女月刊社，1947.3，174页，32开（妇女丛书）

本书共收文22篇，内容包括：《女子教育问题》《关于家事教育》《家庭教育的今昔》《妇女与政治》《谈妇女职业》《婚姻复员》《母亲的经验》《男子的心理》等。书前有著者序。

收藏单位：重庆馆、广东馆、贵州馆、桂林馆、国家馆、湖南馆、吉林馆、南京馆、天津馆、浙江馆

02177
妇女问题新讲 鲁妇编
香港：新民主出版社，1949.4，43页，36开（新民主知识丛书）

本书共22部分，内容包括：妇女的地位与经济、封建社会的妇女、性爱和婚姻制度、初期的中国妇女运动、在反法西斯战争中苏联妇女对国家的贡献等。

收藏单位：重庆馆、桂林馆

02178
妇女问题杂论 一波等著
上海：出版合作社，1927.12，256页，32开

本书共收文30余篇，内容包括：《自由妇女论》《克鲁泡特金的妇女观》《女性解放观》《青年与性欲》等。

收藏单位：东北师大馆、桂林馆、近代史所、南京馆、天津馆

02179
妇女问题杂评 徐宗泽著
上海：圣教杂志社，1931.7，112页，32开（圣教杂志丛刊）

本书论述宗教观念中的妇女问题。共43个小题，内容包括：妇女运动、妇女解放、废娼问题、蓄妾问题、贞操问题、婚姻问题、恋爱问题、独身主义、妇女劳工、女子教育等。有著者引言。

收藏单位：国家馆、吉林馆、内蒙古馆、浙江馆

02180
妇女问题杂谈 陆费逵编著
上海：中华书局，1926.1，80页，50开
上海：中华书局，1927.5，再版，80页，50开
上海：中华书局，1930.5，3版，80页，50开
上海：中华书局，1932.9，4版，80页，50开

本书共18章，内容包括：男子也应该学

烹饪裁缝、内助和外奴、老小姐、舶来妾、再嫁问题、自由恋爱和婚制等。书前有自序。附录《女子教育的急务》。

收藏单位：广西馆、桂林馆、国家馆、吉林馆、南京馆、上海馆、首都馆、天津馆、浙江馆

02181

妇女与儿童 易君左编译

上海：神州国光社，1930.3，292页，25开

本书内收《妇人与家族制度》（柯伦泰）、《妇人问题之本质》（堺利彦）、《社会主义之妇人观》（山川菊荣）、《新俄罗斯之妇女》（近藤荣藏）等8篇。编译者原题：康陶父。

收藏单位：重庆馆、桂林馆、国家馆、黑龙江馆、吉林馆、南京馆、宁夏馆、上海馆、首都馆、天津馆

02182

妇女与家庭 （美）马尔腾（Orison Swett Marden）著 高尔松 高尔柏译

外文题名：Woman and home

上海：商务印书馆，1925.7，242页，32开（现代妇女丛书）

上海：商务印书馆，1926，再版，242页，32开（现代妇女丛书）

上海：商务印书馆，1933.3，国难后1版，242页，32开（家庭丛书）

上海：商务印书馆，1935.5，国难后2版，242页，32开（家庭丛书）

本书共16章，内容包括：新时代的妇女、何处是家庭何物是家庭、妇女何以要求参政、二十世纪的妇女与她的职业、女子与她的教育、我们未来的女儿、人种的改善、幸福的婚姻、妻子应该经济独立吗、未来的家庭、妇女的领域等。卷首有著者像。

收藏单位：重庆馆、广西馆、桂林馆、国家馆、黑龙江馆、湖南馆、南京馆、首都馆、天津馆

02183

妇女与经济 （美）纪尔曼著 邹敬芳译

上海：学术研究会，1924.6，316页，32开（学术研究会丛书13）

上海：学术研究会，1928.8，再版，234页，32开（学术研究会丛书13）

上海：学术研究会，1929.12，3版，233页，32开（学术研究会丛书13）

本书共15章，内容包括：经济上不独立的妇人生活、不自然之两性经济关系、过度之两性差异、两性关系之由来及其影响、两性经济关系之被忽略的理由、经济界之发达与两性经济关系、社会进化与两性关系之变迁等。

收藏单位：重庆馆、广东馆、南京馆、上海馆

02184

妇女与社会 谦弟著

上海：光明书局，1929.4，112页，32开（现代文化社丛书）

本书内容包括：《两性与社会》《女性是属于社会的》《妇女与社会》《再论妇女与社会》《非恋爱与恋爱》《一个从民间来的女友》《时代下牺牲的新女子》。

收藏单位：重庆馆、广东馆、国家馆、湖南馆、上海馆、天津馆、浙江馆

02185

妇女之百面观 云石著

上海：文艺编译社，1917，4册，32开

上海：文艺编译社，1920，4版，4册，32开

本书共40章，介绍精神上、道德上、节操上、派别上各种各样的妇女观。第1册有照片14面。

收藏单位：重庆馆、南京馆、天津馆

02186

妇人与社会 （德）倍倍尔（August Bebel）著沈端先译

外文题名：Die Frau und der Sozialismus

上海：开明书店，1927.12，758页，32开（妇女问题研究会丛书）

上海：开明书店，1928，再版，758页，32开（妇女问题研究会丛书）

上海：开明书店，1929，3版，758页，32开，

精装（妇女问题研究会丛书）
上海：开明书店，1931.11，4 版，758 页，32 开，精装（妇女问题研究会丛书）
上海：开明书店，1935.1，5 版，758 页，32 开，精装（妇女问题研究会丛书）

本书共 5 编 30 章，内容包括：过去的妇人、现代的妇人（上、下）、国家与社会、社会的社会化等。书后有结论。据日译本转译。

收藏单位：重庆馆、东北师大馆、广西馆、桂林馆、国家馆、黑龙江馆、辽大馆、辽宁馆、山西馆、上海馆、绍兴馆、首都馆、天津馆、浙江馆、中科图

02187
妇人与社会主义 （德）倍倍尔（August Bebel）著 沈端先译
外文题名：Die Fran und der Sozialismus
上海：开明书店，1949.7，新 1 版，3 册（758 页），32 开

本书为《妇人与社会》一书易名出版。

收藏单位：重庆馆、东北师大馆、国家馆、吉林馆、南京馆、内蒙古馆、宁夏馆、天津馆、浙江馆

02188
革命的妇女问题 陈既明著
上海：平民书局，1937.6，再版，33+193 页，32 开

本书共 11 章，论述两性、男女平等、家庭、婚姻、恋爱、离婚、独身、生殖、娼妓等问题。

02189
革命的妇女问题 陈既明著
上海：三民书店，1930.4，[33]+193 页，32 开

收藏单位：桂林馆、国家馆、湖南馆、吉林馆、天津馆、浙江馆

02190
给新妇女 夏雨著
上海：中流书店，1941.7，117 页，32 开

本书共 26 篇，以书信形式探讨如何做一个新时代的女性。

收藏单位：首都馆

02191
给新女性的信 白蕾芙著
上海：大华书局，1933.6，166 页，32 开

本书内容包括：女子解放的真相、怎样才配继承遗产、如何做摩登女性、女性是中国的罪人吗、解除苦闷的药是什么、做一个有用的瓶、令人赞美的女职员、华丽的装饰等。

收藏单位：广东馆、浙江馆

02192
给新女性的信 白蕾芙著
上海：南星书店，1933.2，166 页，32 开

收藏单位：广东馆

02193
将来的妇女 利连撒尔（M. S. Lilienthal）著 谌小岑译
外文题名：Women of the future
天津：天津妇女日报社，1924，42 页，32 开（天津妇女日报社乙种丛书 第 1 集）

收藏单位：近代史所、首都馆

02194
将来之妇女 利连撒尔（M. S. Lilienthal）著 张秋人译
上海：上海书店，1925.4，26 页，32 开（中国青年社丛书 第 1 种）
上海：上海书店，1925.8，4 版，27 页，32 开（中国青年社丛书 第 1 种）
上海：上海书店，1925，5 版，26 页，32 开（中国青年社丛书 第 1 种）
上海：上海书店，1926，11 版，26 页，32 开（中国青年社丛书 第 1 种）

本书共 8 部分：何谓社会主义、“人”的工作、教育、公众生活、社会主义破坏家庭与家族制度否、家庭、婚姻、母性。

收藏单位：北师大馆、国家馆、浙江馆

02195
劳工·妇女·儿童 方豪著
香港：真理学会，1947.12，18 页，50 开（民

众读物小丛刊 9）

本书收文两篇：《劳工・妇女・儿童》（方豪）、《现代社会中妇女的地位》（沈教珊译）。

收藏单位：贵州馆、国家馆、南京馆

02196

论妇女和学习 屠扶等著

香港：妇女知识丛书出版社，1941.6，74 页，32 开（妇女知识丛书 第 9 辑）

本书收文 9 篇，内容包括：《妻的酬金问题》（景宋）、《制女八术解》（杨楚）、《谈学习与个人性情才智的关系》（胡绳）、《女子教育与家庭生活》（迭肯）、《论妇女和学习》（屠扶）、《战时的英国妇女》（王国秀译）等。

收藏单位：国家馆

02197

母性复兴论 （瑞典）爱伦凯（Ellen Key）著 黄石译

上海：民智书局，1926，124 页，32 开

上海：民智书局，1927，再版，124 页，32 开

本书共 3 章：妇女与道德、母性、母性教育。书前有原序。

收藏单位：重庆馆、南京馆、首都馆

02198

女界文学读本 梅生编辑

上海：新文化书社，1935.1，4 册，32 开

上海：新文化书社，1935.6，再版，4 册，32 开

本书收入关于妇女问题的论文百余篇，内容涉及女权运动、妇女参政运动、妇女体育问题、妇女劳动问题、女子教育问题、家庭问题、恋爱问题、婚姻问题等。版权页题名：新式标点女界文学读本。

收藏单位：广东馆、广西馆、国家馆、绍兴馆

02199

女权论辩 聂绀弩编

[桂林]：白虹书店，1942.7，196 页，32 开

[桂林]：白虹书店，1943.6，再版，196 页，32 开

本书内收《谈妇女》（尹及）、《谈家庭》（从文）、《呜呼》（何家槐）、《妇女与家庭》（沙扬）、《妇女、家庭、政治》（绀弩）、《男女平等论》（葛琴）等 14 篇。书前有编者题记。

收藏单位：重庆馆、广西馆、贵州馆、桂林馆、国家馆、湖南馆、南京馆、西南大学馆

02200

女性论 冯飞编

上海：中华书局，1920.5，164 页，32 开

上海：中华书局，1920.7，再版，164 页，32 开（新文化丛书）

上海：中华书局，1920.9，3 版，164 页，32 开（新文化丛书）

上海：中华书局，1920，4 版，164 页，32 开（新文化丛书）

上海：中华书局，1921，5 版，164 页，32 开（新文化丛书）

上海：中华书局，1923.8，7 版，164 页，32 开（新文化丛书）

上海：中华书局，1930.3，10 版，164 页，32 开（新文化丛书）

上海：中华书局，1930，11 版，164 页，32 开（新文化丛书）

上海：中华书局，1932.9，12 版，164 页，32 开（新文化丛书）

本书共 12 章：女性之能力、女性之地位、女性之敌人、女性之帮助者、女性与文明、女性与生活、恋爱与结婚（上、下）、女性与男性、女性之解放、女性之将来、中国之女性。书前有自序、例言。

收藏单位：重庆馆、广东馆、广西馆、桂林馆、国家馆、黑龙江馆、湖南馆、吉林馆、江西馆、内蒙古馆、绍兴馆、天津馆、浙江馆

02201

女性论 冯飞著

出版者不详，164 页，32 开（世界婚姻文化丛书）

本书共 12 章，内容包括：女性之能力、女性之地位、女性之敌人、女性之帮助者、女性与文明、女性与生活、恋爱与结婚（上、下）、女性与男性、女性之解放、女性之将

来、中国之女性。书前有自序、例言。

收藏单位：重庆馆

02202

女性社会史　（日）石滨知行著　特伟译

上海：女子书店，1933.3，72 页，32 开（女子历史丛书）（女子文库）

本书记述各个不同历史时期妇女地位的演变。封面题名：女性社会史考。

收藏单位：重庆馆、桂林馆、江西馆、上海馆

02203

女性手册　（日）式场隆三郎著　关键译

大连：实业印书馆，[1941.11]，228 页，32 开

本书收关于女性的评论、感想、调查等短文 110 篇。

02204

女性问题讨论集（正集）　梅生编辑

上海：新文化书社，1934，3 册（222+194+252 页），25 开

上海：新文化书社，1934.4，3 版，3 册（222+194+252 页），25 开

上海：新文化书社，1934.11，4 版，3 册（222+194+252 页），25 开

本书共 8 部分：通论、教育问题、生活问题、参政问题、生育制度问题、社交问题、两性问题、家庭问题。书前有序言。版权页题名：中国女性问题讨论集。

收藏单位：北师大馆、东北师大馆、广西馆、国家馆、上海馆、绍兴馆

02205

女性问题讨论集（续集）　梅生编辑

上海：新文化书社，1934.7，3 版，3 册，25 开

本书内容包括：恋爱问题、婚姻问题、离婚问题、独身问题、贞操问题、道德问题、性教育问题、儿童公育问题、娼婢问题、女子心理、剪发问题、传记、杂录。版权页题名：中国女性问题讨论集。

收藏单位：东北师大馆、广西馆、国家馆

02206

女性问题研究集　梅生编辑　鲍根生　陈有揆校订

上海：新文化书社，1928.2，4 册，32 开

上海：新文化书社，1928.2，2 册，32 开，精装

本书内容包括：通论、女权运动、妇女参政运动、贞操问题、妇女体育问题、妇女劳动问题、女子教育问题、男女同学、家庭问题、恋爱问题、婚姻问题、妇女与合作、传记、杂类。

收藏单位：重庆馆、东北师大馆、桂林馆、江西馆、南京馆、上海馆

02207

女性问题研究集（第 1—2 集）

出版者不详，2 册（[344] 页），32 开

本书第 1 集收《妇女解放运动的由来和其影响》（妇女周报）、《中国知识妇女的三派》（警予）、《妇女运动的成立及其要求》（康国）、《妇女运动的来由及其意义》（本间久雄著，王深译）、《无产阶级的妇女运动》（祁森焕）、《妇女运动与常识》（周作人）、《记晚近英国的妇女参政运动》（黄日葵）、《国际妇女参政会第九次大会记略》等 31 篇。第 2 集收《妇女劳动问题》（杨杏佛）、《女子与劳工的关系》（程婉珍）、《各国妇女劳动的状况》（黄卓等）、《一九二二年的中国妇女劳动运动》（朱枕薪）、《妇女教育运动概略》（沈雁冰）等 18 篇。

收藏单位：国家馆

02208

女性之生物学的悲剧　亚·纳米洛夫著　赵静译

上海：开明书店，1931.12，123 页，32 开（妇女问题研究会丛书）

本书共 12 章，内容包括：人类底性悲剧、人类能逃脱性权力底支配吗、女性之不平等的负担、性成熟底准备、周期的生理变化、女性之生物学的悲剧、生理的博爱主义、女人之生物学的及社会的悲剧等。

收藏单位：重庆馆、国家馆、上海馆、天

津馆

02209
女性中心说　（日）堺利彦编述　李达译
外文题名：The feminine sex as the center of society
上海：商务印书馆，1922.1，134页，32开（新时代丛书第1种）
上海：商务印书馆，1922.1，112页，32开（社会科学小丛书）
上海：商务印书馆，1923，再版，134页，32开（新时代丛书第1种）
上海：商务印书馆，1924.11，3版，134页，32开（新时代丛书第1种）
上海：商务印书馆，1926.6，4版，134页，32开（新时代丛书第1种）
上海：商务印书馆，1927.6，5版，134页，32开（新时代丛书第1种）
上海：商务印书馆，1937.6，国难后1版，112页，32开（社会科学小丛书）

本书据美国社会学者乌德（L.F.ward）《纯理社会学》书中的一章编写。共14章：男性中心说与女性中心说、男性中心说之内容、女性中心说之历史、自然之命令、生殖之方法、男性是派生的附属品、男性之发达、女性仍占优胜、男性之优胜、买卖婚姻及掠夺婚姻、男性淘汰、历史上的妇人、妇人之将来、摘要。书前有译者序。

收藏单位：重庆馆、广东馆、广西馆、桂林馆、国家馆、湖南馆、江西馆、南京馆、内蒙古馆、上海馆、首都馆、天津馆、浙江馆

02210
女性中心说（全译）（美）瓦特（L. F. Ward）著　（日）堺利彦译述　夏丏尊译
上海：民智书局，1925.12，再版，182页，32开
上海：民智书局，1926.9，3版，182页，32开

本书分上、下两编。上编共14章，包括：男性中心说与女性中心说、男性中心说底内容、男性中心说底历史等；下编共7章，包括：社会力、五种的爱、自然的爱、罗曼的爱、夫妇的爱、母的爱、血族的爱。由日文本转译。

收藏单位：重庆馆、桂林馆、首都馆

02211
女子职业　教育部通俗教育研究会编
教育部通俗教育研究会，11页，32开（北五省旱灾灾区讲演集7）

收藏单位：首都馆

02212
社会主义的妇女观　（日）山川菊荣著　吕一鸣译
上海：北新书局，1927.2，52页，50开（社会经济小丛书2）
上海：北新书局，1927.3，再版，52页，50开（社会经济小丛书2）

本书内收《社会主义的妇女观》（山川菊荣）、《男女关系的进化》（堺利彦）。

收藏单位：重庆馆、国家馆、上海馆

02213
现代妇女　傅学文著
重庆：商务印书馆，1944.7，62页，32开（国立中央民众教育馆进修丛书）
重庆：商务印书馆，t再版，62页，32开（国立中央民众教育馆进修丛书）
上海：商务印书馆，1946.12，沪初版，62页，32开（国立中央民众教育馆进修丛书）（新中学文库）

本书共6章：现代妇女的地位、现代妇女运动史略、抗战建国中的中国妇女、反侵略战争中的国际妇女、中国现代妇女的任务、现代妇女与战后世界和平。

收藏单位：重庆馆、广西馆、贵州馆、桂林馆、国家馆、湖南馆、江西馆、辽宁馆、南京馆、内蒙古馆、首都馆、天津馆、浙江馆、中科图

02214
现代妇女评论集　范祥善编辑
上海：世界书局，1930.1，[193]页，32开（现代新文库9）
上海：世界书局，1930，再版，[193]页，32开

（现代新文库 9）

本书入收《新妇女的人生观如何》（金兰裕）、《什么是妇女的人生观》（振振）、《中国妇女解放的意义》（叶元灿）、《妇女运动》（甘乃光）、《妇女运动的错误》（陈公博）、《妇女运动近趋的一面观》（陈学昭）、《现代妇女应有的觉悟》（冯兰馨）、《中国女子底觉醒》（陈望道）、《新妇女的又脱皮》（罗王）、《新刑法中的妇女问题》（致殊）、《女子参政与妇女运动》（呵梅）等 21 篇。书前有编例。

收藏单位：重庆馆、广东馆、广西馆、桂林馆、国家馆、上海馆、天津馆、浙江馆

02215

现代妇女问题　邹恺著

上海：大东书局，1933.9，64 页，32 开（社会科学基础丛书）

本书共 7 章：绪论、妇女问题的中心、妇女的职业问题、妇女的劳动问题、妇女的性道德问题、妇女的参政问题、结论。书前有《社会科学基础丛书序》、例言。

收藏单位：重庆馆、广东馆、国家馆、湖南馆、吉林馆、南京馆、上海馆、天津馆、浙江馆

02216

现代妇女问题丛谈　陈碧云著

广州：亚东图书馆，1937.12，172 页，32 开（生活指导丛书）

广州：亚东图书馆，1938.5，再版，172 页，32 开（生活指导丛书）

本书收录 29 篇文章，内容包括：《非常时期的妇运路线》《中国知识妇女的出路》《国难期中的妇女教育问题》《统一阵线与女性文化人》《民族危机与妇女当前的任务》等。

收藏单位：重庆馆、广西馆、国家馆、南京馆、上海馆

02217

现代女性　沈君默著

上海：良友图书印刷公司，1931.12，100 页，32 开，精装

上海：良友图书印刷公司，1932.11，再版，100 页，32 开，精装

本书共 8 部分，泛论现代女性的经济、贞操、求学、婚姻、离婚、优生、性欲、健康等问题。

收藏单位：北师大馆、广东馆、内蒙古馆、上海馆、天津馆

02218

现代思潮和妇女问题　张佩芬编译

上海：泰东图书局，1928，132 页，25 开

上海：泰东图书局，1929.4，再版，132 页，32 开

本书据本间久雄《现代妇女问题》选译，论述婚姻、道德方面的问题。共 7 章：性的道德的新倾向、自由离婚是非论、近代妇女运动的新倾向、结婚难离婚难及其救治策、职业果否适于妇女、欧洲大战和性的道德之破坏、和平主义呢军国主义呢。书前有张耀曾序、张佩芬绪言。书后有附论。封面题名：现代思潮与妇女问题。

收藏单位：重庆馆、国家馆、湖南馆、内蒙古馆、上海馆、天津馆

02219

献给年青的女友——是新妇女生活的宝藏　沙驼著

上海：慧协书店，1940.8，168 页，32 开（慧协女友丛书 1）

上海：慧协书店，1941.7，2 版，168 页，25 开（慧协女友丛书 1）

本书共 3 编：绪论、新妇女观的理论发展进程、新妇女观的实践方法论。书前有自序。

收藏单位：重庆馆、东北师大馆、广东馆

02220

新妇女论　（苏）柯仑泰（А. Коллонтай）著　沈兹九　罗琼译

上海、重庆：生活书店，1937.1，332 页，32 开（妇女生活丛书 2）

上海：生活书店，1937.3，再版，332 页，32 开（妇女生活丛书 2）

上海：生活书店，1937.11，3 版，332 页，32 开（妇女生活丛书 2）

重庆：生活书店，1939.10，再版，331 页，32 开（妇女生活丛书 2）
重庆：生活书店，1943，3 版，331 页，32 开（妇女生活丛书 2）

本书为著者在莫斯科斯维尔德洛夫大学任教时的讲义。共 14 章，内容包括：原始共营共享时代妇女的地位和职务、奴隶经济中妇女的职务、闭关自守的自然经济下的妇女、行会手工业生产及共有体农业下的妇女劳动等。书前有译者序。

收藏单位：重庆馆、东北师大馆、广东馆、广西馆、贵州馆、桂林馆、国家馆、黑龙江馆、湖南馆、吉林馆、辽大馆、南京馆、内蒙古馆、宁夏馆、首都馆、中科图

02221
新妇女生活讲话 （苏）柯仑泰（A. Коллонтай）著 李文泉译
上海：光明书局，1938.1，354 页，32 开
上海：光明书局，1938.10，再版，354 页，32 开
上海：光明书局，1939.5，3 版，354 页，32 开
上海：光明书局，1940.2，4 版，354 页，32 开

本书共 14 章，内容包括：妇女在原始公产制时代的地位与职分、妇女在奴隶劳动经济制度时代的职分、在闭关自守的自然经济下的妇女、妇女在手工业生产上及共同体农业上的劳动、妇女在商业资本的发展期和制造业初期的地位、大资本主义生产的发展和妇女劳动等。书前有原著者序、王渔邨序。附录《最近苏维埃联邦的妇女地位》。

收藏单位：重庆馆、广东馆、广西馆、贵州馆、南京馆、宁夏馆、天津馆、西南大学馆

02222
新女型 黄嘉德著
上海：良友图书公司，1936，236 页，32 开（妇人丛书）

本书共 3 辑 29 篇，内容包括：妇女问题、儿童的教养、欧美妇女等。书前有自序。

收藏单位：重庆馆、上海馆、首都馆

02223
新女型 黄嘉德著
外文题名：The new womanhood
桂林：西风社，1943.7，206 页，32 开
桂林：西风社，1946，206 页，32 开

收藏单位：重庆馆、贵州馆、国家馆

02224
新社会的妇女 文学研究所编
文学研究所，1926.5，42 页，32 开

本书讲述社会主义、人类的工作、公众的生活、家庭与婚姻、母亲的权利与义务等问题。

02225
与谢野晶子论文集 （日）与谢野晶子著 张娴译
上海：妇女问题研究会，1926.6，162 页，32 开（妇女问题研究会丛书）
上海：妇女问题研究会，1929，再版，162 页，32 开（妇女问题研究会丛书）

本书收录论文 23 篇，内容包括：《给聪明的男子们》《女子理性的恢复》《提高女子的智力》《妇人与自尊》《新道德的要求》《恋爱与性欲》《贞操论》等。

收藏单位：重庆馆、广西馆、桂林馆、国家馆、吉林馆、南京馆、上海馆、绍兴馆、首都馆、天津馆、浙江馆

02226
怎样做个新女性 沙驼编
成都：慧协社，1942.7，3 版，58 页，32 开

本书介绍了从少女生活的时期，到结婚前后的时期，再到做了母亲的时期共 24 篇与妇女切身相关的问题。

收藏单位：重庆馆、广东馆、南京馆

02227
怎样做个新女性 沙驼编
重庆：沙驼书店，58 页，32 开

本书内容包括：争取学识的培养、学习做人的方法、保持青春的可贵、记住结婚前后的事等。

收藏单位：重庆馆

02228
“战争”与“妇女” 令娴 孑遗著
出版者不详，[1931—1949]，20 页，32 开
本书剖析战争给妇女带来的灾难，批驳战争促进妇女参政及就业等说法。出版时间据内容推测。
收藏单位：国家馆

02229
这时代的女人 （美）罗斯福夫人（Mrs. Franklim D. Roosevelt）著 陈维姜 刘良模译
外文题名：It's up to the women
上海：长城书局，1935.2，92 页，32 开
上海：长城书局，[1940—1945]，64 页，32 开
本书共 17 章，内容包括：今日社会对妇女的挑战、新婚者的问题、时间的预算、教育儿童、现今的家庭状况、妇女与职业等。书前有原序、译序。其他题名：给这时代的女人。
收藏单位：重庆馆、广东馆、广西馆、国家馆、南京馆、首都馆、天津馆、浙江馆

02230
浙江省妇女协会工作汇刊
出版者不详，1930.12，1 册，13 开
本书收录浙江省妇女协会工作资料。内容包括：特载、论文、本会沿革、宣言、双十节特刊、浙江妇女半月刊、重要文件、本会执行委员历次会议记录、各科计划大纲及工作报告、本会经费收支概况、法规等。
收藏单位：浙江馆

02231
中国新女性 黄寄萍著
上海：地球出版社，159 页，32 开
本书内容包括：张君默女士论妇女问题、廖何香凝指示妇女救国之路、冯李德全谈妇女救国运动、周养浩女士对妇女讲话、黄兴夫人对现代妇女的观感等。书前有马荫良先生序。
收藏单位：广东馆

02232
自由的女性 （美）高德曼（Emma Goldman）著 卢剑波译
上海：开明书店，1927.8，186 页，32 开（妇女问题研究会丛书）
上海：开明书店，1928.11，再版，186 页，32 开（妇女问题研究会丛书）
本书收录论文 8 篇：《爱玛高德曼传》《结婚与恋爱》《妇女参政论》《卖淫论》《清净主义的伪善》《妇女解放的悲剧》《俄罗斯革命的妇女》《近代戏剧论》。书前有序言。
收藏单位：重庆馆、广西馆、桂林馆、国家馆、黑龙江馆、吉林馆、浙江馆

社会福利、社会救济、社会保障

02233
慈善行政讲义 内务部编
上海：泰东图书局，[1922.4]，138 页，32 开（地方自治讲义 第 10 种）
上海：泰东图书局，1923.10，8 版，130+14 页，32 开（地方自治讲义 第 10 种）
本书分总论、分论两编。总论共 5 章：慈善行政之观念、慈善行政之沿革、慈善行政之意义、贫困之原因、慈善行政之旨趣。分论共两篇 9 章，内容包括：劳动地位之改善、灾民之救恤、庶民金融等。
收藏单位：国家馆、吉林馆、南京馆、上海馆

02234
慈善宴舞会 中国妇女会编
外文题名：Chinese women's club
[上海]：[中国妇女会]，1937.4，1 册，18 开
本书为中英文对照，内有该会一年来之事略、一年来之义务教育概况及该会该届慈善宴舞大会委员会名单等。题名取自封面。
收藏单位：上海馆

02235
儿童公育研究 谢一鸣编著
上海：世界书局，1933.1，174 页，25 开

本书记述儿童的抚育问题。共7章：儿童与社会、儿童公育是时代的产物、儿童公育与管理婴孩、儿童公育与婴孩的营养品、儿童公育儿童精神方面的发展、儿童公育与母亲、儿童公育与社会。书前有自序。

收藏单位：重庆馆、广东馆、广西馆、国家馆、江西馆、南京馆、上海馆、首都馆、浙江馆

02236

扶轮社之程序

出版者不详，1947，56页，32开

本书译自《国际扶轮社小册》第3号。

收藏单位：广东馆

02237

难教工作者品质论　韩庭棕著

重庆：难童教养月刊社，1942.8，50页，50开（难教丛书 第1种）

本书讲述教师应有的作风、品质。共8个问题，内容包括：教师不是工头、而是一个引导者，没有缺乏趣味的事、只有缺乏趣味的人等。

收藏单位：重庆馆

02238

穷人怎样自救　金文恢编

浙江省省立民众教育馆推广部，1931.7，24页，32开（民众生计小丛书）

本书内容包括：穷人怎样自救、怎样组织合作社、我们来植树造林?

收藏单位：浙江馆

02239

区位儿童福利个案工作　关瑞梧　李槐春著

上海：中华书局，1947.2，100页，32开（社会行政丛书 社会工作类）

本书共8章：绪论、个案工作的技术、由个案工作分析儿童的环境、个案工作与善生、个案工作与善养——医药治疗、个案工作与善养——预防工作、个案工作与善教及善保、结论。书前有《社会行政丛书》例言。书后附录关于个案工作方法参考书介绍。

收藏单位：重庆馆、国家馆、辽大馆、辽宁馆、南京馆、上海馆

02240

社会福利事业之理论与实际

湖南省地方行政干部训练团，1941印，128页，32开（社会组专业训练讲义4）

本书共7章，论述社会事业福利事业的意义，社会保险的意义、种类、作者、制度、组织方式，社会救济的性质、种类、制度，并介绍德、英、法、意、美、苏、奥、丹麦等国的社会保险制度和社会救济事业。附录8种。

收藏单位：重庆馆

02241

社会福利事业之理论与实际（初稿）　牟乃纮编著

中央社会部，1940.10，150页，32开（社运丛书13）

收藏单位：重庆馆、广东馆、国家馆、吉林馆、西南大学馆

02242

社会福利行政事业与人才训练　私立金陵大学文学院社会福利行政特别研究部编

[南京]：金陵大学文学院，1943.4，16页，32开

本书内容包括：社会福利行政事业专业化、社会福利行政教育史、金陵大学创立社会福利行政特别研究部的经过、结语。附录特别研究部课程一览。

收藏单位：国家馆

02243

社会福利与社会政策（丁默邨先生言论之一）　丁默邨著

上海：社会出版社，1943.11，24页，32开

本书共收文4篇：《社会福利与社会政策》《社会问题与社会政策浅说》《战时社会政策》《社会建设的理论与实际》。

收藏单位：国家馆

02244
社会救济概述 社会部社会福利司编
[南京]：社会部社会福利司，[1930—1939]，石印本，10页，32开，环筒页装
[重庆]：[社会部社会福利司]，[1940—1949]，1册，32开
本书介绍社会救济的意义、方针、法规、设施等。
收藏单位：广东馆、国家馆、吉林馆、南京馆

02245
失业人及贫民救济政策 马君武著
上海：商务印书馆，1925.7，89页，32开（百科小丛书）
上海：商务印书馆，1926.12，再版，[96]页，32开（百科小丛书81）
上海：商务印书馆，1929.10，89页，32开（百科小丛书）（万有文库 第1集258）
上海：商务印书馆，1933.3，国难后1版，89页，32开（百科小丛书）
上海：商务印书馆，1935，国难后2版，98页，32开（百科小丛书）
本书共4篇12章，内容包括：失业人救济政策、工作介绍制度、工人保险制度（又名社会保险制度）、贫民救济政策等。
收藏单位：安徽馆、重庆馆、大庆馆、东北师大馆、广东馆、广西馆、贵州馆、国家馆、黑龙江馆、湖南馆、江西馆、辽大馆、辽师大馆、南京馆、内蒙古馆、宁夏馆、上海馆、首都馆、天津馆、武大馆、西南大学馆、浙江馆

02246
收入及恤贫政策 （奥）菲里波维（Philippovich）著 马君武译
上海：中华书局，1925.3，345页，32开（新文化丛书）
上海：中华书局，1927，再版，345页，32开（新文化丛书）
上海：中华书局，1927.9，3版，345页，32开（新文化丛书）
上海：中华书局，1928，4版，345页，32开（新文化丛书）
上海：中华书局，1930.5，5版，345页，32开（新文化丛书）
本书为著者《国民生计政策》一书的第6分册。共3部：收入政策通论、工作收入政策、恤贫政策。
收藏单位：重庆馆、东北师大馆、广西馆、国家馆、黑龙江馆、吉林馆、辽大馆、内蒙古馆、宁夏馆、首都馆、天津馆、浙江馆、中科图

社会病态

02247
堕落的妇女 孔忧译述
上海：北新书局，1930.3，178页，23开
本书论述资本主义社会中妓女问题。共8章，内容包括：堕落的妇女总论、败落的家庭与少女的堕落、娼妓与劳工等。
收藏单位：重庆馆、广东馆、广西馆、桂林馆、吉林馆、上海馆、首都馆

02248
国际麻醉毒品贸易 王景岐著
外文题名：China and the problem of narcotics before the League of Nations
北京：海外拒毒后援会，1929.3，17+22页，32开
本书内容包括：荷兰制造厂之破获、中国与毒品问题、驻比全权公使兼国际联盟禁烟顾问委员会委员王景岐致会长函等。
收藏单位：上海馆

02249
戒赌 河北省教育厅编
河北省教育厅，1931.12，6页，42开（民众小丛书）
本书说明赌博对家庭的危害。
收藏单位：国家馆

02250
卖淫问题 朱皓著

上海：人生研究社，1934.3，144 页，32 开

本书共 11 章，内容包括：绪论、女性的地位的变迁、卖淫制度的起源及古代的卖淫制度、中国的卖淫制度史、卖淫的定义及其范围、卖淫的原因、卖淫所构成的恐怖、国家对于卖淫的态度等。

收藏单位：南京馆、浙江馆

02251

嫖赌百弊大观　章秋谷编

上海：秋谷出版部，1919.12，[108 页]，22 开

上海：秋谷出版部，1920.2，3 版，[108 页]，22 开

本书分上、下两集，说明嫖赌的种种弊端。

收藏单位：国家馆、上海馆

02252

嫖界指南（絮语）　悟非著

[上海]：大成图书局，1918.11，4 册（484 页），32 开

收藏单位：吉林馆

02253

劝人勿吸鸦片烟浅说　京师模范通俗教育讲演所编辑

出版者不详，28 页，22 开

收藏单位：首都馆

02254

社会病理学　（美）白拉克马（F. W. Blackmar）（美）齐林（John Lewis Gillin）著　马明达译

上海：商务印书馆，1930.4，229 页，32 开（社会科学小丛书）

长沙：商务印书馆，1938，[国难后第 1 版]，229 页，32 开（社会科学小丛书）

本书为《社会学大纲》中之一编，简述了离婚、人口、都市、贫穷、犯罪及社会退化等问题。共 6 章：社会病理学之性质、贫穷论：贫穷之原因及其救济方法、慈善事业及慈善团体、犯罪论：犯罪之原因及其预防方法、社会退化论、慈善及惩戒事业之管理方法。书前有导言。著者“白拉克马”原题：布来克马，著者“齐林”原题：姬灵。

收藏单位：重庆馆、广东馆、广西馆、国家馆、黑龙江馆、湖南馆、南京馆、上海馆、首都馆、天津馆、武大馆、浙江馆

02255

文明病　西风社编

上海：西风社，1941.4，283 页，32 开

本书为暴露社会黑暗的译文集，共 4 辑。第 1 辑文明而黑暗，收《文明国的酷刑》《洋鬼子的暴行》等 7 篇；第 2 辑社会的黑幕，收《煤矿参观记》《奴隶市场》《走私妙法》等 10 篇；第 3 辑文明的疾病，收《防病未然》《小病化大病》《文明病》等 11 篇；第 4 辑文明的毒物，收《戒烟妙策》《酒鬼须知》等 6 篇。

收藏单位：重庆馆、广西馆、桂林馆、国家馆、湖南馆、江西馆、近代史所、南京馆、上海馆、首都馆

02256

中外冶游指南　中华图书集成编辑所编辑

上海：中华图书集成公司，1919.4，98 页，32 开（世界游戏场 7）

卷端及逐页题名：各埠冶游规例。

收藏单位：广西馆、上海馆

其他社会问题

02257

回头是岸（原名，自杀以后的真相）　北平佛慈放生会辑

北平：佛慈放生会，1933，62 页，32 开

北平：佛慈放生会，1936，100 页，32 开

本书内收古今中外关于自杀的事例，目的是使一般意志薄弱者视自杀为非，从而翻然悔悟。共 3 章：自杀的痛苦、死后的真相、理性的批判。

收藏单位：国家馆、江西馆、首都馆

02258

自杀统计论　梁振贤著

广州：广州大学法科学院，1933.9，11 页，16 开（广州大学法科丛刊 6）

本书是对自杀统计的研究。共 7 节，内容包括：研究的困难、要点、编制的程序及方法、自杀率的应用、恒差的应用等。

收藏单位：国家馆

02259

自杀问题 石涵泽著

上海：华通书局，1930.10，180 页，32 开

本书共 9 部分，内容包括：为什么要研究自杀问题、自杀小史、自杀的事实和统计、自杀的流行性、自杀奇闻录、自杀统计的研究、自杀论等。

收藏单位：桂林馆、国家馆、江西馆、南京馆、上海馆、天津馆、浙江馆

02260

自杀以后的真相 红叶编著

上海：佛学书局，1932.7，62 页，25 开

上海：佛学书局，1932.10，再版，62 页，25 开

上海：佛学书局，1934.8，9 版，62 页，25 开

收藏单位：重庆馆、广西馆、桂林馆、国家馆、吉林馆、南京馆、上海馆、首都馆、浙江馆

02261

自杀以后的真相 红叶 饭牛翁著述

上海：金城印刷公司，1935.1，83 页，22 开

本书书前有王一亭、王培孙序及《翻印是书之缘起》。附《阅历经》。

收藏单位：桂林馆、上海馆

02262

自杀以后的真相 红叶编著 世界新闻社编辑

上海：世界新闻社，1936.11，1 册，32 开

本书版权页题名：皆大欢喜第一集。

收藏单位：南京馆、上海馆

02263

自杀以后的真相

出版者不详，46 页，22 开

本书内容包括自杀案例，自杀以后的状况等。

收藏单位：内蒙古馆、浙江馆

02264

自杀与奋斗（大众生活呼声）

出版者不详，1937.7，104 页，32 开

收藏单位：上海馆

社会调查和社会分析

02265

第三期少年义勇队实地社会调查讲义

重庆：江巴璧合特组峡防团务局，1 册，36 开

本书共 4 篇：实地社会调查方法摘要、农村实地调查经验说摘要、户籍统计、社会统计大纲摘要。其他题名：实地社会调查讲义。

收藏单位：重庆馆

02266

调查方法 （美）卜凯（John Lossing Buck）著

［南京］：金陵大学农学院，1942，6 页，18 开

本书共 8 部分，内容包括：调查题目的选择、各调查题目的重要性比较、题目的时效、关于专题研究可资利用的各种来源、研究结果的利用等。原载 1942 年 4 月四川省政府统计处编印的《四川统计简讯》第 20 期纪念专号。

收藏单位：国家馆

02267

调查方法 史可京编著

重庆：正中书局，1944.8，215 页，25 开

上海：正中书局，1946.2，沪 1 版，215 页，25 开

本书共 3 编 20 章，内容包括：总论、调查方法各论、调查结果之整理等。书前有例言。附录参考书目。

收藏单位：重庆馆、东北师大馆、广东馆、贵州馆、国家馆、黑龙江馆、湖南馆、江西馆、辽大馆、辽宁馆、南京馆、内蒙古

馆、上海馆、浙江馆、中科图

02268
调查工作须知
出版者不详，1942.5，再版，[12]+62 页，32 开
本书介绍调查工作的意义、组织及实施要点，调查材料的内容与处理，调查人员的基本技术与修养等。
收藏单位：国家馆

02269
调查通讯须知
出版者不详，40 页，64 开
本书共 9 部分，内容包括：总裁训词、调查工作之意义、调查通讯规约、情报之选述与传递、调查工作之方法等。
收藏单位：重庆馆

02270
调查须知 定番县政府社会调查统计室编
[贵州]：定番县政府社会调查统计室，1938.10，油印本，14 叶，18 开
本书内容包括：调查员须知、鉴查员须知、填表说明等。
收藏单位：国家馆

02271
家计调查须知 社会部统计处编
社会部统计处，[1930—1949]，28 页，32 开
本书共 5 部分：家计调查的意义、调查表件的填写方法、填写举例、调查的步骤、应当注意的问题。
收藏单位：国家馆

02272
家庭生计调查之研究 郑仲陶编
出版者不详，[1934.6]，32 页，16 开
本书共 3 部分：征集材料、调查范围、整理结果。

02273
农村调查及宣传实验计划 中国国民党青岛特别市党务指导委员会宣传部编
出版者不详，23 页，32 开
收藏单位：南京馆

02274
农村社会调查 张锡昌编
上海：黎明书局，1934.9，382 页，32 开（黎明乡村教育丛书）
上海：黎明书局，1935.3，再版，382 页，32 开（黎明乡村教育丛书）
本书共 9 章，内容包括：为什么要举行农村社会调查、农村社会调查的种类、农村社会调查的方法、调查材料的整理、农村经济调查、农村教育调查、农村政治调查等。附主要参考书。
收藏单位：重庆馆、广东馆、广西馆、贵州馆、国家馆、吉林馆、近代史所、辽大馆、南京馆、内蒙古馆、山西馆、上海馆、天津馆、浙江馆

02275
农村社会调查方法 张世文著
重庆：商务印书馆，1944.7，212 页，32 开（社会科学小丛书）
上海、重庆：商务印书馆，1947.8，212 页，32 开（社会科学小丛书）
本书共 15 章，内容包括：社会调查的起源与发展、中国社会调查运动、社会调查的方法、农村社会调查的准备、农村实地调查进行的步骤、农村人口调查、农家生活费调查、农村工业调查等。附录县单位概况调查纲目、中外度量衡折算表。
收藏单位：重庆馆、东北师大馆、广东馆、广西馆、国家馆、吉林馆、近代史所、辽大馆、辽宁馆、南京馆、内蒙古馆、宁夏馆、上海馆、首都馆、天津馆、西南大学馆、浙江馆

02276
农村社会调查方法 张世文著
四川省训练团，1943，188+44 页，32 开
收藏单位：重庆馆、南京馆

02277
农村实地调查经验谈 张世文著
北平：北平友联社，1934.10，84页，32开
本书共6部分：导言、农村社会调查的准备、农村实地调查进行的步骤、农村社会调查的各种困难及其应付的方法、一点心得、调查纲目。
收藏单位：重庆馆、国家馆、南京馆、中科图

02278
农村实地调查经验谈（上编） 李柳溪著
出版者不详，1932.10，42页，32开
本书主要介绍农村实地调查的目的、方法与手续、材料之整理统计等。
收藏单位：重庆馆

02279
社会调查 蒋中正 张镇编
出版者不详，1945，98页，32开
收藏单位：天津馆

02280
社会调查 李景汉编
重庆：中国国民党中央执行委员会训练委员会，1944，75页，32开
本书共8章：绪论、社会调查的程序与困难、推进社会调查的途径、全体调查法、选样调查法、个案调查法、其他调查法、调查表的编制与访问的技术。
收藏单位：重庆馆、广西馆、贵州馆、国家馆、南京馆、内蒙古馆、西南大学馆

02281
社会调查 李柳溪编
江西省地方政治讲习院，1940.3，213页，25开（分组训练教材26）
本书共10章：总述、实地调查方法、实地调查的步骤、调查员、调查材料整理的方法、调查材料统计的方法、制统计表的方法、绘统计图的方法、统计应用算术公式、县单位各级人员应行调查事项。
收藏单位：重庆馆

02282
社会调查 绥远省政府乡村建设委员会训练处编
绥远省政府乡村建设委员会训练处，1936，45页，50开
本书概述社会调查的重要性、意义、历史等。
收藏单位：重庆馆

02283
社会调查 言心哲编
江苏：中国国民党直属江宁自治实验县党务指导委员会，1935，120页，24开（中国国民党直属江宁自治实验县党务指导委员会丛书6）
本书共4章：社会调查表格的编制、社会调查表格的填写与校正、社会调查与年龄计算、社会调查与职业分类。附录各国度量衡标准及换算比较、修正户籍法、我国农民生活程度的一个研究等。
收藏单位：重庆馆

02284
社会调查 言心哲编
中国国民党中央执行委员会组织部，192页，25开（保甲函授讲义7）
本书共9章，内容包括：社会调查的设计、社会调查参考材料的搜集、社会调查表格的编制、社会调查表格的填写与校订、社会调查资料的整理等。
收藏单位：国家馆

02285
社会调查 张梅谷选编
出版者不详，[1936]，110页，32开
本书共10章，内容包括：社会调查之意义及性质、社会调查在今日中国之重要、社会调查在中国举行的困难、社会调查之种类、实地调查之方法、调查谈话、图表之编制等。
收藏单位：东北师大馆、国家馆

02286
社会调查（社会调查之主要方法） 陈达讲
重庆：中央训练团党政高级训练班，1944，15

页，32 开

本书介绍完全归纳法、选样法、个案法等。附社会调查讨论问题。

收藏单位：黑龙江馆、辽宁馆、内蒙古馆

02287

社会调查表格　李柳溪编

[赣县]：江西省地方行政干部训练团，1941.5，58 页，16 开（分组训练教材 26）

本书内容包括：地理、历史、人口、经济、教育、政治、卫生、宗教、风俗、娱乐 10 项调查表格。

收藏单位：重庆馆

02288

社会调查大纲　郭茂莲编

中央警官学校，74 页，32 开

本书为中央警官学校讲义。共 4 章：绪论、社会调查的方法、调查人员的修养与注意、调查材料的整理与制表。

收藏单位：国家馆

02289

社会调查大纲　言心哲编

上海：中华书局，1933.5，273 页，25 开

上海：中华书局，1936.12，再版，273 页，25 开

本书共两编 13 章，内容包括：社会调查之步骤、社会调查之组织、实地调查方法、调查谈话、教育调查、犯罪调查、卫生调查、失业调查等。附录社会调查与社会统计中文参考书目等。

收藏单位：重庆馆、广东馆、广西馆、贵州馆、国家馆、湖南馆、吉林馆、近代史所、辽大馆、辽宁馆、南京馆、内蒙古馆、上海馆、首都馆、天津馆、浙江馆、中科图

02290

社会调查大纲　言心哲编

[南京]：中央政治学校，1930.4，628 页，16 开

收藏单位：南京馆

02291

社会调查大纲　中央陆军军官学校军官研究班编

南京：中央陆军军官学校军官研究班，1929，596 页，16 开

本书为中央警官学校讲义。共 13 章，内容包括：绪言、社会调查之步骤、社会调查之组织、调查谈话、应用统计方法、应用分布方法、利用图表、调查方法、人口调查等。

收藏单位：国家馆、南京馆

02292

社会调查的认识与方法　张爽坤编

重庆：说文社，[1946.12]，212 页，32 开

本书共 16 章，内容包括：导论、调查事业的认识、情报活动的认识、社会调查的认识、全体调查法、选择调查法等。

收藏单位：重庆馆

02293

社会调查法　于恩德著

北平：文化学社，1931.2，158 页，32 开

本书共 4 部：社会调查绪论、实施社会调查的准备、社会调查的范围和搜求材料的标准、调查材料之整理。

收藏单位：重庆馆、广西馆、吉林馆、首都馆、天津馆、浙江馆

02294

社会调查方法　樊弘著

外文题名：An introduction to the methods of social survey

上海：中华教育文化基金董事会社会调查部，1927.8，184 页，22 开（社会研究丛刊）

上海：中华教育文化基金董事会社会调查部，1928.9，再版，184 页，22 开（社会研究丛刊）

上海：中华教育文化基金董事会社会调查部，1933.4，国难后 1 版，168 页，22 开（社会研究丛刊）

上海：中华教育文化基金董事会社会调查部，1935，国难后 2 版，168 页，22 开（社会研究丛刊）

上海：中华教育文化基金董事会社会调查部，1937，国难后3版，168页，22开（社会研究丛刊）
上海：中华教育文化基金董事会社会调查部，168页，22开（社会研究丛刊）

本书共7章：实地调查社会的绪论、历史的方法、个体的调查、标本的调查、全体的调查、调查表的编制、调查表的整理。附录与人力车夫谈话。

收藏单位：重庆馆、东北师大馆、广东馆、广西馆、贵州馆、国家馆、湖南馆、辽大馆、辽宁馆、南京馆、内蒙古馆、宁夏馆、上海馆、首都馆、天津馆、武大馆、浙江馆、中科图

02295
社会调查方法　言心哲著
出版者不详，[1933.3]，610+82页，22开

本书共两编16章，内容包括：社会调查之步骤、社会调查之组织、实地调查方法、调查谈话、人口调查概论、中国全国人口调查之商榷、中国农村人口调查、教育调查、卫生调查、犯罪调查、失业调查等。附录社会调查中文参考书目、社会调查名词汉译、社会调查英文参考书目。

收藏单位：重庆馆、国家馆

02296
社会调查概论　邓桢树编
邓桢树[发行者]，1947，170页，32开

本书分9部分：社会现象的几个方面及其与社会调查的关系、社会调查的重要、社会调查的起源与发展、社会调查的性质与目的、社会调查的范围与种类、社会调查的计划与组织、社会调查的主要方法、社会调查的进行程序、社会调查结果的处理。附录社会概况调查纲目等7种。

收藏单位：国家馆、南京馆

02297
社会调查概要　雷澄林编　凌绍祖校
雷澄林[发行者]，1933，92页，22开

本书共7章：绪论、各种调查之概述、社会调查之种类、实地调查之方法、调查前之准备、调查时应注意之事项、调查完毕之工作。

收藏单位：国家馆、南京馆、浙江馆

02298
社会调查纲要　孙本文编
国防部新闻工作人员训练班，1946，60页，36开

本书共6章，介绍社会调查的性质与目的、范围与种类、计划与组织、方法与程序等。附录家庭概况调查表附调查须知、社会概况调查纲目。

收藏单位：重庆馆

02299
社会调查纲要　汪龙编著
重庆：汪龙[发行者]，1944.2，100页，25开

本书共9章：绪论、全体调查、选样调查、个案调查、举办社会调查之前提、调查问项与调查表、搜集资料、审核资料、整理资料。

收藏单位：重庆馆、国家馆、南京馆、上海馆

02300
社会调查讲义　言心哲编著
出版者不详，192页，32开

收藏单位：广东馆

02301
社会调查讲义　袁兆麟编
国防部新闻局工作人员训练班第三班，32页，32开（训练教材13）

收藏单位：南京馆

02302
社会调查教程　郑尧柈编述
[重庆]：宪兵学校，1942.4，168页，32开

本书分总论、各论两编。总论介绍社会调查在中国之重要、中国社会调查之历史、社会调查举行的困难、如何使地方人士接受社会调查、实地举办社会调查之步骤，分论包括户口调查、人口动态调查、家计调查、

劳工调查和失业调查等。

收藏单位：重庆馆、国家馆

02303

社会调查与统计学　陈毅夫著

外文题名：Social case study and statistics

无锡：陈毅夫［发行者］，1936.1，23+618 页，22 开

本书共 3 编 38 章，内容包括：总论、社会调查、统计学等。书前有作者自序。书后有补录、附录及各种统计表格等。

收藏单位：重庆馆、国家馆、辽大馆、南京馆、上海馆、浙江馆

02304

社会调查与统计学　陈毅夫著

上海：商务印书馆，1947.8，2 册（637 页），25 开

收藏单位：重庆馆、东北师大馆、广东馆、广西馆、贵州馆、国家馆、黑龙江馆、吉林馆、辽大馆、南京馆、内蒙古馆、上海馆、首都馆、武大馆、浙江馆、中科图

02305

社会调查在今日中国之需要　李景汉著

北平：清华大学，1932.11，8 页，16 开

本书为《清华周刊社会科学专号》抽印本。

02306

社会调查之原理及方法　蔡毓骢著

上海：北新书局，1927.7，221 页，32 开

上海：北新书局，1928.1，再版，221 页，32 开

本书共 21 章，内容包括：社会调查与科学的社会研究、文件的检定、实地调查的种类及问题、有成效的调查机关举例、个案调查、户口调查、社会调查导言及史略、社会调查的种类等。

收藏单位：重庆馆、广东馆、广西馆、国家馆、南京馆、内蒙古馆、山西馆、上海馆、天津馆、浙江馆

02307

社会调查专号　李景汉　李柳溪著

出版者不详，[1932]，84 页，16 开

本书收论著 4 篇：《对社会调查应有的认识》（李景汉）、《社会调查与民众教育》（李柳溪）、《到乡间去调查员应注意的几点》（李柳溪）、《调查员须知》（李柳溪），另有统计表 10 余种。附录社会调查大纲目录、实地社会调查方法。目录页题：通县南关实验区社会调查专号。

收藏单位：国家馆

02308

实地社会调查方法　李景汉著

外文题名：Methods of social survey in China

北平：星云堂书店，1933.2，419+51 页，16 开

本书共 16 章，介绍社会调查的意义、种类、起源及发展，社会调查的步骤，实地调查举例等。书前有瞿世英序和作者自序。附录中西文关于社会调查的参考书目。

收藏单位：重庆馆、国家馆、吉林馆、南京馆、上海馆、首都馆、中科图

02309

实用社会调查　黄福燕编

上海：大东书局，1948.10，148 页，32 开

本书共 10 章：绪论、调查准备、调查机关之组织及人员训练、调查表格之编制、全体调查、选样调查、个案调查、资料之整理、调查报告之编制、今后工作之瞻望与革新。

收藏单位：重庆馆、国家馆、内蒙古馆

02310

实用社会调查　温仲良编著

温仲良［发行者］，1936，452 页，32 开，精装

本书共 11 章，内容包括：社会调查绪论、社会调查之实施、调查表格之编制、统计方法之应用、户口调查、教育调查、经济调查、调查结果之公布与设计等。附各种数量单位、职业分类。其他题名：社会调查。

收藏单位：北大馆、国家馆

02311
乡村社会调查大纲 冯锐著
北平：中华平民教育促进总会，1929.6，3 册，32 开（中华平民教育促进会总会华北试验区社会调查部丛书）
北平：中华平民教育促进总会，1934.3，再版，3 册，32 开（中华平民教育促进会总会华北试验区社会调查部丛书）

本书上册为普通调查，调查农村地理、历史、交通和运输、人口、家族、乡村卫生和清洁、政治、教育、宗教、风俗道德、游戏及娱乐、民俗、农业状况、灾荒、工商、度量衡；中册为农业调查，调查普通农作物、果树、林业、家畜的经营等；下册为经济调查，调查农民劳工进款、盈亏、佃租制度等。

收藏单位：重庆馆、东北师大馆、广东馆、国家馆、近代史所、南京馆、内蒙古馆、宁夏馆、首都馆、天津馆、中科图

02312
乡镇单位的社会调查与统计 李柳溪著
[赣县]：江西省地方行政干部训练团，1930，182 页，32 开（基本认识丛书 5）
[赣县]：江西省地方行政干部训练团，1941，再版，182 页，32 开（基本认识丛书 5）

本书共 10 章，概述社会调查的要义、方法与原则，分述工作计划、编表、训练、审查、订正、分类等具体方法。书中题名：社会调查与统计。

收藏单位：重庆馆、国家馆、南京馆

社会工作、社会管理、社会规划

02313
都市社会事业 邱致中著
上海：有志书屋，1937.2，222 页，25 开，精、平装（都市社会学丛书 7）

本书共 7 章，阐述都市社会事业的意义，本质、趋向、分类，分述都市社会的救护事业、经济保护事业、失业保护事业、医疗保护事业、儿童保护事业、教化事业等。

收藏单位：国家馆、内蒙古馆

02314
社会服务
北平：华文学校，1948.1，油印本，1 册，16 开

本书共 12 课：开会经过、同工通讯、指导团员、办夏令会、征求会员、领袖人才、举行冬赈、福利事业、远足旅行、推进文化、卫生运动、集团结婚。

收藏单位：国家馆

02315
社会个案工作方法概要 吴榆珍编译
重庆：中华书局，1944.1，130 页，32 开（社会行政丛书 社会工作类）
上海：中华书局，1946.12，再版，130 页，32 开（社会行政丛书 社会工作类）

本书共 8 章：社会工作之种类与方法、社会个案工作之理论基础、社会个案工作方法及进行程序、社会个案工作之专门业务（上、下）、社会治疗之专业与社会价值、特殊社会个案工作、社会个案工作举例等。

收藏单位：重庆馆、广西馆、贵州馆、桂林馆、国家馆、吉林馆、辽大馆、辽宁馆、南京馆、内蒙古馆、上海馆、天津馆、西南大学馆、浙江馆

02316
社会工作（初稿） 钮长耀编
中央社会部，1940.12，184 页，32 开（社运丛书 10）

本书共 7 章：导论、社会工作的基本法则、民众团体的指导要领、社会救济事业的实施、社会服务事业的实施、社会工作人员应有的修养、结论。

收藏单位：重庆馆、广东馆、贵州馆、国家馆、吉林馆、南京馆

02317
社会工作导论 蒋旨昂著
上海：商务印书馆，1946.12，82 页，32 开

本书共 8 章：社会工作之地位、社会研

习、社工与个人、社工与团体、社区组织、社会行政、社工干部教育、社工所需的社会学概念。书前有李安宅序和作者自序。

收藏单位：广东馆、辽大馆、南京馆、上海馆、天津馆

02318

社会工作导论　蒋旨昂著

社会部，1946，82 页，32 开

收藏单位：重庆馆、国家馆、天津馆

02319

社会活动指导　梁上燕著

桂林：文化供应社，1944.2，93 页，32 开（国民教育丛书）

本书概述政治、经济、文化、军事、建设等方面的社会活动。根据国民党政府教育部所颁布的《国民教育实施纲要》的规定编辑。

收藏单位：重庆馆、广东馆、广西馆、贵州馆、桂林馆、国家馆、吉林馆、南京馆、西南大学馆

02320

社会事业　李剑华著

上海：世界书局，1931.4，188 页，32 开

本书分总论、各论两篇 14 章，总述社会事业的由来、意义、范围、分类等，分述救贫事业、职业介绍事业、儿童保护事业、住宅供给事业等。

收藏单位：重庆馆、广东馆、广西馆、贵州馆、桂林馆、国家馆、湖南馆、南京馆、上海馆、天津馆、浙江馆

02321

社会事业　王仙舟编

镇江：中国文化服务社江苏分社，1947.1，79 页，32 开

收藏单位：南京馆

02322

社会事业大纲　祁森焕著

北平：博文社，1931.10，148 页，32 开，精装

本书共 6 章：序论、普通社会事业、经济保护事业、保健社会事业、儿童保护事业、教化社会事业。后附参考书。

收藏单位：重庆馆、国家馆、南京馆、天津馆

02323

社会事业纲要　李世勋著

上海：中华社会事业研究所，1931，114 页，32 开

本书分总论、各论两大部分。总论共 3 章，论述社会事业、社会病态、社会事业和慈善事业；各论共 5 章，论述救贫事业、医疗救济事业、经济保护事业、社会教化事业、儿童保护事业等。

收藏单位：南京馆

02324

社会事业纲要　中国国民党中央执行委员会训练委员会西北干部训练团　甘肃省地方行政干部训练委员会编

兰州：中国国民党中央执行委员会训练委员会西北干部训练团、甘肃省地方行政干部训练委员会，8+16+14 页，36 开

本书收文 3 篇：《救济概要》《禁政概要》《改善礼俗应注意事项》。

收藏单位：重庆馆

02325

社会事业与社会建设　复旦大学社会学系编

重庆：独立出版社，1941.4，188 页，32 开（复旦大学社会学系丛刊）

本书为论文集。收入《社会行政与社会建设》（谢徵孚）、《县政建设关系论》（张鸿钧）、《社会调查与社会计划》（李景汉）、《各国社会事业概况》（孙本文）等 13 篇文章。

收藏单位：广东馆、广西馆、贵州馆、桂林馆、国家馆、湖南馆、江西馆、近代史所、南京馆、内蒙古馆、上海馆、西南大学馆、浙江馆

02326

社会问题概要　钱然编

上海：世界书局，1929.6，143 页，50 开（社

会经济概要丛书）

本书共6编：总论、劳动问题、家庭问题、妇女问题、社会主义、社会政策。

收藏单位：重庆馆、广西馆、浙江馆

02327

社会问题与社会政策 周宪文编

上海：中华书局，1934.1，144页，32开（中华百科丛书）

上海：中华书局，1941.2，3版，144页，32开（中华百科全书）

本书节取日本林癸未夫著《社会政策新原理》一书内容编成。共8章：绪言、什么叫做社会、什么是资本主义社会、有产阶级与无产阶级的对立、社会问题的结症、社会政策的目的、社会政策与社会主义、结论。附录参考书、名词索引。

收藏单位：重庆馆、广西馆、国家馆、湖南馆、辽宁馆、南京馆、内蒙古馆、宁夏馆、天津馆、浙江馆、中科图

02328

社会行政概论 陈炽林编著

建国出版社，1942，90页，32开

本书收有《我们对于社会行政的意见》（孙本文等）、《社会行政纲要》（张鸿钧）、《社会学与社会行政》（陈达）、《社会行政与社会研究》（杨开道）、《社会行政与社会调查》（李景汉）、《社会行政与社会制度》（王政）等论文。

收藏单位：浙江馆

02329

社会行政概论 孙本文等著

重庆：中国文化服务社，1941.10，184页，32开（社会行政丛书）

重庆：中国文化服务社，1944，再版，184页，32开（社会行政丛书）

长春：中国文化服务社，1946.7，150页，32开（社会行政丛书）

收藏单位：重庆馆、东北师大馆、广东馆、国家馆、吉大馆、吉林馆、辽大馆、南京馆、天津馆、浙江馆

02330

社会行政讲义 西康省地方行政干部训练团编

西康省地方行政干部训练团，1942，90页，32开

本书共8章，内容包括：民众组训、社会运动、社会福利事业、社会调查、社会工作的方法等。封面题名：社会行政。

收藏单位：重庆馆

02331

社会运动辞典 王伟模编著

上海：明日书店，1930，271页，32开

本书解释三权分立、三民主义、土地革命、小作人、女权主义、孔德、巴黎公社、中央派、不换纸币、不平等条约、分裂政策等与社会运动相关的词语。

收藏单位：东北师大馆、湖南馆、近代史所、山西馆、上海馆

02332

社会政策 胡钧著

上海：商务印书馆，1920.9，224页，22开，精装

本书分概论、分论两编。概论包括：社会问题、社会政策之发展、国家对于社会政策之职务、社会政策与社会主义等，分论包括：劳动问题、营业之竞争、济贫法等。

收藏单位：重庆馆、国家馆、上海馆、首都馆、中科图

02333

社会政策 君实 杨端六译述 东方杂志社编纂

外文题名：Social policies

上海：商务印书馆，1923.12，98页，50开（东方文库第21种）

上海：商务印书馆，1924.9，2版，98页，50开（东方文库第21种）

上海：商务印书馆，1925，3版，98页，50开（东方文库第21种）

上海：商务印书馆，1931.10，4版，98页，50开（东方文库第21种）

本书收有《职业介绍所论》《劳动者失业保险制度》《劳动者疾病保险制度》《养老年金议》4篇文章。为《东方杂志》20周年纪念刊物。

收藏单位：重庆馆、东北师大馆、广东馆、广西馆、桂林馆、国家馆、湖南馆、辽大馆、南京馆、内蒙古馆、山东馆、上海馆、绍兴馆、天津馆、武大馆、西南大学馆

02334

社会政策 孙伯謇编述

上海法政学院，[1930—1939]，106页，16开

收藏单位：国家馆

02335

社会政策 朱亦松著

上海：商务印书馆，1933.12，68页，32开（百科小丛书）（万有文库 第1集117）

上海：商务印书馆，1934.1，68页，32开（百科小丛书）

本书共3章：社会政策的性质暨其伦理的意义、指导社会政策所采用的方法、实行社会政策所遵循的途径。书前有卷头语。

收藏单位：重庆馆、大连馆、大庆馆、东北师大馆、广东馆、广西馆、贵州馆、国家馆、黑龙江馆、江西馆、辽大馆、辽师大馆、内蒙古馆、宁夏馆、上海馆、首都馆、天津馆、武大馆、浙江馆

02336

社会政策 ABC 郭真著

上海：ABC丛书社，1930.3，73页，32开（ABC丛书）

本书共4章：社会政策的意义及其发展、社会政策的实施、各国的社会政策、社会政策与中国。

收藏单位：重庆馆、广东馆、广西馆、国家馆、吉林馆、江西馆、南京馆、内蒙古馆、宁夏馆、天津馆

02337

社会政策大要 何思源讲 林霖记录

商务印书馆，1927.4，90页，50开（国立中山大学政治训育丛书）

本书共4部分：绪论、劳动法、劳动保护、社会保险。

收藏单位：国家馆、湖南馆、江西馆、浙江馆

02338

社会政策大要 何思源讲 林霖记录

广州：中山大学政治训育部编辑科，1927.4，80页，25开（中山大学政治训育丛书9）

广州：中山大学政治训育部编辑科，1928.9，3版，80页，32开（中山大学政治训育丛书9）

收藏单位：重庆馆、国家馆

02339

社会政策论 （日）北泽新次郎著 周宪文译

上海：新生命书局，1931.11，258页，32开

本书共7章：劳工问题的展望、失业问题、工资制度、工会、劳资争议解决的诸制度、工场法、对于劳工问题的诸思潮。书前有译者的话。

收藏单位：重庆馆、广东馆、国家馆、湖南馆、江西馆、近代史所、南京馆、上海馆、首都馆、浙江馆

02340

社会政策新原理 （日）林癸未夫著 周宪文译

上海：中华书局，1932.9，[20]+342页，22开

本书探究社会政策的指导原理。共8章：社会政策的概念、资本主义、社会、有产阶级与无产阶级、榨取与其社会的弊害、社会政策的理想、社会政策的目的、社会政策与国家。

收藏单位：重庆馆、广东馆、广西馆、贵州馆、国家馆、湖南馆、吉林馆、江西馆、辽大馆、南京馆、内蒙古馆、上海馆、浙江馆

02341

社会政策序论 （日）田崎仁义著 宋树人译

上海：东南书店，1929.6，52页，50开

收藏单位：江西馆

02342
社会政策原理 （日）波多野鼎著 刘侃元译
上海：大江书铺，1930.7，140页，32开
本书共3章：社会政策学的课题、社会政策的必然性、社会政策的本质。
收藏单位：广东馆、贵州馆、国家馆、江西馆、南京馆、上海馆、首都馆、天津馆、浙江馆

02343
社会政策原论 （日）河田嗣郎著 梁于民译
上海：商务印书馆，1936.1，216页，32开（社会科学小丛书）
本书共18章，前13章论述社会政策的意义、立场与表现、伦理观、生产力问题、分配问题等；后5章论述共产主义、法西斯主义、德国国民社会主义与社会政策等。
收藏单位：重庆馆、广东馆、广西馆、国家馆、湖南馆、吉林馆、南京馆、内蒙古馆、上海馆、首都馆、浙江馆

02344
文化失调与中国社会问题 孙定文著
外文题名：Culture maladjustment and Chinese social problems
[北京]：燕京大学社会学系，1928.6，13页，16开（燕京大学社会学系丛刊 丙组9）
本书原载《社会学界》第2卷。
收藏单位：浙江馆

02345
现代社会事业 言心哲著
重庆：商务印书馆，1944.9，396页，25开
上海：商务印书馆，1946.6，396页，25开
本书共6编：现代社会事业纲要、各国社会事业概况、社会事业人才的训练、社会个案工作、社会团体工作、社区服务工作。附录社会事业参考资料目录。
收藏单位：重庆馆、东北师大馆、广东馆、贵州馆、桂林馆、国家馆、黑龙江馆、湖南馆、近代史所、辽大馆、辽宁馆、南京馆、内蒙古馆、宁夏馆、上海馆、绍兴馆、首都馆、天津馆、西南大学馆、浙江馆、中科图

02346
新社会政策 （日）永井亨著 无闷译
上海：太平洋书店，1929.9，406页，25开
本书分总论、各论两编。总论共包括社会思想之变迁及系统、经济及政治组织之形态、社会政策之学说及理论3章；各论包括劳动问题与社会问题、产业问题与失业问题、劳动立法与社会行政、劳动运动与产业争议等6章。
收藏单位：重庆馆、国家馆、湖南馆、南京馆、上海馆、绍兴馆、首都馆、天津馆、浙江馆

02347
怎样服务社会 潘文安编
上海：民众教育研究社，1932.12，61页，42开（注音符号民众万有丛书 修养类）
收藏单位：江西馆、南京馆、首都馆

人口学

02348
读马尔瑟斯人口论感言（中英文对照） 陈光焜著
北平：北京大学，1942.12，29页，16开
本书为北京大学论文集。共4部分：论马尔瑟斯时代以前世界人口之趋势、论马尔瑟斯人口原则倾向世界主义、论达尔文生物生存竞争原则偏重自然环境、论民族生存竞争应重国家主义及社会环境。附参考书目。
收藏单位：国家馆、首都馆

02349
和平实现的方法（一名，圣学与人口问题） 天勇著
沙市：中国圣学讨论会，23页，32开
本书用圣学的观点探讨人口问题的解决。
收藏单位：国家馆

02350
马尔萨斯人口论 林骙著
上海：商务印书馆，1926.1，66页，36开（百科小丛书106）
上海：商务印书馆，1936.1，66页，36开（百科小丛书106）
本书共4章：马尔萨斯小传、人口论出世的情形并马尔萨斯立说的态度、人口论的要点、人口论对于学术界的影响。
收藏单位：重庆馆、广东馆、广西馆、国家馆、江西馆、南京馆、内蒙古馆、山东馆、上海馆、首都馆、天津馆、武大馆、西南大学馆、浙江馆

02351
马尔塞斯人口论之解决 唐云著
开智公司，26页，18开（世界学说总评）
本书内分绪论和结论两部分。附录致蔡孑民书等。
收藏单位：国家馆

02352
马尔莎斯人口论 （日）布川静渊著 阮有秋译
上海：太平洋书店，1928.2，68页，50开（社会问题丛书）
上海：太平洋书店，1928.9，再版，68页，36开
本书共12部分：马尔莎斯时代之欧洲、人口原则之要义、人口原则上的问题（一、二、三）、人口原则与移民排异、人口原则之修正、个人本位和社会本位、人口原则与社会改良、新马尔莎斯主义、新人口原则之预想、结论。
收藏单位：重庆馆、贵州馆、国家馆、湖南馆、上海馆、首都馆、武大馆

02353
民生主义与人口问题 王警涛著
上海：民智书局，1927.12，118页，32开
本书共6部分：马尔塞斯人口论大意及各家的批评、新马尔塞斯主义的狂飙、人口问题与社会健康、贫困与人口过庶、经济世界中的人口问题、民生主义实现以后。书前有卷首语。
收藏单位：重庆馆、广东馆、广西馆、桂林馆、国家馆、湖南馆、吉林馆、江西馆、南京馆、上海馆、天津馆、浙江馆

02354
人口论 （英）马尔萨斯（T. R. Malthus）著 郭大力译
外文题名：First essay on population
上海：世界书局，1933.9，185页，32开
本书共19章，主要思想为：人口按几何级数增长，食物以算术级数增长，形成人口过剩，导致贫穷和犯罪等。
收藏单位：重庆馆、广东馆、广西馆、贵州馆、国家馆、湖南馆、近代史所、南京馆、山西馆、上海馆、首都馆、天津馆、浙江馆

02355
人口论ABC 孙本文著
上海：ABC丛书社，1928.9，124页，32开
上海：ABC丛书社，1929.4，再版，124页，32开
本书共13章，内容包括：绪论、人口数量问题概观、人口增加率、土地利用的饱和度、移民的可能程度、生育限制、世界人口的将来、人口与国际关系、中国的人口问题等。卷首有作者例言。附录参考书目、中国最近一百八十五年间人口总数表、世界各洲面积及人口表。
收藏单位：重庆馆、广东馆、广西馆、国家馆、吉林馆、江西馆、近代史所、辽大馆、辽宁馆、南京馆、宁夏馆、上海馆、首都馆、天津馆、浙江馆

02356
人口论纲要（现代人口问题与中国） 许仕廉编
上海：中华书局有限公司，1934.9，668页，25开，精装
本书共14章，内容包括：绪言、人口增加与人口增加率、人口增加的生物方面、人口限制与人口压力、工业原料与人口的地理

要素、人口与食源、工业原料与人口的地理要素等。

收藏单位：重庆馆、东北师大馆、广东馆、贵州馆、国家馆、黑龙江馆、湖南馆、吉林馆、近代史所、辽宁馆、南京馆、内蒙古馆、上海馆、天津馆、浙江馆

02357

人口食粮问题 [（日）那须皓]著 黄枯桐译

上海：新学会社，1928.12，92页，32开

本书共4部分：人口食粮问题底今昔观、人口食粮问题底国际的研究、何故倡人口食粮问题、食粮生产上一个革命的可能性。

收藏单位：辽大馆、南京馆、内蒙古馆、天津馆

02358

人口问题 陈达著

上海：商务印书馆，1934，450页，22开，精、平装（大学丛书 教本）

上海：商务印书馆，1934，再版，450页，22开（大学丛书 教本）

上海：商务印书馆，1935，再版，23+450页，22开，精装（大学丛书 教本）

本书共4编22章，内容包括：人口理论、人口数量、人口品质、人口与国际关系等。附录我国中等人家每人的主要费用、参考文献撮要等。为原国立清华大学丛书。

收藏单位：重庆馆、广东馆、广西馆、贵州馆、国家馆、黑龙江馆、湖南馆、南京馆、内蒙古馆、上海馆、首都馆、武大馆、浙江馆

02359

人口问题 陶孟和等著

上海：商务印书馆，1933，109页，50开（东方文库续编）

本书内收文章3篇：《世界人口的将来》（陶孟和）、《我国人口统计数字之商榷》（陈方之）、《中国近百八十余年来人口增加之徐速及今后之调剂方法》（陈长蘅）。为东方杂志社30周年纪念刊。

收藏单位：重庆馆、大庆馆、东北师大馆、广东馆、国家馆、黑龙江馆、辽大馆、南京馆、内蒙古馆、宁夏馆、上海馆、武大馆

02360

人口问题概论 （日）矢内原忠雄著 杨开渠译

上海：开明书店，1930.3，221页，32开

上海：开明书店，1931，再版，221页，32开

本书共8章：人口与社会、人口问题之历史、马尔萨斯的人口论、人口之增加、食粮之供给、人口与失业问题、人口问题与社会制度、人口问题与国际关系。

收藏单位：重庆馆、广东馆、广西馆、贵州馆、国家馆、南京馆、山西馆、上海馆、首都馆、天津馆、浙江馆、中科图

02361

人口问题讲义集（第13辑） 林芳郎编

南京：出版者不详，1926，64页（人口问题资料41）

收藏单位：南京馆

02362

人口问题批评 （日）河上肇著 丁振一译

上海：南强书局，1929.4，56页，32开

本书批评马尔塞斯《人口论》。共4部分：以人口过剩为绝对的实为常识之误谬、人口过剩之真正事态、关于一般人口过剩对策论之批评、人口过剩之根本治疗法何在。书前有引言：人口过剩论乃是资本主义末期之一种病状的呻吟。附马尔撒斯人口论概要。

收藏单位：广东馆、广西馆、国家馆、吉林馆、南京馆、内蒙古馆、上海馆、首都馆

02363

人口问题新论 刘剑横著

上海：泰东图书局，1930.3，168页，32开

本书共6章：总论、人口增减的原因及其发展形势、马尔萨斯学说之批评、资本主义社会的人口问题、世界人口的现状、人口问题之解决。

收藏单位：重庆馆、国家馆、吉林馆、南京馆、上海馆、首都馆、天津馆、浙江馆、

中科图

02364
人口问题研究 陈天表著
上海：黎明书店，1930.12，150+56 页，32 开
本书共 6 章：人口底生物观、人口问题的发生及其研究的领域、人口变动的趋势、人口问题起因说、人口问题底实际观、人口问题解决的途径。附录关于注解的统计材料、关于人口问题普通参考材料。
收藏单位：重庆馆、东北师大馆、广东馆、广西馆、贵州馆、国家馆、吉林馆、近代史所、辽宁馆、南京馆、山西馆、上海馆、天津馆、浙江馆

02365
人口学原理 杨振先著
永安：福建省研究院，1941，380 页，25 开
本书共 12 章：绪论、马尔萨斯以前的人口理论、马尔萨斯的人口学说、马尔萨斯以后的人口理论、人口的分配与组织、人口的增加及趋势、生产率与死亡率、人口的调查、人口的品质、人口的限制、人口的迁移、人口问题的剖视。
收藏单位：重庆馆、福建馆、国家馆、吉林馆、南京馆

02366
世界及中国之人口问题 刘英士编
美利生印刷部，56 页，16 开
本书为中国国民党中央党务学校讲义。
收藏单位：南京馆

02367
现代人口问题 柯象峰著
南京：正中书局，1934.11，492 页，22 开（大学丛书）
本书共分 3 编，内容包括：第 1 编总论，包括绪论、人口调查、人口问题之理论 3 章；第 2 编人口问题之分析，包括人口与生活资料、人口组合、出生率、死亡率等 7 章；第 3 编结论，包括人口问题之国际观、人口问题解决之展望两章。书前有孙本文的《柯象峰先生现代人口问题序》及作者自序。
收藏单位：重庆馆、东北师大馆、广东馆、广西馆、贵州馆、国家馆、湖南馆、吉林馆、辽大馆、辽宁馆、南京馆、内蒙古馆、宁夏馆、上海馆、首都馆、浙江馆、中科图

人口学理论与方法论

02368
人口思想史 吴希庸著
北平：北平大学出版社，1936.6，300 页，22 开
本书共 3 篇 28 章，叙述古代、中世纪至现代各国的人口思想及人口政策。书前有李光忠序、自序、前言。
收藏单位：重庆馆、广东馆、国家馆、湖南馆、辽大馆、首都馆、天津馆、中科图

人口统计学

02369
户籍登记要义 薛城材编
浙江、南京：文华印刷所，1946.12，95 页，32 开
收藏单位：南京馆、浙江馆

02370
户籍概论（四川省训练团讲义） 周灵钧编
出版者不详，1940，56 页，36 开
本书介绍户籍的意义、范围，以及户籍行政组织、户口调查、户口异动登记、户口统计等。
收藏单位：重庆馆、广西馆、南京馆

02371
户籍概要 李柳溪编
[赣县]：出版者不详，[1941]，221 页，32 开
本书供县乡干部人员训练教材之用。共 8 章，内容包括：户籍行政的分述、户籍行政机

关、举办户籍的步骤与登记程序、户籍人员的训练与修养等。

收藏单位：重庆馆

02372

户籍概要　四川省新都实验县县政府编

成都：中华平民教育促进会，1938，144 页，16 开（新都实验县县政实验集 第 2 种）

本书共 5 章：绪论、户口调查、户口统计、人事登记、经费。

收藏单位：重庆馆

02373

户籍概要　西康省地方行政干部训练团编

西康省地方行政干部训练团，1942，188 页，32 开

本书共 3 章：总论、户籍登记、人事登记。

收藏单位：重庆馆

02374

户籍概要　严进编著

西安：陕西省地方行政干部训练团，1942.12，196 页，32 开（陕西省地方行政干部训练团训练教材）

本书分上、下编。上编户籍概念，共 4 章：绪论、人口理论、人口调查、我国户籍法；下编户籍实务，共 3 章：户籍行政、户籍业务、登记表件之填写说明。附录《户籍法》等。

收藏单位：重庆馆、南京馆

02375

户籍人事登记　梁国海编

桂林：出版者不详，88 页，32 开

本书共 6 章：户口调查、人事登记、户籍人事、登记之稽查指导、促进户籍行政、整理户籍册的办法。附录广西户籍人事登记暂行办法等。

收藏单位：重庆馆、广东馆、广西馆、国家馆、南京馆、浙江馆

02376

户籍人事登记浅说　湖北省政府民政厅编

湖北：湖北省政府民政厅，1945，72 页，32 开

本书内容包括：总论、户籍登记、人事登记、统计报告。

收藏单位：浙江馆

02377

户籍手册　黄震亚编　无锡县政府户政室校

无锡：无锡县政府户政室，1947.4，85 页，32 开

本书共 9 编，内容包括：户籍法概论、保甲整编概要、户口调查要点、查记须知、户口统计实务、全县实施户口总调查注意事项等。

收藏单位：国家馆

02378

户籍统计　韩景琦编

福建：福建省地方行政干部训练团，1940，46 页，16 开，环筒页装

本书主要论述了户籍统计之程序、统计表之种类及如何制作统计图表等。

收藏单位：重庆馆

02379

户籍统计　苏崇礼著

外文题名：Statistic applied to population

上海：商务印书馆，1933.12，224 页，32 开（万有文库 第 1 集 121）

上海：商务印书馆，1934.3，224 页，32 开（百科小丛书）

本书共 9 章：绪论、统计材料之搜集、表列法、图示法、平均数、差量与偏态性、相关、可靠度、比率与生殖指数。

收藏单位：安徽馆、重庆馆、大连馆、大庆馆、东北师大馆、复旦馆、广东馆、广西馆、贵州馆、国家馆、黑龙江馆、华东师大馆、江西馆、辽大馆、辽师大馆、南京馆、内蒙古馆、宁夏馆、上海馆、浙江馆

02380

户籍统计须知　湖南省地方行政干部训练团编

[长沙]：湖南省地方行政干部训练团，1942，石印本，28页，32开（户政组专业训练讲义1）

本书主要介绍了编制户籍的具体做法及注意事项。

收藏单位：重庆馆

02381

户籍行政经验集 薛城材著

浙江：南雷日报社，1946.5，82页，32开

本书内容包括：中国户籍行政之史的研究、如何健全各级户政人员等。

收藏单位：南京馆、内蒙古馆、浙江馆

02382

户籍要义讲义 湖南省警察训练所编

湖南：湖南省警察训练所，1937，1册，32开

本书共5章：总论、通则、户口调查、人事登记、户籍之登记及变更。附户籍法施行细则等5种。其他题名：户籍要义。

收藏单位：浙江馆

02383

户籍要义与实务 杨兆暄著

西安：大成印书馆，1947.5，再版，增订本，142页，36开，精、平装

本书内分户籍要义与户籍实务两编。内容包括：概论、我国户籍法、户口调查、户籍登记、国民身份证、户口统计。附录《户籍法》《国际法》等6种。

收藏单位：国家馆

02384

户籍疑义解答 张为炯编

出版者不详，56页，36开（西康民政厅户政丛书）

收藏单位：南京馆

02385

户口编查 吴汝堂编

杭州：浙江省民政厅，1943.10，[154]页，32开（乡镇自治指导读物 第3种）

本书共6章：概说、保甲户口编查、户口普查、户籍及人事登记、户口异动登记、户口统计。

收藏单位：重庆馆、国家馆

02386

户口编查 叶忠熙编

出版者不详，1940.6，36页，32开

本书内容包括：总述、户口编查的先决问题、户口编查的范围、编查户口的方法、填写调查表说明、编查员应注意事项、户口编查后的整理、户口抽查与复查。

收藏单位：福建馆、浙江馆

02387

户口编查与人事登记法 瞿世镇编 吴拯寰校

上海：三民公司，1930.3，46页，32开

上海：三民公司，1932，再版，增订版，46页，32开

本书共5章：总论、实施户口编查之目的、实施户口编查之事务与功效、实施户口编查之三种机关、户口编查与人事登记之实施方法。

收藏单位：重庆馆、东北师大馆、广西馆、南京馆

02388

户口查记手册 吴顾毓编著

南京：中华印书馆，1947.8，132页，32开

本书共5章：查记前之准备、户口调查、声请与登记、登记之稽核与督导、户口统计之编制。附录《新户籍法规述略》。

收藏单位：国家馆、南京馆、天津馆、浙江馆

02389

户口调查 [首都警察厅警员训练所]编

[首都警察厅警员训练所]，1946.10，46页，32开

本书为首都警察厅警员训练所讲义。共15章，讲述户口调查的意义、类别、要则、方法等。附录就旧历虚岁推算国历实足年龄表等4种。

收藏单位：国家馆、南京馆

02390
户口调查 阎家琦［编］
［天津］：出版者不详，1942，38页，22开
本书为天津特别市公署警察局户籍训练班讲义。
收藏单位：天津馆

02391
户口调查大意 杨济周编述
临海：出版者不详，1934，33页，32开
本书为临海县公安局警士训练班讲义。内容包括：户、口、户和口的相互关系、户口调查、户口的变动和呈报、人事登记。
收藏单位：浙江馆

02392
户口调查概要 张国权编著
内政部，1946.12，22页，32开（户政干部人员训练教材3）
本书共5章：绪论、户口调查之意义、户口调查之种类、户口调查之步骤、户口调查表册之填写及报告之编制。
收藏单位：广西馆、贵州馆、国家馆、吉林馆、南京馆、天津馆、浙江馆

02393
户口调查讲义
出版者不详，46页，32开
收藏单位：南京馆

02394
户口调查要义 丁嘉藩编
长沙：商务印书馆，1940.2，218页，32开
长沙：商务印书馆，1940，再版，218页，32开
长沙：商务印书馆，1941，［再版］，218页，32开
本书共8章：总论、调查之方法、户口调查表及其登记方法、户口调查材料内部整理法、户口调查日报册及手折、户口异动、编钉名牌及路牌、户口统计。
收藏单位：重庆馆、东北师大馆、广东馆、广西馆、贵州馆、国家馆、吉林馆、南京馆

02395
户口调查要义 徐维新编
中央警官学校，油印本，44页，32开
收藏单位：国家馆、南京馆

02396
户口调查与登记实施法 瞿世镇编辑
上海：三民公司，1930，46页，32开
本书封面题名：户口调查与人事登记法。
收藏单位：国家馆

02397
户口调查与人事登记 梁上燕 蒋卉著
［桂林］：民团周刊社，1938.6，44页，36开（丙种丛刊 第2种）（基层建设丛刊 第2辑5）
桂林：民团周刊社，1940，再版，1册，36开（丙种丛刊 第2种）（基层建设丛刊 第2辑5）
本书共6部分：概说、户籍法规节要、户籍人事登记疑点解释、怎样办理户口调查、怎样办理人事登记、结论。
收藏单位：重庆馆、广西馆、国家馆、南京馆

02398
户口普查 西康省地方行政干部训练团编
西康省地方行政干部训练团，1942，100页，32开
本书内容包括：户口普查之意义及其举办目的、户口行政之调整、户口应注意之重要问题。
收藏单位：重庆馆

02399
户口普查概要 包惠僧讲
内政部人口局，[1948]，30页，32开
本书据1947—1948年在国立政治大学高等考试及格人员训练班讲授的户口普查讲义整理而成，供各省市户政干部训练班户口普查教材之用。讲述户口普查的基本概念、经过、对象、内容、时间、人员经费、实施及统计等9个问题。附户口普查法、第一次全

国户口普查计划。

收藏单位：国家馆、南京馆

02400

户口普查手册 [永嘉县户口普查处编]

永嘉：[永嘉县户口普查处]，1943，37 页，36 开

收藏单位：浙江馆

02401

户口清查演讲大纲 刘书传讲

国防部新闻局，1946，8 页，32 开

本书讲述户口清查的意义、历史、目的，我国办理户口调查的困难，以及如何清查户口等。

收藏单位：重庆馆

02402

户政讲义 梁国海编讲

[桂林]：[广西省政府]，1938，106 页，32 开（广西县政公务员政治训练班讲义）

本书共 7 章，内容包括：户籍之意义、户籍制度之略史、户籍效用、户籍之种别等。封面题名：户政。

收藏单位：重庆馆、广东馆、南京馆

02403

户政人员手册 李廷梁编著

成都：协美印刷局，1943，4 版，101 页，36 开

本书共 4 章：保甲概要、户口调协、户口统计、户口异动登记。

收藏单位：重庆馆、南京馆

02404

历代户口通论 黎世蘅著

上海：世界书局，1922.1，[190] 页，32 开（新时代经济丛书 第 2 种）

本书分上、下集。上集导论，共两编：自学理观察之人口关系、自事实上观察之人口关系；下集本论，共 7 编：户籍之概说、历代户口统计之比较、历代户口统计之质疑、近代户口之编审、清代户口之概数、人口概数否定之两说、结论。著者原题：黎世衡。

收藏单位：重庆馆、福建馆、广东馆、国家馆、黑龙江馆、内蒙古馆、天津馆、中科图

02405

平乐县二十七年度暑期国民基础学校校长教员讲习会户口调查讲义

[桂林]：出版者不详，1938.7，15 叶，18 开

本书内容包括：总论、谁应被调查、职业、教育经济及其他。附印广西省户籍人事登记暂行办法及各县办理户籍人事登记程序、广西省户籍人事登记暂行办法。

收藏单位：桂林馆

02406

人口调查方法论 周维梁编

安徽统计训练班，油印本，1 册，16 开

收藏单位：南京馆

02407

人口动态统计方法 李蕃著

南京：中国计政学会，1935.7，104 页，32 开（中国计政学会丛书）

本书共 4 部分：概论、划记法、票计法、附——马克统计机之构造与应用。

收藏单位：重庆馆、广东馆、广西馆、国家馆、吉林馆、南京馆、上海馆、首都馆、浙江馆

02408

人口统计新论 朱祖晦著

武昌：朱祖晦[发行者]，1934.9，284 页，23 开（中国统计学社丛书）

本书共 5 部分：人口统计之意义、各国人口清查法之比较、各国生命注册法之比较、中国人口统计正讹、用拣样调查法调查中国人口问题之建议。附录《近三十年中拣样调查法之应用》等。

收藏单位：重庆馆、广东馆、广西馆、国家馆、吉林馆、辽宁馆、南京馆、内蒙古馆、武大馆、浙江馆、中科图

02409
人口统计学（又名，户籍学） 周炳洽编
广东省地方行政干部训练团，1942.3，138页，32开（统计类3）
本书共4篇：概论、我国人口调查统计及估计概述、现代国家科学的人口统计、人口资料之整理及分析。
收藏单位：重庆馆

02410
生命统计 陈长蘅讲
中央统计联合会，1934.5，16页，16开（中央统计联合会联合演讲11）
本书分8节，讲述生命统计。包括性别、年龄、生育、死亡等。
收藏单位：重庆馆

02411
生命统计方法 张世文编著
重庆、金华：正中书局，1943.2，渝初版，90页，25开（社会科学丛刊）
上海：正中书局，1947.2，沪1版，90页，25开（社会科学丛刊）
本书共12章：生命统计学之意义与重要、生命统计学简史、人口清查、人口清查材料之统计分析、人口估计、人事登记、出生率、死亡率、自然增加率与生殖指数、婚姻率、疾病率、生命表。
收藏单位：重庆馆、广东馆、国家馆、湖南馆、辽大馆、辽宁馆、南京馆、上海馆、绍兴馆

02412
生命统计学
出版者不详，1943，21页，32开
本书共6章：生命统计之意义和重要、调查与登记、生命统计上习用之比举率、死亡的原因、各种特殊疾病的统计、统计的制表。
收藏单位：国家馆、南京馆

02413
生命统计学概论 （美）辉伯尔（G. C. Whipple）原著 张世文译述
外文题名：Vital statistics : an introduction to the science of demography
上海：商务印书馆，1936.1，906页，32开，精装
上海：商务印书馆，1936.6，再版，73+906页，32开，精装
本书共16章，内容包括：人口统计学、统计的算学、统计的图解、调查与注册、人口、未来人口之推测等。
收藏单位：重庆馆、东北师大馆、广东馆、广西馆、贵州馆、国家馆、黑龙江馆、吉林馆、辽大馆、南京馆、内蒙古馆、上海馆、首都馆、天津馆、浙江馆、中科图

02414
生命统一学
上海：复旦大学出版组，油印本，1册，16开
收藏单位：南京馆

02415
我国及各国户籍制度之沿革及其比较 高矫桓著
出版者不详，24页，32开
收藏单位：浙江馆

02416
怎样整理社学区户口经济调查材料 中华平民教育促进会华西实验区编
[四川]：中华平民教育促进会华西实验区，37页，36开（工作说明丛刊）
本书介绍整理材料的方法选择以及步骤。
收藏单位：重庆馆

02417
怎样做户口调查 中华平民教育促进会华西实验区编
[四川]：中华平民教育促进会华西实验区，1949，22页，36开（工作说明丛刊）
本书共4部分：户口概况调查的几个基本概念及如何进行调查、应该调查谁、填表须知、调查者应该特别注意的几件事等。
收藏单位：重庆馆

02418
浙江省户口调查表说明　新昌县政府编
新昌：新昌县政府，1932.11，12 页，32 开
收藏单位：浙江馆

02419
综合制人口登记刍议　李植泉著
[福州]：福建省政府秘书处统计室，1941，18 页，18 开
收藏单位：福建馆

人口地理学

02420
流民问题　辛朴生著　若水译
成都：今日新闻社，1941.10，31 页，32 开（今日新闻社译文丛刊 第 1 种）
本书介绍世界各国的人口迁移问题。共 29 部分，内容包括：流民、民族主义、战后的移动、亚美尼亚人的移动、希腊人的移动、保加利亚人的移动、土耳其人的移动等。
收藏单位：重庆馆、广东馆、国家馆、吉林馆

02421
人口变迁的原素　陈达著
北平：清华大学，1934.1，1 册，16 开
本书分生育率、死亡率、自然增加率 3 部分介绍人口变迁的概况、各国的情形、我国的人口资料。为《清华学报》9 卷 1 期单行本。
收藏单位：广东馆、国家馆

02422
人口地理学　（日）石桥五郎著　沐绍良译述
长沙：商务印书馆，1938.4，218 页，32 开（地理学丛书）
本书共 5 章：序说、静态人口地理、动态人口地理、移居人口地理、人口地图。
收藏单位：重庆馆、东北师大馆、广东馆、贵州馆、国家馆、黑龙江馆、辽大馆、南京馆、宁夏馆、上海馆、天津馆

02423
人口西迁与中国前途　陈清晨著
上海：亚东图书馆，1939，96 页，32 开
本书介绍抗战以来我国人口西迁的情况及其对西南地区社会和经济发展所产生的影响。共 5 部分：流徙之潮、好大的变化、西南民族问题、历史往事、预言者说。
收藏单位：国家馆

02424
中国北部人口的结构研究举例　许仕廉著
北平：燕京大学社会学系，1931.6，71 页，16 开（燕京大学社会学系丛刊 丙组 39）
本书共 7 部分：性比例、年龄分配、籍贯、家庭、婚姻状况、文盲与教育程度、职业。书后有结论。
收藏单位：国家馆、南京馆

02425
中国历代人口变迁之研究　陈彩章著
重庆：商务印书馆，1936，170 页，25 开
重庆：商务印书馆，1946.2，170 页，25 开
本书共 7 章：户口比率、人口增减、人口分布、本部十八省间之移民、边疆移民、国外移民、结论。
收藏单位：重庆馆、国家馆、湖南馆、吉林馆、近代史所、内蒙古馆、中科图

02426
中国人口之分布　胡焕庸著
外文题名：The distribution of population in China
中国地理学会，1935，42 页，16 开
本书共 4 部分：引言、人口统计、人口分布、结论。附全国各县人口统计及分布密度图。为《地理学报》2 卷 2 期单行本。
收藏单位：国家馆

02427
中国人口之分布　胡焕庸著
南京：钟山书局，1935，42 页，16 开
收藏单位：重庆馆、国家馆、南京馆、内蒙古馆、上海馆、浙江馆、中科图

人口与计划生育

02428
避妊要领　（日）羽太锐治著　式隐译
上海：妇女问题改造社，1928.9，88 页，50 开（妇女问题改造社丛书）
上海：妇女问题改造社，1932.7，3 版，88 页，50 开

本书共 6 章：节制生育学说的短史、节制生育的社会的必要、节制生育的个人的必要、什么场合容易受胎呢、限制受胎法、英美的节制生育运动。附录《生男法和生女法》《一个女子的谈话》。

收藏单位：重庆馆、南京馆

02429
避妊要领　（日）羽太锐治著　式隐译
上海：新宇宙书店，1929.1，88 页，32 开

收藏单位：浙江馆

02430
产儿制限 ABC　高尔松著
上海：ABC 丛书社，1929.7，94 页，32 开，精、平装

本书共 6 章：马尔塞斯的人口论、新马尔塞斯主义及其运动、珊格尔夫人的产儿制限论、产儿制限与各方面、产儿制限的反对论、产儿制限的实际。著者原题：高希圣。

收藏单位：重庆馆、广西馆、桂林馆、国家馆、湖南馆、吉林馆、辽大馆、辽师大馆、内蒙古馆、上海馆、首都馆、浙江馆

02431
产儿制限论　（日）安部矶雄原著　李达译
上海：商务印书馆，1922.10，[158] 页，32 开（新时代丛书　第 6 种）
上海：商务印书馆，1928.8，再版，[158] 页，32 开（新时代丛书　第 6 种）

本书讨论人口问题。共 13 章，内容包括：新马尔萨斯主义是什么、对于生育的迷想、新伦理观、由宗教观察产儿制限、产儿制限的各面观、从善种学观察产儿制限、生活问题与产儿制限、劳动问题与产儿制限、国际问题与人口问题等。附录《生育制裁的什么与怎样》（珊格尔夫人演讲，胡适译）。

收藏单位：重庆馆、广东馆、广西馆、贵州馆、桂林馆、国家馆、湖南馆、近代史所、辽大馆、首都馆、浙江馆

02432
节育主义　（美）桑格（Margaret Higgins Sanger）著　陈海澄译
外文题名：Birth control
上海：商务印书馆，1925.7，156 页，32 开
上海：商务印书馆，1928.8，再版，156 页，32 开

本书分 16 章，内容包括：妇女之过失及其负债、妇女为自由而奋斗、偶然而生之儿童乃一出悲剧、两种阶级之妇女、大家族之弊害等。著者原题：山额尔。

收藏单位：重庆馆、河南馆、辽宁馆、南京馆、上海馆、天津馆、浙江馆

02433
节制生育问题　程浩著
上海：亚东图书馆，1925.6，212 页，32 开
上海：亚东图书馆，1926.6，3 版，212 页，32 开
上海：亚东图书馆，1928.10，5 版，212 页，32 开
上海：亚东图书馆，1929.10，6 版，212 页，32 开
上海：亚东图书馆，1933.4，7 版，212 页，32 开
上海：亚东图书馆，1940，9 版，212 页，32 开

本书共 23 讲，内容包括：节育问题和民族、节育问题和家庭、什么叫做节制生育、节制生育的方法等。

收藏单位：北师大馆、重庆馆、绍兴馆、首都馆、浙江馆

02434
生活与生育　方晓庵著
北平：文化学社，1931.1，156 页，32 开

本书论述人类改良等。共 7 部分，内容包括：家族生活组织和繁育意义、生活和生育的关系、生育限制、未有生育限制以前的生

活等。

收藏单位：国家馆、首都馆

02435

生育节制论 （美）桑格（Margaret Higgins Sanger）原著　戴时熙编译

上海：泰东图书局，1923.7，170页，32开

本书共18章，内容包括：妇人之过失及其负债、妇人对于自由底奋斗、新种族之实质、妇人之二阶级、大家族之弊害、绝望的叫唤和社会问题等。著者原题：桑格尔夫人。

收藏单位：重庆馆、南京馆

02436

生育节制论　徐傅霖译

上海：中华书局，1922.11，129页，32开

上海：中华书局，1925.11，4版，129页，32开

上海：中华书局，1927.12，5版，129页，32开

上海：中华书局，1930.3，6版，129页，25开

上海：中华书局，1932.6，7版，129页，32开

本书共13章，内容包括：什么叫新马尔萨斯主义、对于产儿的迷想、新伦理观、从宗教地位上、生育节制可以是认的情形、从优种学上看生育节制、从生活问题的地位上等。

收藏单位：重庆馆、国家馆、上海馆、四川馆、天津馆、浙江馆

02437

贤明的父母 （英）司托泼夫人（Marie Carmichael Stopes）著　水宁人译

上海：北新书局，1926.3，58页，32开

上海：北新书局，1927.3，再版，58页，32开

北京：北新书局，1927.5，3版，58页，32开

上海：北新书局，1929.7，3版，57页，32开

本书为著者《结婚的爱》一书有关生育节制的附卷。分5章，讨论节育的意义，介绍节育的方法。著者原题：司托泼。

收藏单位：重庆馆、国家馆、湖南馆、南京馆、上海馆、浙江馆

02438

限制生育的理论与实际 （日）安部矶雄著　周宪文译

上海：群众图书公司，1928.10，124页，32开

本书讨论人口问题。共13章，内容包括：对于生育的迷想、新伦理观、从宗教的立场观察限制生育、从优种学的立场观察限制生育等。为著者《产儿制限论》另一译本。

收藏单位：重庆馆、上海馆、浙江馆

02439

性生活与民族改进　阎仲彝著

开封：山河书店，1947，3版，180页，32开

本书内容包括性教育及优生学等。

世界各国人口调查及其研究

世界人口

02440

人口问题 （英）柯克斯（Harold Cox）著　武堉干译述

外文题名：The problem of population

上海：商务印书馆，1925.2，201页，32开（新智识丛书）

上海：商务印书馆，[1925]，198页，32开（社会科学丛书）

上海：商务印书馆，1927.9，再版，201页，32开（新智识丛书）

上海：商务印书馆，1929.1，3版，201页，32开（新智识丛书）

上海：商务印书馆，1933.6，国难后1版，198页，32开（社会科学丛书）

上海：商务印书馆，1933.6，国难后1版，201页，32开（新智识丛书）

本书共6章：人口问题底算术方面、人口问题底经济方面、战争与人口、社会的进步、人种的改良、生育限制的伦理。

收藏单位：北师大馆、重庆馆、广东馆、广西馆、国家馆、辽大馆、辽宁馆、南京馆、宁夏馆、上海馆、首都馆、天津馆、武大馆、浙江馆

02441

人口问题　吴应图编

上海：中华书局，1925.11，130 页，32 开（常识丛书 11）

上海：中华书局，1927.5，再版，130 页，32 开（常识丛书 11）

上海：中华书局，1929.4，3 版，130 页，32 开（常识丛书 11）

本书共 9 章，内容包括：人口问题之重要、世界各国人口之现状、人口增减之原因、人口问题之学说政策、人口增减之利害、生产率与死亡率平行之法则等。

收藏单位：重庆馆、广东馆、广西馆、国家馆、黑龙江馆、辽宁馆、南京馆、内蒙古馆、山西馆、上海馆、首都馆、天津馆

02442

世界各国之面积与人口（截至 1933 年底止）　朱君毅　曹为祺译

外文题名：Statistical yearbook of the league of nations

国民政府主计处统计局，1935.9，19 页，16 开

本书以表格形式介绍世界各国面积与人口。

02443

世界人口问题　吴泽霖　叶绍纯编

上海：商务印书馆，1937，200 页，32 开（现代问题丛书）（万有文库 第 2 集 110）

长沙：商务印书馆，1938.7，200 页，32 开（现代问题丛书）

上海：商务印书馆，1939，200 页，32 开（现代问题丛书）（万有文库 第 2 集）

长沙：商务印书馆，1939，再版，200 页，32 开（现代问题丛书）

本书共 8 章：人口问题的重要及其起因、世界人口数量、世界人口的增加、世界人口之将来、出生与死亡的趋势、世界人口之移动、世界主要生活资源之分布、人口政策。内有各种人口统计表格。

收藏单位：重庆馆、大连馆、广东馆、广西馆、国家馆、湖南馆、吉林馆、辽大馆、南京馆、内蒙古馆、宁夏馆、山西馆、天津馆、武大馆、西南大学馆、浙江馆

02444

世界人口之危机（美）坦蒲生（W. S. Thompson）原著　陈浴春译

外文题名：Danger spots in world population

上海：民智书局，1934.1，370 页，22 开

本书共 14 章，综论世界各国人口增加及民族冲突的原因、危机，主张以节制生育、移民等办法，解决人口危机问题。

收藏单位：重庆馆、广东馆、广西馆、国家馆、湖南馆、南京馆、浙江馆、中科图

02445

世界人口状况　侯厚吉编

上海：大东书局，1930.6，168 页，32 开（世界经济丛书 1）

本书内容包括总论、各论两编。前者论述欧战前之人口情形，世界人口之分布、组成、增长、移动与粮食问题等；后者分别论述英、法、德、俄、意、美、日、中各国的人口状况。

收藏单位：重庆馆、东北师大馆、广东馆、广西馆、国家馆、湖南馆、近代史所、辽大馆、辽宁馆、南京馆、内蒙古馆、山西馆、上海馆、首都馆、天津馆、浙江馆

中国人口

02446

安徽全省户籍第一次调查报告书　安徽民政厅户籍登记处编辑

[安庆]：安徽民政厅户籍登记处，1929，1 册，16 开

本书内容包括全省户口分类统计图表、三市户口统计图表、三水上公安局所属户口统计图表、各县户口统计图表等。

收藏单位：重庆馆、广东馆、国家馆、上海馆

02447

北京市二十七年度生命统计年报　北京特别

市卫生局编
北京：北京特别市卫生局，1939.8，28页，16开

本书共4部分：户口统计、出生统计、死亡统计、婚嫁统计。附统计表格23幅。

收藏单位：国家馆

02448
北平市政府公安局户口统计 北平市政府公安局编制
北平：北平市政府公安局，1936.2，65页，32开，精装

本书为1935年上半年统计图表。内容包括：北平市自民国元年来户口统计表、北平市二十四年以来户口变动统计比较图、北平市户口统计表、分区人口比较图等。版权页题名：北平市政府公安局户口统计图表。

收藏单位：国家馆、吉林馆

02449
成府人口调查 房福安著
外文题名：A population survey in Chengfu, Peking west
北京：燕京大学社会学系，1928.6，37页，16开（燕京大学社会学系丛刊 丙组12）

成府是北京西郊的一个村庄。本书调查内容有人口总数、男女比例、年龄分配、人口与土地等。原载《社会学界》第2卷（1928年6月）。

收藏单位：国家馆、南京馆

02450
重庆市生命统计简编 重庆市生命统计联合办事处编
重庆：重庆市生命统计联合办事处，1945，油印本，[14]叶，18开，环筒页装

本书分两编：办理经过、统计表。

收藏单位：重庆馆、广东馆、国家馆、南京馆

02451
淳安县户口统计 淳安县政府编
出版者不详，1945，1册，16开

本书为淳安1945年户口普查总报告。

收藏单位：浙江馆

02452
大田县人口农业调查 福建省政府秘书处统计室[编]
福建省政府秘书处统计室，[1938]，油印本，28叶，大16开，环筒页装（福建省人口农业丛书16）

本书为民国1937年4月调查大田县玉田等9乡1452户之结果。共4部分：概况、人口、农业、农村经济。

收藏单位：重庆馆、国家馆、南京馆

02453
大同元年末现住户口统计 国务院统计处[编]
新京（长春）：国务院统计处，1933.8，38页，16开

本书为1932年末伪满洲国及辖区内各省的人口数量统计。统计内容包括户数、人口数、每户平均人口、女百对男数等。

收藏单位：国家馆

02454
调查户口章程释义 陶保霖著
上海：商务印书馆，1911，6版，61页，32开

本书共11章，内容包括：总纲、调查职员、调查区域、调查户数、调查口数等。后附民政部暂定京师调查户口规则、民政部户口管理规则等。

收藏单位：广东馆、首都馆

02455
定县大王耨村人口调查 张折桂著
北平：燕京大学社会学系，1931.6，[15]页，16开（燕京大学社会学系丛刊 丙组41）

本书共13部分，内容包括：人口总数、人口密度、人口增加、人口的迁徙、年龄的分配、性别的分配、家庭大小、婚姻状况、教育状况等。原载《社会学界》第5卷。

收藏单位：国家馆

02456
涪陵县户口统计报告书 涪陵县县政府调查户口办事处编
重庆：新民石印纸庄，[1932.2] 印，1 册，23 开
本书内容包括：规则、全县统计图表、第一区至第十区的统计图表等。
收藏单位：重庆馆

02457
福安县人口农业调查 福建省政府秘书处统计室编
[福州]：福建省政府秘书处统计室，[1938]，油印本，54 叶，大 16 开，环筒页装（福建省人口农业丛书 10）
本书为 1937 年 3 月调查福安县官浦桥等 13 乡 1529 户之结果。共 4 部分：概况、人口、农业、农村经济。
收藏单位：重庆馆、广东馆、国家馆、南京馆

02458
福鼎县人口农业调查 福建省政府秘书处统计室编
[福州]：福建省政府秘书处统计室，[1936]，油印本，50 叶，大 16 开（福建省人口农业丛书 15）
[福州]：福建省政府秘书处统计室，[1938]，油印本，50 叶，大 16 开，环筒页装（福建省人口农业丛书 15）
本书为 1936 年调查福鼎县 3 区各乡镇的结果。共 4 部分：概况、人口、农业、农村经济。
收藏单位：重庆馆、国家馆、南京馆

02459
福建人口 福建省政府秘书处统计室编
[福州]：福建省政府秘书处公报室，1938，53 页，16 开（福建省统计年鉴分类 2）
本书共 3 部分：概述、静态、动态。统计福建人口的数量、密度、年龄、性比例、婚姻、教育、出生、死亡等，共收表格 30 幅。

02460
福建省省会户口统计 福建省会公安局制
福建：福建省会公安局，1932.12，[102] 页，横 16 开
本书为单面印统计表格，统计 1932 年户口调查分类统计概况。共 9 类，内容包括：职业、教育、党员、宗教、浮动人口、外侨状况等。附录调查表及报告表等 21 种。
收藏单位：重庆馆、福建馆、国家馆

02461
福清县人口农业调查 福建省政府秘书处统计室 [编]
福建省政府秘书处统计室，[1938]，油印本，50 叶，大 16 开，环筒页装（福建省人口农业丛书 13）
本书为民国 1937 年 5 月调查福清县利桥等 13 乡 1295 户之结果。共 4 部分：概况、人口、农业、农村经济。
收藏单位：重庆馆、广东馆、国家馆、南京馆

02462
甘肃省人口统计报告表 甘肃省政府编
[兰州]：甘肃省政府，1948.3，1 册，16 开
本书内容包括甘肃省各县市局人口性别统计表，甘肃省各县市局人口籍别统计表，甘肃省各县市局人口年龄分配统计表，人口教育程度统计表等 8 种。书前有说明，统计项目包括性别、籍别、年龄分配、教育程度、职业分配、婚姻状况、宗教、废疾 8 类。
收藏单位：广东馆、国家馆

02463
各省市户口统计 内政部统计处编
内政部统计处，1944，石印本，50 页，16 开，环筒页装
本书内容包括：各省市户口统计总说明，各省市户口统计总表，以及浙江、安徽、江西、湖北、四川等 19 个省的户口统计。各省统计内容包括：户数、人口数、每户平均口数、男子数、女子数、每百女子所当男子数、壮丁数、壮丁与男子之百分比。
收藏单位：重庆馆、广东馆、国家馆、近代史所、南京馆

02464
各省市户口统计
出版者不详，1941，96 页，16 开
收藏单位：南京馆

02465
关于中国人口垦殖种族诸问题中英文书目 许仕廉 牛鼐鄂编
北平：燕京大学社会学系，1930.6，[21] 页，16 开（燕京大学社会学系丛刊 丙组 35）
本书是关于中国人口垦殖种族诸问题的书目，为中英文对照。原载《社会学界》第 4 卷。
收藏单位：南京馆、浙江馆

02466
关中农村人口问题（关中一二七三农家灾荒与人口之调查研究） 蒋杰著
[西安]：国立西北农林专科学校，1938，234 页，25 开
本书共 7 章：绪言、人口数量、人口结构、人口组合、人口消长、灾荒与人口、结论。书后有附表、调查表格式样。
收藏单位：重庆馆、贵州馆、国家馆

02467
广东省会警区现住户口统计（民国二十四年八月调查） 广东省会公安局编
[广州]：广东省会公安局，1936.2，104 页，横 16 开
本书共 10 部分：户口概况、户类、人口、籍贯、年龄、职业、婚姻状况、教育制度、宗教、废疾。附录近十一年来户口统计表等。
收藏单位：国家馆、浙江馆

02468
广东省人口调查统计概要 广东省人口调查事务处编
广东省人口调查事务处，1934.9，110 页，32 开
本书共 4 部分：人口统计须知、人口统计之程序、人口统计项目、应用人口统计表式。
收藏单位：国家馆

02469
广东省人口调查须知 广东省人口调查事务处编
广东省人口调查事务处，1934.7，62 页，32 开
本书内容包括：人口调查之意义、人口调查实施细则、实施调查时应注意之事项、调查表之使用、调查表之整理及保存等。
收藏单位：国家馆

02470
广西人口密度面面观 广西省政府统计处编
广西省政府统计处，1949.3，4 页，16 开
本书为《广西统计资料分析研究报告》第 16 号。
收藏单位：南京馆

02471
广西省二十六年度生命统计报告 广西省政府民政厅第四科编
广西省政府民政厅第四科，[1937]，23 页，16 开
本书为人口统计表。共 4 部分：引言、办理方法、分析观察、结语。
收藏单位：广东馆、桂林馆、国家馆

02472
广西省二十七年度生命统计报告 广西省政府民政厅编
广西省政府民政厅，[1938]，20 页，16 开
本书为人口统计表。包括前言及分析观察两部分。后者又包括人口统计、出生统计、死亡统计、人口自然增减统计 4 部分。
收藏单位：国家馆

02473
广州市二十一年人口调查报告 王庆泰重订
广州：出版者不详，[1933]，1 册，16 开，精装
本书书脊题名：广州市人口调查报告书。
收藏单位：国家馆、南京馆、中科图

02474
广州市廿一年人口调查报告 广州市调查人口委员会秘书处编

广州市调查人口委员会，1933.2，192 页，16 开

本书介绍该会的工作概况，组织与经费，实施计划，人口统计，并收有公牍、训令、呈文、宣传文件、会议录等。版权页题名：广州市调查人口委员会报告书。

收藏单位：国家馆

02475

贵州省各市县户口及区乡镇坊闾邻统计 贵州自治筹备处编

贵州自治筹备处，[1932]，18 页，16 开

本书收贵州省所属 81 县的统计表。每县分区划、户数、人口、所属乡镇及经济概况等项。

收藏单位：广西馆

02476

贵州省各县市户口及区乡镇坊闾邻统计

出版者不详，1932，1 册，16 开

本书大部分为统计图表。内分调查之始末、调查结果之分析、统计表、分布图、附录等部分。

收藏单位：浙江馆

02477

国人死因之商榷 李廷安 郭祖超编

重庆：国立中央大学，1943.8，18 页，16 开

本书为国立中央大学医科研究所公共卫生学部研究报告。

收藏单位：南京馆

02478

杭州市公安局调查户口特刊 杭州市公安局编

杭州市公安局，1928.3，[138] 页，16 开

本书共两部分。法规部分收法规 9 种，公牍部分收呈文 10 种、全文 71 种、布告 5 种、图表 30 种。

02479

后方各省市户口统计 内务部编

内务部，1943.9，石印本，27 叶，18 开，环筒页装

本书内容包括后方各省市户口统计总表及浙江、安徽、江西、湖北等 18 个省的户口统计。统计项目包括户口、性别、壮丁。

收藏单位：重庆馆、广东馆、国家馆、南京馆

02480

湖北人口（三十五年冬季户口总覆查实施纪要）湖北省政府民政厅编

[汉口]：湖北省政府民政厅，1947.10，178 页，16 开

本书为统计资料。共 5 章：举办缘由、筹划经过、实施经过、考核奖惩、统计。书前有万耀煌、张万生、包惠僧的题词，余正东、阚家骆的序。附录法令、言论、通讯、参考表。

收藏单位：国家馆、近代史所

02481

湖北人口统计 湖北省府秘书处统计室编

湖北省府秘书处统计室，1936.3，132 页，16 开（统计丛刊）

本书内容包括：编首、图表。编首有陈志远序、编辑大意等；图表包括户口总数、户口分类、户量、男女比、密度、保甲及壮丁、有职业人数、识字人数、宗教、外侨、历年比较、各省比较。

收藏单位：广东馆、国家馆、南京馆、中科图

02482

湖南省人口统计（民国二十一年） 湖南省政府秘书处第五科编

长沙：湖南省政府秘书处，1933.5，87 页，横 16 开（湖南省政府统计丛刊 8）

本书收录湖南省各县人口统计图表。共 87 幅，内容包括：湖南全省人口统计表、湖南全省人口分布图、湖南省各县市人口比较图，以及湖南下辖各市、县人口统计表等。版权页题名：民国二十一年湖南省人口统计。

收藏单位：重庆馆、广东馆、国家馆、上海馆

02483
户口统计 内政部统计处编
重庆：内政部统计处，1938.5，67页，16开（战时内务行政应用统计专刊第1种）
[重庆]：内政部统计处，1941，96页，16开
[重庆]：内政部统计处，1946，油印本，73页，16开
本书内容包括：本部最近办理户口统计之经过、本刊各表编制总说明、全国户口统计总表、各省户口统计表。
收藏单位：重庆馆、广东馆、国家馆、辽宁馆、南京馆、浙江馆

02484
惠安县人口农业调查 福建省政府秘书处统计室[编]
福建省政府秘书处统计室，[1937]，油印本，35叶，大16开，环筒页装（福建省人口农业丛书17）
本书为民国1936年9月调查惠安县岭头等15乡1392户之结果。共4部分：概况、人口、农业、农村经济。
收藏单位：重庆馆、国家馆、南京馆、首都馆

02485
江宁自治实验县二十二年户口调查报告 江宁自治实验县县政府编
江宁自治实验县县政府，1935.1，[172]页，16开
[江宁自治实验县县政府]，[186]页，16开
本书共5章：江宁县户口调查之追溯、调查之方法及其经过、统计之方法及其经过、人口数字之分析、经费。书前有弁言。附录人事登记单行法规及关系书表册簿程式等。书口题名：江宁自治实验县政府户口调查报告。
收藏单位：重庆馆、国家馆、河南馆、南京馆

02486
江苏省户籍各例
出版者不详，8页，32开
收藏单位：南京馆

02487
江西省历届办理户口统计方法上之检讨 江西省政府统计室编
江西省政府统计室，1936.4，32页，16开（江西经济丛刊14）
本书共12部分，内容包括：历届办理户口调查或清查缺乏统计之基本条例、户口普查与户籍登记（注册）、历届办理人事登记办法之检讨等。
收藏单位：国家馆、南京馆、上海馆、浙江馆

02488
金门县人口农业调查 福建省政府秘书处统计室编
福建省政府秘书处统计室，[1936]，油印本，27页，16开（福建省人口农业丛书8）
福建省政府秘书处统计室，[1937]，油印本，27叶，16开，环筒页装（福建省人口农业丛书8）
[福建省政府秘书处统计室]，油印本，37叶，16开（福建省人口农业丛书8）
本书为民国1936年9月调查金门县珠浦等7乡611户之结果。共4部分：概况、人口、农业、农村经济。
收藏单位：重庆馆、广东馆、国家馆、南京馆

02489
近代中国人口的估计 王士达著
北平：北平社会调查所，1939.8，43页，16开
收藏单位：南京馆

02490
近代中国人口的估计（初稿） 王士达著
外文题名：A critical review of various estimates of the population of China
北平：北平社会调查所，[1931]，340页，18开
本书为关于人口问题的资料汇集。内容包括近代中国人口的估计（上、中、下）和最近十年的中国人口估计两篇。曾在《社会科学杂志》上连载4期。
收藏单位：国家馆、南京馆、天津馆、中

科图

02491
康德二年末满洲帝国现住户口统计 国务院总务厅统计处[编]
新京（长春）：国务院总务厅，1936.11，25页，16开
本书共3部分：统计图表、概说、统计表。附录《关东州及南满洲铁道附属地》。
收藏单位：国家馆

02492
兰溪实验县户口统计及分析 兰溪实验县县政府统计室编
兰溪：兰溪实验县县政府秘书处，1935.9，80页，16开（兰溪实验县县政府出版物 24）
收藏单位：南京馆、中科图

02493
历年来广东省各县人口总数 广东省政府民政厅统计股编
广东省政府民政厅统计股，1941，油印本，1册，大16开
收藏单位：国家馆

02494
满洲帝国现住人口统计（康德五年十月一日现在 年龄别人口编） 治安部警务司编
治安部警务司，1938，153页，16开
本书为伪满洲国统计图表。内容包括伪满洲国各省人口按年龄统计的性别、民族等情况。书前有中日文对照的凡例。

02495
满洲帝国现住人口统计（康德六年十月一日现在 职业别人口统计编） 治安部警务司总务厅统计处编
治安部警务司总务厅统计处，1939，461页，16开
本书为伪满洲国统计图表。内容包括：概说、有无别职业人口、职业大分类别有业人口等。
收藏单位：国家馆

02496
民国二十年实查霸县户口统计表 霸县政府编
霸县：霸县政府，1931.10，1册，8开（霸县地方统计丛刊 第1种）
本书为河北霸县1931年户口统计。统计项目包括：普通、户口、外国人寄居中国户口、船户户口、寺庙户口等。
收藏单位：国家馆

02497
民国二十五年度南京市户口统计报告 南京市户口统计专门委员会办事处编
南京：南京特别市地方自治推进委员会，1937.6，180页，16开
本书共4篇：业务概况、统计分析、全市户口统计、各区户口统计。
收藏单位：国家馆、南京馆、上海馆

02498
民国十七年各省市户口调查统计报告 内政部统计司编
[南京]：内政部统计司，1931.2，634页，横16开
本书为统计表格。按县别、普通户、船户、寺庙、公共处所项编排。书前有各省区人口比较图、民国十七年各省人口比较图、民国十七年户口调查之始末及户数统计表总说明。
收藏单位：重庆馆、广东馆、广西馆、贵州馆、国家馆、南京馆、上海馆

02499
民政部户口调查及各家估计 王士达著
北平：社会调查所，1册，16开
本书共7节。内有民政部户口调查的沿革、章程、各地办理情形、各项报告、批评，宣统年间全国户口及人口状态的新推测，以及对于以往各家估计的批评等。附录民政部具奏调查户口章程折单等6种。为《社会科学杂志》3卷3期及4卷1期的抽印合订本。
收藏单位：广东馆、国家馆、南京馆、中科图

02500
南京市生命统计联合办事处第一年工作报告（自二十三年七月至二十四年六月） 南京市卫生事务所编
南京市卫生事务所，1935.10，20页，16开
本书为南京市人口的出生死亡统计。共7部分：缘起、组织、进行经过、统计结果提要、经费、统计图表、附录。
收藏单位：广东馆、国家馆、上海馆

02501
南京市生命统计联合办事处第二年工作报告（自二十四年七月至二十五年六月） [南京市卫生事务所]编
[南京市卫生事务所]，1936.12，30页，16开
本书共7部分：绪言、组织及职员、工作概况、统计结果提要、经费、统计图表、附录。
收藏单位：国家馆、近代史所、上海馆

02502
内政部人口局办事细则
出版者不详，1947，油印本，214页，16开
收藏单位：南京馆

02503
莆田县人口农业调查 福建省政府秘书处统计室[编]
[福州]：福建省政府秘书处统计室，[1937]，油印本，31叶，大16开，环筒页装（福建省人口农业丛书11）
本书为民国1936年8月调查莆田县龙桥等21乡1937户之结果。共4部分：概况、人口、农业、农村经济。
收藏单位：重庆馆、国家馆、南京馆

02504
青岛市生命统计方案 青岛市政府统计处编
青岛：青岛市政府统计处，1948，油印本，1册，16开
收藏单位：南京馆

02505
清流县人口农业调查 福建省政府秘书处统计室编
[福州]：福建省政府秘书处统计室，[1936]，油印本，39叶，13开（福建省人口农业丛书14）
[福州]：福建省政府秘书处统计室，[1938]，油印本，54叶，大16开，环筒页装（福建省人口农业丛书14）
本书为1937年4月调查清流县下巢等16乡2031户之结果。共4部分：概况、人口、农业、农村经济。
收藏单位：重庆馆、广东馆、国家馆

02506
全国各省市户口调查表
出版者不详，[1941]，96页，16开
本书内容包括：户口统计总说明、全国人口总数、各省市行政区户口统计总表及28个省的分省户口统计表等。附各省市保甲统计。
收藏单位：国家馆

02507
全国户口统计 内政部人口局编
[南京]：[中华民国内政部统计处]，1947.7，85页，16开
本书内容包括：全国户口统计总表、总说明以及江苏、浙江、安徽、江西等35个省的户口统计分表。
收藏单位：广东馆、国家馆、近代史所

02508
全国户口统计（民国三十六年下半年） 内政部人口局编
南京：内政部人口局，1947.7，91页，16开
本书内容包括江苏、浙江、安徽、江西等35个省的分县户口统计。附安徽等18省市人口静态统计。
收藏单位：广东馆、国家馆、吉大馆、南京馆、内蒙古馆

02509
全国户口统计（民国三十七年上半年） 内政部人口局编
南京：[中华民国内政部统计处]，1948，79

页，16开

本书内容包括：全国户口统计总表、全国各行政区土地面积及人口密度及江苏、浙江、安徽、江西等35个省的户口统计分表。

收藏单位：广东馆、国家馆、近代史所

02510

全国户口统计总表

出版者不详，[1930]，96页，16开

出版者不详，[1944]，油印本，73页，18开，环筒页装

本书按户数、人口数、每户平均口数、男子数、女子数、性别比、材料日期编排。包括江苏、浙江、安徽等43个行政区域的统计数字。

收藏单位：国家馆

02511

人口农业普查试查计划草案　张延哲编

张廷哲[发行者]，1936.6，47页，16开

本书共3部分：试查计划纲要、人口农业普查试查表式、普查须知（附各种表格说明）。书前有前言。

收藏单位：重庆馆、国家馆

02512

人口统计　中华年鉴社编

南京：中华年鉴社，1948.8，32页，25开

本书共4部分：人口总数、分布情形、组合状况、出生与死亡。为《中华年鉴》专题单行本。

收藏单位：国家馆、吉林馆、南京馆

02513

人口问题　人口局拟

内政专门委员会，[1947]，油印本，30叶，16开，环筒页装

本书内容包括：户籍行政、户口普查、人口政策等。为内政专门委员会研究资料。

收藏单位：国家馆

02514

人口政策　高廷梓著述

广州：国立中山大学出版部，1928.5，42页，25开

本书共4节：人口学说、人口统计、中国人众之原因、人口政策。

收藏单位：国家馆

02515

人口政策纲领研究报告（初稿）　社会部研究室编

社会部研究室，1942.9，8页，32开（研究报告2）

本书内容包括社会部人口政策研究委员会委员名单、人口政策纲领草案。

收藏单位：国家馆

02516

人口政策研究报告初稿

出版者不详，[1920—1929]，油印本，23叶，18开，环筒页装

收藏单位：国家馆、南京馆

02517

三民主义与人口政策　陈长蘅著

外文题名：San Min Chu I and population policy

上海：商务印书馆，1930.8，342页，25开（中国经济学社丛书）

上海：商务印书馆，1933，国难后1版，342页，25开，精装（中国经济学社丛书）

本书共12章，内容包括：中山先生人口理论的总分析、人口问题为彻底实现三民主义的先决问题、中国人口总数的新推测、人口密度与人生标准、关于品质方面的人口政策等。

收藏单位：重庆馆、东北师大馆、广西馆、贵州馆、国家馆、吉大馆、吉林馆、近代史所、南京馆、内蒙古馆、宁夏馆、山西馆、上海馆、天津馆、浙江馆

02518

山西省第一次人口统计（民国七年分）　山西省长公署统计处编制

[太原]：山西省长公署统计处，1919.6，76页，16开

本书为1918年度山西省人口统计图表。内容包括：山西省各县每方里住户疏密比较图、山西省各县每方里人口比较图、山西省总人口最近七年比较图、山西省区街村闾地方别表、山西省现住户最近七年比较表等。

收藏单位：上海馆

02519

山西省第二次人口统计（民国八年分） 山西省长公署统计处编纂

[太原]：山西省长公署统计处，1921.5，292页，16开

本书为1919年度山西省人口统计图表。分静态与动态两编，内容包括：各县现住户比较图、各县每方里住户疏密比较图、各县每方里人口比较图、各县婚姻比较图、全省婚姻季别比较图、全省婚姻月别比较图等。

02520

山西省第三次人口统计（民国九年分） 山西省长公署统计处编纂

[太原]：山西省长公署统计处，1922.7，[236]页，16开

本书为1920年度山西省人口统计图表。分静态与动态两编，内容包括：各属现住户比较图、各属每方里住户疏密比较图、各属每方里人口比较图、各属婚姻比较图、全省婚姻季别及月别比较图等。

收藏单位：东北师大馆、国家馆

02521

山西省第四次人口统计（民国十年分） 山西省长公署统计处编纂

[太原]：山西省长公署统计处，1923.4，258页，16开

本书为1921年度山西省人口统计图表。分静态与动态两编，内容包括：各属现住户口比较图、全省户口历年比较图、全省现住人口年龄比较图、全省婚姻年龄与季别统计图、全省婚姻月别比较图等。

收藏单位：东北师大馆、国家馆

02522

山西省第五次人口统计（民国十一年分） 山西省长公署统计处编

[太原]：山西省长公署统计处，1924.8，[256]页，16开

本书为1922年度山西省人口统计图表。

收藏单位：国家馆

02523

山西省第八次人口统计（民国十四年分） 山西省政府统计处编纂

[太原]：山西省政府统计处，1928.5，[364页]，16开

本书为1925年度山西省人口统计图表。分静态与动态两编，内容包括：全省现住户比较图、各县平均每方里住户比较图、全省户口历年比较图、全省婚姻月别比较图、全省婚姻类别比较图、全省婚姻年龄比较图等。

收藏单位：国家馆

02524

山西省户口统计（中华民国二十年份） 山西省政府秘书处编

[太原]：[山西省政府秘书处]，1934.1，218页，16开

本书为1931年度山西省人口统计图表。内容包括：山西各县户数比较图、山西各县人口比较图、山西全省户数历年比较图、山西全省人口历年比较图、山西各县户数密度比较图等。

收藏单位：上海馆

02525

上海人口志略 上海市文献委员会著

上海：上海市文献委员会，1948，38页，32开（上海文献丛刊）

本书共5部分：老上海的人口统计、抗战前上海人口统计、抗战后上海人口统计、旧两租界中的人口统计、上海外侨的人口统计。

收藏单位：国家馆、吉林馆、山西馆、上海馆、首都馆

02526
绍兴县调查户口须知
出版者不详，1946，1 册，16 开
本书为绍兴 1946 年户口普查总报告。
收藏单位：浙江馆

02527
社会调查与年龄计算 言心哲编著
南京：言心哲 [发行者]，1934.6，10 页，16 开
本书内有人口调查中推算标准年龄、属肖、出生年份的表格，并说明查表方法。
收藏单位：广东馆、国家馆、吉林馆

02528
施行人口调查计划书 江恒源拟
北京：法轮印字局，1914.6，34 页，18 开

02529
首都户籍第一次之调查 南京特别市政府社会局著
南京特别市政府社会局，1929.1，[164] 页，16 开
本书内容包括市府令前社会处办理户籍调查之令文、南京特别市第一次户籍调查区域图、南京特别市各区户口及概况分类统计摘要总表等。
收藏单位：重庆馆、广东馆、国家馆、南京馆、上海馆、浙江馆

02530
首都户口统计（中华民国十九年） 首都警察厅编
南京：首都警察厅，[1931]，[214] 页，16 开
本书全部为南京市户口统计图表。
收藏单位：上海馆

02531
四川边区各民族之人口数字 傅双无编
成都：书生书店，1941.8，44 页，18 开（西华经济研究所民间意识社共同出版之丛刊）
本书内容包括：纂述四川边区民族人口之意义、整理四川人口数字之略计、纂辑边区人口数字之意义、四川边区各境轮廓之展望、结论、松理懋汶边区民族之散布、雷马屏蛾边区民族之轮廓、宁属各地边区民族之略述、西康各地边区民族之鸟瞰等。内附各种调查、统计等表。
收藏单位：重庆馆、国家馆、南京馆、浙江馆、中科图

02532
四川省选县户口普查方案 四川省选县户口普查委员会编
四川省选县户口普查委员会，1942.2，208 页，18 开
本书分基本概念和实施方案两部分。前者内容包括：我国户口行政现状之纷乱、户口普查与户口行政之调查等；后者内容包括：户口普查表式及统计报告表式、组织人员与经费、实施程序与办法等。附户口普查条例。
收藏单位：重庆馆、东北师大馆、国家馆、南京馆、天津馆、浙江馆

02533
四川省选县户口普查总报告（彭县、双流县、崇宁县） 国民政府主计处统计局编
国民政府主计处统计局，1943.4，173 页，16 开
本书分办理经过及统计结果两部，共 5 章。为四川彭县、双流县、崇宁县 3 县 1942 年户口普查总报告。
收藏单位：重庆馆、广东馆、国家馆、吉林馆、近代史所、南京馆、上海馆、浙江馆

02534
台湾居民生命表（第 2 回） 台湾省政府统计处编
外文题名：Life tables of Taiwan. Second issue 1936—1940
[台北]：台湾省政府统计处，1947.6，176 页，16 开
本书为 1936—1940 年台湾居民生命统计图表。共 3 章：生命表总说、计算方法之说明、从本生命表观察本省人生命。为中英文对照。
收藏单位：国家馆、南京馆

02535
太湖县户口普查实录 太湖县政府编
太湖：太湖县政府，石印本，1 册，横 16 开
收藏单位：广东馆

02536
天津市第十区现住人口统计图解 天津市第十区公所绘制
天津：天津市第十区公所，1948.7，1 册，16 开
本书共 6 部分：天津市第十区现住人口性别统计、天津市第十区人口年龄分配统计、天津市第十区现住人口教育程度统计、天津市第十区现住人口职业分配统计、天津市第十区现住人口婚姻状况统计、天津市第十区现住外侨人口状况统计。
收藏单位：天津馆

02537
同安县人口农业调查 福建省政府秘书处统计室编
[福州]：福建省政府秘书处统计室，[1936]，油印本，57 叶，16 开（福建省人口农业丛书 7）
[福州]：福建省政府秘书处统计室，[1937]，油印本，57 叶，16 开，环筒页装（福建省人口农业丛书 7）
本书为 1936 年 9 月调查同安县西安乡等 19 乡 2257 户之结果。共 4 部分：概况、人口、农业、农村经济。
收藏单位：重庆馆、广东馆、国家馆

02538
同治东华录人口考正 赵泉澄著
出版者不详，[17] 页，16 开
本书从同治年代的《东华录》中考证当时我国人口的数字。为《齐鲁学报》第 2 期抽印本。

02539
潍县各区姓氏户口数统计表 丁叔言编
出版者不详，1933，28 页，16 开
收藏单位：南京馆

02540
潍县全县各区乡镇户口调查表
清乡办事处，1932.6，24 页，16 开
收藏单位：南京馆

02541
我国户口调查方案之商榷 王仲武著
出版者不详，21 页，16 开
收藏单位：南京馆

02542
霞浦县人口农业调查 福建省政府秘书处统计室编
福建省政府秘书处统计室，[1936]，油印本，55 叶，16 开（福建省人口农业丛书 9）
福建省政府秘书处统计室，1937，油印本，[55 叶]，16 开（福建省人口农业丛书 9）
福建省政府秘书处统计室，[1938]，油印本，55 叶，16 开，环筒页装（福建省人口农业丛书 9）
本书为对霞浦县南禅等 14 乡 1558 户的调查结果。共 4 部分：概况、人口、农业、农村经济。
收藏单位：重庆馆、广东馆、国家馆

02543
仙游县人口农业调查 福建省政府秘书处统计室 [编]
福建省政府秘书处统计室，[1937]，油印本，50 叶，大 16 开，环筒页装（福建省人口农业丛书 12）
福建省政府秘书处统计室，油印本，35 叶，16 开，环筒页装（福建省人口农业丛书 12）
本书共 4 部分：概况、人口、农业、农村经济。为对仙游县 20 乡镇 1868 户的调查结果。
收藏单位：重庆馆、广东馆、国家馆、南京馆

02544
咸丰东华录人口考证 赵泉澄著
出版者不详，[19] 页，16 开
本书从咸丰年代的《东华录》中考证当

时我国人口的数字。为《齐鲁学报》第1期抽印本。

02545

县户口普查方案

出版者不详，186+32页，18开

本书分两部分。第1部分为基本概念，内容包括：户口普查之要旨及其在户口行政上之地位、举办县户口普查之意义与任务、县户口普查工作人员及其工作纲要；第2部分为实施方案，内容包括：户口普查表式与户口统计报告表式、组织人员与经费、实施程序与办法等。附录整编保甲须知示例等5种。

收藏单位：重庆馆、国家馆、南京馆、浙江馆

02546

训政时期调查户口之意见 许崇灏著

上海：民智书局，1928.7，再版，24页，32开

本书说明人口清查的目的、年限、日期、款目、机关、筹备次序、手续等。

收藏单位：广东馆、广西馆、湖南馆、南京馆、浙江馆

02547

荥经县户口普查统计报告表

四川：出版者不详，35页，16开

收藏单位：重庆馆

02548

云南呈贡县人口普查初步报告 国立清华大学国情普查研究所编

云南：出版者不详，1940.8，153页，16开

本书共3编：第1编人口资料的搜集，包括调查以前的筹备、调查经过两章；第2编人口资料的整理，包括统计方法的选择等5章；第3编人口资料的分析，包括呈贡县人口材料的一部与我国他县的比较、统计表及图两章。附录人口调查表式、调查员须知等。

收藏单位：浙江馆

02549

云南全省户口调查统计报告书（民国二十一年） 云南省民政厅编

云南省民政厅，1933，1册，横6开

收藏单位：国家馆

02550

浙江省人口及粮食问题 李钦予著

出版者不详，1929.12，56页，24开

本书分前后编。前编为户口调查、男女人数等；后编为耕地面积、粮食产量等。附浙江省第一期调查户口办法。

收藏单位：浙江馆

02551

中国户口调查方法之商榷 郑尧柈著

南京：立法院秘书处统计科，22页，16开

本书为著者所拟中国户口调查计划大纲。附户口调查票等各种表格。

收藏单位：南京馆

02552

中国六大都市的人口及其增减 孔赐安著

中国科学社出版社，1937，10页

本书为《戴科学》21卷4期抽印本。

收藏单位：近代史所

02553

中国农村人口之结构及其消长 乔启明著

出版者不详，20页，16开

收藏单位：广东馆

02554

中国农民离村问题之研究 浩平著

南京：浩平[发行者]，1933.5，32页，32开（民众运动研究丛书3）

本书共9部分：绪言、农民离村之沿革、农民离村之数量、农民离村之质量、农民离村之原因、农民离村之种别、农民离村之时期、离村农民之职业、农民离村之影响。

收藏单位：广东馆、国家馆、南京馆、上海馆

02555

中国人口论 陈长蘅编纂

上海：商务印书馆，1918.7，178+55页，32开（尚志学会丛书）
上海：商务印书馆，1918.9，150页，32开，精装（尚志学会丛书）
上海：商务印书馆，1919.11，再版，150页，32开
上海：商务印书馆，1920，3版，150页，32开（尚志学会丛书）
上海：商务印书馆，1920.11，4版，150页，32开（尚志学会丛书）
上海：商务印书馆，1922，5版，150页，32开（尚志学会丛书）
上海：商务印书馆，1924，6版，150页，32开（尚志学会丛书）
上海：商务印书馆，1926，7版，150页，32开（尚志学会丛书）
上海：商务印书馆，1926，修正再版，178+55页，32开（尚志学会丛书）
上海：商务印书馆，1928，8版，178+55页，32开（尚志学会丛书）
上海：商务印书馆，1932，国难后1版，[14]+178+55页，32开（尚志学会丛书）

本书共8章：绪论、人口原理、人口编查法略说、世界诸国与我国人口之现情、人口疏密孳生疾徐与国家强弱种族盛衰国民贫富生活文野之关系、婚姻室家之改良、婚姻室家之改良（续）、世界进化之趋势及吾国图强之指针。附英文参考书籍及参考论文目录。

收藏单位：重庆馆、广东馆、广西馆、国家馆、黑龙江馆、近代史所、辽宁馆、南京馆、宁夏馆、上海馆、首都馆、天津馆、浙江馆、中科图

02556
中国人口统计之过去及其目前救急之途径 朱祖晦著
立法院统计处，88页，16开

本书共3部分：过去之中国人口统计、几个著名的抜样调查、用抜样调查法调查中国人口问题之建议。附录历代户口数额表。

收藏单位：南京馆

02557
中国人口问题 文公直编
上海：三民书店，1929.8，84页，32开

本书共6章：绪言、中国大陆面积之统计、中国人口之统计、中国人口密度之考察、马尔萨斯与中国人口、结论。

收藏单位：重庆馆、湖南馆、南京馆、上海馆、浙江馆

02558
中国人口问题 中国社会学社编
上海：世界书局，1932.8，423页，22开

本书为中国社会学社第一次年会的论文集。内容包括：《中国社会学之过去现在及将来》（孙本文）、《人口增长的可能性》（应成一）、《中国全国人口调查之商榷》（言心哲）等16篇论文。

收藏单位：重庆馆、国家馆、湖南馆、吉林馆、南京馆、上海馆、天津馆、浙江馆、中科图

02559
中国人口问题
出版者不详，96页，22开

收藏单位：上海馆

02560
中国人口问题（中国社会问题之一） 许仕廉著
外文题名：Population problems in China
上海：商务印书馆，1930.3，159页，22开

本书为著者在燕京大学的讲稿。共11章，内容包括：中国人口论调与人口公例、研究中国人口材料与人口增加律问题、中国人口密度问题、生产律与死亡律、中国人口之性比例及年龄分配等。附旁注号数索引、关于人口问题参考材料。

收藏单位：重庆馆、广西馆、国家馆、湖南馆、吉林馆、辽宁馆、上海馆、首都馆、天津馆、浙江馆、中科图

02561
中国人口问题研究 （日）饭田茂三郎著 洪

炎秋　张我军译
北平：人人书店，1934.10，200 页，32 开（人人丛书）

本书共 6 章：西洋的人口思想之变迁、中国的人口思想之变迁、中国人口的构成、中国人口和来住移住、中国的过剩人口、中国人口问题对策。

收藏单位：重庆馆、国家馆、近代史所、南京馆、首都馆

02562
中国人口问题之统计分析　国民政府主计处统计局编
重庆：正中书局，1944.1，109 页，25 开（国内问题统计丛书）
上海：正中书局，1946.2，109 页，25 开（国内问题统计丛书）

本书共 4 章：总述、人口分布、人口组合、人口增减。书前有编辑凡例、陈长蘅序及吴大钧、朱君毅序。

收藏单位：重庆馆、东北师大馆、广东馆、广西馆、贵州馆、国家馆、湖南馆、近代史所、辽宁馆、南京馆、内蒙古馆、上海馆、首都馆、天津馆、西南大学馆、浙江馆、中科图

02563
中国人口问题之严重　张印堂著
出版者不详，18 页，16 开

收藏单位：南京馆

02564
中国人口与农民教育　魏重庆著
出版者不详，1928.5，56 页，32 开

本书从中国的人口问题谈到农民教育的重要，提出以乡村为中心建设平民教育。

收藏单位：国家馆、浙江馆

02565
中国生命统计初步　方石珊著
[河北]：[华北医报]，1929，40 页，22 开

本书为作者 1929 年 11 月在河北省训政学院的讲演。

收藏单位：首都馆

02566
中国乡村人口问题之分析　言心哲著
上海：商务印书馆，1935.4，71 页，32 开（社会科学小丛书）
上海：商务印书馆，1935.6，再版，71 页，32 开（社会科学小丛书）

本书共 12 部分：引言、中国乡村人口的数量、中国乡村家庭人口的结构、中国乡村人口年龄的分配、中国乡村人口的性别与性比例、中国乡村人口的生育率与死亡率、中国乡村人口的婚姻状况、中国乡村人口的职业状况、中国乡村的人口密度、中国乡村人口的增减趋势、中国乡村人口的迁徙、结论。书前有作者序。

收藏单位：重庆馆、广东馆、贵州馆、国家馆、吉林馆、辽大馆、南京馆、内蒙古馆、上海馆、首都馆、天津馆、浙江馆

02567
中国乡村人口问题之分析　言心哲著
南京：正中书局，1935.1，66 页，16 开

本书共 12 部分，概述中国乡村人口的数量、结构、年龄、婚姻、职业状况，以及乡村人口的增减趋势与迁徙等。书前有作者序。

收藏单位：重庆馆、国家馆

02568
中国乡村人口问题之研究　乔启明[著]
金陵大学农林科，1928，[21]页，16 开

本书为《东方杂志》25 卷 21 号抽印本。

收藏单位：广东馆、南京馆

02569
中华民国十八年湖南全省户口统计　湖南全省地方自治筹备处编
湖南全省地方自治筹备处，1931，1 册，9 开（湖南全省地方自治筹备处调查报告 1）

收藏单位：近代史所、首都馆

02570
住户须知　广州市调查人口委员会编

广州市调查人口委员会，1932.10，58 页，36 开

本书为广州市政府人口调查的宣传小册子。内收《广州市调查人口告市民》（刘纪文）、《政训与人口调查》（詹菊似）、《市民对于调查人口应有的认识》3 篇文章。附宣传大纲等。

收藏单位：上海馆、天津馆、浙江馆

02571

邹平二年来之户籍行政及其统计 吴顾毓编述

邹平：山东乡村建设研究院，1937.9，42 页，18 开

本书记述邹平县 1935—1937 年的户籍行政概况，经过情形及统计结果。共两部分：上部为户籍行政，下部为户籍动静态统计。附邹平实验县户籍及人事登记办事细则、邹平实验县政府户籍室办理人事管理卡片暂行规则等。书前有编者自序。

收藏单位：重庆馆、国家馆、中科图

02572

邹平实验县户口调查报告（民国二十四年） 吴顾毓编

上海：中华书局，1937.7，647 页，横 16 开

本书为山东乡村建设研究院主持组成邹平实验县政府设计委员会在邹平的调查报告。分调查统计之经过、统计结果两部分，收录统计表 130 多种。书前有前言代序、邹平实验县地图。

收藏单位：重庆馆、国家馆、南京馆、上海馆、浙江馆、中科图

02573

最近江西省之户口统计 李成谟著

社会科学研究社，[1932]，7 页，16 开

本书内容包括：最近办理户口统计的概况、最近全省户口统计数字及户口统计的缺点等。为《社会科学研究》1 卷 4 期抽印本。

02574

最近中国人口的新估计 王士达著

国立中央研究院社会科学研究所，[1931—1949]，[75] 页，16 开

本书为 20 世纪 20 年代末 30 年代初的中国人口调查。书中有各地户口统计表数十幅。为《社会科学杂志》6 卷 2 期抽印本。

收藏单位：重庆馆、广东馆、国家馆、南京馆

各国人口

02575

日本帝国人口动态统计（大正九年）

出版者不详，1924，1 册，25 开

收藏单位：重庆馆

02576

日本帝国人口动态统计（大正十三年）

出版者不详，1925.11，1 册，25 开

收藏单位：重庆馆

02577

日本帝国人口动态统计（昭和四年）

出版者不详，1930，1 册，25 开

收藏单位：重庆馆

02578

日本帝国死因统计（大正十二年）

出版者不详，1925.5，1 册，25 开

收藏单位：重庆馆

02579

日本帝国死因统计（昭和四年）

出版者不详，1 册，25 开

收藏单位：重庆馆

02580

日本人口论 洪启翔著

重庆：国民图书出版社，1940.12，60 页，32 开

本书共 4 章：日本人口的现状、日本人口的将来、日本人口是否过剩、结论。

收藏单位：重庆馆、广东馆、贵州馆、国家馆、吉林馆、南京馆、内蒙古馆、山西馆、

上海馆、浙江馆、中科图

02581
日本人口问题 （英）克罗克（W. R. Crocker）原著 朱梅隽译
外文题名：Japanese population problem: the coming crisis
南京：正中书局，1935.10，204 页，32 开（社会科学丛刊）
本书共 8 章：太平洋之国际关系、日本之背景、日本人口之压迫、未来之人口、粮食问题、振兴实业之途径、移民之救济、结论。附录《日本之统计》《日本之种稻》。
收藏单位：重庆馆、广西馆、国家馆、湖南馆、吉林馆、南京馆、上海馆

02582
日本人口之豫测 （日）本上田员次郎著 李立侠译 日本评论社主编
外文题名：An estimate on Japanese population
南京：日本评论社，1934.3，46 页，32 开（日本研究会小丛书 47）
本书分 8 节，预测二三十年内日本人口的出生率及年龄构成等。
收藏单位：重庆馆、国家馆、江西馆、上海馆、天津馆

管理学

管理技术与方法

02583
百新公文程式 周春霆编
上海：百新书店，1948.4，267 页，32 开
本书分上中下 3 编。上编为总论，中编为作法与处理，下编为公文程式实例。
收藏单位：国家馆

02584
北平私立声声学校英文打字讲义（一卷） 北平私立声声学校编
北平：北平私立声声学校，1937，1 册，25 开

02585
标点标准公文程式 朱雨苍编
上海：法学编译社，1935.3，384 页，25 开
上海：法学编译社，1935.10，383 页，32 开
本书论述公文中标点符号的使用方法。共 4 编：总论、上行公文、平行公文、下行公文。末附各种公文程式表。
收藏单位：江西馆

02586
标点公文程式 董浩编
上海：会文堂新记书局，1934.3，[30]+374 页，32 开
本书分 4 编：总论、上行文、平行文、下行文。书前有国民政府训令第 500 号、郭卫的序及标点公文程式编纂旨趣等。
收藏单位：重庆馆、广东馆、首都馆、天津馆

02587
标点公文程式 上海法学编译社编
上海：会文堂新记书局，1937.1，[374] 页，32 开
上海：会文堂新记书局，1941，[374] 页，32 开
上海：会文堂新记书局，1946.1，[374] 页，32 开
上海：会文堂新记书局，1947.1，[374] 页，32 开
本书在董浩的《标点公文程式》一书基础上改编而成。
收藏单位：东北师大馆、广东馆、国家馆、吉林馆、南京馆、内蒙古馆、上海馆、首都馆、浙江馆

02588
标点公文分类范本 居企新著
上海：法学书局，1935.11，260 页，22 开
本书共 8 编：内政、外交、财政、军事、实业、交通、教育、司法等。

收藏单位：国家馆、黑龙江馆、上海馆

02589
标准公文程式汇编　张传文　王应瑞编
重庆：上海书店，1940.5，12+206 页，32 开
重庆：上海书店，1941.2，再版，12+206 页，32 开
重庆：上海书店，1941.9，再版，180 页，32 开
重庆：上海书店，1942.1，4 版，180 页，32 开
重庆：上海书店，1942.5，6 版，12+180 页，32 开
重庆：上海书店，1944.11，8 版，12+180 页，32 开

本书共 11 章，所汇编的公文包括令、训令、指令、布告、任命状、呈、咨、公函、批、杂体公文等。并讲述定义、写法和用语说明。

收藏单位：重庆馆、国家馆、南京馆

02590
标准活用军政公文程式大全（第 1 册）
上海：大方书局，[1938]，116 页，32 开

本书共 4 编，内容包括：辑要、令文、批示、呈文、咨文、公函、训令、布告、牒文、电文。逐页题名：最近军政公文程式全书。

收藏单位：国家馆

02591
别有天地之公文程式　纪植夫著　朱梓斋　程崇默编校
万县：纪氏医馆，1941，98 页，32 开

全书共分甲乙丙丁 4 编：戏拟布告类、戏拟训令类、戏拟呈文批文指令委令类（附剧词判词）、戏拟公函类。书前附导言、序言和各编目录。

收藏单位：重庆馆

02592
处理公文手册　李桐冈编
重庆：华中图书公司，1940.1，168 页，36 开
重庆：华中图书公司，1940.9，3 版，168 页，36 开
重庆：华中图书公司，1941.1，4 版，168 页，36 开
重庆：华中图书公司，1941.4，5 版，168 页，36 开
重庆：华中图书公司，1942.10，再版，168 页，36 开

本书共 5 章：程式种类及用语、公文作法、处理公文程序、处理公文应有之基本修养与认识、档案管理。

收藏单位：重庆馆、广东馆、贵州馆、国家馆、吉林馆、江西馆、南京馆、内蒙古馆、浙江馆

02593
非常时期最新公文程式大全
出版者不详，[1937—1949]，294 页，25 开

收藏单位：江西馆

02594
分段例解标准公文程式　张知本编著
上海：法学编译社，1933，394 页，32 开

本书分上行公文、平行公文、下行公文 3 篇。

收藏单位：广西馆

02595
福建省之文书管理　福建省政府秘书处第一科编
福建省政府秘书处第一科，1939.12，124 页，32 开（闽政丛刊）

本书共 3 章：公文、收发、档案。有引言及绪言。

收藏单位：重庆馆、福建馆、广东馆、国家馆、江西馆、近代史所、南京馆、浙江馆

02596
革新公文程式　董坚志编著
上海：合众书店，1947，308 页，32 开

本书共 10 编，内容包括：训令、布告、咨、公函等。

收藏单位：贵州馆、江西馆、上海馆

02597
各界最新公文程式大全（国民政府）
上海：大通书局，1927，58 页，25 开
收藏单位：江西馆

02598
工厂文件 朱翊新编
世界书局，1946，112 页，36 开（大众应用文件集成）
本书介绍各类工厂文件的书写法。
收藏单位：重庆馆、南京馆、内蒙古馆

02599
公牍 李济美编
中央警官学校第二分校，1946.7，106 页，25 开
本书为中央警官学校讲义摘要。
收藏单位：广东馆、江西馆

02600
公牍・公牍讲义 陈纬编
中央警官学校，80+30+58 页，16 开
《公牍》分上、下编，上编为公文之习用语；下编为现行条例以外之公文书。《公牍讲义》共 6 章，内容包括：公牍之定义、公牍之效用、公牍办理之程序、标点符号、公牍之种类及其沿革、公文用纸形式。
收藏单位：国家馆

02601
公牍讲义 齐少民编
中央警官学校研究部，1946.12，160 页，32 开
本书共 3 编：总论、公牍之体例及说明、杂体公牍。
收藏单位：国家馆、南京馆、内蒙古馆

02602
公牍讲义 吴贵长编
中央警官学校，262 页，32 开

02603
公牍讲义 中央警官学校研究部
中央警官学校研究部，1930，218 页，32 开
本书共 3 编：总论、公牍之体例及说明、杂文公文。封面题名：公牍。
收藏单位：浙江馆

02604
公牍诠义 许同莘著
河北省政府河北月刊社，1934.12，130 页，16 开
本书共 12 部分：述指、道源、流变、观通、择雅、通俗、法后、去忍、养耻、博趣、余论、辞命。
收藏单位：广东馆、国家馆

02605
公牍通论 徐望之著
上海：商务印书馆，1931.1，292 页，32 开
上海：商务印书馆，1931.12，292 页，再版，32 开
上海：商务印书馆，1934，国难后 2 版，292 页，32 开
上海：商务印书馆，1935，国难后 3 版，292 页，32 开
上海：商务印书馆，1938.3，国难后 6 版，292 页，32 开
上海：商务印书馆，1941.4，国难后 7 版，292 页，32 开
上海：商务印书馆，1947.2，8 版，292 页，32 开
本书共 9 章：释义、类别、体例、储养、撰拟、结构、公文之叙法、用语、程式等。书前有张元济、张俊、汪鸿孙分别作序。书末附公文程式条例等。
收藏单位：重庆馆、东北师大馆、广东馆、贵州馆、国家馆、华东师大馆、江西馆、南京馆、内蒙古馆、绍兴馆、首都馆、浙江馆

02606
公牍文研究 刘宣阁编著
上海：世界书局，1946.8，56 页，32 开
本书共 10 章，讲述公牍文体裁、分类、格式及公文处理等。
收藏单位：重庆馆、广西馆、国家馆、吉林馆、南京馆、浙江馆

02607
公牍新范 金寒英编著
上海：正中书局，1948.6，[10]+348 页，32 开
本书共 14 章，内容包括：公牍史略、公文革命、公文之体裁、公牍之撰作、行文之程序等。主要讲述公牍理论，并举实例。
收藏单位：重庆馆、国家馆、吉林馆、南京馆

02608
公牍要旨 河北省地方行政人员训练所编
[河北省地方行政人员训练所]，60 页，16 开
本书共 3 部分：引言、上编总论、下编分论。上编有事前预备、临事研究、事后补救、档案 4 章；下编有下行之文、平行之文、上行之文、对外之文 4 章。为河北省地方行政人员训练所讲义。
收藏单位：国家馆

02609
公文常识
出版者不详，[1936—1949]，624 页，32 开
收藏单位：江西馆

02610
公文常识问答 张单青编
三和书店，1941.2，124 页，25 开
收藏单位：江西馆

02611
公文程式 顾九峰编
中央训练团兵役干部训练班，1940，46 页，32 开
本书内容包括：绪言、一般处理文书之程序、命令下达方法注意要则、公文标点行款举例、军用文职人员礼节暂行条例等。
收藏单位：重庆馆、广东馆

02612
公文程式 广西省地方行政干部训练委员会编
广西省地方行政干部训练委员会，1941，38 页，32 开（广西省地方行政干部训练团各区训练班讲义）
本书共 7 课，内容包括：公文的类别、公文的拟撰等。
收藏单位：重庆馆、桂林馆

02613
公文程式 郭景新编
江西省地方政治讲习院，1940.3，138 页，32 开（共同教材训练 12）
收藏单位：重庆馆、江西馆

02614
公文程式 胡树声编著
江苏省区长训练所，135 页，24 开（江苏省区长训练所政治丛书 28）
本书共 6 讲，内容包括：现行公文程式及法令、上行文办法、平行文办法、下行文办法等。书口题名：公文程式讲义。
收藏单位：国家馆、南京馆

02615
公文程式 军需学校编
军需学校，1940，270 页，32 开
收藏单位：广东馆

02616
公文程式 中国国民党中央执行委员会训练委员会西北干部训练团 甘肃省地方行政干部训练委员会编
兰州：中国国民党中央执行委员会训练委员会西北干部训练团、甘肃省地方行政干部训练委员会，52 页，36 开
本书为业务教程。共 11 章，内容包括：概论、令、训令、指令、布告、任命状、呈、公函等。
收藏单位：重庆馆

02617
公文程式 邹序魁编
湖南省地方行政干部训练团，1941，93 页
收藏单位：南京馆

02618
公文程式

北京：北京特别市公署警察局，1944，97页，32开

本书共11章，内容包括：公文的定义、公文的性质、公文的精神、公文的经办的手续、公文的种类等。为北京特别市公署警察局警察教练所讲义。

收藏单位：国家馆

02619

公文程式

江西省地方行政干部训练委员会，1942，24页，32开（各县训练所训练乡镇干事政治训练教材9）

本书共5节，内容包括：公文意义、公文种类、公文举例、拟稿要领等。

收藏单位：重庆馆

02620

公文程式

出版者不详，188页，25开

收藏单位：江西馆

02621

公文程式（新式标点） 戴渭清编

上海：大众书局，1933.9，4册（[638]页），32开

上海：大众书局，1933.11，3版，4册（[638]页），32开

上海：大众书局，1934，4版，4册（[638]页），32开

上海：大众书局，1941.3，9版，4册（[638]页）

上海：大众书局，1946，10版，1册，36开，精装

本书共分甲、乙两编。甲编属理论方面，对于各项公文撰拟方法及形式要点做系统的论述、具体的说明；乙编属实例方面，将各项公文分别举例示范，并遂篇剖析其内容、探讨其结构。

收藏单位：重庆馆、国家馆、黑龙江馆、江西馆、南京馆、首都馆、浙江馆

02622

公文程式（新式标点、分类大全） 陈德谦编

上海：大华书局，1935.7，27+342页，32开

本书共9编：呈、公函、咨、训令、指令、批、布告、令、杂文。书前有公文程式条例。书脊题名：分类公文程式大全。

收藏单位：国家馆

02623

公文程式大观（国民政府） 朱剑芒编

上海：世界书局，1928.5，6册（[1069]页），32开

上海：世界书局，1929，4版，6册，32开

上海：世界书局，1933.2，7版，6册，32开

本书共6编：公文要诀、政界文件、党部文件、军界文件、公团文件、杂项文件。

收藏单位：重庆馆、广东馆、国家馆、黑龙江馆、江西馆、内蒙古馆、首都馆、天津馆

02624

公文程式大全 董坚志编著 张善栋校订

上海：合众书店，1946.10，3版，287页，25开

本书依照最新法规编纂。封面题名：新公文程式大全。

收藏单位：江西馆

02625

公文程式大全

上海：奋进书店，1944.7，再版，250页，32开

收藏单位：浙江馆

02626

公文程式大全（国府现行）

上海：民益图书局，[1928]，4册（[740]页），32开

上海：民益图书局，1928.7，再版，4册（[740]页），32开

本书共10编，内容包括：公文程式总纲、分类说明、办理手续及各类公文、函牍等。书前有编例。书末附有关法令。

收藏单位：江西馆

02627
公文程式大全（最新详解） 世界书局编辑所编
上海：世界书局，1926，6 版，石印本，6 册，32 开，环筒页装
本书按公文程式令规定分为呈文、咨呈、咨文、公函、命令、训令、指令、布告、批示等 12 类。
收藏单位：重庆馆

02628
公文程式法令大全 谭少朋 华振编辑
上海：民益图书局，1929.9，4 版，4 册，32 开
本书内容包括：公文程式总纲、公文程式分类说明、公文办理手续、公布法令、下行公文成案、平行公文成案、上行公文成案、难行公文成案等。
收藏单位：江西馆

02629
公文程式法令大全（第 8—10 编 国府现行） 谭少朋 华振编辑
上海：民益图书局，1928.7，再版，1 册，32 开
收藏单位：江西馆

02630
公文程式法令大全（国府现行）
上海：民益图书局，1929.3，3 版，2 册（150+180 页），32 开

02631
公文程式范本 瞿世镇著
上海：三民图书公司，1946，[202] 页，36 开
本书分上、下两编。上为通论；下为举例。
收藏单位：湖南馆

02632
公文程式概要 陈仲达编
上海：三民图书公司，1948，188 页，25 开
本书分上编、下编、特编 3 编。上编有行政纲要、公文示范两部分；下编有县行政及附录办理公文手续两部分；特编有简化公文、公文程式两部分。
收藏单位：江西馆

02633
公文程式概要 朱剑芒编著
上海：世界书局，1929.4，133 页，50 开（“考试准备”政法概要丛书）
上海：世界书局，1929.11，再版，133 页，50 开（“考试准备”政法概要丛书）
本书共 9 章，以问答体形式讲述公文的结构、用语及各类公文的程式。后附《江苏省政府呈国民政府规定外行文件程式请通行各省一律遵照文》。
收藏单位：国家馆、江西馆、南京馆、上海馆、首都馆

02634
公文程式纲要 查尚纲 崔荣庭 杨旭庭编
南京：中央军校政训处，1942.4，36 页，32 开（中央陆军军官学校政治训练处丛书 第 2 种）
本书共 5 部分：公文之要素、公文之类别、公文之用语、公文之结构、杂体公文。书前有绪言。
收藏单位：国家馆

02635
公文程式规则
出版者不详，[1938—1949]，12 页，16 开
收藏单位：首都馆

02636
公文程式讲话
出版者不详，160 页，36 开
收藏单位：广东馆

02637
公文程式讲授纲要 郑茂芳编
桂林：郑茂芳 [发行者]，[1939]，56 页，32 开
本书共 7 讲，内容包括：公文用语、作法、办理、款式与标点等。后附公文改良办法。

收藏单位：重庆馆

02638
公文程式讲义 陈宝亮编述
军事委员会第三厅经理研究班，130 页，18 开
本书讲述公文的定义、类别、程式、作法、用法、处理等。为国民党机关内部讲义。

02639
公文程式讲义 宫迺勋编
奉天：汉文女子打字学校，1915，128 页，16 开
收藏单位：南京馆

02640
公文程式讲义 韦维清编
上海法政学院，[1931]，358 页，16 开
本书除对公文程式加以概论外，还辑选国民政府及各级机关、单位的公文实例。封面题名：公文程式。
收藏单位：首都馆

02641
公文程式教程 法制经济学类军需学校编
军需学校，1935 印，242 页，18 开
本书为军需需要特别学员班公文程式学学习资料。
收藏单位：东北师大馆

02642
公文程式菁华 田家编
成都：中华出版社，1943，再版，112 页，36 开
本书共 11 节，内容包括：总论、令、训令、指令、任命状、呈、公函等。
收藏单位：重庆馆

02643
公文程式全书 法政研究社编
上海：法政研究社，1928.6，156 页，32 开
本书内容包括军、政、商、学、农、工各界公文程式。卷首和书口书名题：(增订)行政公赎。书名前加题：国民政府最新适用。

02644
公文程式全书（标点） 居企新著
上海：法学书局，1935.1，[10]+198 页，24 开
本书分 5 编，讲述公文的定义、类别、作法、公文格式要求等。
收藏单位：国家馆

02645
公文程式实用要诀集解 董浩编
上海：会文堂新记书局，1941.1，2 册（48+ 734 页），32 开
本书共 10 编：令之要诀、训令要诀、指令要诀、布告要诀、任命状要诀、呈之要诀、咨之要诀、公函要诀、批之要诀、杂体文要诀。书前有总说。
收藏单位：国家馆

02646
公文程式实用要诀集解（战后新刊） 上海法学编译社编著
上海：上海法学编译社，1946.2，50+734 页，32 开
上海：上海法学编译社，1947.1，50+734 页，32 开
收藏单位：重庆馆、国家馆、江西馆、浙江馆

02647
公文程式述要 梁伯莹编
出版者不详，1 册，25 开
收藏单位：广东馆

02648
公文程式提要 钱释云 瞿世镇编
上海：三民公司，1931，再版，188 页，32 开
上海：三民公司，1932，3 版，188 页，32 开
本书内分甲乙两编，介绍公文的沿革、程式、行款等，以及公文中呈文、咨文、公函、训令、布告、照会和声明、电文、请愿书、宣言等的写法。
收藏单位：重庆馆、河南馆、内蒙古馆

02649
公文程式详解（最新实用）
前进出版社，[1932]，138 页，32 开
本书共 20 章，内容包括：何谓“公文”与“公文程式”、令、训令、指令、布告、任命状、呈、咨、公函、批等。
收藏单位：国家馆

02650
公文程式详论　周定枚编述
上海：法学编译社，1932.11，456 页，32 开
上海：法学编译社，1937.1，4 版，456 页，32 开
本书分 10 章讲述公文的意义、沿革、要决、类别、结构及注意事项等。附录《中华民国训政时期约法》《修正中华民国国民政府组织法》。是编述者在上海持志学院的讲义。
收藏单位：国家馆

02651
公文程式详论　周定枚编述
上海：会文堂新记书局，1947.1，456 页，32 开

02652
公文程式要纲　曹辛汉编述
上海法学院，122 页，16 开，精装
本书共 6 章：释义、体例、结构、用语、程式、处理。

02653
公文程式与保管　张锐　殷菊亭编
上海：商务印书馆，1934.5，267 页，32 开
上海：商务印书馆，1935.2，4 版，267 页，32 开
长沙：商务印书馆，1938，8 版，267 页，32 开
长沙：商务印书馆，1941，12 版，267 页，32 开
上海：商务印书馆，1946，13 版，267 页，32 开
本书共 10 章：公文之定义与效用，公文体裁之分别，行文系统，公文用语，公文之结构，处理公文之程序——收文、拟稿、送签、发缮、送印、封发，撰拟公文的原则及其手续，公文作法，标点公文，公文归档及保管。
收藏单位：重庆馆、东北师大馆、广东馆、国家馆、黑龙江馆、江西馆、南京馆、内蒙古馆、天津馆、浙江馆

02654
公文程式指导　曹辛汉编述
上海法学会社，1933，104 页，32 开
本书共 5 章，内容包括：基础、理论、程式、应用等。
收藏单位：广西馆

02655
公文处理　[康驹编著]
贵州省地方行政干部训练委员会，1942，102 页，32 开
本书讲述公文性质、历代公文程式沿革、处理程序、档案管理、以及公文改良诸问题。
收藏单位：重庆馆

02656
公文处理　康驹编
中央训练委员会，1941.12，118 页，32 开
本书为县各级干部人员训练教材。
收藏单位：重庆馆、广东馆、贵州馆、国家馆、湖南馆、吉林馆、江西馆、南京馆、浙江馆

02657
公文处理　刘溥尧编
广东省地方行政干部训练团，1941.5，68 页，32 开
收藏单位：国家馆

02658
公文处理（3 民政类）　俞守范编
广东省地方行政干部训练团，1940，96 页，32 开
本书介绍了公文的意义、分类、结构、叙述、用语等。
收藏单位：重庆馆

02659
公文处理（12 政治类） [康驹编著]
广东省地方行政干部训练团，118 页，32 开
本书为县各级干部人员训练教材。
收藏单位：重庆馆

02660
公文处理法 周连宽编著
重庆：正中书局，1945.6，92 页，32 开
上海：正中书局，1946.5，沪1版，92页，32开
上海：正中书局，1947.7，沪4版，92页，32开
本书共 9 章：绪论、收文、拟办及办稿、会办、缮校印、发文、公文检查、电报处理、其他文书处理问题。
收藏单位：重庆馆、国家馆、华东师大馆、江西馆、南京馆、内蒙古馆、宁夏馆、上海馆、首都馆、浙江馆

02661
公文处理法 邹炽昌编
上海：世界书局，1931.5，135 页，32 开
上海：世界书局，1931.9，再版，135 页，32 开
上海：世界书局，1932，3 版，135 页，32 开
上海：世界书局，1933.6，4 版，135 页，32 开
本书叙述处理公文的全部程序。共 9 章：收文，具签，办稿，送核、判刑，发缮、校对，送印、用印、钤章，封发，归档、保管，余论。
收藏单位：重庆馆、国家馆、江西馆、内蒙古馆、浙江馆

02662
公文处理讲义 盛止戈著
[成都]：四川省训练团，1941，99 页，36 开
本书共 8 章，内容包括：定义、范围、机构与簿籍、程序、档案管理、公文之检查、机密文件之管理等。
收藏单位：重庆馆

02663
公文的改革与处理（党政课程类） 刘千俊讲
湖北省地方行政干部训练团，1943.4，62 页，32 开
湖北省地方行政干部训练团，21 页，32 开
本书为著者 1931 年 1 月 29 日在训导会议与县政研究班的讲演词。
收藏单位：重庆馆

02664
公文法程 靳蕲编著
上海：商务印书馆，1936.1，229 页，32 开
上海：商务印书馆，1936，再版，229 页，32 开
长沙：商务印书馆，1938.2，4 版，229 页，32 开
长沙：商务印书馆，1941.2，8 版，229 页，32 开
长沙：商务印书馆，1941，9 版，229 页，32 开
上海：商务印书馆，1946，10 版，229 页，32 开
本书共 10 章：绪论、公文之类别、公文之行使、公文之结构、公文之用语、公文之解析、公文之格式、公文之书法、公文之办理、公文之体例。
收藏单位：重庆馆、广东馆、国家馆、华东师大馆、吉大馆、吉林馆、上海馆、首都馆、浙江馆

02665
公文法程 李爚庭编
青岛：成和堂书局，1939.10，[260] 页，24 开
本书共 8 编，内容包括：公文之重要、词类、句法、结构、举例等。
收藏单位：国家馆

02666
公文法程（实用主义） 林传甲编辑
北京：共和印刷局，1917.6，130 页，22 开
本书为中学师范适用。共 3 篇：公文之字法、公文之句法、公文之章法。封面题名：实用主义公文法程。
收藏单位：国家馆、首都馆

02667
公文法程（实用主义） 林传甲讲述

北京：中华印刷局，86 页，22 开

收藏单位：国家馆

02668

公文革命刍议 王昭然著

南京：王昭然［发行者］，1946.8，14 页，32 开

本书为著者对改革公文格式、术语、处理程序等的意见书。

收藏单位：国家馆、吉林馆、南京馆、浙江馆

02669

公文技术纲要 第二战区司令长官司令部长官办公室著

太原：第二战区司令长官司令部长官办公室，1941.5，再版，230 页，25 开

本书共 7 篇：绪言、公文之定义与分类、公文之作法、公文之处理、公文程式之革新及公文用纸、法规之拟定、表达之制定。

收藏单位：山西馆

02670

公文简编 广东省政府民政厅编

广东省政府民政厅，1939，1 册，32 开（广东省各县市乡镇长保甲长集中讲习教材 15）

本书共 6 节，内容包括：公文概说、公文的类别、地方自治机关的行文办法、公文的拟撰等。

收藏单位：重庆馆、浙江馆

02671

公文简化举例

出版者不详，18 页，25 开

收藏单位：广东馆

02672

公文简化手册 孙玠成编著

广州：华南图书公司，1946，再版，50 页，32 开

本书共 4 部分：文书手续简化办法、公文格式划一办法、实施文书手续简化办法要点、附录。

收藏单位：广东馆

02673

公文简化手册 孙玠成编著

上海：惜余书屋，1945，51 页，32 开

收藏单位：国家馆、吉林馆、南京馆、浙江馆

02674

公文讲话 金公亮编

上海：北新书局，1936，178 页，25 开

本书共 10 部分：公文底意义、公文底沿革、公文底类别、公文底程式与要点、公文底结构与用语、公文底制作、公文底外形、公文办理的程序、关于公文的法规、实例。后附山东省政府各厅处理公文简捷办法等。

收藏单位：国家馆、吉林馆、上海馆

02675

公文模范大全（分类详注） 朱剑芒编

上海：中央书店，1935，3 版，4 册，32 开

本书内容包括：政界公文类编、党部公文类编等。

收藏单位：江西馆

02676

公文难案须知（公文指南） 陶企之著

上海：东方文学社，48 页，25 开

本书共 4 章：难案公文举例、难办案应先明环境、难案的办法、结论。

收藏单位：江西馆

02677

公文难案艺术 江涛编

桂林：真实书店，1942.8，60 页，48 开（实用小丛书 2）

本书共 4 章：难案公文的艺术、难办案应先明环境、难案的办法、结论。

收藏单位：重庆馆、上海馆

02678

公文挈要 朱念慈编著

广州：商务印书馆，1937，229 页，32 开

收藏单位：广东馆

02679
公文十日通（新式标点） 董坚志编纂
上海：大中华书局，1936.5，4版，182页，32开
本书共5编：总论、上行文、平行文、下行文、杂体文。封面加题：国民政府最新颁行七项符号。
收藏单位：国家馆

02680
公文式 陆启编
上海：商务印书馆，1911.8，3版，76页，34开
本书共8章，内容包括：上行、平行、下行、批答、诉讼、杂文等。

02681
公文手册 王叟编
桂林：上海杂志公司，1941.6，314页，32开
桂林：上海杂志公司，1942.10，再版，314页，32开
上海：上海杂志公司，1946，314页，32开
上海：上海杂志公司，1948.7，再版，314页，32开
本书共8章：公文法程、革新、结构、用语、标点、格式、类范、处理。沪版书名前冠“最新”二字。
收藏单位：重庆馆、广东馆、桂林馆、国家馆、吉林馆

02682
公文手册（行宪新刊） 姚乃麟编著
上海：正气书局，1948.9，187页，32开
本书共15章，内容包括：导言、公文法令、作法与格式、公文用语、令之实例、训令实例、指令实例、布告实例等。
收藏单位：湖南馆、首都馆

02683
公文书程式举例 商务印书馆编译所编纂
上海：商务印书馆，1918.11，1册，32开
上海：商务印书馆，1920，5版，1册，32开，精装
上海：商务印书馆，1922，8版，1册，32开，精装
上海：商务印书馆，1923，9版，1册，32开
上海：商务印书馆，1925，11版，1册，32开，精装
上海：商务印书馆，1926，12版，1册，32开，精装
上海：商务印书馆，1929，改定13版，1册，32开
上海：商务印书馆，1933.4，国难后1版，1册，32开
本书所列程式分呈、咨、公函、令、布告、批等6类。附录公文书、专式文牍等。
收藏单位：重庆馆、东北师大馆、国家馆、吉林馆、江西馆、南京馆、首都馆、浙江馆

02684
公文体例 周逸凤编著
海宁：海宁县第四区民众教育馆，1934.3，[20]+310页，32开
本书共4章：上行文、平行文、下行文、杂体文。书前有编者例言、陈布雷等6人题词及公文用纸式样图、公文标点举例、行文款式、公文革新办法、公文用语等19种附录。
收藏单位：国家馆、湖南馆、浙江馆

02685
公文体用 韩东屏编著
泰和：江西文化服务部，1944.6，298页，32开
本书分程式、作法、处理3编。供自修、教学参考用。
收藏单位：重庆馆、江西馆、浙江馆

02686
公文图表定则 江西省政府建设厅编
南昌：江西省政府建设厅，1938.5，7页，25开
[南昌]：[江西省政府建设厅]，1940，16页，22开
本书内容包括：公文行款、图表格式等。
收藏单位：广东馆、国家馆

02687
公文向导 张心澂编撰
桂林：计能出版合作社，1947.3，再版，43 页，32 开
桂林：计能出版合作社，1947.10，3 版，40 页，32 开
本书内收《公文之类别》《公文之程式》《公文用语》《公文之特点》等。
收藏单位：桂林馆

02688
公文新程式（标点） 王文英标点 潘公昭校阅
上海：大达图书供应社，1934.2，2 册（248 页），32 开
上海：大达图书供应社，1934.3，2 版，2 册（248 页），32 开
上海：大达图书供应社，1935.4，再版，2 册（248 页），32 开
本书分公文秘诀与标点公文程式两编。
收藏单位：重庆馆、广东馆、江西馆、上海馆、首都馆

02689
公文新程式（标点分段） 潘公昭校阅
上海：广益书局，1939.10，246 页，25 开
本书封面题名：现代公文程式大全。
收藏单位：江西馆

02690
公文新范 金寒英编著
上海：中华书局，1947.1，168 页，32 开
上海：中华书局，1948.9，再版，168 页，32 开
本书分 5 编：公文的沿革、公文的体裁、公文的撰作、各种公文的举例、公文的处理。
收藏单位：重庆馆、国家馆、华东师大馆、江西馆、上海馆

02691
公文选录
出版者不详，[1930]，73 页，32 开
本书选公文数十篇，分呈文、咨、公函、令、批、布告等类编排。
收藏单位：广东馆

02692
公文研究 程守仁著
广州：中华书局，1938.10，273 页，32 开
上海：中华书局，1940，再版，274 页，32 开
昆明：中华书局，1940.4，再版，274 页，32 开
本书分 3 章：概论、段落、语句。书名页加题：公文结构及其修辞之研究。
收藏单位：重庆馆、广东馆、国家馆、吉大馆、浙江馆

02693
公文研究法 王后哲编
上海：大陆图书公司，1923.12，180 页，32 开
本书介绍写作公文的要诀、定例、通则、用语、须知、程式、说例。
收藏单位：国家馆、河南馆

02694
公文研究法 王后哲编
上海：三民书店，1930.5，168 页，32 开
收藏单位：江西馆、首都馆、浙江馆

02695
公文用语辞典 吴瑞书编著
上海：春明书店，1948.5，[18]+166 页，32 开
本书分术语和习语两编。前按类排列，后按首字笔画排列。书后附公文程式条例、暂行公文革新办法、公文标点条例等。
收藏单位：广西馆、国家馆

02696
公文用语大辞典 文公直编
上海：教育书店，1936.4，2 册（1306 页），32 开
上海：教育书店，1936.6，2 册（1306 页），32 开
上海：教育书店，1936.12，再版，1306 页，32 开，精装
本书分上、下两编。收党务、行政、军政、外交、教育、交通、财政、司法、工商、

农矿、经济等类公文用语。后附《现代公文程式》《现代公文作法》。

收藏单位：重庆馆、广东馆、贵州馆、南京馆、山东馆、浙江馆

02697

公文用语大辞典 文公直编

上海：经纬书局，[1930—1949]，2册（1306页），32开

收藏单位：国家馆、浙江馆

02698

公文用语手册 董坚志编纂

上海：大方书局，1948.8，170页，32开

收藏单位：广东馆

02699

公文作法 邹炽昌编著

上海：世界书局，1931.9，再版，105页，32开

上海：世界书局，1932，4版，105页，32开

上海：世界书局，1934，6版，105页，32开

本书共6章：公文的定义、公文的类别、公文的结构、拟稿的方法、公文的用语、拟稿的原则。

收藏单位：重庆馆、广东馆、江西馆、南京馆、浙江馆

02700

公文作法讲话 张厚植 宋念慈编

杭州等：正中书局、中国文化服务社浙江分社，1940.11，200页，32开

杭州等：正中书局、中国文化服务社浙江分社，1944.12，3版，206页，32开

本书共4编：总论、公文举例及说明、杂体公文、附编。

收藏单位：国家馆、浙江馆

02701

公务员与公文书 白如初著

重庆：青年书店，1939.12，141页，32开

重庆：青年书店，1940，再版，142页，32开

重庆：青年书店，1941，再版，142页，32开

本书共10部分：公务员泛述、公务员的品性、公务员的常识与技能、公务员的生活与业余研究、公务员对所属机关及僚友、公文书的一般法则、公文书的程式与修辞、公文书的处理与效率、公文书举例、结论。

收藏单位：重庆馆、贵州馆、桂林馆、国家馆、湖南馆、江西馆、南京馆

02702

官场尺牍大全（最新详注） 袁韬壶编辑

上海：源益书局，1925，276页，32开

收藏单位：首都馆

02703

广东省政府改良处理公文举要 广东省政府编

广东省政府，132页，36开

本书介绍公文收发、用纸、内容、档卷等知识。附录公文采用简单标点办法、公文标点举例及行文款式、处理案件注意要点等。

收藏单位：重庆馆

02704

国民政府公文程式 刘夨编辑

上海：真美书社，1927.8，182页，25开

收藏单位：江西馆

02705

国民政府公文程式全书（注释） 朱雨苍编辑

中华法学社，1928.5，6册，32开

中华法学社，1929.1，改正再版，6册，32开

本书按“革命尚未成功，同志仍需努力”编次，共12编：法令、令、通告、训令、指令、任命状、呈、咨、咨呈、公函、批答、杂项。逐页题名：注释各界公文程式全书。

收藏单位：广西馆、内蒙古馆

02706

国民政府现行公文程式大全（最新分类详解） 蔡任培编辑

上海：民治书局，1928，1册，32开

收藏单位：广东馆

02707
国民政府最新公文程式
上海：民立书局，[1911—1949]，128 页，32 开
收藏单位：广东馆

02708
国文公牍讲义
出版者不详，[1911—1949]，242 页，16 开
收藏单位：南京馆

02709
会场必携　费培杰译述
上海：商务印书馆，1921，119 页，36 开
上海：商务印书馆，1924，3 版，119 页，36 开
上海：商务印书馆，1927.6，4 版，119 页，36 开
本书共 3 章：结社、开会、辩论。介绍集会结社的程序、方法等。
收藏单位：重庆馆、国家馆、首都馆、浙江馆

02710
会议常识（原名，议会法）　陈毅夫著
上海：民众书店，1929.4，再版，122 页，32 开
本书分 9 章，介绍结会、提议、讨论、修正、表决、推选与选举、开会与集议、职员与委员及章程等。
收藏单位：桂林馆、江西馆

02711
会议常识（原名，议会法）　陈毅夫著
上海：学术书店，1926.2，122 页，32 开
上海：学术书店，1929，再版，122 页，32 开
收藏单位：重庆馆、广东馆、南京馆、上海馆、浙江馆

02712
会议法　邓叔良著
无锡：邓叔良 [发行者]，1936.10，230 页，32 开
本书共 6 编。研究各种会议的开法、规则，包括出席人数、出席、提议人数、提议、表决人数及表决等规则。
收藏单位：重庆馆、国家馆

02713
会议法研究　彭光钦编译
上海：广智书局，1929，156 页，32 开
本书据美国格雷基（F. M. Gregg）所著《应用会议法》（*Parliamentary Law*）一书翻译，分上、下两编。上编会议法大纲，共 9 章：会议及其组织、职员及其职务、会员、事务之提起、讨论、表决、动议、委员会、非正式行动；下编会议法证明，内容包括：会议法、召集会议、组织单纯会议、会章及附则、会议与会期等。本书目的在于为各种会议提供标准法规，亦可用作法政学校的教科书或参考书。
收藏单位：江西馆、南京馆、首都馆

02714
会议法研究　彭光钦编译
上海：世界书局，1929.3，156 页，32 开
上海：世界书局，1948，156 页，32 开
收藏单位：广西馆、国家馆、上海馆、浙江馆

02715
会议举要　沈本强编著
重庆：全国各地盐业工会筹备委员会，1944.1，28 页，32 开
本书分 6 部分。介绍什么是会议、会议前的准备、会议规则、如何处理动议及决议的整理等。
收藏单位：重庆馆、国家馆、吉林馆、南京馆

02716
集会常识　福建省政府民政厅第三科编
福建省政府民政厅，1940.11，30 页，32 开（自治指导读物 12）
本书共 5 章：集会、动议和讨论、表决和复议、修正案和附属动议、权宜和秩序问题。
收藏单位：江西馆、南京馆、浙江馆

02717
集会常识 广西省党部执行委员会编
广西：广西省党部执行委员会，1942，22页，32开
本书为广西省各县党务基层干部训练班教材。附普通开会秩序、宣誓仪式及誓词和选举票格式。
收藏单位：广西馆、南京馆

02718
集会常识 贵州省地方行政干部训练委员会编
贵州省地方行政干部训练委员会，1941，28页，32开
收藏单位：重庆馆

02719
集会常识 三民主义青年团中央团部编
三民主义青年团中央团部，1946.7印，58页，64开（训练小丛书）
收藏单位：天津馆

02720
集会常识 中央组织部编
重庆：中央秘书处文化驿站总管理处，1940.4，64页，64开（组训小丛书）
收藏单位：南京馆

02721
集会常识 中央组织部编
中央训练团，[1938—1949]，52页，64开
收藏单位：南京馆

02722
集会常识 [中央组织部编]
[重庆]：中央组织部，1939，64页，64开（组训小丛书）
收藏单位：重庆馆

02723
集会常识
出版者不详，1942.8，[34]页，32开
本书为中央训练团党政训练班参考书。
收藏单位：重庆馆、广东馆、贵州馆、桂林馆、国家馆、南京馆、天津馆

02724
集会常识讲授大纲 中央组织部编
重庆：中央组织部，[1938—1945]，22页，64开
本书为基层干部训练教材。
收藏单位：南京馆

02725
集会手册
上海：大东书局，1948.4，56页，36开（新儿童基本文库 高年级 公民8）
上海：大东书局，1948，3版，56页，36开（儿童基本文库 高年级 公民科读物）
本书分上、下两编。上编集会，内容包括：集会的组织法、经常举行的集会、不经常举行的集会；下编民权初步提要，内容包括：结会、动议、修正案、动议的顺序、权宜及秩序问题。
收藏单位：广东馆、国家馆

02726
几种会场的布置 姚家栋 许剑庵编
北京：正中书局，1937.2，14页，32开（儿童劳作小丛书3）
上海：正中书局，1947.1，14页，32开（儿童劳作小丛书3）
本书共6部分：说在前面、普通会场、游艺会会场、成绩展览会、小运动会会场一瞥、尾语。
收藏单位：国家馆

02727
简化公文程式（文书员手册） 孙大谋著
上海：长风书店，1947，170页，32开
上海：长风书店，1948，170页，32开
本书依据当时文书简化法令编辑。内容包括：行文系统、行款格式、作法结构、简化举例等。
收藏单位：重庆馆、广东馆、上海馆

02728
简明公文程式　王溥祥编著
北平：中华印书局，1936.7，106 页，32 开
本书共 5 章，主要讲述公文的定义、办理程序及对各种公文的说明等。附公文常用标点符号、缮写公文格式方法等。
收藏单位：国家馆

02729
军政公文程式大全（5）　国民政府编
上海：中华书局，82 页，32 开
收藏单位：南京馆

02730
军政公文程式大全（最新现行）　庄人端　章琢其编
上海：发
本书共 4 编：公文程式、军事公文、杂项公文、军政应酬文件。
收藏单位：吉林馆

02731
开会的方法　黄照等编
延安：新华书店，1940.7，再版，63 页，64 开（青救丛书 7）
本书共 4 部分：怎样开小组会、怎样开代表大会和执委会、怎样开群众大会、怎样开其他的群众集会。书后有附记。
收藏单位：国家馆

02732
开会的方法　熊卿云编
上海：商务印书馆，1924，[20] 页，50 开（平民小丛书 30）
上海：商务印书馆，1926，再版，20 页，50 开（平民小丛书 30）
上海：商务印书馆，1931，3 版，20 页，50 开（平民小丛书 30）
上海：商务印书馆，1935.9，36 页，50 开（民众基本丛书 第 1 集 公民修养类）
上海：商务印书馆，1935，再版，36 页，50 开（民众基本丛书 第 1 集 公民修养类）
本书主要介绍开会的方法及注意事项。内容包括：什么叫做会议、会议的种类、开会的秩序、怎样提议议案、表决、复议等。
收藏单位：重庆馆、广东馆、国家馆、辽大馆、宁夏馆、首都馆

02733
开会集议常识（原名，会议法）　陈叶夫编著
上海：粤南书店，1929.2，122 页，32 开
本书为中国公学法学院教本。分 9 章介绍结会、提议、讨论修正、表决、选举与推选、开会与集议，以及职员与委员、章程附律及常规等常识。
收藏单位：国家馆

02734
科学管理法概论　东阳　许晓楼编纂
上海：会计学社、中华会计学校，1931.11，126 页，25 开
收藏单位：上海馆

02735
科学管理与现代行政　黄寿朋著
重庆：军政部陆军经理杂志社，1942.7，313 页，32 开
本书分科学管理、行政管理两篇。共 8 章，内容包括：科学管理的基本原则、科学管理的演进及其趋势、人事管理、事务管理等。书前有自序及例言等。
收藏单位：重庆馆、东北师大馆、广东馆、国家馆、吉林馆、南京馆、浙江馆

02736
念希公文讲习会会员录　甫竣编
甫竣 [发行者]，[1935]，12 页，32 开
该讲习会自 1935 年 10 月 6 日至 12 月 22 日举办。卷首有题辞及陈士颖的小诗。
收藏单位：国家馆

02737
普通公牍指南（详注）　李啸云编
上海：泰东图书局，1925.9，[240] 页，32 开
上海：泰东图书局，1929.9，再版，187+51 页，32 开

本书分法定程式、杂项两编。封面题名：详注公牍指南。

收藏单位：国家馆、南京馆、内蒙古馆、浙江馆

02738

区乡镇保甲新公文（新式标点） 郑一鸣编著

杭州：增智书局，1941.10，140 页，25 开

杭州：增智书局，1941，2 版，增订版，140 页，36 开（大众丛刊 2）

杭州：增智书局，1944.3，4 版，124 页，25 开

本书概述了区署应用公文等内容。

收藏单位：重庆馆、浙江馆

02739

绅商公文程式全书（现行新制） 求新编辑社编

上海：大共和书局，1920，[205] 页，32 开

上海：大共和书局，1924，4 版，[205] 页，32 开

本书为文言体，有圈点。分绅界、商界两卷。

02740

省政府文书管理规则草案 江西省政府建设厅编

江西省政府建设厅，1940.5，1 册，22 开

本书共 4 部分：收发、撰拟、稽核、案卷。

收藏单位：南京馆、浙江馆

02741

省政府文书管理规则草案

[江西]：出版者不详，[1938]，22 页，22 开

收藏单位：江西馆

02742

时代公文程式大全（标点活用） 董柏涯编

上海：东方文学社，[1934]，317+48 页，32 开

本书共 7 编：公文一般的意义、公文的起源和沿革、党部及其他方面的公文程式、现行公文的标点行款、现行的划一公文用纸、时代的公文用语和作法、时代公文例作。书末附难案须知。

收藏单位：南京馆、天津馆

02743

实用公文程式 崔德化编著

西安：英华书店，1941.3，10+284 页，32 开

本书共 11 章，内容包括：公文之释义、沿革、分类、体裁、作法、结构、用语及各类举例、公文处理等。

收藏单位：东北师大馆、国家馆、辽宁馆

02744

实用公文程式（最新标点） 甘惟敏编

广州：环球书局，1938，398 页，25 开

收藏单位：江西馆

02745

实用公文示范 曹辛汉　金湛庐编

上海：中华书局，1934.5，[266 页]，25 开

上海：中华书局，1936.4，3 版，266 页，25 开

上海：中华书局，1936.9，4 版，266 页，25 开

本书共 11 章，内容包括：公文之沿革与名称、现行公文之程式、文体、结构、术语、实例等。附录内政部规定暂行公文革新办法等。目次页题名：新式标点实用公文示范。

收藏单位：东北师大馆、国家馆、黑龙江馆、湖南馆、江西馆、辽宁馆、南京馆、内蒙古馆、上海馆、浙江馆

02746

实用公文作法 余超原编著

上海：法学编译社，1946.8，236 页，32 开

本书分 14 章，介绍公文的功用、特点、沿革、分类等，并各体公文作法示例。

收藏单位：重庆馆、江西馆、浙江馆

02747

实用书记指导全书 陈和祥编

上海：普益书局，1930.8，2 册，32 开

本书分上、下编两编。上编书记要诀，主要介绍书记之修养、职务、拟撰、缮写、辨理；下编书记范例，依据书记的职务，分内政、军警、党务、财政、司法、外交、交通、教育、实业、民众团体 10 类。

收藏单位：重庆馆、国家馆、江西馆、首都馆

02748
书记宝鉴
[上海]：[普益书局]，2册，32开
本书讲述公文写法和程式，并有举例。

02749
书记之知能与任务　邹韬奋著
上海：商务印书馆，1926.7，99页，32开（职业教育丛刊 第9种）
上海：商务印书馆，1927.7，再版，99页，32开（职业教育丛刊 第9种）
本书分10章，内容包括：书记之责任与希望、办公室之组织与管理、文牍之办理、文卷保管法、文牍之格式等。著者原题：邹恩润。
收藏单位：重庆馆、国家馆、河南馆、内蒙古馆、首都馆、天津馆

02750
台湾一年来之文书改革　台湾省行政长官公署秘书处编
[台北]：台湾省行政长官公署宣传委员会，1946.11，91页，32开（新台湾建设丛书3）
本书讲述台湾省一年来的行文改革、举行文书讲习会及统一公文收发等情况。
收藏单位：重庆馆、国家馆、近代史所、南京馆

02751
讨论会指南　华景侠编
上海：女青年会全国协会编辑部，1930，18页，32开
本书主要介绍举办“讨论会”的方法。
收藏单位：重庆馆

02752
文牍　景亮钧编
北京：景亮熙[发行者]，1916.3，[118]页，18开（和佛丛编）
本书收民国以来各式公文，按行文对象分为8类，内容包括：呈文、详文、咨文、示文、批文等，并讲述程式和写法。
收藏单位：国家馆

02753
文牍大全（卷上）
上海政法学会，[154]页，80开
本书收饬令、通令、呈批、布告及陈列文等30类文牍范例。大部分为文言体。

02754
文书处理　吴世缃讲述　财政部财务人员训练所编
财政部财务人员训练所，1942.8，188页，32开（盐训丛书 第5种）
本书为盐务人员训练班讲义。内容包括：概论、公文之处理、公文示例等。附录公文条规及法令。
收藏单位：重庆馆、国家馆、吉林馆、南京馆

02755
文书处理　宣博熹编
副官学校，1948，[82]页，32开
本书为军事学校讲义。共4部分：文书概论、公文范式、公文处理程序、保密。附文书处理应用表式10余种。

02756
文书处理参考资料　滕固等著
出版者不详，1册，16开
本书收入《文书处理参考资料（各机关处务规程内之文书处理）》《公文程式参考资料》《实用文书处理与档案保管法》等文章。后附《图书馆管理法略说》（卢震京）。
收藏单位：重庆馆

02757
文书处理程序　朱伯郊著
重庆：中国文化服务社，1946.4，渝初版，136页，32开（国民文库）
上海：中国文化服务社，1946.10，沪1版，136页，32开（国民文库）

上海：中国文化服务社，1947.2，沪 2 版，136 页，32 开（国民文库）
上海：中国文化服务社，1947.3，沪 3 版，136 页，32 开（国民文库）
上海：中国文化服务社，1948.5，沪 4 版，136 页，32 开（国民文库）

本书分正、附两篇。正篇讲述公文处理程序，包括收文、撰拟、缮写、校对、发文、归档等；附篇讲述公文种类、用语、格式、标点等。

收藏单位：重庆馆、广东馆、国家馆、湖南馆、吉林馆、江西馆、南京馆、上海馆、浙江馆

02758
文书处理法　顾震白编著
[桂林]：耕耘出版社，1942.9，129 页，32 开
上海：耕耘出版社，1946.4，沪初版，129 页，32 开
上海：耕耘出版社，1948.1，沪 2 版，129 页，32 开

本书共 9 章，内容包括：绪言、总则、收文处理、发文处理、文稿撰拟、档卷编管等。书末附修正公文程式条例、各机关保存档案暂行办法等。

收藏单位：重庆馆、广东馆、国家馆、吉大馆、吉林馆、江西馆、南京馆、内蒙古馆、宁夏馆、上海馆、浙江馆

02759
文书处理法　邹炽昌编著
上海：世界书局，1933.6，4 版，135 页，32 开

本书共 9 章，内容包括：收文、办稿、送核、判行。

收藏单位：广西馆

02760
文书改革在台湾　陈国琛著
卢斐 [发行者]，1947.1，233 页，22 开
卢斐 [发行者]，1947.3，再版，233 页，22 开

本书是编者改革文书档案的经验及其方法在台湾推行情况的记录。共 7 章，内容包括：改革的经过、公报改良的彻底、统一全省公文用纸和用具式样、全省采用寄安陈国琛档案分类表等。

收藏单位：广东馆、国家馆、江西馆、近代史所、南京馆、内蒙古馆、浙江馆、中科图

02761
文书管理与人事管理的改革　陈国琛著
福建省县政人员训练所，1937.7，1 册，22 开

本书内容包括：收发集中的原始基础建筑、管卷集中的原始基础建筑、人事管理之进展等。

收藏单位：浙江馆

02762
文书写作谭　秦翰才著
甘肃水利林牧公司，1941，石印本，[23 叶]，16 开，环筒页装

本书分 110 节，讲述公文程式的写作方法、经验等。

收藏单位：国家馆

02763
文书写作谭　秦翰才著
重庆：耕耘出版社，1945.7，147 页，32 开
上海：耕耘出版社，1947.3，沪 1 版，147 页，32 开

收藏单位：重庆馆、广东馆、国家馆、湖南馆、吉林馆、南京馆、内蒙古馆、宁夏馆、上海馆、首都馆

02764
文书整理法之理论与实际　（日）渊时智著　富伯平译
[重庆]：中国行政问题研究会，1943.8，194 页，25 开（中国行政问题研究会丛书 2）

本书共 20 章，内容包括：文书整理法之发达、专门用语及其意义、文书整理部之任务、各种整理之方法、特殊之文书整理等。书前有著者序、译者序、译例。

收藏单位：重庆馆、国家馆

02765
文书之简化与管理 陈国琛著
陈国琛［发行者］，1946.5，342 页，16 开
本书共两编：文书行政总论、文书技术各论。附录《中央改革文书法令辑要》等。
收藏单位：广东馆、南京馆、宁夏馆、上海馆

02766
文书之简化与管理（上编） 陈国琛著
永安：福建永安艺声印刷所，1945，178+6 页，32 开
收藏单位：福建馆

02767
现代公文程式 董浩编纂
上海：春明书店，1946.10，[23]+298 页，32 开
本书内容共 5 编：总说、革新、撰法、体例、处理与保管。卷端题：依照现行法规编纂。
收藏单位：广东馆、国家馆、首都馆

02768
现代公文程式 孔仲文编著
上海：光明书局，1946.6，战后新 1 版，252 页，32 开
上海：光明书局，1947.1，战后新 2 版，252 页，32 开
本书分两编介绍公文作法及各类公文示范。
收藏单位：重庆馆、广东馆、上海馆、首都馆

02769
现代公文程式 孔仲文编著
上海、桂林：青年出版社，1941，252 页，32 开
桂林：青年出版社，1942，再版，252 页，32 开
桂林：青年出版社，1942.6，3 版，252 页，32 开
桂林：青年出版社，1943.5，5 版，252 页，32 开
上海：青年出版社，1945.3，新 1 版，252 页，32 开
收藏单位：重庆馆、广西馆、国家馆、江西馆、浙江馆

02770
现代公文程式 凌琳编辑
长春：中国文化服务社东北区社，1946.1，167 页，32 开
本书共 9 章：公文概说、公文条例、公文种类、公文性质、公文拟撰要旨、公文标点及行款、公文保管及检阅、公文例语、公文式例。附录保甲规程等。
收藏单位：东北师大馆

02771
现代公文程式 钱一鸣编
上海：激流书店，1941.1，236 页，25 开
上海：激流书店，1941，再版，236 页，25 开
本书共 9 章，内容包括：公文概说、公文条例、公文种类、公文保管及检阅、公文式例等。
收藏单位：重庆馆、东北师大馆、江西馆

02772
现代公文程式（最新标点） 凌琳编辑
法学出版社，1943，242 页，32 开
收藏单位：首都馆

02773
现代公文程式大全（标点分段） 周青萍编
上海：政法公牍研究社，1933.12，[734] 页，32 开
上海：政法公牍研究社，1934.1，[734] 页，32 开
上海：政法公牍研究社，1934.10，再版，[734] 页，32 开，精、平装
上海：政法公牍研究社，1935.5，再版，[734] 页，32 开
本书介绍公文秘诀和各体公文示范。共 5 编：现行公文秘诀、下行公文示范、平行公文示范、上行公文示范、杂体公文示范。书名页题：广益书局出版。

收藏单位：重庆馆、广东馆、国家馆、江西馆、首都馆

02774

现代公文程式大全（新式标点） 董坚志编

上海：法学研究社，1936.6，3版，[434]页，32开

本书分通论、上行、平行、下行、杂项、附录6编。卷端题名：国民政府现代公文程式大全。

收藏单位：国家馆

02775

现代公文程式大全（新式标点） 董坚志编

上海：文业书局，1936.9，404页，25开

本书共6编：通论、上行、平行、下行、杂项、附录。

收藏单位：江西馆

02776

现代公文作法 胡惠生编著

上海：大华书局，1933，172页，32开

上海：大华书局，1933.11，再版，172页，32开

本书内容包括：绪论、体例、结构、作法、用语、手续及其他。

收藏单位：江西馆、首都馆、浙江馆

02777

现代活用公文程式 董浩[著]

上海：大方书局，1947.2，再版，298页，32开

本书内容包括：概论、政界活用公文程式、军界活用公文程式。

收藏单位：浙江馆

02778

现代最新公文程式 黄泽人 林君勉编

上海：广义书局，1946，197页，32开

本书分3编。第1编概论公文的类别、结构、使用等，第2编介绍公文的作法，第3编对各类公文作示范说明。封面题名：最新公文程式。

收藏单位：重庆馆

02779

现行标点公文程式详解 上海法学编译社编

上海：会文堂新记书局，1934，28+322页，32开

上海：会文堂新记书局，1935.4，28+322页，32开

上海：会文堂新记书局，1941.1，28+322页，32开

本书卷首介绍公文程式条例、用纸程式、革新办法及标点方法，同时分4编说明上行公文、平行公文、下行公文、杂项公文。现行适用公文标点7项符号包括：逗号、句号、提引号、复提引号、省略号、专名号、括弧。

收藏单位：重庆馆、东北师大馆、广东馆、贵州馆、国家馆、近代史所、首都馆

02780

现行公文程式 孙仲文编

上海：青年出版社，1942.6，3版，252页，32开

收藏单位：南京馆

02781

现行公文程式 吴瑞书编

上海：广益书局，1946.8，新1版，122页，32开

上海：广益书局，1947.4，新2版，122页，32开

本书共5章：公文标点与行款、现行公文之类别、现行公文之结构、现行公文之术语、现行公文之用纸。后附现行公文程式之法令、现行公文之体例。

收藏单位：重庆馆、江西馆

02782

现行公文程式 谢松涛编著

北平：华北科学社，1935.8，[24]+248页，25开

北京：华北科学社，1942.1，重订3版，244页，25开

本书分两编。第1编总论公文书之意义、类别、演进、标点行款、程式、结构等；第2编为各类公文举例。

收藏单位：国家馆、首都馆

02783

现行公文程式大全 瞿世镇编

上海：春江书局，1943.2，再版，[348] 页，36 开

上海：春江书局，1 册，32 开

本书分公文通论、公文实例两编。书末附有关法令汇编。

收藏单位：安徽馆、上海馆

02784

现行公文程式集成 朱翊新编辑

上海：世界书局，1936.8，20+684 页，42 开，精、平装

上海：世界书局，1936，3 版，20+684 页，42 开，精、平装

上海：世界书局，1936.12，4 版，20+684 页，42 开，精、平装

上海：世界书局，1936.12，5 版，20+684 页，42 开，精、平装

上海：世界书局，1937，7 版，20+684 页，42 开，精、平装

上海：世界书局，1938，新 2 版，20+684 页，42 开，精、平装

上海：世界书局，1938.9，新 5 版，20+684 页，42 开，精、平装

上海：世界书局，1939.11，新 7 版，20+684 页，42 开，精、平装

上海：世界书局，1940.5，新 8 版，20+684 页，42 开，精、平装

上海：世界书局，1942.11，赣 1 版，20+684 页，42 开，精、平装

上海：世界书局，1943.5，赣 2 版，20+684 页，42 开，精、平装

上海：世界书局，1944.3，赣 3 版，20+684 页，42 开，精、平装

上海：世界书局，1944.1，新 10 版，20+684 页，42 开，精、平装

上海：世界书局，1946.9，新 11 版，20+684 页，42 开，精装

本书共 5 编：公文常识、一般公文、地方自治机关公文、陆海空军用公文、司法机关公文。

收藏单位：重庆馆、广东馆、国家馆、湖南馆、吉林馆、江西馆、南京馆、内蒙古馆、上海馆、绍兴馆、首都馆、浙江馆

02785

现行公文程式详解（国民政府） 王尹孚编

上海：法学编译社，1928.2，1 册，32 开，精、平装

上海：法学编译社，1929.9，9 版，1 册，32 开，精、平装

上海：法学编译社，1930，10 版，1 册，32 开，精装

上海：法学编译社，1931，14 版，[425] 页，32 开

上海：法学编译社，1932，16 版，[425] 页，32 开

本书共 4 编：上行公文、平行公文、下行公文、杂项公文。附录现行各种公文程式表。

收藏单位：重庆馆、广西馆、首都馆

02786

现行公文作法 陈觉民编著

上海：大东书局，1931.6，170 页，32 开

上海：大东书局，1933.4，3 版，170 页，32 开

本书共 15 章。前两章是公文总论及公文程式条例，后 12 章是各种公文程式和公文研究大要，最后一章为结论。封面题名：国民政府现行公文作法。

收藏单位：国家馆、吉林馆、近代史所、首都馆、浙江馆

02787

现行公文作法 温晋城编著

重庆：大东书局，1944.5，169 页，32 开

本书共 12 章，内容包括：公文定义、类别、行文系统、公文术语、公文结构、公文处理程序等。

收藏单位：重庆馆、贵州馆、国家馆、吉林馆、南京馆

02788

现行绅商公文举例 求新编辑社编辑

上海：大共和书局，1920.1，[319] 页，32 开

本书分上、下两卷。上卷分：绅界呈文类、绅界电文类、绅界公函类、绅界杂项文件类；下卷分：商界呈文类、商界电文类、商界公函类、商界杂项文件类。附录包括刑事、民事、上诉等各种状式。

收藏单位：国家馆

02789

宪兵公文常识　宪兵学校编

宪兵学校，1942.4，64 页，32 开

本书共 7 章，内容包括：总论、法令、程式、用语、电报、办理公文注意事项等。为国民党宪兵学校公文常识教本。

收藏单位：重庆馆

02790

乡镇村街公所应用文　梁上燕著

南宁：民团周刊社，1938.8，38 页，32 开（基层建设丛刊 第 3 辑 10）（丙种丛刊 第 2 种）

南宁：民团周刊社，1939.4，再版，38 页，32 开（基层建设丛刊 第 3 辑 10）（丙种丛刊 第 2 种）

本书内容包括：应用文作法的几个条件、公文用语的改革与运用、处理公文的注意点、两种公文用纸的说明等。

收藏单位：广东馆、国家馆、南京馆

02791

详解满日公文作法全集　赵锡纯著

新京（长春）：益智书店，1938.12，234 页，32 开

本书内容包括公文要旨、过功能文作法两章。

收藏单位：东北师大馆

02792

新编公文程式全书　钱一鸣编

上海：激流书店，1943.3，再版，234 页，32 开

本书介绍公文的条例、种类、性质、拟撰要旨、标点及行款、保管及检阅、例语、式例等内容。

收藏单位：广东馆

02793

新编公文程式作法　杨长清编

长沙：启智书局，1943，48 页，32 开

本书卷端题名：公文程式。军政适用。

收藏单位：国家馆

02794

新公文程式

出版者不详，[192] 页，32 开

本书共 8 编，内容包括：公文的意义与公文程式、公文程式法令、公文术语等。

收藏单位：广东馆、国家馆

02795

新公文程式（新式标点）　姚啸秋编

上海：大光明书局，1933.12，2 册（[198]+[146] 页），32 开

上海：大光明书局，1938.11，重版，2 册（198+144 页），32 开

上海：大光明书局，1940，重版，2 册（198+144 页），32 开

本书内容包括：公文程式总论、公文程式类纂两编。逐页题名：公文程式大全，目录页题名：最新标点公文程式大全。

收藏单位：重庆馆、广东馆、广西馆、国家馆、首都馆

02796

新公文程式（现行适用）　吴及容编辑

北平：中国法政学社，1943.9，4 版，12+208 页，32 开

本书共 6 篇：通论、上行公牍、平行公牍、下行公牍、杂体公牍、附录。附保甲规程及各项公文表式。

收藏单位：国家馆

02797

新公文程式大全　段世源编著

华星书局，1944，[26]+286 页，32 开

本书共 10 章：概论、令、训令、指令、布告、任命状、呈、咨、公函、批。附篇杂

项公文、军用公文。

收藏单位：重庆馆

02798

新公文程式大全 段世源编著

汉口：一星书店，1938.3，[26]+286 页，32 开

汉口：一星书店，1938.4，再版，[26]+286 页，32 开

汉口：一星书店，1939，[再版]，14+286 页，32 开

万县 [重庆]：一星书店，1939.1，[26]+286 页，32 开

万县 [重庆]：一星书店，1939.10，再版，[26]+286 页，32 开

收藏单位：重庆馆、东北师大馆、国家馆、湖南馆、吉林馆

02799

新公文程式大全（新式标点） 国民政府颁布

上海：世界书局，[1911—1949]，4 册，32 开

收藏单位：南京馆

02800

新公文程式大全（新式标点） 朱剑芒编辑

上海：世界书局，1929.3，6 册，32 开

上海：世界书局，1930.9，4 版，6 册，32 开

上海：世界书局，1931，5 版，6 册，32 开

上海：世界书局，1932.10，7 版，6 册，32 开

上海：世界书局，1934.4，8 版，6 册，32 开

上海：世界书局，1934.6，9 版，6 册，32 开

本书共 6 册 6 编：公文要诀、令文辑要、呈文辑要、咨文公函辑要、布告辑要、电文辑要。国民政府颁布。

收藏单位：广东馆、国家馆、首都馆、天津馆、浙江馆

02801

新公文程式集成 董坚志编

上海：大方书局，1941.5，28+[393] 页，32 开

上海：大方书局，1944.2，再版，28+393 页，32 开

上海：大方书局，1946.6，再版，28+393 页，32 开

上海：大方书局，1947.1，再版，28+393 页，32 开

本书内容包括：概论、政界活用公文程式、军界活用公文程式、农工商学界活用公文程式等。封面题名：军政农工商学新公文程式集成。

收藏单位：国家馆、江西馆、首都馆、浙江馆

02802

新公文程式全编 姚谷荪 蒋息岑编辑

上海：大东书局，1936.8，22+345 页，32 开

上海：大东书局，1937.3，3 版，22+345 页，32 开

上海：大东书局，1946，7 版，22+435 页，32 开

上海：大东书局，1947.2，8 版，22+435 页，32 开

本书共 10 章，内容包括：公文书概说、下行文、上行文、平行文、杂体公文等。目次页及版权页题名：标点新公文程式全编。

收藏单位：重庆馆、广东馆、国家馆、江西馆、南京馆、上海馆、首都馆

02803

新公文程式手册 罗渊祥编著

上海：昌明书屋，1948.4，154 页，32 开

本书共 12 章：公文概说、令、训令、指令、布告、呈及报告、咨及公函、通知、批、电及代电、杂体公文、公文之处理及简化问题。

收藏单位：国家馆

02804

新公文手册 蕴子选辑

重庆：新生图书文具公司，1942.7，30+252 页，32 开

重庆：新生图书文具公司，1943.1，再版，30+252 页，32 开

本书共 8 章，内容包括：现行各机关的公文程式、现行公文的作法、现行公文的用语、公文的标点与行款、公文的用纸、新时代公文的体例等。后附公文实例 211 件。

收藏单位：重庆馆、东北师大馆、国家馆、湖南馆、吉林馆、江西馆

02805
新公文作法（新编现行适用） 姚啸秋编著
上海：中央书店，1935.7，4 版，324 页，32 开
上海：中央书店，1937，[再版]，324 页，32 开
收藏单位：首都馆、浙江馆

02806
新旧公文程式合述 韦维清著
上海：法学书局，1934.10，180 页，22 开
本书共 6 章：公文程式概论、公文之用语、公文之作法、公文程式之采用标点办法、无标点公文之举例、标点公文之举例。“新旧”指有无标点而言。
收藏单位：国家馆、南京馆、内蒙古馆、上海馆

02807
新时代公文程式 吴及容编辑
上海：中央书店，1941，174 页，32 开
本书内附保甲清乡各项公文。
收藏单位：广东馆、南京馆

02808
新式公文程式 张虚白著
上海：广益书局，1930.3，3 版，2 册，32 开
上海：广益书局，1932.9，续版，2 册（[600]页），32 开
本书共 6 编：上行公文、平行公文、下行公文、电文、特种公文、杂项公文。卷首刊 1928 年 11 月公民政府公布之公文程式条例。
收藏单位：浙江馆

02809
新式公文作法 韩东屏著
重庆：三户图书社，1941.2，200 页，32 开
重庆：三户图书社，1942.10，8 版，200 页，32 开
桂林：三户图书社，1942，8 版，增订本，200 页，32 开
重庆：三户图书社，1943.2，8 版，增订本，200 页，32 开
本书共 11 章，内容包括：公文程式、公文种类、公文性质、公文结构、公文术语、公文标点及行款、公文示范及分析等。
收藏单位：重庆馆、广东馆、国家馆、江西馆、南京馆、上海馆

02810
新式公文作法 韩东屏著
汉口：生活书店，1938.11，200 页，32 开
汉口：生活书店，1939.5，再版，200 页，32 开
重庆：生活书店，1940.9，3 版，200 页，32 开
重庆：生活书店，1940，4 版，200 页，32 开
本书出版地还有：桂林、香港、昆明、成都、贵阳、星洲曲江。
收藏单位：重庆馆、国家馆、江西馆

02811
新式公文作法 吴昌严编著
重庆、桂林：新生书局，1948.1，287 页，25 开
收藏单位：江西馆

02812
新体公文作法（标点实用） 严厚贻编著
上海：卿云书局，1934，262 页，32 开

02813
修正湖北省改革公文格式暂行办法 湖北省政府秘书处编
湖北省地方行政干部训练团，[1937—1945]，[74] 页，32 开
本书附处理文书注意事项和公文用纸尺度图式。抗战期间出版。
收藏单位：重庆馆

02814
袖珍公文程式 姚乃麟编
上海：春明书店，1947.6，398 页，64 开
本书共 12 章，内容包括：公文概论、公文作法、缮写格式、公文用语、中央政府机

关公文程式、省政府机关公文程式、市县政府机关公文程式、区公所公文程式等。

收藏单位：黑龙江馆

02815

业务管理（1 财务管理） 闻亦有讲　中央训练团党政高级训练班编

[重庆]：中央训练团党政高级训练班，1944.3，86页，32开

本书内容为预算、会计、公库制度、决算、交代等业务管理程序。

02816

业务管理（1 总论） 卢作孚讲　中央训练团党政高级训练班编

出版者不详，1944.4，14页，32开

本书讲述业务管理的组织、计划、预算及管理者的使命。

收藏单位：国家馆

02817

业务管理（2 公务机关事务管理） 杨绰庵讲　中央训练团党政高级训练班编

出版者不详，1944.3，17页，32开

本书内收《公务机关事务管理规程草案》。共8章：总则、财物、房屋、工友、安全、膳食、杂务、附则。附表42种。

收藏单位：辽宁馆

02818

业务管理（主管长官与业务及人事管理） 邹秉文　祝修爵讲　中央训练团党政高级训练班编

中央训练团党政高级训练班，26页，32开

本书收讲话两篇：《主管长官与业务管理》（邹秉文）、《人事管理》（祝修爵）。

收藏单位：重庆馆、国家馆、南京馆

02819

应用公文

出版者不详，1943，31页，32开

本书共7章：定义及效用、类别、用语、结构、撰拟手续、标点公文、公文之宜忌。

收藏单位：国家馆

02820

怎样开会　钱实甫著

南宁：民团周刊社，1938.8，34页，32开（基层建设丛刊第4辑3）（丙种丛刊第2种）

本书分5部分：为甚么要开会、开会前的准备、会议主席的任务、会场中应注意的事项、关于参考材料。

收藏单位：国家馆、南京馆

02821

战时最新公文程式大全

上海：新亚书局，1940.10，再版，340页，25开

收藏单位：广东馆、江西馆

02822

治牍要旨　许同莘著

[天津]：河北月刊社，1933.3，57页，18开

[天津]：河北月刊社，1934.2，再版，57页，18开

本书内容包括引言、总论、分论。

收藏单位：广西馆

02823

中华民国公文程式（标点例解） 郭际开编辑

人文社，1945.11，1册，32开

人文社，1946.2，再版，1册，32开

本书分公文概说、公文示范两编。内容包括：公文之方式、公文之分类、公文之组织、下行文、平行文、上行文等。附录公文程式关系法令。

收藏单位：东北师大馆

02824

中华民国新公文式　姜若编

长沙：同文译书社，1912，86页，25开

收藏单位：广东馆

02825

中心及保国民学校处理公文手册　秦光银编著

泸县：青年文化促进社，1943.7，再版，135页，32开

本书分上、下两篇。上篇为概论，包括公文的定义、种类、性质、标点、处理方法等10章；下篇为实例。

收藏单位：重庆馆、国家馆、吉林馆

02826

最近军政公文程式大全（标准话用 第1册） 石沅谷编

上海：大方书局，132页，32开

本书共4编。讲述公文的缘起、规程、体裁、格式、作法等，并有各种公文范例。卷端题名：国民政府最近军政公文程式全书。

02827

最新标点公文程式 储菊人编

上海：正气出版社，1946.10，再版，14+251页，32开

上海：正气出版社，1947，[再版]，14+251页，32开

本书共12章，内容包括：公文概论、公文之用纸、公文之革新、公文之用语、公文之作法、中央政府公文程式等。书名页、封面、书脊书名前加题：依据现行法规编纂。

收藏单位：重庆馆、广东馆、南京馆、首都馆

02828

最新标准公文程式 法政研究社编辑

上海：新亚书店，1940.1，10版，292页，32开

本书采选非常时期内往复之公文，除介绍读者公文结构作法外，对于政令认识，更可借以获得。每章提示该项公文之性质、用途、惯用词句、要旨等项。版权页题：非常时期最新标准公文程式。

收藏单位：东北师大馆

02829

最新标准公文程式 林国建　吴新编纂

成都：上海亚光书局，1942，345页，36开

本书为学校适用教材。共11章，内容包括：概论、令、训令、指令、任命状、呈、公函等。封面题名：公文程式。

收藏单位：重庆馆

02830

最新公文程式 董坚志编

成都：亚光书局，[1941.1]，[30]+287页，32开

成都：亚光书局，1944.8，[30]+287页，32开

成都：亚光书局，1946.7，221页，32开

本书内容包括国民党中央、省、市、县等各级政府应用公文范例。书口书名：公文程式大全。

收藏单位：浙江馆

02831

最新公文程式 董坚志编　周晓光校正

上海：大方书局，1947.4，再版，221页，25开

本书附保甲公文、抗战胜利后的新材料。

收藏单位：安徽馆、江西馆

02832

最新公文程式 何庆章编著

重庆：群学书局，1947，250页，32开

本书共11章，内容包括：总论、令、训令、指令、布告、任命状、呈、咨、公函等。附录公文程式条例。

收藏单位：重庆馆

02833

最新公文程式 钱一鸣编著

上海：博文书局，1946.7，[14]+190页，32开

本书分上、下两编。上编为公文概说，下编为公文范例。

02834

最新公文程式 钱一鸣编著

上海：群学书店，1947.8，[14]+190页，32开

收藏单位：国家馆、吉林馆

02835

最新公文程式 姚乃麟编

上海：春明书店，1941，20+296页，32开

上海：春明书店，1946.9，再版，20+296页，32开

本书共12章，对各类公文作法、术语使用、缮写格式等详加解释，有范例。

收藏单位：广东馆、吉林馆、江西馆、南京馆、首都馆

02836

最新公文程式 姚乃麟编

成都：新生书局，1945.3，蓉2版，20+296页，32开

重庆：新生书局，1946.3，3版，20+296页，32开

重庆：新生书局，1946，4版，20+296页，32开

收藏单位：重庆馆、国家馆、江西馆

02837

最新公文程式（复员后新编本） 姚乃麟编

上海：春明书店，1947，271页，32开

收藏单位：广东馆、辽宁馆、首都馆

02838

最新公文程式（实例解说） 谭镜真著

新京（长春）：奉天书店新京支店，1939.6，6版，344页，32开

本书共分4编：总说、拟稿须知、翻译须知、实习及翻译。

收藏单位：东北师大馆

02839

最新公文程式（现代适用） 孟九龄编

上海：新中国书店，1946.8，194页，32开

收藏单位：国家馆

02840

最新公文程式大全 秦运章编

桂林：实学书局，1941.8，316页，32开

桂林：实学书局，1942，蓉1版，316页，32开

桂林：实学书局，1944，蓉2版，316页，32开

桂林：实学书局，1944，筑1版，318页，32开

桂林：实学书局，1944.4，赣州2版，316页，32开

广州：实学书局，1946.8，修订6版，318页，32开

桂林：实学书局，[1937—1949]，290页，32开

本书分7章，介绍公文用语、作法、写法、处理、改革等，并举例说明。

收藏单位：重庆馆、广西馆、国家馆、吉林馆、江西馆

02841

最新公文程式大全

上海：奋进书店，1944.7，再版，250页，25开

上海：奋进书局，1946.11，再版，250页，25开

封面题名：最新公文程式。

收藏单位：广东馆、江西馆

02842

最新公文程式大全（标点活用） 谢幼雄编

天健书局，1941.4，再版，296页，25开

天健书局，1941.7，3版，296页，25开

天健书局，1942.1，[4版]，296页，25开

收藏单位：江西馆

02843

最新公文程式类编 杨文朴著

奉天：大同学院出版部，1935，3版，168页，23开

本书分上、下两编。讲述各类公文用语和写法，并举例说明。

收藏单位：辽宁馆

02844

最新公文程式模范全书（分类注释） 朱剑芒编

中央书局，1929，6册（[800]页），32开

收藏单位：广西馆

02845

最新公文程式全书 戴渭清编

上海：中央书店，1928.2，再版，4册（[46]+568页），32开

本书共9编：公文总说、呈文、咨文、公函、训令、指令、布告、批示、杂项公文。封面题名：国民政府最新公文程式全书。

收藏单位：国家馆

02846

最新公文程式全书 亚公编辑

上海：中央书店，1927，4册，32开

上海：中央书店，1928，修正4版，4册，32开

上海：中央书店，1935，13版，4册，32开

上海：中央书店，1937，修正16版，4册，32开

本书为各类公函、咨文、通电、布告、令批等公文实例汇编。其他题名：国民政府公文程式大全。

收藏单位：重庆馆、国家馆

02847

最新公文程式全书（国民政府） 亚公编

上海：中央书店，1932.10，11版，2册（104+142页），25开

收藏单位：江西馆

02848

最新公文程式全书（国民政府）

上海：民立书局，4册，32开

本书共8类：呈文、公函、通电、布告、令、训令、指令、批示。

收藏单位：广东馆

02849

最新公文程式实例 唐素豪编著

梧州：大华书局，1944，82页，32开

收藏单位：广东馆

02850

最新公文程式作法指导（白话标点） 赵林少编著

上海：南星书店，1934.2，2册（152+190页），32开

收藏单位：江西馆

02851

最新公文模范大全（分类详注） 朱剑芒编

上海：中央书店，1929.9，320页，25开

本册为最新党国名人公牍类编。分书翰类、电文类、宣言类、文告类等。

收藏单位：广东馆、江西馆

02852

最新公文手册 王琼编著

上海：上海杂志公司，1946，314页，32开

本书共8章，介绍公文的法程、革新、结构、用语、标点等。

收藏单位：重庆馆

02853

最新公文手册（新式标点） 梦文编

上海：众志出版社，1946.9，220页，32开

本书介绍各类公文的程式、作法、用语、体例、用纸等。版权页题名：新式标点最新公文手册。

收藏单位：国家馆、首都馆

02854

最新公文书程式举例 商务印书馆编

上海：商务印书馆，1915.5，248页，32开

本书内容包括策令、申令、告令、咨、封寄等公文书程式举例。

收藏单位：首都馆

02855

最新教育行政公牍大全 孙怀琮 朱家振编著

上海：华华书店，1947.9，282页，32开

本书分3编：公牍、实例、法规。中小学及地方教育工作人员适用。

收藏单位：重庆馆、广西馆、吉林馆

02856

最新教育行政公牍大全 孙汝周编著

桂林：华华书店，1943，436页，32开

收藏单位：广东馆、南京馆

02857
最新军政公文程式全书 黄酬山编辑
上海：大通书局，1928，4册（633页），25开
上海：大通书局，1928.7，增订版，4册，25开
本书内容包括：呈文、咨文、布告等。目录页题名：国民政府最近军政公文程式全书。
收藏单位：甘肃馆、江西馆

领导学

02858
关于领导方法问题
昆仑山播种社，1949，油印本，31页，32开
本书论述了一般和个别相结合、领导和群众相结合、统筹全局、工作要突出重点等马克思主义的领导方法。
收藏单位：广东馆

02859
官吏道讲话（12讲）［曾彝进撰］
出版者不详，1938，油印本，11册
收藏单位：国家馆

02860
管理中之领袖人才问题 云祥著
出版者不详，[1930—1939]，1册，32开
本书论述领袖人物应具备之品德与修养。分人格、态度、言语、礼仪、机变、乐观、公正、纲纪、义务、团体、爱国、知人等加以分析。
收藏单位：国家馆、上海馆

02861
领袖学 余家菊著
沈阳：长城书局，[1929]，108页，32开
本书著者原题：余景陶。
收藏单位：重庆馆、国家馆、江西馆、上海馆

02862
领袖学 余家菊著
上海：大陆书局，1932.11，3版，84页，32开
本书共7部分：绪言、领袖之意义、领袖之功用、领袖之修养、领袖之权术、领袖之统治、领袖之模型。
收藏单位：国家馆、内蒙古馆、浙江馆

02863
领袖学 余家菊著
出版者不详，1932，[43叶]，30开，环筒页装（川师三十班翻印丛书12）
本书著者原题：余景陶。
收藏单位：重庆馆

02864
领袖学
出版者不详，[1936]，108页，大64开
收藏单位：广西馆

02865
领袖之职务及其要素 王志仁著
出版者不详，1928，[16]页，40开
本书主要论述怎样才能培养社会各种领导人物（包括国家领袖），共两部分：领袖之职务、领袖之要素。前半部分为中文，后半部分为英文。

02866
青年与领袖 赵宗预著
上海：世界书局，1938，195页，32开（青年成功丛书）
上海：世界书局，1939，再版，195页，32开（青年成功丛书）
上海：世界书局，1940.10，3版，195页，32开（青年成功丛书）
上海：世界书局，1943.11，赣1版，195页，32开（青年成功丛书）
上海：世界书局，1943，4版，195页，32开（青年成功丛书）
上海：世界书局，1946.1，5版，195页，32开（青年成功丛书）
上海：世界书局，1947.9，6版，195页，32开（青年成功丛书）
本书共两编32章，上编如何对领袖，主

要讲对领袖的态度，包括仪容、说话、命令、工作、酬劳、献替、信仰、拥护、选择领袖等重要问题；下编如何做领袖，主要讲如何做领袖，从做领袖的条件、技术及如何获得做领袖的地位等方面论述。

收藏单位：重庆馆、广东馆、广西馆、贵州馆、国家馆、江西馆、南京馆、上海馆、首都馆

02867

人人是领袖 林荫编著

上海：美德书局，1946.4，134页，32开（青年修养丛刊）

本书讨论领袖应具备的品德和条件。共5编：领袖是不是天生的、领袖的思想训练、领袖的生活修养、健康的体魄是领袖所必具的、领袖的心理和态度。

收藏单位：广东馆、国家馆、湖南馆、南京馆、内蒙古馆、首都馆、天津馆

02868

人人是领袖 林荫编著

上海：万有书局，1943.9，134页，32开（青年修养丛刊）

收藏单位：重庆馆、国家馆

02869

首领论 （美）高文（Enoch Burton Gowin）著钟健闳译

外文题名：The executive and his control of men

上海：泰东图书局，1923.10，143页，32开

上海：泰东图书局，1927.7，3版，143页，32开

上海：泰东图书局，1929.4，4版，143页，32开

本书主要论述领袖人物的才干修养。分为4部分24章，内容包括：行政之才能、个性、团体之操纵、行政家之限度等。

收藏单位：重庆馆、东北师大馆、广东馆、广西馆、国家馆、湖南馆、吉林馆、江西馆、南京馆、上海馆、天津馆、浙江馆

02870

为政 徐庆誉著

湖南：西南日报社，1942.10，67页，25开（西南日报社学术丛书）

本书著者以自己的从政经验指导县长如何用人、做人做事的道理与尽忠报国的方法等。分上、下两篇：与县长笔谈、敬告国人书。

收藏单位：广东馆、浙江馆

02871

英雄与领袖（党权与领袖 第1篇） 方觉慧著

新时代书店，1929.3，48页，25开（政工丛书）

本书共3章：英雄、领袖、英雄与领袖的比较。

收藏单位：江西馆、南京馆

02872

怎样领导 萧孝嵘著

重庆：商务印书馆，1943.7，49页，32开（人事心理研究社丛书 第1种）

重庆：商务印书馆，1943.9，再版，49页，32开（人事心理研究社丛书 第1种）

本书为作者在国民党中央训练团高级训练班的讲演。分3章，第1章分析领导人员本身须具备的条件，第2章叙述领导人员在选干部时应注意的原则，第3章说明领导者在控制他人行为时须注意的事项。

收藏单位：安徽馆、重庆馆、广东馆、广西馆、国家馆、江西馆、南京馆、内蒙古馆、西南大学馆

02873

怎样做领导 裴小楚著

上海：长城书局，1939，170页，36开

本书作者认为一个人在一种事业或一个团体中，他的修养、知识、经验都超人一等，就有成为领导的本领。共4章：怎样叫做领导、怎样来训练自己、怎样来应付别人、怎样来处理事件。

02874
怎样做领导 裴小楚著
上海：经纬书局，74页，50开（经纬百科丛书258）
收藏单位：广东馆、国家馆、上海馆

02875
怎样做领袖 裴小楚著
上海：长城书局，1939.10，160页，32开
上海：长城书局，1940，160页，32开
上海：长城书局，1940，再版，160页，32开
本书从领袖之意义、功用、修养、权术、统治、范型6个方面探讨了领袖人物的修养问题。
收藏单位：重庆馆、广东馆、国家馆、南京馆

02876
怎样做领袖（一名，领袖学） 余家菊著
成都：国魂书店，1929.4，43页，32开
成都：国魂书店，1940.4，18版，43页，32开
收藏单位：重庆馆、国家馆、南京馆

02877
指挥的艺术 （法）莫洛亚（André Maurois）著 展之译
贵阳：峨眉书屋，[1941]，34页，32开（生活艺术小丛刊4）
贵阳：峨眉书屋，1942，3版，34页，32开（生活艺术小丛刊4）
本书内容包括：如何选择领袖、领袖的性格、领袖的智力等。
收藏单位：重庆馆、广东馆

02878
组织与领导
牺牲救国同盟会，1937.2，24页，32开（牺牲救国丛书3）
本书内容包括：怎样组织和推动团体、怎样领导、开会常识。
收藏单位：国家馆

管理计划和控制

02879
时间经济法 萧子升著
外文题名：How to Economize time
上海：商务印书馆，1923.3，97页，32开（通俗教育丛书）
上海：商务印书馆，1925.2，再版，97页，32开（通俗教育丛书）
上海：商务印书馆，1927.1，3版，97页，32开（通俗教育丛书）
上海：商务印书馆，1931，4版，97页，32开（通俗教育丛书）
上海：商务印书馆，1934，国难后1版，70页，32开（通俗教育丛书）
上海：商务印书馆，1935，国难后2版，70页，32开（通俗教育丛书）
本书主要论述如何爱惜时间。共4部分：总论、属于积极方面之经济法、属于消极方面之经济法、群众时间经济法。
收藏单位：重庆馆、广东馆、广西馆、国家馆、江西馆、南京馆、内蒙古馆、上海馆、首都馆、天津馆

民族学

02880
德国的精神 （德）杜科罕（Von Dürckheim）著 关琪桐译
外文题名：Der Deutsche Geist
北平：中德学会，1943.6，122页，22开
本书论述德国人的生活态度、心理活动、客观成就中所表现的精神。共8部分，内容包括：主观和工作、深入和健全、个人与公团、悠久的女性、民族与国家、本质与现实等。
收藏单位：国家馆、南京馆、上海馆

02881
德国民族之侵略性 杨人楩著

桂林：开明书店，1943.6，124页，36开

本书作者据其在大公报发表《论德国民族之侵略性》一文增改而成。从历史、地理、人物、政治等方面论述德国民族的侵略性。

收藏单位：重庆馆、广东馆、贵州馆、桂林馆、国家馆、黑龙江馆、湖南馆、吉林馆、江西馆、绍兴馆、浙江馆

02882

东洋精神概说（满文）（日）久保田笔述

东京：东宛书房，1937，再版，352页，22开，精装

本书内容包括：精神解说篇、时局解说篇、关系资料篇等。

收藏单位：国家馆

02883

东洋民族与日本文明（日）长谷川如是闲编　洪炎秋译

[北京近代科学图书馆]，[1940—1949]，15页，22开（北京近代科学图书馆丛刊21）

本书译自《文艺春秋》1939年1月号。

收藏单位：国家馆、首都馆

02884

改造民族素质　王恕著

出版者不详，1947.6，24页，16开

本书共6章：建国、民族素质的改造、民族构成因素的剖析、中华民族的自我检讨、改造民族素质方案、设计及实行机构。

收藏单位：国家馆、南京馆

02885

各国民族性　张安世著

上海：华通书局，1930.5，172页，22开

本书论述民族的起源，德、英、美、俄、日、埃、印等国的民族性。共4篇：绪论、兴盛的民族性、堕落的民族性、结论。

收藏单位：重庆馆、广西馆、国家馆、吉林馆、南京馆、上海馆、首都馆、天津馆、浙江馆

02886

国族精神初级讲演稿

出版者不详，手写本，1册，12开，环筒页装

本书共16篇，讲述孔子、弦高、越王勾践、墨子、孟母、孔融、岳飞、文天祥等人的故事。

收藏单位：重庆馆

02887

华族生命论　周烈三著

成都：新智书店，1937.12，330+[38]页，32开

本书共7编：绪论、华族的发展、衰弱的种因、弱点的暴露、华族生命的绝续、结论、附论。书后附中国国是路线形势图、关于华族生存绝灭的三公式。

收藏单位：重庆馆、广东馆、国家馆、吉林馆、近代史所、宁夏馆、天津馆

02888

华族素质之检讨　张君俊著

重庆：商务印书馆，1943.9，216页，25开

重庆：商务印书馆，1944.3，赣初版，216页，25开

重庆：商务印书馆，1945，再版，216页，25开

本书为作者《民族素质之改造》一书中的《生物基础篇》。共11章，内容包括：华族之生物基础、民族慧根之遗传、民族神经之病态现相、中外民族体力之比较、战时移民品质之研究等。书后附参考文献11篇。

收藏单位：重庆馆、广东馆、广西馆、国家馆、吉林馆、江西馆、近代史所、南大馆、南京馆、上海馆、西南大学馆、中科图

02889

精神建设论　萧赞育著

成都：黄埔出版社，1942，52页，32开

本书共3部分：精神之重要及其关系、精神之表现及其发挥、精神教育与精神建设。

收藏单位：重庆馆

02890

精神建设论　萧赞育著

中央陆军军官学校，1942，52 页，32 开
　　收藏单位：国家馆、南京馆

02891
精神建设论　徐嵩龄著
明正书室，1945.6，132 页，36 开
　　本书论述中国的民族精神。共 6 章：民族历史之经验、民族精神之阐发、民族潜力之探讨、民族信念之建立、民族德性之培养、民族理想之实现。
　　收藏单位：北师大馆、南京馆

02892
精神建设论　许焘编著
绍兴：抗日自卫委员会教育文化事业委员会，1939.6，140 页，32 开（前线丛书 第 1 种）
　　本书内容包括：精神建设的基本理论、精神建设与新生活运动、精神建设与精神动员等。
　　收藏单位：绍兴馆、浙江馆

02893
精神建设与民族复兴　周佛海著
上海：新生命书局，1935.11，178 页，32 开
上海：新生命书局，1935.12，再版，178 页，32 开
上海：新生命书局，1935.12，3 版，178 页，32 开
上海：新生命书局，1936，4 版，178 页，32 开
　　本书共 5 章：精神建设的意义和重要、从历史上观察时代精神和民族盛衰的关系、数十年来各种运动的演进及其失败的总因、精神建设的目标、精神建设的原则和方案。
　　收藏单位：重庆馆、广西馆、桂林馆、国家馆、湖南馆、江西馆、南京馆、内蒙古馆、宁夏馆、人大馆、上海馆、浙江馆

02894
救亡复兴之道　赵云飞著
[洛阳]：赵云飞[发行者]，1935，30 页，32 开
　　收藏单位：河南馆

02895
论德国民族性　（德）黎耳（W. H. Riehl）著　杨丙辰译
外文题名：Deutscher Volkscharakter
长沙：商务印书馆，1939.7，141 页，32 开（中德文化丛书 8）
　　本书介绍德意志民族的风化、道德、政治、经济、乡土、农民、市民、家族、劳动等。卷首有译者序。卷末有《出版者附言》《论维廉·亨利·黎耳氏》。
　　收藏单位：重庆馆、广东馆、国家馆、湖南馆、吉林馆、江西馆、南京馆、上海馆、首都馆、天津馆

02896
论日本人　叶树芳著
[浙江]：浙西民族文化馆，1941.8，33 页，32 开（浙西敌伪研究丛刊 第 7 种）
　　本书介绍日本人的形状、来历、性格、人口等。
　　收藏单位：南京馆、浙江馆

02897
美国的精神　黄欣周著
成都：岷峨书局，1945，34 页，36 开（时代丛书 第 1 种）
　　本书简略地介绍了美国人的奋发、抗争、进取的精神。附录《英国人的特性》《意大利的悲剧》。
　　收藏单位：重庆馆

02898
美国民族性　（美）高勒（G. Gorer）著　吴泽炎译
外文题名：The American people
上海：商务印书馆，1949.3，248 页，32 开
　　本书根据心理分析学解剖美国人的民族性。共 9 章，内容包括：欧洲和被丢弃的父亲、完全美国化了的孩子、爱情与友谊、成功和金元、较小的支系等。书后附译者跋言。
　　收藏单位：东北师大馆、贵州馆、国家馆、近代史所、辽大馆、南京馆、宁夏馆、上海馆、首都馆、浙江馆

02899
美国人的性格 费孝通著
上海：生活书店，1947.12，90 页，32 开
本书分析美国社会心理、社会结构和文化形态。内容包括：美国在旅程的尽头、有条件的父母之爱、不令人服输的成功、猜不透上帝的意志、道德上有个毒刺、原来是负了气出的门等。封面题名：美国人性格。
收藏单位：东北师大馆、广东馆、国家馆、南京馆、山东馆、上海馆、浙江馆

02900
民族道德与民族精神 民意周刊社编
重庆：独立出版社，1939.11，67 页，32 开（民意征文丛刊 第 1 集）
本书收以“民族道德与民族精神”为题征文的前 5 名：吴锡泽、吴坤淦、周明道、刘琦、臧渤鲸的文章 5 篇。
收藏单位：东北师大馆、广东馆、广西馆、贵州馆、桂林馆、国家馆、湖南馆、吉林馆、江西馆、近代史所、南京馆、上海馆

02901
民族复兴之关键 王之平著
王之平 [发行者]，1935，[125] 页，22 开（平不平斋丛书）
本书共 8 部分，内容包括：民族性之构成及盲徒盲作之害、中华民族精神之丧失罪在今之盲从领导者、康有为之盲作、穆尔甘之盲作、中华民族源流考及其迁徙盛衰之迹等。
收藏单位：东北师大馆、国家馆、南京馆

02902
民族进化的心理定律 （法）勒庞（Gustave Le Bon）著 张公表译
上海：商务印书馆，1935.4，13+11+169 页，32 开（汉译世界名著）
本书共 5 部，内容包括：各种族心理上之特性、如何各种族之心理特性会表现于他们的文化之各要素中、各民族之历史乃其品性之结果等。著者原题：赖朋。
收藏单位：重庆馆、广东馆、贵州馆、国家馆、湖南馆、吉林馆、江西馆、南京馆、内蒙古馆、上海馆、首都馆、天津馆、浙江馆

02903
民族精神 军事委员会委员长行辕编
军事委员会委员长行辕，1936，12 页，大 64 开
收藏单位：广东馆

02904
民族论 陶国铸著
重庆：独立出版社，1943.4，68 页，32 开
本书共 6 章，内容包括：民族的概念、构成民族诸要素、民族的起源与发展、民族性、民族道德等。
收藏单位：重庆馆、广东馆、广西馆、贵州馆、桂林馆、国家馆、吉林馆、南京馆

02905
民族论 （加）约瑟（Bernard Joseph）原著 刘君木译
外文题名：Nationality, its nature and problems
上海：民智书局，1930.6，286 页，22 开
本书从种族、语言、宗教、国土、传说、文学和共同生活的意志等方面探讨民族问题。研究民族历史的起源，全世界各主要民族，民族对国家、爱国主义、国际主义和战争的关系。
收藏单位：重庆馆、复旦馆、广东馆、广西馆、国家馆、湖南馆、南京馆、上海馆、首都馆、天津馆

02906
民族气节论 成惕轩著
重庆：国民图书出版社，1944.12，124 页，32 开
本书共 3 章：民族气节之重要、中国未能真正树立民族气节之原因、如何培养民族气节。
收藏单位：重庆馆、广东馆、广西馆、贵州馆、桂林馆、国家馆、湖南馆、吉林馆、江西馆、近代史所、南京馆、宁夏馆、山东馆、首都馆、西南大学馆、浙江馆

02907

民族生存的原动力 陈立夫著

南京：铸魂书局，1934.6，14 页，32 开（复兴小丛书）

本书作者认为中华民族生存的原动力是诚，“诚即为智、仁、勇，即为中国民族之精神”。

收藏单位：国家馆

02908

民族素质之改造 张君俊著

重庆：商务印书馆，1943.3，210 页，32 开

重庆：商务印书馆，1943.9，再版，210 页，32 开

重庆：商务印书馆，1944.1，赣初版，210 页，32 开

本书论述我国民族的素质及改造方法，共 5 部分：绪论、生物基础篇、营养环境篇、文化环境篇、地理环境篇。书后附中英文参考书目。

收藏单位：重庆馆、广东馆、广西馆、国家馆、黑龙江馆、江西馆、近代史所、南京馆、内蒙古馆、宁夏馆、上海馆、首都馆、武大馆、西南大学馆、浙江馆

02909

民族特性与民族卫生 潘光旦著

上海：商务印书馆，1937.7，385 页，32 开（人文生物学论丛 第 3 辑）

本书共 5 篇：绪论、中国人的特性、自然淘汰与特性的由来、民族的病象、民族卫生的出路。其中第 2、3 两篇选译自美国明思溥和亨士顿的著作。

收藏单位：重庆馆、东北师大馆、广东馆、广西馆、贵州馆、国家馆、湖南馆、吉林馆、近代史所、南京馆、宁夏馆、上海馆、首都馆、天津馆、西南大学馆、浙江馆

02910

民族心理学 冯蕙田著

金华：国民出版社，1940.10，160 页，32 开

本书分原始时代、图腾制时代、英雄时代、人间态时代 4 个时期，研究各个时期的民族语言、宗教、道德等。

收藏单位：重庆馆、湖南馆、江西馆、内蒙古馆、上海馆、浙江馆

02911

民族心理与国际主义 （美）匹斯伯利（W. B. Pillsbury）著 陈德荣译

外文题名：The psychology of nationality and internationalism

上海：商务印书馆，1937.1，297 页，25 开（中山文库）

本书共 10 章，内容包括：民族性问题、历史上的民族性、民族心灵、民族性与国家、民族性与超民族性等。

收藏单位：重庆馆、东北师大馆、广东馆、广西馆、贵州馆、国家馆、湖南馆、吉林馆、江西馆、南京馆、山东馆、上海馆、首都馆、天津馆、浙江馆、中科图

02912

民族性 （英）巴克（Ernest Barker）著 王世宪译

外文题名：National character

上海：商务印书馆，1937.11，389 页，36 开（汉译世界名著）

长沙：商务印书馆，1940，再版，389 页，36 开（汉译世界名著）

本书论述民族性形成的历史，分物质因素、精神因素两部。

收藏单位：重庆馆、东北师大馆、广东馆、广西馆、贵州馆、国家馆、黑龙江馆、湖南馆、江西馆、南京馆、上海馆、首都馆、中科图

02913

民族性与教育 庄泽宣 陈学恂著

外文题名：National characteristics and education

长沙：商务印书馆，1938.7，705 页，25 开

长沙：商务印书馆，1939.5，再版，705 页，25 开

本书共 10 章，内容包括：绪论、民族性的构成与控制、英美德法的民族性、四国民族性在教育上的反映、各家对于中国民族性

的意见、中国民族性的构成等。书前有庄泽宣的序。书后附本研究参考书报目录、最近出版未及参考书报目录、研究日本民族性与教育参考书目举要。

收藏单位：重庆馆、东北师大馆、广西馆、国家馆、黑龙江馆、湖南馆、辽大馆、南京馆、宁夏馆、上海馆、首都馆、武大馆、浙江馆、中科图

02914
民族性之解析 陈立夫讲
杭州：民国日报社出版部，1934.4，30 页，32 开

本书解说民族性的意义、善恶、调整方法，民族性与新生活运动及礼义廉耻的关系等。

02915
民族哲学大纲 汪少伦著
重庆：正中书局，1938.5，185 页，25 开（社会科学丛书）
重庆：正中书局，1939.4，3 版，185 页，25 开（社会科学丛书）
重庆：正中书局，1943.3，5 版，185 页，25 开（社会科学丛书）
上海：正中书局，1946.6，沪 1 版，185 页，25 开（社会科学丛书）

本书系《中国之路》一书的理论部分，研究民族的本质及作用，民族发展与社会及个人的关系。内容包括：民族生活及其与量质和环境的关系、民族生活与各方面文化的关系、民族生活与历史的关系及其重要片面史观的批评等。书末附民族问题重要书目。

收藏单位：重庆馆、东北师大馆、广东馆、广西馆、贵州馆、国家馆、湖南馆、江西馆、辽大馆、辽宁馆、南京馆、内蒙古馆、宁夏馆、上海馆、武大馆、西南大学馆、中科图

02916
民族至上论 罗家伦等执笔 独立出版社编辑
汉口：独立出版社，1938.4，66 页，32 开（战时综合丛书 第 1 辑）
重庆：独立出版社，1938.12，6 版，66 页，32 开（战时综合丛书 第 1 辑）
重庆：独立出版社，1939.5，10 版，66 页，32 开（战时综合丛书 第 1 辑）

本书共 12 章，内容包括：总论——民族与民族性、中华民族的起源、中华民族之构成及其分布状态、中华民族的精神、中华民族的内在发展、中华民族的海外发展、民族主义爱国主义与战争、国难所奠定的复兴基石、复兴中华民族的基本原则等。书前有写在前面。书后有讨论大纲。

收藏单位：重庆馆、广东馆、广西馆、国家馆、湖南馆、吉林馆、江西馆、近代史所、南京馆、内蒙古馆、上海馆、武大馆、西南大学馆

02917
日本德意志民族性之比较的研究 潘光旦著
上海：新月书店，1930.4，110 页，25 开

本书探求日本与德意志民族相似的原因。共 4 章：服从心理、悲观哲学、自杀倾向、原因之推敲。后有参考与附注。

收藏单位：重庆馆、国家馆、江西馆、辽宁馆、南京馆、上海馆、绍兴馆、天津馆、浙江馆

02918
日本的国民性 （日）长谷川如是闲著
东京：国际观光协会，1943.7，91 页，32 开（日本国态丛书 2）

本书共 9 部分，内容包括：国民性成立的条件、日本历史性格的一贯性、日本文明一贯的性格、神话与国民性、国体与国民意识、日本人的伦理性格等。书前有国际观光协会所作序言。书后有附言。

收藏单位：国家馆、上海馆、首都馆

02919
日本的国民性格 杨凡译
国魂书店，1938，16 页，大 32 开（国论史地丛刊）

本书附《日本内阁审议会之检讨》（罗丙生）。

收藏单位：南京馆

02920
日本帝国主义者对中国民族性之解剖 （日）原惣兵卫著 吴藻溪译
北平：东方学社，1933.10，128 页，32 开
本书共 8 章，内容包括：民族性、中国思想界的检讨、天命观及其他、残虐性及其他、家族制及其他、从中国民族性见到的我们对华政策等。
收藏单位：国家馆、湖南馆、江西馆、天津馆、浙江馆

02921
日本国民性 赵南柔等编辑
外文题名：The nationality of Japan
南京：日本评论社，1933.12，26 页，32 开（日本研究会小丛书 38）
本书介绍日本国民之性格特点。共 14 部分，内容包括：东方文化与日本国民性、西方文化与日本国民性、大和魂、爱护子女、爱清洁、迷信心深、善于应酬、爱国心热烈、不善容忍、缺乏公德心、武士道等。
收藏单位：重庆馆、国家馆、南京馆、上海馆、天津馆

02922
日本精神之本质 （日）藤则亲雄著 尤炳圻译
东京：东亚同文会，1937.5，56 页，22 开
本书共 5 部分：皇道、皇道之历史的显现、东西文明之比较、新国际政治理论之提倡、中日提携的文化之基础。
收藏单位：国家馆、山东馆、上海馆

02923
日本民族性研究 谢君青著 东方杂志社编
外文题名：The national characteristics of the Japanese people
上海：商务印书馆，1924.4，79 页，50 开（东方文库 第 14 种）
上海：商务印书馆，1925.6，3 版，80 页，50 开（东方文库 第 14 种）
上海：商务印书馆，1931.10，4 版，79 页，50 开（东方文库 第 14 种）
本书共 8 部分：概说、阶级思想底变迁、模仿性、叛逆性、自杀心理、神道中心和宗教思想、外人观察的日本民族性、结论。
收藏单位：重庆馆、东北师大馆、广东馆、广西馆、桂林馆、国家馆、江西馆、辽大馆、内蒙古馆、山东馆、绍兴馆、天津馆、西南大学馆、浙江馆

02924
日本人的性格 （日）竹内始万著 徐秋漪译
张家口：蒙疆新闻社，1941.4，123 页，32 开
本书内容包括：《武士道是什么》《建国精神》《王道与霸道》《日本的妇道》等数十篇。书后附日文原文。版权页著者原题：竹内顺三郎。
收藏单位：国家馆

02925
日本人心理的解剖 （日）元田作之进著 管怀琮译
上海：华通书局，1933.4，214 页，32 开
本书论述日本的国民性。共 3 章：日本国民性的短长处、日本人的长处、日本人的短处。
收藏单位：广东馆、广西馆、国家馆、上海馆、浙江馆

02926
日本人之病态心理 张君俊著
重庆：中山文化教育馆，1938.2，35 页，36 开（抗战丛刊 18）
本书分 11 部分，内容包括：绪论、伪诧神权提高身分、盗人发明欺骗世界、残暴不仁好杀伤生、日本人对于妇女之摧残、日本人之自杀心理、日本人之小气心理、日本人之寻仇报怨等。
收藏单位：重庆馆、广东馆、贵州馆、国家馆、湖南馆、江西馆

02927
日本是什么东西 广东省政府教育厅编
广东省政府教育厅，1940.7，22 页，32 开（社会教育丛书 第 2 辑 2）
收藏单位：江西馆

02928
日本是什么东西　张君俊著
南京：中山文化教育馆，1937.10，32页，32开（抗战丛刊4）
南京：中山文化教育馆，1937.11，再版，32页，32开（抗战丛刊4）
本书评论日本民族性、男女不平等、政治腐败、贪污贿赂盛行等社会现象，以及日本资源匮乏、兵力不足等问题。卷首有中山文化教育馆研究部《抗战丛刊缘起》一文。
收藏单位：重庆馆、广东馆、广西馆、国家馆、湖南馆、吉大馆、吉林馆、江西馆、南京馆

02929
日本与日本人　（日）小泉八云著　胡山源译
外文题名：Japan and the Japanese
上海：商务印书馆，1930.11，263页，32开
上海：商务印书馆，1933.4，国难后1版，263页，32开
本书内容包括:《日本文明的天性》《柔术》《远东的将来》《奇异与魔力》《忠义的宗教》《关于永久的女性的》《关于祖先崇拜的几个思想》等10篇文章。每篇之首均有文章的出处与主要内容介绍。书前有原著者序及译者序。
收藏单位：重庆馆、广东馆、国家馆、黑龙江馆、湖南馆、江西馆、近代史所、南京馆、内蒙古馆、宁夏馆、上海馆、首都馆、天津馆、中科图

02930
日耳曼与日耳曼人　华方增译
内外通讯社，1934.4，82页，25开（内外类编32—33）
本书论述日耳曼人的民族性。
收藏单位：广东馆、国家馆、江西馆

02931
我国民族倾向之一瞥　罗干青编
天成印字馆，1929.11，220页，32开
本书共5讲：太平天国之兴起与湘淮地方军之成立、辛亥革命、地方主义之迷梦与市民之觉悟、国民革命之渐成功与统一之倾向、过去的民族文化与今后的民族倾向。
收藏单位：国家馆、首都馆

02932
我们的国家与人民　林语堂著　司马苍译
上海：世界名著出版社，1938，12+166页，32开
本书共4章：中国人民、中国人之德性、中国人的心灵、人生之理想。
收藏单位：重庆馆、江西馆

02933
我之日本观　王朝佑著
北平：王朝佑[发行者]，1927.3，152页，32开
北平：王朝佑[发行者]，1930.11，再版，122页，32开
本书作者从民族心理、社会制度、哲学、信仰、艺术等几方面探讨日本的国民性。
收藏单位：国家馆、吉大馆、内蒙古馆、首都馆

02934
吾国与吾民　林语堂著　郑陀译
外文题名：My country & my people
上海：世界新闻社，1938，2册（460页），32开
上海：世界新闻社，1939.2，再版，2册（460页），32开
上海：世界新闻社，1939.8，3版，2册（460页），32开
上海：世界新闻社，1939.11，4版，2册（460页），32开
上海：世界新闻社，1941.1，5版，2册（460页），32开
上海：世界新闻社，1941.1，7版，2册（460页），32开
本书分两部：中华民族之素质、中国人的生活。共12章，内容包括：中国人民、中国人之德性、中国人的心灵、人生之理想、妇女生活、社会生活和政治生活、文学生活、艺术家生活等。

收藏单位：重庆馆、东北师大馆、国家馆、吉林馆、江西馆、南京馆、上海馆

02935

新民族观（上册） 罗家伦著

重庆：商务印书馆，1946.2，140 页，25 开

上海：商务印书馆，1946.3，140 页，25 开

上海：商务印书馆，1946.11，再版，140 页，25 开

本书共 6 章：民族与民族性、民族的国家、民族与种族——中华民族血统的混合性、民族与地理环境、民族与人口、民族与经济。

收藏单位：北大馆、北师大馆、重庆馆、东北师大馆、广东馆、广西馆、国家馆、江西馆、近代史所、辽大馆、南京馆、内蒙古馆、上海馆、天津馆、中科图

02936

型的政风与民族气节 廖葆华编辑

江西：抗建出版社，1940.11，32 页，25 开（抗建丛书）

收藏单位：江西馆

02937

血液型与民族性 （日）古川竹二著 姚蓬心译

上海：康健书局，1936.7，78 页，32 开（康健丛书）

本书简述人类血型的一般基础知识，并试图研究血型与民族性的关系。

收藏单位：国家馆

02938

英国人 （法）莫洛亚（André Maurois）著 陈占元译

永安等：改进出版社，1941.5，80 页，32 开（改进文库 10）

本书介绍英国的风俗、民族性格、制度、外交、宗教、教育、娱乐等。

收藏单位：重庆馆、福建馆、广东馆、广西馆、国家馆、江西馆、南京馆、上海馆、中科图

02939

英国人论 （英）包尔得温（E. Baldwin）等著 戴镏龄译

重庆：中国文化服务社，1943.6，132 页，32 开（青年文库）

本书为论文集。收有《英国人》（英包尔得温 Earl Baldwin）、《英国人的特征》（德柏得海姆 Paul Cohen-Portheim）、《近代英国灵魂几个特点》（法夏弗里容 André Chevrillon）、《英国民族的特征》（德狄柏利奥 William Dibelius）等 6 篇文章。

收藏单位：重庆馆、广东馆、贵州馆、国家馆、吉林馆、南京馆、内蒙古馆、中科图

02940

英国人在印度 （印度）T. Vijayaraghavacharya（英）L. Stephens 著 吴奚真译

外文题名：The Englishman in India

重庆：时与潮书店，1942，32 页，32 开（时与潮译丛 9）

本书内收印度人写的《印度人眼中的英国人》及英国人写的《印度人对英国人的影响》两篇。原文载 美国 Asia 月刊。有译序。

收藏单位：重庆馆、国家馆、吉林馆、南京馆、西南大学馆

02941

英人·法人·西班牙人 储安平著

兰田：袖珍书店，1943.10，66 页，64 开（袖珍综合文库）

本书分析英国人、法国人、西班牙人的民族性格。

收藏单位：重庆馆

02942

英人·法人·中国人 储安平著

上海：观察社，1948.4，113 页，32 开（观察丛书 6）

上海：观察社，1948.6，再版，113 页，32 开（观察丛书 6）

上海：观察社，1948.8，3 版，113 页，32 开（观察丛书 6）

上海：观察社，1948.12，4 版，113 页，32 开

（观察丛书 6）
上海：观察社，1949.2，5 版，113 页，32 开（观察丛书 6）

本书收录 4 篇文章：《英国历史上的外族入侵》《英人·法人·西班牙人》《政治上的英人与法人》《中国人与英国人》。

收藏单位：重庆馆、东北师大馆、广东馆、广西馆、国家馆、黑龙江馆、吉林馆、江西馆、近代史所、南京馆、内蒙古馆、宁夏馆、上海馆、绍兴馆、首都馆、天津馆、西南大学馆、浙江馆、中科图

02943
中国国民性的研究　黄闲道著
出版者不详，1930.9，122 页，32 开

本书共 6 部分，内容包括：中国国民性的概别、驱除坏的国民性、男人们和女人们、性教育刍言等。书前有《弟弟的一封信》（代序）。

收藏单位：国家馆、上海馆

02944
中国国民性论　（日）渡边秀方著　高明译
上海：北新书局，1929.4，156 页，32 开

本书论述中国的国民性问题。共 8 部分：论天命、论孝道、论文弱的和平主义、论实利性、论自利性、论保守与形式、论趣味性、论矛盾性。日文书名：支那国民性论。

收藏单位：重庆馆、广东馆、广西馆、国家馆、吉林馆、江西馆、南京馆、内蒙古馆、上海馆、首都馆、天津馆、浙江馆、中科图

02945
中国民族性　穆超著
汉口：正义文化社，1936.5，200 页，22 开

本书共 6 章：绪论、中国的哲学思想和民族性、中国民族优点的检讨、中国民族缺点的追究、民族性的养成、结论。卷首有著者近影及王用实、王祺、陈立夫、陈继承、陈独真、张治中、邹鲁、雷殷、雷沛鸿等人的题词。

收藏单位：重庆馆、广东馆、桂林馆、国家馆、湖南馆、吉林馆、南京馆、上海馆、浙江馆

02946
中国民族性与抗战前途　周钟岳讲
中央训练团党政训练班，1939，6 页，32 开

本书为中央训练团党政训练班讲演录。

收藏单位：重庆馆

02947
中国民族性之检讨（一个外国人观察的）　沈介人编译
上海：大华书局，1935.7，72 页，32 开

本书是关于中国民族性的批评和估价。共 15 章，内容包括：孝、仁、礼、智力、神经、生活力、同情心、保守主义、时间、准确、忍耐与毅力、社会风尚等。

收藏单位：重庆馆、广东馆、国家馆、湖南馆、浙江馆

02948
中国民族性之研究　傅绍曾著
北平：北平文化学社，1929.12，118 页，50 开（史学丛书）

本书分 13 部分，论述中国民族性问题。内容包括：民族及民族性之解释、中国民族性之区分、活动力或发展力、组织力或经营力等。

收藏单位：国家馆、江西馆、南京馆、上海馆

02949
中国民族与世界文化　徐庆誉著
上海：世界学会，1928，84 页，32 开（世界学会新思想丛刊）

本书共 3 讲，介绍中国民族的特性、近代世界文化的病根、中国民族的使命。

收藏单位：重庆馆、湖南馆、吉林馆、江西馆、南京馆、山东馆、上海馆、天津馆、浙江馆

02950
中国民族之伟大　叶青著
长沙：抗战出版社，1938.11，31 页，32 开

本书为著者于抗战发生后 8 个月在中央政治学校特别训练班第一大队（留日学生队）的演讲。共 5 部分：必须认识中国民族、他在过去的伟大、他在现在的伟大、他在将来的伟大、怎样复兴中国民族。附录世界革命底领导问题。

收藏单位：贵州馆、国家馆、湖南馆、吉林馆、南京馆

02951

中国民族之伟大　叶青著

[泰和]：时代思潮社，1941.6，40 页，32 开

收藏单位：重庆馆、广西馆、国家馆、江西馆、南京馆

02952

中国之民族精神　张厉生著

[重庆]：青年书店，1939，3 版，270 页，32 开

重庆：青年书店，1940，4 版，269 页，32 开

本书共 14 篇，以古今英雄人物为例，说明伟大的民族思想和民族气节。

收藏单位：重庆馆、东北师大馆、广东馆、广西馆、贵州馆、国家馆、湖南馆、吉林馆、江西馆、近代史所、辽宁馆、南京馆、西南大学馆

02953

中国之民族精神　张厉生著

中国国民党中央执行委员会组织部，1936.2，112 页，32 开（训练丛书）

本书讲述中国民族精神的优缺点，要求国人恢复古有的优秀民族精神，抵御外侮，挽救中国。

收藏单位：广东馆、国家馆

02954

中国之民族思想与民族气节　张厉生著

出版者不详，1937，2 版，248 页，32 开

收藏单位：天津馆、西南大学馆

02955

中华民族的人格　张元济编著

上海：商务印书馆，1937.5，134 页，32 开

上海：商务印书馆，1937.7，再版，134 页，32 开

上海：商务印书馆，1938，3 版，134 页，32 开

长沙：商务印书馆，1938，4 版，134 页，32 开

长沙：商务印书馆，1940，5 版，134 页，32 开

重庆：商务印书馆，1942，渝 4 版，75 页，32 开

重庆：商务印书馆，1943，渝 5 版，75 页，32 开

重庆：商务印书馆，1944.3，赣 1 版，75 页，32 开

上海：商务印书馆，1947.2，6 版，134 页，32 开（新中学文库）

本书从《左传》《史记》《战国策》等书中选辑伍尚、子路、聂政、荆轲、田横、贯高、豫让、公孙杵臼、程婴等义侠人物之事迹，论述中华民族“无求生以害仁、有杀身以成仁”及“富贵不能淫、贫贱不能移、威武不能屈”之精神，面对日本的侵略，反对通敌卖国求荣。每页分上、下两栏，上为文言原文，下为白话解说。

收藏单位：重庆馆、东北师大馆、广东馆、广西馆、贵州馆、桂林馆、国家馆、黑龙江馆、湖南馆、吉林馆、江西馆、近代史所、辽大馆、辽宁馆、南京馆、内蒙古馆、宁夏馆、山东馆、山西馆、上海馆、绍兴馆、首都馆、天津馆、西南大学馆、浙江馆、中科图

02956

中华民族的正气　邓锡侯著

川康绥靖主任公署秘书处，1946，18 页，32 开（邓晋康先生讲演辑录 3）

本书收讲演词 5 篇，论文 1 篇，以《中华民族的正气》的篇名为此书名。其他题名：邓晋康先生讲演录。著者原题：邓晋康。

收藏单位：重庆馆

02957

中华民族新论　臧渤鲸著

重庆：商务印书馆，1945.2，138 页，32 开

重庆：商务印书馆，1945.10，再版，138 页，32

开

上海：商务印书馆，1946.2，沪初版，138 页，32 开

本书共 10 章，讨论民族的意义、民族性的形成、中华民族的形成、中华民族的民族性、民族性的改造，特别阐述了中日战争与中华民族、中华民族与世界大战问题等。

收藏单位：重庆馆、东北师大馆、广西馆、桂林馆、国家馆、江西馆、近代史所、辽大馆、南京馆、内蒙古馆、宁夏馆、上海馆、天津馆、浙江馆

02958

自然淘汰与中华民族性　（美）亨丁顿（E. Huntington）著　潘光旦译

上海：新月书店，1929.12，140 页，25 开

上海：新月书店，1933.5，再版，140 页，25 开

此书选译著者《种族的品性》中讨论"中华民族性"的 4 篇文章。译文曾发表于《新月月刊》。书后附亨氏所引参考书目。

收藏单位：重庆馆、广东馆、广西馆、国家馆、湖南馆、吉林馆、江西馆、近代史所、南京馆、上海馆、首都馆、四川馆、天津馆、浙江馆

人才学

02959

人才训练　吴建华著

南京：京华印书馆，1935.11，160 页，22 开

本书内容包括中国国势轮廓的展望、人才训练漫谈两篇，论述基本训练（如身体、思想、求知、仪表、口才、性格）和应用训练（如伉俪、处世、用才、治事）。

收藏单位：国家馆、湖南馆、南京馆

02960

人鉴通义　邵元冲著

出版者不详，12 页，16 开

本书论述人才鉴别问题。

02961

三国群雄之用人及其成功失败　曾繁康著

重庆：北斗书店，1945.7，98 页，22 开

本书评述董卓、袁绍、曹操、刘备、诸葛亮、孙权等在使用人才方面的成败。

收藏单位：重庆馆、国家馆、吉林馆、首都馆

02962

战时社会事业人才调剂协会工作汇报（1）

战时社会事业人才调剂协会编

战时社会事业人才调剂协会，[1930—1945]，66 页，22 开

本书共 5 部分：专载、本会成立之经过、工作计划纲要、工作志要、章则。附录分 4 部分：理监事会议纪录、理监事题名、会员题名、各处站会负责人员一览。书前有弁言。

收藏单位：重庆馆、国家馆、南京馆

02963

政治人才论丛　陈占甲著

天津：人文书社，1934，[28]+279 页，25 开

本书汇集管仲、魏征、王安石、曾国藩等人的言论。共 12 篇，内容包括：今日之中国究宜于法治乎抑宜于人治乎、人才消长得失为国家兴亡第一关键、今日之人才果何为而消沉乎、人才之类别、鉴别及选取人才之方法、人才任用及考核之方法等。

收藏单位：广西馆、国家馆、南京馆、内蒙古馆、宁夏馆、首都馆、天津馆

02964

制度与人才　宋特立编辑

重庆：北斗书店，1944.5，274 页，22 开

本书共 5 部分：总论、人才论、制度论、才与用才、政治家的用人。收《制度与人才》（杨玉清）、《解决人事问题的途径》（郑彦棻）、《纪纲人才论》（徐照）、《才与用才》（张溥生）、《论用人才与人才自用》（邓启农）等 30 篇。

收藏单位：重庆馆、东北师大馆、广东馆、广西馆、贵州馆、国家馆、吉林馆、南京馆、上海馆

题名首字汉语拼音检索表

（按题名首字汉语拼音音序排列，对应页码为题名索引页码）

N

nan

nei

nian

ning

nong

nü

P

pai

pang

pei

peng

piao

ping

pu

Q

qi

qian

qiao

qin

qing

qiong

qiu

qu

quan

qun

R

re

ren

ri

rong

rou

ru

S

sa

san

sao

se

sha

shan

shang

shao

she

shen

sheng

shi

shou

shu

题名索引

（按题名首字汉语拼音音序排列，题名尾部五位数码即该书的顺序号）

gei

gong

nei

nian

ning

nong

qiao

qin

qing

qiong

qiu

qu

quan

qun

R

re

ren

ri

rong

rou

ru

S

sa

san

sao

se

sha

shan

shang

shao

she

shen

sheng

su

sui

sun

T

tai

tan

tang

tao

te

ti

tian

tie

ting

tong

xiang

xiao

xie

xin

xing

xiong

xiu

xu

xuan

xue